Prof. Dr. Wilhelm Kaltenstadler

Wie Europa wurde was es ist
Beiträge zu den Wurzeln der Europäischen Kultur

Meiner Gattin

Hermine

und

meiner Familie

Prof. Dr. Wilhelm Kaltenstadler

Wie Europa wurde was es ist

Beiträge zu den Wurzeln der Europäischen Kultur

„*Wie Europa wurde was es ist –*
Beiträge zu den Wurzeln der Europäischen Kultur"
Erste Auflage Oktober 2006

Ancient Mail Verlag Werner Betz
Europaring 57, D-64521 Groß-Gerau
Tel.: 0 61 52/5 43 75, Fax: 0 61 52/94 91 82
www.ancientmail.de
Email: wernerbetz@t-online.de
Alle Rechte vorbehalten

Titelbild: Grabstein des Paulus Jud von Bruckberg von 1475 an der
Außenwand der Pfarrkirche Bruckberg (Ausschnitt)
Umschlaggestaltung: Heinz Leddin
Druck: Digital Print Group O. Schimek GmbH

ISBN 3-935910-37-1
ab 01.01.2007: ISBN 978-3-935910-37-8

INHALTSVERZEICHNIS

Vorwort 7
Kritische Betrachtungen zur europäischen Kultur –
Europas Werte und Wurzeln 9
Das karolingische Imperium – ein Intermezzo? 14
Die Fälschungen des Mittelalters 31
Die jüdische Symbolistik, die Menora, das Pentagramm und der Davidsstern ...43
Toleranz und Philosemitismus in Mittelalter und Neuzeit 49
Antijudaismus in Mittelalter und Neuzeit 57
Der Antisemitismus – die neue Dimension des Judenhasses 72
Judentum, Islam, Christentum und Kulturtransfer 86
Die Glaubwürdigkeit der Quellen der Antike 111
Bergbau, Pyramidenbau, Kirchenbau – Geheimwissenschaften? 126
Orient und Okzident. Nochmals zur Frage des Kulturtransfers 135
Schrift, Sprache und globale Kultur im alten Orient 140
Das Alte Testament – nach wie vor aktuell 146
Das Neue Testament – historische Quelle, Frohe Botschaft
und jüdischer Geist 155
Expansion der aramäisch-arabisch-jüdischen Kultur im Mittelmeerraum ...165
Wie arabisch ist die Zivilisation? 169
Die europäische Urbevölkerung – eine Gesellschaft der Gewalt
und des Krieges 175
Hirtenmythos und romanische Sprachen 189
Die Geburt der feudalen Gesellschaft aus dem Ungeist der Gewalt ...192
Europas Wissenschaft und Universitäten 202
Deutsche Kultur, Sprache und Literatur in Mittelalter und Neuzeit –
eine jüdische Sicht 214
Rückkehr zu den jüdischen Wurzeln 224
Die Aufklärung, die Säkularisation und die Klöster 228
Die Idee der Bildung 240
Das Copyright an der Moderne – der Beitrag der Juden zum Kapitalismus 252
Palästinenser und Israelis, Juden und Moslems –
ein politisch-militärischer Konflikt? 268
Ein kritischer Ausblick 274
LITERATURVERZEICHNIS 277
ANHANG I – IV 318
Bildquellennachweis 324
Endnotenverzeichnis 324

Vorwort

Es war die Aufgabe dieser Arbeit, sowohl die klassisch-antiken als auch die jüdisch-christlichen Überlieferungen zu analysieren und einander gegenüberzustellen. Dabei bin ich nach der Durcharbeitung einer großen Fülle von Quellen und Literatur zu der Erkenntnis gekommen, dass die europäische Zivilisation durch die jüdisch-christlichen Ideen mehr geprägt wurde als durch das Ideengut der alten Griechen und Römer. Auch die Einflüsse, welche von den orientalischen Kulturen, nicht zuletzt der persischen und indischen, ausgingen, werden im westlich orientierten Europa immer noch zu wenig beachtet.

Was vielen Historikern unbekannt ist, der Großteil der antiken Handschriften stammt erstaunlicherweise gar nicht aus der Antike, sondern aus dem späten Mittelalter. Es liegt also ein eindrucksvoller „time-lag" vor. Mit diesem mag es zusammenhängen, dass in der antiken und frühmittelalterlichen Geschichte zunehmend Widersprüche greifbar werden, welche bisher durch einen erstarrten polit-historischen Dogmatismus verdeckt wurden.

Man muss zudem davon ausgehen, dass schon das frühe Christentum nicht wirklich an der Erhaltung von Handschriften der Antike interessiert war. Es ist nicht ausgeschlossen, dass selbst Papst Gregor I., „der Schutzpatron der Gelehrten, die kaiserliche Bibliothek auf dem Palatin (wo noch die weströmischen Kaiser, ihre germanischen Erben und die byzantinischen Statthalter residierten) samt der des Kapitols verbrennen ließ." Das scheint nicht aus der Luft gegriffen zu sein, denn ein so zuverlässiger Gewährsmann wie der englische Scholastiker Johannes von Salisbury, Bischof von Chartres, ist davon überzeugt, „der Papst habe in römischen Bibliotheken Handschriften klassischer Autoren absichtlich zerstört."[1]

Die Arbeit soll anregen, die europäische Geschichte kritischer als bisher, und auch aus der Sicht anderer Kulturen zu betrachten. Um ein Wort von Lessing abzuwandeln, soll nicht nur die Wahrheit selbst, sondern auch die Suche nach der Wahrheit frei machen von übertriebener Autoritätsgläubigkeit. Besonders wichtig erscheint es mir, bereits im Vorwort auf die Erfindung, den Verlust und die Verfälschung von Quellen der Antike, des Mittelalters und selbst noch der Neuzeit aufmerksam zu machen. Dabei wurden nicht nur Quellen zerstört und verbrannt, welche der herrschenden christlichen Meinung widersprachen, z. B. der Arianer und später der Albigenser, sondern auch wertvolle jüdische Urkunden und Handschriften. Wir müssen uns bei der kritischen Würdigung der europäischen Geschichte stets vor Augen halten, dass das uns überlieferte Geschichtsbild vor allem der Antike und des Mittelalters ein Produkt der ‚Sieger' ist, also der politischen, kirchlichen und gesellschaftlichen Kräfte, die sich im historischen Prozess durchgesetzt haben. Dieses von den Siegern geprägte Bild als stark anzweifelbar zu erkennen und zu entrümpeln, ist auch eine der Aufgaben dieses Buches.

Für das Zustandekommen dieser Arbeit, welche eine erhebliche Erweiterung und Verbesserung meiner im UBW-Verlag 2005 in Hamburg erschienenen Schrift „Griechisch-römische Antike oder jüdisches Christentum – wem verdanken wir die europäische Zivilisation?" ist, schulde ich vielen Gelehrten Dank. Besonders hervorheben möchte ich dabei meine Freunde Dr. Horst Friedrich, Dr. Günther Schweisthal, die Historiker Dr. Roman Landau und Dr. Helmut Kröll. Wertvolle Anregungen verdanke ich auch der Historikerin Frau Karin Wagner aus Ettlingen.

Rohrbach, den 15. August 2006

Kritische Betrachtungen zur europäischen Kultur – Europas Werte und Wurzeln

Symptomatisch für die moderne Geisteshaltung der europäischen Elite (und derer, die sich dafür halten) ist die Diskussion über die künftige europäische Verfassung und die fundamentalen Werte des modernen Europa in den letzten Jahren. Der im Jahre 2003 vorliegende europäische Verfassungsentwurf beschränkt die Wurzeln der europäischen Kultur nämlich im wesentlichen auf die griechisch-römische Antike, die Aufklärung und die vor allem aus dieser abgeleiteten Menschenrechte. In diesem Entwurf wird dagegen nicht hinterfragt, woher wir diese Ideale und Werte eigentlich haben. Keinem der Verfassungsväter und der führenden europäischen Politiker[2] ist bei der Diskussion über den europäischen Verfassungsentwurf von Thessaloniki[3] die Idee gekommen, dass das Judentum weitaus mehr und früher als die griechische und römische Kultur die modernen Ideale und Werte bereits im Kern enthalten hat. Alle Ideale, Werte und Tugenden[4], auf die wir uns heute so gerne berufen, finden wir tatsächlich bereits im Alten Testament. Diese im Judentum und dem Alten Tstament bereits vorhandenen Ideale, Werte und Tugenden flossen in das aus dem Judentum und dem Alten Testament heraus entstandene Christentum und das Neue Testament ein.

So wünschenswert die europäische Erweiterung und Einigung ist, so bedauernswert ist es also, dass das neue Europa, religiös und kulturell betrachtet, sich „auf einem brüchigen Boden"[5] befindet. Im Umfeld des neuen europäischen Verfassungsdenkens und in Verbindung mit einer von der Religion losgelösten laizistischen Philosophie, welche allzu einseitig auf den Ideen der europäischen Aufklärung basiert, macht sich ein seltsames Denken breit. Führende deutsche und französische Politiker werfen zum Beispiel in der berühmt-berüchtigten Frage, ob islamische Frauen in öffentlichen Funktionen das Kopftuch tragen dürfen, christliche Traditionen und Symbole ohne Berücksichtigung der vom Christentum und Judentum geprägten Kulturentwicklung in einen Topf. Selbst hochgestellte Persönlichkeiten wie Bundespräsident Rau leiden an einer Überdosis an *political correctness*. Dieses Übermaß an falsch verstandener Toleranz konnte dann sogar zu der Auffassung führen, dass die seit Jahrhunderten als Bestandteil der europäischen Kultur getragene Ordenstracht dem Kopftuch islamischer Frauen gleichgestellt wird und beide Symbole im Sinne einer falsch verstandenen Verfassung ohne Unterschied aus öffentlichen Institutionen wie Schulen, Behörden etc. verbannt werden sollen. Dieser Kopftuchbewertungsfall durch Mitglieder der deutschen Elite ist ein beredtes Beispiel dafür, wie man Kultur und historisch geprägte Werte nicht verstehen sollte.

Wenn ich hier von jüdischer und christlicher Kultur spreche, meine ich primär nicht bzw. nicht nur die Religion. Für die konventionellen Historiker der Moderne sind „Judentum" und „Christentum" Religionen, die schon deshalb fast selbstverständlich ausschließlich in den Fachbereich der Theologen gehören, weil sie (angeblich) – trotz der aus dem Judentum und Christentum ableitbaren Menschenrechte – für unsere moderne **Zivilisation** quasi immer mehr an Bedeutung verlieren. Es besteht kein Zweifel, dass sich der religiöse Substanzverlust vor allem in Deutschland nach dem Aufbruchsjahr von 1989 „ungleich umfassender darstellt", als man ursprünglich angenommen hatte.[6] Die historischen Fachbereiche forschen deshalb immer noch fleißig nach den historischen Ursachen für die Entwicklung der modernen Zivilisation und bieten regelmäßig die unterschiedlichsten Erklärungen, die aber alle nicht wirklich überzeugen können.

Wir dagegen gehen davon aus, dass es einen Erkenntnisfortschritt bedeuten könnte, wenn man das Judentum und seine Kopie, das Christentum, in diesem Zusammenhang wieder zum Gegenstand des historischen Interesses machen würde. Die Entfernung des Juden-Christentums aus der Zivilisationsgeschichte und ihre Verbannung ins metaphysische Reich der Religionen, die vom Historismus des 19. Jahrhunderts vollzogen worden ist und die erstaunlicherweise immer noch das Denken der modernen Historiker prägt, dürfte damit zusammenhängen, dass man damals im 19. Jahrhundert den griechisch-römischen Imperialismus als bewundernswert und den pazifistischen Geist des Judentums als verweichlichend betrachtete. Diese ‚entjudete' und ‚entchristlichte' Weltanschauung und Welterklärung scheint sich vom 19. bis zum 20. Jahrhundert selbst verstärkt und noch radikalisiert zu haben (wie das bei vielen Weltanschauungen üblich ist). In diesem Sinne finden wir noch in der Mitte des 20. Jahrhunderts sogar angesehene Historiker damit beschäftigt, dieser unschönen Geschichtsklitterung eine solide wissenschaftliche Grundlage zu geben, indem sogar das praktiziert wird, was das genaue Gegenteil von historischer Forschung ist, nämlich die Vernichtung, Fälschung und Manipulation von Quellen.

Nicht nur im Mittelalter wurden systematisch Dokumente vernichtet und somit auch die Geschichtsschreibung verfälscht.[7] Ein solcher Fall der Vernichtung jüdischer Quellen ist auch aus der neuesten Zeit bekannt geworden und erscheint mir so symptomatisch, dass ich diesen hier ausführlich wiedergeben möchte. Es ist die traurige Geschichte des Wirtschaftshistorikers Hermann Kellenbenz, der seine Habilitationsarbeit über die Sephardim[8], welche zu Beginn des 16. Jahrhunderts aus Spanien vertrieben worden waren, an der Philosophischen Fakultät der Universität Würzburg unterbrachte. Kellenbenz hat in diesem Werk die große wirtschaftliche Bedeutung jener Sephardim für Norddeutschland mit den Methoden der Wirtschaftsgeschichte[9] herausgestellt und hat dafür sogar öffentliche Anerkennung gefunden. Im Katalog der Ausstellung „Vierhundert Jahre Juden in Hamburg" erscheint Kellenbenz nämlich noch als „unverdächtiger Gewährsmann".[10] Doch nach einiger Zeit kamen die wahren Motive von Kellenbenz ans Licht. Die von ihm durchgeführte Aktion erscheint mir so schwerwiegend, dass ich den Sachverhalt aus der mir zur Verfügung stehenden Quelle wörtlich wiedergeben möchte:

„Doch die Würzburger Fakultät hatte einen Barbaren zum Professor habilitiert. Kellenbenz hatte, wie Engelmann[11] berichtet, im April 1945 tagelang das ihm zur Verfügung stehende umfangreiche Akten- und Archivmaterial verbrannt und damit unersetzliche Dokumente der Wissenschaft für immer entzogen. Der junge Wirtschaftshistoriker Kellenbenz war 1939 vom ‚Reichsinstitut für die Geschichte des neuen Deutschland' des fanatischen Judenhassers Walter Frank damit beauftragt, ‚Das Hamburger Finanzjudentum und seine Kreise' zu erforschen. Das einzige, was Kellenbenz 1945 nicht vernichtete, war seine eigene Arbeit. Er schrieb sie um, entnazifizierte sie oberflächlich, um sich so zu habilitieren – mit Erfolg."[12]

Diese Quellen- und Aktenvernichtung durch Kellenbenz ist nicht nur bezeichnend für die Art und Weise, wie man mit jüdischen Quellen – nicht nur in Deutschland – umgegangen ist, sondern legt auch nahe, dass die Pariser Talmudverbrennung von 1242[13], die italienischen Talmudverbrennungen von 1553 in Rom, Mailand, Ferrara, Mantua, Venedig „und vielen anderen Städten Italiens"[14] wie auch die Hamburger Aktenvernichtung von 1945 sicher keine Einzelfälle waren. Allein aus dieser Tatsache muss man den Schluss ziehen, dass das Bild der Juden in der europäischen Geschichte durch diesen bewusst erzeugten Quellenmangel nicht nur unvollständig und teilweise sogar entstellend ist, sondern auch die Leistungen der Juden in Wirtschaft, Kunst und Kultur bisher nicht ausreichend dokumentiert und dargestellt worden sind.

Diese Arbeit soll jedoch zeigen, dass der Einfluss des Islam bis heute stark überschätzt, das Wirken der Klöster als Werte- und Kulturvermittler, nicht zuletzt im ländlichen Raum, sowie natürlich auch der Juden im Vergleich zum Königtum, Fürstentum und Adel als Träger der Herrschaftsgeschichte sowie zum sog. aufsteigenden Bürgertum der Städte und Märkte erheblich unterschätzt worden ist.

Umfangreiche Forschungen im Bereich der Sozial- und Wirtschafts- wie auch der Kulturgeschichte von der Antike bis zur Gegenwart, und zwar weit über Deutschland hinaus, brachten mich zunehmend auf den Gedanken, dass bestimmte Sachverhalte nicht zusammenpassten. Mir wurde dann immer mehr klar, dass nur die Juden mit ihrer großen inter- und supranationalen Tradition in der Lage waren, umfassende kulturelle und wirtschaftliche Entwicklungen in Gang zu setzen und voranzutreiben. Diese Gedanken trug ich ein Leben lang in mir, bis ich auf die Werke von Davidson, Eisler und Landau[15] gestoßen bin.

Vor allem die wegweisenden Arbeiten von Davidson verstärkten meine ein Leben lang in mir ruhenden Zweifel, ob die bisherige Sicht der Geschichte, vor allem der Antike und des Mittelalters, gelinde ausgedrückt nicht korrekturbedürftig sei. Ralph Davidson hat es gewagt, als einer der ersten historische Tabus der europäischen Kulturgeschichte in Frage zu stellen.[16] Davidson hat eine fast unlösbare, aber absolut notwendige Aufgabe in Angriff genommen und dabei tatsächlich eine Reihe von historischen Tabus gebrochen. Es ist zu hoffen, dass die konventionellen Geschichtsforscher durch seine Thesen provoziert werden, sich sachlich mit seinen Forschungsergebnissen auseinanderzusetzen.

Sehr verdienstvoll ist es, dass Davidson die von den Historikern so sträflich vernachlässigte Sozial- und Wirtschaftsgeschichte in ausgeprägter Kombination mit den historischen Hilfswissenschaften (Epigraphik[17], Paläographie, Genealogie etc.) wesentlich mehr als üblich für sein Werk heranzieht und damit zu Fragestellungen kommt, die beachtenswert neue Ansätze dafür liefern, wie Feudalismus, Industrialismus, Kapitalismus und überhaupt die europäische Zivilisation entstanden sind und sich weiter entwickelt haben.

Allzu viele Historiker sind m. E. nicht in der Lage, in größeren Zusammenhängen zu denken. Sie sind zu sehr auf ein enges Fachgebiet begrenzt und nehmen allzu leichtgläubig historische Überlieferungen kommentarlos zur Kenntnis. Hinzu kommt noch, dass es den meisten Historikern an umfassenden und fundierten Sprachkenntnissen fehlt. Es gibt kaum einen deutschen Historiker, der z. B. mit der für die Antike so wichtigen hebräischen Sprache vertraut ist. Ohne die Einbeziehung hebräisch-jüdischer Quellen ergibt sich „ein unvollständiges Bild der jüdischen Kultur in Deutschland"[18] und wohl auch in Europa. Viele Historiker verfügen auch nicht über solide Kenntnisse des Griechischen und Lateinischen, von slawischen Sprachen ganz zu schweigen.

Wirklich neue Erkenntnisse zu den Fundamenten der europäischen Kultur sind nur zu erwarten, wenn Historiker verschiedener Epochen und Fachgebiete bereit sind, mit Wissenschaftlern anderer Fachgebiete zusammenzuarbeiten. Es wäre fürs Erste aber schon ein großer Fortschritt, wenn die zweifelhaften, unsicheren und vielfach gefälschten Quellen der Antike und des Mittelalters mit den Methoden, Kenntnissen und Erkenntnissen des 21. Jahrhunderts völlig neu analysiert würden.

Es ist Ralph Davidson zu danken, solch einen neuen Anfang versucht zu haben. Sein zentrales Anliegen ist es, die wesentlichen Faktoren des europäischen Zivilisationsprozesses zu finden. Dazu sammelt er zunächst einmal die harten Fakten. Das zentrale Ergebnis seiner umfassenden Faktensammlung und Fakteninterpretation: Die Grundlage der europäischen Zivilisation scheint weder die griechisch–römische Antike noch das „aufsteigende Bürgertum" des Mittelalters[19] und der Neuzeit zu sein, sondern das **Juden-Christentum**. Dieses hat primär nicht als Religion, sondern als kulturelle Institution Entwicklung und Aufstieg Europas angestoßen und gefördert. Diese Erkenntnis von Davidson, welcher sich auch Landau und Eisler angeschlossen haben, ist ein völlig neuer Denk- und Forschungsansatz in der europäischen Geschichtsforschung.

Das karolingische Imperium – ein Intermezzo?

In den letzten Jahren haben auch andere Forscher, unabhängig von Davidson, darauf aufmerksam gemacht, dass es für viele Geschichtsperioden entweder gar keine Quellen gibt oder die Quellenlage außerordentlich dürftig ist. Dieser extreme Quellenmangel gilt in ganz besonderem Maße für die sog. Karolingische Periode. Für einen Zeitraum von 160 Jahren, von 751, Regierungsbeginn von Pippin d. J., bis 911, Todesjahr von Ludwig IV., dem Kind, gibt es insgesamt, ohne Berücksichtigung der Urkunden von Ludwig dem Frommen (Regierungsjahre 814-840), dem 3. Sohn von Karl d. Gr., nur rd. 460 Originalurkunden, also im Jahresdurchschnitt weniger als drei Originalurkunden pro Jahr. Selbst wenn man für die karolingische Zeit hohe Verlustquoten von Urkunden annimmt und auch einen Teil der evtl. echten Abschriften aus nachkarolingischer Zeit akzeptiert, dann ist der karolingische Durchschnittswert von drei Urkunden per anno, selbst wenn man diesen Mittelwert mit dem Faktor 3 multipliziert und somit auf einen Wert von 9 käme, immer noch sehr weit von der geschätzten durchschnittlichen Urkundenproduktion von 280/380 per anno des späten Mittelalters entfernt.[20] Wenn das Reich von Karl d. Gr. wirklich so gigantisch und mächtig gewesen wäre, wie die karolingische Überlieferung uns weismachen will, dann dürfte, selbst wenn man der älteren Epoche eine relativ höhere Verlustquote zubilligt, der Durchschnitt der jährlichen Urkundenproduktion der karolingischen Epoche nicht so exorbitant niedriger sein als im krisengeschüttelten Spätmittelalter.

Urkundenabschriften werden hier für die Beurteilung der Effizienz der Karolingerzeit nur am Rande ausgewertet, da hier die Wahrscheinlichkeit von Fälschungen und Manipulationen besonders hoch ist und viele Abschriften wie bei Karl d. Gr. aus einer wesentlich späteren Zeit stammen. Aber selbst unter Einbeziehung der Abschriften kommen wir für diese Periode nicht zu dem Ergebnis, dass es sich um eine blühende Epoche gehandelt hat. Nach herrschender Meinung soll der Machtbereich der Karolinger weit nach Osteuropa in den slawischen, pannonischen und awarischen Raum hineingereicht haben. Wenn man jedoch alle bisher edierten karolingischen Urkunden durchgeht, ist man höchst erstaunt darüber, dass in den insgesamt 262 überlieferten Urkunden Karls d. Gr.[21] keine Urkunde Bezug nimmt auf eigentlich awarisches, pannonisches und slawisches Siedlungsgebiet (Böhmen, Mähren, Slowakei, Slowenien, Ungarn etc.). Österreich kommt nur sehr peripher in Verbindung mit Grundstückstransaktionen und Schenkungen an die bairischen Klöster Kremsmünster, Altaich (an der Donau) und St. Emmeram in Regensburg und an die Kirche in Passau vor. Die bairischen Transaktionen finden sich zudem nicht in den Originalhandschriften, sondern nur in echten und „unechten" Abschriften, welche zudem zeitlich oft sehr spät angesetzt sind (Nr. 169, 170, 176, 212). Es scheint, dass bairische Klöster eher mit dem westlichen Frankenreich als mit Österreich verbunden sind. In diese Richtung weist die Karlsurkunde Nr. 162, welche als Abschrift Ende des 13. Jahrhunderts auftaucht und auf den 25. Okt. 788 datiert ist. In dieser Urkunde ist davon die Rede, dass Karl d. Gr. der Kirche von Metz (in Lothringen) „nach der Wiedergewinnung Baierns" das Männerkloster Chiemsee schenkt. Die tatsächliche weitere Ausdehnung des Frankenreiches über das Gebiet des heutigen Bayern hinaus weiter nach Osten war wohl nicht nur durch die damaligen militärischen, technischen und organisatorischen Möglichkeiten begrenzt, sondern auch durch die Tatsache, dass das Frankenreich wohl noch lange mit äußeren Feinden wie z. B. mit den Sarazenen und Basken zu kämpfen hatte. Urkunde Nr. 179 (kein Original, datiert zu Aachen im März 795) erwähnt, dass Leute belohnt wurden, weil sie die Sarazenen besiegt hätten. In den karolingischen Urkunden, nicht nur in denen Karls d. Gr., ist mehrfach die Rede, dass die Sarazenen und die „Heiden" immer wieder Klöster in Italien und im Westfrankenreich zerstörten. Diese permanenten Bedrohungen von außen ließen also die Beherrschung eines größeren Raumes sicherlich nicht zu.

Der Schwerpunkt der Karl'schen Urkunden liegt also eindeutig im östlichen Frankreich, im westlichen Teil des Ostfrankenreiches ('Deutschland') und im nördlichen Italien. Wie berechtigt die Kritik an der Person und am Herrschaftssystem von Karl ist, das zeigt die Tatsache, dass von den insgesamt 262 Karlsurkunden nur 41 Originale sind (ohne Berücksichtigung der von seiner Schwester Gisela in Aachen ausgestellten Originalurkunde vom 13.6.799). Nur 7 davon wurden in der karolingischen Zentrale Aachen ausgestellt. Die Urkunden Nr. 219 bis Nr. 318, also immerhin 100 von 263, sind in der Edition der Monumenta Germanica Historica sogar als „unecht" gekennzeichnet. Diese hohe Quote der Unechtheit wird von den nachfolgenden Herrschern bei weitem nicht mehr erreicht. Auch die Urkundenstatistik deckt in Verbindung mit anderen Faktoren, z. B. der Chronologie der karolingischen Bauten, ganz deutlich Schwachstellen im herkömmlichen Bild des Reiches von Karl d. Gr. und überhaupt des karolinigischen Imperium auf. Im Vergleich zur Analyse der Karlsurkunden lassen die Urkunden der Nachfolger, vor allem die Ludwigs des Deutschen und Arnulfs, eine stärkere Expansion des karolingischen Reiches vermuten. Doch auch hier sind die Ergebnisse, welche die Urkunden bieten, recht mager. Denn man stellt mit Verwunderung fest, dass nur jeweils zwei Originalurkunden en passant Bezug nehmen auf Awaren und Slawen, eine davon auf beide zugleich.[22] Die beiden sich auf Awaren beziehenden Originalurkunden Ludwigs des Deutschen sind einige Jahre vor dem Regierungsantritt Ludwigs des Deutschen (843) ausgestellt, und zwar nicht in awarischem Gebiet, sondern im östlichen Bayern in den Jahren 832 und 836.[23] In der Urkunde vom 6. Oktober 832 schenkte König Ludwig der Deutsche der Kirche zu Regensburg den Ort Herilungoburg „im Awarenland mit umgrenztem Gebiet samt den dort wohnenden Slawen". Nach Jochen Giesler[24] liegt dieser Ort im Raum Pöchlarn an der Donau in Niederösterreich. Die zweite Urkunde (Nr. 18), datiert vom 16.2.836 zu Osterhofen, bezieht sich auf eine Schenkung von „Kirche und Besitz in Kirchbach im Awarenlande" in der heutigen Steiermark an den Bischof von Passau. Wir sehen an diesen beiden Urkunden, dass mit dem Awarenland das östliche Österreich, und nicht, wie man vermuten würde, das heutige Ungarn (und evtl. auch slawische Gebiete im Raum der ehemaligen Tschechoslowakei) angesprochen ist. Die Urkunden Nr. 69 und 145 der Edition zu Arnulf erwähnen Slawen, aber ohne ins Detail zu gehen. In der Urkunde Nr. 69 bestätigt Arnulf der bischöflichen Kirche zu Würzburg im November 889 „den von Ostfranken und Slawen an den Fiskus zu entrichtenden Zehnten", in der Urkunde Nr. 145 schenkt der König „der von ihm in Roding erbauten Kapelle 2 unbebaute Hufen und 6 Mansen zu Pösing nebst Zins und Zubehör mit Ausnahme dessen, was den Fremden und den freien Slawen gehört." Beide Urkunden berichten also über Slawen, welche in karolingischer Zeit und wohl auch noch später in Franken und in der Oberpfalz (Raum Roding) lebten. Keine der Originalhandschriften aus der Zeit von Karl dem Großen weiß etwas von karolingischer Herrschaft in Polen, Böhmen, Mähren, Thüringen, Sachsen, Slowakei, Slowenien etc. zu berichten. Die Auswertung dieser mageren vier Urkunden gibt zu denken. Nur zwei Originalurkunden, vom 1. Mai 859 und vom 16. Juni 863 (Jahr unsicher), bestätigen den Klöstern St. Emmeram in Regensburg und dem Kloster Altaich in Niederbayern Grundbesitz bzw. Fiskalbesitz in Pannonien, der offensichtlich jedoch in Niederösterreich (Ybbs / Tulln) gelegen war. Zwei weitere Urkunden weisen auf Besitz der Salzburger Kirche in den Jahren 837 (Nr. 25) und 864 (Nr. 115) im „Slavenland" an der Ybbs, also in Niderösterreich, und in Pannonien, wohl ebenfalls in Niederösterreich, hin. Doch diese beiden Urkunden liegen nicht im Original vor, sondern sind abschriftlich in den Salzburger Kammerbüchern Ende des 13. Jahrhunderts (HHStA Wien) verzeichnet und angesichts einer so großen Zeitdistanz mit größter Vorsicht zu beurteilen.

Diese besondere Vorsicht gegenüber Quellen aus der Karolingerzeit ist deswegen geboten, weil im Gegensatz zum Schweigen der Urkunden von Karl d. Gr. die Annalen Einhards (Kap. XXXI Einhardi Annales) und die Karlsbiographie von Einhard voll sind von Berichten über Feldzüge gegen und kriegerischen Auseinandersetzungen mit Awaren, „Hunnen" (letztere wohl Ungarn), Slawen (Sorben), Wilzen, Böhmen, Linonen und Dänen.[25] Der spanische Feldzug von 778, in welchem die Basken den Franken arg mitspielten, enthält wenig brauchbare Details. Wesentlich erfolgreicher sollen die Feldzüge von 786-787 in der Bretagne gegen die ungehorsamen Bretonen und in Unteritalien gewesen sein. Aber auch hier fehlen verwertbare Details.[26]

Karl d. Gr. soll die Awaren im Jahr 791 am Zusammenfluss von Kamp und Donau, in Niederösterreich gelegen, in die Flucht geschlagen haben. Auch die *expeditio* gegen die Hunnen von 791 fand wohl in Österreich statt. Dabei soll ein großer Teil von Pannonien zerstört worden sein, während sich das Heer von Karl unversehrt in bairisches Gebiet zurückzog. Auch sein Sohn Pippin, König von Italien, soll Feldzüge gegen die Hunnen erfolgreich abgewickelt haben, so z. B. 796, als er die Hunnen über die Theiß zurückgeworfen haben soll. Wie wenig jedoch diese Gebiete Ostmitteleuropas und Pannoniens wirklich herrschaftsmäßig erschlossen waren, darauf deutet der Bericht aus dem Jahre 800 hin: Gerold und Erich fanden in Pannonien ein trauriges Ende. Denn Gerold fiel in der Schlacht gegen die „Hunnen", Erich aber wurde nach vielen Siegen bei Tharsatica, einer Stadt von Liburnia, durch die Stadtbewohner im Hinterhalt getötet. Es verwundert, dass dann wenige Jahre später, 805, der Hunnenfürst Capcanus *propter necessitatem populi sui*, also „wegen einer Notlage seines Volkes" sich an den Kaiser gewandt und um einen Siedlungsplatz bei Carnuntum im östlichen Niederösterreich an der Donau gebeten habe. Karl erfüllte seine Bitte und ließ ihm reichlich Geschenke zukommen. Seit 806 sollen aus allen Teilen Europas, so aus Venetien, Dalmatien, Bulgarien, Gesandte zu Karl gekommen sein.[27] Sogar mit dem persischen Hof soll Karl in Verbindung gestanden sein. Es wäre zu schön, wenn man dieser prächtigen Überlieferung Glauben schenken könnte. Doch die Annalen von Einhard stehen allzu sehr im Kontrast mit dem Schweigen der Urkunden. Auch die Karlsvita von Einhard bietet also wenig zu der Frage, ob und inwieweit Karl der Gr. ein Herrschaftsgebiet besaß, das über den Raum des heutigen Frankreich und Westdeutschland (westlich der Elbe) inkl. Baiern hinausreichte. Diese Biographie erstreckt sich zudem nur über 34 Seiten Format A5. Davon umfasst fast die Hälfte Informationen zum privaten Karl („Der Privatmann" Kap. 18 – 33). Wenn man die vier Kapitel über die Merowinger und den Aufstieg der Karolinger ausklammert, dann bleiben nur die Kap. 5 bis 14, welche sich auf „Die Kriege", und Kap. 15-17, die sich auf den „Politiker" Karl beziehen, also nur 12,5 Seiten, also weit weniger als die Hälfte der ohnehin mageren Vita. In dieser Biographie finden sich außerdem eine Reihe von Aussagen, welche angesichts der Gewalttätigkeit und Fremdenfeindlichkeit, welche uns für das

Mittelalter immer überliefert werden, verwundern, so z. B. seine Gastfreundschaft gegenüber Fremden (Kap. 21) und die besondere Fürsorge um die Christen außerhalb seines Reiches. Seinen Nachfolgern auf dem Kaiserthron war nämlich bis zum Ende des Alten Reiches das Schicksal der orthodoxen Christen, auch derjenigen vor unserer Haustüre auf dem Balkan, ziemlich gleichgültig. Erst die Ökumene der letzten Jahre brachte hier ein Umdenken.

Angesichts der Tatsache, dass Karls Reich extrem naturalwirschaftlich organisiert war, ist es auch kaum vorstellbar, dass er sich um die Christen außerhalb seines Herrschaftsgebietes kümmern konnte und wollte. Natürlich ist auch die Aussage von Kap. 16, dass die byzantinischen Kaiser Nikephoros („Niciphorus"), Michael und Leo, mehrere Legaten an ihn gesandt haben sollen, *ultro amicitiam et societatem eius expetentes*[28], mit Vorsicht zu genießen. Leute, welche die Aufnahme diplomatischer Beziehungen zwischen dem Regnum Francorum, dem Königreich der Franken, und dem Byzantinischen Reich für wahr halten, müssen sich fragen, welche Vorteile sich so ein mächtiges hochentwickeltes Reich wie Byzanz von einer Verbindung mit einem wirtschaftlich und gesellschaftlich unterentwickelten Herrschaftssystem, welches zudem nicht über eine größere Flotte verfügte, versprochen haben könnte. In der Karlsvita von Einhard und anderen karolingischen Quellen findet man so gut wie nichts über Binnen- und Außenhandel, Infrastruktur und schon gar nichts über eine Flotte. Die Capitularia zeigen ja mit aller Deutlichkeit, dass das karolingische System durch und durch auf naturalwirtschaftlicher Basis fast rein agrarisch organisiert war. Auch was über Kleidung in Kap. 23 und über Ernährung in Kap. 24 geschrieben ist, scheint stark idealisiert zu sein. Das gilt auch für Karls Bildung und das karolingische Bildungssystem in Kap. 25, wenn man bedenkt, dass der Kaiser im Grunde ein Analphabet war.

In Verbindung mit der Tatsache, dass zudem archäologische Quellen der Karolingerzeit in den östlichen Regionen[29] so gut wie nicht vorhanden sind, kann man den Schluss ziehen, dass man von einer wirklichen karolingischen Herrschaft in awarischen, pannonischen und slawischen Gebieten, auch im Osten des heutigen Deutschland, nicht sprechen kann. Sicher waren auch die dänischen Wikinger nicht unter der Kontrolle von Karl. Die in den nicht urkundlichen Quellen überlieferte Machtexpansion in die awarischen, pannonischen und slawischen Gebiete erweist sich auch aus der Sicht der Urkundenlage als Wunschdenken und als schlecht inszenierte Herrschaftsideologie der Karolinger und ihrer Nachfolger.

Man braucht also im Grunde gar nicht die Phantomzeitthese von Illig bemühen, um zu erkennen, dass die Überlieferung, welche von den Quellen der karolingischen Epoche auf uns gekommen ist, mit der historischen Realität wenig zu tun hat. Aus dieser Sicht der Dinge ist es für meine Themenstellung sekundär, ob die Karolingerzeit erfunden bzw. interpoliert ist oder – im Falle der Nichterfindung – die überlieferten Quellen so beschaffen sind, dass man entweder nichts damit anfangen kann oder dass die Überlieferung so lückenhaft, unvollkommen und zweifelhaft ist, dass ich diese meinem Thema nur in begrenztem Ausmaße zugrundelegen kann.Auch wenn Illigs Phantomzeitthese lückenhaft und bis jetzt quellenmäßig noch nicht wirklich bewiesen ist (die große Schwachstelle stellen die althochdeutschen Texte dar, welche fast alle in die karolingische Zeit fallen), so bietet diese doch völlig neue Erkenntnisse, welche die bisherige Forschung des Mittelalters nicht beachtet hat, und zwingt diese, ihre Quellenbasis und Methodik besser zu überdenken.

Kritische Quellenstudien der letzten Jahre haben auch für Regionen, bei denen man es nicht vermuten würde, zu Ergebnissen geführt, welche die karolingische Epoche immer mehr in Frage stellen. Es sind dies Studien zum Frühmittelalter der Schweiz, von Polen und Schweden. Spillman stellt auf Grund der schriftlichen und archäologischen Überlieferung für Stadt und Region **Zürich** fest, dass nach den vorliegenden Quellen die Phantomzeitthese von Illig auch von der Schweizer Geschichte des frühen Mittelalters aus nicht widerlegt bzw. falsifiziert werden kann. Für Spillmann steht aus Schweizer Sicht fest: „Die von Illig aufgeworfenen Fragen sind berechtigt und viele seiner Argumente stichhaltig. Eine Revision der akzeptierten Chronologie des Frühmittelalters und damit des heutigen Geschichtsbild(es) dieser Zeit ist unausweichlich geworden. Die Historiker, Archäologen und Naturwissenschaftler auf dem Platz Zürich und in der übrigen Schweiz sollten es zur Kenntnis nehmen."[30]

Gunnar Heinsohn hat mit Bezugnahme auf kritische Historiographen des 18. Jahrhunderts, welche noch nicht von nationalem Dünkel geblendet waren, für **Polens** Frühgeschichte nachgewiesen, dass die ersten 13 polnischen Könige (ab Lech I.) erfunden sind. August Ludwig Schlözer hat Lech I., den ersten angeblichen polnischen König, bereits im Jahre 1766 als „Hirngespinst" bezeichnet.[31] Heinsohn beruft sich in besonderem Maße auf Adam Naruszewicz, welcher im Auftrag von König Stanislaw August Ponatowski (1764-1795) beauftragt worden war, „die Wurzeln der Monarchie abzusichern".[32] Er war der erste, der die dreizehn Könige der polnischen Frühzeit als Fabelfiguren erkannte. Die neuere polnische Geschichtsschreibung knüpft inzwischen wieder an die Erkenntnisse von Naruszewicz, des Historikers der polnischen Aufklärung, an.

Auch in **Schweden** hat die Aufklärung mehr Mut als in anderen Regionen Europas bewiesen, mit überflüssigen Karls aufzuräumen. Der im einst schwedischen Greifswald geborene deutsche Historiker Rühs hat im Vorwort zu Bd. 63 seiner Welthistorie[33] 42 schwedische Herrscher als fiktive Gestalten ausfindig gemacht. Rühs hatte es mit seinen radikal neuen Erkenntnissen nicht leicht. Denn es gab auch in Schweden schon seit langem anerkannte (fehlerhafte) Königslisten, in welchen sich quellenmäßig nicht fassbare Karls befanden. Ein besonders erfolgreicher Fälscher war **Johannes Magnus**, ein römisch-katholischer Erzbischof und schwedischer Historiker. Er war in Schweden geboren und lebte von 1488 bis 1544. Dieser findige Gelehrte, der ein geschickter Erfinder neuer Quellen war und die schwedischen Könige sogar von dem im Alten Testament genannten Magog ableitete, kann das besondere Verdienst für sich in Anspruch nehmen, die ersten sechs Karls als Schwedenkönige erfunden zu haben.[34] Diese Königserfindung hat sich weit in das 20. Jahrhundert hinein gehalten und ist von sog. renommierten Historikern, nicht nur in Schweden, eifrig geglaubt worden. Es wäre ein Leichtes gewesen, Bd. 11 von „Meyers Großes Konversations-Lexikon" aus dem Jahre 1906 aufzuschlagen. Hier deklarierte man nämlich Karl VII. „eigentlich" als Karl I., und es wurde in runden Klammern ausdrücklich auf die Erfindung der ihm vorausgehenden sechs Karls durch den schwedischen Chronisten Johannes Magnus verwiesen.[35] Langjährig anerkannte Fälschungen haben aber nicht nur in Schweden zu einer solchen Zementierung von historischen Bezeichnungen geführt, dass die Ergebnisse der Fälschungen im Grunde nicht mehr revidierbar sind und die bestehende Nomenklatur beibehalten werden muss. Die totale Anpassung an die richtigen Erkenntnisse würde nicht nur in den Schulbüchern zu einem totalen Chaos führen, sondern auch immense Kosten zur Folge haben.

In Anbetracht der für Ungarn, Thüringen, die Schweiz, Polen und Schweden beigebrachten kritischen Erkenntnisse zur europäischen Frühgeschichte ist es methodisch korrekt und dem Prinzip der historischen Objektivität geschuldet, Illigs Phantomzeitthese hier nicht totzuschweigen, sondern etwas näher darauf einzugehen.

Herbert Illig[36] hat auf Grund umfassender bau- und kunstgeschichtlicher Studien die These[37] aufgestellt und vor allem mit beachtlichen baugeschichtlichen Argumenten untermauert, dass 1. die karolingische Periode erfunden bzw. interpoliert ist[38] und dass 2. angebliche karolingische Relikte bzw. Baudenkmäler einwandfrei aus ottonischer und sogar noch späterer Zeit stammen.[39] Illig hat seine Phantomzeitthese methodisch auf der Gleichbehandlung von Schrift- und archäologischen Quellen gestützt (eine Auffassung, die für die karolingische Epoche erst noch hinterfragt werden müsste) und seine Kritik vor allem am ‚karolinigischen' Zentrum Aachen aufgehängt.[40] Hier wiederum richtet sich die Kritik vorwiegend gegen die karolingische Pfalzkapelle, welche nach neueren Erkenntnissen sogar eine Synagoge[41] gewesen sein könnte. Der Schweizer Architekturhistoriker Volker Hoffmann von der Universität Bern bringt sehr tragfähige bautechnische Argumente dafür, dass die Pfalzkapelle „keineswegs aus der Zeit kurz vor 800 stamme, sondern aus der Zeit um oder kurz nach 500." Nicht einmal die Tätigkeit von byzantinischen Architekten und Vorarbeitern schließt er aus.[42]

Als weitere Gesichtspunkte, welche in die Phantomzeitdiskussion einbezogen werden müssen, schlägt Illig vor: Karlsgrab, Karlskult, Reliquienkult in Aachen, antizipierendes Wissen über Astronomie und die mathematische Null, Wirtschaft der Karolingerzeit.[43] Auf diese Gesichtspunkte gehen nun bezeichnenderweise Illigs Gegner gar nicht bzw. einige nur ganz am Rande ein.

Die konventionellen Kontrahenten bringen in ihren Beiträgen in „Ethik und Sozialwissenschaften" meines Erachtens keine wirklich brauchbaren Gegenargumente gegen die Phantomzeitthese. Ich möchte mich dabei im wesentlichen auf den Hauptkontrahenten Professor Gerd Althoff von der Wilhelms-Universität Münster beziehen. Damit der Leser sich selbst ein Bild von der Fragwürdigkeit seiner vielfach polemischen Kritik gegen die Phantomzeitthese von Illig machen kann, gebe ich hier seine zentrale Aussage, die zu Anfang seiner „Stellungnahme" steht, wieder:

„Die folgenden Bemerkungen orientieren sich nicht an den Fragen, die der Erfinder des ‚erfundenen Mittelalters' der hier geführten Diskussion vorzugeben versuchte. Dies hat einen einfachen Grund: Die von Illig gestellten Fragen gehen das Problem gar nicht grundsätzlich an, sondern locken den potentiellen Kontrahenten in Detaildiskussionen, die vom Wesentlichen eher ablenken. Ich unterstelle dabei nicht, daß Herrn Illig dies bewusst war. Doch wenn man jede Epoche, aus der einige Phänomene, Erscheinungen oder Bauten schwer oder gar nicht verständlich sind, streichen wollte, bliebe nicht mehr viel von der Weltgeschichte. Deshalb möchte ich mich mit den Thesen von Herrn Illig unabhängig von seinen Vorgaben auseinandersetzen und wähle hierzu einen diametral anderen methodischen Ansatz als Illig. Ich frage, was alles passiert sein muß, wenn Herr Illig mit seiner Behauptung recht haben soll, rund drei Jahrhunderte der mittelalterlichen Geschichte seien erfunden."[44]

Althoff geht offensichtlich nicht auf die von Illig zur Diskussion gestellten Punkte der Phantomzeitthese ein, er weicht aus und bemüht sich auch gar nicht, zu den von Illig zur Sprache gebrachten Widersprüchen der karolingischen Kultur

Stellung zu nehmen. Sportlich betrachtet, nimmt er den Ball nicht an, sondern spielt ihn wieder an Illig zurück. Illig wollte eigentlich nur wissen, welche stichhaltigen Gegenargumente die konventionellen Kontrahenten den offensichtlichen Defiziten und Widersprüchen der karolinischen Zeit mit besonderer Berücksichtigung des karolingischen Zentrums Aachen entgegenzusetzen haben. Gezielten Fragen auszuweichen, ist also, wie man hier sieht, schon längst kein Privileg mehr für Politiker. Auch Althoffs Methode besteht im Grunde darin, zu zeigen, dass man über die Kritikpunkte von Illig gar nicht sprechen müsse. Die Fälscher, „die man sich angesichts der Größenordnung ihrer Hervorbringungen als eine mehrere tausend Personen umfassende Gruppe von Gelehrten und Schreibern vorzustellen hat, hätten eine Hochkultur erfunden, die weit niveauvoller war als die Kultur der eigenen Zeit."[45] Althoff bringt dann wieder eine Reihe altbekannter Argumente der konventionellen mittelalterlicher Historiker, welche zeigen sollen, dass es die karolingische Epoche gegeben haben muss. Dabei beruft er sich ausschließlich auf die vorhandenen Schriftquellen, ohne jedoch auch nur die Idee einer Fälschung der ‚karolingischen' Urkunden und sonstigen Quellen in Betracht zu ziehen. Seit der urkundenkritischen Arbeit (1. Band) von Faußner, eines mittelalterlichen Rechtshistorikers, über Wibald von Stablo muss man davon ausgehen, dass auch ein großer Teil der überlieferten Urkunden des frühen Mittelalters, auch der Merowingerzeit (welche nicht in die ‚Phantomzeit' fällt), keine Originale sind, sondern gefälschte Abschriften aus wesentlich späterer Zeit.[46] Aus der Sicht des heutigen Erkenntnisstandes muss man die vorschnelle Berufung von Althoff, Borgolte[47] und Flachenecker[48] auf frühmittelalterliche Originalhandschriften und sonstige Originalquellen, die aus der karolingischen Epoche stammen sollen, mit Vorsicht beurteilen.

Dass die von Althoff behauptete und Illig vorgeworfene Hochkulturerfindung gar nicht so abwegig und absurd ist, zeigen die auf der Kölner Ausstellung zur byzantinischen Geisteswelt zum 1000. Todesjahr der Kaiserin Theophanu getätigten Aussagen byzantinistischer Autoren, welche Althoff leider nicht in „seinem diametral anderen methodischen Ansatz" berücksichtigt hat. Ich lasse Euw/ Schreiner persönlich zu Wort kommen:

„Zum spürbarsten Mangel der als ‚dunkle Jahrhunderte' bezeichneten Epoche zwischen 600 und 800 gehört das Nachlassen der historischen Tradition. Eigenständige Geschichtswerke sind aus diesem Zeitraum überhaupt nicht erhalten. [...] Originalwerke aus dem 9. Jahrhundert sind nicht mehr erhalten: die kaiserlichen Redaktoren haben gründliche Arbeit geleistet und die Vergangenheit so dargestellt, wie sie im 10. Jahrhundert im Interesse des Kaiserhauses aussehen sollte. Dies war dringend nötig [...] um die dunklen Anfänge der eigenen Dynastie zu beschönigen. Die Krone der Objektivität setzte der gelehrte Kaiser [Konstantin VII.] selbst dem Werk auf, indem er das Kapitel über seinen Großvater (und damit den Beginn der Dynastie [im 9. Jh.]) alleine verfasste. Das 10. Jahrhundert ist reich an historischen Darstellungen [der zeitgenössischen Geschichte]."[49]

Diese fundamentale die Phantomzeit bereits deutlich nahelegende Aussage von Euw/Schreiner im Jahre 1991 zur rückwirkenden Geschichtsgestaltung und damit zur Zeitfälschung im Byzantinischen Reich stammt nicht von einem Anhänger von Illig, sondern erstaunlicherweise von konventionellen Mediävisten byzantinischer Ausrichtung. Es fällt aber auf, dass diese neue Sicht der mittelalterlichen Geschichtsbetrachtung in der Byzantinistik nach der Kölner Ausstellung in der Versenkung verschwunden ist und keine Fortsetzung gefunden hat. Dass diese revolutionäre Sicht der byzantinischen Geschichte bei den Historikern der Länder des ehemaligen Weströmischen Reiches keinerlei Beachtung gefunden hat, bedarf wohl keiner besonderen Erwähnung und ist auch angesichts der Beiträge der Kontrahenten von Illig in „Ethik und Sozialwissenschaften" (Bd. 8) nicht verwunderlich.

Im Jahre 1992 hat Illig die Erkenntnisse von Euw/Schreiner aufgegriffen und gute Argumente dazu beigebracht, dass die mittelalterliche Fälschungsaktion tatsächlich vom byzantinischen „Erzfälscher" Kaiser Konstantin VII. in die Wege geleitet wurde. Dieser christlich-orthodoxe Kaiser, der von 905 bis 959 das Byzantinisch-Oströmische Reich von Konstantinopel (Istanbul) aus regierte, passt auch aus chronologischer Sicht in eine solche Fälschungsaktion hinein.

Illig leitet aus dieser byzantinischen Aktion eine Phantomzeit für die Jahre zwischen 614 und 911 AD mit fließenden Übergängen ab. In dieser großen Aktion hat Kaiser Konstantin VII. alle alten in **Majuskel** geschriebenen Urkunden und Dokumente in solche, welche in **Minuskel** geschrieben sind, umwandeln lassen. Die Kopie erfolgte dabei nicht wörtlich. Informationen, welche dem Kaiser nicht passten, wurden weggelassen. Stattdessen wurden neue Informationen in diese Minuskeltexte aufgenommen. Man darf wohl davon ausgehen, dass der Kaiser auch Ereignisse, die vor und nach der Phantomzeit liegen, in den ‚richtigen' Jahren in diese erfundene Epoche eingefälscht hat.[50] Konventionelle Historiker bezweifeln diese byzantinische Fälschungsaktion, weil sie diese für technisch, organisatorisch und logistisch undurchführbar halten und für eine solche Aktion keine plausible Begründung erkennen. Illig macht zum ersten Punkt geltend, dass das Byzantinische Reich ebenso wie heute die USA eine politische Leitfunktion besaßen und andere Staaten somit mehr oder weniger gezwungen waren, diese gefälschte byzantinische Chronologie zu übernehmen. Sowohl die Fälschung wie auch die Übernahme waren ohne Probleme machbar, wenn man bedenkt, dass selbst im Byzantinischen Reich die meisten Menschen Analphabeten und Aktionen des Herrschers und der Elite durch die Masse nicht erkennbar und kontrollierbar waren. Illig bringt über diese Argumente hinaus auch eine sehr plausible Begründung für eine solche massive Fälschungsaktion. Seine Erklärung fußt auf einer Tatsache, welche uns heute nicht mehr berührt, für die mittelalterlichen Christen jedoch der weltanschauliche Supergau war. Ich lasse hier Illig direkt zu Wort kommen:

„Wir wollen dafür das schrecklichste Ereignis heranziehen, das der mittelalterlichen Christenheit zustoßen konnte und zugestoßen ist: Der Verlust Jerusalems, des ‚Zentrums der Welt', und des Heiligen Kreuzes am 22.5.614 an die siegreichen Perser. Obwohl damals buchstäblich eine Welt zusammengebrochen sein muß, bleibt die Christenheit seltsam gelassen. Der offizielle Geschichtsverlauf kann das begründen: Kaiser Heraklios, der bis 615 seine ganzen Gebiete von Syrien bis Karthago-Tripolis an die Perser verliert, fasst dank einer göttlichen Vision den genialen Plan, direkt die Kernlande Persiens anzugreifen, um durch diesen Stich ins Herz der Sassaniden nicht nur all seine Länder, sondern auch das Heilige Kreuz zurückzugewinnen. So kommt das ‚christliche Palladium' 628 in byzantinischen Besitz zurück, wird auf Konstantinopel, Rom, Jerusalem und auf (Hundert-)Tausende von Kreuzsplittern verteilt und schützt erneut die Christenheit. Die zweite Eroberung von Jerusalem und des Heiligen Kreuzes, im Jahre 637 durch die Araber, kann demnach nicht mehr zum gänzlichen Verlust des Kreuzes führen. Trotz *legenda aurea* versinkt die weitere Geschichte des Heiligen Kreuzes in Dämmerlicht. Erst in den Kreuzzügen spielt es noch einmal eine bescheidene Rolle. 1187 zog ein Heer des Dritten Kreuzzuges unter seinem Schutz gegen Sultan Saladin, doch nur, um erneut Jerusalem und dieses Kreuzfragment zu verlieren."[51]

Man kann nach Illig die Geschichte des Heiligen Kreuzes aus der Sicht der nachgeschobenen drei Jahrhunderte auch anders sehen. Diese neue Sicht liefert eine wesentlich plausiblere Erklärung der Geschichte des frühen Mittelalters und der Kreuzzüge:

„Falls Herakleios jedoch keine göttliche Eingebung erhalten hat und sein Konter gegen Persien militärisch unmöglich war – wie hätte man den Verlust Jerusalems, der ja nicht kaschierbar war, erträglich machen können? Etwa so: Die Chronisten rücken das Schreckensereignis in weite Vergangenheit, außerdem erfinden sie eine rasche, also fast ebenso weit zurückliegende Rückeroberung der Kreuz-

Reliquie. Damit lässt sich die Existenz vieler Kreuzteile und -partikel begründen, die in Umlauf gebracht werden und das reliquiensüchtige Mittelalter mit neuer Hoffnung erfüllen. Die eigentlichen Kreuzzüge ab 1096 wären dann des irrealen Dramas später Akt; dieser begann 1096, keine 200 Jahre nach Verlust von Kreuz und Jerusalem."[52]

Die These von Illig bietet über eine radikale Neuinterpration der europäischen Frühgeschichte des Mittelalters hinaus den großen Vorteil, „dass sich die gesamte erste Eroberungsphase der Araber – Ägypten, Palästina, Syrien, Mesopotamien, Persien; von 633 bis 651 – als fingierte Doublette der persischen Eroberungen (610–616) bis hin nach Karthago erweist." Wir kommen damit auch zu der Erkenntnis, dass die arabische Kultur „deutlich persische Züge trägt"[53] und die große Kultur der Perser über die arabische Kultur nicht nur in der Antike, sondern auch noch im Mittelalter auf die Kultur Europas eingewirkt hat. Über die islamisch-persische Kulturschiene haben wohl auch die ursprünglich asiatischen Heereszeichen und Herrschaftssymbole des Adlers, des Doppeladlers (auch bei den Seldschuken nachgewiesen) und des Löwen, welche das feudalistisch-ritterliche Leben in besonderem Maße symbolisierten, in die europäische Feudalkultur Eingang gefunden.

Mit der Phantomzeitthese läßt sich der auffallende Mangel an archäologischen und baulichen Relikten in der Karolingerzeit besser erklären als mit bisherigen Deutungsversuchen.

Eine bisher nicht geklärte Schwachstelle der These von Illig bleibt aber nach wie vor die Sprachgeschichte. Der Germanist Martin Henkel weist darauf hin, dass die meisten uns bekannten althochdeutschen Quellen genau in die Epoche fallen, in welcher es nach der Phantomzeitthese gar keine sprachlichen Quellen geben dürfte. Illig und andere Verfechter der Phantomzeit müssten nachweisen, dass die bisher der karolinigischen Zeit zugeordneten Sprachrelikte entweder in die vorausgehende merowingische oder in die nachfolgende ottonische Zeit gehören und passen. Henkel analysiert die Schwierigkeit dieser Quellenzuordnung am Modell dreier wichtiger althochdeutscher Texte, welche auch für die Überlieferung und Wirksamkeit der christlichen Idee von großer Bedeutung sind, nämlich die *Evangelienharmonie* des Otfried von Weißenburg, der *Straßburger Eide* und des *Ludwigsliedes*.[54] Die Schlüsse aber, welche Henkel daraus zieht, sind jedoch weder logisch noch sachlich gerechtfertigt: „Wenn die Probleme, die sich vor allem mit den gernannten drei althochdeutschen Texten stellen, sich nicht in Einklang mit Illigs These lösen lassen, kann diese These als falsifiziert gelten. Aber auch alle anderen hier genannten Texte müssen im Rahmen der neuen Chronologie plausibel erklärt werden."[55] Mit dem Hinweis auf den Titel seines

Beitrags „... spâhe sint Peigira" („Klug sind die Bayern"), einer bekannten Aussage der Kasseler Glossen, schließt Henkel seinen Beitrag und setzt bei der Lösung dieser wichtigen Frage auf die Klugheit des Bayern Illig. Letzterer bringt in seiner Erwiderung auf Henkel einleuchtende Argumente zur Methode der Falsifizierbarkeit im allgemeinen und zur Stellung des Althochdeutschen und anderer Sprachen in Bezug auf die Phantomzeit im besonderen. Mit dem folgenden Satz bringt Illig in seinem Gegenangriff die Aporie der herrschenden Mediävistik auf den Punkt: „Viel bedenklicher scheint mir, dass die herrschende Lehre, die – dank der *Monumenta Germaniae Historica* – seit fast 200 Jahren entwickelt und ausgebaut wird, nach wie vor derart auffällige Schwachstellen hat. Wenn es binnen zweier Jahrhunderte nicht gelungen ist, ein Theoriegebäude ‚wasserdicht' zu bekommen, dann ist es wohl prinzipiell nicht möglich."[56]

Trotz der sprachwissenschaftlichen Schwachstelle überwiegen aber die rein historischen Argumente aus den verschiedenen Bereichen der Geschichte, dass diese dunkle Periode überhaupt nicht zwischen die merowingische Zeit, welche ja Gregor von Tours so fulminant beschrieben hat, und die nachfolgenden Epochen einer höher entwickelten Kultur und zunehmenden Geldwirtschaft passt. Illigs Phantomzeitthese wird zunehmend auch durch die Forschungen zur mittelalterlichen Frühgeschichte außerhalb des sog. engeren karolingischen Herrschaftsbereichs gestützt.

Bereits 1921 hat Simon Dubnow auf zwei Epochen hingewiesen, „in welchen das jüdische Denken zu versteinern scheint, wenn nicht gar verstummt."[57] Es ist das einmal die zweihundertjährige Epoche von 538–332 v. Chr. unter persischer Herrschaft und dann „die geistige Stille, die mit dem 6. Jahrhundert eintritt und bis ans Ende des 8. Jahrhunderts fortdauert"[58]. An dem typischen Beispiel des berühmten armenischen Historikers Moses von Khoren läßt Heinsohn für die armenische Geschichte 300 Phantomjahre immer wahrscheinlicher werden:

„Der Herodot der Armenier, Moses von Khoren (Khorenatsi) datiert sich selbst in das 5. Jh. und spürt keinerlei Sorge über Verwunderungen seiner Zeitgenossen, wofür man ihn heute nur belächeln kann. Schließlich weiß man, daß er im 8./9. Jh. gelebt haben muß, weil der nach der christlichen Chronologie zwischen 850–931 n. Chr. datierte Johann Catholicos der erste armenische Historiker wird, der Khorenatsi kennt und zitiert. Illigs Lösung bringt für Khorenatsi die Erlösung von seiner rätselhaften Konfusion."[59]

Über die armenische und jüdische Geschichte hinaus lassen sich auch in der ungarischen Frühgeschichte Schriftquellen und archäologischer Befund für das Gesamtgebiet bis hin zu den Byzantinern und Franken viel besser als bisher miteinander in Einklang bringen, wenn man auch für Ungarns Frühmittelalter eine Phantomzeit zugrunde legt. Diese Revolution der ungarischen Geschichtsschreibung wird natürlich auch für die Entwicklung des Christentums in Ungarn nicht ohne Auswirkung bleiben.

Selbst wenn die These von Illig wider Erwarten nicht voll zutreffen und widerlegt werden sollte, so ist inzwischen doch nicht mehr zu leugnen, dass das Karolingische Imperium, falls es je existiert haben sollte, auf keinen Fall die Ausdehnung und Qualität besessen haben kann, wie uns die wenigen erhaltenen Quellen (falls sie überhaupt aus der Karolingerzeit stammen sollten) weismachen wollen.

Zudem widerspricht es allen Regeln des wirtschaftlichen und logistischen Denkens, dass ein Mann wie Kaiser Karl, des Lesens und Schreibens nicht mächtig[60], in einer extrem ausgeprägten Naturalwirtschaft, in welcher Geld und Städte nur wenig entwickelt waren und es kaum brauchbare Straßen und Verpflegungsstationen gab, der mächtigste Herrscher des Mittelalters gewesen sein soll. Ob wirklich Karl der Große für seine Eroberungen mehr Reiter als Fußtruppen[61] eingesetzt hat, bedürfte weiterer Untersuchungen über die Arbeit von Mangoldt-Gaudlitz hinaus. Selbst wenn das der Fall sein sollte, ist angesichts der unterentwickelten Infrastruktur zweifelhaft, ob eine entwickelte Kavallerie seinen Feldzügen mehr zugute gekommen wäre als der Einsatz der Infanterie.

Karl der Große kann, wie Illig mit Recht hervorhebt, in der uns überlieferten Form mit den ihm zugeschriebenen geradezu übermenschlichen Fähigkeiten gar nicht existiert haben.[62] Diese These von Illig wird, wie zu erwarten, von den meisten konventionellen Historikern in der Form des Totschweigens abgelehnt. Der **Versuch** einer Widerlegung hat relativ lange auf sich warten lassen. Er erfolgte seltsamerweise nicht von Seiten der Geschichts-, sondern der Naturwissenschaft. Den Angriff auf Illig wagte ein Informatiker in München, der sich auch mit Astronomie beschäftigt.[63] Diese Attacke weist aber erhebliche Mängel auf. So schleppt z. B. Krojer „auch längst bereinigte Fehler" Illigs „unbeirrbar durch die Jahre mit."[64] Auch methodisch und inhaltlich weist Krojers Werk beträchtliche Mängel auf, was Illig in seiner Erwiderung auch penibel nachgewiesen hat. Wissenschaftlich höchst anfechtbar ist auch, dass sich Krojer nicht gescheut hat, seinen Freund Johann Reiter zu „eine[r] Gefälligkeitsrezension in der *Naturwissenschaftlichen Rundschau*"[65] zu veranlassen. Gunnar Heinsohn, Professor an der Universität Bremen, wirft Krojer, und zwar nicht nur wegen der Art und Weise, wie die Rezensionen zu seinem Buch zustande gekommen sind, „Schäbigkeit"[66] vor. Heinsohn begründet auch seine Kritik am unfairen methodischen Vorgehen Krojers gegen Illig: „Er hat am Ende also nicht nur die gebotene

Selbstüberprüfung, sondern auch eine kritische Überprüfung seiner Zeugen unterlassen. In Wirklichkeit hat er sich bloß nach Bündnispartnern gegen Illig umgeschaut und nicht nach überzeugenden Argumenten für die Existenz von drei in Abrede gestellten Jahrhunderten. Das ist ein Verfahren, das in der Politik üblich ist, dem wissenschaftlichen Streit aber nicht angehören darf."[67] Im Grunde hat somit Krojer durch die starke Emotionalisierung seiner Aussagen die Argumente Illigs für eine karolingische Phantomzeit eher verstärkt. Die Existenz einer karolingischen Phantomzeit gewinnt auch immer mehr an Gewicht durch die Tatsache, dass „auch niemand sonst Originaldokumente für die Zeit vom 7. bis zu der Mitte des 10. Jhs. vorzeigen kann". Für diese Zeit fehlen sogar jüdische Quellen, welche in anderen Epochen vielfach sogar reichlicher als christliche Quellen fließen.[68] Auch bei den Moslems ist die frühmittelalterliche Quellenlage so dürftig, dass auch für die islamische Kultur[69] eine Phantomzeit nicht auszuschließen ist. Es gibt eine Reihe von modernen Autoren, so z. B. Birken für den Raum Elsass[70], welche gute Argumente dafür bringen, dass – nach Elimination der Karolingerzeit – in der europäischen Geschichte ein direkter Übergang von der Merowingerzeit bis zu den ‚deutschen' Ottonen ohne Brüche durchaus nachvollziehbar und plausibel ist.

Die beiden hier dargestellten Alternativen, einmal die Phantomzeitthese und andererseits die These der total verfälschten bzw. verzerrten karolingischen Quellenlage, welche im Grunde rd. 300 Jahre der europäischen Geschichte physisch bzw. de facto eliminieren, hätten drastische Folgen für die Frage nach den Wurzeln der europäischen Kultur für ein Europa, in welchem sich führende Politiker und Intellektuelle zunehmend seit der Gründung der Europäischen Wirtschaftsgemeinschaft („Römische Verträge") auf Kaiser Karl den Großen als den Ahnherrn und wahren Gründer Europas berufen. Es gibt kaum eine Gestalt, um welche sich eine solche Fülle von Sagen rankt wie um Karl den Großen.[71] Für kaum eine andere Figur werden so viele Geburtsorte reklamiert wie für ihn. Bei keinem anderen mittelalterlichen Herrscher sind die Umstände der Geburt so ungewiss, auch über Kindheit und Jugend ist nichts Greifbares zu erfahren. Illig bringt diese Gedanken trefflich auf einen Nenner: „Schrittweise wurde er zu jenem allumfassenden Popanz ausstaffiert und aufgebläht, dem alles materielle Substrat abgeht und der schließlich jeden Bodenkontakt verliert."[72]

Sollte tatsächlich eine ganze Epoche, nicht nur im christlichen Raum, gemäß der These von Illig ausfallen müssen, dann gäbe es Probleme, das frühe Europa auf neue nachprüfbare und reale Wurzeln aufzubauen. Auch wenn sich Illig irren sollte, dann spricht sehr viel dafür, dass die Karolingerzeit, sogar falls der Großteil der bisher bekannten 460 karolingischen Originalurkunden (publiziert in

Monumenta Germanica Historica) einwandfrei überliefert sein sollte, nur ein ganz schwacher Abklatsch der historischen Realität und gegenüber späteren Perioden relativ wenig greifbar ist. Sogar konventionelle Historiker schließen nicht aus, dass ein Großteil der überlieferten Urkunden gefälscht und evtl. sogar erfunden ist.

Es blieben uns – angesichts des mageren Wirklichkeitsgehaltes der karolingischen Epoche – im Grunde nur die griechische und hellenistische Kultur, das Römische Reich mit Einbeziehung des byzantinisch-oströmischen Reiches und die jüdisch-christliche Tradition als prägende Faktoren der europäischen Kultur.

Nach Auffassung von Dr. Horst Friedrich waren diese oben genannten kulturellen Aggregate möglicherweise mehr, als man bisher annahm, von den asiatischen Kulturen geprägt[73] und griffen im Grunde weit über den Rahmen Europas hinaus. Das Römische Reich war eine Einrichtung, über welche Philosophien, technische Fertigkeiten und auch Religionen bis in die fernsten Provinzen verbreitet wurden. Dieses Reich trug auch dazu bei, Judentum und Christentum als Religion wie auch als kulturellen Wirkungsfaktor in die europäischen Länder hineinzutragen. Dabei gehe ich davon aus, dass zwischen Judentum und Christentum bis weit ins Hochmittelalter hinein dogmatische Gegensätze nur eine relativ geringe Rolle spielten, wenn man sich die Auffassung von Gurjewitsch[74] vor Augen hält, dass die christliche Prägung der mittelalterlichen „Christen" nur an der Oberfläche erfolgte. Bei der Lektüre von bairischen Quellen aus der Karolingerzeit gewinnt man zudem den Eindruck, dass das Denken der Menschen, zumindest der Oberschicht, noch stark vom Alten Testament geprägt war. „Auffällig ist, daß mehrere mittelalterliche Familien nach den Freisinger Traditionen eine Vorliebe für alttestamentliche Namen hatte. Es seien nur genannt Bischof Abraham (957–994) und andere Personen mit den Namen Isaac, Israel, Salomon, Samuel, Aaron, Joseph und Judith."[75] Aus diesen häufig vorkommenden Namen kann man nicht unbedingt darauf schließen, dass es sich um Juden handelt. Es ist durchaus in Erwägung zu ziehen, dass es sich um sog. Judenchristen handelt, für welche Altes und Neues Testament durchaus nicht im Widerspruch standen. Juden scheinen aber im karolingischen Freising durchaus eine hohe Wertschätzung genossen zu haben. Denn um 800 herum verfasste ein konvertierter gesetzeskundiger Jude einen Kommentar zu historischen Büchern des Alten Testamentes. Dieses Werk ist uns in einer Handschrift von 1100, geschrieben im Freisinger Scriptorium, überliefert.[76] Altes Testament und Judentum wurden also im frühmittelalterlichen und selbst noch im hochmittelalterlichen Baiern wohl noch lange Zeit toleriert und akzeptiert. Denn in einer zwischen 1197 und 1212 datierten Freisinger Urkunde erscheint ein Fridericus Zunt, auch *Fridericus Judeus* (der

Jude Friedrich) genannt, als Zeuge.[77] Im Jahre 1214 „tritt in einer Indersdorfer Urkunde, die in Freising ausgestellt wurde, ebenfalls ein *Fridericus Judeus* auf. Ob er aus Freising stammt oder aus dem Gefolge des bayerischen Herzogs, ist nicht auszumachen."[78] In einem seltsamen Kontrast mit den hier getätigten Aussagen steht allerdings eine weitere Handschrift des 9. Jahrhunderts, eine „Sammlung verschiedener Gesetze und Vorschriften", mit den *Capitula contra Judaeos* (den Rechtsvorschriften gegen die Juden) Karls des Großen.[79] Diese Capitula wurden aber wohl nicht in Freising oder in Baiern erlassen und publiziert.

Auch in diesem schwierigen Bereich der jüdisch-christlichen Beziehungen und Konflikte des frühen Mittelalters kann man nicht ganz sicher sein, ob das, was uns meist von christlicher Seite überliefert wurde, wirklich so stattgefunden hat, wie es auf uns gekommen ist. Wir stehen hier nicht nur vor der Frage einer Interpolation von drei Jahrhunderten in der Karolingerzeit, sondern auch vor dem Dilemma, dass von Jahr zu Jahr immer mehr mittelalterliche Quellen als Erfindungen und Fälschungen erkannt werden. Aus der Sicht meiner Thematik kommt es somit auf das gleiche hinaus, ob im Frühmittelalter rund 300 Jahre interpoliert wurden oder ein großer Teil der Quellen erfunden, rückdatiert oder gefälscht ist. Angesichts dieser Tatsache können wir davon ausgehen, dass das Bild, welches wir bisher vor allem auf Grund der handschriftlichen Quellen vom Mittelalter besitzen, nicht dem wahren Bild entspricht. Das gilt übrigens nicht nur für Figuren wie Karl d. Großen, sondern auch für die uns überlieferten historischen Abläufe, Ereignisse und Elemente der jüdisch-christlichen Kultur. Das folgende Kapitel soll verdeutlichen, dass Fälschungen und Manipulationen von Urkunden und anderen Quellen ein wesentliches Kriterium unseres Bildes vom Mittelalter bilden, auch vom Frühmittelalter, wie die Forschungen des (oben genannten) mittelalterlichen Rechtshistorikers Constantin Faußner zeigen.

Die Fälschungen des Mittelalters

Fälschungen gibt es nicht nur im Mittelalter, sondern auch in der Renaissance und nicht zuletzt im 19. Jahrhundert. Auch die Geschichte des 20. Jahrhunderts ist trotz der hochentwickelten modernen Informationstechnologie und der Kontrolle durch eine hyperkritische öffentliche Meinung nicht vor Fälschungen, Manipulationen und Medienmissbrauch sicher, wie neuere Arbeiten zu dieser hochbrisanten Thematik zeigen.[80] Die Informationsflut hat in den letzten Jahren ein derartig gigantisches Ausmaß erreicht, dass viele Menschen die meisten Informationen gar nicht mehr richtig aufnehmen und verarbeiten können. Angesichts der Datenmassen, mit welchen vor allem die Menschen in den sog. Industriestaaten permanent berieselt und überschüttet werden, fällt es den Medien immer leichter, halbwahre bzw. halbfalsche Informationen in die Welt zu setzen, bei denen der Verbraucher nicht mehr zwischen wahr und falsch unterscheiden kann. Wenn man den heutigen Informationsbetrieb kritisch betrachtet, dann hat man immer weniger den Eindruck, dass die Medien die Informationskonsumenten objektiv mit wahren Daten versorgen wollen. Man gewinnt eher immer mehr folgenden Eindruck: Ist die globale Datenvermittlung *auf allen Kanälen* nicht der „verzweifelte Versuch, wesentliche Merkmale dieser Kultur zu verschleiern, die Aufmerksamkeit auf den Wandel der Oberfläche und auf die technologische Raffinesse zu lenken?"[81] Wer sich damit begnügt, nur die Oberfläche der Dinge und Ereignisse zu vermitteln, lügt also noch viel raffinierter als derjenige, welcher unaufhörlich mit Händen greifbare falsche Informationen einhämmert. Verdeckte Lügen sind weniger leicht durchschaubar als offene. Lügende und manipulierende Medien hoffen in einer schnelllebigen Zeit wie der unseren auf den „kollektiven Verlust des Gedächtnisses". Wenn Medien, die mit den politischen Machthabern kooperieren, dabei behilflich sind, lange vor einer Wahl Wähler für dumm zu verkaufen, dann schwingt im Hintergrund (auf keinen Fall darf man das allzu deutlich äußern) immer der Gedanke mit, dass die Konsumenten, die Wähler, die Menschen spätestens nach einem halben Jahr alles wieder vergessen haben. Die immer mehr gedächtnisresistenten Köpfe, die in unserem Bildungssystem darauf trainiert werden, immer weniger Daten zu speichern, haben eine Menge damit zu tun, immer wieder neue Daten aufzunehmen, teilweise zu verarbeiten und zu speichern. In den externen vielfach digitalen Speichern werden zwar in geometrischer Zunahme immer mehr Daten von Datenexperten gesammelt und gesichert. Doch die einzelnen Personen haben vielfach weder Zeit noch Lust oder gar die Fähigkeit, sich mit diesen Daten auseinanderzusetzen und diese kritisch zu verarbeiten. Den einzelnen Gehirnen werden also nur relativ wenige Daten zugeführt, es findet im Grunde in einer angeblich mündigen Gesellschaft nur eine Oberflächenberieselung der Köpfe statt.[82] Es ist also ein Leichtes, Informationen zu fälschen und Informationskonsumenten zu manipulieren. Das Risiko, als Fälscher und Manipulator von Informationen erwischt und an den Pranger gestellt zu werden, ist minimal in Anbetracht der zunehmenden Globalisierung und Monopolisierung der Medien, vor allem im TV-Bereich. Wer Medienmissbräuche aufdeckt, muss zudem damit rechnen, dass er von den mächtigen Medien als undemokratisch hingestellt wird, nicht zuletzt, wenn er keine guten Rechtsanwälte hat. Fälschungen sind ohnehin nicht mehr so tragisch in einem System, in welchem nicht mehr die Wahrheit und Objektivität der Informationen oberstes Gebot ist, sondern die gute Präsentation und Vermarktbarkeit.[83] Die absolute Priorität der *schnellen* Vermarktung zwingt Journalisten und Medien, Informationen, welche die Leser und Hörer haben wollen, vielfach in einer Form abzuliefern, wo eine gewissenhafte und gründliche Überprüfung nicht mehr ohne weiteres möglich ist. Dabei wird das im Alten Testament als so lebenswichtig erkannte Hören (häufiger Ausdruck: „Israel, höre!") in erschreckendem Ausmaß durch das Sehen, durch die Bilder, kompensiert. Die zunehmende Lärmbelästigung, nicht nur in den Discos, zerstört die Hörfähigkeit in zunehmendem Maße. Der religiöse Zerfall geht also bezeichnenderweise Hand in Hand mit der Schwächung und dem Verlust des Hörens. Das Ungleichgewicht der Sinne äußert sich in einer Hypertrophie des Auges zu Lasten der anderen Sinne. Das ist der immer mehr zunehmende Fluch einer von der Schriftsprache geprägten Kultur, in welcher wichtige Fragen und Probleme nicht mehr mit allen Sinnen (sprechen, sehen, hören, fühlen) aufgenommen und erörtert werden.

Nicht zuletzt im Deutschen ist die Diskrepanz zwischen der künstlich entstandenen Schriftsprache und der mündlich-phonetischen Sprache besonders eklatant. Ausländer, vor allem aus dem angelsächsischen Sprachgebiet, empfinden diese Diskrepanz als besonders schmerzlich. Marc Twain lässt in seinem Werk „Die schreckliche deutsche Sprache" seinem Ärger über die deutsche Sprache, „die so unordentlich und systemlos daherkommt und dermaßen jedem Zugriff entschlüpft", auf höchst geistreiche Weise freien Lauf.[84] Das Problem wird heute eher noch verschärft, wenn man sich den zunehmenden Verfall der historisch gewachsenen gesprochenen deutschen Dialekte, also der gesprochenen Sprachen, vor Augen hält.

Dieser Schwund der Sprechsprache im Sinne der gehörbezogenen Phonetik ist nicht nur eine Verfallserscheinung unseres täglichen Lebens, sondern auch der heute praktizierten Wissenschaft. Kaum einer zeigt den Leerlauf unseres Kultur- und Wissenschaftssystems so an den Nerv gehend auf wie der in Oldenburg lebende Inder Prodosh Aich. Ich will deshalb seine kritischen Aussagen hier wörtlich festhalten:

„Mich haben die ‚Elite-Wissenschaftler' nicht überzeugt. Warum reden und schreiben sie nicht Klartext? Warum so umständlich, so verschlüsselt, so alltagsfern, so fremdländisch. Und dann die Kurzatmigkeit und die kurze Reichweite der Themen. Sie haben keine Antworten auf meine Fragen. Sie erklären nicht, warum Reiche noch reicher werden und die Armen immer ärmer. Auch nicht, wie Reiche reich geworden sind. Oder warum es so viel Geheimnistuerei gibt, warum alles Schriftliche unter Verschluss gehalten wird, das dokumentieren könnte, was die Mächtigen treiben. Andererseits die Informationsflut! Ich habe den Verdacht, dass sie Probleme, Verhältnisse, Zusammenhänge beschreiben, die sie aus ihrer eigenen Anschauung und Erfahrung gar nicht kennen. Sie schreiben ab aus Büchern früherer schreibender Gelehrter und glauben dem gedruckten Wort uneingeschränkt, Nach dem Motto: Wenn das gedruckte Wort nicht wahr wäre, würde es nicht gedruckt worden sein. Sie haben nicht gefragt, wie und woher ihre Vorgänger etwas gewusst haben, als sie ‚glauben machen' wollten, dass sie es wirklich wüssten."[85]

Es wäre nun allzu einfach, Geschichtserfindungen, -lügen und -verdrehungen, Fälschungen und Manipulationen des 19. und 20. Jahrhunderts, welche sich übrigens nicht nur auf die europäische Geschichte[86] beziehen, als eine typische Erscheinung des Zeitalters der Massenmedien zu deklarieren. Es ist in diesem Zusammenhang eher sinnvoll, nach dem Zusammenhang von wirtschaftlich-politischer Macht und Medien zu fragen. Politischer und wirtschaftlicher Machtmissbrauch impliziert auch den Missbrauch durch die Medien. In früheren Jahrhunderten gab es keine Medien im heutigen Sinne. Es waren aber die Instrumente der Bildung und der Wissenschaft (Handschriften, Bücher) in den Händen von relativ noch weniger Potentaten und Machtträgern als heute. Erschwerend kommt nicht zuletzt für das Mittelalter hinzu, dass einer dünnen Bildungs- und Machtelite auf der einen Seite eine extrem hohe Masse von Analphabeten gegenüberstand, welche noch weniger als heute eine Chance hatten, Fälschungen und Manipulationen zu durchschauen, zu erkennen und sich dagegen zu wehren. Wir dürfen deswegen mit Ralph Davidson, Uwe Topper und anderen kritischen Historikern davon ausgehen, dass Fälschungen und Manipulationen antiker und mittelalterlicher Dokumente in noch größerem Stil weit über die bisher bekannten Geschichtsmanipulationen hinaus im medienarmen Mittelalter durchgeführt worden sind. Illig machte, wenn man von Wilhelm Kammeier absieht, als einer der ersten „auf den gewaltigen Umfang an schon bislang entlarvten mittelalterlichen Fälschungen"[87] aufmerksam.[88]

Wie wenig die Fälschungen des Mittelalters noch zu verbergen sind, beweist die Tatsache, dass die Mediävisten immer mehr die Flucht nach vorne antreten. So fand in München im Jahre 1986 ein großer Kongress über *Fälschungen im Mittelalter* statt. Als Veranstalter fungierten die *Monumenta Germaniae Historica* in München. Das Protokoll des Münchner Fälschungskongresses zur Mediävistik von 1986 „umfasst mehr als 3.700 Seiten"[89] und wurde 1988 in einem Konvolut von fünf Bänden und einem Registerband publiziert.

Der Organisator des Kongresses von 1986 und Präsident *der Monumeniae Historica,* Horst Fuhrmann, veröffentlichte 1987 das Buch „Einladung ins Mittelalter".[90] Höchst bezeichnend an diesem Werk ist die Tatsache, dass der Autor die zahlreichen Fälschungen des Mittelalters nicht nur nicht leugnet, sondern diese sogar ins Positive umdeutet. Er bringt die gleichen Argumente wie einer, der vor Gericht steht und alles tut, um nicht verurteilt zu werden. Erstes Argument: Weil die anderen gefälscht haben, mussten wir auch fälschen. Wir mussten uns also wehren. Zweites Argument: Unser Fall (das Mittelalter) ist etwas ganz anderes als andere Fälle (Epochen). Die Fälschungen des Mittelalters könne man also nicht mit Fälschungen in anderen Epochen vergleichen und man könne somit nicht die kritischen Maßstäbe anlegen, wie man dies bei anderen Epochen praktiziert. Drittes Argument: Die anderen Epochen haben doch auch gefälscht. Warum sollten denn dann wir nicht fälschen? Es ist also in der mittelalterlichen Geschichtsforschung so wie vor Gericht: Der Angeklagte plädiert auf „unschuldig" und ist dem Richter böse, wenn er ihm nicht glaubt. Wenn man diese Argumente kennt, dann darf es einen nicht wundern, wenn beim Münchner Fälscherkongress von 1986 nicht viel herausgekommen ist. Die meisten Referate der Tagung gehen der Sache nicht auf den Grund und hängen sich an Quisquilien (z. B. Missbrauch von Siegeln) auf. Wilhelm Kammeier, den man mit diesem Kongress bekämpfen und unschädlich machen wollte, wurde totgeschwiegen und nur polemisch in einer Fußnote erwähnt. Die Frage, ob Teile des Mittelalters erfunden und in welchem Ausmaß Quellen gefälscht sind, fiel völlig unter den Tisch. Auch zu zentralen Themen des Mittelalters, nämlich zur Urkundenlehre, zur Paläographie (Schriftentwicklung) und zur Buchmalerei (als der Hauptkunstform des Mittelalters) haben die Referenten des Kongresses nicht wirklich fundiert Stellung bezogen, wie Pfister mit kritischem Talent hervorhebt.[91]

Beim 3. Medieval History Seminar in Washington D.C. ging es im Jahre 2003 schon härter zur Sache. Viele Teilnehmer ließen sich nicht durch die Anwesenheit des konservativen Mediävisten Fried beirren und kamen zu der Auffassung, dass mehrere Historiker „ihre historiographischen Quellen konsequent als Fiktionen verstanden".[92] Nicht wenige Teilnehmer zeigten sich in der Diskussion zudem für Kritik an der *karolingischen Phantomzeit* offen und stimmten darin überein, „daß das 9. Jh. mit derartig ‚gefälschten' historischen Texten durchsetzt sei, die zutreffender als fiktional anzusprechen seien".[93] Auseinandersetzungen über die Fälschungen und Erfindungen des Mittelalters im allgemeinen und über Illigs Phantomzeit im besonderen sind in der Geschichtswissenschaft keine Randerscheinung mehr, sondern wirken anteckend wie ein Grippevirus. Denn im Januar 2004 hat ein bislang wenig bekannter Autor einen sehr ansprechenden Neuansatz einer gegenüber Illig verkürzten frühmittelalterlichen Phantomzeit vorgelegt. Der Historiker Manfred Neusel kommt dabei, ausgehend vom Studium im Rhein-Main-Gebiet, auf insgesamt 220 Phantomjahre innerhalb der sicheren Grenzen zwischen 640/50 und 860/70.[94] Aber auch in der Mittelalterbranche sind heute Fälschungen kein Tabuthema mehr, wie die neuesten Studien zu den pseudoisidorischen Fälschungen[95] zeigen. Hartmann und Schmitz verweisen dabei auf das Fälscherteam von Corbie, „einer der bestausgestatteten und bedeutendsten Abteien des nördlichen Frankreich"[96]. Die Mönche dort haben ihr Fälscherhandwerk so gut verstanden, dass es bis heute nicht möglich ist, an die gefälschten Texte heranzukommen. Noch professioneller ist das, was die Fälscher in einem niederlothringischen Kloster zu bieten haben. Der Rechtshistoriker Faußner verdeutlicht die mittelalterliche Fälschungskunst am Beispiel von Wibald von Stablo, dem führenden Kopf eines mönchischen Fälscherteams.

Vor einigen Monaten hat Faußner sein bedeutsames Werk über diesen genialen mittelalterlichen Fälscher, Wibald von Stablo, publiziert. Dieses Werk[97] verdeutlicht, dass Fälschungen im Mittelalter keine Randerscheinung waren, sondern einen wesentlicher Faktor der mittelalterlichen Geschichte bildeten. Nach bisherigem Erkenntnisstand stammen die meisten Fälschungen aus dem 12. Jahrhundert.[98] Faußner und Anwander führen diese Häufung von Fälschungen seit dem 12. Jahrhundert auf Rechtskonflikte zwischen Papst und Reich im Investiturstreit (und überhaupt auf den Konflikt zwischen Staat und Kirche) zurück. Fälschungen von Urkunden müssen in Verbindung gebracht werden mit dem „Versuch der Kirche – insbesondere unter Papst Gregor VII. –, den gesamten Kirchenbesitz immerwährend für sich, zur vollen eigenen Verfügung zu behalten. Bis 1122 war der Hauptgrundbesitz der Kirche vom Reich nur geliehen, ohne Verfügungsgewalt, lediglich mit einem fest umrissenen Nießbrauchsrecht versehen".[99] Es ging also beim Investiturstreit nicht primär um religiöse Aspekte, sondern um Geld, Macht und Einfluss. Auf Grund dieser Gegebenheiten des Investiturstreites gelangt Faußner nicht nur zu höchst weitreichenden Schlussfolgerungen im

Bereich der Fälschungsfrage, sondern bringt auch überhaupt neue Erkenntnisse zum Wesensgehalt der mittelalterlichen Geschichte:

„Vor dem Wormser Konkordat von 1122 und vor der erst mit ihm herbeigeführten Unterteilung des Reichskirchengutes in vogtfreies (*bona ecclesiastica*) und bevogtetes (*bona saecularia*) wurde keine Königsurkunde für eine Kirche gefälscht, da eine Fälschung rechtlich zu nichts geführt hätte und somit zweck- und sinnlos gewesen wäre. Wird dies einmal erkannt und auch rezipiert, so entfällt auch die mühevolle und zeitaufwendige Erarbeitung und Verteidigung von Hypothesen, wann und zu welchem Zweck eine diplomatisch erkannte Fälschung vor dem 2. Viertel des 12. Jahrhunderts verfertigt wurde."[100]

Daraus zieht Anwander den logischen Schluss, „dass alle gut 6.000 noch existierenden Königsurkunden – angefangen bei den Merowingerurkunden und bis ins frühe 12. Jh. – Fälschungen sein müssen."[101] Aus dem hier Gesagten ergibt sich, dass im Falle einer einwandfreien Rechtslage Urkunden nicht mehr aufbewahrt, sondern vernichtet wurden. Gefälschte Urkunden, welche sich auf eine unsichere Rechtslage bezogen, wurden wesentlich länger aufbewahrt und blieben vielfach sogar bis in die Gegenwart erhalten, „da die Kirchen und Klöster ihre Ansprüche – nach ersten Niederlagen gegen den Vogt – nicht gleich aufgaben, sondern auf spätere Siege setzten und so vorwiegend oder gar ausschließlich nur die entsprechenden gefälschten Urkunden archivierten!"[102] In Verbindung mit der Tatsache, dass Faußner dem Wibold von Stablo nicht nur Urkundenfälschungen, sondern auch die Erfindung einer Reihe von historischen Persönlichkeiten, Biographien, Hagiographien und Reliquien und sogar Gegenfälschungen für die säkulare Gegenseite nachweisen konnte, muss man zu dem Schluss gelangen, das weit mehr als die Hälfte der überlieferten mittelalterlichen Quellen erfunden, gefälscht und manipuliert sind, und zwar wohl weitgehend durch schreibkundige Mönche in den Klöstern. Mit Urkundenfälschungen und -erfindungen vermehrten die Klöster und Orden wohl auch ihren eigenen Besitzstand. Damit wird nicht nur die Quellenlage des Mittelalters immer mehr ausgedünnt und unsicherer, sondern auch die von Illig und Anwander vertretene Phantomzeit der karolingischen Epoche eher gestützt.

Auf diese unsichere Quellenlage des gesamten Mittelalters hat bereits Kammeier, zu Unrecht als historischer Laie abqualifiziert[103], in einer fundierten Abhandlung von 1935 hingewiesen[104] und seine Kritik in einer Abhandlung von 1936–39 noch vertieft.[105]

Es ist sehr positiv zu bewerten, dass auch Davidson die Fälschungen des Mittelalters mit Bezugnahme auf den berühmten Münchner Mediävistenkongress von

1986 deutlich herausgestellt hat. Ich empfehle aber eine noch intensivere Vertiefung dieses Fragenkomplexes, da dieser der Dreh- und Ausgangspunkt nicht nur für den Wirkungsmechanismus des mittelalterlichen Christentums, sondern auch für die Rolle der Juden im Mittelalter ist. Vor Fälschungen war niemand und nichts sicher. Selbst fundamentale Staatsgrundgesetze wurden noch im späten Mittelalter raffiniert gefälscht. So ist z. B. auch das von dem habsburgischen Herzog Rudolf IV. 1358/59 erfundene „Privilegium maius"[106], auf welchem ja seit Jahrhunderten die politische Autonomie Österreichs begründet wird, eine seit langem bekannte raffinierte Fälschung dieses Stifters der Universität Wien.

In die richtige Richtung weist das Kapitel „Abschließende Irritationen" von Roman Landau[107], in welchem am Modell des Freibriefes der Stadt Hamburg von 1189 die Fälschungspraxis auch für größere Städte exemplarisch vorgeführt wird. Es wäre empfehlenswert, wenn Landau diesen Freibrief von Hamburg und andere städtische Fälschungen wesentlich intensiver interpretieren und diesen in Beziehung zu anderen vergleichbaren Fälschungen des Mittelalters setzen würde.

Die mediävistische Forschung des 19. und 20. Jahrhunderts hat bis heute nämlich Fälschungen von Urkunden und vergleichbaren Quellen vor allem für Kirchen, Klöster, adelige Herrschaften und Territorialherrschaften wie z. B. Österreich nachgewiesen und dokumentiert. Diese Fälschungen sind so interessant, dass man sie in einem eigenen umfangreicheren Kapitel auch unter Einbeziehung der neueren Literatur – vor der Analyse der städtischen Freibriefe (auch Lübeck wäre hier zu beachten) – ausführlicher erörtern und analysieren sollte, was hier ansatzweise versucht wird.

Mittelalterliche Quellen sind um so sicherer überliefert, je weniger sie rechtlich relevante Aspekte aufweisen und mit den „großen" kirchlichen und politischen Dingen zu tun haben. Kein Mediävist von heute leugnet mehr, dass das Mittelalter voll von Fälschungen und Manipulationen ist. Bisher ist man davon ausgegangen, dass nicht nur Urkunden aller Arten gefälscht wurden. Pfister weist in seinem neuen Werk daraufhin, dass „der universelle und gleichsam totalitäre Charakter" der von Kammeier und Edwin Johnson[108] beschriebenen „Große[n] Aktion"[109] dazu führen musste, „dass auch Münzen, Bildwerke und Inschriften auf Stein und Metall nachgemacht oder neugeschaffen wurden."[110] Diese Aussage dehnt Pfister auch auf die Antike aus, was von den konventionellen Althistorikern jedoch nicht akzeptiert wird.

Neben den eigentlichen Fälschungen von Urkunden und vergleichbaren rechtsrelevanten Quellen stellen die chronologischen Maßnahmen und Manipulationen ein besonderes Problem dar, welches sich auch auf die Bewertung der Antike auswirkt. Es ist denkbar, dass die Kalenderreform in Verbindung mit der Ablösung des julianischen durch den gregorianischen Kalender im Jahre 1582 nicht nur zu chronologischen Verzerrungen der Jahreszählung, sondern darüber hinaus zu weiteren Geschichtsmanipulationen geführt hat. Es gibt immer mehr Autoren, welche davon überzeugt sind, dass bei der päpstlichen Kalenderreform von 1582 nicht nur gefälscht und manipuliert wurde, sondern auch antike und mittelalterliche Handschriften und Autoren erfunden bzw. manipuliert worden sind. Gabowitsch stellt in diesem Zusammenhang sogar die Frage, ob das Altertum nicht eine „Erfindung der Renaissance"[111] sei. Seine überspitzt formulierte Frage ist verständlich, wenn man bedenkt, dass man im Mittelalter zwar über die Bibel Bescheid wusste (zumindest die weltliche und geistliche Oberschicht sowie die Mitglieder der geistlichen Orden)[112], dass man aber, von einigen Gelehrten abgesehen, so gut wie keinen Begriff vom Altertum hatte. Man darf zudem davon ausgehen, dass die große Masse der Menschen noch bis ins 18. Jahrhundert hinein weit davon entfernt war, ein historisches Bewusstsein zu haben. Selbst wenn man Ereignisse der Antike und des Mittelalters als wahr und real akzeptiert, dann kann man nicht ausschließen, dass die diesen Ereignissen zugeordneten Datierungen unrichtig sind und unter Umständen sogar um Jahrzehnte und evtl. sogar um Jahrhunderte vom ‚richtigen' Datum abweichen können.

Ich möchte die aus der gregorianischen Kalenderreform sich ergebende höchst aktuelle Frage der Chronologiekritik bzw. -revision, welche sich inzwischen bereits zu einer außeruniversitären Spezialdisziplin entwickelt hat, hier nur insoweit ansprechen, als dies für meine Themenstellung unbedingt erforderlich ist. Ein wichtiges Ergebnis dieser Chronologiekritik ist die seit 1582 gültige Anno-Domini-Chronologie, welche auf vier Ziffern beruht, z. B. statt 82 oder 582 steht 1582. Diese dreistellige Schreibung verirrt sich gelegentlich auch noch wesentlich später in die moderne Chronologie.[113] Höchst aufschlussreich ist auch die Tatsache, dass man im Vatikan und in Italien bis heute die Jahrhunderte ohne die Jahrtausendangabe zählt, also nicht *mille quattrocento*, sondern *quattrocento* für das 15. Jahrhundert. Erschwerend für die Ermittlung richtiger historischer Daten kommt noch hinzu, dass man in Ost- und Westrom bis ins hohe Mittelalter i. d. Regel nicht nach Monatsnamen (z. B. 5. Juli 1002), sondern nach den altrömischen Iden, Nonen und Kalenden, vielfach im Rahmen von Indiktionen[114], gerechnet hat.

In Verbindung mit dieser Frage der neuen gregorianischen Chronologie, welche ohne die neuen ‚arabischen' Ziffern undenkbar wäre, ergibt sich die zentrale Frage, „wie und auf welche Art der alte Julianische Kalender über einen Zeitraum von über 1500 Jahren mitsamt seinen vielen Schaltjahren verwaltet worden ist."[115] Solche grundlegenden Fragen der Chronologie ließ die konventionelle historische Forschung bis heute unerörtert. Die nach der Kalenderreform von 1582 getätigten Chronologierekonstruktionen wie z. B. von Scaliger[116] bilden auch noch heute die Grundlage unserer Chronologie. Seitdem hat sich hier, wenn man von den nicht konventionellen Forschern wie Morosov[117], Pfister etc. absieht, nichts wesentlich Neues getan.

Davidson hat als einer der ersten auf den höchst merkwürdigen Tatbestand hingewiesen, dass im Alten Testament die klassischen Autoren und Ereignisse der altgriechischen Geschichte und umgekehrt bei den klassischen griechischen Autoren das Alte Testament und die Ereignisse im alten Palästina keine Erwähnung finden. Auch bei Herodot, dem ‚Vater der europäischen Geschichtsschreibung', konnte ich nichts finden, was auf die Existenz eines jüdischen Volkes und jüdischer Schriften hingewiesen hätte. Herodot berichtet zwar über Palästina, kennt aber dort keine Juden oder Hebräer, sondern nur Syrer im „palästinischen Syrien".[118] Die Griechen bezeichneten die Assyrier und Kappadoker anders als die Barbaren als „Syrier" (Herodot I 72 und VII 63), die Perser die Syrier als Kappadoker (Herod. VII 72). Auch das arabische Küstengebiet wird von Syriern bewohnt (Herod. II 12). Sie gehören zur dritten persischen Satrapie und sind somit nicht autonom (III 90). Bei Herodot grenzt Ägypten an Syrien und die Phoiniker leben in Syrien (Herod. II 116). Er berichtet allerdings über Phöniker und Araber („Königreich Arabien" III 5) an verschiedenen Stellen. Ist es denkbar, dass er die Juden einem der drei semitischen Völker zurechnete und somit eine besondere Erwähnung nicht für nötig hielt?[119] Selbst wenn dem so wäre, so verwundert, dass Herodot nicht auf die Heiligen Schriften der Juden zu sprechen kam.

Auch für Christoph Pfister ist es „vollkommen unverständlich, weshalb zur Zeit der römischen Kaiser niemand biblische Themen nutzte, die doch angeblich schon bestanden hätten."[120] Serrade erklärt diesen eigenartigen Sachverhalt mit einem großen Zeitloch und plädiert für eine „Verkürzung der Kulturepochen" und rät zu „einer Elimination des Mittelalters." Auf Grund eines großen Zeitloches würde nach Serrade auf die Römerzeit unmittelbar die Renaissance folgen. Die Renaissance wäre somit im Sinne von Pfister nicht eine Wiedergeburt, sondern eine unmittelbare Fortsetzung der Antike.[121] Falls man eine solche Auffassung akzeptieren würde, wäre die logische Folge, dass das Judentum und Christentum bei weitem nicht so alt wäre, wie bisher angenommen, oder dass es auch erst später entstanden wäre. Es gibt darum auch immer mehr Autoren, welche in Nachfolge der radikalen Auffassungen von Wilhelm Kammeier versuchen, für eine spätere Entstehung des Christentums und anderer historischer Erscheinungen im späten Mittelalter bzw. in der frühen Neuzeit zu plädieren und eine solche Auffassung aus der Parallelität bestimmter Ereignisse und Herrscher in Antike und Neuzeit nachzuweisen. Für den Bereich der Naturphilosophie weist Hesse bereits 1961 auf die Parallelität der Naturphilosophie von früher Neuzeit und des alten Griechenland hin: „In 1600 natural pohilosophers are discussing the same problems that had exercised the scientific minds of Greece, using the same arguments and the same categories of thought, quoting the same authorities, describing the same simple experiments".[122] Autoren wie Davidson, Landau und Pfister sehen starke historische Parallelen vor allem zwischen der griechisch-römischen Antike und der Renaissance.

Wie sehr die Renaissance als eine Fortsetzung der äußeren und oberflächlichen Formen des antiken römischen Lebens gesehen werden kann, zeigt auch das erotische Treiben höchster kirchlicher Würdenträger im 14. Jahrhundert zu Avignon[123] und im Rom des 16. und 17. Jahrhunderts, bei welchem man spontan an die erotischen Zustände im alten Rom, wie sie in den Gedichten von Catull, Tibull und Properz geschildert werden, denken muss. Die starke Nähe zur Antike, welche unter Berücksichtigung der Phantomzeit nach Illig auch eine größere zeitliche Nähe bedeuten würde, zeigt sich auch in der Selbstverständlichkeit, mit welcher Homosexualität und andere abweichende Sexualpraktiken im Rom der Renaissance praktiziert worden sind. Vom wissenschaftlichen Geist der Antike und der christlichen Gesinnung des Neuen Testamentes spürt man im verarmten Rom dieser Zeit nur wenig.[124]

Fomenko, russischer Naturwissenschaftler, als Historiker umstritten, neigt im Gegensatz zu Serrade und Pfister dazu, die Zeit ab dem 11. Jahrhundert für gesichert und die zuvor als ungesichert zu betrachten. Er nähert sich damit im Grunde mehr der Auffassung von Illig, welcher die karolingische Epoche als eine Phantomzeit von drei Jahrhunderten eliminiert. Auch Fomenko entdeckt in der Scaliger-Chronologie von 1583 AD eine „merkwürdige Lücke von dreihundert Jahren, zwischen Christi Geburt und 300 AD"[125]. Illig bringt seine Lücke von 300 Jahren mit dem süditalienischen Theologen Joachim von Fiore in Verbindung. Dieser sah sich gezwungen, um seinen Generationenvergleich zwischen dem Alten und Neuen Testament (Der Adam des AT entspricht Christus im NT in der ersten Generation, David dem Kaiser Konstantin in der 12. Generation etc.) durchzuhalten und den Beginn des Zeitalters des Heiligen Geistes richtig zu ermitteln, zehn zusätzliche Generationen à 30 Jahre einzufügen, „die für die Zeit von 750 bis 1050 stehen. Nur mit diesem Trick blieb er im Einklang mit dem AT, das 42 Generationen von Abraham bis Christus kennt."[126] Diese Epoche des Heiligen Geistes sollte 1260 AD beginnen und versetzte die Christen nach dem Tod von Joachim (1202) in Angst und Schrecken. Wir sehen also am Fall von

Joachim von Fiore, dass man bereits im Mittelalter mit der bestehenden Chronologie nicht zurechtkam und mit 10 Generationen und 300 Jahren kräftig nachhelfen musste. Es fällt somit schwer, die Behauptung aufzustellen, dass Illig mit seiner Phantomzeitthese dem christlichen Mittelalter eine wesensfremde Sicht der Geschichte aufgezwungen habe.

Die Chronologiestudien der vergangenen Jahre lieferten über Illig hinaus zunehmend Argumente für die Tatsache, dass mit der konventionellen Chronologie etwas nicht in Ordnung ist. Ich gehe davon aus, dass die Chronologiestudien kommender Jahre weitere Klarheit in die europäische Geschichte der Antike und des Mittelalters bringen und damit auch ein Fundament dafür schaffen, inwieweit griechische und römische Antike sowie Juden- und Christentum Europa geprägt haben.

Was meine Arbeit betrifft, kann – trotz unsicherer chronologischer Grundlagen für Antike und Mittelalter – an der Wirksamkeit der jüdischen und christlichen Ideen bis in unsere Gegenwart nicht gerüttelt werden. Präzise chronologische Daten, vorausgesetzt dass man die Chronologiekritik für berechtigt hält, sind jedoch für das Wirken dieser Ideen für das 1. Jahrtausend n. Chr. bisher nicht beizubringen.

In der Geschichtsforschung waren bzw. sind bis heute Archäologie, Geologie und andere Sachwissenschaften nur sekundäre Disziplinen. Es gibt ja schon seit 1986 auf Seiten der Archäologie ernst zu nehmende Vertreter wie Timothy Champion und D. Austin, welche die Dominanz der schriftlichen Überlieferung über die Archäologie ablehnen. Die Feststellungen von Champion in seinem Vortrag von 1986 auf dem World Archaeological Congress in Southhampton „Medieval archaeology and the tyranny of the historical record" zur Beziehung von (schriftbezogener) Geschichtsforschung und Archäologie sind so lapidar und bedeutsam für eine künftige historische Methodik, dass ich diese hier wörtlich festhalten möchte:

„...das Programm für die Archäologie der historischen Perioden Europas [wird] von der Geschichtsforschung und deren Vorstellung von der Vergangenheit definiert ... Nicht nur werden die auf archäologischen Quellen basierenden Forschungen in der Regel gegenüber den auf schriftlicher Überlieferung beruhenden als zweitrangig angesehen, sondern auch der gesamte konzeptionelle Rahmen von Fragestellungen und Ergebnissen wird begrenzt durch die Interessen der Historiker".[127]

Es gibt keinen Bereich, in welchem, nicht nur in Antike und Mittelalter, so viel gefälscht und manipuliert wurde wie in der Historiographie. Ein neuer Denkansatz, wie oben beschrieben, sollte also auch dazu beitragen, dass nicht nur alte Fälschungen erkannt und eliminiert, sondern auch neue Fälschungen und Erfindungen im Bereich der Geschichte vermieden werden.

Wie notwendig eine interdisziplinäre Kooperation z. B. im Rahmen der Kunstgeschichte nicht zuletzt bei historischen Sachquellen ist, zeigen die beiden fast identischen männlichen Büsten bei Gabowitsch. Diese beiden Portraits „are dated with 14 centuries in between: a Roman portrait of AD 60 and a Renaissance portrait from the year 1474".[128] Im oben erwähnten Buch von Zhabinsky, Another history of arts (S. 157), „hundreds of examples demonstrate, that a big part of Renaissance was set in ancient times by wrong dating traditions" (Gabowitsch, ebd.). Eine solche Verschiebung von der Renaissance in die Antike hält Gabowitsch auch für die sog. Laokoongruppe[129] als höchst wahrscheinlich. Bei mehr interdisziplinärer Zusammenarbeit ließen sich meines Erachtens krasse Fehldatierungen weitgehend eliminieren bzw. wenigstens auf ein erträgliches Maß reduzieren. Irrtümer dieser Art bleiben sicher nicht auf die Kunstgeschichte beschränkt und lassen sich, wenn auch nicht so spektakulär, für andere Bereiche der Geschichte beibringen. Auch die religiöse Ideen- und die Kulturgeschichte, auf welche sich die vorliegende Thematik vor allem bezieht, sind nicht gegen Irrtümer aller Arten gefeit. Auch in diesem Bereich wird die kritische Anwendung neuer Methoden in Verbindung mit gezielter interdisziplinärer Zusammenarbeit zu neuen Erkenntnissen des jüdisch-christlichen Kulturtransfers, der nur wirklich sicher ab dem Hochmittelalter fassbar ist, führen und erkennen lassen, wie weit der Antijudaismus zurückreicht, welche Ausmaße er bereits im Mittelalter erreicht hat und welches die wahren Ursachen der Judenfeindlichkeit sind.

Die jüdische Symbolistik, die Menora, das Pentagramm und der Davidsstern

Soweit Quellen über Juden[130] aus dem frühen Mittelalter vorliegen, stellt man mit Erstaunen fest, dass das Zusammenleben zwischen Juden und Christen im Vergleich zum Spätmittelalter und der Neuzeit relativ harmonisch gewesen sein soll, und zwar nicht nur auf der Iberischen Halbinsel. Das Judentum bzw. Judenchristentum ist erst relativ spät als Religion in Europa fassbar. Es ist durchaus vorstellbar, „dass das ursprüngliche, das römische und spätrömische Christentum jüdisch war".[131]

Im mittelalterlichen Volksglauben gibt es eine Reihe von Anhaltspunkten, welche eine solche Auffassung untermauern. Dazu ein Beispiel: Der Teufel Belial, in der jüdischen Kabala „der erdgebundene, der materialistische Mensch, der *Adam belijal*, der gottfern geworden ist"[132], erscheint vor dem Richter Salomo, um Christus anzuklagen. Moses, die tragende Figur des Alten Testamentes, wird dem Angeklagten als Verteidiger zugewiesen. Salomo ist somit als Richter Jesus nicht nur juristisch übergeordnet, sondern hat auch über seine Taten und sein Wirken zu bestimmen.[133] (Abbildung mit Kommentar siehe **Anhang I**). Diese „Geschichte" ist streng wissenschaftlich nicht als historische Wahrheit einzustufen, enthält aber wie alle Mythen, Märchen und Sagen einen wahren historischen Kern. Aus der Selbstverständlichkeit, wie der mittelalterliche Volksglaube Figuren und Ereignisse des Alten Testamentes akzeptierte, kann man zumindest den Schluss ziehen, dass in der Spätantike, im Frühmittelalter und wohl auch noch bis weit ins Hochmittelalter hinein die Juden weder gesellschaftlich noch religiös ausgegrenzt und größere religiöse Differenzen aus der Sicht des einfachen Volkes (welches ja die Mehrheit war) nicht erkennbar waren. Es gibt immer wieder aus allen Ländern des mittelalterlichen Europa Nachrichten, welche auf ein konfliktfreies Zusammenleben von Juden und Christen hinweisen. Das Auge Gottes im Dreieck oder Achteck oder beide kombiniert ist bis in die Gegenwart ein Symbol, das sich sowohl in jüdischen Kultstätten (Synagogen und Friedhöfen, z. B. auf dem jüdischen Teil des Friedhofes von Montparnasse in Paris) und oberhalb des Hauptaltares von christlichen Kirchen, meist im Dreieck, befindet.

Ein Symbol für die jüdisch-christliche Symbiose ist auch der sechszackige Davidstern, auch als Hexagramm bezeichnet, der nicht nur in den Rosetten von Synagogen, sondern auch von christlichen Kirchen Nordspaniens und Südfrankreichs zu finden ist.[134] Roland L. Hughes macht in einem umfassenden Internet-Forumsbeitrag der Website www.revisedhistory.org/forum/showtread.aspx?m=91220 auf die erstaunliche Tatsache aufmerksam, dass der Davidsstern sogar in den Fenstern der Hagia-Sophia-Moschee in Istanbul fast versteckt dargestellt ist.

„A star of David protects the Moslem temple." Er bringt den Stern sogar in Verbindung mit dem antiken Bienenkult der heidnischen Göttin Diana. Diese Verbreitung des Sterns bei allen drei großen Weltreligionen legt die Idee nahe, dass der Davidstern ursprünglich weder ein jüdisches noch ein christliches oder moslemisches Symbol ist.

Abb. 1-3: Grabmale der Familien Destreicher (oben links), Salomon (oben rechts) und Wertheimer (links) auf dem Friedhof von Montparnasse

Der Stern besteht aus zwei übereindergelagerten Dreiecken. Dieser Stern ist seit 1897 nationales Symbol des Judentums, seit 1948 Bestandteil der Flagge Israels. In Franken und in der Oberpfalz sind seit dem 15. Jahrhundert sog. „Zoiglsterne" (auch als „Biersterne" bezeichnet) ebenfalls als sechszackige Hexagramme nachgewiesen. Es handelt sich bei ihnen nicht um Drudenfüße, welche auch Pentagramme genannt werden. Die Drudenfüße haben fünf Zacken und können in einer einzigen Linie gezeichnet werden. Die Gebrüder Grimm fassen in ihrem berühmten Wörterbuch sowohl das Pentagramm als auch das Hexagramm als „Drudenfusz" auf.[135] In der altbayerischen Brauchtumspraxis und -literatur wird der Drudenfuß ausschließlich durch das Pentagramm wiedergegeben, welches, um wirksam zu sein, in einem Zuge gezeichnet werden musste.[136] Mir ist kein Werk der altbayerischen Brauchtumsgeschichte bekannt, in welchem das Hexagramm als Drudenfuß gedeutet wird. Auch die gängigen Lexika von heute bringen den Drudenfuß mit dem Pentagramm („eine Art Fünfstern") in Verbindung.[137]

Das Pentagramm ist wohl wie das Hexagramm ein auf die heidnische Antike oder noch weiter zurückgehendes Symbol. Es galt bei den Pythagoräern als Zeichen der Gesundheit, gewann eine große Bedeutung in der antiken Philosophie der Gnosis (wörtlich: Erkenntnis), wurde im Mittelalter oft bei Zauberformeln verwendet und diente als Abwehrzauber gegen die Druden (abgeleitet von den Druiden, den keltischen Priestern und Weisen), welche in späterer Zeit mit den meist weiblichen Hexen gleichgesetzt wurden. Während das Pentagramm vor allem eine Art Abwehrzauber ist, dient das Hexagramm eher symbolischen Zwecken, als „Zoiglstern" bzw. Bierstern oder als David- oder Judenstern.

Die Zoiglsterne waren in Gestalt von Hexagrammen an der Spitze einer „Bierstange", eines Gatters oder Baumes befestigt[138]. Mit diesem Sternsymbol zeigten die Brauer ihr Recht zum Ausschank an. Diese fränkisch-oberpfälzischen Wirtshaushexagramme, welche also keine echten Drudenfüße bzw. Pentagramme sind, sehen genauso aus wie die Davidsterne in den Rosetten mittelalterlicher Synagogen und Kirchen in Spanien und Nordfrankreich. Als Beispiele nenne ich die Davidssterne in der christlichen „Blauen Kapelle der Benediktiner" in Narbonne und an der Synagoge von Beaucaire.

Abb. 4: Eingang mit Rosette der Synagoge von Beaucaire

Auf dem Bild des Hausbuches der Mendelschen Zwölfbrüderstiftung zu Nürnberg, zu Beginn des 15. Jahrhunderts entstanden, ist ein Bierbrauer, ein „Bruder" der Mendelschen Zwölfbruderstiftung, abgebildet. Er hantiert mit einer langen Stange in einer mit schweren Ringen versehenen Braupfanne. Zu seinen Füßen befinden sich vorne rechts zwei Bottiche. Er betreibt seine Kunst offensichtlich unter seinem Wirtshausschild, an dessen Spitze vorne sich deutlich ein Hexagramm, also *kein* fünfzackiger „Drudenfuß", befindet. Der abgebildete Bruder nennt sich *Herttel Pyrprew*. Der an einer Bierstange befestigte sechszackige Stern kann als Vorgänger der noch heute in der Oberpfalz vorhandenen Zoiglsterne bezeichnet werden. (Mehr Details zur Handschrift der Stiftung mit Bild in **Anhang II**).[139]

Ein besonders schöner „Zoiglstern" hängt noch heute, in eine kreisrunde Fassung eingepasst, an einer Stange als Firmenlogo vor dem Eingang des Gasthauses zum „Goldenen Löwen" in Kallmünz in der Oberpfalz (**Anhang III**). Der goldene Löwe ist auf fast gleicher Höhe wie der Davidstern in eine schmiedeeiserne Konstruktion eingearbeitet. In der Meinung des Volkes ist „Zoigl" untergäriges Bier, welches nach althergebrachter Weise gebraut wird.

Vermutlich gibt es noch weitere Gasthäuser (neben den unten genannten Orten) in Franken und der Oberpfalz, welche das sechszackige Hexagramm, das dem sechszackigen Davidstern genau gleicht, in ihrem Wirtshausschild haben. Die Websites www.zoigl.de und www.waldnaabtaler.de bringen Beispiele für Zoiglstern und Zoiglbier in der Oberpfalz und in Franken, so z. B. in Neuhaus und Altenstadt bei Vohenstrauß.

Besteht nun zwischen dem Bier- bzw. Zoiglstern sowie dem in französischen und spanischen Kirchen/Synagogen und auch im aschkenasischen Kulturraum vorkommenden Davidstern ein Zusammenhang? Beide nämlich sind von der Form her Hexagramme. Beide, der „Bierstern" und der „Davidstern", tauchen erstmals im 15. Jahrhundert auf, als Aushängeschild an Wirtshäusern, vor allem in Süddeutschland, und als „Magen David", als Schild Davids (aschkenasisch „Mogen Dovid"), im jüdischen Kult. „Zum beliebtesten Symbol des Judentums wurde der M. D. [Magen David] erst durch Isak *Lurja (15. Jhdt.). Unter der Bez[eichnung] ‚Schild Davids' trat es als j. [jüdisches] Symbol neben die *Menora [siebenarmiger Leuchter], die bis dahin als Schild Davids gegolten hatte, um diese allmählich an Synagogen, Kultgeräten u. dgl. zu verdrängen." Ein solcher Davidsschild findet sich auch in einer Hamburger Handschrift von 1564 (wohl heute in der Hamburger Staatsbibliothek) und begegnet seit dem späten Mittelalter auch in den Seder-Feiern des jüdischen Pessachfestes, in den Siegeln jüdischer Gemeinden und nicht zuletzt schon vor 1948 als zionistisches Abzeichen.[140]

Liegen den beiden hier aufgeführten Arten des Hexagrammes gleiche Ursachen zugrunde? Leitet sich der Davidstern, das Hexagramm, vom Pentagramm (Drudenfuß) ab oder umgekehrt der Drudenfuß, das Pentagramm, vom Hexagramm? Oder haben beide eine gemeinsame Wurzel? Auffallend ist jedenfalls, dass beide, „Zoiglstern" und „Davidsschild", ihren eigentlichen Ursprung im späten Mittelalter haben. Kann man aus der Gleichheit der beiden Hexagramme und der Gleichzeitigkeit der Entstehung schließen, dass die Juden in Franken und in der Oberpfalz und evtl. auch anderswo in der Bierproduktion (in Süddeutschland, lange Zeit ein Weinland, erst relativ spät Beginn der Bierproduktion) mitzureden hatten, z. B. als Gutachter, Händler und Financiers? Es sei daran erinnert, dass Juden bis weit ins 20. Jahrhundert hinein in der Hopfenwirtschaft und im Hopfenhandel in Bayern eine beherrschende Rolle spielten und im Fränkischen sogar als Brauer tätig waren. Oder waren sie zuständig für das Versiegeln des Bieres? (Zoigl = Siegel?) Darüber schweigen aber die Quellen.

Die folgenden Ausführungen zu den Grundelementen des Brauens (Grundelemente Feuer, Wasser, Luft), wie sie noch heute von den Betreibern der Zoiglbrauereien vertreten werden (z. B. in der Website www.zoigl.de), finden sich auch als Aussagen der jüdischen Kabbala und Alchemie und erinnern an die Anfänge der jonischen Philosophie im altgriechischen Kleinasien. Die jüdische Kabbala äußerte sich im Osten Europas als sog. Chassidismus, als die „Weisheit der Chassiden", welche noch im Werk von Martin Buber ihren Niederschlag gefunden hat.[141] Kabbala und Chassidismus klammern die Wirkungskräfte des Elementaren und Irdischen nicht aus. Davidstern und Zoiglstern sind Emanationen dieses elementaren Denkens.

Der sechszackige „Zoiglstern", aus zwei ineinander gesteckten gleichseitigen Dreiecken gebildet, vom Davidstern nicht zu unterscheiden, soll die beim Brauen beteiligten Elemente Feuer, Wasser und Luft[142] sowie die im Mittelalter bekannten Zutaten Wasser, Malz und Hopfen symbolisieren. Nach kabbalistischer Auffassung ist der Magen David (Schild Davids) „die innige Verknüpfung der sichtbaren mit der unsichtbaren Welt"[143], welche über die Grundelemente Luft, Feuer und Wasser erfolgt.

Zoiglbier wurde und wird bis heute in sog. Kommunalbrauhäusern auf meist genossenschaftlicher Basis gebraut und ausgeschenkt. Die Verengung des „Zoigl" bzw. des „Zeug" auf den Begriff „Hefe" erscheint jedoch sehr fragwürdig und allzu simpel. Es gibt auch noch eine andere tiefer schürfende Erklärung. Der

Germanist Schweisthal von der Ludwig-Maximilian-Universität München deutet „Zoigl" („z" wie „ß" gesprochen) als Siegel. Bier war nämlich schon in den Anfängen der Bierproduktion versiegelt worden (um Pantschereien vorzubeugen). Der Bierhistoriker Schultheiß bezeugt diese Siegelpraxis bei den Brauereien ausdrücklich für das spätmittelalterliche Nürnberg.[144]

Auf jeden Fall ist es kein Zufall, dass sich Zoiglsterne vor allem in der Oberpfalz und wohl auch in Franken erhalten haben. Denn in diesen Regionen gab es bis weit in das 19. Jahrhundert hinein eine tragbare Symbiose zwischen Juden und Christen, wie der Franke Karl-S. Kramer immer wieder in seinen Werken über die Kultur Frankens verdeutlicht. Juden waren in diesen Regionen nicht großflächig, wie z. B. im Altbayerischen und in Regensburg, im späten Mittelalter und in der frühen Neuzeit vertrieben worden. Es wäre also durchaus denkbar, dass sie in Franken und in der Oberpfalz nicht nur generell im Wirtschaftsleben eine wichtige Rolle spielten, sondern speziell auch im Brauwesen eine zu beachtende Größe darstellten. Selbst bei der Gründung der Löwenbraurei in München im 19. Jahrhundert war ein fränkischer Jude maßgeblich beteiligt. Bei so vielen positiven Gemeinsamkeiten der Symbolistik kann man sich über das Aufkommen des Antijudasismus im Hochmittelalter nur wundern.

Toleranz und Philosemitismus in Mittelalter und Neuzeit

Bei der Beurteilung der Juden durch die christliche Umwelt muss man sich, um zu einem objektiven Urteil zu gelangen, vor Augen halten, dass die uns überlieferten antijüdischen Gesetze, Regelungen, Erlasse weltlicher und kirchlicher Obrigkeiten nicht immer mit der tatsächlichen Behandlung jüdischer Menschen übereinstimmen. Vorindustrielle Epochen sind auch dadurch charakterisiert, dass gesetzliche Regelungen und Erlasse oft nur auf dem Papier standen und nicht befolgt wurden.

Man muss sich also als Historiker davor hüten, geschichtliche Verhältnisse nur aus der Sicht der Rechtssphäre zu betrachten. Sowohl aus jüdischer wie auch aus christlicher Sicht zeigt der Verlauf der mittelalterlichen und neuzeitlichen Geschichte, dass verschiedene Herrscher und Regierungen sich nicht bzw. nicht immer an die Beschlüsse der Päpste, kirchlicher und weltlicher Potentaten hielten und Juden sogar als Hoffaktoren, Minister, Berater und Sprachlehrer einsetzten. Juden waren in ganz Europa bis weit in die Neuzit hinein häufig Hof- und Hausärzte höchster Kreise. Es ist nicht zu übersehen, dass trotz der rigiden Bestimmungen des Laterankonzils, der regionalen Rechtsbücher und des Antijudaismus der Massen die kirchlichen und weltlichen Machthaber mit den Juden vielfach recht eng zusammenarbeiteten und letztere in der Regel unter ihren besonderen Schutz stellten. Diese soziale und wirtschaftliche Symbiose äußert sich unter anderem auch darin, dass betuchte Juden, z. B. jüdische Bankiers, bis weit in die Neuzeit hinein sehr häufig in unmittelbarer Nähe der Domkirchen lebten und unter dem Schutz des Bischofs standen. Wenig bekannt ist auch die Tatsache, dass neben dem Osmanischen Reich der Vatikan gegen den ausdrücklichen Rat der jüdischen Gemeinde von Rom den größten Teil der aus Spanien Ende des 15. Jahrhunderts vertriebenen Juden aufnahm.[145]

Bei der Behandlung der Juden gab es wie auch bei der Gesamtbevölkerung allerdings eine breite Skala: Getaufte Juden wurden anders behandelt als nicht getaufte, wohlhabende anders als arme. Aus den rigiden Vorschriften des Freisinger Rechtsbuches, welche die sozialen Beziehungen zwischen Juden und Christen minimierten, könnte ein Historiker, der die rechtliche Normierung der sozialen Realität gleichsetzen würde, auf die Idee kommen, dass den Juden jeglicher Eintritt in die ‚bessere' christliche Gesellschaft und der soziale Aufstieg völlig unmöglich geworden war.

Dieses „Freisinger Rechtsbuch" von 1328, das sich auf den Bayerischen Landfrieden von 1300, das Augsburger Stadtrecht (1276/1281) und vor allem auf den

Schwabenspiegel stützt, enthält „hauptsächlich Vorschriften über Diebstahl, Erbrecht und die Juden". In diesem Buch mit insgesamt 278 Artikeln werden Juden in vielen Punkten mit Christen gleichbehandelt, z. B. im Fall von Totschlag. Wichtig erscheint mir die Bestimmung, dass Juden nicht zwangskonvertiert werden durften. Allerdings waren Konvertierte voll ins bürgerliche Leben integriert und es wurde von Seiten der Christen alles getan, z. B. durch Sammlungen in Kirchen, dass der getaufte Jude wegen „leiblicher Not" nicht mehr ins Judentum zurückfalle.[146]

Auf eine wohl positive Bewertung der jüdischen Kultur durch die christliche Umgebung deutet die erstaunliche Tatsache hin, dass auf den Wappen adeliger Familien, die unverkennbar jüdische Namen tragen, im Raum Freising im 15. Jahrhundert jüdische Symbole auftauchen. Ob man daraus den Schluss ziehen kann, dass es sich um Familien jüdischer Provenienz handelt, lässt sich nicht mehr klären, ist aber in Anbetracht der noch im 9. und 10. Jahrhundert im Raum Freising vorkommenden alttestamentlichen Namen auch nicht ganz auszuschließen. Das Wappen der adeligen Familie der *Jud von Bruckberg* „zeigt einen bärtigen Judenkopf mit dem entsprechenden spitzen Hut. Auch der Grabstein des Paulus Jud von Bruckberg von 1475 in der Bruckberger Pfarrkirche enthält das gleiche Wappen"[147]. Das Wappen der Familie Jud ist in stilisierter Form in Apians Wappensammlung abgebildet.[148] Die schönste Darstellung bietet das Allianzwappen der Familien Jud und Radlkofer. Dieses befindet sich als Malerei auf dem Vorsatzblatt eines Psalters der Dombibliothek Freising. Diese Inkunabel ist 1477/78 gedruckt worden und befand sich im Besitz des altbayerischen Adelsgeschlechtes der Herren von Bruckberg.[149] Der spitze Judenhut befindet sich hier sowohl auf dem Wappenschild als auch oberhalb der Wappenkrone. Aus dem beigefügten Text geht hervor, dass es sich um die Jud von Bruckberg handelt.

Neben den Bruckbergern taucht auch das Geschlecht derer von Judmann, ein Name, der unverkennbar jüdisch klingt, seit der ersten Hälfte des 13. Jahrhunderts in Oberbayern auf. Der erste uns bekannte Judmann ist Gerold Judmann von Reichertshausen im Landkreis Freising. Nach Auffassung Strzewitzeks stammt Gerold nicht aus dem Geschlecht der Judmann, sondern dem der Waldeck.[150] Wie aber ein Waldecker zum Namen Judmann kam, ist aber nach wie vor nicht ausreichend geklärt. Gerold war sogar Bischof von Freising. Schlecht soll er jedoch sein Bistum elf Jahre lang verwaltet haben, deshalb wurde er wohl auch außerhalb des Münsters (*monasterium*) in der Vorhalle begraben. „Er entäußerte viele Kirchengüter, aber das Entäußerte wurde durch seinen Nachfolger, den Bischof Conrad Tölknar (wohl Konrad von Tölz), wieder (an die Kirche) zurückgebracht". Sein Grabstein befindet sich in unmittelbarer Nähe

Abb. 5 und 6: Wappen der Jud von Bruckberg im Psalter des Nicolas (de Lyra) (oben Ausschnitt)

desjenigen von Gerold Judmann. Tölknar hatte ihn auch 1230 in Rom verklagt und seine Absetzung bewirkt. Dem Streit zwischen Gerold Judmann mit Konrad von Tölz lag ein politisches Motiv zu Grunde. Denn Gerold hatte Freising von dem judenfreundlichen Herzog Ludwig dem Bayern, dem späteren Kaiser, zu Lehen genommen. Am 29. Juli 1230 setzte ihn der Papst unter dem Vorwand schlechter Bistumsverwaltung ab. Kaiser Ludwig bestätigte dieses päpstliche Urteil, er wollte es sich nicht noch weiter mit der Kurie verderben. Gerold starb als Canonicus am 29. März 1231.[151] Sein 1,93 Meter hoher Grabstein, mit einer lateinischen Inschrift versehen, befndet sich als eine in einen Pfeiler eingemauerte rechteckige rote Marmorplatte in der Pauluskapelle des Freisinger Domes.[152] Der Grabstein von Gerold Judmann weist keine jüdischen Symbole auf. Von den Judmanns hört man dann lange nichts mehr. Wie aus dem Nichts tauchten Ende des 14. Jahrhunderts die Judmanns im bayerischen Adel auf und starben wie so viele Adelsgeschlechter im 15. Jahrhundert aus.

Abb. 7: Grabstein mit Wappen der Jud von Bruckberg an der Außenwand der Pfarrkirche Bruckberg

In der Urkunde vom Freitag von St. Lucia (12.12.) 1421 werden eine Reihe von Adeligen genannt, welche den Münchner Herzogen Ernst etc. versprachen, sich für eine bestimmte Zeitdauer „aller Gewaltthat zu enthalten."[153] Dazu gehörten auch die Judmanns. Ein Henricus Judmann von „Staingriff", wohl die Hofmark Steingriff im Landgericht Schrobenhausen, wird Anfang des 15. Jahrhunderts als Domherr und späterer Dekan (Dechant) zu Freising genannt.[154] Der Grabstein des 1436 Verstorbenen befindet sich im Kreuzgang des Domes zu Freising. Zu Füßen von Heinrich Judmann ist dort das Wappen der Judmann, nämlich in einem blauen rechten Schrägbalken drei weiße Judenmützen, zu sehen."[155] Die Judmanns waren keine adelige Randerscheinung, denn Ulrich Judmann (1377 urkundlich genannt) war der Schwager des Hanns von Preysing zu Kronwinkel[156], einem Geschlecht, das im Herzogtum Bayern bis zum Ende des Alten Reiches wichtige Positionen am Hofe der Wittelsbacher einnahm. Mit seinem Enkel Hanns starb das Geschlecht der Judmanns 1497 aus. In der Geschichte Iberiens und Südfrankreichs lassen sich Beispiele für den Aufstieg von Juden in den Adel und in die hohe Geistlichkeit nachweisen. Das wohl bekannteste Beispiel ist Christoph Columbus, der als Sohn eines Juden 1451 in Genua geboren und in Spanien geadelt wurde. Der Großinquisitor Torquemada hatte eine jüdische Urgroßmutter. In diesem Sinne kann man auch für Bayern nicht ganz ausschließen, dass die Jud von Bruckberg und die von Judmann jüdische Wurzeln haben, die allerdings weiter zurückreichen könnten als bis zum 14. Jahrhundert.

Abb. 8: Grabplatte des Bischofs Tölknar im Kreuzgang des Freisinger Doms

Abb. 9: Oberer Teil der Grabplatte mit Inschrift von Henricus Judmann

Eine einmalige Erscheinung in der Judenpolitik des späten Mittelalters, einer Epoche, in welcher der Antijudaismus immer mehr zunahm, ist Ludwig der Bayer, der einzige Wittelsbacher auf dem Kaiserthron im Mittelalter. Unter seiner Herrschaft entstand auch das Freisinger Rechtsbuch. Thomas Heinz hat Ludwigs Beziehungen zu den Juden für so wichtig erachtet, dass er dazu das umfangreiche Kapitel „Ludwig der Bayer und die Juden" in seine Ludwig-Biographie eingebaut hat. Heinz zeigt hier, dass der Kaiser schon zu Beginn seines politischen Auftretens nicht nur den Landesfürsten, sondern auch dem in Avignon residierenden Papst gegenüber eine unzweideutige Haltung in der Behandlung der Juden an den Tag legte. Er schritt immer wieder massiv gegen marodierende Adels- und Bauernbanden, welche die Juden vor allem in Franken, im Rheinland und im Elsass verfolgten und ermordeten, ein. In Mandaten und Erlassen forderte er die Landesfürsten auf, Leib und Gut der Juden zu schützen. Den seit dem 14. Jahrhundert immer mehr um sich greifenden Klischees der Hostienschändung, Ritualmorde an Kindern und der Brunnenvergiftung durch Juden stand er äußerst ablehnend gegenüber. Absolut heftig war sein Eingreifen, als man in München die Leiche eines männlichen Knaben entdeckte. Die sog. öffentliche Meinung erklärte diesen Todesfall, ohne dass irgendwelche Beweise vorlagen, als jüdischen Ritualmord. Den Juden drohte daraus ein ähnliches Schicksal wie 1298 in Franken, als die dortige Rindfleischbande allein in Würzburg 900 Juden gelyncht haben soll. Kaiser Ludwig war über diese Anschuldigung und das Verhalten der Münchner Bürger den Juden gegenüber so empört, dass „er es gestattet habe, die Wallfahrer [die an den sog. Tatort gezogen waren und den toten Knaben als Martyrer verehrten] auszuplündern und zu verprügeln." Der Kaiser soll sogar den Befehl erteilt haben, „die an der Fundstelle der Leiche errichteten Buden sowie ein Kreuz niederzureißen und die Trümmer wegzuräumen." Ludwigs Chronist, der ansonsten dem Kaiser sehr positiv gegenüberstand, ließ sich auf Grund dieses Vorgehens gegen die Judenfeinde zu der Aussage hinreißen, dass der Kaiser „nicht im Einklang mit dem katholischen Glauben und der Gerechtigkeit gestanden hätte."

Auch im Elsass schritt Ludwig gegen eine antijüdische Bande vor Colmar im Frühjahr 1338 ein. Diese Bande war nahe daran, die nach Colmar geflüchteten Juden umzubringen. Am 11. März 1338 entschied auf Antrag der Herzöge von Österreich (Vetter von Ludwig) das kaiserliche Hofgericht, „daß jedermann, der die unter deren Herrschaft stehenden stehenden Juden erschlagen habe oder daran eine Mitschuld trage, den Klägern mit Leib und Gut verfallen sei." Am 16. Mai 1338 wies Ludwig den Herrn Gerlach von Limburg und die Stadt Limburg an, „die von den benachbarten Herren und Bauern bedrängten Juden als des Reiches Kammerknechte zu schützen und wieder in die Stadt aufzunehmen."

Ludwig schützte nicht nur die deutschen Juden, sondern war auch bereit, die in England und Frankreich schlecht behandelten Juden als (steuerpflichtige) Kammerknechte in Deutschland aufzunehmen, und gestattete auch den Angehörigen des niederen Adels, kleinere Gruppen von ausländischen Juden anzusiedeln. Ludwig war in einem Maße Schutzherr der Juden im Reich, dass sogar seine Gemahlin ihm vorwarf, „sich als ein Freund der Juden zu verhalten." Noch weiter ging sein Sohn Ludwig, Markgraf von Brandenburg, der in seinem Vater „einen Feind der christlichen Religion" gesehen haben soll. Kaiser Ludwig, der viele Jahre lang im Machtkampf gegen die Päpste von Avignon einen schweren Stand hatte, machte sich mit seinen judenfreundlichen Maßnahmen nicht nur bei Papst und Kirche, sondern auch beim ‚christlichen' Volk verhasst und schwächte damit seine Machtbasis.[157] Diese gerechte Behandlung der Juden hat sich auch nicht gerade positiv auf die Beurteilung des Kaisers in der (bis heute fortwirkenden) nationalen Geschichtsschreibung ausgewirkt. Für die Päpste von Avignon, welche dem Exkommunizierten die Absolution verweigerten, war er der Drache der Apokalypse, sein plötzlicher Tod bei der Jagd in den Wäldern von Fürstenfeld wurde auch als Gottesgericht gedeutet. Die Geistlichkeit in München verweigerte dem Toten darum auch eine würdige feierliche Bestattung, wie sie einem Kaiser zugestanden hätte. Wir dürfen davon ausgehen, dass sich gewiss noch weitere positive Beispiele bei näherem Nachforschen auf Seiten des deutschen Adels finden ließen. Auch Bürger und Bauern waren nicht immer und überall Feinde der Juden, wie die Beispiele der Rindfleisch- und Armlederbande um 1300 herum verdeutlichen.

Im Bereich der bürgerlichen Alltagskultur finden wir z. B. seit dem 16. Jahrhundert in Franken erfreuliche Formen des Zusammenlebens und -wirkens zwischen bügerlichen Christen und Juden, welche vielfach den Rang von Bürgern hatten. So hatten in manchen fränkischen Orten Juden wie Christen die Pflicht zur Tag- und Nachtwache. An manchen Orten Frankens mussten sie sogar am gemeinen Rügegericht mitwirken. Die Gemeinde Forth bei Erlangen bestand aus „Juden und Christen". Es gab sogar einen eigenen Judenschultheiß im Dorf, der die Rechte und Belange der Juden gegenüber der Obrigkeit zu vertreten und sich um den Schutz der Juden gegen Angriffe von Nichtjuden zu kümmern hatte. In größeren Fürstentümern war der Judenschutz eine Angelegenheit des Landesfürsten. Dieser Judenschutz konnte sogar wie ein Nutzungsrecht an andere Fürsten übertragen werden.[158]

Bei der kommunalen Rechnungslegung zehrten Juden und Christen gemeinsam.[159] „In Biebelried (Franken) erhielt 1556 ein Jude (sogar) das Amt des Försters."[160] Auch in einigen Gemeinden von Schwaben „hatten die Juden vollen Anteil an den Gemeindegütern und den Nutzungen."[161] Weitere Nachforschungen in abgelegenen regionalen Archiven würden sicher noch weitere positive Beispiele wie im Franken des 16. Jahrhunderts zu Tage fördern. Das ist ein Desideratum für die nächste Auflage.

Die in diesem Kapitel dargestellten positiven Beispiele einer projüdischen Toleranz dürfen aber nicht darüber hinwegtäuschen, dass Antijudaismus und -semitismus diese positiven Ansätze summa summarum weit in den Schatten stellten.

Antijudaismus in Mittelalter und Neuzeit

Noch immer ist nicht wirklich geklärt, was die Christen des späten Mittelalters und der frühen Neuzeit dazu brachte, diesen Weg der Kooperation (von Ausnahmeregionen abgesehen) zu verlassen, ihre jüdischen Mitmenschen als Außenseiter zu betrachten und ihnen das Leben schwer zu machen. War es Neid den wirtschaftlich erfolgreichen Juden gegenüber? Oder gab es eine geheimnisvolle Katastrophe, wie Blöss[162], Illig[163], Friedrich[164], Heinsohn[165] und Däppen annehmen, ohne dass dies jedoch mit amtlichen Quellen ausreichend zu belegen ist? Oder war es primär die Katholische Kirche, welche das Judentum, den älteren Bruder, als lästigen religiösen Wettbewerber ausschalten wollte? Christoph Marx hat in seinem Aufsatz von 1996 noch vor Toppers Werk „Die Zeitfälschung" neue Argumente für die große Katastrophe, den sogenannten „Letzten Großen Ruck", allerdings ohne überzeugende Quellennachweise, vorgebracht.[166] Topper erklärt in seinem 13. Kapitel „Die Katastrophenerklärung" die Entstehung des Christentums und Judentums im späten Mittelalter mit dieser aktenmäßig nicht belegbaren großen Katastrophe im Sinne der Kataklysmustheorie. Er versuchte in verschiedenen seiner Werke mit archäologisch-kunstgeschichtlichen Argumenten den Nachweis zu erbringen, „dass das Christentum nach einer ungeheuren Katastrophe entstanden sein muss"[167], ohne jedoch ausführlicher und gezielt auf die frühgeschichtlichen Quellen des Christentums, wie z. B. die Qumranfunde, einzugehen. Er geht dabei nicht von einer planetaren Katastrophe aus, sondern hält eine „Umkehrung der Pole, und zwar eine doppelte, das heißt mit anschließender Wiederherstellung der ursprünglichen Situation"[168], für wahrscheinlich.[169]

Wenig beachtet blieb bis heute der psychologische Ansatz von Delumeau, welcher mehr als bisherige Autoren psychologische Erklärungsmodelle für die große Pestkatastrophe des späten Mittelalters liefert. Er weist nach, dass die religiöse, soziale und wirtschaftliche Entwicklung des späten Mittelalters ganz wesentlich von Faktoren wie Angst, Furcht, Massenpsychose und sozialer Isolation geprägt ist. In dieser Atmosphäre des totalen Kulturzerfalls verlieren auch die christlichen Normen im täglichen Zusammenleben der Menschen weitgehend ihre Wirksamkeit, wie der folgende Bericht aus Portugal zeigt.

„Alle Gebote der Nächstenliebe und der Natur sind inmitten des Grauens untergegangen und vergessen, Kinder sind plötzlich von ihren Eltern getrennt, Frauen von ihren Männern, Brüder und Freunde verlieren sich aus den Augen – alle betrübt die Abwesenheit von Menschen, die man lebend verlässt und niemals wiedersehen wird. Die Männer verlieren ihren Mut und irren wie verzweifelte Blinde umher, die bei jedem Schritt über ihre Angst und ihre Widersprüchlichkeit stolpern. Die Frauen tragen mit ihren Tränen und Klagen dazu bei, die allgemeine Verwirrung und Verzweiflung noch zu vergrößern, und bitten um ein Heilmittel gegen eine Krankheit, gegen die nichts hilft. Die Kinder vergießen unschuldige Tränen, denn sie empfinden das Unglück nur und können es nicht begreifen."[170]

Diese Aussage trifft nicht nur für Portugal zu, sondern für alle Regionen Europas, welche von der Massenpest und ihren Begleiterscheinungen betroffen waren. Zu diesen Begleiterscheinungen der Pest gehörten auch die in zeitgenössischen Berichten immer wieder erwähnten Katastrophenphänomene wie schlechte Luft, verdorbenes Wasser und ungesunde Dämpfe, wie auch aus einem Gutachten über die Ursachen der Pest der medizinischen Fakultät der Universität Paris im 14. Jahrhundert hervorgeht.[171] Dieses merkwürdige verschlüsselt anmutende Gutachten beschreibt in einer unmissverständlichen Sprache sogar eine größere globale Katastrophe, die in Form eines „verdorbenen Seewinds" von Indien ihren Ausgang nahm und sich vorwiegend auf die europäischen Regionen Kreta, Makedonien, Ungarn, Albanien und Sizilien ausgewirkt haben soll.[172] Im Zusammenhang mit diesen spätmittelalterlichen Katastrophen muss man auch die 1350 durch den norwegischen Pfarrer Ivan Bardsen überlieferte Aussage ernst nehmen, „dass der bis vor kurzem noch übliche Seeweg nach Grönland damals kaum noch passierbar gewesen sei."[173]

Aus der Sicht meines Themas stellt sich im Zusammenhang mit der eben geschilderten Massenpsychose jedoch die zentrale Frage, ob man aus der eventuellen Existenz einer totalen Katastrophe im 14. Jahrhundert, welche zumindest als Pestemidemie die damalige Kultur und Gesellschaft auf den Kopf gestellt hat, wie Topper den Schluss ziehen kann bzw. darf, dass das Christentum eine menschenfeindliche und –unterdrückende Religion hat werden müssen. Selbst wenn die Entstehung des Christentums mit **Zwang** und **Unterdrückung** verbunden gewesen sein sollte (auch unsere Gegenwart kennt trotz demokratischer Verfassungen und formaler Rechtsstaatlichkeit[174] leider grausame Zwänge und Unterdrückung, z. B. durch die Manipulation der Medien, die Schikanen der staatlichen Bürokratie, selbst in Europa und USA, und nicht zuletzt zunehmende globale Versklavung), so ist doch die Möglichkeit nicht von der Hand zu weisen, dass gerade in und nach der großen Pestkatastrophe die jüdisch-christliche Religion den verunsicherten Menschen neue Möglichkeiten geboten hat, die Folgen der Katastrophe zu bewältigen und neue Ziele zur Lösung der Zukunftsfragen in Angriff zu nehmen. Modern gesprochen könnte man sagen, der Mangel an **Freiheit** wurde durch mehr **Sicherheit** kompensiert, eine Einstellung, die auch in der Epoche der Globalisierung immer mehr um sich greift. Und Sicherheit ist ja das, was die meisten Menschen nach einer großen globalen Katastrophe wohl mehr zu schätzen wissen als eine formale Freiheit[175], die ihnen bei der Lösung von Jahrhundertproblemen nicht hilft. Selbst die Parlamentarier von heute begründen die zunehmende Einschränkung unserer Lebensmöglichkeiten und diversen politischen und sonstigen Freiheiten mit den sog. Sachzwängen.

Eine entscheidende Zäsur in der Einstellung der ‚Christen', der neuen Bewegung, den ‚Juden' gegenüber stellt zweifellos das 3. und 4. Laterankonzil dar. Ich zitiere dazu Gustav Mensching: „Das 3. und 4. Laterankonzil von 1179 und 1215 – ich gehe von der amtlichen Datierung aus[176] – stellte die Juden den Ketzern, also den nicht Angepassten, gleich und verlangte eine vollständige Isolierung der Juden von den Christen. Kein Jude durfte einen christlichen Beruf ausüben. Diese Bestimmungen führten zur Errichtung der Ghettos und dazu, dass die Juden eine besondere sie als Juden kenntlich machende Tracht verwenden mussten. Der Geschlechtsverkehr eines Juden mit einem Christen wurde mit dem Tod bestraft. Die Berufe, die die Juden bis dahin ausgeübt hatten, nämlich Landwirtschaft, Handwerk und Heilkunde, wurden ihnen jetzt verwehrt. Sie durften nur noch einen Beruf ausüben, den des Geldverleihers, den das 3. Laterankonzil als unmoralisch und für einen Christen nicht ausübbar gebrandmarkt hatte."[177]

Mehr ins Detail gehend sind die Rechte und jüdisch-christlichen Beziehungen in den regionalen Rechtsbüchern geregelt. Im oben genannten Freisinger Rechtsbuch von 1328 gibt es Bestimmungen, welche massiv in das Privatleben von Juden und Christen eingriffen und eine Konversion von Juden zum Christentum erschwerten. Christen durften keine jüdischen Speisen essen, keine Juden zu einer christlichen Brautfeier einladen oder gar mit ihnen baden. Juden durften keine christlichen Bediensteten halten und zu bestimmten christlichen Hochfesten ihre Häuser nicht verlassen, Türen und Fenster sollten verschlossen sein. Geradezu ehrverletzend war der jüdische Eid: Beim sog. Judeneid musste der Jude „beim Schwur seine rechte Hand in eine genaue Abschrift des Pentateuchs beziehungsweise in eine Thorarolle legen". „Dabei stand er auf einer blutigen Schweinehaut."[178]

Viele rechtliche die Juden betreffende Regelungen wurden über Jahrhunderte immer wieder von früheren gesetzlichen Editionen wörtlich abgeschrieben, ohne dass sie eine faktische Auswirkung hatten. Das in den Laterankonzilien genannte Verbot des Geschlechtsverkehrs zwischen Juden und Christen wurde immer wieder übergangen. Es findet sich auch noch in der 2. Auflage des Codex Juris Bavarici Criminalis des Jahres 1771, also in einer Zeit, als selbst in Altbayern bereits eine Reihe von Juden nobilitiert und mit christlichen Frauen verheiratet waren. Der Kuriosität halber zitiere ich aus diesem Strafrecht des bayerischen Juristen Kreittmayr:

§ 10 Wer eine Gott geweyhte Person auch mit ihrer Einwilligung, in= oder außerhalb de Klosters wissentlich schwächt, wird mit dem Staubbesen gestraft.

§ 11 Die nämliche Straf hat statt, da man sich mit jüdischen, türkischen, oder andern unglaubigen Personen, wissentlich fleischlich vermischt.[179]

Gesetzliche Bestimmungen dieser Art finden sich seit dem Hochmittelalter immer wieder. Die hier schriftlich festgehaltenen Normen spiegeln aber in keiner Weise die Art und Weise wieder, wie Christen und Juden, von Krisensituationen abgesehen, miteinander umgingen. Ich erinnere nur daran, dass Spinoza und Elia Levita geradezu freundschaftlich mit Christen verkehrten. Einige Freunde von Elia Levita waren sogar hochgestellte katholische Würdenträger in Italien, welche hebräische Sprache und Kultur zu schätzen wussten und sich nicht um Konzilsbeschlüsse des Mittelalters kümmerten.

Der Antijudaismus des Mittelalters und der Neuzeit war in seiner ausgeprägten Ambivalenz kein primär religiöses Problem. Der religiöse Aspekt war jedoch eher noch im Mittelalter ausgeprägt. Es wurden ja nicht nur Juden verfolgt, sondern auch religiöse Minderheiten, sog. Häretiker, welche von der sakrosankten Kirchenlehre abwichen. Hinzu kommt noch die traurige Tatsache, dass im Mittelalter massenweise wohl auch wertvolle Dokumente der iberischen Arianer, Templer[180], der Juden, der Katharer, Albigenser, Waldenser und anderen Abweichlern dem Feuer preisgegeben worden sind. Der westgotische König Rekkared war wohl der erste, der diese Verbrennungsorgie Ende des 6. Jahrhunderts in Toledo eröffnete und sich mit der Vernichtung aller arianischen Bibeln und Lehrschriften bei Papst Gregor I. beliebt machen wollte.[181] Er brauchte den Papst als Verbündeten gegen die Byzantiner, welche ihre Fühler auch auf Iberien ausstreckten. Mit dem gegenseitigen Austausch von Geschenken wurde dieser Machtbund bestärkt und besiegelt. Den Papst störte es dabei überhaupt nicht, dass Rekkared zahlreiche Kriege gegen Franken, Burgunder, Byzantiner und Basken führte, vielfach sehr grausam gegen seine Feinde vorging und selbst vor Verstümmelungen nicht zurückschreckte. Auch der hl. Isidor von Sevilla ist voll des Lobes über die Kampfeslust und Kriegsliebe des Königs Rekkared und seiner stets kampflustigen Westgoten, die – so Isidor – „sich ihre Freiheit mehr durch Kampf als durch friedliche Unterhandlungen"[182] bewahrten. Ein besonderes Lob spendete Papst Gregor, der angebliche Protektor der Juden, dem König Rekkared, „weil er allen Versuchen widerstand, ein von ihm erlassenes antijüdisches Gesetz von den

Juden sich wieder abkaufen zu lassen."[183] Der Antijudaismus des Papstes äußert sich, wie sich aus dieser Episode und vergleichbaren Aktionen ergibt, nicht offen, sondern in sublimierter, unterschwelliger Form.

Die Kenntnis über die Arianer und andere ‚Häretiker' haben wir, abgesehen von einigen waldensischen Traktaten und einem einzigen Rituale der Katharer, „fast ausnahmslos aus den Schriften ihrer Gegner und Verfolger".[184] Diese Quellen vermitteln kein objektives Bild über die häretischen Bewegungen des Mittelalters. Ähnlich verhält es sich auch mit den Juden. Auch die Geschichte der Juden, vor allem des Mittelalters, ist sehr stark geprägt durch die oft einseitigen christlichen Quellen und Traditionen.

Nach der weitestgehenden Vernichtung der Arianer, Templer, Albigenser, Waldenser und Katharer entlud sich der Hass der Massen voll auf die Juden. Vor allem in Krisenzeiten, wirtschaftlichen Notlagen und in der Zeit der Kreuzzüge[185] blühte die antijüdische Legendenbildung. Unter dem Vorwand der christlichen Gesinnung artete der Neid der unteren Schichten und der Verarmten in Massenpsychosen mit Pogromen aus. Diese Pogrome ereigneten sich nicht gleichmäßig über das gesamte späte Mittelalter, sondern traten wohl im Zusammenhang mit wirtschaftlichen Depressionen, vermutlich mit Missernten, in bestimmten Jahren auf. Eine elsässische Chronik überliefert uns für die Zeit um 1400 herum, dass im gesamten Römischen Reich deutscher Nation den Juden vorgeworfen wurde, dass sie die Brunnen vergiftet und somit die Pest herbeigeführt hätten.[186] Daraufhin verbrannte man die Juden in vielen Städten. Die antijüdischen Eiferer waren aber damit nicht zufrieden und schrieben Briefe nach Straßburg, Freiburg und Basel, mit der Aufforderung, dass man auch dort die Juden „abtun" solle. Anfänglich wollten die Straßburger ihren Juden gar nichts antun, da sie gegen ihre Juden nichts Böses vorzubringen hätten. Der Druck der sog. öffentlichen Meinung war aber so stark, dass der Bischof von Straßburg, alle Landesherren des Elsass und die Vertreter der oberrheinischen Städte Straßburg, Basel und Freiburg auf einem Gerichtstag beschlossen, dass man die Juden ‚abtun' solle. Sie wurden also in vielen Städten verbrannt oder vertrieben. Die vertriebenen Juden wurden von den Bauern gefangen, erstochen oder ertränkt. Schon vor diesem Pogrom von 1400 waren viele Juden in allen Städten, Burgen und Dörfern Thüringens wegen angeblich nachgewiesener Quellen- und Brunnenverseuchung im Februar umgebracht worden. Im März des Jahres soll die Bürgergemeinde von Erfurt hundert oder mehr Juden gegen den Willen des Rates der Stadt Erfurt erschlagen haben. Viele andere aber sollen, als sie merkten, dass sie den christlichen Fanatikern nicht mehr entkommen konnten, sich unter dem Beifall der Christen in ihren Häusern selbst verbrannt haben. Die Menschen dieser Zeit waren nicht nur wunder-, sondern auch leichtgläubig. Wenn eine Gemeinde mit dem Morden der Juden angefangen hatte, dann breitete sich diese Mordseuche, begünstigt durch die kritiklose Übernahme und Leichtgläubigkeit der Menschen, wie ein Steppenbrand aus.

In den turbulenten, chaotischen Zeiten des späten Mittelalters war es leicht, Menschen, welche meist Analphabeten und ungebildet waren, glaubhaft zu machen, dass Juden christliche Kinder geschlachtet und verzehrt, Brunnen vergiftet hätten und damit die Hauptschuldigen für die Pest gewesen sein sollen. Harry Kühnel erschließt aus den zahlreichen Weistümern und Verboten, dass trotz der strengen Schutzvorschriften christliche Brunnennutzer, also nicht Juden, immer wieder ihre Brunnen verschmutzten. Es wurden nicht nur Windeln, Kleider und Tücher etc. an den Brunnen gewaschen, sondern auch krankes räudiges Vieh zur Tränke an die Brunnen geführt. Auch die Flüsse wurden immer wieder mit Unrat und Abfall belastet.[187] Es verwundert also schon sehr, dass man angesichts dieser negativen „christlichen" Einstellung zu Hygiene, Umwelt und Abfallbeseitigung (welche auch die gelegentliche Entsorgung von Unrat und Fäkalien in den Gassen nicht ausschloss)[188] den Juden die Vergiftung der Brunnen anlastete.

Der ungeheuerlichste Vorwurf aus christlicher Sicht war aber die Hostienschändung. Der in der Zeit des zweiten Kreuzzugs (1147–1149) aufgekommene *Glaube*, dass die Juden als *Gottesmörder* sich an Jesus in der Gestalt von Brot und Wein vergreifen, „führt zum erstenmal 1243 in Beelitz nahe Berlin zu einem blutigen Zwischenfall: Mehrere jüdische Männer und Frauen wurden verbrannt, weil man ihnen dieses Vergehen vorwarf."[189] Die allgemeine Volksstimmung in den katholischen Staaten Europas war nicht nur in Berlin und Umgebung so extrem antijüdisch, dass der Papst die Teilnehmer des von Bernhard von Clairvaux angeregten zweiten Kreuzzuges ausdrücklich ermahnte, „diesmal die Juden nicht zu erschlagen"[190], was jedoch nicht allgemein befolgt wurde. Man kann also aus dieser speziellen päpstlichen Ermahnung den Schluss ziehen, dass es nicht nur bei Kreuzzügen, sondern auch bei anderen Gelegenheiten geradezu die Regel war, Juden als Sündenböcke zu verfolgen, zu vertreiben und zu erschlagen.

Mit diesem Antijudaismus nach innen korrespondierte die Ablehnung der orthodoxen Christen nach außen. Diese trieb vor allem während der Kreuzzüge besondere Blüten. So führte der 4. Kreuzzug (1202–1204) unter Leitung des venezianischen Dogen Dandolo zur Errichtung des sog. lateinischen Kaisertums im christlich-orthodoxen Konstantinopel. Die Kreuzfahrer plünderten dabei die Stadt, vergewaltigten Frauen und verübten noch weitere Gewalttaten gegenüber den orthodoxen Christen. Auch den Moslems gegenüber verhielten sich die

Kreuzritter nicht so, wie man es von Christen hätte erwarten können, welche auszogen, um durch die Kreuzzugsidee (angeblich) Gott zu dienen. Es gab allerdings auf ‚westlicher' Seite wahrhaft fromme Christen, welche der Idee der Kreuzzüge sehr skeptisch gegenüberstanden. Dazu gehörte Gerhoh von Reichersberg, der Propst des Augustinerchorherrenstifts von Reichersberg am Inn. Er machte aus seiner Auffassung, dass der 2. Kreuzzug (1147–1149) wie auch alle anderen Kreuzzüge „von der Habsucht eingegeben" war[191], kein Hehl. Die Pervertierung der Kreuzzugsidee hatte beim 2. Kreuzzug noch lange nicht ihren ‚Höhepunkt' erreicht. Es kam noch viel schlimmer, nicht zuletzt was die Behandlung der Juden betraf.

Im Jahre 1298 AD, also zu Ende des Hohen Mittelalters, entlud sich der Judenhass wieder einmal in Deutschland. „Wegen einer Hostienschändung wiegelt ein Einwohner von Röttingen die Bevölkerung auf. Alle Juden des Ortes werden niedergemacht. Die Mordbrenner ziehen sodann in Bayern und Franken von Stadt zu Stadt und töten alle Juden, die sich nicht bekehren. Niemals zuvor waren die Juden einer ganzen Region wegen eines von ihnen allein begangenen ‚Verbrechens' zur Verantwortung gezogen worden. Dies war der erste Genozid an Juden im christlichen Europa."[192] Weitere Kollektivmorde wegen Hostienschändung folgten vor allem in deutschen Landen. Ein christliches Flugblatt vom Jahre 1495 aus Passau zeigt in einem Zyklus von drei Bildern den Ablauf einer typischen Hostienschändung in der Form, wie sich die Masse der Leute, die sich für Christen hielten, das vorstellte. Im ersten Bild stiehlt der Christ Christoph acht Hostien aus einer Kirche. Anschließend geht er mit den Hostien zu einem Juden und verkauft diese für je einen Taler. Der Jude, der die Hostien gekauft hat, durchsticht die Hostie mit einem Gegenstand. Dann passiert das große Wunder: Die Hostie blutet.

Diese Zunahme der Übergriffe auf die Juden wegen Hostienschändung hängen wohl deutlich mit der sich in Europa immer mehr verbreitenden Wertschätzung des Altarssakramentes zusammen. Damit wurde ein Klima erzeugt, welches die Judenverfolgung extrem begünstigte. Der Hass gegen die Juden entlud sich seit dem Mittelalter auch in der sog. christlichen Symbolik. So findet man an mittelalterlichen Kathedralen in ganz Europa die Verunglimpfung der Juden in der Figur der sog. *Judensau*, wohl auch ein Zeichen des Unverständnisses dafür, dass Juden es ablehnten, Schweinefleisch zu verzehren. Bei der Darstellung der Judensau am Regensburger Dom aus dem 14. Jahrhundert werden Menschen von einem Schwein gesäugt.[193] Es ist leicht zu erkennen, dass es sich um Juden handelt. Der Glaube der Juden wurde mit solchen Darstellungen in Unkenntnis der jüdischen und christlichen Glaubensquellen auf die Ebene der Tierwelt projiziert. Dem jüdischen Glauben, der direkt über das Alte Testament und über die heiligen jüdischen Bücher und indirekt über das Neue Testament und die Heiligen Schriften des Christentums (Paulusbriefe, Geheime Offenbarung etc.) die europäische Kultur geprägt hat, wurde damit das göttlich-theologische Fundament abgesprochen. Jüdische Religion und Kultur wurden ins untermenschliche Abseits gestellt. Mit solchen Bildern sollten wohl auch Christen dahin gebracht werden, das Judentum als nicht attraktiv zu empfinden, und durch die Abwertung des mosaischen Glaubens durch die Herabsetzung von Außenstehenden und ‚Fremden' in ihrem christlichen Glauben bestärkt werden. Diese Reduktion und Herabwürdigung des jüdischen Glaubens auf die Ebene der Tierwelt war im Grunde, was den einfachen Menschen des späten Mittelalters nicht bewusst war, ein Verrat an der europäischen Tradition und eine Zerstörung der religiösen Wurzeln Europas. Dieses Zerstörungswerk, welches in Verbindung mit anderen religiösen und kulturellen Diskriminierungen (wie in den nächsten Zeilen beschrieben), übrigens nicht nur gegen die Juden, sondern auch gegen christliche Sekten wie Katharer, Albigenser und Waldenser praktiziert wurde, sollte sich im Laufe der weiteren Entwicklung Europas rächen und zu weiteren Eskalationen der Gewalt und zu immer grausameren Kriegen auch innerhalb der sog. Christenheit führen.

In manchen Regionen Europas mussten Juden den spitzen Judenhut tragen, welcher sie in der Öffentlichkeit als Juden kenntlich machen sollte. In vielen Kirchen des westlichen Christentums wurde die Figur der **Synagoga** als Symbol des Judentums der **Ecclesia** als Verkörperung der wahren christlichen Kirche gegenübergestellt. Die Synagoga steht im frühen und Hochmittelalter der Ecclesia fast gleichwertig gegenüber. Im Dom zu Bamberg, wohl Anfang des 11. Jahrhunderts geschaffen, erscheint sie durchaus als eine edle Dame, der Ecclesia in Größe und Auftreten ebenbürtig. Doch der zarte Schleier vor ihren Augen soll andeuten, dass die Synagoga als Verkörperung des Judentums blind ist für die wahre christliche Lehre. Nach dem 4. Laterankonzil von 1215 stellte man die Synagoga „fast nur noch mit zerbrochener Lanze und verbundenen Augen"[194] dar. Nach der Stauferzeit, in welcher die Idee der Concordia zwischen Ecclesia und Synagoga wiederauflebte, gleiten christliche Darstellungen der Synagoga zunehmend ins Negative ab. Im Passionsfenster der Kathedrale von Chartres schießt gar ein Dämon (Teufel?) einen Pfeil ins Auge der Synagoga. Es häufen sich die Darstellungen, in welchen die Synagoga immer mehr aus dem Bereich der Heilsgeschichte des Alten und Neuen Testamentes ausgeschlossen wird. Es gibt sogar Bilder und Plastiken, welche sie im gelben Gewand der Hure zeigen. Im späten Mittelalter wird die Synagoga dann als Symbol des Landesverrats missbraucht. Man verdächtigt sie, mit den Türken zu konspirieren und selbst „mit dem Teufel im Bunde zu sein." In dieser Epoche des zunehmenden Chaos erscheint die Synagoga schließlich als schlecht gekleidetes altes Weib, körperlich ungepflegt und verwahrlost. „Im 14. Jahrhundert wird die Synagoge mit einem Turban bekleidet, um anzuzeigen, dass Juden nicht zum europäischen Kulturkreis gehören, oder sie erhält als Zugabe einen blutenden Bockskopf, das Zeichen eines ausschweifenden Lebens."[195] Eine Darstellung der Synagoga in Erfurt aus dem späten Mittelalter bringt die Kombination mehrerer antijüdischer Symbole in einem Vorgang. „Während Ecclesia auf einem Pferd mit Schild und eingelegter Lanze sitzt – zu sehen in einer Turnierszene an einer Chorstuhlwaage des Erfurter Doms Anfang des 15. Jahrhunderts –, reitet Synagoga, mit einem Judenhut bekleidet, auf einer Sau [Judensau] und wankt getroffen."[196] In diesen antijüdischen Symbolen wird sichtbar, dass dem Christentum des späten Mittelalters und der frühen Neuzeit die Erkenntnis abhanden gekommen ist, dass die Apostel auf den Schultern der Propheten stehen und dass das Christentum seine Existenz dem Judentum zu verdanken hat. Das Christentum hatte sich weitestgehend von seinen Wurzeln entfernt und das Wichtigste bis weit in das 20. Jahrhundert hinein vergessen: „Juden und Christen brauchen einander und können aufeinander nicht verzichten, wenn der eine fällt, fällt der andere auch. Christen stehen auf den Schultern des Judentums wie die Propheten auf den Söhnen Abrahams."[197]

Abb. 10: Synagoga vom Bamberger Dom

In diesem Sinne bewirkten auch die verschiedenen Reformationen des Christentums von Luther, Calvi und Zwingli zu Beginn des 16. Jahrhunderts **auf Dauer** nicht eine wirkliche Rückkehr zu den jüdischen Wur-zeln, sondern eher eine Verschlimmerung des Antijudaismus. Damit in Widerspruch steht allerdings die schwer erklärbare Tatsache, dass in den ersten Jahrzehnten nach der Reformation die Protestanten dem Alten Testament sehr nahe standen und dass auf den ersten reformato-rischen Synoden alttestamentliche Texte gegenüber den Texten des Neuen Testamentes weitaus mehr Beachtung fanden. Auch die biblischen Vornamen (z. B. Samuel und Daniel) erfreuten sich damals besonderer Beliebtheit. So gibt es durchaus heute Gelehrte, welche die Entstehung des Protestantismus nicht mehr primär aus der Tatsache der Verweltlichung der Katholischen Kirche und Missbräuchen wie der Ablasslehre[198] erklären, sondern mehr die Wirkung des jüdischen Geistes und der hebräischen Kultur als Entstehungsursachen herausstellen. Wie es aber dann später nach Etablierung des neuen Glaubens zu immer stärkeren antijüdischen Exzessen auch im Protestantismus gekommen ist und selbst dem späten Luther Judenfeindlichkeit angelastet wird, ist ein Rätsel, das nur schwer zu entziffern ist.

Seit der frühen Neuzeit nahmen nun trotz der Errungenschaften der Reformation in fast ganz Europa in allen christlichen Konfessionen immer mehr die absurden Vorstellungen über die Juden – in seltsamer Korrelation mit dem Hexenwahn – überhand. Es gab kaum eine Stadt, in welcher man z. B. den Juden nicht immer wieder Ritualmorde an christlichen Kindern vorwarf.[199] Vor allem in Spanien wurden häufig Ritualmordprozesse gegen Juden geführt.[200] Wie haltlos diese Anschuldigungen waren, zeigt die Legende des angeblichen Tiroler Martyrers Anderl, die „eine literarische Fiktion ohne jede historische Glaubwürdigkeit ist. Das Konstrukt stammte wohl aus der Feder des in Trient geborenen, humanistisch gebildeten Hippolyt Guarinoni (1571–1654), Arzt in Schwaz und Hall in Tirol, der auch für die historisch nicht belegbare heilige Dienstmagd Notburga eine Vita verfasste."[201] Dieser italienische Humanist setzte die frei erfundene Geschichte in die Welt, dass Nürnberger Juden, die 1462 zur Bozner Messe unterwegs waren, den kleinen Anderl seinem Paten um einen „Hut voll Geld" unter dem Vorwand abkauften, ihn „in der Fremde ausbilden zu lassen". Diese Juden sollen nun den jungen Anderl getötet, rituell Blut abgezapft und seinen Leichnam auf einer Birke aufgehängt haben.[202] Im Jahre 1965 hob der Vatikan den Anderlkult auf, 1985 sprach der Bischof von Innsbruck ein endgültiges Verbot aus. Bereits 1989 hatte die vatikanische Kongregation des Gottesdienstes und der Sakramentsdisziplin grundsätzlich die Historizität von Ritualmorden an Christen durch Juden in Abrede gestellt.[203] Solche amtlichen Verlautbarungen sind nicht in der Lage, die jahrhundertealten Vorurteile in den Hirnen und Herzen christlicher Menschen von heute auf morgen abzubauen.

In dieses Schema der Vorurteile passt auch der noch heute weit verbreitete Glaube, dass die Ende des 15. Jahrhunderts aus Spanien vertriebenen Juden, welche in Italien, vor allem im Vatikanstaat, aufgenommen worden waren, die Syphilis mitgebracht hätten. „Andere wiederum waren überzeugt, daß die Syphilis ursprünglich in Amerika beheimatet gewesen sei, von wo aus sie die Spanier nach Europa eingeschleppt hätten."[204] Bezeichnend aber ist, dass man nicht nur für die Syphilis, sondern auch für Übel aller Arten die Ursachen außerhalb der christlichen Welt suchte.

Im Zeitraum des fürstlichen Absolutismus entstanden neue Quellen des Judenhasses. Denn da finanzierten Juden die aufwendigen Hof- und Staatsausgaben der Könige und Fürsten und zogen so den Hass der Bevölkerung auf sich. Die ihnen im Zeitalter der Aufklärung zugesicherten Rechte kamen jedoch meist nur den Juden zugute, die sich bekehrten und taufen ließen.[205] Im Zeitalter des Absolutismus verzichtete man auf die im Mittelalter eingesetzten Methoden der Judenbekehrung, nämlich auf Bekehrungspredigten und Mysterienspiele. Den Christen, welche noch im späten Mittelalter mit diesen religiösen Instrumenten arbeiteten, muss man die ernste Absicht, die Juden zum wahren Glauben zu bekehren, attestieren. Erst im 15. und 16. Jahrhundert verschärfte sich der Ton gegenüber den Juden auch auf dem Theater. In den Komödien wurden die Juden lächerlich gemacht. Dem jüdischen Wucherer war nicht im Leben, aber auf der Bühne der Beifall sicher. „Die Judenfeindlichkeit ging also vom religiösen Theater aufs weltliche Theater über."[206] Diese negativen Bilder des Juden wurden in der Aufklärung durch die Sublimierung in den Herzen der Christen eher noch verschärft.

In der Endphase der Aufklärung wandelte sich der Antijudaismus, der „keine deutsche Spezialität" war, in Verbindung mit der zunehmenden Industrialisierung und Kapitalisierung der Wirtschaft immer mehr hin „zum gesellschaftlichen Antisemitismus, der die Juden als Schmarotzer und Wucherer stigmatisierte."[207] Die Emanzipation der Juden und ihr zunehmendes Engagement in bisher verbotenen Berufen erzeugte vor allem beim sog. christlichen Mittelstand Emotionen der Angst und des Neides. Ihr sozialer Aufstieg und ihr beruflicher Erfolg wurden als Bedrohung empfunden. Die christlich-bürgerliche Gesellschaft zog aus ihrer Angst die falschen Konsequenzen. Anstatt einen Gesinnungswandel zu vollziehen und sich dem Wettbewerb zu stellen, war man auf allen Ebenen bestrebt, die lästigen Emporkömmlinge auszuschalten und ihren Einfluss mit legalen und illegalen Mitteln, auch der Politik, zu reduzieren, wo immer es möglich war. Die Philosophie der Aufklärung war auch im Bereich der Judenfrage nie bei den bürgerlichen Schichten wirklich angekommen. Die Aufklärung hatte es nicht geschafft, eine treibende Kraft in Gesellschaft und Politik zu werden. Die Masse des Volkes erreichte sie ohnehin nie, wie die Persiflage einer falsch verstandenen Aufklärung und eines nicht begriffenen Liberalismus in „Krieg den Philistern" von Eichendorff in erschreckender Weise zeigt.

Noch weniger als die Juden kamen die Zigeuner in der Epoche der Aufklärung und des Liberalismus in den Genuss der Menschen- und Bürgerrechte. Vor allem seit dem 16. Jahrhundert nahm ihnen die landesfürstliche Gesetzgebung Hab und Gut. Nicht selten wurden sie „von der Obrigkeit dann mittellos über die jeweilige Grenze gejagt."[208] Im Rahmen der immer mehr zunehmenden Verfolgung wurden sie dann schließlich im angeblich so menschenrechtlich orientierten 18. Jahrhundert, dem Jahrhundert der Erleuchtung, „generell vogelfrei".[209] Es waren also weder ihr Besitz noch ihr Leben sicher. Ihnen wurden also die Menschen- und Bürgerrechte verweigert, ja noch schlimmer. Übergriffe gegen sie wurden in der Regel zwar nicht von Staats wegen inszeniert oder gerichtlich geahndet, genossen jedoch oft obrigkeitliches Wohlwollen und wurden geduldet.[210] Aus der Sicht der Minderheiten muss also das Wirken der Aufklärung des 18. Jahrhunderts neu geschrieben werden.

Diese Aussage wird wohl den Protest einiger Historiker hervorrufen, da es bis heute geradezu als historisches Axiom galt, dass Juden und andere Minderheiten seit der Aufklärung den Christen bzw. denen, die sich dafür hielten, in ganz Europa, zumindest **rechtlich**, gleichgestellt worden waren. In besonderem Maße sollen Französische Revolution und das darauffolgende Napoleonische System die Werte und Normen der Aufklärung in die politische und soziale Realität umgesetzt und nicht zuletzt den Juden größere gesellschaftliche Spielräume verschafft haben. Aber gerade das von Napoleon geschaffene System, das auch fast überall in Deutschland etabliert worden war, zeigt, wie krass der Unterschied von Theorie und Praxis sein kann. Dazu habe ich ein sprechendes Beispiel in der Biographie von Napoleon I. von August Fournier entdeckt. Was hier gesagt wird, ist so bezeichnend, dass ich **Fournier** selbst zu Wort kommen lasse:

„Eine besondere Erscheinung in den öffentlichen Missständen, die schon vor dem Krieg mit Preußen die Aufmerksamkeit Napoleons gefesselt hatte, was das stetige Elend der Landbevölkerung in den östlichen Departements, deren Ursache man endlich in der Ausbeutung durch den Wucher der Juden erkannte. Seitdem nämlich die Nationalversammlung im Jahre 1791 den Israeliten die gleichen bürgerlichen Rechte mit allen übrigen Franzosen eingeräumt hatte, waren von Osten her aus der Fremde jüdische Händler herbeigeströmt, die sich in den Rheindepartements niederließen und hier meist wucherische Geldgeschäfte betrieben. Nach einem offiziellen Bericht, den der Minister des Innern im April 1807 an Napoleon erstattete, betrugen allein im elsässischen Departement Oberrhein die Schuldsummen, die sie seit 1799 auf Hypotheken zu fordern hatten, bei 23 bis 30 Millionen Franken, und Marschall Kellermann bezeichnete mit mehr als 70 Prozent den von ihnen gewöhnlichen verlangten Zins, so daß alljährlich für anderthalb Millionen Franken zwangsweise Versteigerungen von Bauerngut vorgenommen wurden."[211]

Dieser Text ist in eine scheinbar objektive Form gekleidet. Gerade darum bedarf er der Interpretation. Wir finden hier das jahrhundertealte Klischee, dass die Juden an wirtschaftlichen Krisen schuld seien. Nicht eigene Unfähigkeit der deutschen und französischen Untertanen, nicht die fürstlichen Ausbeuter und die adelige Führungsschicht der „östlichen Departements", also der westdeutschen Gebiete[212], sind demnach die Ursache des stetigen Elends der Landbevölkerung, sondern der „Wucher der Juden". Das Eindringen der jüdischen Händler „aus der Fremde" ins Rheindepartement erinnert an den Überfall von Heuschreckenschwärmen. Man könnte geradezu des Glaubens sein, dass die Juden mit ihren „wucherische[n] Geldgeschäfte[n]" den westdeutschen Landbewohnern schaden wollten und diese sich gegen die bösen Juden nicht wehren konnten. Sehr bezeichnend ist, dass man die hohen Schuldsummen in den deutschen Gebieten des Napoleonischen Kaiserreiches ohne weiteres den Juden in die Schuhe schiebt, ohne sich zu fragen, welche wahren Ursachen zu einer so gigantischen Verschuldung führen konnten. Die Schuldner haben doch nicht den Juden zuliebe sich mit so hohen Schulden überhäuft, sondern es waren wirtschaftspolitische Versäumnisse und Fehler des Ancien Regime und des Napoleonischen Systems, welche die armen Leute auf dem Lande in die Verschuldung zwangen. Der Vorwurf, dass Juden Wucherzinsen nehmen, ist uralt. In Zeiten einer hohen Inflationsrate mit einem so gut wie nicht vorhandenen Bankensystem machen nicht die jüdischen Geldhändler den hohen Zins von angeblich 70 Prozent. Das hohe geschäftliche und volkswirtschaftliche Risiko macht so hohe Zinsen notwendig. Wir kennen so hohe Zinssätze auch aus den südamerikanischen Staaten der Gegenwart als Folge instabiler inflationärer Wirtschaftssysteme. Noch eine wichtige Aussage enthält diese Quelle – fast *en passant*. Es ist die Rede vom stetigen Elend der Landbevölkerung „in den östlichen Departements", also in den westdeutschen Gebieten des Napoleonischen Reiches. Diese Stelle zeigt, dass Deutschland zu Beginn des 19. Jahrhunderts noch weit entfernt war, das wirtschaftlich führende Land Europas zu sein.

Wie geht es nun weiter? Der gesellschaftliche Druck der *‚aufgeklärten'* Franzosen auf Napoleon wurde so stark, dass dieser sich gezwungen sah, gegen die Juden und deren Finanzgeschäfte etwas zu unternehmen. Napoleon musste handeln. Zuerst wurden im Falle von Grundschulden alle Zwangsverkäufe für ein Jahr ausgesetzt. Als besondere Demonstration seiner Macht berief Napoleon eine Versammlung jüdischer Rabbis und „Notablen" ein, welche den Wucher als strafwürdig zu erklären hatten. Dann wurde der große Sanhedrin, die höchste Autorität in jüdischen Glaubenssachen, nach Paris einberufen. Diese Versammlung im Februar und März 1807 untersagte „in einer Reihe von Beschlüssen den Glaubensgenossen den Wucherzins als sündhaft"[213] und gab zur Beruhigung der französischen Bevölkerung den jüdischen Glaubensgenossen noch weitere gute Ratschläge, z. B. sich statt im Geldhandel zu betätigen lieber Grundbesitz zu erwerben. Damit war aber Napoleon noch nicht zufrieden und nach seiner Heimkehr nach Frankreich ließ er ein Ausnahmegesetz für die jüdische Bevölkerung ausarbeiten, das folgende Bestimmungen enthielt: „ein Zins von über 5 Prozent soll behördlich reduziert, ein solcher von über 10 Prozent[214] als wucherisch erklärt und die Schuld annulliert werden; kein Jude darf ohne behördlichen Erlaubnisschein Geschäfte machen, keiner ohne notariellen Akt auf Faustpfänder leihen; Juden, die zur Stunde, da das Dekret gesetzeskräftig wird – es wurde am 17. März 1808 verkündet – noch nicht im Elsaß ansässig sind, dürfen sich dort nicht niederlassen, und in den anderen Departements nur dann, wenn sie Grund und Boden erwerben; jeder Jude unterliegt der Wehrpflicht und entbehrt des Rechtes, einen Stellvertreter zu stellen. Kein Zweifel, das Gesetz stand der Verfassung und dem Code Napoléon entgegen. Aber es tat seine Wirkung."[215] Napoleons Biograph leugnet nicht die Verfassungswidrigkeit des Gesetzes in einer Epoche, in welcher man auf Verfassungen aller Arten höchsten Wert legte. Auch in der Zeit nach der Aufklärung wird also das Prinzip angewendet, das man zu Unrecht stets den Jesuiten in die Schuhe schob: Der Zweck heiligt die Mittel.

Bei oberflächlicher Betrachtung könnte der sog. gesunde Volksverstand aus dieser Quelle den Eindruck gewinnen, dass Napoleon sehr vernünftig handelte. Sein Vorgehen ist auf jeden Fall pragmatisch in dem Sinne, dass er mit diesen Maßnahmen seine Macht erhalten hat. Wenn man die Quelle aber kritisch und zwischen den Zeilen analysiert, dann kann man sich dem Eindruck nicht entziehen, dass der Antijudaismus hier in einer sublimierten Form auftritt nach dem Motto: Wir haben ja nichts gegen die Juden, aber wenn die Juden nicht in unser Land gekommen wären, dann hätten wir nicht so hohe Schulden. Wir hätten keine so hohen Schulden, wenn die Juden nicht so einen hohen Zins verlangen würden. Wenn wir keine so hohen Zinsen zahlen müssten, würde es uns nicht so miserabel gehen. Zur viel zitierten Aussage von Treitschke „Die Juden sind unser Unglück"[216] ist also kein weiter Weg mehr.

Der Antisemitismus – die neue Dimension des Judenhasses

Treitschke stand mit dieser Meinung in Preußen und Deutschland nicht allein da. Die Menschen waren, wie Richard Evans in seinem neuen Werk zum „Dritten Reich" festhält, in Deutschland „nicht antisemitischer gewesen als viele seiner Nachbarländer"[217]. Der trotz der Aufklärung des 18. Jahrhunderts latente Antijudaismus des 19. Jahrhunderts war in Deutschland im wesentlichen nur unterbrochen in der sog. **Gründerzeit** nach der Errichtung des Preußisch-Deutschen Reiches. Diese wenigen liberalen Jahre wurden vor allem getragen vom Nationalliberalismus. In dieser politischen Bewegung wirkte „jene parteipolitische Strömung des (noch) liberalen Bürgertums, auf das sich Bismarck zusammen mit der militärisch-aristokratischen Elite bei der Errichtung des Reiches bis 1879 stützte".[218] Der wirtschaftliche Boom in Verbindung mit der Reichsgründung hatte dann auch zur rechtlichen und politischen Emanzipation der Juden geführt. Sie wurde durchgesetzt von den Nationalliberalen im Jahre 1869 bzw. 1871. In dieser Zeit, welche relativ frei war von antijüdischen Ressentiments, „gelang es einem großen Teil der etwa 470 000 Juden im Reich, die damals 1,2 % der Gesamtbevölkerung ausmachten, in gesichertere Mittelstandspositionen aufzusteigen."[219] Auch die politisch-rechtliche Emanzipation konnte nicht verhindern, dass viele Berufe und Sektoren den Juden nach wie vor verschlossen blieben. Trotzdem zählten sie im frühen Kaiserreich zur wirtschafts- und bildungsbürgerlichen Oberschicht. Es ist allerdings unverkennbar, dass seit der Reichsgründung von 1870/71 Nationalismus, Militarismus und Antisemitismus zunehmend das Weltbild der deutschen Eliten prägten. Es gab nur wenige Mitglieder der deutschen Elite, welche die Courage besaßen, sich offen gegen diese unheilvolle Entwicklung zu äußern. Einer dieser wenigen war König Ludwig II. von Bayern, der in seinem Brief vom 19. November 1971 an Prinz Luitpold die „ansteckende Pest des unseligen Deutsch-Schwindels"[220], ein sehr plastischer Ausdruck für Nationalismus, anprangerte wie auch Antisemitismus und Militarismus kategorisch verachtete. Bei genauem Hinschauen findet man also selbst in den Anfängen der Reichsgründung weder eine wirkliche Emanzipation der Juden noch eine echte Duldung der Juden durch die Christen. Diese von deutschen Historikern oftmals behauptete scheinbar christlich-jüdische Harmonie bekam dann deutlich sichtbare Risse mit dem Gründerkrach von 1873. Die Tatsache, wie die angeblich „vormals rückständigen Juden den krisenhaften Prozeß besser meisterten"[221] als die sog. Christen, führte zu dem unsinnigen Schluss, dass die Juden als Prototypen des kapitalistischen Systems an diesem Zusammenbruch schuld seien. Diesen extremen Liberalismus, auch als *Manchesterliberalismus* bezeichnet, deuteten nicht wenige Vertreter der sog. christlichen Presse „als das Werk der gerade emanzipierten Juden."[222] Besonders typisch ist die antisemitisch orientierte Liberalismus- und Kapitalismuskritik von Glagau. Sie erinnert bereits in penetranter Weise an die hohlen Phrasen der Nationalsozialisten. Ich zitiere Glagau: „Das Judentum ist das angewandte, bis zum Extrem durchgeführte Manchestertum. Es kennt nur noch den Handel, und auch davon nur den Schacher und Wucher. Es arbeitet nicht selber, sondern lässt Andere für sich arbeiten, es handelt und spekuliert mit den Arbeits- und Geistesprodukten Anderer. Sein Zentrum ist die Börse (...) Als ein fremder Stamm steht es dem Deutschen Volk gegenüber und saugt ihm das Mark aus. Die soziale Frage ist wesentlich Gründer- und Judenfrage, alles übrige ist Schwindel."[223]

Diese zunehmende Abkehr vom Liberalismus in Preußen und Deutschland ging Hand in Hand mit einem wachsenden Antisemitismus, der paradoxerweise parallel zur wachsenden Integration und Assimilation der Juden in Deutschland verlief.[224] Dieser schreckte, wie das obige Zitat zeigt, vor den übelsten antijüdischen Klischees[225] nicht zurück. Es ist sehr bezeichnend, dass auch Autoren, welche im Sinne der Toleranz- und Emanzipationsidee den Juden positiv gegenüberstanden, sich nicht ganz von diesen antijüdischen Stereotypen lösen konnten. Selbst der philosemitische Karl May war davon nicht ganz frei.[226] Es gibt allerdings auch den anderen May. Dieser hierzulande viel Verkannte war seiner Zeit weit voraus, als er in seinem Wiener Vortrag von 1912 kurz vor seinem Tod sich zum Erbe Lessings und der Aufklärung bekannte: *„Und Israel, das Volk Gottes! Was haben wir von ihm überkommen und geerbt. Nie können wir genug dankbar sein!"*[227] Die philosemitische Rede von May wurde von den meisten deutschen und österreichischen Tageszeitungen mit Missfallen aufgenommen, wie der folgende Satz aus dem „Deutschen Volksblatt" in Wien deutlich macht: „Leider machte May dem Judentum, das sehr stark vertreten war, ein Kompliment, indem er darauf hinwies, daß dem Judentum die größte Sehnsucht nach Erlösung innewohnte."[228] Es ist übrigens sehr bezeichnend, dass in Quellen und Informationen, welche wie der Artikel aus dem „Deutschen Volksblatt" gegen Juden gerichtet sind, nicht von konkreten Juden, sondern vom „Judentum" die Rede ist. Wir kennen dann im „Dritten Reich" die berüchtigten Verallgemeinerungen in Verbindung mit dem „Judentum" wie z. B.: „Das Judentum will die Weltherrschaft" oder „Das Judentum ist unser Erbfeind". In vielen Hetzschriften und -tiraden erfolgt diese Verabsolutierung auch durch den Gebrauch der Einzahl, so z. B. „Deutsche Hausfrau, trage dein Geld nicht zum Juden!", „Kauft nicht beim Juden", „Unsere Feinde sind nicht die Franzosen und Engländer, sondern einzig und allein der ewige Jude", „Der Jude ist unser Unglück", „Legt dem Juden das Handwerk" und „Der Jude ist nicht ein Deutscher, sondern ein Täuscher, nicht ein Welscher, sondern ein Fälscher, nicht ein Bürger, sondern ein Würger".[229] Diese Verabsolutierung von Menschen und Reduzierung auf ein Schema ist genauso einseitig und problematisch wie das Bestreben, bestimmte Fehlentwicklungen der europäischen Geschichte nicht ganz konkret bestimmten Christen, sondern dem „Christentum" in die Schuhe zu schieben. Wenn man solche globale Aggregate unreflektiert gebraucht und übernimmt, dann ist der Weg vom „...tum" zum „...ismus" nicht mehr weit.

Neben diesem offenen Antisemitismus gab es auch einen verdeckten Antisemitismus, dem sich auch Deutsche, welche den Juden wohlgesinnt waren, in einer antisemitisch aufgeladenen Atmosphäre kaum entziehen konnten. Zwischen nichtjüdischen und jüdischen Deutschen scheint ein unsichtbarer Graben existiert zu haben. Wie sehr sich ein solcher Graben auf die menschlichen Beziehungen auswirken konnte, zeigt die ergreifende Liebesgeschichte „Holunderblüte" des Dichters Wilhelm Raabe. Die zarte Liebe zwischen dem Prager Judenmädchen Jemima und dem deutschen Medizinstudenten ist zum Scheitern verurteilt, bevor sie begonnen hat. Die Vorurteile und Vorbehalte von beiden Seiten sind so stark, dass wahre menschliche Beziehungen im Keim erstickt werden. Die Liebe hat keine Chance. Symbolträchtig spielt sich das Geschehen vor allem auf dem alten Prager Judenfriedhof in der Josefsstadt in Prag ab.[230]

Es blieb in Deutschland aber nicht bei diesem versteckten unbewussten Antijudaismus. Der offene Judenhass wie auch der latente vielfach unterbewusste Antijudaismus, die sich vielfach auch als Hass gegen alles Christliche äußerten, gingen in weiten Teilen Europas bereits Ende des 19. Jahrhunderts mehr und mehr in einen darwinistisch-rassistischen Antisemitismus über,[231] der sich vor allem als „Vorstellung von der rassischen Überlegenheit des eigenen Volkes"[232] äußerte und als Rechtfertigung für die Unterdrückung anderer europäischer Staaten diente. Aus psychologischer Sicht beruhte dieser Antisemitismus auf pseudowissenschaftlichen Vorurteilen. Er leitet sich im Grunde aus der **Angst** der Wirtschaftsverlierer her, welche „sich von der neuen industriellen Revolution jener Jahre[233] überrollt fühlten" und den schnellen gesellschaftlichen und wirtschaftlichen Aufstieg der meisten Juden nicht verkrafteten. „Die Assimilation wurde als eine Form heimtückischer Unterwanderung angesehen, nicht als Bekenntnis zum Deutschtum – die Unlogik bei diesem Thema kannte keine Grenzen. Das führte sogar zu der Idee, es müsse da so etwas wie eine internationale Verschwörung vorliegen zwischen den Juden aus der Wall Street und denen im Kreml."[234] Selbst der Nichthistoriker kann hier ohne nähere Analyse erkennen, dass im wesentlichen alle Elemente und Faktoren des rassistisch-darwinistischen Antisemitismus

„schon aus der Zeit Kaiser Wilhelms II. und danach hergeleitet werden,"[235] wie Evans in seinem Werk zum „Dritten Reich" immer wieder betont.

Arbeiten wie die von Evans haben das Verdienst, erkannt zu haben, dass es auch beim Antjudaismus der Kaiserzeit im Grunde trotz der oft christlichen Wortwahl in Predigten und christlichen Zeitschriften nicht um **christliches** Gedankengut gegangen ist. Nicht nur in **katholischen** Blättern wie der *Germania*, sondern auch in der extrem reaktionären **protestantischen** Kreuzzeitung, häuften sich antisemitische Artikel. Diese wandten sich in gleicher Weise gegen die Juden wie auch gegen den abgeblich primär von den Juden geprägten Liberalismus. Hier profilierte sich vor allem der protestantische Hofprediger Adolf Stoecker recht unrühmlich als Feind der Juden. Seine 1878 gegründete Partei war ausgesprochen antisemitisch und sicher alles andere als christlich. Dieser Geistliche sieht im *Mammonismus* und *Materialismus* seiner Zeit Produkte des jüdischen Liberalismus. Das folgende Zitat von Stoecker zeigt, dass Glagau mit seinen antisemitischen Äußerungen kein Einzelfall in Preußen ist:

Das „jüdische Trachten nach Gold und Geld, diese Gier nach Gewinn und Genuß (...), dieser jüdische Kampf gegen alles, was heilig und unverletzlich ist, gegen alle Hoheit und Majestät im Himmel und auf Erden, dieses jüdische Wesen ist ein Gifttropfen in dem Herzen unseres deutschen Volkes. Wenn wir gesunden wollen, wenn wir unsere deutsche Volkstümlichkeit festhalten wollen, müssen wir den giftigen Tropfen der Juden aus unserem Blut loswerden."[236] Von dieser Einstellung eines protestantischen Predigers führte geradezu konsequent ein direkter Weg zu den deutschchristlichen Theologen und der Bewegung einer deutschen Kirche. Selbst in der „Bekennenden Kirche" in der Zeit des NS-Regimes perfektionierte man die „wirksame[n] Strategie der Leugnung oder Abwertung der jüdischen Wurzeln des Christentums". Die Versuche des deutsch-jüdischen Historikers Raphael Straus, der sich gegen eine solche Verdeutschung und Entjudung des Christentums stemmte, waren ein Kampf gegen Windmühlenflügel. „Mit seiner friedlichen, auf Toleranz und gegenseitige Achtung von Judentum und Christentum gerichteten Darstellung hielt Straus den christlichen Kirchen den Spiegel vor und machte auf die Deformation aufmerksam, die das Christentum durch den Antisemitismus an sich selbst erlitt." Die von ihm aufgezeigten „Perspektiven einer zukünftigen Begegnung der beiden Religionen" fielen auf unfruchtbaren Boden.[237] Es blieb nicht bei dieser religiösen Ausgrenzung der Juden und alles Jüdischen aus den protestantischen Konfessionen. Von den antijüdischen, vordergründig betrachtet, religiösen Klischees und Vorurteilen in theologisch-religiöser Verkleidung war kein weiter Weg mehr zum rassistischen Antisemitismus, dessen Wurzeln bereits deutlich in der zweiten Hälfte des 19. Jahrhunderts in Deutschland erkennbar sind.

Das Jahr 1883 ist, was den Antisemitismus betrifft, ein besonderes Jahr. In diesem Jahr tritt nicht nur erstmals der Blut- und Bodenwahn auf den Plan, sondern ein unbekannter jüdischer Autor, der zum Christentum konvertiert war, äußert sich anonym in einem Werk, welches bisher der Öffentlichkeit unbekannt geblieben ist.[238] Viele seiner Aussagen nehmen die Ereignisse und Entwicklungen bis zum Holocaust hin vorweg. Der jüdisch-christliche Autor erkennt den Neid auf jüdischen Reichtum und Wohlstand als die wahre Wurzel des Antisemitismus. Diese wahre Wurzel des Antisemitismus findet man jedoch nicht in den antisemitischen Schriften des 19. Jahrhunderts. Diese stellen vielmehr den jüdischen Geist „als einen höchst inferioren, ihren Charakter als einen unrettbar verworfenen hin."[239] Mit wahrhaft prophetischem Geist sieht der Verfasser die weitere Entwicklung voraus:

„Vorerst will man zur Erhöhung des Gemeinwohls vielleicht nur ihre Gleichstellung aufheben: aber wer wird leugnen, daß der Jude, wenn er in seiner Freiheit schädlich war, auch im Ghetto nicht nützlich sein kann, und daß es nur consequent wäre, wenn man ihn zur weiteren Erhöhung des Gemeinwohles vertreiben oder tödten würde? Hat man sich erst mit dem Gedanken befreundet, statt euch zu bessern, euch zu unterdrücken und so am Begriffe der Menschenrechte sich zu versündigen, wer wird es dann noch mit dem Grade dieser Versündigung genau nehmen? Wer zur Notwehr greift, bekümmert sich wenig darum, ob er seinen Gegner blos kampfunfähig mache oder erschlage; und ebenso wenig werden die fremden Völker, wenn sie euch erst für das schlechthin Böse ansehen, sich ein Gewissen daraus machen, euch mit Ruthen oder mit Scorpionen zu züchtigen. Die Parole ist also: ihr seid Verbrecher an der Gesellschaft und als solche habt ihr das Ärgste zu befürchten."[240]

Eine große Gefahr für die Juden sieht der anonyme jüdisch-christliche Autor auch in der mangelnden Zivilcourage der meisten Nichtjuden. Dieses Defizit an Mut gilt nicht zuletzt für die deutschen Hochschullehrer des 19. und 20. Jahrhunderts mit ganz wenigen Ausnahmen wie z. B. Friedrich Wilhelm Foerster, Professor für Pädagogik an der Universität München in den Jahren 1914–1920. Er zog es vor, 1920 zurückzutreten und aus Deutschland zu emigrieren. Dieser Wissenschaftler, der in seinen Vorlesungen und Publikationen den wachsenden Nationalismus und Militarismus ablehnte, fühlte sich von den ‚ordnungsliebenden' professoralen Kollegen, welche ihn als Unruhestifter ablehnten, zunehmend im Stich gelassen.[241] Viele Deutsche, erkennt der Anonymus mit klarem Blick,

„beschönigen nämlich ihre ‚erhabene Gleichgiltigkeit' auch damit, daß die Niederträchtigkeit der antisemitischen Bewegung ganz offenkundig sei und mit keiner anderen Waffe als derjenigen einer stillschweigenden Verachtung bekämpft zu werden verdiene! Die gelegentlichen, wohlgemeint, aber mit zu professorenhafter Kühlheit gesprochenen Äußerungen hervorragender Christen erwärmen und überzeugen Niemand und sickern überdies gar nicht hinab in jene Schichten, für die sie bestimmt sein sollten."[242]

Da die Juden also von den Christen (und solche, die sich dafür halten) keine große Hilfe zu erwarten hätten, müssten die Juden ihr Schicksal selbst in die Hand nehmen und sich wehren, wenn Schlimmeres verhütet werden solle.[243] Auch von Polizei und Regierung könne man keine Hilfe erwarten. Denn die Mächtigen der Politik sind ohnmächtig, da sie im Grunde immer stärker von den Interessen ihrer Wähler abhängig werden. Der Verfasser weist im weiteren Fortgang seines Buches auf die positiven Seiten und Eigenschaften der Juden wie z. B. Prinzip der Innerlichkeit, Familiensinn, Traditionsbewusstsein, Nüchternheit, Flexibilität, ökonomisches Talent, Sparsamkeit etc. hin und zeigt auf, dass sich diese Eigenschaften sehr gut mit den Eigenschaften der germanischen Völker vertragen würden. Er betont im besonderen die verwandten Seiten von Juden und Germanen, welche auch dazu beigetragen hätten, dass die germanischen Völker so schnell das Christentum angenommen hätten.[244]

Dem Ideal der altjüdischen Friedensidee, welche sich in der „Verbrüderung aller Menschen als der Kinder Eines Vaters" äußert, stellt er den „Staatsegoismus" gegenüber, wie er sich in seiner Gegenwart im Nationalismus, Imperialismus und Antisemitismus manifestiert. Die Idee der Humanität leitet der Autor zu Recht nicht nur von der griechischen Philosophie, sondern auch aus den heiligen Büchern des Judentums ab.

Der Verfasser warnt in weiter und weiser Voraussicht die Deutschen davor, die Juden zu entrechten und zu diskriminieren. Denn damit bestehe die Gefahr, dass auch die deutschen Kolonisten, z. B. in Ungarn, das gleiche Schicksal erleiden könnten. Des Autors Worte dazu sind wahrhaft prophetisch, denn „manche wirkliche Fehler der ‚Schwaben' und ‚Franken' wird man ins Riesige übertreiben und bald wird eine Anti-Germanen-Liga existiren überall dort, wo eine faule und ungebildete Bevölkerung der Intelligenz und dem Fleiß der Deutschen zu unterliegen droht."[245]

Im folgenden tritt der Autor dem im 19. Jahrhundert immer wieder gegen die Juden vorgebrachten Vorwurf entgegen, dass die Juden keine Deutschen seien und der deutschen Nation sich nicht verbunden fühlten. Dieses stereotype Klischee widerlegt der Verfasser an einem sehr schlagenden Beispiel, dem Fall „Wagner", dem „nationalsten Künstler, den Deutschland je besessen hat." Er zeigt, dass Richard Wagner ganz massiv von Juden unterstützt und gefördert worden ist. Richard Levy „dirigiert den katholisch-christlichen ‚Parsifal', Joseph Rubinstein verfasst den Klavierauszug des Werks", Porges „besorgt die schriftstellerische Propaganda", Leo Arnstein „gründet den Akademischen Wagnerverein in Leipzig". Diese engagierte Förderung des Komponisten durch deutsche Juden hinderte Wagner aber nicht daran, Levy als Dirigenten des Münchner Hoftheaters für die Aufführung des ‚Parsifal' abzulehnen. König Ludwig II. stellt jedoch Wagner die Alternative, entweder die Oper mit Levy oder gar nicht aufführen zu lassen. Nach dem Einlenken von Wagner dankte ihm der bayerische König für seine Einsicht, „keinen Unterschied zwischen Christen und Juden bei der Aufführung Ihres großen, heiligen Werkes (zu) machen".[246] Diese offensichtlich antijüdischen Ressentiments und Vorurteile, welche übrigens künstlerisch nicht zu begründen waren, hält allerdings Daniel Barenboim, einen führenden Dirigenten des 21. Jahrhunderts, nicht davon ab, die noch heute in Israel tabuisierten Wagneropern auf der ganzen Welt zu dirigieren.

Auch unser Anonymus verweist auf die bekannte, aber von den Antisemiten totgeschwiegene Tatsache, dass es kein Volk auf der Welt gibt, bei welchem die Gegensätze so ausgeprägt sind wie bei den Juden. Hier extreme Kommunisten, dort Kapitalisten; hier Nationalisten und selbst Antisemiten, dort Kosmopoliten. Und doch hält kein Volk der Welt so zäh an seinen Traditionen fest wie die Juden. Kultur und Sprache der alten Griechen, Römer und deren Vorfahren haben schon lange aufgehört zu existieren. Doch die Juden haben noch dieselben Bräuche, Gewohnheiten, z. B. Nahrungsgewohnheiten; sie sprechen noch die gleiche Sprache. Moses und Aron könnten sich noch heute problemlos mit den hebräisch sprechenden Menschen der Gegenwart verständigen.[247]

Das zentrale jüdische Problem sieht der Autor in der Frage der Verschmelzung mit anderen Kulturnationen oder des Aufbaus einer eigenen Nation, z. B. „irgendwo in Asien". Das Wort „Zionismus" nach Herzl ist 1883 noch unbekannt. Dennoch nimmt er Ideen von Herzl schon vorweg. In diesem Sinne gibt er zu bedenken, „daß eine Rückkehr nach einem wo immer gelegenen Palästina zu spät ist: hierzu bedürfte es eines neuen religiösen Princips, einer Botschaft, die man nicht nur hören, sondern an die man auch glauben müsste: Aber der Moses des neunzehnten Jahrhunderts wird jener Jude sein, dem es gelingt, seine Stammesgenossen nicht aus den anderen Nationen heraus – sondern in sie hineinzuführen." Der Autor plädiert also für die Assimilation der Juden in den europäischen Staaten, allerdings unter Beibehaltung ihrer Traditionen sowie kulturellen und religiösen Gewohnheiten. Das würde auch viele Juden, „die im Herzen christlich gesinnt sind", zum Übertritt zum Christentum führen. Den anderen Weg, den des Zionismus, mit der Errichtung eines eigenen Nationalstaates, den Herzl eingeschlagen hat, hält der anonyme Autor nicht für sinnvoll, da die meisten Juden, zumindest in Deutschland und Österreich, die jüdische Religion nicht mehr praktizierten. Dazu folgender lapidarer Satz: „Die heutige jüdische Confession ist die Confessionslosigkeit". Aus diesem Denken heraus ist für ihn die Liebeslehre des Christentums bedeutsamer als die alttestamentarische Religion. Der Gottessohn des Neuen ist ihm wichtiger als der „allmächtige Gottvater" des Alten Testaments.[248] Semiten und Indogermanen könnten somit als „Stämme der kaukasischen Race"[249] ohne Probleme unter dem gemeinsamen Dach des Christentums zusammenleben.

Der anonyme Autor fasst das Christentum mehr als kulturellen denn als religiösen Faktor auf und sieht im Nationalismus und in Nationalstaaten weder eine Zukunft für die christlichen Staaten noch für die Juden. Damit war er seiner Zeit um Jahrzehnte voraus. Seine prophetischen Worte fielen in Deutschland nicht auf fruchtbaren Boden. Einen ganz anderen Weg gingen die deutschen Nationalisten. Diese wurden ganz entscheidend von den protestantisch-nationalistisch orientierten Geschichtsschreibern geprägt. Für diese war Geschichtswissenschaft primär nicht die Aufhellung der Vergangenheit im Sinne von Theodor Mommsen, sondern „spätestens seit dem 19. Jahrhundert auch ein identitätsstiftender, nationalstaatlicher Religionsersatz."[250] Die extreme Konsequenz dieses von der nationalen Geschichte getragenen Nationalismus war in Verbindung mit einem völlig falsch interpretierten Darwinismus die Rassenideologie.

1883, im gleichen Jahr, als das Buch des judenchristlichen Anonymus erschien, wagte sich die plump-rassistische Ideologie von Blut und Boden, welche noch über den *intellektuellen* Antisemitismus des Hofpredigers Stoecker hinausging, in der Berliner Bocksbrauerei an die Öffentlichkeit. Von dieser proletarischen Ideologie wurden wohl auch Intelektuelle wie Stoecker geprägt. Nach der wachsenden Lufthoheit über die Stammtische, nicht nur in Berlin, brachte Stoecker, der protestantische Prediger, dann auch noch das gehobene Bildungsbürgertum auf seinen antisemitischen Weg. Er lieferte im Grunde auch die Grundlagen für Treitschke. Dieser renommierte preußische Historiker schaffte es, „antisemitische Ressentiments in höchsten Kreisen des Reiches salonfähig"[251] zu machen. Der Schaden, den er damit politisch stiftete, war auf Grund seiner subtilen Vorgehensweise noch viel schlimmer als die plumpen Hetztiraden von Glagau, Stoecker und Konsorten, da nun gewissermaßen der Antisemitismus in den herrschenden Kreisen Deutschlands immer mehr zum guten Ton gehörte und die

Juden als Unglücksbringer (frei nach Treitschke) stigmatisiert wurden. Die Äußerungen der Trivialantisemiten und des Historikers Treitschke blieben zwar in den Kreisen der Wissenschaft nicht unwidersprochen. Doch die wenigen, welche gegen den antisemitischen Stachel löckten, standen dem immer mehr vom Antisemitismus geprägten deutschen Zeitgeist zunehmend machtlos gegenüber. So verwundert es auch nicht, dass seit 1880 immer wieder organisierte Banden „Juden raus!' riefen, Geschäfte und Lokale demolierten und angeblich ‚jüdisch aussehende' Passanten drangsalierten."[252] Dieser von der Straße geprägte Antisemitismus führte zur Pervertierung der Idee der Emanzipation, einer fundamentalen Idee der Aufklärung. Denn in einer großangelegten spektakulären Unterschriftensammlung, der ‚Antisemitenpetition', strebte man „die Emanzipation [!] des deutschen Volkes von einer Art Fremdherrschaft"[253] an. In dieser angeblich vom deutschen Volk getragenen Petition wurde „das Verbot, zumindest aber die Einschränkung der Immigration ausländischer Juden, der Ausschluß der Juden von allen Regierungsstellen, die beschränkte Zulassung von Juden bei Gerichten, in den Schulen usw."[254] verlangt. Diese Petition mit über 200.000 Unterschriften wurde dann Bismarck überreicht, und dieser nahm sie tatsächlich an. Der Antisemitismus hatte sich trotz der Verbesserung der wirtschaftlichen Konjunktur Ende des 19. Jahrhunderts schon zu stark in die ‚christlichen' Herzen hineingefressen, konnte nun auch zunehmend in den Verbänden und Vereinen Fuß fassen und „prägte „dort das politische Alltagsbewusstsein weiter Bevölkerungskreise"[255]. Es entwickelte sich hier ein antisemitischer Teufelskreis, aus welchem sich die Deutschen nicht mehr befreien konnten und wollten. In diesem Sinne waren, um eine bekannte Aussage des griechischen Geschichtsschreibers Herodot abzuwandeln, die von den Historikern viel beschworenen Faktoren wie der Erste Weltkrieg, der Friedensschluss von Versailles und die Weltwirtschaftskrise nicht die wahren Ursachen, sondern nur die äußeren Anlässe, welche schließlich die Steine ins Rollen brachten und zum Holocaust führten.

Von diesem immer latent vorhandenen deutschen Antijudaismus des 18. und Antisemitismus des 19. Jahrhunderts führte der Weg in bitterer Konsequenz zum unwissenschaftlichen Rassen-Darwinismus und menschenverachtenden Kolonialismus. Bereits Anfang des 20. Jahrhunderts führte dieses ‚Denken' zum Völkermord an den Hereros in Südafrika und zur rassistischen Legitimation des antichristlichen politischen Darwinismus, nach welchem die Schwarzen in Afrika im Grunde keine Menschen, sondern wilde Tiere waren. In „Deutsch-Südwest" wurden in Afrika Anfang des 20. Jahrhunderts „auch die ersten deutschen Konzentrationslager eingerichtet. Dort wurden Herero[s] und Nama – im Kolonialistenjargon verächtlich ‚Hottentotten' genannt – eingepfercht; Männer, Frauen und Kinder gleichermaßen."[256] Bereits hier bei der Behandlung der Schwarzen wurde deutlich, dass das Christentum als Religion schon längst durch die Pseudoreligion des Darwinismus, „die moderne Gegenreligion"[257], verdrängt worden und „zu einer Karikatur seiner selbst"[258] geworden war. Bezeichnend ist auch das weitgehende Schweigen der Kirchen zu dieser sich immer mehr steigernden antisemitischen Entwicklung. Die Gelegenheit, schon damals den Anfängen zu wehren, wurde versäumt. Es wurden nicht nur die wegweisenden Ideale des Alten, sondern auch des Neuen Testamentes verraten. Der Dekalog galt nur noch für ‚germanische' und ‚reinrassige' Christen, aber nicht für Juden. Die Ideen von Toleranz, Freiheit und Gleichheit der Aufklärung hatten also nicht lange gehalten und sich in wenigen Jahrzehnten in ihr Gegenteil verkehrt. Der alte „Kannibalismus" war also recht schnell durch den dünnen Firnis der Aufklärung gedrungen, als ob es nie einen Lessing oder Moses-Mendelsohn gegeben hätte.

In diesem Sinne war der Antisemitismus[259], wie oben dargestellt, anders als der mittelalterliche und neuzeitliche Antijudaismus **Rassenantisemitismus**[260], im Grunde also rassistisch umgesetzter Darwinismus, der – übrigens wissenschaftlich unkorrekt – von der Ebene der Biologie auf die der Gesellschaft übertragen worden war. Die tiefere Ursache, warum Juden seit ihrer (rechtlichen) Emanzipation im 19. Jahrhundert zunehmend gehasst und geächtet wurden, liegt sicher darin, dass es ihnen gelang, trotz Jahrhunderte langer Benachteiligung und Ausgrenzung in Branchen und Bereiche einzudringen, welche bisher „Christen" vorbehalten waren. Selbst als Antisemiten taten sich Juden im Reichstag hervor. Dennoch kam es in Deutschland, dem Land, das die Juden mehr liebten als jedes andere[261], so weit, dass Juden als Undeutsche und als rassisch minderwertiger Fremdkörper betrachtet wurden. Im Dritten Reich waren es nicht Analphabeten, sondern gebildete Menschen und solche, die sich dafür hielten, welche Lügenmärchen für bare Münze nahmen, nämlich dass die Juden die germanische Rasse vernichten, das deutsche Kulturleben zersetzen und über das Finanzjudentum nach der Weltherrschaft streben wollten. Solchen antisemitischen Lehren, verbreitet von falschen Propheten, erlagen in Deutschland nicht zuletzt die Intellektuellen und die sonstigen Mitglieder der Elite. Bis in die Anfänge des Nationalsozialismus hinein machten katholische Bauern Altbayerns eifrig Gebrauch von ihrem gesunden Menschenverstand in ihrer Einstellung den Juden gegenüber. Die unteren Führungsschichten der NS-Maschinerie hatten größte Mühe, die altbayerischen Bauern auf den nationalsozialistischen Weg zu bringen. Die Hallertauer Hopfenbauern standen noch weit bis in die 30er Jahre des 20. Jahrhunderts hinein mit jüdischen Händlern in wirtschaftlichen Beziehungen, welche beiden Seiten zum höchsten Vorteil gereichten. Es gab zwischen beiden Parteien so gut wie keine Konflikte. Dazu bestand auch kein Grund, da die jüdischen Händler sich sehr reell verhielten sowie gut und pünktlich zahlten.

Symptomatisch dafür ist die folgende Begebenheit, welche zeigt, dass im katholischen Bayern zwei Jahre nach der sog. Machtergreifung der NSDAP noch lange nicht alle Deutschen gleichgeschaltet waren. Die folgenden Zeilen sollen zudem die nationalsozialistische Gleichschaltung und Eliminierung der Juden aus der deutschen Gesellschaft an dem exemplarischen Fall eines Juden aus Fleisch und Blut, der in der altbayerischen Landschaft der Hallertau bodenständig und fest verankert war, veranschaulichen. Bei einer Bauernversammlung in Schrobenhausen im Jahre 1935 wütete der Schrobenhausener Kreisbauernführer Straub mit den üblichen Klischees gegen die Juden und vor allem gegen den allseits beliebten jüdischen Vieh- und Hopfenhändler **Wilhelm Meinstein**: „Es sei zum Verzweifeln, dass dieser nach Verbüßung seiner Haftstrafe wegen Devisenvergehen auf dem Pfaffenhofener Markt von Bauern umringt und voll Freude mit den Worten ‚Willy, weilst nur Du wieder da bist!' begrüßt worden sei. Auch in Schrobenhausen hätten sich Bauern auf dem Markt um Meinstein ‚herumgedrückt'. Glücklicherweise sei Meinstein nun nicht mehr da."[262] Meinstein war durch ein Krefelder Gericht zu einem Jahr Gefängnis verurteilt worden, weil er „seinem in Amsterdam lebenden, schwerkranken Bruder das diesem zustehende Erbe überbringen" wollte. Die Pfaffenhofener Ilmgau Zeitung spricht in ihrem Bericht vom 12.11.1933 mit Hochachtung von Meinstein, der „doch nur aus brüderlichem Empfinden gehandelt" habe. Zu diesem positiven Urteil hat nicht nur die Beliebtheit von Meinstein in der Hallertauer Bevölkerung, sondern wohl auch die Tatsache beigetragen, dass der deutschnational eingestellte Meinstein den Ersten Weltkrieg mitgemacht hat und Inhaber des Eisernen Kreuzes war. Außerdem war er ein exzellenter Fußballspieler und war als solcher für den FSV Pfaffenhofen aktiv. Nach der Verbüßung seiner Haft kehrte Meinstein Anfang 1935 wieder nach Pfaffenhofen zurück.[263]

Trotz seiner Beliebtheit in der Bevölkerung machten ihm aber die Nazis das Leben immer schwerer. Weil ihn die Frau des NS-Stadtrats Ludwig H. im Auto vom Bahnhof zum Hauptplatz in Pfaffenhofen mitgenommen hatte, kam Meinstein für kurze Zeit (wie auch Frau H.) noch einmal ins Gefängnis. Die Schikanen rissen nicht ab, Fensterscheiben wurden regelmäßig bei ihm eingeworfen, sogar seine Ermordung durch einen bestellten Killer war geplant. Meinstein hatte keine Angst. Doch der Hass der Nationalsozialisten zwangen ihn schließlich, Deutschland zu verlassen. In der Nähe von Johannesburg erwarb er eine Farm.

In den Jahren 1970 und 1972 (anlässlich der Olympischen Spiele) kam er wieder in seine alte Heimat und gab Leuten, die sich bei ihm entschuldigten, zu verstehen, dass er keinen Hass gegenüber den Menschen von Pfaffenhofen empfinde. Viel zu leiden hatte auch Meinsteins uneheliche Tochter Irmgard Lehner, welche er von seiner christlichen Haushälterin hatte. Die meisten Menschen in Pfaffenhofen, von der NS-Ideologie infiziert, machten keinen Unterschied zwischen Voll- und Halbjuden, welche nicht mehr als Deutsche galten.[264]

Im Zusammenhang mit der Verunglimpfung des Hopfen- und Viehhändlers Meinstein tauchten auch im Raum Pfaffenhofen die allgemein seit dem 19. Jahrhundert im ganzen Reich ‚kultivierten' Vorurteile gegen Juden und Verzerrungen jüdischer Lebensart auf. Immer wieder gebrauchten vor allem die NS-Funktionäre in den deutschen Tageszeitungen Ausdrücke wie „Stinkjude", „Saujude", „kleine schmierige Rassejuden", „Juden unerwünscht". Um wirklich den letzten Deutschen von der Minderwertigkeit, Deutschfeindlichkeit und rassischen Andersartigkeit und Minderwertigkeit der Juden zu überzeugen, sollen seit 1939 Filme wie „Der ewige Jude" und „Juden ohne Maske" eine jüdische Moral zeigen, „die so viel bedeutet wie Verbrechen, Neid, Zerschlagung jedweder Kultur und eines geordneten Staatenlebens."[265] Besonders ehrenrührig ist der Vorwurf, dass Juden „das deutsche Kulturleben verhöhnen" und jedwede Kultur zerschlagen, aber nicht auf die Hallertau beschränkt. Dieser Vorwurf zeugt auch von der ungeheuren Unkenntnis der deutschen Geschichte im allgemeinen und der jüdischen Geschichte im besonderen. Diese Arbeit zu den Quellen der europäischen Kultur widerlegt nicht nur solche antijüdischen Gemeinplätze, sondern zeigt vielmehr, dass die Juden zu allen Lebensbereichen, auch im kulturellen Bereich, über Jahrhunderte positive Beiträge leisteten und vor allem in Deutschland sich der deutschen Kultur und deutschen Nation immer verpflichtet und zugetan fühlten. Das beweist nicht nur der hohe Blutzoll deutscher Juden im Ersten Weltkrieg. Die Integration der Juden in deutsche Gesellschaft und Kultur ging sogar so weit, dass Juden wie Jospeh Roth, der große Dichter, die „Arisierung" des jüdischen Denkens[266] anprangerten.[267] Umso verwunderlicher ist es, dass Judenhass und Antisemitismus in Deutschland immer unerträglichere Formen annahmen und eskalierten, ein Phänomen, welches selbst den Holocaustforschern noch ein Rätsel ist.

Die antisemitische Eskalation ist unverkennbar Ausdruck der Zwangsläufigkeit einer Entwicklung, welche von einem falsch verstandenen und auf die Gesellschaft und Politik übertragenen Darwinismus ihren verhängnisvollen Ausgang genommen und sich in die Köpfe der deutschen Menschen hineingefressen hat. Es ist nicht zu leugnen, dass die große Mehrheit der Deutschen, selbst Freunde der Juden, wie in einer Epidemie vom antisemitistischen Bazillus angesteckt wurden. Nicht ganz zu Unrecht kommt somit Daniel Goldhagen[268] in seinem berühmten Buch nach dem Resümee von Volker Ullrich in „Die Zeit" zu der richtigen Erkenntnis, „daß die Mörder, die überdies freiwillig, wenn nicht mit Lust gemordet hätten, ganz normale Deutsche gewesen seien". Die spezifische Form des *eliminatorischen* deutschen Antisemitismus habe „die deutsche Gesellschaft seit dem 19. Jahrhundert durchtränkt und den Judenmord zum ‚nationalen Projekt' der Deutschen gemacht".[269] Die These Goldhagens über die Deutschen als „willige Vollstrecker" läuft auf eine deutsche Kollektivschuld beim Holocaust hinaus. Problematisch an einer solchen Kollektivschuldthese ist jedoch, dass nicht nur das Neue, sondern auch das Alte Testament menschliche Schuld grundsätzlich als persönliche Schuld begreift. Der deutsche Sozialhistoriker Wehler verwirft diese These von Goldhagen rigoros. Diese laufe schließlich darauf hinaus, „das Bedürfnis nach Judenvernichtung sei eine Art perverse Veranlagung aller Deutschen"[270]. Diese Auffassung von Goldhagen geht noch über die extreme Auffassung von William S. Shirer hinaus, welcher unmittelbar nach dem Ende des 2. Weltkrieges im preußischen Militarismus die primäre Ursache des deutschen Holocaust vermutet hatte.

Die zweite große Schwachstelle seines Werkes ist die Überheblichkeit des Autors, mit welcher er die gesamte bisherige Holocaustforschung als überholt hinstellt. So ist es nicht verwunderlich, dass sein provokantes Buch einige Befürworter, aber mehr Ablehner gefunden hat.[271] Als Fazit des Goldhagen'schen Werkes komme ich persönlich zu der Erkenntnis, dass der Kreis der aktiven und passiven Täter im Dritten Reich doch größer war, als man bislang angenommen hatte. Im Grund sind ja Menschen, welche wider besseres Wissen schweigen, auch Täter. Man kann den sog. guten Deutschen, worauf der anonyme judenchristliche Anonymus von 1883 mehrfach hingewiesen hat, den Vorwurf nicht ersparen, dass sie seit dem Aufkeimen des rassistischen Antisemitismus im 19. Jahrhundert die gegen Juden eskalierenden vielfach perversen Lügenmärchen, Klischees und Vorurteile allzu selbstverständlich hingenommen und kaum etwas dagegen unternommen haben. Dieser Vorwurf gilt sehr vielen, aber eben nicht allen.

Trotz Holocaust und Schoah gibt es in Deutschland bereits heute wieder eine ganze Menge von Leuten, für welche Juden trotz ihres Engagements für Deutschland, seine Sprache und Kultur keine Deutsche (mehr) sind. Diese Leute gehen modernen Fiktionen, Mythen und Fälschungen auf den Leim. Noch immer tauchen die eben beschriebenen Vorurteile gegen Juden, nicht zuletzt in Verbindung mit einer einseitigen Betrachtung der Nahostkrise, auf. Doch vor allem im wiedervereinigten Deutschland sieht man in den letzten Jahren Licht am Ende des Tunnels.

Rafael Seligmann räumt mit dem noch heute im Ausland herrschenden Vorurteil auf, dass Deutschland die Inkarnation des Antisemitismus gewesen sei. Seine Aussagen zum Verhältnis von nichtjüdischen und jüdischen Deutschen, welche wohl auch durch die These von Goldhagen beeinflusst sind, gehen das Phänomen des Antisemitismus nicht von der moralischen Ebene an: „Adolf Hitler und die Nazis waren kein Betriebsunfall der deutschen Geschichte. Sie waren eher das Produkt vielfacher deutscher Ängste. Die Deutschen waren keine eliminatorischen Antisemiten. Der pathologische Judenhass der Nazis war vielmehr Ausdruck der Unfähigkeit einer statischen Gesellschaft, sich den Herausforderungen der Zeit zu stellen. Da dies den Juden im allgemeinen besser gelang, waren sie als Sündenbock prädestiniert."[272]

Diese Aussage von Seligman wird wohl, nicht zuletzt angesichts der Goldhagen-Debatte, keine allgemeine Zustimmung finden, da die durch Deutschland verursachten Wunden des Holocaust noch lange nicht verheilt sind. Noch wichtiger aber ist es, den Blick nach vorne zu richten und dafür zu sorgen, dass die Europäer wach bleiben und den Anfängen des Juden- und Minderheitenhasses wehren. Angesichts der schnell wachsenden jüdischen Gemeinde in Deutschland besteht die Hoffnung, dass die Normalisierung des christlich-jüdischen und jüdisch-deutschen Zusammenlebens weitergeht und der gegenseitige Kulturtransfer, welche so lange unterbrochen war, fortgesetzt bzw. wieder aufgenommen wird.

Judentum, Islam, Christentum und Kulturtransfer

Der Kulturtransfer nach Europa hat ganz wesentlich mit der Tradition des Rechts zu tun. Europa ist geprägt durch mehrere Rechtskreise, die sich vielfach auch miteinander vermischt haben. So wirkten auf die deutsche Kulturentwicklung nicht nur das Römische, das kanonische, das germanisch-deutsche Recht, sondern, was vielfach verkannt wird, auch die Rechtsvorstellungen des Alten Testaments und des Talmud ein. Nur wenigen Historikern ist bislang bewusst geworden, wie stark jüdisches Leben bereits in der Antike nicht nur vom religiösen Glauben, sondern auch von minutiös festgelegten rechtlichen Regelungen geprägt war. Diese rechtliche Prägung wirkt weit mehr, als wir das aus dem Römischen Recht kennen, in den Intimbereich des Familienlebens hinein. Es gab hier nichts, was nicht bis ins kleinste geregelt war: Verlobungen, Verschreibungen, Ehekontrakte, Scheidung, Heiligungen, Trauungsformen etc.[273] Seitenweise findet man im Talmud detaillierte Erörterungen über die Frage, welcher Tag der Woche und welche Tageszeit sich für Trauungen am besten eignet und welche Tage und Tageszeiten man unbedingt vermeiden sollte. Dabei gibt es verschiedene Tage, an welchen Jungfrauen und Witwen heiraten durften und nicht durften. Als ideale Hochzeitstage für Jungfrauen galten Montag, Dienstag und Mittwoch, der 2., 3. und 4. Tag der Woche. Auf gar keinen Fall durften Jungfrauen am Freitagabend und Sabbatabend vermählt werden.[274] Diese detaillierten Regelungen sind jedoch nicht von religiösen, sondern sehr pragmatisch von rechtlichen Normen her bestimmt. Der Talmud zeigt also noch mehr als das Alte Testament, wie wichtig das Recht für das Zusammenleben der Juden bereits in der Antike war.

Ich habe mich in einem großen Festschriftbeitrag „Betriebsorganisation und betriebswirtschaftliche Fragen im *Opus Agriculturae* von Palladius"[275] auch mit den Rechtsquellen der Spätantike auseinandergesetzt, vor allem mit dem erstmals von Theodor Mommsen herausgegebenen *Codex Theodosianus,* und bin zur Erkenntnis gekommen, dass erstens die Rechtsquellen viel objektiver sind als die literarischen Quellen der Antike und dass diese zweitens auch die sozialen und wirtschaftlichen Verhältnisse vielfach besser widerspiegeln. Nach der herrschenden Meinung der allgemeinen und der Rechtsgeschichte im besonderen ist unser europäisches Rechts- und Gesellschaftssystem bis in unsere Gegenwart hinein vor allem vom Weiterwirken des Römischen Rechts geprägt, die Welt des Glaubens dagegen fast ausschließlich über das Alte und Neue Testament vom Judentum bzw. Christentum. In der Realität sind diese beiden Wirkungsfaktoren aber nicht so einfach abgrenzbar. Zu bedenken ist, dass noch im Hohen Mittelalter das Römische Recht weitestgehend unbekannt war. Auch ein Universalgelehrter wie Roger Bacon kennt nur das jüdische Recht. Das Römische Recht ist ihm genauso unbekannt wie das sog. Kanonische Recht.[276] Die Bibel und die jüdischen Schriften haben also auch in rechtlicher Hinsicht wohl die europäische Kultur des Mittelalters und der Neuzeit mehr geformt und geprägt als das Römische Recht und die griechische Philosophie. Natürlich hat auch die römische Kultur Europa geprägt, aber weniger direkt, sondern mehr auf dem Umweg über die Katholische Kirche. Bis heute gehen katholische und teilweise auch protestantische Glaubensvorstellungen auf die Glaubenswelt der Römer und Etrusker zurück.

Das Judentum hat vor allem über Altes Testament und Talmud, nicht zuletzt in den USA, auch die Sphäre des Rechts und des menschlichen Zusammenlebens (Todesstrafe!) stark beeinflusst. Davidson und andere erklären die Geburt des modernen europäischen Rechts primär aus dem Geist des Judentums[277] und halten den Glauben an die Wirkung des Römischen Rechts auf unser Rechts- und Gesellschaftssystem für stark überzogen. Professor Zarnack geht sogar noch weiter als Landau und leitet den Namen Jesus, allerdings ohne tragbare historische Belege dafür zu nennen, vom lateinischen *ius* (Recht) ab.[278] Jesus ist also aus dieser Sicht nicht nur der religiöse Mittler zwischen der jüdischen Religion und den Menschen, sondern auch ein Vermittler jüdischer Rechtsvorstellungen. In diesem Sinne ist Landau überzeugt, dass bereits „das Mittelalter völlig unter dem Eindruck nicht nur der jüdischen Geschichte, sondern auch unter dem Einfluß des jüdischen Rechts gestanden zu haben" scheint. Landau hat in seinem kurzen Kapitel „Die Geburt des Rechts aus dem Geist des Judentums"[279] diese Frage nur aufgeworfen, aber nicht endgültig gelöst. Seine Auffassung wäre es jedoch wert, von Historikern und Juristen – auch im geistesgeschichtlichen Zusammenhang und unter stärkerer Berücksichtigung hebräischer Quellen auch des Mittelalters – näher unter die Lupe genommen zu werden.

Über die Idee des jüdischen Rechtsdenkens hinaus teile ich auch Davidsons Auffassung von der großen Bedeutung der jüdisch-christlichen Geistes- und Mentalitätsgeschichte. Diese Geistesgeschichte muss auch in quellenarmen Perioden in Verbindung mit der Religionsgeschichte analysiert werden. Dabei kommt man am Werk von Aaron J. Gurjewitsch nicht vorbei, in deutscher Sprache als „Mittelalterliche Volkskultur" vom Beckverlag München in 2. Aufl. 1992 herausgegeben. Dieses Werk zeigt, wie rückständig die Masse der Menschen im Mittelalter und weit bis in die Neuzeit hinein vor allem in Mittel-, Ost- und Nordeuropa noch lebte und wie gering christliche Mentalität und christliches Leben selbst im Hochmittelalter in der großen Masse der Bevölkerung verankert waren. Die

„ambivalente, absonderliche Weltanschauung"[280] der Menschen des Mittelalters unterschied sich also auf jeden Fall bis in die Neuzeit hinein ganz erheblich von der offiziellen Lehre der Kirche. Diese Aussage gilt nicht nur für das ‚christliche' Europa, sondern auch für die Kolonien. So führte die autoritäre Missionierung der Indianer durch die Kolonialmächte in Lateinamerika dazu, dass die Christianisierung nur an der Oberfläche haften blieb. „Insbesondere in Brasilien hielten sich bei den Indianern, besonders aber bei den als Sklaven importierten Afrikanern Geheimkulte, die mittlerweile wieder offen ausgeübt werden."[281] Auch heute noch werden katholische Symbole und Glaubensinhalte mit den religiösen und sonstigen Riten ihrer Vorfahren kombiniert. Diese sind verbunden mit rythmischen Tänzen, lauter Musik und ausgeprägter Gebärdensprache des gesamten Körpers, wie noch heute der brasilianische Karneval deutlich macht.

Diese Oberflächlichkeit des christlichen Lebens trifft in besonderem Maße auch auf die Städte Avignon, wo der Papst im 14. Jahrhundert residierte, und Rom in der Renaissance und der Barockzeit zu. Wenn man den Worten des Humanisten Petrarca, der viele Jahre in Avignon lebte und wirkte, Glauben schenken darf, dann war Avignon eine Stätte, welche der Dichter mit Babylon im Sinne der Geheimen Offenbarung vergleicht. Was Petrarca über den päpstlichen Hof dort in seinem Brief an Francesco Nelli in Avignon vom Stapel lässt, lässt das sündige Rom geradezu in einem relativ hellen Lichte erscheinen. Ich zitiere Petrarca:

„Die eine Kraft hat dich nach Babel gezogen, die andere hält dich fest. Hart ist das, doch muß man es tragen; so ist ja nun einmal die Natur des Ortes. Alles Gute wird dort verdorbt, aber allem zuvor die Freiheit; bald genug dann der Reihe nach Ruhe, Freude, Hoffnung, Glaube, Liebe und ... die Seele: welch ungeheure Verluste! Aber im Königreiche des Geizes bucht man nichts als Schaden, solange nur das Geld heil bleibt. Die Hoffnung auf das künftige Leben hält man dort für eine leere Fabel, was man von der Hölle erzählt, alles für erdichtet und die Auferstehung des Fleisches, das Weltenende, Christi Wiederkehr zum Gericht – all dies gilt für Kinderpossen. Wahrheit ist dort Wahnsinn, Enthaltsamkeit bäurische Einfalt, Keuschheit schlimmste Unzucht. Zügelloses Sündigen dagegen gilt für Hochherzigkeit und höchste Freiheit, und je befleckter ein Leben, um so glänzender ist es; je mehr Verbrechen, um so mehr Ruhm. Der gute Name ist wertloser als Kot, die wertloseste Ware ist der gute Ruf."[282]

Selbst wenn man annehmen darf, dass der Dichter dem Papsttum in Avignon ablehnend gegenübersteht, da ja der Vatikan in Rom für ihn der wahre Sitz des Papstes ist, darf man diese Zeilen nicht einfach als Produkt der poetischen Phantasie abtun. Denn es steht fest, dass Petrarca in seinen Briefen und sonstigen schriftstellerischen Werken die Ereignisse und Zustände seiner Zeit, wenn auch manchmal in dichterischer Verklärung und Übersteigerung, richtig wiedergibt. Im Vergleich zu Avignon war aber auch das Rom der Renaissance nicht das Abbild des himmlischen Jerusalem. Der Katholizismus prägte zwar in Rom alle Bereiche des Lebens. „Für die Bewohner der ewigen Stadt, egal ob männlich oder weiblich, arm oder reich, sündhaft oder ehrbar lebend, war der tägliche Kirchgang, die zumindest äußerliche Einhaltung der Fasttage und die Teilnahme an großen religiösen Festen eine Selbstverständlichkeit."[283] Dieser Glaube war aber nur wenig durch den Geist des Neuen Testamentes, sondern stark durch die religiösen Vorstellungen der altrömischen Religion und heidnisch-antike Vorstellungen geprägt. Die römische Religionspraxis führte nicht nur zu einer „Profanierung geistlicher Stätten", sondern auch dazu, dass nicht nur in Rom, sondern auch allgemein in italienischen Kirchen seit dem Mittelalter „seltsame heidnische Feste abgehalten" worden waren. Es genügt hier, das *Festum asinorum*, das Eselsfest, zu nennen. Bei diesem „wurde ein mit Priestergewändern bekleideter Esel in einer Prozession durch das Gotteshaus geführt."[284] Bräuche bzw. Verirrungen dieser Art zeigen, dass sich alte antike und mittelalterliche Kultvorstellungen bis in die Neuzeit erhalten haben. Kirchen hatten also nicht nur eine sakrale Funktion, sondern waren auch Orte der Belustigung, Jahrmarkt der Eitelkeit und Stätten nichtchristlicher Kulthandlungen. Sie wurden deswegen wie in der Antike die Tempel auch von sündigen Menschen, z. B. den Kurtisanen und den Dirnen, regelmäßig besucht, um zu sehen und gesehen zu werden. Vor allem religiöse Prozessionen wie beim Fronleichnamsfest waren gute Gelegenheiten, schöne Frauen in aller Pracht und Herrlichkeit vorgeführt zu bekommen.[285] Nicht nur in Rom waren die Fronleichnamsprozessionen „mit ganz und gar unchristlichen, offensichtlich heidnischen Elementen durchsetzt, was wohl auch der Grund war, warum Luther dieses Fest so vehement bekämpfte. Festspiele, Böllerschüsse, Blumen- und Kräuterkulte, Jungfernschauen und schließlich Rauf- und Saufgelage waren einst weit verbreitet!"[286] Mancherorts bis in die neueste Zeit hinein!

Wie wenig der Kirchenbesuch vielfach überhaupt mit Glaube, Gebet und Religionsausübung zu tun hatte, zeigt der makabre Fall der Kurtisane Camilla *la Magra*, der Geliebten des römischen Adeligen Paolo de Grassi, die im Frühjahr 1559 auf die Frage, wo sie den letzten Sonntag verbrachte, folgende Antwort gab:

„Sonntag ging ich zur Messe in San Salvatore, aber nachdem ich meinen Liebhaber dort nicht fand, ging ich gleich wieder. Und nachdem ich den Diener meines Liebhabers traf, der mir sagte, daß er in San Pietro war, ging ich dorthin. Ich wäre auf jeden Fall hingegangen, um die Mädchen von Santo Spirito zu sehen. Und ich ging nach Santo Spirito, wo ich die Messe hörte, und dann kehrte ich nach Hause zurück."[287]

Wie stark der Verfall der religiösen Sitten in Rom und wohl auch in anderen italienischen Orten war, zeigt die Tatsache, dass sich die Päpste immer wieder gezwungen sahen, gegen Krawalle, Aufruhr, Lärm und Gewalttaten in Rom vorzugehen. Konflikte führten noch im 16. Jahrhundert sehr häufig zur Anwendung von Gewalt. Die meisten Bewohner Roms, und zwar aller Stände, „reagierten auf Konflikte mit spontaner Gewalttätigkeit. Schlägereien, bewaffnete Auseinandersetzungen und Anschläge auf Personen und Häuser waren ebenso an der Tagesordnung wie Diebstahl, Raub und Mord."[288] Es war für einflussreiche und wohlhabende Leute unmöglich, unbewaffnet auf die Straße zu gehen. Betuchte Personen ließen sich in der Regel von Bewaffneten begleiten. Selbst in Kirchen, Klöstern und an anderen heiligen Stätten war man vor gewalttätigen Menschen nicht sicher. Da die Missachtung der heiligen Stätten immer mehr zunahm, sahen sich die Päpste gezwungen, gegen diese Entwürdigung sogar Mandate zu erlassen und gegen „die unmäßigen Gelächter und leeren, weltlichen Gespräche" in Kirchen einzuschreiten. Doch selbst die Schaffung von Kirchenwachen in den römischen Kirchen war wohl nicht besonders wirksam.[289] Im Grunde war diese Profanierung der christlichen Kirchen und des christlichen Glaubens ein Rückfall noch hinter die heidnische Antike, in welcher Tempel sakrosankt waren. Ein fremder Besucher hätte zu dem Schluss kommen können, dass im 16. Jahrhundert in Rom keine Christen, sondern altrömische Heiden lebten. Die lebensnahen Gedichte des Römers Giuseppe Belli 300 Jahre später zeigen, dass die römische Geistlichkeit und die römischen Bürger nach wie vor weit von den Idealen des Neuen Testamentes entfernt waren. Ich verweise nur auf Gedichte wie „la Riliggione del nostro tempo" (Die Religion unserer Zeit), „Che Cristiani!" (Was für Christen) und „La Madonna tanta miracolosa" (Die so wundertätige Madonna).[290]

Dieser nicht nur in Rom bis in unsere Tage herein auftretende Widerspruch zwischen kirchlicher Dogmatik und praktischem Leben trifft nach der Aussage einer Reihe von Autoren des Mittelalters auch für Angehörige der niederen und gehobenen Geistlichkeit zu. Dieser Widerspruch wurde bereits in der *Historia Francorum* von Gregor von Tours[291] immer wieder gerügt. Der größte Teil der Geistlichen genoss damals nicht die systematische theologische Ausbildung, wie sie z. B. Thomas von Aquin und Albertus Magnus vorzuweisen hatten. Das intellektuelle Niveau der Geistlichkeit ließ also sehr zu wünschen übrig, was noch selbst beim Konzil von Trient (1545–1563) nicht geleugnet wurde. Sogar im reformationsfeindlichen Herzogtum Baiern des 16. Jahrhunderts beklagte ein Religionsmandat das „ganz unpriesterliche" Leben der Dorfpriester, die „Tag und Nacht in den öffentlichen Wirtshäusern" lägen. Es wird sogar glaubhaft überliefert, „daß sie nach solchem Trinken und Rumoren, ohne zu schlafen oder ins Bett zu gehen, zum Altar gehen, um die göttlichen Ämter zu vollbringen."[292] Man kann also in der Epoche der Reformation und der beginnenden Gegenreformation nur von ganz wenigen katholischen Dorfpfarrern und Mitgliedern der hohen Geistlichkeit behaupten, dass sie ein christliches Leben nach den Prinzipien des Neuen Testamentes und der paulinischen Briefe geführt hätten. Sündhaftes Verhalten wie auch intellektuelle Defizite waren also noch bis weit in die Neuzeit hinein – nicht nur im alten Baiern – einen unheiligen Bund eingegangen.

Die Kultur und religiöse Praxis des Mittelalters und selbst der Neuzeit waren demnach bis weit in die Neuzeit hinein nur in einem sehr begrenztem Maße christlich und noch stark von vorchristlichen hellenistischen und *heidnischen* Vorstellungen, wohl auch der keltischen und germanischen Kultur, geprägt, so dass Gurjewitsch die Widersprüchlichkeit der mittelalterlichen Kultur als „mittelalterliche Groteske"[293] tituliert. Diese vorchristliche geradezu magische Prägung des Mittelalters lässt sich nicht nur aus den erhaltenen kirchlichen Quellen (Predigten, Verkündbücher etc.), sondern auch aus den sakralen Gebäuden[294], vor allem in Spanien und Südfrankreich erschließen. Gerhard Anwander bringt aus seinem Reisebericht von der Auvergne 2004 zahlreiche Abbildungen aus Sakralgebäuden der Auvergne, so z. B. Bewaffnete, (nicht christliche) Köpfe inmitten von Laubwerk, Fischmenschen und Sirenen, Kentauren, exotische Vögel und Tiere, gefiederte Fabelwesen, auf Panflöten spielende Tiere. Selbst Obszönitäten fehlen nicht in Gotteshäusern der Auvergne, welche für Anwander eine „fremde Welt" ist.[295] Christliche Motive in romanischen Sakralgebäuden der Auvergne sind eine ausgesprochene Rarität. Darstellungen mit christlichem Inhalt fehlen übrigens auch in Anzy-le-Duc und anderen romanischen Kirchen von Burgund. Hamann stellt lapidar fest, daß in Anzy-le-Duc „keine [!] der Darstellungen einen religiösen Inhalt zu haben scheint, im Gegenteil: Die Fabelwesen, oder eine Konsole (*Südseite unten 23*), die möglicherweise eine sexuelle Konnotation besitzt, scheinen einer rein profanen Vorstellungswelt [auch der Antike] entsprungen zu sein, so wie andere – Winzer, Widderträger – aus der Beobachtung der Lebenswelt resultieren."[296] Besonders überrascht, dass selbst in den Steinmetzarbeiten der gotischen Kathredale von Chartres „heidnisches Symbolgut"[297] sogar im Tympanon zu finden ist. Diese vorchristlichen Symbole beschränken sich jedoch nicht auf die britischen Inseln, Spanien und Frankreich. Hans Guggemos bringt gute Argumente dafür, dass sakrale Gebäude auch im alten Baiern und in Tirol bis ins Hohe Mittelalter hinein Ausdruck eines alten vorchristlichen geomantischen Weltbildes waren. Ich zitiere Guggemos:

„A much more intensive, different worldview must have underlain these buildings. It may be that the winds, the movement of sun and moon, and the vegetation cycles have been an integral ingredient of this alternative Christian worldview, which may probably have been influenced by Arianism. It is indeed only as late as about 1.000 AD (partly at Wessobrunn, as late as the 13th century) that we do find indications of a central Roman Catholic authority in the ground plans of churches and monasteries."[298]

Die Aussagen von Guggemos zur Entstehung und Entwicklung des Christentums im alten Baiern machen deutlich, dass verschiedene Richtungen des Christentums wie auch vorchristliche Glaubensvorstellungen noch lange miteinander konkurrierten und auch Einflüsse aus dem Osten, nicht nur im religiösen Bereich, wirksam geworden sind. Guggemos macht dabei auch auf die Prägung der bairischen Kultur durch die Awaren, Hunnen und Ungarn aufmerksam.[299] Unerwähnt bleibt jedoch eine evtl. Prägung durch das jüdische Chasarenreich und überhaupt durch das aschkenasische Judentum[300], welches ja von Haus aus supranational war.

Die Auffassung von Davidson, dass das ursprüngliche Judentum kosmopolitisch[301] gewesen sei, vor allem in Verbindung mit der Kultur des Zweistromlandes[302], ist somit durchaus akzeptabel, wenn man die Aussagen des Propheten Jesaja für historisch begründet hält. Solche Gedanken sind mir ein Leben lang bei der Lektüre des „Babylonischen Talmud"[303] gekommen, ohne dass ich diese Gedanken bisher in einer Publikation zum Ausdruck gebracht hatte. Es war für mich zu selbstverständlich, um noch darüber schreiben zu müssen. Man kommt eben nur zu einer anderen Sicht der Geschichte, wenn man mit der Kultur des Judentums, welche offensichtlich „eine gewisse Faszination auf die Europäer ausgeübt haben muß"[304], und der hebräischen Sprache vertraut ist. Mich hat zum Beispiel der amerikanische Jude und Querdenker *Sitchin* in meinem Glauben an die Bedeutung der jüdischen Kultur in Mesopotamien bestärkt. Die Einflüsse der mesopotamischen Kultur auf die jüdisch-alttestamentliche Kultur werden von neueren kirchlich nicht gebundenen Autoren nicht mehr in Frage gestellt.[305]

Auch Davidson und Eisler sind davon überzeugt, dass sich das Judentum als kosmopolitische und supranationale Kultur, nicht zuletzt in Verbindung mit der aramäischen Sprache und Schrift, erst in Babylon in voller Ausprägung entwickelt hat.[306] Der babylonische Talmud lässt dies, wie bereits erwähnt, noch heute deutlich werden.

Davidsons Argumente zum frühen Christentum und zum Christentum in Europa[307] teile ich. Ich bin sicher, dass das katholische Christentum Vorgänger in Europa hatte (armenischer Bischof des frühen Mittelalters 1093 in **Kloster Nidernburg** bestattet, stark orientalische Züge des irischen Christentums, unverkennbar in der frühen irischen Kunst).[308] Guggemos weitet diesen Gedankengang auf die sakralen Gebäude des Mittelalters im alten Baiern aus. Er bringt gute Argumente dafür, dass der Symbolismus dieser mittelalterlichen Sakralgebäude im frühen Mittelalter „cannot possibly have been developed from the Roman-Christian basilicas"[309]. Ich lasse dazu Guggemos noch einmal zu Wort kommen:

„There are scarcely indications that the really old monasteries in the dukedom of Bavaria, e. g. the famous Benediktbeuern, have originally been Christian buildings. There are strange deviations to be observed with respect to the orientation of their ground plans. Our historiographers seem to be hypnotized by the preconceived idea of a heavyweight Christian Church already during these early times in Bavaria. The deviations in the ground plans of those monasteries do, however, conform to the ‚geomantic' situations there, i. e. with the ‚Dragon lines' or ‚Ley-lines' of the '3rd grid'. There can be no doubt that we have here affinities with the cultures of Asia. After the well-known raids of the Pannonian ‚Magyars' and their final defeat, however, the victorious Western culture has obviously been able to eliminate more or less completely all these Slavic-Hunni-Hungarian affinities with the end result that the Church of Rome became the dominant cultural power also in the then rather impressive Bavarian dukedom, including also the territories of today's Austria."[310]

Wie auch die oben erwähnten Studien von Dr. Horst Friedrich zeigen, gibt es nicht zuletzt für Baiern immer mehr Argumente für eine Prägung der bairischen Kultur und Glaubensvorstellungen aus dem Osten Europas und sogar aus Asien. Man wird in Zukunft nicht darum herum kommen, auch die Epoche der Völkerwanderung aus der Sicht dieser neuen Erkenntnisse zu betrachten. Es galt lange Zeit als herrschende Meinung, dass die Grundlagen des Christentums in besonderem Maße in der Epoche der Völkerwanderung in den germanischen und romanischen Ländern gelegt worden waren. Diese These kommt aber nicht zuletzt auf Grund der zunehmend salonfähig gewordenen Phantomzeit nach Dr. Illig und der Studien der modernen russischen Historiker immer mehr ins Wanken.

Der russische Autor Zhabinsky, der sich mit den Wirkungsfaktoren des Judentums und Christentums in Europa intensiv befasst, sieht die christlich-heidnische

Ambivalenz des Mittelalters noch kritischer als Gurjewitsch. Er beruft sich auf Quellen, welche zeigen, dass „as early as the 12th century AD, all of Eurasia was pagan, and human sacrifice and slavery prospered in Europe" und „that Europe adopted Christianity in the 14th – 15th centuries AD, not earlier, and Islam appeared at the end of the 15th century, already after the appearance of printing."[311] Aus dieser Sicht der Dinge besteht immer mehr Grund daran zu zweifeln, ob tatsächlich Konstantin der Große ein reines Christentum auf einer rein jüdisch-christlichen Basis zur Staatsreligion erhoben hat. Denn zu seiner Lebenszeit war der Sonnenkult des *sol invictus*, des unbesiegten Sonnengottes, offizielle römische Staatsreligion, und es scheint, dass Konstantin der Hohepriester dieser Religion war.[312]

Selbst wenn man sich dieser Auffassung nicht anschließen sollte, ist wohl nicht mehr zu leugnen, dass das aschkenasische und sephardische Judentum wohl noch viel länger, als wir bisher angenommen haben, die europäische Kultur geprägt hat und ein Wirkungsfaktor war, der dem Ideengut des Urchristentums näher stand als die von Konstantin d. Gr. eingeführte heidnisch-christliche „Mischreligion".

Bei kritischer Lektüre von Gurjewitsch, Bachtin, Gabowitsch, Zhabinsky u. a. wird jedoch immer offensichtlicher, dass das Christentums selbst in dieser späten Zeit in manchen Regionen Europas noch eine marginale Erscheinung war und die Glaubensvorstellungen und Weltanschauung der Masse nicht fundamental geändert hat. Es gibt nicht nur im 19. Jahrhundert, sondern auch heute eine Reihe von Autoren, welche aus der Tatsache der Grausamkeiten (z. B. Verbrennung von sog. Ketzern bei lebendigem Leib), welche sich die mittelalterliche Kirche gegen Abweichler wie Waldenser, Albigenser, Katharer, Templer etc. (welche ja im Grunde von der Machtkirche des Mittelalters weg zu den unverfälschten Ideen des Urchristentums zurückwollten) geleistet hat, den Schluss ziehen, dass das Christentum, zu welchem ja nicht zuletzt sich auch die sog. christlichen Häretiker rechneten, in Europa mit brutalem Zwang eingeführt worden sei.[313] Die folgenden durch Uwe Topper diesbezüglich getätigten Aussagen entbehren jedoch einer ausreichenden Quellenbasis:

„Nun ist ja vielfach dargestellt worden, wie fremdartig und wie freiheitsberaubend das junge Christentum sich über die europäische Bevölkerung geworfen hat, mit Inquisition, Verteufelung der medizinischen Errungenschaften, Verachtung der Frau, Vernichtung der volkssprachlichen Bücher und Zerstörung aller hohen Werte der freien Heiden. Das kann man sich nur als einen langwierigen Religionskrieg vorstellen, von dem ja auch zahlreiche Beispiele überliefert sind

(Sachsenschlächterei bei Verden an der Aller[314], Wendenkriege, Stedinger Kreuzzug usw.)."[315]

Aus diesem Sachverhalt heraus stellt sich Topper die Frage, wie es überhaupt möglich war, „dass sich eine derart menschenfeindliche und kulturvernichtende religiöse Vorherrschaft durchsetzen konnte. Welche ‚angenehmen' Seiten hatte denn die neue Herrschaft, dass sie Anhänger finden konnte?"[316] Im Neuen Testament sieht Topper extrem überspitzt eine nur langsam fortschreitende Überwindung des „jüdische[n] Blutrausch[es]". In der zwangsweisen Einführung des Christentums in Europa sieht er ein sublimes Weiterwirken des Judentums, welches eine geheimnisvolle Katastrophe am besten überstanden und die finanziell erfolgreiche Organisation der Templer abgelöst habe, und im Grunde einen kulturellen und humanen Rückschritt. Die vorchristliche Kultur Europas und dessen imaginäre „Lichtreligion" bewertet Topper extrem positiv. Diese Lichtreligion ist nach Topper iranischer bzw. persischer Herkunft. Sie soll durch die bulgarischen Bogomilen auf dem Weg über den Balkan ins westliche Europa übertragen worden sein. Die etruskisch-langobardischen Städte, „die zu diesem Zeitpunkt keineswegs seit tausend oder mehr Jahren verschüttet liegen, sondern ganz lebendig in vorderster Linie in der europäischen Entwicklung stehen", sollen diese persische Kultur aufgenommen haben. Die Hauptrolle in der Weitergabe dieser Kultur sollen aber die Langobarden gespielt haben. Diese sollen gegen 568 Pannonien verlassen und Norditalien besiedelt haben. Zu diesem langobardischen Kulturtransfer schweigen aber die schriftlichen Quellen, und die nur spärlich vorhandene Überlieferung ist Tendenzgeschichtsschreibung. Ein solcher Transfer ist aber durchaus nicht auszuschließen, wenn man bedenkt, dass sich die Langobarden mit vielen Völkern, auch aus dem asiatischen Raum (z. B. Hunnen), vermischten und in regem Kontakt standen.[317] Auch Einflüsse aus dem Islam auf die lange Zeit dem Arianismus anhängenden Langobarden muss man in Betracht ziehen. Es fehlen zwar dazu die schriftlichen Quellen, doch die Kunst spricht hier eine deutliche Sprache. Es fällt nämlich auf, dass die islamische Ornamentik der Moschee Ibn Tulun eine erstaunliche Ähnlichkeit mit der sog. langobardischen Ornamentik aufweist.[318]

Die zentrale Auffassung von Topper zur Übertragung von Elementen der persischen Kultur über die in Bulgarien und überhaupt auf dem Balkan wirkende, den Manichäern verwandte Sekte der Bogomilen[319] an die Langobarden Italiens findet man in der folgenden spektakulären Passage, welche aber nicht mit entsprechenden Quellen untermauert wird:

„Die Linie, die zum modernen Menschen führt, geht von den Langobarden aus – weil sie das ‚innere Licht' der Bogomilen absorbierten und es zur politischen Autonomie, zur Souveränität des ‚popolo' entwickelten. Das war der Schritt, der über alles entschied, der Schritt zur Freiheit des Geistes und der Forschung. Das war der Empfängnisakt der Renaissance."[320]

Topper erklärt sich also die Tatsache, dass sich die Langobarden nicht nur durch eine besonders progressive Wirtschaftsgesinnung und -praxis hervortaten, sich von den anderen Europäern abhoben und in dieser Mentalität mehr den Juden als den Christen nahe standen, sondern auch ein außergewöhnliches Freiheitsbewusstsein entwickelten, mit der These des bogomilischen Kulturtransfers. Diese Freiheit des Geistes, auch ein wichtiges Prinzip der sephardischen Kultur (nach Spinoza ist der Hauptzweck des Staates die Sicherung der Freiheit), soll, vor allem in der Frage des Zinses, die Langobarden schon früh in Konflikt mit Papst und christlichen Normen gebracht haben. Voll zustimmen kann man jedoch Toppers Auffassung, dass die Lombarden bereits im 13. Jahrhundert ein Wirtschaftssystem entwickelten, das sich nicht ausschließlich von den sozialen und wirtschaftlichen Prinzipien des Neuen Testamentes (Zinsverbot) leiten ließ, sondern vielmehr umgekehrt dazu beitrug, das dogmatische Christentum des Mittelalters an die wirtschaftlichen und sozialen Gegebenheiten der modernen Welt anzupassen. Diese positive Entwicklung der „lombardisch-etrurischen Kultur"[321] seit der Renaissance sollte jedoch meines Ermessens nicht den Eindruck erwecken, dass es vor der endgültigen Etablierung des römischen Katholizismus und des lutherisch-protestantischen Christentums überall in Europa eine heile Welt gegeben hätte, welche dann erst durch Judentum und Christentum aus dem Gleichgewicht gebracht worden wäre. Es gab auch sehr dunkle Seiten in dieser vorchristlichen Welt und überhaupt in den archaischen Gesellschaften. Reinhardt Sonnenschmidt zeigt in seinem wegweisenden Werk über die Initiationsriten in archaischen Gesellschaften, wie extrem als Folge der Katastrophenangst und der Angst vor den Strafen der Götter die ritualisierte Gewalt in allen Formen und Variationen das Leben der Menschen prägte. In fast allen Fällen, welche Sonnenschmidt vorführt, spielen die Frauen eine sehr untergeordnete Rolle und werden vielfach ihrer weiblichen Würde beraubt.[322] Gerade in archaischen Gesellschaften sind Frauen Menschen zweiter Klasse. Gewaltanwendung in ritualisierter Form und Machtstrukturen bedingen dabei einander gegenseitig. Das Leben der Gemeinschaft wird zudem in sehr vielen archaischen Kulturen durch die mythischen Ahnen oder Toten belastet, die vielfach an die Stelle der Götter treten. „Sie gelten als Gründer, eifersüchtige Wächter, sogar als Zerstörer kultureller Ordnung. Als Geister suchen die Toten die Lebenden heim, nehmen von ihnen Besitz, verursachen Alpträume, Wahnsinnsanfälle, Krankheiten, Konflikte, Perversionen aller Art."[323] Nach der Lektüre des Buches von Sonnenschmidt und anderer Werke über die Kultur archaischer Gesellschaften stehe ich dem Gedanken, dass die vorchristlichen Kulturen Europas dem Judentum und Christentum in menschlicher Hinsicht überlegen gewesen wären, noch kritischer und skeptischer gegenüber, als ich es bisher schon war. Damit sollen jedoch die Rückfälle christlicher bzw. christianisierter Menschen in Mittelalter und Neuzeit in Verhaltensweisen der archaischen Gesellschaft nicht geleugnet oder beschönigt werden.

Das vor dem Christentum in primitiven und archaischen Gesellschaften in Europa und anderen Kontinenten herrschende Gewaltpotential und das wenig entwickelte Niveau der materiellen und geistigen Kultur, auf welches immer wieder Kaufleute und Reisende aus anderen Kulturkreisen (bei Davidson, Brasi usw. zitiert) hinweisen, unterschlägt Topper in diesem Zusammenhang. Der orientalische Reisende Masudi, der im 10. Jahrhundert AD gelebt haben soll, bringt eine höchst glaubwürdige Beschreibung der Sitten, Gebräuche und Lebensgewohnheiten der Menschen, welche das Gebiet des Steinbocks im hohen Norden bewohnen. Dazu zählen neben den Franken, Slawen und Langobarden auch Völker wie die Türken, Chasaren, Bulgaren, Alanen und Galizier. Diese Stelle bei Masudi soll nicht zuletzt deswegen hier wörtlich wiedergegeben werden, weil der Autor aus einem völlig anderen Kulturkreis stammt, somit mehr Distanz zur christlich-europäischen Kultur hat. Es ist daher anzunehmen, dass seine Schilderung objektiver ist als die meisten Quellen des europäischen Mittelalters, die ja häufig sehr subjektiv und, wie allgemein bekannt, ja auch gefälscht und sogar erfunden sein können. Ich zitiere Masudi:

„Kälte und Feuchtigkeit herrschen in ihren Gebieten, und Schnee und Eis reihen sich endlos aneinander. Der warme Humor fehlt ihnen; ihre Körper sind groß, ihr Charakter derb, ihre Sitten schroff, ihr Verständnis stumpf und ihre Zungen schwer. Ihre Farbe ist so extrem weiß, daß sie blau aussehen. Ihre Haut ist dünn und ihr Fleisch rauh. Auch ihre Augen sind blau und entspechen ihrer Hautfarbe; ihr Haar ist der feuchten Nebel wegen glatt und rötlich. Ihren religiösen Überzeugungen fehlt Beständigkeit, und das liegt an der Art der Kälte und dem Fehlen von Wärme. Je weiter nördlich sie sich aufhalten, desto dümmer, derber und primitiver sind sie. Diese Eigenschaften verstärken sich in ihnen, wenn sie weiter nach Norden ziehen ... Diejenigen, die mehr als sechzig Meilen jenseits dieser Breite leben, sind Gog und Magog. Sie befinden sich im sechsten Klima und werden den Tieren zugerechnet."[324]

Falls man davon ausgehen sollte, dass diese Schilderung von Masudi, wohl ein Jude bzw. der jüdischen Kultur nahe Stehender, etwas überspitzt ist, so kann man doch nicht daran zweifeln, dass viele Regionen Europas im 10. Jahrhundert nicht in dem Maße kulturell und wirtschaftlich entwickelt waren wie der Vordere Orient, aus dem wohl Masudi stammt. Es ist also nicht auszuschließen, dass selbst dieses unterentwickelte nördliche und östliche Europa für die Aufnahme der höher entwickelten jüdisch-christlichen Kultur mit seiner besser entwickelten gesellschaftlichen und wirtschaftlichen Organisation, wie sich aus dem AT und NT ablesen lässt, bereit war und sich davon wohl auch Vorteile versprach. „Das Bild Gottes, das die Juden entwickelten und den Heiden gaben, um sie zu Christen zu machen, ermöglichte diesen Letzteren die Organisation ihrer Gesellschaft auf einem Niveau, das bis dahin unerreicht war." Die Übernahme des Christentums und damit indirekt jüdischer Vorstellungen in die europäische Zivilisation war der kühne „Versuch, die animalischen Kräfte des Menschen, die ihm von der Schöpfung mitgegeben wurden, zu bändigen". Dieses großartige Experiment ist aber bis heute nicht als gelungen zu bezeichnen, so dass man vielleicht zu der Feststellung kommen kann, „daß das jüdisch-christliche zivilisatorische Konstrukt mit der Natur des Menschen eben nicht vereinbar ist."[325]

Immer wieder überlagerten und verdrängten diese ‚heidnischen' Kräfte die Wirkungsfaktoren der jüdischen und christlichen Religion und Kultur. Im Grunde war auch das im 19. Jahrhundert vor allem in Deutschland eingeführte Welt- und Menschenbild der griechisch-römischen Antike in Verbindung mit einem nebulosen Indogermanismus[326] ein Weg, der von den Errungenschaften der jüdisch-christlichen Kultur wegführte und zurück zu einem Denken der Verherrlichung von Gewalt und Krieg, wie ja die dann bald einsetzende Entwicklung zu einem extremen Nationalismus und Imperialismus hin offenbarte. Gerade die Entwicklung der kulturellen Wirkungsfaktoren seit der Aufklärung zeigt, dass das Judenchristentum nur mehr ein Element unter vielen war und auf keinen Fall mehr der primär prägende Faktor der kulturellen Entwicklung. Unbestreitbar bleibt aber die Tatsache, dass das Christentum im Mittelalter von den europäischen Eliten – in zeitlicher Verzögerung von Süd nach Nord und von West nach Ost – übernommen und von diesen als kultureller Fortschritt betrachtet wurde. Mit der Übernahme christlich-jüdischer Ideen durch christlich geprägte Staaten wie z. B. Deutschland („Heiliges Römisches Reich"), Italien, Frankreich, England u. a. wurde jedoch das alte vorchristliche Weltbild, von welchem auch die Astronomie geprägt war, keineswegs abgeschafft, sondern nur modifiziert und in das neue Weltbild mehr oder weniger stark integriert. Im Grunde muss man aber davon ausgehen, dass das neue jüdisch-christliche dem alten vorchristlichen Weltbild per Saldo überlegen war, da die Einführung des Christentums in relativ kurzer Zeit erfolgte und von größeren Widerständen gegen die Einführung nicht die Rede sein kann, wenn man vom Widerstand der Sachsen in karolingischer Zeit absieht. Dieser ist allerdings genauso umstritten wie die gesamte karolingische Epoche.

Auch wenn wir mit Bezug auf die kulturelle Unterentwicklung der meisten europäischen Regionen davon ausgehen könnten, dass das Christentum im Mittelalter nicht von den Volksmassen, sondern von den romanischen, germanischen und slawischen Eliten – zugegebenermaßen erst so richtig im Hochmittelalter – übernommen und akzeptiert worden sein sollte, so ist doch die Frage berechtigt, ob die Übernahme einer aus Vorderasien stammenden Zivilisation und Religion wirklich gegen die Interessen des Volkes und mit Zwang erfolgte. Die Übernahme religiöser Glaubensvorstellungen ist, wie die Geschichte zeigt, fast immer in erster Linie ein zivilisatorischer[327] und im Grunde auch ein schriftsprachlicher Aspekt, bei welchem die Übernehmer die vorgefundenen religiösen Ideen in ihr gesellschaftliches und kulturelles Schema in pragmatischer Weise transformierten.

Das Zurückdrängen des alten *vorchristlichen* Weltbildes seit dem Spätmittelalter verwundert um so mehr, als neuere Studien von Topper[328] und Zarnack verdeutlichen, dass nicht nur das Christentum das alte primär magisch geprägte Weltbild beeinflusste und umformte, sondern auch umgekehrt die vorchristliche Weltsicht spürbar auf die Entstehung und Entwicklung des Christentums in Europa eingewirkt haben muss. Diese gegenseitige Prägung war so stark, dass Zarnack überspitzt das Heidentum „als Mutter des Christentums"[329] zu bezeichnen wagte. Im Grunde fußten wohl nicht nur das Christentum, sondern teilweise auch das Judentum und der Islam „auf antik-heidnischen Grundlagen"[330]. Der jüdische Historiker Raphael Straus, welcher sehr sachlich den Wurzeln des Christentums nachgeht, bringt beachtliche Argumente für die Loslösung des Christentums „von seinen Ursprüngen unter dem Einfluß hellenistisch-heidnischer Ursprünge" bereits in der Antike. Dennoch sind die „Wechselwirkungen jüdischer und christlicher Religionsphilosophie während des Mittelalters" eine nicht zu leugnende Tatsache.[331] Sogar die Ideen des Islam fanden im Hochmittelalter Eingang in den Wissenschaftsbetrieb der europäischen Universitäten und selbst in die christliche Religion.

Die frühe europäische Kultur ist jedoch weit mehr als primitives Heidentum, wie die neuesten Forschungen des Sprachwissenschaftlers Theo Vennemann von der Universität München verdeutlichen. Vennemann hat seine jahrelangen Forschungen zu den sprachlichen und kulturellen Grundlagen des westlichen Europa in einem umfassenden Werk[332] zusammengefasst. Es handelt sich bei ihm um zwei fundamentale Thesen, die hier ganz kurz vorgestellt werden sollen. These A zeigt die Existenz „eines vor-indoeuropäischen, paneuropäischen, vaskonischen, ethnolinguistischen Substrats"[333] auf. In These B skizziert er den „schon sehr früh existierenden Einfluss einer überlegenen, maritim aktiven, kolonisierenden atlanto-semitischen Zivilisation"[334] auf Westeuropa. In diesen beiden Thesen beschränkt sich Vennemann auf drei Sprachfamilien im vorgeschichtlichen Europa nördlich der Alpen: 1. Das alteuropäische Sprachsystem, vor allem das Baskische, 2. die atlantischen Sprachen, welche nach Vennemann dem Semitischen nahe stehen und von ihm als „semitidisch" (Semitidic) bezeichnet werden, 3. Die Indoeuropäische Sprachgruppe (von der konventionellen Forschung lange als indogermanisch klassifiziert).

Vor allem die **Semitiden** sind bei Vennemann die wahren Träger der hochentwickelten megalitithischen Kultur. Ihnen waren ein entwickelter Fernhandel und Bergbau nicht fremd. Weder für Vennemann noch für Friedrich gibt es in Europa und weltweit reine Sprachen und Rassen. In seinen umfassenden Sprach- und Kulturanalysen gelingt es Vennemann, „to demonstrate the most remarkable ethno-linguistic mixtures between Old Vasconians, Hamito-Semitic and Indo-European peoples with which we will have to reckon in the gradual ‚nation building' of today's European peoples."[335] Diese kulturellen „Mischungen" treffen auch für die Gotik zu.

In der gotischen **Buchmalerei** sind neben rein weltlichen Dingen wie Duellszene, Stadteroberung, Ritter im Gespräch, Falkenjagd etc. Themen aus dem Alten und Neuen Testament zahlreich vertreten, so z. B. eine Thronende Madonna von 1328 aus der Schule von Bologna (Museo Civico, Bologna), Einzug nach Jerusalem aus dem Epistolar des Giovanni da Gaibana (Biblioteca Capitolare, Padua) und das Antiphonarium „Anbetung der Könige" aus der Schule von Bologna (Museo Civico, Bologna). Auch klassisch-antike Motive finden sich gelegentlich in der europäischen Buchmalerei. Problematisch erscheint mir jedoch, wenn eine Florentiner Buchmalerei des 14. Jahrhunderts von Zucchero Bencivenni (Biblioteca Laurenziana Ms. II, VI.16, Florenz), bei welcher ein Löwe zu Füßen eines geflügelten Engels sitzt, als „Volkstümliche Auslegung des Vaterunsers" und „Allegorie der Mäßigkeit" interpretiert wird.[336] Es gibt also auch zur gotischen Buchmalerei kunstgeschichtliche Überinterpretationen. In der französischen Buchmalerei gibt es zudem nicht wenige Motive aus dem Alten und Neuen Testament. So zeigt die Bibel von Jean de Cis das Motiv „Abraham trennt sich von Lot" (Bibliothèque Nationale Ms. Fr. 15397, Paris). Guyart des Moulins stellt in seiner „Bible Historiale" Susanna im Bade dar (Bibliothèque Nationale Ms. Fr. 159, Paris).[337] Säkulare Motive der französischen und deutschen Buchmalerei sind nur selten vorchristlich, sondern meist auf die eigene Zeit bezogen, wie das z. B. die Szenen aus der „Manessischen Handschrift" zeigen. Vorchristliche Motive sind also in der gotischen wesentlich seltener als in der romanischen Kunst.

Das vorchristlich-archaische Fundament von Christentum und Islam wird allerdings sehr deutlich in der wohl keltisch geprägten Parzivalsgeschichte, vor allem im Kampf zwischen den beiden feindlichen Brüdern Parzival und Feirefiz, der erste ein *Christ*, der zweite ein *Moslem*. Parzival und Feirefiz waren die Söhne des Gahmurets von Anjou, hatten aber beide verschiedene Mütter und wuchsen nicht gemeinsam auf. Ihre erste Begegnung erfolgte im Kampf und war eine feindliche. Nachdem Parzival seine letzte Prüfung bestanden hatte und Mitglied der Tafelrunde von König Artus geworden war, wählt er seinen moslemischen Bruder zum Lebensgefährten. In welcher Form diese Verbrüderung erfolgte, geht aus dem Epos von Wolfram nicht hervor. Es wäre aber denkbar, dass der neue Bund zwischen den beiden Brüdern als Blutsverbrüderung geschlossen worden war. Diese Form des Lebensbundes war als prägendes Element der feudalistischen Clan-Gesellschaft ebenso wie die Blutrache auf dem Balkan und den griechischen Inseln noch bis ins 19. Jahrhundert hinein (in abgelegenen Regionen sogar noch heute) praktiziert worden.[338]

Die beiden einstmals feindlichen Brüder Parsifal und Feirefiz, die sich zum gemeinsamen Wirken die Hände reichen, verkörpern im Grunde nicht nur zwei unterschiedliche Religionen, sondern auch den Okzident und den Orient, also die westliche und die östliche Kultur und deren mögliche Koexistenz in Toleranz. Schließlich wird Feirefiz durch die Heirat mit der Gralsträgerin Repanse de Schoye in den Kreis der Gralsritter berufen. Wolfram von Eschenbach schildert Feirefiz, den Moslem, als gleich edlen Charakter wie Parzival. „Offenkundig stellt er ihn, den Nichtchristen, ganz bewusst über die Mehrheit der christlichen Ritterschaft"[339]. Die Wiedervereinigung von Christentum und Islam, welche sich beide auf den Stammvater Abraham[340] berufen, wird dann später auf geistig-ideeller Ebene durch den sagenhaften Priester Johannes, Johannes von Jerusalem, vollendet. Wolframs „König der Könige" vereinigt „in seinem mit dem Paradies vergleichbaren Reich, in dem Christen und Muslime gleichermaßen vertreten sind, sowohl weltliche Macht als auch geistige Autorität und wird damit letztlich zum Symbol für den ‚Weltkönig'."[341] Mir scheint, dass der Dichter in dieser zentralen Botschaft der Parzivalsgeschichte mehr sah als eine zu Herzen gehende „Story".[342] Er hat wohl auch Moslems persönlich kennen gelernt und daran geglaubt, dass die Unterschiede zwischen Christen und Moslems nicht unüberwindlich waren. Diese Geschichte zeigt aber auch, dass in der Zeit des Dichters das alte vorchristliche Weltbild wohl nicht nur die christliche, sondern auch die islamische Kultur geprägt haben muss, so dass dogmatische Differenzen entweder kaum vorhanden waren oder nicht als unüberwindbar betrachtet wurden. Das verdeutlicht ja auch die Geschichte, dass nach dem Eindringen der Araber in Südspanien zu Beginn des 8. Jahrhunderts die Moschee von Granada mit ausdrücklicher Erlaubnis des Sultans 20 Jahre lang von Moslems und Christen als gemeinsames Gotteshaus genutzt wurde und der Sultan, nachdem dieses für beide Konfessionen zu klein geworden war, den Christen reichlich Kapital und Untertützung für den Bau einer eigenen christlichen Kirche zur Verfügung stellte.[343]

Es gab also wohl im Hochmittelalter ein religiös-geistiges Klima, welches ein friedliches harmonisches Zusammenleben zwischen Christen, Moslems und Juden (wie am Hofe von Kaiser Friedrich II. in Palermo) möglich gemacht hätte. Wir wissen jedoch, dass alles ganz anders gekommen ist. Es gab wohl nicht nur Tendenzen religiöser und geistiger Erstarrung bei den Moslems, sondern auch bei den Christen, welche die zarten Ansätze religiöser Toleranz[344], wie sie auf der iberisch-sephardischen Halbinsel für einige Jahrhunderte sichtbar geworden waren, wieder zum Ersticken brachten. Wolframs Welt- und Menschenbild ist anders als die Machtpolitik des Hohen Mittelalters stark auch vom Islam geprägt und reicht weit über das christliche Weltbild hinaus.[345] Doch diese große Idee des Mittelalters scheiterte vor allem am unseligen Machtstreben des Papsttums und einiger sog. christlicher Mächte, welche das Christentum für ihre Zwecke einspannten und missbrauchten. Spanien ist ein beredtes Beispiel dafür.

Die tieferen Ursachen, die zur sog. Reconquista in Spanien und überhaupt in ganz Europa zum Rückfall in religiöse Intoleranz vor allem gegenüber dem **Islam** führten, bleiben uns weitestgehend verborgen. Diese Rückwärtsbewegung auf allen Ebenen des Lebens lässt sich aber nicht ausschließlich mit einem großen Kataklysmus (gegen 1300), der jedoch nicht in den amtlichen Quellen, sondern nur mündlich überliefert und Gegenstand von Sagen ist, und den großen Massenepidemien (vor allem Pest) im Spätmittelalter erklären. Wenn man von Österreich absieht, ist im europäischen Geschichtsbewusstsein immer noch viel zu wenig verankert, dass das Vordringen der moslemischen Osmanen auf dem Balkan und in Südeuropa als totale Bedrohung empfunden wurde. Im Rahmen dieses islamischen Vordringens gab es eine Reihe von Faktoren, welche diese Bedrohung nicht als Hirngespinst erscheinen ließen, so vor allem die Zunahme der Konversionen zum Islam auf dem Balkan. Die Tatsache, dass Christen „als

Gefangene oder Deserteure ihrem Glauben abschworen und zum Islam übertraten"[346], zeigt, wie schwach christliches Denken in manchen Regionen Europas wirklich verankert war. In den Chroniken der Zeit findet man „wahre Fahnenflucht-Epidemien in den spanischen Festungen an der marokkanischen Küste, eine große Anzahl portugiesischer Renegaten in Hormuz und beim Abzug aus Goa, die Flucht sizilianischer Christen an die maghrebinische Küste". Christliche Techniker aus allen Teilen Südeuropas haben bei der „Teilmodernisierung der türkischen Armee mitgewirkt."[347] Fernand Braudel findet eine brauchbare Erklärung, warum noch bis ins 16. Jahrhundert hinein der Islam osmanischer Prägung für viele europäische Christen so attraktiv war: „Vielleicht unbewusst öffnet der Türke seine Tore, und der Christ verschließt die seinen. Die christliche Intoleranz, aus der Überzahl geboren, spricht die Menschen nicht an; sie stößt sie ab (...). Alles bricht auf zum Islam, wo Stellungen und Gewinne warten".[348] Eine höchst traurige Sache war der fehlende Zusammenhalt unter den sog. christlichen Nationen Europas, die im Grunde keinen Finger rührten, um die orthodoxen Brüder auf dem Balkan vor dem osmanischen Zugriff zu retten. Die mehrfache Zusammenarbeit des Königreichs Frankreich mit dem osmanischen Reich gegen Wien und Habsburg ist ja allgemein bekannt. Auch die christliche Gegenoffensive auf dem Balkan unter Habsburgs Führung nach der Niederlage der Osmanen vor Wien nach 1683 war sicher nicht Ausdruck einer wahren christlichen Gesinnung, sondern in erster Linie eine Gelegenheit zu einer Expansion der habsburgischen Macht nach dem Osten und Südosten. Es war also vor allem ein Mangel an Toleranz innerhalb der christlichen Religionen wie auch gegenüber dem Judentum und dem Islam, welcher gegenläufig zum wachsenden Machtpotential der europäischen Staaten das christliche Potential trotz der Toleranzidee einiger Aufklärer und trotz Lessings „Nathan der Weise" zunehmend versickern ließ.[349]

Europa exportierte seit der Epoche des Kolonialismus und vor allem in Verbindung mit dem Imperialismus des 19. und 20. Jahrhunderts nicht christliche Ideen, sondern Macht und Gewalt, gar vielfach unter dem Vorwand der Menschenrechte, wie das der Inder Prodosh Aich in verschiedenen Kapiteln seines Buches für die englische Kolonialpolitik in Indien nachweist.[350]

Was aber hatte nun die europäischen Völker bzw. die Eliten der europäischen Völker dazu gebracht, sich schließlich endgültig für das Christentum – trotz des teilweisen Beibehaltens der alten vorchristlichen Glaubens- und Lebensformen – zu entscheiden und nicht den Islam und das Judentum als ihre Religion anzunehmen?

Davidson und Brasi bringen brauchbare Argumente dafür, dass nicht zuletzt die germanischen Völker im Mittelalter das Christentum sowie die orientalisch geprägte christliche Kultur sicher nicht primär aus religiösen Gründen übernommen haben. Es ist sehr wahrscheinlich, dass diese Übernahme erfolgte, weil man sich eine Verbesserung der materiellen Kultur sowie der gesellschaftlichen und kulturellen Organisation versprach, die offensichtlich mit den alten vorjüdischen bzw. vorchristlichen Wertvorstellungen in diesem Maße nicht realisierbar gewesen wäre. Es war also für die germanischen, slawischen und romanischen Völker einfacher und praktikabler, die **Kultur** des Christentums in modifizierter Form zu übernehmen, als den Versuch zu riskieren, mühsam eine eigene soziale und kulturelle Organisation aufzubauen und zu entwickeln. Zudem ist es ja immer noch offen, ob die Germanen vor der Übernahme des Christentums überhaupt lesen und schreiben konnten.[351] Es spricht manches dafür, dass sie auf einer Kulturstufe standen, von welcher aus eine sinnvolle Weiterentwicklung in die Richtung einer höheren materiellen Kultur aus eigener Kraft nicht möglich gewesen wäre.[352]

Es ist eine heute immer mehr vernehmbare Redensart, dass das Christentum gesellschaftlich, wirtschaftlich und wissenschaftlich ein Rückschritt gegenüber dem angeblich bzw. wirklich hohen kulturellen Niveau der alten Griechen und Römer gewesen sei. Es gibt ja nicht nur im 19. Jahrhundert, sondern auch heute Historiker, welche den Untergang des Römischen Reiches auf die angebliche Weltabgewandtheit des Christentums zurückführen. Die Forschungen der vergangenen Jahrzehnte haben aber für fast alle Staaten Europas deutlich gemacht, dass nicht zuletzt die Klöster wirtschaftliche Pioniere in Ackerbau, Viehzucht und Forstwirtschaft waren und zunehmend bereits im Mittelalter sog. Grenzböden bewirtschafteten, deren Kultivierung für den einzelnen Bauern nicht realisierbar und rentabel gewesen wäre. Die Klöster verbesserten Agrarkulturen, welche bereits in der Antike existierten, so z. B. den Weinbau. Sie entwickelten aber auch völlig neue Agrarkulturen wie Gemüse- und Obstanbau sowie neue Getreidesorten, wie auch bei Hildegard von Bingen nachzulesen ist. Noch größer ist aber ihr Verdienst, dass sie diese ihre Erkenntnisse und Errungenschaften nicht für sich behielten, sondern bereitwillig und kostengünstig die Bedürfnisse einfacher Menschen, vor allem der bäuerlichen Bevölkerung befriedigten. Die klösterliche Bildung und Askese kam im Grunde in der Form der gesteigerten materiellen Bedürfnisbefriedigung den von ihnen betreuten und vielfach auch rechtlich und sozial abhängigen Bauern zugute. Es gab verschiedene Wege, den bäuerlichen Menschen zu helfen, so z. B. die Stellung von Saatgut, die Information über neue Getreidesorten, Nachlass und Erleichterung der Abgaben. Mönche und Geistliche wussten, dass sie die einfachen Menschen mit ihrer christlichen Botschaft nur erreichen konnten, wenn es ihnen gelang, dazu beizutragen, in erster Linie die materiellen und Basisbedürfnisse zu befriedigen. Bereits im frühen Mittelalter hatten Klöster und Kirche Schulen errichtet, in welche sogar die Kinder von einfachen Leuten aufgenommen und ausgebildet wurden. Und an den Universitäten des Mittelalters waren nicht zuletzt die Mönche die Träger der wissenschaftlichen Forschung in Theologie, Philosophie, Rechtswissenschaft und Medizin. Hoch anzurechnen ist ihnen, dass sie vor allem in der Scholastik bereit waren, die wissenschaftlichen Erkenntnisse sarazenischer Gelehrter zu übernehmen und an den Universitäten zu lehren, so z. B. Abälard und Siger von Brabant.

Wissenschaftliche Forschung kann nicht gedeihen ohne eine materielle Basis. Die Klöster setzten die Tradition des Verfassens von wissenschaftlichen Werken nicht nur fort, sondern verbesserten diese noch quantitativ und qualitativ, indem sie die Ergebnisse ihres Forschens auf Buchrollen und in Codices festhielten. Selbst die meist von Klöstern praktizierten Fälschungen muss man als Spiegel ihrer hochentwickelten Kultur akzeptieren. Dabei sind in diesen Quellen nicht nur Informationen enthalten, sondern diese auch in Form der Buchmalerei[353] künstlerisch gestaltet. Die wissenschaftliche Arbeit in den klösterlichen Skriptorien blieb nicht stehen, sondern entwickelte sich permanent weiter. Es waren vor allem christliche Geistliche, welche als erste auch im Bereich der materiellen Kultur die Buchrolle durch den Codex ersetzen. „Wir sehen also den Sieg des Kodex über die Rolle mit dem Sieg des Christentums eng verknüpft."[354] Die Mönche in den christlichen Skriptorien verwandten dann seit dem frühen Mittelalter in steigendem Maße neben den Papyrus- auch Pergamentcodices. Im Hochmittelalter kamen somit Buchrollen kaum mehr vor, der Pergamentkodex war die herrschende Form der Publikation geworden. Es sind also vor allem Pergamentcodices, in welchem nicht nur das Wissen des Mittelalters an uns tradiert, sondern auch das Leben der Menschen, auch des bäuerlichen Lebens, z. B. in den sog. Stundenbüchern, festgehalten wurde. Dieses Beispiel zeigt, dass Kirche und Klöster nicht nur in der Landwirtschaft, sondern auch in anderen Lebensbereichen progressiv waren.

Neben den Christen waren auch die Juden im Bereich der materiellen Kultur und Infrastruktur engagiert. So hielten auch jüdische Gelehrte in hebräischer und jiddischer Sprache ihr Wissen auf Pergament und stärker als die Klöster auch auf Papyrus fest und ließen diese vervielfachen und der gesamten Judenschaft zukommen, bei welcher Analphabeten kaum anzutreffen waren. Auch bei den Juden findet sich im Mittelalter schon der geschätzte Beruf des Buchschreibers. „In jüdischen Häusern und Synagogen gab es schon seit frühen Jahren neben der Bibel Handschriften verschiedener Art."[355] Ebenfalls schon im Mittelalter zogen jüdische Kaufleute und Krämer, welche mit Büchern und Handschriften auch für das einfache Volk handelten, durch Dörfer und Kleinstädte und „verkauften neben allen möglichen Waren" meist „Kalender, Traumbücher, Ratgeber und Gebetbücher für Glaubensgenossen, manchmal aber auch Meisterwerke der großen Literatur".[356] Juden waren seit der Erfindung der Buchdruckerkunst durch Gutenberg mit Beginn des 16. Jahrhunderts als Drucker, Verleger und Händler von hebräischen Büchern aktiv.

Johannes Gutenberg, vor 1400 geboren, war der Sohn des Mainzer Patriziers Friele Gensfleisch zur Laden, hieß urspünglich auch Gensfleisch und war wohl jüdischer Herkunft. Dies legt auch sein späterer Name Gutenberg nahe. Der Gutenberg wird von den Mainzern als Jutenberg (Judenberg) ausgesprochen. Dieser war bekanntlich das mittelalterliche Mainzer Judenviertel. Es ist sehr wahrscheinlich, dass seine Mainzer Vorfahren im Gutenbergviertel gelebt hatten. Das große Verdienst von Gutenberg besteht nicht nur darin, dass er den Buchdruck mit gegossenen beweglichen Lettern erfunden hat, sondern auch darin – und das blieb bisher weitestgehend unbeachtet –, dass er ursprünglich nicht mit den uns heute geläufigen 29 Buchstaben (mit Umlauten, aber ohne sog scharfes sz) gedruckt hat. Seine im Grunde **phonetische Schrift** basierte auf nur 18 Buchstaben.[357] Für Gutenberg gab es ursprünglich also nicht die uns heute geläufige und für die Schüler so belastende Trennung in gesprochene Sprechsprache und Schriftsprache. Sprache und Schrift bildeten eine harmonische Einheit. Der Lesevorgang erfolgte nicht still, wie ein deutsches Buch aus dem Jahre 1581 verdeutlicht, sondern es war ein Prozess mit allen Sinnen, bei welchem das Gehör nicht zu kurz kam: „Seind nicht die Buchläden vol schändtlicher Bücher und Tractätlein, in welchen die jungen Knaben, Maidlein, Weiber, auch gar die Closterfrawen, allerley spitzbübische sprüch, Gailheit unnd büberey, mit dem mund lesen, im gemüt lernen, mit augen schepffen, im werck vollbringen? ...".[358]

Die im folgenden genannten Drucker bzw. Druckereien druckten bereits mit Typen, die im Grunde weitgehend mit unserer heute noch praktizierten Schriftsprache, der sog. hochdeutschen Sprache, übereinstimmen. Die erste jüdische Druckerei im deutschen Kulturbereich betrieb ein Gerson Kohen seit 1503 in Prag.[359] Um 1444 soll ein Jude namens David de Caderousse in Avignon die Buchdruckerkunst studiert und mit dem Goldschmied Waldvogel aus Prag in Verbindung gestanden haben. Eugen Gabowitsch aus Potsdam erwähnt in seiner eben genannten Website noch weitere Juden, welche in der frühen Neuzeit im hebräischen Buchdruck führend waren. Hebräische Bücher wurden auch in Italien und Spanien, sogar im Osmanischen Reich gedruckt und publiziert, übrigens auch von christlichen Verlegern. Seit dem 18. Jahrhundert gibt es auch jüdische Drucker und Verleger, welche Bücher in der jeweiligen Landessprache, vor allem in deutscher Sprache, druckten und verlegten. Aus der Sprache des religiösen Kultus wurde im 18. und 19. Jahrhundert zunehmend eine säkulare hebräische Sprache, welche seit dem 19. Jahrhundert dann zunehmend von aramäischen Elementen gereinigt wurde. An die Stelle des Jiddischen trat bei vielen Juden zur gleichen Zeit in Deutschland immer mehr die hochdeutsche Sprache. Jiddisch galt seit dem Ende des 18. Jahrhunderts in Deutschland zunehmend als vulgär und unfein selbst in Ostmitteleuropa, wie der Entwicklungsroman von Emil Franzos „Der Bajazz" in einer sehr feinsinnigen Weise veranschaulicht.

Aus jüdisch-orthodoxer Sicht bedeutet diese Entwicklung einen Verlust an religiöser Sustanz und einen Bruch mit der alttestamentarisch-jüdischen Religion. Der Preis einer von jüdischer Seite positiv eingestuften Assimilation war das Aufgeben jahrhundertealter jüdischer Traditionen. Jenes Erbe der jüdischen Aufklärung wirkt bis heute fort in dem immer wieder aufflammenden Streit zwischen jüdischer Orthodoxie und jüdischem Liberalismus. Diesen Konflikt trachtete die vom jüdischen Philo-Verlag vertretene Idee des *Mehrheitsjudentums* nach dem 1. Weltkrieg zu überwinden.[360]

Ein höchst interessanter Aspekt der deutsch-hebräischen Symbiose ist die Tatsache, dass schon seit vielen Jahrhunderten deutsche Bücher in hebräischen Lettern gesetzt wurden. In Bayern war Sulzbach (heute Sulzbach-Rosenberg) ein bedeutendes Zentrum für Drucke von deutschsprachigen Büchern in hebräischen Schriftzeichen.[361] Am Steinheim-Institut, das in die Universität Duisburg-Essen integriert ist, arbeiten Mitarbeiter an der hebräisch-deutschen Literatur. Thomas Kolatz, der „deutsche Literatur in hebräischen Lettern" untersucht, befasst sich im Rahmen seiner Studien auch mit „Periodika wie *Ha-Meassef* oder *Bikkure ha 'ittim*, deren Herausgeber und Autoren sich seit der Mitte des des achtzehnten Jahrhunderts auf Hebräisch und Hochdeutsch an ein jüdisches Publikum wandten – jeweils geschrieben in hebräischen Buchstaben."[362] Neben der deutsch-hebräischen Literatur, welche sich an das aufgeklärte liberale jüdische Bildungsbürgertum wandte, sind auch jüdische Grabinschriften, übrigens nicht nur in hebräischen, sondern auch in lateinischen Lettern gesetzt, ein bisher wenig ausgewerteter Spiegel jüdischer Sprache, Religion, Gesellschaft und Kultur sowie des jüdischen Selbstverständnisses vor allem in Deutschland. In diesem Bereich der „hebräischen Epigraphik"[363] leistet das Steinheim-Institut in Duisburg hervorragende Arbeit.

Es wäre verfehlt, aus diesen Zeilen über das hebräisch-deutsche Druckwesen seit dem 18. Jahrhundert den Schluss zu ziehen, dass es nicht auch im Mittelalter eine ausgeprägte deutsch-hebräische Symbiose gegeben hätte. Wir finden also nicht nur in der Neuzeit, sondern auch im Mittelalter und bereits in der Antike die Bereitschaft der Juden, kulturell mit den Völkern und Nationen ihres Wohngebietes zusammenzuarbeiten und in einer kulturellen Symbiose zu leben und zu wirken. Seit der Antike waren darum die Ideen des Alten und des Neuen Testamentes weitaus wirksamer als die Werte der griechischen und römischen Antike, welche erst so richtig im 19. Jahrhundert Fuß fassten und wissenschaftlich Beachtung fanden.

Dabei ist stets zu beachten, dass die religiös-kulturellen Ideen des AT und NT nicht revolutionär, sondern eher evolutionär, vielfach mit großen Rückschlägen, in die europäische Kultur hineinwirkten und vielfach nicht immer deutlich sichtbar, sondern auf verschlungenen Pfaden zur Entstehung und Entwicklung des europäischen Werteprozesses beitrugen.

Dieser Gedanke der Prägung der europäischen Kultur durch die jüdisch-christliche Tradition liegt auch insofern nahe, wenn man bedenkt, dass die Überlieferung der die hebräische Kultur betreffenden Quellen wie AT, NT, Talmud, Kabbala etc. den tatsächlichen Ereignissen und Geschehnissen wesentlich näher steht als die literarischen Quellen der Griechen und Römer. So reichen z. B. die Originalhandschriften des Neuen Testamentes „bis an den Anfang des 2. Jh., also bis in die unmittelbare Nähe der letzten Autoren zurück. Für kein Werk der klassischen griechischen und lateinischen Literatur liegen die Verhältnisse so günstig." Wahrscheinlich sind die Handschriften von Qumran sogar noch älter. Den Unterschied zwischen der Überlieferung der hebräisch-christlichen und der klassisch römisch-lateinischen Quellen macht Hunger am dem krassen Fall von Homer deutlich: „Die älteste vollständige Handschrift des vielgelesenen Homer gehört ins 13. Jh. n. Chr., hält also vom Autor einen Abstand von mindestens 2.000 Jahren."[364] Dieser Zeitunterschied ist nicht bei allen klassischen literarischen Handschriften so exorbitant. Man geht aber nicht fehl zu sagen, dass die Zeitdifferenz zwischen der Entstehung eines Werkes und der ersten erhaltenen Handschrift bei den meisten klassischen Autoren mindestens tausend Jahre, bei den Griechen 1.500 Jahre überschreitet.

Diese geradezu ungeheuerliche Tatsache, welche von den meisten Historikern weder wahrgenommen noch verinnerlicht wurde, legt den Gedanken nahe, dass Handschriften nach 1.000 bzw. 1.500 Jahren (und mehr) zerfallen, erheblich verändert und wohl auch verfälscht worden sind. Bei solchen gigantischen Zeitdifferenzen ist auch die Vorstellung nicht auszuschließen, dass die Originale solcher zeitversetzten Handschriften gar nicht aus der Antike stammen, sondern erst im Mittelalter angefertigt wurden. Diese für die antike Geschichte zentrale Frage sollte nicht mehr weiter eine *quantité negligeable* sein, sondern vielmehr die Forschung dazu anregen, nicht nur mit rein systemimmanenter Quellenkritik an diese heikle Materie heranzugehen, sondern (wie in der Vor- und Frühgeschichte bereits erprobt[365]) die Quellenkritik zusätzlich mit den Methoden der Genanalyse, Logistik, mathematischer Wahrscheinlichkeitsrechnung etc. zu konfrontieren. Vor allem ist es unerlässlich, die Entwicklung der europäischen Kulturgeschichte von der Antike bis zur Neuzeit mit derjenigen anderer Kontinente und Kultursysteme, z. B. Indien und China, zu vergleichen und zu konfrontieren. Ich bin überzeugt, dass eine solche Methodenvielfalt völlig neue Erkenntnisse über die Entstehung und Entwicklung von kulturellen Wertesystemen erbringt. Die bis heute extrem auf Europa ausgerichtete europäische Geschichtsforschung mit ihrem sublimierten eurozentrischen Überlegenheitsdenken[366] hat in Verbindung mit einer einseitigen historischen Methodik und der mangelhaften Quellensituation die bislang kaum beachtete Tatsache verdeckt, dass Idee und Realität antiker Ereignisse und Erscheinungen in fast allen Lebensbereichen weit auseinander klaffen.[367] Vieles, was uns sog. antike Autoren in allen Lebensbereichen überliefern, auch im Bereich der Menschenführung (was ich in meinem Werk zur antiken Menschenführung auch herausgestellt habe), ist mehr Theorie als Praxis und vielfach nur die Wiedergabe aus der Sicht eines einzigen antiken Autors und somit oft sehr subjektiv. Nicht zuletzt wirken sich auch die Ideologien des 19. und 20. Jahrhunderts, vor allem Nationalismus und Imperialismus, mehr oder weniger bewusst auf die Bewertung von antiken Quellen aus, die wohl manchmal gar nicht aus der Antike stammen, sondern erst im Hoch- oder Spätmittelalter oder noch später das Licht der Öffentlichkeit erblickt haben.

Aus dieser zeitbezogenen Sicht der Dinge wird auch die attische Demokratie mit den Augen unserer Zeit und aus der humanistischen Ideologie des 19. Jahrhunderts heraus vielfach verzerrt und idealistisch überhöht dargestellt.[368] Es ist eine bis heute in Europa aufrechterhaltene Ideologie, dass die attischen Griechen ein Bollwerk von Freiheit und Demokratie gegen den persischen Despotismus gewesen seien. Wenig Beachtung findet dabei jedoch die Tatsache, dass die griechische Kultur – vor der relativ kurzen Blüte der attischen Demokratie im 5. Jahrhundert v. Chr. – in den ionischen Städten Kleinasiens an der türkischen Westküste und den vorgelagerten Inseln in der Ägäis eine bedeutende Rolle gespielt hatte und dort bedeutende Philosophen und Wissenschaftler (Thales, Demokrit, Parmenides etc.) gelebt und gewirkt hatten. Auch Herodot, der Vater der europäischen Geschichtsschreibung, dessen Interesse mehr den asiatischen Kulturen als den europäischen Griechen gilt, ist ein ionischer Grieche aus Kleinasien. Und der attische Grieche Xenophon schildert in seiner sieben Bücher umfassenden **Kyropaideaia**, der Erziehung des (jüngeren) Kyros, Leben und Wirken des vorbildlichen Herrschers nicht an der Gestalt eines Griechen oder sonstigen Europäers, sondern am Modell eines persischen Königs. „Ausserdem war es ein wichtiges Anliegen Xenophons, bei seinen Landsleuten das herrschende Vorurteil gegen alles Persische, das als Inbegriff des Barbarischen galt, zu beseitigen,, womit er zum Wegbereiter des Hellenismus wurde, in dem sich griechische und östliche Kultur verschmolzen."[369] Xenophon zeigt in seiner Kyrupaideia (vor allem Kyrup. 1,6), dass die persische Kultur sowohl im Bereich der militärischen Strategie und Taktik wie auch der Menschenführung[370] den attischen Griechen mindestens ebenbürtig war, wie das von Xenophon beschriebene Gespräch zwischen dem Kronprinzen Kyros und seinem Vater veranschaulicht.[371] Das Vorurteil vom asiatisch-persischen Despotismus wird also nicht nur durch die positive Bewertung der persischen Herrschaft durch den jüdischen Propheten Jesaja (Buch 41) erschüttert, sondern auch durch das anerkannte Werk eines Griechen, welcher nach konventioneller Auffassung der griechischen Elite angehörte. Asien wirkte also, wie eben die Ausführungen von Wille zeigten, nicht nur über die jüdisch-christliche Religion, sondern auch über die griechische Kultur auf Europa ein, was eben auch durch klassische griechische Autoren bezeugt wird.[372]

Die Glaubwürdigkeit der Quellen der Antike

Die Forscher waren im Mittelalter und noch weit bis in die Neuzeit hinein völlig auf die Geschichte von **Byzanz** fixiert, aber auch hier nicht real, sondern mehr mythisch wie in der Alexandersage, welche mit den uns überlieferten Quellen nicht übereinstimmt. Dazu passt auch sehr gut die Tatsache, dass das mittelalterliche Europa so gut wie kaum Kenntnis von der griechischen Sprache und Geschichte hatte. Doch auch in den uns überlieferten Texten des Neuen Testamentes, die ja immerhin noch in der Zeit der hellenistischen Kultur geschrieben sein sollen, hört man überhaupt nichts über die alten Griechen[373] und kaum etwas über die Römer.[374] Die arabischen Schreiber bezeichnen die Autoren, welche wir als Griechen bezeichnen, nie als Griechen, sondern immer als die „Alten".[375] Auch die arabische Kultur des 7. – 12. Jahrhunderts betrachtet Davidson auf Grund des Schweigens der Quellen als Fiktion. Recht abenteuerlich erscheint auch das, was wir von Aristoteles wissen.[376] Es gibt zu ihm eine glaubwürdige arabische Quelle, nämlich Abd al-Latif al Bagdadi (1162–1231), der im Zusammenhang mit der sog. Pompeiussäule in Alexandria über den Philosophen Aristoteles berichtet. Ich zitiere diese wichtige Stelle aus Strohmaier:

„Ich bin der Meinung, daß dies die Säulenhalle ist, in der Aristoteles und nach ihm seine Schüler lehrten, und daß es das Haus der Wissenschaft war, das Alexander errichtete, als er seine Stadt erbaute, und in ihm war die Bibliothek, die Amr Ibn al-As mit Erlaubnis Umars verbrennen ließ."[377]

Für Bagdadi ist also Aristoteles, der Lehrer von König Alexander dem Großen, ein Bewohner der Weltstadt Alexandria. Über Griechen und darüber, dass Aristoteles ein Grieche sein soll, weiß er aber nichts zu berichten. Das im wesentlichen im 19. Jahrhundert entstandene Bild der Antike, welches das jüdisch-christliche Modell ablöste, weist nicht wenige „logische und faktische Widersprüchlichkeiten" wie auch offensichtliche Unstimmigkeiten auf, auf welche nicht zuletzt Gunnar Heinsohn, Professor an der Universität Bremen, mehrfach hingewiesen hat.[378] Diese Unstimmigkeiten wirken sich auch auf die antike und mittelalterliche Chronologie aus. So gibt es z. B. eine christliche Kölner Handschrift, „die eine Zeitrechnung verwendet, die sich nicht an der Geburt Christi ausrichtet, sondern an dem Wiederaufbau des jüdischen Tempels orientiert."[379]

Auch in der Überlieferung der römischen Geschichte und Sprache vermutet Davidson Lücken.[380] Latein (das sog. klassische Latein) war wohl genauso eine Kunstsprache wie das in der Prager Kanzlei künstlich geschaffene Deutsch. In Dantes Sprachkonzeption ist im Unterschied zu den historisch gewachsenen romanischen Volkssprachen, welche *linguae naturales,* also Natursprachen, sind, das klassische Latein eine *lingua artificialis,* also eine Kunstsprache, *quam Romani grammaticam vocaverunt.* Dante bezeichnet also das klassische Latein als grammatica, als eine Sprache, in welcher die Grammatik eine wesentlich größere Rolle spielt und auch wesentlich anspruchsvoller zu erlernen ist als bei den Volkssprachen.[381]

Es ist somit unmöglich, dass ein einfacher Römer z. B. das Werk von Sallust oder Reden des Cicero hätte lesen und verstehen können.[382] Mir ist ja immer seltsam vorgekommen, dass auch noch das heutige moderne Spanisch in der Grammatik dem Lateinischen viel näher verwandt ist als das moderne Italienisch. Vielleicht besteht des Rätsels Lösung darin, wie Horst Friedrich davon auszugehen, dass die romanischen Sprachen nicht Tochtersprachen des Lateinischen sind, sondern evtl. einer älteren „romanischen" Sprachschicht Europas angehören, welche einst von Portugal bis Rumänien reichte. Friedrich bringt zu dieser Theorie beachtliche Argumente in einer Reihe von Publikationen.[383]

Verglichen mit dem Lateinischen weist die Entwicklung des Hebräischen vom Bibelhebräischen bis zum modernen Israelhebräisch eine einmalige Kontinuität auf. Interessant ist für mich, dass das jüdische Volk das einzige der westlich-abendländischen Kultur ist, das wirklich aus der Sicht von Sprache und Kultur noch in einer wirklich antiken Tradition steht. Man sieht das ja auch an der hebräischen Sprache, die sich, von modernen Wortbildungen wie tazgig (E-mail), mechonit (Auto), monit (Taxi) etc. abgesehen, bis zum heutigen Tag in ihren Grundfesten erhalten hat. Es ist auch heute noch viel schwieriger, einen unpunktierten hebräischen als einen deutschen Text flüssig zu lesen.

Nicht so einfach liegen die Probleme bei allem, was mit „deutsch" zu tun hat. Was die deutsche Geschichte und damit auch die Begriffe *deutsch* und *Deutschland* betrifft, darf man getrost von einer germanischen Ideologie sprechen. Höchst verdächtig ist, dass außergewöhnlich viele antike Texte – auch solche, welche mit den Anfängen Deutschlands zu tun haben – ausgerechnet „erst von den frühen Humanisten durch systematische Suche vor allem in den Klosterbibliotheken[384] des deutschen Kulturraumes und Sprachgebietes ans Licht befördert worden"[385] sind. Dazu gehört auch der Text der *Germania* von Tacitus, an dessen Echtheit Brasi mit Berufung auf Herbert Hunger[386] auf Grund guter Argumente zu Recht zweifelt.[387] Die Tacitushandschrift ist unter seltsamen Umständen erstmals 1425 im deutschen Kloster Hersfeld entdeckt und noch später publiziert worden.[388]

Bei der Beurteilung der römischen Geschichte darf man – trotz der schwachen literarischen Quellenbasis – aber nicht den Fehler begehen, von der Unsicherheit der Herkunft des Lateinischen auf den Verlauf der römischen Geschichte zu schließen. Auch darf man wie gesagt die griechische und römische Geschichte keinesfalls nur nach den oft fragwürdigen vielfach aus dem Mittelalter stammenden römischen literarischen Quellen beurteilen. Inschriften, Papyri, Baudenkmäler, z. B. die allenthalben verbreiteten Aquädukte in identischer Bautradition von Köln bis Nordafrika, von Iberien bis in die arabische Wüste, Gräber und sonstige Relikte sind in vielen Regionen des Mittelmeerraumes in einer solchen Fülle vorhanden, dass ein Zweifel am Grundwissen der römischen Antike nicht gerechtfertigt ist. Das schließt jedoch nicht aus, dass die bis heute kanonisierte Chronologie, welche im Grunde ein Produkt des 17. Jahrhunderts ist, auch für die Antike neu überdacht und richtiggestellt werden müsste.

Über die hier angeschnittene Chronologiefrage hinaus ist in diesem Zusammenhang zu beachten, dass literarische Quellen, welche Ereignisse und Vorgänge der Antike betreffen, nicht nur aus dem Mittelalter stammen, sondern – zu einem sehr geringen Teil – auch antiker Provenienz sind. Es hat sich noch nicht einmal bei Historikern herumgesprochen, dass „viele Dutzende von längeren und kürzeren Fragmenten der antiken Literatur", vor allem der altgriechischen, auf *antiken* Papyri überliefert worden sind und sich bis heute erhalten haben. „Demgegenüber sind die Funde lateinischer literarischer Papyri ganz geringfügig. Sie beschränken sich auf bescheidene Fragmente aus bereits bekannten Klassikern, die in der Schule gelesen wurden (Cicero, Livius, Sallust. Vergil)."[389] Festzuhalten ist, dass auch die Merowinger, Araber, das Frankenreich und seine Nachfolgestaaten Papyri für ihre Urkunden verwandten. Neben dem Papyrus und dem Papier diente im Mittelalter das Pergament als Hauptbeschreibstoff für alle möglichen Quellen. Texte der antiken Literatur liegen uns bereits vereinzelt seit dem 2. nachchristlichen Jahrhundert vor. „Mehr oder weniger vollständige Pergamentkodizes begegnen uns zum erstenmal im 4. Jh. mit den beiden berühmten griechischen Bibelhandschriften, dem Sinaiticus und Vaticanus (vgl. unten S. 68ff). Vom 5. und 6. Jh. an besitzen wir bereits eine größere Zahl christlicher und profaner Pergamenthandschriften in Ost und West, d.h. in griechischer und lateinischer Sprache"[390], so z. B. unter anderem auch Codices über Terenz, Vergil und Livius. An die Stelle der Rolle trat schon in der römischen Kaiserzeit zunehmend der Codex, der ja im Grunde der Vorläufer des modernen Buches war. Seit dem 2. Jahrhundert wurden heidnische Schriftsteller in der Regel auf Pergamentrollen, christliche Autoren auf Papyruscodices festgehalten.

Die ausschließliche Auswertung literarischer Quellen zur Beschreibung und Beurteilung der Antike würde jedoch nicht nur zu einem verzerrten, sondern sogar zu einem einseitigen Bild der Antike führen. In diesem Sinne ist also die These von Lucas Brasi, dass „Rom vermutlich eine ägyptische Provinz war"[391], aus der Sicht der konventionellen Historiographie nicht ausreichend fundiert, auch wenn Ägypten bis in die Kaiserzeit auf fast allen Gebieten, z. B. auch im Bereich der Technik (Automaten), eine führende Rolle spielte.[392]

Wirklich tragbare Ergebnisse über die Echtheit von Handschriften und anderen antiken Quellen wie Papyri und Pergamente wird man aber wohl erst bekommen, wenn man deren Alter genauer, als bisher möglich, ermitteln kann. Die Radiokarbonmethode und Dendrochronologie sind für solche erdgeschichtlich relativ kurze Perioden, wie Oleinikov und andere dargelegt haben, nur in begrenztem Maße geeignet.[393]

Ein auffallend großer Anteil von Abschriften lateinischer Autoren, welche aus dem Mittelalter erhalten bzw. im Mittelalter entstanden sind, wurde, wie oben bereits angedeutet, durch gezielte meist von der römischen Kurie beauftragte Humanisten im Spätmittelalter und in der frühen Neuzeit in deutschen Klöstern entdeckt. Erstaunlicherweise erstreckte sich diese bibliophile Schatzsuche vor allem auf deutschsprachiges Gebiet, „weil auf deutschem Boden noch Schätze zu finden waren, die keine italienische Bibliothek besaß."[394] Italienische Gelehrte wühlten also im Auftrag der Kurie und anderer kirchlicher Kulturträger bevorzugt in deutschen bzw. deutschsprachigen Klosterbibliotheken herum, um antike Autoren zu entdecken, welche überwiegend ihre Werke im antiken **Italien** verfasst hatten. „Im Gefolge des Pisaner Papstes Johannes XXIII. zogen zahlreiche Humanisten als Sekretäre oder Schreiber der Kurie nach dem Norden, unter ihnen Bruni und Poggio."[395] Letzterer, seit 1423 apostolischer Sekretär der römischen Kurie, führte allein vier intensive Bibliotheksreisen nach Frankreich und vor allem nach Deutschland durch und wurde „im Gefängnis der Barbaren", z.T. durch widerrechtliche Aneignung, auch fündig.[396] Im deutschen Sprachraum besuchte er vor allem die Klöster St. Gallen mit Nachbarklöstern, die Klöster in Fulda, Hersfeld und Köln. Rossi meint, dass der Humanist „degli studi classici allargò prodigiosamente l 'orrizonte con le sue meravigliose scoperte."[397] Die gefundenen Codices wurden regelmäßig sofort kopiert, vielleicht auch deswegen, weil sich viele gefundene Handschriften (angeblich) in einem „erbärmlichen äußeren Zustand"[398] befunden haben sollen. Nicht auszuschließen ist aber, dass diese Schnellkopien auch deswegen durchgeführt worden, weil man daran interessiert war, die mehr oder weniger gut erhaltenen Handschriften so schnell als möglich zu vernichten, wohl um eine Nachprüfbarkeit der Inhalte der gefundenen Handschriften zu verhindern.[399] Antonio Rossi beschönigt diese Kopiermethode von Poggio mit folgenden Worten: „Così egli compì talora veri salvamenti, perchè d 'alcune di quelle opere andò perduto ogni manoscritto anteriore alla copia sua"[400] Damit zieht er sich diplomatisch aus dieser heiklen Affäre.

Wie abenteuerlich und zweifelhaft diese Entdeckungen in deutschen Klöstern und wie sehr diese auch aus dem fernen Rom gesteuert waren, zeigt ein Bericht des Byzantinisten Herbert Hunger über die Entdeckung der kleinen Schriften von Tacitus:

„Auch nach seiner Rückkehr leitete Poggio[401] von Rom aus die Suche nach neuen Kodizes. In seinen Diensten stand ein *ungenannter Mönch aus Hersfeld*, der 1425 mit einer Liste von Desiderata aus Rom heimkehrte. Durch ihn erfuhr **Poggio** u.a. von der Existenz dreier unbekannter Schriften des Tacitus im Kloster Hersfeld, der *Germania*, dem *Agricola* und dem *Dialogus* über den Verfall der Rhetorik. Erst kurz vor seinem Tode glückte es, der mit allen Mitteln verfolgten Kodizes habhaft zu werden. Einer der Bücheragenten Nikolaus V., Alberto Enoch d ' Ascoli (gest. 1457), scheint das Manuskript 1455 von einer Bibliotheksreise, die ihn bis nach Skandinavien führte, nach Italien gebracht zu haben. Als erster verwertete *Enea Silvio Piccolomini* Nachrichten aus der *Germania* und verglich das moderne mit dem alten Deutschland zugunsten der (damaligen) Gegenwart und der humanistischen Bildung. Dadurch wurden die deutschen Humanisten auf den Schatz aufmerksam, der ihnen entgangen war, und nachdem Leo X. Tacitus hatte drucken lassen, wurde die *Germania* zur bevorzugten Quelle über die deutsche Vergangenheit."[402] Neben Poggio und seinen Helfern spielte auch der rombegeisterte Dichter **Petrarca**, der von 1304 bis 1374 gelebt haben soll, eine bis heute wenig durchschaute Rolle.[403] Chlodowski bezeichnet ihn emphatisch als den Mann, welcher der erste gewesen sein soll, der „could understand and bring into light the ancient elegance of the style that had been *forlorn* and *forgotten* before"[404]. Doch Petrarca „initiated the legend of ‚the great ancient Italian Rome' *without any solid basis.*"[405] Bei seiner Ankunft in Rom findet der Dichter nicht die großen Gebäude und Monumente der römischen Antike, die er sich in seinen Träumen erhofft hatte. Die folgenden Zeilen von Petrarca, aus denen seine ganze Enttäuschung spricht, lassen den Zustand von Rom in der Spätantike und Frührenaissance in einem äußerst realistischen Licht erscheinen. Dieser Bericht von Petrarca über die ‚Größe Roms' ist so bezeichnend, dass ich ihn in voller Länge in deutscher Übersetzung wiedergeben will:

„Wo sind die Thermen von Diokletian und Caracalla? Wo ist das Timbrium von Marius, das Septizonium und die Thermen von Severus? Wo ist das Forum von

Augustus und der Tempel des Rachegottes Mars? Wo sind die heiligen Plätze von Jupiter, dem Donnerträger, auf dem Capitol und von Apollo auf dem Palatin? Wo ist der Porticus von Apollo und die Basilica von Caius und Lucius, wo ist der Porticus von Libya und das Theater des Marcellus? Wo ist der Tempel von Hercules und den Musen, erbaut von Marius Phlippus, und der Tempel der Diana, erbaut von Lucius Cornifacius? Wo ist der Tempel der artes liberales von Avinius Pollio, wo ist das Theater von Balbus, das Amphitheater von Statilius Taurus? Wo sind die zahlreichen Bauten, die Agrippa errichtete, von welchen nur das Pantheon übrig bleibt? Wo sind die prächtigen Paläste der Kaiser? Man findet alles *in den Büchern*; aber wenn man versucht sie *in der Stadt* zu finden, so zeigt sich, dass sie entweder *verschwunden sind* oder dass nur magere Spuren übrig geblieben sind."[406]

Nach der Lektüre dieser Zeilen wachsen die Zweifel, dass Rom der Nabel der antiken Welt und eine Hauptstadt mit zahlreichen Hochhäusern (insulae) und mehr als einer Million Einwohnern war.[407] Von den großen Stätten, welche die konventionelle althistorische Forschung in Rom lokalisiert, findet Petrarca nur noch das Pantheon. Nachdem Petrarca einige Tränen vergossen hatte, machte er sich gleich an die Arbeit, suchte nach Statuen, sammelte römische Münzen und versuchte die Topographie von Rom zu rekonstruieren. Sein größter Eifer galt aber der Suche nach Werken der ‚antiken' Autoren. Dabei war er nicht besonders kritisch, was das Alter derselben betraf. Schließlich konnte er es sich leisten, eine Werkstatt mit Schreibern und Sekretärin zu gründen. Immer wieder bekniete er Freunde und Bekannte, dass sie für ihn alte Bücher und Handschriften beschaffen sollten. Wertvolle Funde bezahlte er fürstlich. Und diese landeten aus allen Himmelsrichtungen in seinem Büro, darunter auch Reden und Briefe von Cicero, von welchen fast eineinhalb Jahrtausende (nach konventioneller Chronologie) niemand etwas gewusst hatte. Ciceros Briefe entdeckte Petrarca angeblich in der Kapitelbibliothek von Verona, wo seltsamerweise zuvor niemand von deren Vorhandensein wusste. Wie bei vielen anderen spätmittelalterlichen bzw. frühneuzeitlichen Bücherfunden durch Humanisten „*the original was soon lost by Petrarch, and he demonstrated a copy instead.*"[408] Es gibt noch andere Merkwürdigkeiten bei Petrarca wie z. B. den Brief an den römischen Geschichtsschreiber Titus Livius[409], der nach konventioneller Geschichtsauffassung als Ausgeburt seiner dichterischen Phantasie betrachtet wird.[410]

Ein unbefangener Betrachter, der nicht mit Fachblindheit geschlagen ist, kann bei der Lektüre dieser abenteuerlichen Entdeckungsgeschichten, welche vor allem die römische Antike betreffen, leicht den Eindruck gewinnen, dass es bei dieser Entdeckung der antiken Schriften zu Unregelmäßigkeiten gekommen ist und dass man auch mit List und Geld kräftig nachgeholfen hat. Es ist wohl nicht auszuschließen, dass man das, was man nicht finden konnte, erfunden haben könnte. Dieser Verdacht gilt nicht nur für die *Germania*, ist jedoch hier besonders angebracht. Viele Aussagen dieser Schrift von Tacitus passen überhaupt nicht zu Methode und Stil von Tacitus und seinem historiographischen Konzept *sine ira et studio*. Denn die Germanen sind hier im Positiven wie im Negativen arg drastisch dargestellt. Diese Schilderung der Germanen passt viel eher in das Konzept der römischen Kurie und des italienischen Humanismus, die Vorfahren der Deutschen – im Gegensatz zu denen der Italiener – recht barbarisch erscheinen zu lassen. Es ist darum der in Deutschland herrschenden Ideologie, welche sich im Grund ja primär von der *Germania* des Tacitus ableitet, von einem 2000 Jahre alten Deutschland zu sprechen, mit äußerster Skepsis zu begegnen. Erschwerend kommt in der Frage der Überlieferung der *Germania* noch hinzu, dass die mit Hilfe des ungenannten und unbekannten Hersfelder Mönches entdeckte mittelalterliche Ab- bzw. Urschrift dieses Werkes nicht mehr auffindbar ist und wie auch andere sich auf die Antike beziehenden mittelalterlichen Handschriften im Zeitalter des Humanismus vernichtet worden sind, angeblich wegen des schlechten Erhaltungszustandes.

Wenn man bedenkt, wie groß der Prozentsatz der gefälschten und manipulierten mittelalterlichen Urkunden und sonstigen Quellen ist, was übrigens auch von Mediävisten anerkannt ist, dann ist wohl nicht auszuschließen, dass manche *antike* Handschriften sich gar nicht auf die Antike beziehen, sondern Spezialanfertigungen, evtl. sogar Auftragsbearbeitungen, des Mittelalters sind. Zhabinsky glaubt eine Menge von Argumenten vorbringen zu können, welche bezeugen, „that all ‚ancient' manuscripts are literary works of the 15th and 16th centuries and that there never was in reality an ‚ancient' Rome and Greece as modern historical science teaches us."[411] Selbst wenn man diese Auffassung von Zhabinsky nicht teilt, führen die progressiven Erkenntnisse aus den Forschungen zur römischen Antike zunehmend zu der Erkenntnis, dass das uns überlieferte Bild vom klassischen Rom verzerrt ist und in vielen Punkten nicht der vollen Wirklichkeit entspricht.

Im besonderen Maße scheint mir diese kritische Auffassung für die Germania des Tacitus zuzutreffen. Es ist allerdings sehr schwer, diese Behauptung zu verifizieren, da ja seltsamerweise viele der von den Humanisten (und ihren Vorgängern) gefundenen mittelalterlichen Abschriften antiker Texte wohl schon in der Zeit ihrer Entdeckung aus dem Verkehr gezogen worden sein sollen, nachdem man sie zuvor abgeschrieben hatte.

Fälschungen und Erfindungen von antiken Handschriften bzw. deren Abschriften in der Zeit der Renaissance konnten bislang nicht mit hundertprozentiger Sicherheit im Sinne eines juristisch tragfähigen Beweises nachgewiesen werden. Solche Fälschungen im literarischen Bereich sind allerdings sehr naheliegend. Denn es ist inzwischen nachgewiesen, dass selbst renommierte Künstler der Renaissance sich als Erfinder und Fälscher von antiken Kunstwerken betätigten. „Even the great Michelangelo sinned with counterfeits in his youth. He created a figurine of Cupid and at the suggestion of a friend sold it as an antique original. The forgery presently was uncovered, but the sculptor was already well known: they thought that he was able to ‚ascend to the mastery of the ancient sculptors.'" Auch der berühmte Benevuto Cellini erzählte in seiner Autobiographie, "how he created vases which were declared as antique".[412] Natürlich gab es auch im 19. und 20. Jahrhundert erfolgreiche Fälscher, wie z. B. Israel Rouchomovsky und Aleco Dessena. Ihnen gelang es, *antike* Kunstwerke herzustellen, welche selbst von Experten als echt akzeptiert und sogar an Museen verkauft worden waren.[413]

Noch schwieriger als für das Römische Reich ist die Quellenlage im Bereich der griechischen Antike. Selbst Ferdinand Gregorovius[414] ist höchst verwundert, dass über die Stadt Athen, die einst die größte und bedeutendste Stadt des antiken Hellas[415] gewesen sein soll, so wenig überliefert ist. Bezeichnenderweise waren, wie Ferdinand Gregorovius feststellen musste, die Originalnamen der Mehrheit der antiken Monumente von Athen vergessen. Von ihnen hatten sich ohnehin meist nur spärliche Ruinen erhalten. Auch die antiken Landschaftsbezeichnungen waren durch moderne Namen ersetzt worden. Man reise z. B. nicht mehr zum Peloponnes, sondern nach Morea. Es musste somit in der antiken griechischen Überlieferung nach den ursprünglichen Namen gesucht werden bzw. den Namen, welche nach Auffassung der antiken Autoren die ursprünglichen gewesen sein sollen. Die Monumente bekamen also die Namen verpasst, welche man in der altgriechischen Literatur gefunden bzw. neu entdeckt hatte. Sehr seltsam, dass die nichtgriechischen ausländischen Forscher über die Denkmäler und historischen Relikte besser Bescheid wussten als die Bürger von Athen in der Neuzeit. Im Gegensatz zu den klassischen Forschern hielten die Athener den großen Komödienschreiber Aristophanes wie auch andere Klassiker beinahe für ihre Zeitgenossen. Auch im Athen der Renaissancezeit haben wir ähnliche ‚Verluste' von wichtigen Quellen zu beklagen wie in Italien. Der Katalog von Inschriften und lokalen Namen von Denkmälern in Athen, welcher in der Mitte des 15. Jahrhunderts eingerichtet wurde bzw. eingerichtet worden sein soll, ging verloren und wurde nie mehr gesichtet.[416]

Dieses angebliche Schweigen der Quellen kann man nicht so interpretieren wie Falmerayer im 19. Jahrhundert, der diese Tatsache damit erklärte, dass die Awaro-Slawen die gesamte Bevölkerung des alten Griechenland niedergemetzelt hätten.[417] Seit dem 7. Jahrhundert AD findet man bei den byzantinischen Schriftstellern auch viel häufiger Namen italienischer als griechischer Städte. Nirgendwo ist jedoch überliefert, dass Athen von Feinden angegriffen oder zerstört worden sei. Nicht einmal die berühmten Monumente der Stadt werden bei dem Schriftsteller Sinesius erwähnt. Viele antike Tempel sollen im Mittelalter in christliche Kirchen umgewandelt worden sein. Es lassen sich auch keine Schulen und Bibliotheken im Mittelalter nachweisen. Höchst glaubwürdig ist die Enttäuschung von Michael Choniates aus Konstantinopel, welcher 1174 zum Bischof von Athen ernannt worden war. Er soll anlässlich seiner ersten Reise nach Athen statt glänzender Marmorbauten nur „zerfallene Mauern und hüttengleiche Häuser zu seiten armseliger Gassen" zu Gesicht bekommen haben. Er gewann den Eindruck, dass die Bewohner des 12. Jahrhunderts wie „auf Schutthaufen" hausten.[418] Es lebten in Griechenland und auch in Athen meist keine Griechen. Noch im 19. Jahrhundert bezeichneten sich die Bewohner von Griechenland und der griechischen Inseln als Ρωμιοι, als Römer, und wurden auch von den Türken so genannt.[419] Nicht einmal die Einwohner Athens sprachen mehrheitlich Griechisch. Die griechische Sprache wurde erst wieder seit der Renaissance, nicht zuletzt auch auf die Initiative des Westens hin, die offizielle Sprache der in Griechenland lebenden Menschen. Voll durchgesetzt hat sich die griechische Sprache in Griechenland dann erst nach der Loslösung vom Osmanischen Reich. Und auch erst dann wurden aus den „Römern" wieder „Hellenen" (Ελλενες). Zur Bildung der griechischen Nation und zur Etablierung einer einheitlichen griechischen Sprache in Griechenland haben auch das wittelsbachische Königshaus wie auch das Königreich Bayern einen bedeutenden Beitrag geleistet. Selbst die modernen Olympischen Spiele von 1896 in Athen sind ohne bayerische Initiative und Kapital nicht denkbar.[420] Die Erinnerung an die antiken Olympischen Spiele war also im modernen Griechenland, von einigen Angehörigen der Elite abgesehen, komplett verloren gegangen.

Das mittelalterliche Griechenland ist im Grunde kein griechisches Land, es ist überwiegend von Slawen bewohnt. Slawisch sind auch die Namen fast aller Orte und Siedlungen. Davidson schließ nicht aus, dass „slawische Kulturen Träger dieses Griechentums sein könnten".[421] Wie weit verbreitet einst Slawen waren, zeigt die Tatsache, dass mitten in Oberbayern (Hallertau, Raum Aichach) slawische Ortsnamen wie Winden, Beigelswinden, Starzhausen, Wolnzach etc. nachweisbar sind. Selbst in den Freisinger Traditionen (ed. Th. Bitterauf) finden sich im 9. Jahrhundert nicht nur Romanen, sondern auch Slawen.[422] Ein Slawe hat den biblischen Namen Simon, ein anderer heißt Baaz, ein Karantane. Noch heute trägt eine bretonische Insel bei Brest den Namen Baz. Auch Brest könnte ein slawischer Name sein.

Erst seit dem 16. und 17. Jahrhundert AD tauchen allmählich wieder griechisch-hellenische Namen auf und zwar vor allem solche, die man für besonders antik deklarierte. Höchst bezeichnend ist die wenigen Historikern bekannte Tatsache, dass Griechenland für das griechisch geprägte Byzantinische Reich[423] im Grunde lange Zeit ein Fremdkörper gewesen war und im 8. Jahrhundert AD wie ein feindliches Land erobert werden musste. Im 8. Jahrhundert diente Griechenland sogar als Exil für politische Kriminelle. Erst seit dem 15. Jahrhundert taucht Griechenland wieder aus dem angeblichen Dunkel der Vergangenheit auf, und vor allem Athen gewinnt für die Handelsmacht Venedig strategische Bedeutung.[424] Nicht einmal die konservativsten Historiker können leugnen, dass das Bild des klassischen Hellas im Rahmen des modernen humanistischen Bildungsideals (Griechisch und Latein als Hauptsprachen an den Gymnasien) entscheidend durch die klassische Restauration des 19. und 20. Jahrhundert geprägt worden ist, was sich auch erheblich auf die Bewertung und Beurteilung der antiken Monumente und Relikte in der Stadt Athen auswirkte.[425] Wir dürfen heute davon ausgehen, dass im Rahmen dieser euphorischen Restaurationsideologie manche Schwachstellen der *antiken* Überlieferung übersehen und auch literarische und sachliche Quellen gefälscht worden sind. Für diese Behauptung liefert Zhabinsky[426] gute Argumente, wie sie auch Davidson, Landau und andere Autoren der Hamburger Schule schon seit Jahren gebracht haben. Zhabinsky stellt sogar die Behauptung auf, dass seit dem 18. Jahrhundert AD archäologische Expeditionen „purposefully destroyed all the discoveries that contradicted the established views on history. In the best case, they declared them as erroneous."[427] Es sind also auch für das antike Griechenland gewichtige Bedenken anzumelden. Auch hier bestimmt nicht die historische Realität die öffentliche Meinung, sondern die Forscher suchen nach Dokumenten und Zeugnissen, welche in das Bild der öffentlichen Meinung passen. In diesem Sinne empfiehlt Nicolò Macchiavelli, ein typischer Vertreter der Renaissance, den Fürsten, sich die Geschichte als ein Instrument nutzbar zu machen, mit welchem man die Untergebenen wirkungsvoll regieren kann. Das bedeutet ja wohl, dass sich die Herrschenden genauso wenig an die Objektivität der historischen Aussage halten müssen wie an die Regeln der Moral.[428] Für die Machtpolitik der Renaissance wie der sog. westlichen Großmächte gilt: Wenn man die Dokumente, welche die Nachfrager wie Politiker, Medien, wissenschaftliche Institute und sonstige

Machtträger haben wollen, nicht findet, dann muss man etwas nachhelfen. Wer sucht, der findet. Wer für das Finden der *richtigen* Dokumente und Daten gut bezahlt wird, findet noch mehr. Die Brotgeber von Macchiavelli, die Medici in Florenz, scheinen ebenso kein ausgeprägtes Wissen von der Antike gehabt zu haben. Udo Kultermann, der die Geschäftskontrakte der Medici studierte, fand nämlich heraus, dass „die Medici über Vertreter in Brügge Teppiche aus Flandern hatten kommen lassen, durch die sie mit Szenen der antiken Geschichte vertraut wurden".[429] Aussagen dieser Art, welche sich übrigens auch bei Fomenko und anderen russischen Gelehrten finden, werfen einen Schatten auf die landläufige These, dass die Renaissance tatsächlich „die Wiederentdeckung der heidnischen Kultur der Antike nach dem langen Schlaf des Mittelalters" auf allen Lebensgebieten war. Diese Frage zu stellen, ist nicht nur im Fall des Weiterlebens der römischen, sondern auch der griechischen Antike angebracht.

Eine zentrale Frage der altgriechischen Geschichte ist in diesem Sinne die Frage der attischen Demokratie, welche ja einen wichtigen Bestandteil der europäischen Ideologie der Renaissance und des Humanismus wie auch des Neuhumanismus in der politischen Gegenwart bildet.

Besonders erwähnenswert erscheint mir dazu eine Stelle aus den Historien von Herodot über den persischen, durch Kleinasien führenden Feldzug um 490 v. u. Z. gegen Festlandgriechenland, vor allem gegen das ‚aufmüpfige' Athen. In dieser hoch brisanten Erzählung wird uns glaubhaft versichert, dass der persische Feldherr *Mardonios,* Schwiegersohn des persischen Königs *Dareios,* anlässlich dieses Feldzuges im ionischen Kleinasien in den dort eroberten Städten wohl im Jahre 592 v. Chr. „alle Tyrannen in den ionischen Städten" absetzte und die **Demokratie** wieder einrichtete. Anschließend fuhr er weiter zum Hellespont.[430] Im Zusammenhang mit dieser Maßnahme des Mardonios verweist Herodot 6,43 auf „jene Hellenen, die nicht glauben wollen, dass Otanes damals den persischen Sieben die Einführung der Demokratie in Persien vorgeschlagen und empfohlen hat." Otanes, Utâna, war einer von den sieben adeligen persischen Verschwörern, welche den Usurpator Gaumâta getötet und Dareios I., dem Großen, geholfen hatten, den Thron zu besteigen. Die Einführung einer Demokratie im Persischen Reich ist wohl letzlich daran gescheitert, dass sich die Demokratie für ein großes Imperium nicht so eignet wie für einen relativ kleinen griechischen Stadtstaat. Probleme dieser Art hatte bekanntlich später auch das antike Rom, welches sein Imperium erst voll entfalten konnte, als es seine Republik (welche jedoch noch weit davon entfernt war, eine wirkliche Demokratie zu sein) durch das kaiserliche Prinzipat ersetzte und zum Imperium Romanum wurde. Auch die modernen Imperien wie Russland, China und selbst die USA tun sich auf Grund ihrer Größe schwer mit Demokratie und Menschenrechten.[431] Auch das demokratische Amerika tendiert zu Formen der Plutokratie und Oligarchie, der Herrschaft der „oberen Zehntausend", was ja selbst der amerikanische Film nicht verleugnet.

Die konventionelle althistorische Forschung, welche das interessante Faktum einer von Kleinasien her geprägten griechischen Demokratie meist übergeht, erklärt sich das Engagement des Mardonios für die Demokratie ganz einfach damit, dass die griechischen Tyrannen für die persische Herrschaft eine größere Gefahr darstellten als die Demokratien.[432] Diese Auffassung steht aber im Widerspruch zu der von Herodot berichteten Tatsache, dass die ionischen Tyrannen, „als Aristagoras von Milet[433] die Abschaffung der Tyrannis in Ionien durchsetzte, zu den Persern geflohen" waren und am persischen Straffeldzug gegen Milet teilnahmen (Herod. VI 9). Dieser Aristagoras, eine etwas zwielichtige Figur, legte zum Schein die Tyrannis nieder und führte in Milet die Demokratie ein, „damit die Milesier sich willig dem Aufstand anschlossen." Auch in den anderen ionischen Städten wurden die Tyrannen vertrieben oder an die betreffenden ionischen Städte ausgeliefert, „um sich ihnen gefällig zu erweisen" (Herod. V 37)". Trotz dieser pseudodemokratischen Handlung des Aristagoras gelang es den meisten griechisch-ionischen Tyrannen, zu den Persern zu entkommen. Diese Tyrannen stellten also keine Gefahr, sondern vielmehr eine sichere Stütze für die Perser dar. Die Wiederherstellung der Demokratie der ionischen Städte durch den Perser Mardonios ist auch verbunden mit einer aktiven persischen Friedenssicherungspolitik zu Gunsten der ionischen Städte. Auch dazu äußert sich Herodot: „Artaphernes, der Satrap von Sardes, beschied Abordnungen aus den ionischen Städten zu sich und zwang sie, Verträge miteinander abzuschließen: Streitigkeiten sollten künftig auf gütlichem Wege beigelegt werden, und die gegenseitigen Plünderungen sollten aufhören." Auch die Abgabensumme, welche die Ionier an das Persische Reich zu zahlen hatten, änderte sich wenig. „Das trug zum Frieden in Ionien bei" (Herod. VI 42).

Die auch bei Brasi[434] zitierte Stelle zum demokratischen Engagement des Persers Mardonios und die nachfolgenden bei Herodot geschilderten Ereignisse stehen in einem eklatanten Gegensatz zum Demokratiemodell des antiken Athen und zur allzu starken Fixierung der altgriechischen Geschichte auf Attika. Herodot war mit dem Tyrannen Lygdamis von Halikarnass, der ein Grieche und Vasall des Perserkönigs war, in Kleinasien in Konflikt geraten und wurde auf die Insel Samos verbannt.[435] Er wusste somit die Tat des Mardonios aus eigener Erfahrung zu schätzen.

Die Wiederherstellung der Demokratie in den ionischen Städten durch Mardonios lässt übrigens Flacelière unerwähnt. Das Standardwerk von Hermann Bengtson vertritt in der Frage des Mardonioszuges nach Thrakien und Makedonien die Meinung, dass dieser nicht gegen Griechenland gerichtet gewesen sei, sondern das Ziel hatte, „die persische Autorität wiederherzustellen."[436] Dass Mardonios in Ionien die Tyrannen griechischer Städte absetzte und die Demokratie wiederherstellte, wird allerdings bei ihm verschwiegen. Es hätte auch nicht in das europazentrische Weltbild von Bengtson gepasst. Auch der Althistoriker Berve lässt die demokratiefreundliche Aktion des Mardonios in Ionien unerwähnt.[437]

Um die attische Demokratie in ihrer wahren Qualität zu beurteilen, ist zudem zu bedenken, dass sie im wesentlichen auf eine kurze Zeitspanne im 5. Jahrhundert v. Chr. beschränkt und im wesentlichen nur im *Peleponnesischen Krieg* von Thukydides[438] überliefert ist. Bei der Beurteilung der griechischen Klassik beachtet die amtliche Historiographie viel zu wenig, dass es in Athen noch bis zum Ende des 6. Jahrhunderts eine klassische Tyrannis unter Hipparchos und Hippias gab. Bei der Lektüre der klassischen griechischen Geschichtsschreiber gewinnt man allzu leicht den Eindruck, als ob die attische Demokratie massiv am Sturz der attischen Tyrannis mitgewirkt habe. Das stimmt aber leider nicht. Es war nämlich eine Interventionsarmee der Spartaner, den (aus athenischer Sicht) antidemokratischen Prototypen, welche 510 die Herrschaft des Tyrannen Hippias beseitigt hatte. Es ist paradox, dass dieses Ereignis ausgerechnet in der „Lysistrate" des Komödienschreibers Aristophanes überliefert ist. Die Athener verstanden es schon damals, „in den Festen und Ritualen eine kollektive Erinnerung" einzuüben, „welche die spartanische Intervention austilgte und die Befreiung den Tyrannentötern [von 414 v. Chr.] zusprach."[439] Die Vorstellung der Athener zur Entstehung ihrer Demokratie steht also im Widerspruch zu bestimmten historischen Ereignissen, welche allerdings in der attischen Komödie anders überliefert worden sind als von den politisch-historischen Schriftstellern, welche dazu neigten, Tatsachen, die nicht in die politisch-demokratische Ideologie der griechischen Klassik passten, einfach zu verschweigen.

Zu dieser einseitigen Interpretation der politischen Realität kommt noch hinzu, dass die attische Demokratie nur einem relativ kleinen Teil der Bevölkerung, welche Steuern zahlten, vorbehalten war. Ausgeschlossen waren alle Frauen, die meist nicht griechischen Periöken, Freigelassene und Sklaven. Ich erinnere weiterhin auch an die leichte Verführbarkeit der Athener durch Demagogen aller Art, z. B. in den sog. Scherbengerichten (*ostrakismoí*) und beim sizilianischen Abenteuer des *Alkibiades*. Wie wenig die Athener demokratische Prinzipien auch anderen Städten und Staaten gegenüber anwandten, zeigt ja nicht nur der Überfall auf Syrakus, sondern auch die von jeglicher Ethik losgelöste Behandlung der peloponnesischen Melier, wie diese Thukydides in seinem berühmten Melierdialog problematisiert. Den attischen Demokraten galt in der Behandlung der Melier Macht vor Recht. Letzteres wurde nicht einmal als Vorwand gebraucht. Daraus wird aber auch ersichtlich, dass die immer wieder als Vorbild gepriesene attische Demokratie völlig losgelöst war von rechtsstaatlichen Prinzipien sowohl nach innen als auch nach außen. Nach modernem Demokratieverständnis ist jedoch Demokratie ohne Rechtsstaatlichkeit im Inneren und nach außen anderen Staatswesen gegenüber undenkbar.

Die hier geschilderten Fälle mahnen zu mehr Vorsicht bei der Analyse literarischer Quellen. Sie lassen es aber auch durchaus realistisch erscheinen, dass Dichter wie Aristophanes historische Sachverhalte und Ereignisse objektiver darstellen als die politisch gesinnten Autoren, welche auf Grund politischer und sonstiger Abhängigkeiten eben doch nicht so objektiv waren, wie sie gerne vorgaben es zu sein.

Den literarischen Quellen der Antike ist entgegenzuhalten, dass vielfach in Inschriften, Papyri, Malereien (z. B. auf Mosaiken), Baudenkmälern etc. eine ganz andere Sprache zum Audruck kommt.[440]. Bei diesen Quellen sind Fälschungen nicht so leicht möglich, auch die chronologische Einordnung bereitet weniger Probleme als bei den literarischen Quellen. Diese Sachquellen sollten auch bei der Beurteilung christlicher Vorstellungen der Antike mehr als bisher herangezogen werden.

Es ist ein großes Verdienst von Morosov, auch Sachquellen in seine kritischen Betrachtungen der griechischen Antike einbezogen zu haben. Er verweist dabei auf Abbildungen, die bis heute von der althistorischen Geschichtsforschung als antik eingestuft werden. Die von ihm ausgewählten Bilder (**Anhang IV**) zeigen in erstaunlicher Weise typisch christliche Symbole, wie sie im Mittelalter und in der Neuzeit immer wieder vorkommen. Aus der Fülle der von ihm gebrachten Beispiele möchte ich nur auf den angeblich mesopotamischen assyro-babylonischen König Ashur–Nazareh–Khabal, der angeblich gegen 930 v. Chr. gelebt haben soll, verweisen. Doch dieser vermeintlich in der Antike lebende König hat ein christliches Kreuz auf seiner Brust und schaut unverkennbar wie ein orthodoxer Eparch des Mittelalters aus.[441] Dieses und andere Beispiele zur Antike zeigen, wie krampfhaft und unkritisch Althistoriker und Archäologen sich vielfach dazu hinreißen lassen, Gestalten und Objekte des Mittelalters und der Neuzeit der Antike und noch früheren Epochen zuzuweisen.

Aus der Tatsache dieser äußerst problematischen und vielfach dubiosen Überlieferung der klassischen Autoren und Sachquellen der Antike und ihrer vielfach zweifelhaften Zuordnung sollte man aber nicht den Schluss ziehen, dass das uns überlieferte Bild der Antike total erfunden ist. Ich persönlich zweifle jedoch nicht daran, dass das Bild, das wir heute von der Antike, vor allem der griechischen Klassik, haben, sehr unvollkommen, unvollständig und verfälscht ist, da ja viele antike Autoren verloren gegangen, die erhaltenen durch permanentes Abschreiben fehlerhaft sind und manche Autoren auch erfunden sein können.

Um ein komplettes Bild der Antike zu erhalten, ist es daher unbedingt erforderlich, das gesamte Quellenmaterial, das uns aus der Antike geblieben ist, heranzuziehen und im Sinne der von Herbert Hunger getätigten kritischen Analyse neu auszuwerten und zu bewerten. Auch die jahrzehntelang verfemten Forschungen von Wilhelm Kammeier[442] wären es wert, von der konventionellen Forschung ernster als bisher genommen und kritischer analysiert zu werden.

Die reiche archäologische Hinterlassenschaft großer Städte wie Alexandria, Ephesus, Konstantinopel und des Römischen Reiches überhaupt bleibt jedoch bei Davidson, Brasi und anderen Antike-Kritikern völlig ausgeklammert. Auch die lateinischen Inschriften, vor allem die 16 Bände des ab 1863 herausgegebenen **Corpus Inscriptionum Latinarum** (CIL)[443] wie auch die Supplemente zum CIL, die Zwölftafelgesetze und die sich daraus ergebende Rechtsentwicklung, die großen Rechtseditionen des **Codex Theodosianus**[444] und des **Corpus Iuris**[445] wie auch die reichen **Papyruseditionen**, z. B. von Petrie, und nicht zuletzt die etruskischen Relikte[446] – es ist schwer vorstellbar, dass alle diese Sachquellen nur erfunden sind – müssten im Sinne der Thesen von Davidson, Fomenko und anderen in Verbindung mit der konventionellen Geschichtsmethodik systematisch ausgewertet werden. Das ist eine Arbeit, welche die Kräfte eines einzelnen Forschers bei weitem übersteigt, aber nach wie vor ein Desideratum einer kritischen historischen Forschung sein sollte. Eine solche umfassende Forschung könnte sicher auch neue Erkenntnisse zur Wirksamkeit des Juden- und Christentums auf Europa bringen, selbst wenn man als Folge der neuen Erkenntnisse über die Antike zum Ergebnis kommen sollte, dass die Prägung der europäischen Zivilisation durch Judentum und Christentum deutlich später anzusetzen wäre, als man in der konventionellen historischen Forschung bislang angenommen hat.

Bergbau, Pyramidenbau, Kirchenbau – Geheimwissenschaften?

In der historischen Forschung und Ausbildung spielt die Technikgeschichte immer noch ein Randdasein. Am Modell des Bergbaus, des Pyramidenbaus und der mittelalterlichen Kirchenbaukunst soll gezeigt werden, wie stark auch technische Faktoren die Entwicklung der europäischen Geistes- und Kulturgeschichte geprägt haben. Diese Prägung ist auch indirekt aus dem auffälligen Schweigen der technischen Quellen zu deuten. Handelt es sich um elitäres Wissen, welches der großen Masse vorenthalten werden sollte? Zuerst zum antiken Bergbau.

Im Jahre 1982 hat Kalcyk[447] seine wegweisende Dissertation über den Silberbergbau von Laureion verfasst. In Laureion im südlichen Attika wurde in der Antike massenweise Silber für die Produktion von Münzen gewonnen, wie die herrschende Lehre der alten Geschichte annimmt. Numismatische Untersuchungen haben für verschiedene attische Münzsorten (Wappenmünzen, Eulenmünzen etc.) ergeben, dass die Mehrzahl der Münzen „eindeutig dem attischen Rohstoffgebiet zugerechnet werden"[448] konnte. Daraus lässt sich ohne Zweifel ein antiker attischer Silberbergbau nachweisen, der übrigens so ergiebig gewesen sein muss, dass er im 19. Jahrhundert wieder aufgenommen werden konnte.[449] Für die Existenz eines intensiven Bergbaus spricht auch die Tatsache, dass die Schächte bei den Eingängen mit Beton[450] gegen Erdrutsche abgesichert waren und zur Trennung von Silber- und Bleierz das Sinkscheideverfahren nachweislich verwendet wurde. Die Technik dieses Bergbaus kann noch heute weitestgehend archäologisch rekonstruiert werden.[451] Im Grunde wissen wir aber heute mehr über den antiken Bergbau als die Zeitgenossen, welche keinen Zugang zu dem meist mit Sklaven betriebenen weitestgehend geheimen Bergbau hatten. Es gibt dort im Bergbaugebiet von Laureion auch Inschriften und Ausgrabungen, welche die hochentwickelte Technik belegen. Auch die große Arbeit von Siegfried Lauffer, Die Bergwerkssklaven von Laureion, Wiesbaden 1979 berichtet über diesen intensiven Silberbergbau. Beide Autoren sind der Auffassung, dass die große Masse des produzierten Silbers exportiert worden ist, im Grunde als Gegenleistung für umfangreiche Agrarimporte ins landwirtschaftlich wenig bewirtschaftete Attika. Im antiken Griechenland wurde also Bergbau betrieben. Aus dem Silbererz, das in Attika, auf recht progressive Weise gewonnen worden war, sollen riesige Massen von Münzen, also Drachmen, geprägt worden sein. Erstaunlich ist nun, dass sich auf dem Boden Attikas und Griechenlands überhaupt so gut wie keine attischen Münzen finden, welche aus dem attischen Silber geprägt worden sind. Wo sind die Münzen hingekommen? Angeblich sollen diese Münzen vor allem gegen agrarische Produkte exportiert worden sein? Wer diese These aufstellt, muss sich fragen lassen, ob es denn in Attika und Griechenland nicht einen inländischen Geld- und Wirtschaftskreislauf gegeben haben muss? Es hätten also auf Grund dieses Kreislaufes wesentlich mehr Münzen in Griechenland gefunden werden müssen, als dies tatsächlich der Fall ist. Die konventionelle Althistorie gibt sich hier mit Erklärungen zufrieden, welche weder aus wirtschaftlicher noch aus logistischer und mathematischer Sicht standhalten können. Man kann daraus wohl den Schluss ziehen, dass die attische und überhaupt die griechische Kultur der Antike nicht die Bedeutung hatte, wie die Forschung uns bisher weismachen wollte, oder evtl. unter Berücksichtigung der Phantomzeit nach Illig zeitlich später anzusetzen ist.

Es gibt jedoch nicht nur über die Bergbautechnik von Attika, sondern auch über die ägyptische Technikgeschichte möglicherweise falsche Vorstellungen. Es ist fraglich, ob eine so hoch entwickelte Kultur so große Leistungen wie z. B. den Bau der Pyramiden als rein naturalwirtschaftlicher Staat ohne entwickelte Geldwirtschaft etc. vollbringen konnte. Auch das technische Wissen muss wesentlich umfangreicher gewesen sein, als uns immer wieder vorgegaukelt wird. Mit Wasserwaage und schiefer Ebene kann man auch heute nicht solche Bauten hinstellen, wie mir ein ehemaliger Techniker der NASA bestätigte. Zudem sei die Frage erlaubt, welcher Staat von heute es sich leisten könnte, Tausende von Menschen von der normalen Produktion für Jahrzehnte, evtl. sogar für Jahrhunderte, für solche Großprojekte, wie die Pyramiden es waren, freizustellen.[452] Die großen ägyptischen Pyramiden waren, wie neuzeitliche Experimente nahe legen, ohne entwickelte Technik nicht zu bauen. Es liegt also im Umkehrschluss der Gedanke nahe, dass auch eine wesentlich spätere Bauzeit mit höherem technologischem und logistischem Standard nicht auszuschließen ist. Mit entwickelter Technologie wäre ein Bau mit weniger Arbeitskräfteeinsatz möglich gewesen. Die immer wiederholten Subsistenzberechnungen der konventionellen Althistoriker und Archäologen würden sich damit erübrigen.

Gleiche Probleme haben wir ja auch beim Bau der großen romanischen und gotischen mittelalterlichen Kathedralen[453], welche mit größter Wahrscheinlichkeit als Demonstration eines sich in der Öffentlichkeit immer mehr manifestierenden Christentums des hohen und späten Mittelalters gedeutet werden können. Es liegt vom Namen her nahe, dass die romanischen Kirchenbauten etwas mit den Romanen, die gotischen Kathedralen mit den **Goten** zu tun haben. Ihre Volkswerdung scheint sehr weit zurückzugehen. Denn sie sind im Gegensatz zu den anderen germanischen Stämmen (von einer einmaligen Nennung der Burgunder einmal abgesehen) gemeinsam mit den Hunnen mehrfach in der Älteren und Jüngeren Edda genannt. Es ist hier ausdrücklich von einem „Volk der Goten"[454] die Rede. Sogar ein König und Fürst der Goten verleihen diesem Volk Profil.[455] Neben den Goten sind auch „Joten" genannt. Die herrschende indogermanistische Meinung sieht in ihnen nicht Goten, sondern Riesen oder Krieger. Ob die Goten und Joten, was die sprachliche Analogie ja nahe legt, identisch sind, das blieb bislang unerforscht. Der Phonetiker Schweisthal verweist auf die niederdeutsche Aussprache von Goten als *Joten*. Bei den Joten haben wir also die gleichen Konsonanten wie bei den Jüten (Jiden). Im Wiener Dialekt bezeichnet man bis heute die Juden als „Jiden". Sebastian Münster schreibt statt Jütland noch Judland.[456] Ob zwischen Goten (Joten[457]), Jüten, Jiden und Juden ein Zusammenhang besteht, bedarf weiterer Nachforschungen.

Abb. 11: Kathedrale von Chartres, Westportal

Neuere Studien zeigen, dass die Goten, sowohl die West- als auch die Ostgoten, über den Arianismus, neben den Franken, vielleicht sogar noch mehr als diese, die christliche Kultur Europas geprägt haben. Leider liegt der Bau der gotischen Kirchen wie auch der Ursprung der Goten überhaupt weitestgehend im historischen Dunkel. Bekannt ist allerdings, dass die Ostgoten sogar noch nach Attilas Tod (453) mit den Hunnen kooperierten, um Ende des 5. Jahrhunderts Pannonien zu erobern und zu besetzen. Wenn man Herodot Glauben schenken darf, dann wohnten die „Geten" (Ostgoten?) ursprünglich an der unteren Donau im Nordosten von Griechenland (Herod. IV 93 f). Für Herodot sind sie ein "thrakischer Stamm" (Herod. IV 94). Gegen 488/93 eroberten diese dann unter der Führung von Theoderich dem Großen, der am Plattensee geboren wurde, Italien. Dabei blieb Pannonien weiterhin Teil ihres Reiches.[458] Auffälligerweise hört man dann nichts mehr von den Goten in der Karolingerzeit. Sie tauchen erst danach wieder auf, und zwar nicht als Volk, sondern als gotische Baukunst, gotische Malerei und gotische Schrift. Die Autoren der „Hamburger Schule" bezeichnen dieses plötzliche Verschwinden und spätere Wiederauftauchen auf kultureller Ebene als „Das gotische Wunder."[459] Diesem seltsamen Phänomen ist die mittelalterliche Geschichtsforschung bisher aus dem Weg gegangen.

Es ist schwer zu sagen und nicht zu beweisen, ob auch bei den Goten wie bei den Templern im Mittelalter Akten und Dokumente, vor allem Bauunterlagen, ‚amtlich' vernichtet oder durch den Zahn der Zeit zerstört wurden. Trotzdem hat sich ein matter Abglanz dieser gotischen Kultur in unsere Zeit gerettet. Dieser kulturelle Rest scheint aber den meisten selbst progressiven Historikern zu wenig zu sein, um sich damit zu befassen. Eine große Ausnahme bildet allerdings Hanna Eisler, welche den Goten ein eigenes, wenn auch kleines Kapitel widmet.[460] Eisler bemängelt an der traditionellen Geschichtsschreibung, auch im Bereich der Kunstgeschichte, die fehlende Einsicht der Mediävisten, „daß diese Kathedralen eindrucksvolle Beweise für die hochentwickelte Technik des Mittelalters"[461] sind. Barbara Hundt weckt in ihrer Biographie von Ludwig dem Bayern vorsichtige Zweifel an der herrschenden Meinung, dass die gotischen Kathedralen nur das Produkt der künstlerischen Genialität ihrer Baumeister seien. Ich zitiere sie hier wörtlich: „In der Gotik erreichte die Steinbaukunst einen Höhepunkt, der mit Natur- und Backsteinen wohl nie mehr erreicht werden kann, wie fast alle heutigen Bauingenieure bestätigen. Es ist fast unvorstellbar, wie diese technisch und künstlerisch kühnen Leistungen erstellt werden konnten ohne eine wissenschaftlich exakt fundierte Statik oder Materialerprobung."[462] Die Divergenz zwischen der genialen Technologie der gotischen Kathedralen und der äußerst dürftigen Quellenlage hat Volker Dübbers auf die Idee gebracht, dass Juden mit einer ausgefeilten Technik am Bau der mittelalterlichen Kathedralen mitgewirkt haben könnten. Auf diesen revolutionären Gedanken ist Dübbers durch das Werk von Vladimir Melamed und Robert Grishin "The Medieval Empire of the Israelites" (2004) gekommen. Die beiden Autoren folgern eine mittelalterliche Herrschaft der Israeliten aus den geschichtskritischen Studien von Fomenko, Nosovski und Morosov.[463] Diese Forscher arbeiten nicht konventionell mit Qellenauswertung, sondern ziehen ihre Schlüsse aus mathematischen Analysen und historischen Periodenvergleichen. Diese Methoden sollte man als kritischer Wissenschaftlicher nicht von vorneherein in den Bereich der Unwissenschaftlichkeit verbannen. Denn wir wissen inzwischen, dass auch die Genforschung der Historie wertvolle Anregungen geliefert hat.

Die konventionelle Erklärung, dass der Name Gotik in der Spätrenaissance aufgekommen und „verächtlich gemeint" gewesen sei, „indem er das Gotische dem Barbarischen gleichsetzte (Vasari)"[464], hört sich eher wie ein Gerücht an. Diese stereotype Meinung über die Gotik schrieb aber immer wieder ein Autor vom anderen ab, ohne diese Aussage kritisch zu hinterfragen. Die angeblich verächtliche Bewertung der Gotik durch die Romanen ist umso verwunderlicher, als die Gotik bereits um 1150 herum nicht in Deutschland, sondern in Nordfrankreich, also im germanisch-keltischen Kulturraum (Normandie, Bretagne), entstanden ist und sich dann schnell über ganz Europa auch nach Deutschland verbreitet hat. Auf Grund dieses Siegeszuges der gotischen Baukunst besteht also erheblicher Zweifel an der konventionellen Geschichtsauffassung, dass das gotische Volk zusammen mit seiner Sprache bereits im 6. Jahrhundert AD untergegangen sei.[465] Mit Erstaunen muss man weiterhin feststellen, dass sich auch keine Bauunterlagen gotischer Kathedralen erhalten haben und nicht einmal bekannt ist, warum, wie und wann diese verschwunden sind. Vielleicht mag die Auslöschung der gotischen Kultur aus der Geschichte des Mittelalters damit zusammenhängen, dass die Goten arianische Christen und damit Ketzer waren. Mit der Vernichtung aller Dokumente der späteren Gotengeschichte sollte auch die Erinnerung an sie aus dem menschlichen Gedächtnis verschwinden. Trotzdem spukt ihr Name bis in die neueste Zeit durch die Geschichte. Auch das Alte Testament erwähnt die in Nordpalästina lebenden Kittim, die Khittäer, welche Faulmann mit den *Goten* identifiziert.[466] Die Kittim sind die Söhne Jawans (was noch heute im Hebräischen der Name von Griechenland ist), die Enkel Japhets. Aschkenas ist also ein Sohn Gomers und ein Enkel Japhets. Somit weisen also die Aschkenasim und die Kittim eine gemeinsame Abstammung von Japhet, dem Sohn von Noah, auf und sind wohl auch keine Semiten (AT, Gen. 10). Die gemeinsame Wurzel von Griechen (Jawan), Juden, Goten und Aschkenasim ist, wenn man die

Genesis als historische Quelle ernst nimmt, nicht zu leugnen. Es ist durchaus auch denkbar, dass die Goten und Aschkenasim identisch sind, was ja auch die Studien von Dr. Horst Friedrich nahe legen.

Jeder Architekt kann heute bestätigen, dass man die gotischen Bauten nicht ohne eine hochentwickelte Statik errichten kann. Eisler hält es für durchaus denkbar, dass die Goten, welche in Spätantike und im frühesten Mittelalter Europas Kultur stark geprägt haben, gar nicht von den Franken und Langobarden verdrängt worden sind und somit auch im Hochmittelalter, nicht nur beim Bau von Kathedralen, ihre kulturelle Wirksamkeit entfaltet haben könnten. Erstaunlich ist jedenfalls, dass die Blüte des gotischen Stils mit der Wirksamkeit deutscher Kirchenbaumeister in ganz Europa korrespondiert. „Diese proto-deutsche Überlegenheit könnte damit zusammenhängen, daß die Juden ähnlich wie im 19. Jhdt. [noch] eine wichtige Rolle in der damaligen deutschen Gesellschaft spielten"[467], also in der Epoche, wo die große Pest Europa noch nicht gelähmt und man die Juden noch nicht als Brandstifter entdeckt hatte. Es ist höchst verdächtig, dass wir, wie oben angedeutet, über den Bau der großen europäischen Kathedralen keine technischen Informationen haben. Vielleicht lässt sich das damit erklären, dass die judenfeindliche Gesellschaft des späten Mittelalters und der frühen Neuzeit sehr daran interessiert war, alle Dokumente und Unterlagen verschwinden zu lassen, welche die Juden in einem positiven kulturellen Licht erscheinen ließen.

Eine entwickelte *gotische* Kultur mit einer eigenen „gotischen Zeitrechnung" (Nostradamus Quatrain 1,42)[468] hat es wohl nicht nur im Bereich der Bautechnik, sondern auch der Schriftkultur gegeben. Denn bis heute spricht man in vielen Teilen Europas von einer gotischen Schrift, z. B. in Italien scrittura gotica. Während meines Studiums in Italien studierte ich unter anderem auch mittelalterliche Paläographie. Es wurde in den Vorlesungen zu den kaufmännischen Akten des Mittelalters als selbstverständlich vorausgesetzt, dass nicht zuletzt die kaufmännischen Akten in der **scrittura gotica**, also der gotischen Schrift, geschrieben sind. Diese Schrift, welche im 12. oder 13. Jahrhundert entstanden sein soll, „wird von den Humanisten des 16. Jhdts verächtlich ‚gotische Schrift' genannt."[469] Seltsamerweise lässt sich aber nun nicht leugnen, dass sich gotische Sprache und Schrift mindestens bis ins 16. Jahrhundert bei den Goten auf der Krim gehalten hat. Es ist dies in etwa die Schrift, welche deutsche Schüler noch vor dem 2. Weltkrieg als sog. deutsche Schrift (im Gegensatz zur lateinischen) an den Volksschulen noch vor der lateinischen Schrift lernten. Nicht zu dieser verächtlichen Haltung der Humanisten passt die Tatsache, dass die Italiener der Renaissance ihre in dieser Epoche geschaffene Schrift als Gotico-Antiqua bezeichneten.[470] Die gotischen Kathedralen und die gotische Schrift sind daher voll von Rätseln.

Es gibt also noch eine weitere große Unbekannte, welche zur Entstehung der Gotik sowie zum Bau und zur Finanzierung der gotischen Kathedralen beigetragen haben könnte, nämlich der Orden der Templer. Es fällt auf, dass die Gründungsmitglieder des Ordens aus der Ile-de-France und der Champagne stammen, also dem Gegenzentrum zur Provence. Bei der geistes- und kulturgeschichtlichen Würdigung und Einordnung der Gotik muss man, was die Forschung lange Zeit missachtet hat, daran festhalten, dass die gotische Bautechnik sich bereits in den arabischen Bauten von Toledo und Córdoba wie auch „in vielen frühchristlichen und byzantinischen Kirchen in Syrien und Palästina"[471] findet, worauf auch Gabowitsch mehrfach hingewiesen hat. Die „eingemeißelten Zeichen der Steinmetze und ihrer Gilden" zeigen die enge Anlehnung an die kabbalistischen Zeichen der arabischen Sufis, mit denen bedeutende Gelehrte des Mittelalters und wohl auch die Templer in Verbindung waren.[472]

Der Abakusstab, der „Stab der Meister aller Baumeister", den der Großmeister des Templerordens führt, weist auf das Engagement des Ordens im Kirchenbau, auf die Kathedralen, hin; „denn die notwendigen Voraussetzungen für die größten Baustellen des Mittelalters konnten nicht zuletzt erst mit Hilfe jenes ungeheuren, durch Schenkungen an Templer und Zisterzienser entstandenen Vermögens geschaffen werden."[473] Zwischen Zisterziensern und Templern scheint lange Zeit ein starkes Einvernehmen geherrscht zu haben. Führende Kreise der katholischen Kirche Frankreichs standen den Werbeaktivitäten des ersten Anführers der Templer, des französischen Adeligen Hugo von Payens, um 1127 recht positiv gegenüber. Dies führte schließlich dazu, dass die 72 Ordensregeln der Templer auf dem Konzil von 1128 im französischen Troyes „unter der Federführung eines der heiligsten Männer des Mittelalters", nämlich Bernhard von Clairvaux, dem Gründer des Zisterzienserordens, bestätigt wurden. Am 13. Januar 1128 anerkannte Papst Honorius II. die Templer als Orden. Damit wurde auch die Personalunion von Mönch und Krieger Bestandteil der kirchlichen Lehre und Praxis. Christliche Liebe und weltlicher Kriegsdienst hörten auf, Gegensätze zu sein.[474] Diese Militarisierung des Klerus betraf aber nicht nur das Mönchtum, sondern überhaupt die hohe Geistlichkeit, die sog. Prälaten. Die Heilige Hildegard von Bingen, die im 12. Jahrhundert lebte, beklagte sich über die Prälaten, „die Räuber der Kirche". Ihre Kritik geht an die Substanz der Kirche: „Ziemt es sich, dass Tonsurenträger mehr Soldaten und Waffen haben als wir? Ziemt es sich, dass ein Kleriker Soldat, ein Soldat ein Kleriker ist?"[475] Aus dieser Aussage der Heiligen kann man den Schluss ziehen, dass die Geistlichen für Hildegard

Repräsentaten des Friedens, nicht der Gewalt und des Krieges sein sollten. Hildegard steht aber mit einer solchen Auffassung ziemlich allein. Sie steht aber in der langen Tradition der herausragenden Gestalten der Kirche wie z. B. Franziskus, Gerhoh von Reichersberg, Thomas Morus und der weniger bekannte Bischof von Lincoln, Robert Grosseteste.

Gewaltanwendung und Krieg waren aber für die Masse der Geistlichkeit und der Laien keineswegs ehrenrührig. Im Gegenteil rühmte ein Geschichtsschreiber der Abtei St. Gallen in der Schweiz „stolz die kriegerischen Tugenden mehrerer aufeinander folgenden Äbte, und von Ulrich III., der im Jahre 1117 starb, bemerkt er, dass derselbe von vielen Schlachten erschöpft schliesslich im Frieden dahinschied."[476]

Der Heilige Krieg war salonfähig geworden. Es scheint aber, dass nicht nur Kirche und Klöster den Templern gewogen waren, sondern auch jüdische Kreise mit ihnen sympathisierten.

Für die starke Nähe der Templer zur jüdisch-sephardischen Kultur spricht die Tatsache, dass sie ebenso wie die Zisterzienser sehr eng mit der Bruderschaft „Les enfants de Salomon" in Verbindung standen. Diese Bruderschaft der Söhne Salomons, eher einer Loge ähnlich, hat mit dem Bau großer Kathedralen zu tun. Aus den Quellen, welche ja die französische Krone unter Philipp dem Schönen weitestgehend vernichtet hat, würde wohl hervorgehen, dass in dieser geheimen Bruderschaft nicht nur französische Christen, sondern neben den sephardischen Juden sogar iberische Moslems präsent gewesen sind.

Auffällig ist, dass der französische König Ludwig IX. den Söhnen Salomos auf Ersuchen des Priors des Templerordens großzügige Privilegien gewährte und diese König Philipp IV. nach Beginn des Templerprozesses wieder entzog. Die Söhne Salomos gingen daraufhin wohl in den Untergrund, evtl. auch nach Portugal. Noch sonderbarer als das Verschwinden der Söhne Salomos aus dem historischen Gesichtsfeld ist die merkwürdige Tatsache, „daß die Epoche der großen Kathedralen des früh- und hochgotischen Klassizismus nicht nur etwa zur selben Zeit beginnt, in der der Templerorden erstmals in Europa in Erscheinung tritt, sondern zusammen mit ihm zu Beginn des 14. Jahrhunderts ihr jähes Ende findet."[477]

Auf Grund dieser Erkenntnisse über die gotischen Kathedralen im Zusammenhang mit dem Wirken der Templer darf man davon ausgehen, dass die beim Bau eingesetzte Technik nicht ausschließlich mit künstlerischer Kreativität und Genialität zu erklären ist. Die gigantischen romanischen und gotischen Bauten waren wohl allein mit schiefer Ebene und einfachem Flaschenzug ohne entwickelte Statik nicht zu schaffen. Dazu die interessanten Ausführungen von Pfister:

„Unstreitig bedeutet der spätrömische oder romanische Baustil den Beginn der Religion, die man als Christentum oder als Vorform desselben bezeichnen kann. Nicht nur der Bauplan der romanischen Kirchen spricht dafür. Das führt sofort zur Überlegung, ob die Grenze zwischen heidnischer Antike und christlicher neuer Zeit scharf zu ziehen ist."[478]

Dieses Zitat von Pfister zeigt, dass auch die Einbeziehung der Kunstgeschichte für Chronologie und Wirkungsgeschichte des Christentums zu beachten ist. Gerade die genauere Analyse der romanischen Baukunst in ganz Europa verdeutlicht zunehmend, dass der Übergang vom Heidentum zum Christentum bzw. Judenchristentum bzw. von den alten zu den neuen Glaubensvorstellungen nicht abrupt, sondern kontinuierlich erfolgte, wie z. B. das 1963 in der römischen *villa rustica* in Hinton St. Mary in der englischen Landschaft Dorset[479] entdeckte Mosaik zeigt.

Erstaunlicherweise fehlen uns brauchbare Aufzeichnungen für diese Großbauten, welche vor allem zwischen 1140 und 1260 erbaut worden sein sollen, also in einer Zeit, in der die Mathematik die Europäer noch nicht erreicht hatte.[480] Wo sind also die Aufzeichnungen und wohl notwendigen statischen Berechnungen geblieben? Wer hatte ein Interesse an deren Zerstörung und warum? Eines steht auf jeden Fall fest: Ohne Statik geht auch im Mittelalter nichts, da hilft auch die beste Intuition nichts! Gab es Leute, welche daran interessiert waren, die Erkenntnisse über die technischen Errungenschaften der Antike und des Mittelalters vor der Öffentlichkeit zu verbergen? Gibt es auch im Bereich der technischen Wunderwerke Probleme mit der Anno-Domini-Chronologie und ungeklärte Geheimnisse bei den uns überlieferten bzw. den nicht überlieferten Quellen?

Orient und Okzident. Nochmals zur Frage des Kulturtransfers

Es liegt also, ausgehend von der antiken und mittelalterlichen Technik- und Kunstgeschichte, die Frage nahe, ob es bei der Überlieferung des technischen und kulturellen Wissens der Antike und des Mittelalters zu Problemen beim Kulturtransfer gekommen sein könnte. So hatte ich schon als junger Mensch meine Zweifel bei der Herkunft der römischen Obelisken, welche angeblich direkt aus Ägypten herbeigeschafft worden sein sollen. Doch bereits der Transport solcher Massen wäre wohl schon in der Antike ein kaum zu lösendes technisches Problem gewesen. Die kritische Betrachtung des antiken Verkehrswesens vermittelte mir schon früh den Eindruck, dass einige Epochen der altrömischen Geschichte ziemlich konstruiert sein müssen. Auch im sprachlichen Sektor drängen sich Zweifel auf. Es ist nämlich schwer vorstellbar, dass die Sprache der lateinischen Klassik, welche durch und durch als künstliche und konstruierte Schriftsprache erscheint, jemals von einfachen Leuten gesprochen werden konnte.

Mit solchen Geschichtskonstruktionen geht auch der Aufbau Roms als der Zentrale des Katholizismus einher. Thomas Cerny hält die Matthäusstelle „Du bist Petrus, der Fels, auf diesen will ich meine Kirche bauen" für „eine interessante Aussage, wie auch immer sie zu verstehen sein mag." In Zusammenhang mit diesem Matthäuswort stehe „die Legende, dass der Apostel Petrus nach Rom gekommen sei, um dort eifrig mitzuhelfen, die neue christliche Lehre zu verbreiten." Daraus entwickelte sich dann der Glaube, „dass Petrus in Rom sogar als Vorsteher der Gemeinde, also als ihr Bischof gewirkt habe." Diese Geschichtskonstruktion führte dann immer mehr zu der Überzeugung, dass dem Bischof von Rom der Primat unter allen Bischöfen der Kirche zustehe. Dieser Primatsanspruch wurde erstmals deutlich von Papst Stephanus geäußert, „noch bevor die römischen Kaiser das Christentum annahmen." Der Bischof von Rom erntete aber damit heftige Widersprüche in der damaligen christlichen Welt. Die Bischöfe der großen Weltstädte des Ostens, Konstantinopel, Antiochia, Jerusalem und Alexandria sahen „im römischen Papst nichts anderes als den Patriarchen der armseligen Westhälfte des Reiches", bestenfalls „einen ihnen gleichgestellten Kollegen." Der Primat des Bischofs von Rom wurde nicht einmal in Italien akzeptiert, wo „die Bistümer von Ravenna, Mediolanum und Aquileia eine ernsthafte Konkurrenz für den Papst" in Rom darstellten. Nicht zuletzt hatte Ambrosius, der Bischof von Mailand, eine starke Position in der Kirche Italiens inne. Er brauchte den Vergleich mit dem Bischof von Rom nicht zu scheuen. Es gelang aber trotz allem dem Bischof von Rom, seinen Rang in der westlichen Reichshälfte immer mehr auszubauen und politisch zu festigen. Die kategorische Berufung auf die oben erwähnten Worte des Matthäus leistete hier gute Dienste. An die Stelle der einstigen Einheit von Christentum und imperialem Rom trat eine neue Kraft, welche ihren Siegeszug von Rom aus antrat.[481]

Zwischen Mithraskult und Christentum gibt es offensichtlich Parallelen (Weihnachten, Kommunion, Reliquienverehrung etc.). „Der vorchristliche Gott Mithras – man nannte ihn den *Sohn Gottes und das Licht der Welt* – wurde an einem fünfundzwanzigsten Dezember geboren, kam gewaltsam ums Leben, wurde in einem Felsengrab bestattet und ist nach drei Tagen von den Toten auferstanden." Auch dem „neugeborenen Krischna wurden Weihrauch, Gold und Myrrhe dargebracht." Das Christentum enthält nicht nur Elemente des Mithraskultes, sondern auch des Kultes des „unbesiegten Sonnengottes" (sol invictus), der im Rom von Kaiser Konstantin sogar Staatskult war. Mit diesem Kult hängt offensichtlich die Verdrängung des alten jüdischen Sabbat durch den Sonntag, den Tag des Sonnengottes, zusammen. Dieser Sonnenkult ging sicher auf den altorientalischen, vor allem altägyptischen, Sonnenkult zurück. Es ist also durchaus wahrscheinlich, dass Konstantin der Große, der angeblich auf dem Sterbebett sich noch zum Christentum bekehrt haben soll, „die heidnischen Symbole, Festtage und Rituale mit der sich herausbildenden christlichen Tradition verschmolzen und auf diese Weise nicht zuletzt mit Hilfe des Konzils von Nicäa eine Mischreligion geschaffen" hat.[482] Jüdisches Gedankengut hatte in der römischen Staatsreligion nur mehr wenig Platz. Es gehört somit schon sehr viel Phantasie dazu, zu glauben, dass die Staatsreligion von Konstantin etwas mit den Intentionen und dem Wirken von Jesus zu tun hat.

Auch in der Religion gibt es also den Kulturtransfer von Ost nach West! Horst Friedrich[483] hat einige Belege vorzuweisen, welche zeigen, dass es bereits vor dem römisch-katholischen Christentum ein anderes Christentum gab. So ist z. B. ein armenischer Bischof in Niederbayern nachweisbar. Auch in Böhmen waren ja Kyrill und Method, die Schöpfer der kirchenslawischen Sprache, früher da als die mit Rom kooperierenden Baiern (Regensburg, Passau). In Altbayern kam früher der Vorname Kyrill (Cyrill) sehr häufig vor. Natürlich auch andere griechisch-orientalische Vornamen wie z. B. Anastasia.

Zudem ist die Verwandtschaft zwischen dem Jiddischen und Bairischen unverkennbar.[484] Ob und inwieweit jedoch eine Herkunft der Baiern (evtl. über Böhmen) aus dem Osten wirklich quellenmäßig nachweisbar ist, bleibt weiterhin umstritten. Die außergewöhnlich starke Verbundenheit der aschkenasischen Juden mit der deutschen Sprache[485] weckt ernstliche Zweifel an der Übernahmetheorie des Jiddischen aus dem Deutschen, das sich ja eigentlich erst so richtig im 13. Jahrhundert als Schriftsprache etabliert und sich im 14. Jahrhundert am Prager Hof aus verschiedenen Dialekten zur deutschen Schriftsprache weiterentwickelt hat. Koestler zweifelt daran, dass die aschkenasischen Juden ihre deutsche Sprache aus Deutschland mitbrachten. Eine solche Massenabwanderung in den Osten Europas wäre mehr als ein Grund gewesen, die deutsche Sprache in Ostmitteleuropa aufzugeben. Das hätten die vertriebenen Juden wohl auch getan, wenn es nicht ihre Sprache gewesen wäre. Sie behielten aber mit größter Hartnäckigkeit die jiddisch-deutsche Sprache bei, allerdings ohne die deutsche Schrift. Auffallend ist, dass die ältesten literarischen Zeugnisse des Jiddischen vom Ende des 13. Jahrhunderts sprachlich bereits voll entwickelt sind und sich „von den deutschen Texten der Zeit nur durch den Gebrauch der deutsch-hebräischen Schrift"[486] unterscheiden. Auch die ärgsten Antijudaisten haben den Juden nie vorgeworfen, dass sie ein schlechtes Deutsch oder Deutsch mit fremdem Akzent sprechen.[487]

Nach Davidson gibt es weder historisch noch philologisch einen Beweis dafür, dass die Juden die Sprache der Deutschen übernommen haben, zumal es zum Zeitpunkt der vermeintlichen Übernahme noch keine Deutsche, sondern nur Franken, Langobarden, Alemannen[488] und Baiern gab. Davidson nimmt vielmehr den umgekehrten Weg an: Nicht die Juden haben ihre jiddische Sprache von den Deutschen, sondern die Deutschen bzw. die Menschen, welche später als Deutsche bezeichnet wurden, haben die Sprache der aschkenasischen Juden übernommen.[489] Diese Umkehrung eines bislang geltenden germanistischen Dogmas ist m. E. nicht so absurd, wie sie sich auf den ersten Blick ausnimmt, ist aber genauso wenig bewiesen wie das bis heute geltende germanistische Dogma. Dieses baut nämlich auf der Indogermanenforschung des 19. Jahrhunderts auf. Diese Indogermanistik ist aber voll von Widersprüchen, worauf in neuester Zeit auch der in Deutschland lebende Inder Prodosh Aich aufmerksam macht.[490] Vor allem werden die sprachliche und die rassisch-genetische Ebene immer wieder durcheinandergebracht. Positiv anzumerken zur Originalität der aschkenasisch-jiddischen Sprache ist auch die Tatsache, dass „sich ungefähr ein Drittel des altgermanischen Wortschatzes nicht aus dem Indogermanischen erklären lasse."[491] Der Münchner Ordinarius für theoretische und germanische Linguistik Vennemann geht sogar noch weiter und meint, dass „sich sogar für die Hälfte des altgermanischen Wortschatzes keine indogermanische Erklärung findet."[492] Auch in Altbayern finden sich relativ wenige germanische Siedlungs-, Flur- und Gewässernamen. „Es gibt keinen zwingenden Nachweis für irgend einen der alten bayerischen Namen, daß er in seinem Kern deutsch, germanisch, römisch, keltisch, italisch oder überhaupt indogermanisch wäre."⁴⁹³ Dr. Horst Friedrich hält sogar berberische Siedlungs-, Flur- und Gewässernamen für möglich.⁴⁹⁴

Nicht zuletzt krankt die noch heute betriebene Indogermanistik auch daran, dass die verschiedenen germanischen Sprachen bzw. Sprachentwicklungen nicht von einer real existierenden und belegbaren urgermanischen Sprache ableitbar sind. Vielmehr wird auf dem Wege der **Reduktion** das Urgermanische von der Gegenwartssprache über die mittelhochdeutsche, mittelschwedische etc. Stufe rekonstruiert. Der Glaube an die Herleitung des Jiddischen aus dem Deutschen, Althochdeutschen, Indogermanischen oder Urgermanischen steht somit auf wackeligen Beinen. Wenn die Forschungen der australischen Sprachforscher sich als wahr herausstellen sollten, dann müsste in der nahen Zukunft die Indogermanistik von Grund auf neu konzipiert werden. Russell Gray und Quentin Atkinson von der Universität Auckland in Neuseeland⁴⁹⁵ bringen einen völligen Neuansatz der Entstehung und Entwicklung der indoeuropäischen Sprachen. Sie leiten mit Hilfe der **Glottochronologie**⁴⁹⁶, welcher jedoch die Zunftgenossen in den vergangenen Jahren viele Schwachstellen attestierten, die Herkunft aller indoeuropäischen Sprachen, auch der romanischen und slawischen Sprachgruppen, aus Anatolien in der Türkei ab. Anatolische Bauern und nicht Nomaden Zentralasiens hätten somit die **Ursprache** der indoeuropäischen Sprachfamilie gesprochen. „Aus dem Gebiet der heutigen Türkei breitete sich die Sprache vor etwa 8000 Jahren gemeinsam mit dem Ackerbau zunächst über Europa und Teile Südasiens aus". Die beiden neuseeländischen Forscher „hatten mit einem Computermodell überprüft, wie sich 87 ausgewählte Sprachen über die Zeit verändert haben und welche Verwandtschaftsbeziehungen zwischen ihnen bestehen. So konnten sie eine Art Stammbaum für die Sprachentwicklung aufstellen und auch den Zeitpunkt bestimmen, an dem die einzelnen Sprachen entstanden sind. Die ‚Elternsprache' aller indoeuropäischen Sprachen wäre demnach „vor etwa 9800 Jahren bis 7800 Jahren"⁴⁹⁷ entstanden. Auch die neuere Lehre der sprachlichen Taxonomie macht die Herkunft der germanischen, romanischen und slawischen Sprachen aus einer gemeinsamen nicht-europäischen Wurzel immer wahrscheinlicher.⁴⁹⁸

Die herrschende Lehre der Indogermanistik erscheint mir daher als immer mehr suspekt. Nicht zuletzt die Sprache und Kultur der britischen Inseln weckt besondere Zweifel an der Indogermanistik. So wundert sich der Besucher Irlands, dass dort in Kirche und Kunst immer wieder Elemente auftauchen, welche viel mehr an den Orient (Syrien?) als an Germanen oder Indogermanen erinnern. Die irische Kirche hat übrigens nicht nur in der Kunst einen unverkennbar orientalischen Einschlag und ist im Frühmittelalter überhaupt nicht von Rom geprägt. So ist auch das irisch-keltische Hochkreuz möglicherweise kein ursprünglich christliches Symbol, wie Topper ausführt:

„In der Kirche des europäischen Westens und Südens gibt es den Begriff des ‚Wahren Kreuzes Christi', La Vera Cruz. Zahlreiche Heiligtümer sind ihm geweiht, Orte heißen nach ihm, besonders in der Neuen Welt (Mexiko). Wenn in der Zeit der großen überseeischen Eroberungen ein ‚Wahres Kreuz' propagiert wird, muss es vorher ein Kreuz gegeben haben, das dem Anathema verfiel, also als falsch ausgeschieden wurde. Als solches falsches Kreuz kann ich mir nur das gemeineuropäische Jahreskreuz denken, eben das irische Hochkreuz."[499]

Was Topper hier über Irland feststellt, lässt sich wohl auch für andere Regionen der britischen Inseln nachvollziehen. Als ich 2001 in Südwales war, galt mein Augenmerk vor allem den Ortsnamen. Es gibt dort Ortsnamen, die keinen englischen Zweitnamen aufweisen. Ein Name wie <u>Mamilhad</u> im Landesinneren von Wales ist mir auf den ersten Blick recht orientalisch vorgekommen.

Schrift, Sprache und globale Kultur im alten Orient

Griechische und hebräische Schrift haben wohl eine gemeinsame Wurzel. Man kann dies zum Beispiel sehr gut am Buchstaben Tet (ט) / Theta (θ) nachvollziehen. Die beiden Zeichen haben nicht nur fast den gleichen Namen, sondern sind einander auch von der äußeren Form her ähnlich. Beim griechischen Zeichen ist die rechte Schleife nur etwas weiter nach oben gezogen. Auch das griechische Kappa (κ) und das althebräische Kaf (כ) sind ähnlich. Beim griechischen Kappa ist allerdings der senkrechte Strich entfallen. Aus diesem Kappa / Kaf hat sich wohl auch das lateinische c, wohl wie k gesprochen und zum hebräischen Kaf seitenverkehrt[500], entwickelt. Beim Resch (ר) sieht man die Entwicklungslinie zum Lateinischen „r" noch deutlicher als beim altgriechischen ρ (Rho), welches wie das lateinische r ja seitenverkehrt zum hebräischen Resch steht. Das „R" gehörte übrigens noch nicht zu den 17 ursprünglichen Typen Gutenbergs und erscheint in der Geschichte der Phonetik erst relativ spät in Verbindung mit der Einführung von Schriftsprachen.[501]

Interessant ist die Feststellung von Martin Bernal, dass die griechische Sprache – es ist wohl Altgriechisch gemeint – „zu etwa 25 Prozent mit der althebräischen identisch ist". Nur 50 % des altgriechischen Wortschatzes sind indoeuropäisch.[502] Lucas Brasi geht noch weiter und hält das alte Griechisch für ein reformiertes Aramäisch[503], eine Sprache, welche die einfachen Leute in der Zeit von Jesus auch in Palästina / Israel gesprochen haben. Diese Auffassung von Brasi steht allerdings allein in der gesamten Sprachwissenschaft. Wesentlich wahrscheinlicher ist die Annahme, dass die griechische und aramäisch-hebräische Sprache gemeinsame Wurzeln haben.[504] Interessant ist die Feststellung, dass in den Quellen nicht die Rede von Juden oder Hebräern (auch Schreibweise: Evräer) ist, sondern von Israel und dem Haus Jakob.[505] Israel ist im Grunde ursprünglich nichts anderes als der neue Name, den Jakob auf Anregung von Jahwe angenommen hat. Jakob bezeichnete sich selbst genauso wenig als Hebräer wie seine Vorfahren Avram/Abraham und Isaac. Diese drei wussten auch noch nichts von Jahwe. In den 5 Büchern Mose werden die Evräer/Hebräer nur selten erwähnt. Im 1. Buch Samuel gibt es aber „acht Verse, die den Namen Evräer enthalten." Dagegen hat sich der ägyptische Joseph als Evräer betrachtet. „In seiner Geschichte kommt aber der Name Jhwh nicht mehr vor. Er war wohl ein Nachkomme des Volkes, das nach dem Geist des Namens leben wollte, aber er hatte sich vom Geist des Namens, den Avram lehrte, zu weit entfernt."[506] In den biblischen Berichten über die Zeit nach David und Salomo fehlt der Name Evär [Land der Hebräer]. „Er wurde erst sehr spät, vermutlich in der Rekonstruktionszeit, in den Sprachgebrauch aufgenommen und für die Sprache der Heiligen Schriften verwendet, davor war die Sprache *jehudit* (judäisch) genannt worden."[507]

Das zentrale Problem aller alten Sprachen besteht allerdings darin, dass man keine Ahnung davon hat, wie z. B. das Althebräische, Altgriechische, Lateinische tatsächlich ausgesprochen worden ist. Dass sieben Zeichen des Althebräischen eine Doppelbedeutung hatten, ist aber unbestritten. Die Doppeldeutigkeit ist ja auch ein Phänomen des Israelhebräischen, z. B von u und v beim Zeichen Vav (ו). Es gibt in Israel Bestrebungen, das moderne Hebräisch wieder mehr an das Althebräische anzunähern. So verzichtet man z. B. im Israel von heute weitestgehend auf die Vokalisierungshilfen. Das seit dem 8. Jahrhundert nach Chr. entwickelte „Tiberische System" (vor allem Kennzeichnung von Vokalen durch Punkte und Striche unter den Buchstaben) und das Punktationssystem überhaupt werden damit immer mehr ausgehöhlt.[508] Bereits die Ostsyrer hatten „seit dem 5. Jahrhundert n. Chr. ihre ebenfalls vokallosen Texte durch Beifügung von Punkten in Zweifelsfällen lesbar gemacht und zuletzt ein vollständiges System der Vokalbezeichnung durch Punkte (daher der Name ‚Punktation') ausgebildet".[509] Neben der hebräischen und griechischen Schrift gibt es in der Antike noch weitere Schriften.

Die Ausführungen von Davidson zur iberischen Schrift und ihrer Übereinstimmung mit der phrygischen Schrift sind beachtenswert. Interessant ist auch der Hinweis, dass es die Iberer nicht nur im Westen, sondern auch in Asien gegeben hat. Ungeklärt bleibt die Frage, ob das Ib(e)rit der Ibrim (Iberer) etwas zu tun hat mit der hebräischen Sprache, welche bereits im Alten Testament als *ibrit* bezeichnet wurde (heute *ivrit*). Es liegt also die Frage nahe, ob es hebräisch Sprechende auch im Westen gegeben hat. Marcu weist in der Frage, ob die iberischen Juden nach der Eroberung von Granada (1492) ausgewiesen werden sollen, auf die Argumentation der jüdischen Rabbanen hin, welche aus phönikischen und babylonischen Texten zu beweisen suchten, dass „die Juden lange vor Christi Geburt in Spanien gewohnt hatten, daß also diese zur Zeit, als Jesus seinen Leidensweg ging, nicht in Palästina waren" und schon lange Zeit vor Christus auf der iberischen Halbinsel gelebt hätten.[510] Doch die Königin Isabella schenkte dem magischen Einfluss des Großinquisitors *Torquemada* mehr Glauben als diesen alten Texten, den alttestamentarischen Argumenten und den 30.000 Golddukaten ihres Finanzministers und wirtschaftlichen Beraters, *Isaak Abravanel*. Auch die Argumente für die Gleichheit von biblischen Städtenamen in Palästina und Iberien[511], z. B. Joppe (Jaffa) in Palästina und Yoppes in Spanien, konnte die Königin nicht mehr umstimmen. Die Juden von Granada waren die letzten, welche Spanien verlassen mussten.

Verstärkt wird diese Idee der Existenz von Semiten bzw. Juden in Iberien noch durch die Tatsache, dass das hebräische Wort für arabisch (áravi) und für westlich (maáravi) von erev bzw. arav (= Abend) abgeleitet werden kann. Der Abend steht ja in allen Kultursprachen für den Westen. Die Herkunft aus Ägypten, welches westlich von Israel liegt, gehört zum jüdischen Kulturverständnis. Es ist nicht auszuschließen, dass die Juden vom Westen über Ägypten nach Israel gekommen sind und dafür insgesamt 40 Jahre brauchten.

Davidson vertritt wie einige hebräische Grammatiker die umstrittene Auffassung, dass die althebräische Schrift sich von den ägyptischen Hieroglyphen ableitet.[512] „Ergebnis: Aus dem komplizierten ägyptischen Hieroglyphen-System wird das einfache althebräisch-phönizische Buchstabenalphabet mit 22 Zeichen entwickelt. Aus diesem entstehen direkt oder indirekt alle anderen Buchstabenalphabete."[513] Bertsch vergleicht in seiner „Konsonantentafel" die Schriftzeichen der ägyptischen Hieroglyphen mit den Zeichen der altkanaanitischen und der althebräischen Quadratschrift[514] und kommt dabei zu folgendem Schluss: „Wie die Zeichen der sumerischen und ägyptischen Bilderschrift scheinen auch die semitischen Buchstaben auf ursprüngliche Bilder zurückzugehen. Vielleicht verfuhr man dabei nach dem Prinzip der Akrophonie, d. h. man wählte für die Alphabetlaute jeweils ein Wort, dessen Anfangskonsonant den betreffenden Laut darstellte. Bei der Wahl des Bildzeichens schloß man sich teilweise an die ägyptischen Hieroglyphen an."[515]

Doch diese Auffassung von Davidson und Bertsch ist nicht unumstritten. Dieser genuin hebräischen Auffassung steht die Arbeit des Ägyptologen Petrie[516] entgegen. Er bringt gute Argumente dafür, dass das Alphabet zuerst in Ägypten entstanden ist. In Verbindung mit der Auffassung, dass die semitisch sprechenden Völker ursprünglich aus dem Westen, aus Iberien, dem Land der Ibrit (Hebräisch) Sprechenden, stammen, hat Jacques Touchet[517] mit gewichtigen Argumenten dafür plädiert, „das ibero-tartessische Alphabet als das älteste und Mutter aller unserer anderen Alphabete anzusehen, von dem sich auch das phönikische Alphabet herleite, das die aus dem atlantischen Westen stammenden Phönizier in den Nahen Osten gebracht hätten."[518] Die von Jacques Touchet vorgetragene These vom iberosemitischen Ursprung des Alphabets passt übrigens auch gut in die von iberischen Juden des Mittelalters überlieferte Tradition, dass Juden schon vor Christus in Iberien gelebt haben.

Im Gegensatz zu Davidson[519] ist bei Touchet das Aramäische «la langue parlée d'abord par les Juifs de Judée et de Samarie», die aramäische Sprache «apparaît en Palestine dès le règne du fils de Salomon, Roboam. Ce n'est que plus tard qu'elle va se diviser en dialectes dont les deux principaux sont dits: occidental (Palestine, Syrie ...) et oriental ou babylonien.» Touchet bezeichnet die Aramäer als die «ancêtres des Juifs», also die Vorfahren der Juden. Aus den Tell-Amarna-Briefen ist zu entnehmen, dass sie bereits seit dem 14. Jahrhundert v. Chr. im Nahen Orient gelebt haben. Für diese Aussagen bringt Jacques Touchet eine Reihe von Quellennachweisen, welche allerdings noch kein umfassendes Bild einer aramäischen Kultur vermitteln.[520] Auch für George M. Lamsa war das Aramäische die allgemein akzeptierte Verkehrssprache, welche nicht nur in Palästina gesprochen wurde, im Vorderen Orient. Lamsa bringt sogar sehr gute Argumente dafür, dass alle vier Evangelisten das Neue Testament ursprünglich nicht in Griechisch, sondern in Aramäisch geschrieben haben.[521] Diese Auffassung von George M. Lamsa halte ich für plausibel. Allerdings ist seine These noch nicht die herrschende Meinung geworden. Vor allem die Althistoriker und Byzantinisten halten an der alten Standardmeinung fest.

Abb. 12: Umbrische Schrift (von rechts nach links zu lesen)

Herbert Hunger, anerkannter Byzantinist, neigt dazu, dass das Neue Testament „wohl ganz in griechischer Sprache abgefasst worden" ist, „obwohl Jesus und die Apostel Aramäisch oder Hebräisch gesprochen haben."[522] Die von Hunger geäußerte Auffassung, dass „das Aramäische gar nicht in dem bisher angenommenen Umfang die Umgangssprache in Palästina war" und dass „zur Zeit Jesu im ganzen Hebräisch und Griechisch als Umgangssprache der palästinensischen Bevölkerung" angesehen[523] werden müsse, wird von neueren Forschern wie Lamsa, Davidson u. a. abgelehnt. Hebräisch war die „heilige Sprache"[524] und als solche dem religiösen Ritus vorbehalten, während Griechisch nach Lamsa nur von einer dünnen Oberschicht gesprochen wurde. Feststeht auch, dass die Juden in Palästina und umliegenden Ländern das bis dahin gepflegte Hebräisch durch das Aramäische, wohl eine Art Volkssprache der Juden, ersetzten. Der Talmud bezeichnet Aramäisch im Gegensatz zur „heiligen Sprache" (Hebräisch) als die „gemeine" Sprache des einfachen Volkes. Im Mittelalter wurde Aramäisch auch mit Syrisch gleichgesetzt und die hebräische Quadratschrift, welche nach Davidson „eine Weiterentwicklung der aramäischen Schrift" ist, Assurit genannt.[525] Diese wurde „spätestens seit Maimonides zur offiziellen Schrift der Juden".[526] Die Geschichte der Aramäer und ihrer Sprache ist im Vergleich zu anderen semitischen Sprachen noch relativ wenig erforscht. Es ist bis jetzt zudem noch nicht sicher, ob es ein eigenes Volk der Aramäer gegeben hat. Das Rätsel der Aramäer wäre geklärt, wenn man die Möglichkeit in Betracht zieht, dass die in den Historien von Herodot genannten Syrer mit den Aramäern identisch sind und die Juden in der Zeit des Herodot (5. Jahrh. v. Chr.) zum Volk der Aramäer gehörten. Damit ließe sich dann auch verstehen, warum Herodot für Palästina nur Syrer (Aramäer?) und keine Hebräer bzw. Juden kennt.

Auch das Alte Testament weiß relativ wenig über die Aramäer zu berichten. Erstaunlich ist die Tatsache, dass vielen Autoren, welche sich zu den Aramäern äußern, die Erwähnung derselben im Alten Testament entgangen ist. Der in Deuteronomium 26,5 „umherirrende Aramäer" war nach Ägypten gezogen und hatte sich dort als Fremdling mit wenig Leuten aufgehalten; „aber er ward zu einem großen, starken und zahlreichen Volk" (26,6). Dieses misshandelte Volk führte dann der Herr aus Ägypten und brachte es in „dieses Land, das von Milch und Honig überfließt." (26,9). Aus dieser Stelle gewinnt man den Eindruck, dass die Juden von einem Aramäer bzw. von den Aramäern abstammen und sich dann im Laufe der Jahre zu einem eigenen Volk entwickelt haben. Eine Stelle in Könige 3, Kap. 22, macht aber deutlich, dass Aramäer und Israeliten nicht identisch sind. Denn beide führen miteinander regelmäßig Kriege. In diesem Kapitel werden ausführlich die Vorbereitungen zum dritten israelitisch – aramäischen Krieg beschrieben. In Könige 4, Kap. 5, ist auch der aramäische Feldherr Naaman, der Feldherr des Aramäerkönigs, als großer Kriegsheld genannt, der auch mit dem Propheten Elias in Kontakt war. Aus den, wenn auch spärlichen, Informationen, welche wir aus dem AT haben, dürfen wir sagen, dass diese Kriege Bruderkriege sind. Im Grunde kämpfen die Altaramäer, welche sich nicht aus Ägypten herleiten, gegen die Neuaramäer, welche als Israeliten mit Moses (aus Ägypten?) ins Gelobte Land gezogen waren. Die nahe Verwandtschaft der beiden Völker wird auch durch den Stammbaum Jesu in Matth. 1 bestätigt. Aram ist in diesem Stammbaum nicht nur ein Urahne von König David, sondern auch von Jesus. Das große Problem der Existenz des aramäischen Volkes ist jedoch, dass die Aramäer zwar im AT genannt sind, aber nirgendwo als eigenes Volk wirklich umfassend in der Profangeschichte und im AT Erwähnung finden.

Auch wenn ein autonomes Volk der Aramäer nicht so ohne weiteres im Sinne einer strengen Quellenkritik nachweisbar ist, so ist doch nicht zu bestreiten, dass es die aramäische Schrift gegeben hat und dass sowohl die antiken Juden als auch viele ihrer Nachbarn aramäisch gesprochen haben. Diese Tatsache wird auch durch die Aussagen der stigmatisierten Therese von Konnersreuth, welche in aramäischer Sprache in Trance über die Leiden Jesu berichtet, immer wieder bestätigt. Hebräisch und Aramäisch schlossen sich im Alltagsleben der Juden, auch in der Zeit von Jesus, nicht aus: „Die Juden haben also die assyrische Schrift und die heilige Sprache[527] für ihren Kultus gewählt. Aber ihre Verkehrs- und Alltagssprache scheint das Aramäische geblieben zu sein."[528] Steuernagel kommt in seiner renommierten hebräischen Grammatik zu der Erkenntnis, dass bereits in den letzten Jahrhunderten v. Chr. das Hebräische durch das Aramäische aus dem Volksgebrauch verdrängt wurde. „Nur in den Gelehrtenschulen erhielt sich eine, in vielen Einzelheiten jedoch auseinandergehende Tradition über die Sprache der heiligen Schrift."[529]

Wie im heutigen Griechenland die verschiedenen griechischen Sprachen (Volkssprache, gehobene Umgangssprache, Katarheousa) existieren, so gab es wohl auch im alten Israel verschiedene Spielarten des Hebräischen und Aramäischen. Die Araber bezeichneten ihre Schrift als SURY, die Juden ihre Quadratschrift als ASSURIT. Diese Namensähnlichkeit weist wohl auf die gleiche Herkunft von hebräischer und arabischer Schrift hin. Man liest öfter von der arabischen Schrift, hört aber in den frühen Jahrhunderten kaum von den Arabern. Noch im 10. und 11. Jahrhundert ist so gut wie nie von den Arabern und Moslems, sondern nur von den „Sarazenen" oder „moros" die Rede. Auch die staufische Kultur in Sizilien im 13. Jahrhundert kennt nur Sarazenen. Es wäre denkbar, dass „Sarazenen" von hebräisch bzw. arabisch SAR (= Fürst, Herr) abgeleitet ist. Das Wort wird auch noch im Israelhebräischen verwendet. Davidson erklärt sich das Konglomerat aus Juden, Aramäern und Sarazenen folgendermaßen: „Das Aramäische könnte also die Eigenbezeichnung der Juden gewesen sein, das Syrische die Fremdbezeichnung durch die Völker, denen die Juden als SAR im Sinne von ‚Herr, Fürst' gegenübertreten. Das Aramäische wäre dann das weiterentwickelte Althebräische; die Verkehrssprache einer Kultur, die mit der Thora, den Texten der Propheten und den Talmudhochschulen die alte Weltordnung revolutioniert."

Das Alte Testament – nach wie vor aktuell

Das Alte Testament ist keine historische Quelle wie andere Quellen. Es spiegelt historische Ereignisse und Strukturen wider, aber es ist dennoch im Grunde ein zeitloses Dokument. Schon sehr früh entstand im Volke Israel trotz häufiger Rückfälle in den Polytheismus ein monotheistisches, historisch einmaliges Gottesverständnis, welches zunehmend sich zu einem nicht mehr bildhaft dargestellten Gott entwickelte. Das Volk Israel war in seiner Frühphase (vor Antritt der Babylonischen Gefangenschaft) in seinem Gottesverständnis und -glauben in keiner Weise gefestigt. Immer wieder erfolgten Rückfälle in die heidnischen Glaubenvorstellungen ihrer Nachbarn. Vor allem Baal wurde nicht nur vom einfachen Volk, sondern auch von der Elite des Volkes und sogar vom König Achab verehrt. Der Prophet Elias und wenige Getreue blieben dem einen wahren Gott treu. Achab verfolgte Elias, welcher für ihn in völliger Verkehrung der Tatsachen der „Verderber Israels" war. Elias hatte den Mut, dem König ohne Angst um sein Leben ins Angesicht zu widerstehen. Er wagte angesichts der Dürre und des ausbleibenden Regens die große Auseinandersetzung mit den 450 Baalspriestern und den 400 Propheten der Königin Isebel, der Gattin Achabs. Elias stand ganz allein und vertrat die Seite des wahren Gottes und ließ sich im Vertrauen auf Jahwe auf eine Wette auf Leben und Tod ein. Wenn es ihm gelingt, den ersehnten Regen herbeizubeten, dann müssen die Baalspriester sterben. Wenn es den Baalspriestern gelingen sollte, den Regen herbeizuzaubern, wäre das Leben von Elias verwirkt. Der siegreiche Elias ließ nach dem Sieg von Jahwe die Baalspriester ergreifen, welche sich offensichtlich angesichts ihrer Ohnmacht gegenüber Elias und Jahwe nicht wehrten. „Elias ließ sie zum Bache Kischon hinabführen und dort töten" (3 Könige 18,40). Der Baalsverehrer König Achab und seine nichtjüdische Frau Isebel, Verehrer des Gottes Baal, ließen sich durch dieses Regenwunder aber nicht bekehren, verfolgten Elias weiter und wollten seinen Tod. Bevor Elias von der Erde in den Himmel entrückt wurde (4 Könige 2), hatte er noch einige Aufträge für Jahwe zu erfüllen, nämlich Hasael zum König über Aram, Jehu zum König über Israel zu machen und nicht zuletzt Elisäus als seinen Nachfolger als Propheten zu salben. Wir sehen hier am Königtum von Achab und Elsebel, dass Israel und wohl auch Aram noch tief im Heidentum verwurzelt waren und auch Gewalt und Krieg tägliche Praxis waren. Auch das Großreich von König David war alles andere als ein Vorbild pazifistischer Gesinnung. „Erst viel später, vermutlich erst, als sich das Priestertum im babylonischen Exil vom Adel trennte, wurden die zivilisierten, pazifistischen

Formen des Judentums entwickelt, für die der Talmud ein Zeugnis ist. Bezeichnenderweise war das Alte Testament bei den Talmudisten nicht unumstritten."[530]

Die Grundlage für die große Wandlung des israelischen Volkes zum Pazifismus wurde also paradoxerweise erst durch die Fortführung vor allem der jüdisch-palästinensischen Führungsschicht in die babylonische Gefangenschaft erreicht, in welcher die Idee Israels über die enge lokale Gebundenheit von Palästina hinauswächst und auch in Verbindung mit dem Ausbau der Thora und des Babylonischen Talmud supranationalen Charakter angenommen hat. Im Babylonischen Talmud werden die universalen Regeln des menschlichen Zusammenlebens durch Brauchtum und Gesetz schriftlich fixiert und akribisch in allen Einzelheiten erfasst, so z. B. Ehekontrakte, Scheidebriefe und Trauungsformen.[531]

Die große Bedeutung der babylonischen Gefangenschaft als ein Übergang zu einer neuen Weltordnung zeigt sich auch beim Propheten Jeremia, bei welchem auf den „aus dem babylonischen Exil heimkehrenden Juden die Hoffnung Jahwes beruht und nicht auf den zurückgebliebenen."[532] Jeremia steht den in Palästina daheim gebliebenen Juden sehr negativ gegenüber und schreckt im Namen Jahwes nicht vor deren Vernichtung zurück, wie die folgende Jeremiasstelle zeigt:

"Aber wie die schlechten Feigen, die verdorben und ungenießbar waren, so behandle ich Zidkia (Zedekia), den König von Juda, samt seinen Fürsten und dem Rest von Jerusalem, denen, die in diesem Lande verblieben, und denen, die sich im Lande Ägypten sesshaft machten. Ich mache sie zum Entsetzen für alle Reiche der Erde, zum Schimpf und Spott, zum Hohn und Fluch an allen Orten, wohin ich sie verstoße. Ich sende unter sie das Schwert, den Hunger und die Pest, bis sie vollkommen aus dem Lande, das ich ihnen und ihren Vätern verliehen habe, vertilgt sind."[533]

Durch Thora, Talmud und ihre Auslegung „entsteht erstmalig eine pazifistische, vertragsrechtliche, bürgerliche Weltordnung, die den permanenten Krieg beendet"[534] und sich erst nach dem babylonischen Exil der Juden herauskristallisiert. Aus zahlreichen Stellen des Babylonischen **Talmud** wird der Gesinnungswandel und das wachsende globale Denken der Juden deutlich. Auch im Talmud wird der Götzendienst verurteilt und mit der Gesinnung der Heiden abgerechnet. Der bei **Hezekiel** (Bücher 38 und 39) verkündete Endgedanke gilt auch im Talmud (4. Ordnung, 5. Traktat): „Bald darauf wird der von Hesekiel verkündete Krieg des Gog aus dem Lande Magog ausbrechen, in dem die apokalyptischen Reiter wie die Furien durch die Lande jagen werden. In der höchsten Not werden die Heiden zur Thora ihre Zuflucht nehmen ... und dem Gott Israels ewige Treue geloben. Da wird Gott, der seit der Zerstörung des Tempels nicht mehr lachte, in ein befreiendes Gelächter ausbrechen."[535] Denn Gog aus dem Lande Magog mit seinen Heeren (Hezekiel 39) wurde endgültig vernichtet.[536] Der Widersacher Gottes ist besiegt.

Das Alte Testament dagegen bietet durchaus auch nach der babylonischen Phase Belege für die Gewaltanwendung und das Eroberungsdenken der israelischen Juden, wenn auch auf der Basis des Jahweglaubens, des Glaubens an den einen Gott. Aber selbst Jahwe ist noch lange ein Gott des Krieges. Als Beispiel diene das 5. Buch Mose:

„Entsetze dich nicht vor ihnen; denn der Herr, dein Gott, ist in deiner Mitte, ein großer und furchtbarer Gott! Aber der Herr, dein Gott, wird diese Völker nur allmählich von deinem Angesicht vertreiben; du kannst sie nicht allzu rasch vertilgen, sonst nimmt das Wildtier des Feldes gegen dich überhand. Der Herr, dein Gott, wird sie dir preisgeben und in große Verwirrung setzen bis zu ihrer Vernichtung. Er wird ihre Könige in deine Gewalt geben; du sollst ihre Namen unter dem Himmel austilgen, und niemand wird vor dir standhalten, bis du sie vernichtet hast" (Deuteronomium 7,21–24).

Noch drastischer ist eine weitere Stelle aus dem 5. Buch Mose, welche die zu vernichtenden Völker namentlich aufzählt: „Jedoch von den Städten dieser Völker, die der Herr, dein Gott, dir zum Eigentum übergibt, sollst du überhaupt kein Wesen am Leben lassen. Mit dem Bann sollst du sie ausrotten, die Hethiter, Amoriter, Kanaaniter, Perissiter, Hiwwiter und Jebusiter, wie der Herr, dein Gott dir geboten hat. Sie sollen euch nicht lehren, dergleichen Greueltaten zu tun, die sie ihren Göttern zu Ehren verübt haben, damit ihr nicht auch sündigt wider den Herrn, euern Gott" (Deuteronomium 20, 16–18). Es gibt immer wieder Stimmen, welche die Gewalt im AT anprangern und meinen, dass sich das AT nicht von den Zuständen anderer Völker der Antike abhebt. Denn auch im AT sollen Hexen nicht am Leben gelassen (Exod. 22,17) werden. Das Buch Leviticus hat nichts dagegen, dass Homosexuelle hingerichtet und die bei einem Inzest Beteiligten bei lebendigem Leibe verbrannt werden. Verstehen kann man diese Grausamkeiten nur, wenn man sie mit den Normen anderer Kulturen vergleicht. Denn „all diese unterschiedlichen Vorschriften stellen zusammengenommen eine Milderung und Humanisierung des Gewohnheitsrechts dar, das im archaischen Mittleren Osten galt. Es sühnte nur zu oft den Diebstahl eines Laibes Brot oder das Ohrfeigen eines sozial Höhergestellten mit dem Verlust einer Hand. Außerdem gestand es der Nobilität alle und den einfachen Menschen so gut wie keine Rechte zu. Die Grausamkeit anderer archaischer Kodizes – das Abschneiden von Nase, Ohren, Zunge, Unterlippe (für das Küssen der Frau eines anderen), Brüsten und Hoden – findet sich in der *Thora* nur gelegentlich. Die Gesetze der *Thora* folgen vielmehr durchgängig dem Prinzip, dass alle Menschen, sogar Sklaven, als Menschen gelten und dass das menschliche Leben heilig ist."[537] Diese hohe Wertschätzung des Lebens im Alten Testament hebt sich deutlich ab vom Todes- und Ahnenkult der anderen antiken Hochkulturen. Auch in den Kulturen Mesopotamiens[538] und Ägyptens[539] waren der Tod und das Leben zum Tod hin wichtiger als das Leben. Das menschliche Leben war geradezu vom Tod her auf das Jenseits programmiert. Im Totenbuch der Ägypter sind Himmel und Hölle feste Größen des Totenkultes und der jenseitigen Welt.[540] Es ist durchaus denkbar, dass der Toten- und Jenseitskult der Ägypter und natürlich auch der Etrusker in der Katholischen Kirche seine Spuren hinterlassen hat. Eine Wirkung des religiösen Toten- und Jenseitskults der germanischen Religion auf die christliche Dogmatik ist aber unwahrscheinlich, auch wenn das neuhochdeutsche Wort „Hölle" sich von „Hel", einer der Totenwohnstätten der germanischen Mythologie, herleitet. Den meisten nichtjüdischen Religionen ist also unverkennbar der starke Bezug zum Todes- und Ahnenkult wie auch eine geradezu pathologische Negation des Lebens eigen.

Im Alten Testament jedoch ist Jahwe „ein Gott der Lebenden, nicht der Toten", der übrigens in der Genesis mit einem anderen Gott, Elohim (eigentlich ein Plural), im Wettbewerb steht. Jahwe und Elohim bilden oft als „Jahwe Elohim" eine Synthese.[541] Als weiterer Gottesname kommt im AT „El Schaddaj" vor, ein Begriff, den die meisten Theologen mit „Der Allmächtige" wiedergeben. Paul Hengge bringt gute Argumente dafür, dass diese Nennung verschiedener Namen für Gott bzw. Götter ein deutlicher Ausdruck verschiedener Provenienz- und Redaktionsschichten des Alten Testamentes, vor allem der Genesis, ist.[542]

Das Volk Israel brauchte allerdings lange Zeit, bis es diese Ansprüche Jahwes bzw. der verschiedenen Götter (Elohim) an das Leben verwirklichen konnte. Denn immer wieder ist auch im alten Israel menschliches Leben gefährdet durch Aggressionen und Ausbrüche von Gewalt.

Es werden aber im AT nicht nur einzelne Personen, sondern ganze Völker, welche nicht dem wahren Gott, sondern Götzen anhängen, der Vernichtung preisgegeben, wie auch einige andere Stellen des AT deutlich machen.[543] Die dabei angewandten Methoden entsprechen nicht modernen Moralvorstellungen. Gewalt und Krieg waren auch in der antiken Welt so massiv ausgeprägt, dass sich auch das AT diesen nicht völlig entziehen konnte. Es gibt jedoch auch andere Bücher des AT wie z. B. Jeremias und vor allem Jesaja, welche eine globale Friedensordnung[544] und soziale Gerechtigkeit fordern, die sogar noch über die pazifistischen Gedanken der Tora und des Talmud hinausgehen. Jesaja beschreibt in Buch 2 das Friedensreich um Jerusalem und gibt den leitenden Kreisen die Schuld, dass dieses in Israel nicht verwirklicht werden kann.[545] Auch Buch 9 „Die Geburt des Kindes" und Buch 11 „Des Messias Herrschaft" können als Kapitel des globalen Friedens gedeutet werden. Der Gegenpol dieser Welt der Friedensherrschaft ist bei Jesaja aber Babel, „die Zier der Königreiche, die stolze Pracht der Kaldäer", welche Gott total zerstören möge. Diese Vernichtung soll aber wohl von Menschenhand erfolgen. Denn es heißt bei Jesaja: „Jeder Erwischte wird durchbohrt, jeder Verschleppte fällt durch das Schwert! Ihre Kinder werden vor ihren Augen zerschmettert, ihre Häuser geplündert, ihre Frauen geschändet!" Ihre Vernichtung ist die Folge ihres gottlosen und frevelhaften Lebenswandels. Es ist aber nicht der Mensch, der die Kaldäer bzw. Babylonier zerbricht, sondern Gott, der sich der gottesfürchtigen Menschen (es hier nicht die Rede von Juden) als Werkzeug bedient (Jesaja Buch 13 „Gericht über Babel"). Diese Zerstörungswut Gottes geht aber noch über den Untergang von Babel, welches als Chiffre des Bösen steht, hinaus. Die Strafe gegen die Gottlosigkeit und Frevelhaftigkeit soll sich über die ganze Erde erstrecken. „Fürwahr , der Herr verheert die Erde, verwüstet sie, entstellt ihre Oberfläche und zerstreut ihre Bewohner" (Jesaja 24,1). Der Grund für diese völlige Entleerung der Erde: Die Menschen „übertreten die Gebote, verletzen das Gesetz, brechen den ewigen Bund" (24,5). Die Zerstörung der Erde ist so total, dass „nur wenige Menschen zurückbleiben" (24,6). Doch die Vernichtung der Erde ist nicht das Ziel Gottes, vielmehr die „Gottesstadt". Damit diese aber in ihrem Glanze erstrahlen kann, müssen Moab (25,6–12), die Inkarnation des Bösen, und überhaupt die politischen Großmächte, verkörpert „im Drachen, der am Nilstrom haust" (Jesaja 27,1), zertreten und getötet werden. Allerdings wird auch Jerusalem, wenn es sich nicht zum wahren Gott bekehrt, der Abrechnung des Herrn nicht entgehen (Jesaja 29). Die Alternative jedoch, dass sich das jüdische Volk an den Herrn hält, ist „Juda, das Paradies" (Jesaja 35). Der persische König Kyros (Cyrus)[546] wird in Buch 41 von Jesaja als Friedensfürst geschildert. Er ist auch der König, der Israel Frieden bringen soll. Jesajas Sympathie gilt der neuen Weltordnung unter Kyros, welcher auch das Ansehen von Israel und des **Hauses Jakob** wiederherstellt und Jerusalem wieder aufbaut. Der Gott des Jesaja ist nicht nur der Gott Israels, sondern der Gott aller Völker. Für diese neue globale Friedensordnung spielen nicht die Juden in Israel[547], sondern die von Babylon die zentrale Rolle.

Die Geschichte des Judentums und des Hauses Israel im Alten Testament ist weit mehr als nur die Darstellung von Gewalt, Krieg und der immer mehr wachsenden Idee des Friedens. Im Alten Testament haben wir – trotz der zunehmenden Tendenz des göttlichen Patriarchalismus der jüdischen Spätzeit – ein völlig neues Gottesbild. In Exodus 20,7 und Deuteronomium 5,11 findet sich die Anweisung an die gläubigen Menschen, den Namen des Ewigen nicht auszusprechen. Der Name Gottes soll also ohne wichtigen Grund nicht genannt werden. Der Name Gottes wird bis zum heutigen Tag umschrieben mit *ha schem* (der Name), *ha adon* (der Herr), *Schadd 'ai*, der Allmächtige, und anderen Ausdrücken mehr. Die Sprache des Menschen soll also nicht eindringen in den Bereich des Heiligen, des Göttlichen. In der hebräischen Sprache ist somit „ein reicher Fächer von Bezeichnungen Gottes entstanden, und das auch deshalb, um den Gottesnamen selbst davor zu schützen, unmittelbar und unversehens zur Aussprache zu kommen."[548] Gott und seinem Namen wird also im AT eine angemessene Distanz zum säkular-menschlichen Bereich eingeräumt. Um Gott nicht auf die Ebene des Menschlichen herabzuziehen oder gar in sog. Idolen und Statuen, wie bei den antiken Göttern und auch bei Baal, zu konkretisieren, gilt auch der Grundsatz, sich von dem einen wahren Gott kein Bild zu machen. Denn Gott kann auf Grund seiner Transzendentalität nicht in seiner vollen Essenz und Realität bildlich festgehalten werden. Was dabei herauskäme, wäre nur ein Trugbild. Und Gott soll nicht dazu herhalten, die Menschen mit Trugbildern zum Narren zu halten. Dieser Gott, von dem man sich kein Bild machen sollte, war in der Urfassung der Genesis, trotz der Gottebenbildlichkeit des Menschen, nicht ein Mensch wie die antiken griechischen und römischen Götter, z. B. Zeus, aber auch nicht Mann oder Frau. Der heute auch noch im Christentum verehrte patriarchalische Gott, der „Himmelvater" des kindlichen Religionsunterrichtes, ist sicher die Erscheinung einer späteren redaktionellen Bearbeitung der Genesis und der anderen Bücher des AT. Der wahre Gott des AT ist also mit menschlichen Bildern nicht in seiner wahren Größe zu erfassen, natürlich auch nicht in den Personen von Mann und Frau, von Vater und Mutter. Der später auftauchende Begriff des Adonaj bzw. des Jahwe-Adonaj, des Herrn, suggeriert allerdings die Vorstellung, dass Gott ein Herr, also ein menschengleich männliches Wesen ist. Diese Bildhaftigkeit Gottes schlich sich im Rahmen einer späteren Redaktion in das Alte Testament ein, trotz der strengen Aufforderung von Moses, „sich von Gott weder ein männliches noch ein weibliches ‚Bild' zu machen".[549] Der wahre Gott des ursprünglichen Alten Testamentes ist also transzendent. Wörtlich übersetzt heißt das, dass er menschliches Denken und Sein überschreitet.

Diese transzendentale über alles Vorstellbare hinausgehende Idee von Gott wird selbst von jüdischen Gelehrten, welche nicht streng orthodox sind, vertreten. Moses Maimonides, der 1135 in Cordova im maurischen Spanien geboren wurde, in moslemischen Diensten 1204 in Kairo starb und eine große Wirksamkeit auf die christliche Scholastik des Mittelalters, vor allem auf Thomas von Aquin ausübte, „kämpfte darum, jedwede Verdinglichung aus dem Verständnis des jüdischen Glaubens zu entfernen."[550] Beeinflusst von Maimonides hat Thomas von Aquin Gott als den *creator ineffabilis* bezeichnet, als den Schöpfer, dessen Namen man nicht aussprechen kann. Im Alten Testament finden wir nicht nur ein radikal neues Gottesbild, sondern auch eine radikal neue Konzeption des Menschen, der durch seine Gottebenbildlichkeit mehr ist als ein Säugetier und einen einmaligen Rang in der Schöpfungsordnung einnimmt. Aus dieser Gottebenbildlichkeit erwächst dann im Neuen Testament die sog. Gotteskindschaft. Sowohl im jüdischen als auch im christlichen Denken tritt der Glaube „an die Stelle der Vorhersehbarkeit der archaischen Welt." Dieser Glaube an den einen Gott wird zu einer Reise, „deren Ziel man nicht kennt."[551] Heidnische Rituale und Zauberformeln werden immer mehr aus der Welt des Glaubens eliminiert.

In diesem neuen jüdisch-christlichen Menschenbild gibt es erstmals ein Bewusstsein von Geschichte, das sich immer mehr löst von der kosmisch-zyklischen Geschichtsideologie der Vorgänger- und Nachbarstaaten. Deren Ideologie ist ja im Grunde noch archaisch, nicht vom Verstande geleitet, sondern von den Instinkten programmiert. In der jüdischen Religion und Kultur ist zum ersten Mal in der Geschichte der Menschheit die Idee auf den Plan getreten, dass der Mensch mehr ist als Dispositionsmasse für Könige, Gottkönige und Tyrannen, nämlich dass er eine Person, ein Individuum, mit einer persönlichen Geschichte ist und eine menschliche Würde hat, wie sie nicht einmal die attische Demokratie kennt. Sowohl die Geschichte einer Person wie auch die eines Stammes und Volkes ist auf Gott hin bezogen. Sie verläuft nicht mehr zyklisch und dreht sich nicht wie das Rad immer wieder im Kreise wie in archaischen Gesellschaften, sondern ist linear. Die Fixierung der Menschenwürde und des Menschen als Person in vielen Verfassungen geht also im Grunde auf Gedanken des Alten Testamentes zurück. Immanuel Kant leitet im Rahmen seiner Ethik die Idee der Menschenwürde aus der menschlichen Autonomie ab. „Autonomie ist also der Grund der Würde der menschlichen und jeder vernünftigen Natur."[552] Diese Autonomie des Menschen soll sicherstellen, dass der Mensch nicht „zum Sklaven der Materie der sinnlichen Welt bzw. des Willkürwillens des jenseitigen Gottes"[553] wird. Kant will damit der Aporie der antiken Philosophie entgehen, welche sich mit der Frage abquälte, ob eine Handlung gut ist, weil sie Gott befohlen hat oder hat Gott eine Handlung befohlen, weil sie gut ist. Salopp formuliert geht es also bereits in der antiken Ethik um die Frage: Ist Gott an die Normen einer zeitlos gültigen Ethik gebunden? Oder legt Gott ein für allemal fest, was gut und schlecht ist, und muss er dann auch die ethischen Normen, die er als allgemeingültig aufgestellt hat, selbst beachten?

Das Alte Testament entgeht dieser Aporie dadurch, dass Gott, der Seiende (Jahwe), zehn Gebote gewissermaßen seinem Volk Israel als praktische Handlungsanweisungen verordnet. Von Anfang an macht Gott den Israeliten klar, dass diese Gebote nicht nur ethische Normen sind, sondern auch den Menschen, die sich daran halten, zu einem besseren Leben und zu mehr Lebensqualität verhelfen. Der Mensch, der sich an Gottes Gebote hält, partizipiert am Wesen Gottes und findet damit zu seiner das Diesseits übergreifenden Bestimmung, ohne auf die wahren Freuden des Lebens verzichten zu müssen. Im Gegensatz zur Kantschen Autonomie der Ethik, welche sich schließlich in einer freudlosen Pflichtideologie erschöpft, gewinnt die jüdisch-alttestamentarische Ethik durch ihre transzendente Bindung an Gott an Wert und Sinn. Theologie und Ethik stehen nicht mehr wie bei Kant im Konflikt, sondern bedingen einander wechselseitig.

Das jüdische Gottes-, Menschenbild und die Gottebenbildlichkeit des Menschen spiegeln sich also in besonderem Maße in der Einmaligkeit der Zehn Gebote wider, welche ursprünglich wohl einfache Worte waren. Diese einfachen Worte „konnte sich selbst der einfachste Nomade leicht merken, wobei ihn seine zehn Finger als Gedächtnisstütze an die Bedeutung dieser zehn Worte für sein Leben erinnerten."[554] Auch die Einführung des Schabbat als von Gott persönlich festgelegter Ruhetag nach sechs Arbeitstagen ist ein Meilenstein in der Entwicklung der menschlichen Geschichte. Dieser von der Religion erzwungene Ruhetag, der Tag des Jahwe, der allen Menschen, auch den Sklaven, zustand, trug wesentlich dazu bei, der Verknechtung und Versklavung der Menschen zumindest für einen Tag der Woche entgegenzuwirken. Der Schabatt ist der Tag, „an dem die ungeteilte Aufmerksamkeit den Menschen gelten soll, den Kindern, den Alten, den Schwachen und jenem Menschen, den wir als unseren gleichberechtigten Lebenspartner ‚erkannt' haben."[555] Der Schabatt sollte also erheblich dazu beitragen, das Familienleben und den Zusammenhalt der Familienmitglieder zu stärken, was sicher auch dem wahren Geist Gottes in der älteren Tradition der Genesis entspricht. Hengge führt das Überleben von jüdischer Religion und Kultur trotz jahrhundertelanger Verfolgungen auf die strikte Einhaltung des Gesetzes der Zehn Worte (Dekalog) zurück. Dieses stabilisierte die Familie, „die Kraft des jüdischen Volkes liegt im Zusammenhalt der Familie."[556]

Auf dieser soliden Basis konnten die im Alten und Neuen Testament genannten sozialen Errungenschaften, so z. B. der Schutz von Witwen und Waisen, von Fremden und überhaupt von sozial Benachteiligten wirksam werden. Bis heute wirkt bei den Juden der ganzen Welt das Verständnis für die *Underdogs* der Gesellschaft, für die zu kurz Gekommenen, nach. Es ist also nicht zufällig und ausschließlich mit der Minderheitensoziologie erklärbar, dass sich die Juden im Sozialismus so stark engagiert haben.

Auch die Idee der menschlichen Freiheit ist im AT stark ausgeprägt. Das zeigt sich z. B. in der Milderung der Sklaverei in der Form einer zeitlich begrenzten Schuldknechtschaft, in welcher der Mensch nur sehr eingeschränkt ein Instrument im Produktionsprozess für andere Menschen ist. Die Herrschaft von Menschen über Menschen wurde im Grunde nicht wirklich akzeptiert, sondern nur in Notsituationen geduldet. Es gibt eine Reihe von Stellen im AT, in welcher extreme Formen der Herrschaft abgelehnt werden und bereits die Königsherrschaft als nicht besonders nützliche Einrichtung betrachtet wird. Selbst im Rechtsbereich hat das Alte Testament Großes geleistet. Es besteht kein Grund, das hebräische Recht des AT dem Römischen Recht gegenüber als sekundär zu bewerten. Nicht nur die *Halacha*, eine Sammlung jüdischer Gesetze, regelt fast alle Formen des Alltagslebens in einer menschengerechten Weise nach dem Prinzip der **Gerechtigkeit**. Auch die von der Tora abgeleiteten Gesetze, werden in der *Mischna*, dem frühen rabbinischen Gesetzeskodex des 2. Jahrhunderts n. Chr., im *Talmud* des frühen Mittelalters und bis heute in rabbinischen Kommentaren interpretiert. Trotz gelegentlicher Haarspaltereien, welche Feinde der Juden gerne als typisch jüdisch auslegen, machen alle diese Gesetze deutlich, „dass die Juden das erste Volk waren, das eine umfassende religiöse und säkulare Weltanschauung und daraus erwachsende Verpflichtungen formuliert hat. Anders als die Sumerer, Ägypter und Griechen gehen sie nicht von einer Trennung in den Bereich des Gesetzes und den Bereich der Weisheit aus, sondern glauben, dass alle Lebensbereiche, da sie vom Weltenschöpfer erschaffen sind, zusammengehören. Materielle und geistige sowie intellektuelle und moralische Belange stehen in Bezug zueinander".[557] Die Liebe zum Detail, die Exaktheit und das Gemeinschaftsdenken werden durch die Ideen der Freiheit, Individualität, Gleichheit (alle Menschen sind vor Gott gleich) und der Gerechtigkeit auf einen Nenner gebracht und harmonisiert. Es sind dies Ideen und Vorstellungen, auf welchen das Neue Testament, das im Grunde Ergänzung und nicht Aufhebung des AT ist, wie auch die christliche Kultur des Mittelalters[558] aufbauen konnten.

Das Neue Testament – historische Quelle, Frohe Botschaft und jüdischer Geist

Das Neue Testament vermittelt nicht nur als ein religiöses Werk die „Frohe Botschaft", sondern ist als Geschichtswerk eine erstrangige sozial-, wirtschafts- und kulturgeschichtliche Quelle der Zeitenwende. Viele tragende Ideen des Alten Testamentes und des Talmud, so auch das Gebot der Gottes- und Nächstenliebe, finden sich im Neuen Testament, teilweise wörtlich übernommen, wieder. Auch die Idee des Krieges und des Friedens kommt bei allen vier Evangelisten, die ihre Evangelien wohl alle vier in aramäischer Sprache verfassten[559], immer wieder vor. Jesus sagte: „Denket nicht, ich sei gekommen, Friede auf die Erde zu bringen; ich bin nicht gekommen, Frieden zu bringen, sondern das Schwert."[560] Diese Sätze sind schwer zu verstehen in einer frohen Botschaft, welche den Menschen Gott näher bringen will.[561] Auch im NT ist die Gewalt, wenn vielfach auch in der Form der Parabel, präsent. Auch Jesus weiß, dass Gewalt und Krieg durch die Erbsünde, welche man aus dem Hebräischen auch als Ursünde (*peccatum originale*) übersetzen könnte, in der menschlichen Natur begründet sind. Deren Abschaffung würde auch die Abschaffung der menschlichen Freiheit bedeuten, die im Christentum nicht primär Freiheit von äußerem Zwang, sondern wie in der Stoa, so bei Seneca und Plinius d. J., auch innere Freiheit ist, also Freiheit von Begierden, physischen und psychischen Abgängigkeiten wie auch von Süchten. Es ist anzunehmen, dass ohne diesen Freiheitsgedanken des Neuen Testamentes die Welt von heute noch schrecklicher wäre. Gewalt und Krieg in unserer heutigen Welt sind also nicht der Idee des Christentums anzulasten, sondern unterliegen der freien Entscheidung des Menschen, sich an die Zehn Gebote (Dekalog) des AT und das allgemeine Liebesgebot des alten und Neuen Testamentes zu halten oder diese zu übertreten. Der Mensch, der die äußere Freiheit der Mitmenschen verletzt, verletzt auch seine eigene äußere und innere Freiheit. Wirkliche Freiheit, welche auch das oberste Ziel eines funktionierenden Staatswesens sein sollte, ist nicht möglich ohne das Gesetz und das Gewissen. Der Mensch muss im Sinne des Alten und Neuen Testamentes erkennen, dass Freiheit nur dann dem Einzelmenschen Nutzen bringt, „wenn auch der Stärkere die Meinung des Schwächeren toleriert" und umgekehrt. Die Menschen respektieren das Gesetz und horchen auf ihr Gewissen leichter, wenn sie merken, dass deren Beachtung (auch dem sozial Schwächeren gegenüber) mehr Vorteile als Nachteile bringt. Freiheit, die nicht in Chaos ausarten soll (wie das im 21. Jahrhundert in vielen Staaten und Gesellschaftssystemen der Fall ist), muss das Gleichgewicht wahren zwischen Egoismus und Altruismus. Dieses Gleichgewicht kann auf das einfache Gebot des Alten und Neuen Testamentes „Liebe Deinen Nächsten wie dich selbst" (Levit. 19,18) zurückgeführt werden. Wenn ich will, dass ich vom anderen geliebt und geachtet werde, muss auch ich ihm die gleiche Liebe und Achtung entgegenbringen. Ich muss also im Sinne des kategorischen Imperativs dem anderen gegenüber so handeln, wie ich erwarte, dass der Andere mich behandeln soll. Eigenliebe und Nächstenliebe schließen sich also nicht aus, sondern befinden sich und sollen sich im Gleichgewicht befinden. Wenn dieses Gleichgewicht zwischen ‚mir' und dem Nächsten vorhanden ist, dann kann mein Gewissen aktiv werden und mich zu der Gerechtigkeit und Humanität verpflichten, welche auch das Gewissen des anderen akzeptiert.[562]

Die im Alten Testament überlieferte Gerechtigkeit und Humanität ist also keine Erfindung der Griechen und Römer, welche dort unter dem Einfluss der Stoa vorkommen, sondern bereits im AT und erst recht im NT – trotz aller menschlichen Unzulänglichkeiten – tägliche Praxis. Wie im AT so gilt im NT die Fürsorge von Jesus in erster Linie den Alten und Schwachen, den sozial Benachteiligten, den Ausgestoßenen, den gescheiterten Existenzen wie z. B. der ‚Sünderin' Maria Magdalena[563] und dem römischen Steuerpächter Levi. Im Alten und Neuen Testament werden die alten Menschen nicht aussortiert und an den Rand der Gesellschaft gedrängt, wie das im Zeitalter der Globalisierung zunehmend der Fall ist. Die Erfahrung der älteren Menschen wurde geschätzt und auch gesellschaftlich genutzt und verwertet. Der Verfallsprozess der Menschen im alter wurde nicht negativ gedeutet, wie das im 21. Jahrhundert üblich ist. Auch der alte Mensch war noch ein vollwertiger Mensch. Noch mehr als im AT wird im NT klar, dass der Mensch ein Geschöpf Gottes ist und dass sich daraus die Gleichheit der Menschen im Angesicht Gottes ableitet.[564]

Jesus, seine Jünger und Anhänger lebten nicht schon halb im Himmel, sondern waren als Menschen auch den materiellen und sozialen Bedürfnissen ihrer Umwelt unterworfen. Es ist sehr fraglich, ob Jesus und seine Jünger wirklich ohne Besitz und Vermögen auskamen, was die Minoriten, der Bettelorden der Franziskaner, im Mittelalter für eine erwiesene Tatsache hielten. „Johannes XXII. war nicht dieser Ansicht und verurteilte die Lehre von der biblischen Armut als Irrglauben."[565] Damit „verwandelte er die Franziskaner in unentschuldbare Ketzer, die von den weltlichen Beamten dem Scheiterhaufen überliefert werden mussten, wenn sie nicht selbst als Ketzer betrachtet werden wollten."[566]

Theorie und Praxis waren nicht nur in der Überlieferung des Neuen Testamentes, sondern auch in der katholischen Gesellschaft des Mittelalters zwei Paar Stiefel. Die klaffende Lücke zwischen Glaube und Leben beklagen nicht nur klösterliche Chroniken und Annalen (wie z. B. die Kolmarer Annalen des 13. Jahrhunderts), sondern sogar die geistliche Dichtung, nicht zuletzt in Frankreich.

Die mittellateinische Dichtung des Hoch- und Spätmittelalters übt heftige Kritik an der Liebe der Geistlichkeit zu Geld, Vermögen und Mammon bis hinauf in die höchsten kirchlichen Kreise, wie eine Strophe aus den moralisch – satirischen Dichtungen des französischen Dichters Walther von Châtillon, welcher im 12. Jahrhundert lebte, sarkastisch verdeutlicht:

Hec est causa curie,	Vor der Kurie gewinnt
quam daturus perficit;	den Prozess, wer freudig gibt.
defectu pecunie	Aber wenn kein Geldstrom rinnt,
causa Codri deficit.	wird der Codrus[567] aufgehenkt.
tale fedus hodie	Das Gesetz zum Netz man spinnt,
defedat et inficit	füttert damit schmachgelenkt
nostros ablativos,	unsre Ablative,
qui absorbent vivos,	welche die Lebenden schlucken.
moti per dativos	Bewegt durch die Dative,
movent genitivos.[568]	bewegen sie die Genitive.

Noch spezieller konfrontiert die folgende Strophe Châtillons das Leben und Treiben der päpstlichen Kurie mit den alten christlichen Idealen des Neuen Testamentes:

Propter scelus perfidie,	Wenn Frevel und die Niedertracht
quo mundus inquinatur,	der Erde Schmach bereiten,
fluctuantis ecclesie	wird auch der Kirche eitle Pracht
sic status naufragatur.	Gewaltig Schiffbruch leiden.
Gratia prostat et scortatur	Die Gnade kommt in Hurenkleidern und hurt
foro venalis curie;	auf dem Markt der käuflichen Kurie;
iuris libertas ancillatur	die Freiheit des Rechtes macht sich
obsecundans pecunie.[569]	als Magd dem schnöden Geld dienstbar.

Diese Kritik am Finanzgebaren der Kurie und der hohen Geistlichkeit ist nicht nur berechtigt, sondern verdeutlicht auch den Unterschied des kirchlichen Lebens im Mittelalter zu den Ideen und auch zur (nicht luxusorientierten) Wirtschaftsgesinnung des Alten und Neuen Testamentes. Das Leben der Menschen in Palästina in der Zeit, da Jesus mit seinen Jüngern durch das Land zog, war eher anspruchslos und karg, wenn auch nicht unbedingt und immer mit Not und Elend verbunden.

Die Anspruchslosigkeit und Genügsamkeit der Menschen erkennt man auch darin, wie diese in der Zeit von Jesus den Boden bearbeiteten, was sie ernteten und wie sie sich ernährten. Der Bankier Heinz Schröder ermittelt in seinem bahnbrechenden Werk „Jesus und das Geld" sogar eine Kalorientabelle und führt unter Heranziehung des Talmud eine Kaufkraftberechnung der Einkommen im alten Palästina durch.[570]

Auch in Palästina wurden damals Steuern durch römische Steuerpächter eingetrieben und an die Finanzverwaltung abgeführt. Selbst zu Weihnachten musste „alle Welt sich schätzen lassen". Diese nicht nur bei der Geburt Jesu durchgeführte Schätzung war im Grunde nicht nur eine Volkszählung, sondern diente auch als Grundlage für künftige Steuern. Jesus ist weder Kommunist noch Revolutionär und anerkennt das Recht des Kaisers und des verhassten römischen Staates auf Steuerzahlung, welche im Vergleich zum Deutschland von heute recht erträglich war.[571] Steuer war auch damals nicht an das herrschende Wirtschafts- und Sozialsystem gebunden. Schröder drückt das drastisch so aus: „Jerusalem ist zerstört – Gott und Tempel wechseln – die Steuer bleibt bestehen".[572] Jesus gesteht auch den Juden die Tempelsteuer zu, gewissermaßen als „Lösegeld für das Leben".[573] Der jüdische Tempel wie überhaupt der Tempel in der Antike war nicht nur Bank, sondern fungierte gewissermaßen als Zentralbank und Clearingstelle. Die Hauptmünze des Tempels und des Wirtschaftsverkehrs in Palästina war die sog. **tyrische Münze** (Münze von Tyros), also eine phönikische Währung." Das unheilige Geld wird zu einer heiligen Währung."[574] Natürlich kam man bei den Tempelbanken nicht um eine ausgefeilte Buchhaltung herum. Jüdisches Geld- und Kreditwesen in Verbindung mit dem Tempel als Staatsbank waren damals schon so entwickelt, dass man im Grunde das System von heute in den Grundzügen schon praktiziert hat. Dazu die Aussage des Bankiers Schröder:

„In den gefundenen Papyri[i][575] kommt die Vermischung von Kulthandlungen und weltlichem Gewerbe deutlich zum Ausdruck. Fein säuberlich aufgeführt, getrennt nach Soll und Haben, wie ein moderner Bankauszug mit Last- und Gutschrift, werden im Hauptbuch des jeweiligen Tempels aufgeführt: Zunächst Zinsen als Einnahmen für ausgeliehene Kapitalien, die dem Gott Jupiter Capitolinus geschuldet wurden und zu einem bestimmten Stichtag von den einzelnen aufgeführten Darlehens-Schuldern gezahlt worden sind. Auf der Ausgabenseite sind dann die monatlichen Gehaltszahlungen an Tempelbeamte verbucht. .. Der Rest ist für Festbeleuchtung und für Dekorationen anlässlich verschiedener Feiertage ausgegeben worden."[576] Das Finanzielle im Tempel von Jerusalem, vor allem repräsentiert durch die vielen Geldwechsler an den großen Festtagen, scheint aber derart extrem im Vordergrund gestanden haben, dass Jesus sich in heiligem Zorn dazu hinreißen ließ, im Rahmen der sog. Tempelreinigung die Geldwechsler zu vertreiben.[577] Damit traf Jesus den Nerv des ganzen Wirtschafts- und Sozialsystems, machte sich höchst unbeliebt und unterschrieb damit sein Todesurteil. Es galt auch damals, was auch heute noch gilt: „Beim Geld hörte die Gemütlichkeit auf."[578]

Das Wirtschaftssystem des antiken Palästina war jedoch, wie es uns im NT begegnet, trotz der großen Bedeutung von Geld und Bankwesen kein System des Raubtierkapitalismus, in welcher nur die Oberschicht und die Unternehmer das Sagen hatten. Es gab ausgeprägte Formen der sozialen Gerechtigkeit. Schröder beschreibt diese am Modell der Arbeiter im Weinberg von Lukas 10,7, welche alle trotz der unterschiedlichen Länge ihrer Arbeitszeit den gleichen Tageslohn erhalten.[579] Soziale Gesichtspunkte des menschlichen Zusammenlebens stellt Schröder bei der Parabel des barmherzigen Samariters, der Erbarmen mit dem von Räuber Überfallenen auf dem Weg von Jerusalem nach Jericho hatte (Lukas 10,25–37), und an der Geschichte von Tauben und Sperlingen dar, welche Opfer für die Armen, aber eine Delikatesse für die Reichen waren (Lk 12,6 und Mt 10,29–31).[580] Auch die Armut war im alten Palästina kein Tabu. Doch Witwen, Waisen und auch Fremde genossen eine besondere Toleranz, soziale Fürsorge und Achtung.[581] Darauf weist auch der christliche Theologe Horst Goldstein[582] hin und zitiert dazu aussagekräftige Stellen vor allem aus dem Deuteronomium (Deut. 24,14–22) und aus dem Leviticus 17–26. Bezeichnenderweise machte das israelitische Strafrecht keinen Unterschied zwischen Einheimischen und Fremden[583], was in der Antike nicht die Regel ist. Indirekt galt dieser Schutz für die Außenseiter und Fremden auch den Kindern von allein erziehenden Müttern und fremden Frauen. Kinder sollten also nicht wie heutzutage ein Armutsrisiko darstellen. Doch auch Jesus und seiner Mitwelt war klar, dass das Problem der Armut mit Almosen allein nicht zu lösen war.[584]

Trotz des großen Verständnisses für Witwen, Waisen, Arme und Fremde gab es herzlose und erbarmungslose Menschen, welche kein Herz für Schuldner, die ja vielfach auch Arme waren, hatten.[585] Auch gegen Witwen, Waisen und Fremde, welche noch mehr als Schuldner geschützt sein sollten, gab es immer wieder Übergriffe und Gewaltanwendungen, wie verschiedene Stellen aus dem Alten und Neuen Testament, dem „Ersten" und „Zweiten" Testament, immer wieder verdeutlichen.[586] Im Vergleich zu ihren Nachbarn waren aber auch die relativ fremdenfreundlichen Juden nicht frei von fremdenfeindlichen Klischees und Vorurteilen. Auch im alten Israel gehen Sprüche um, wie wir sie auch in unserer Gegenwart kennen. Bei Jesaja 1,7 verzehren Fremde den Acker. Ausländer sollen nicht mehr den Most trinken, „um den du dich abgemüht" (Jesaja 62,8). In Jesaja 2,6 ist das Haus Jakob „voll von Wahrsagerei aus dem Osten, von Zauberern wie die Philister, und an Ausländern haben sie Überfluß." In dieser Stelle von Jesaja wird der Überfluss an Fremden gewissermaßen als Strafe Gottes interpretiert. Wie sehr die Realität der Fremdenbehandlung von den positiven sozialen und rechtlichen Normen des Alten und Neuen Testamentes immer wieder abgewichen ist, zeigt die folgende Stelle bei Jesus Sirach, welche wohl auch auf das Fremdsein von Juden außerhalb des jüdischen Lebensraumes Bezug nimmt: „Des Lebens Haupterfordernis ist Brot und Wasser, ist Kleidung sowie Wohnung, um die Blöße zu bedecken. Besser ist des Armen Leben unter seines Daches Schutz als süße Leckerbissen in der Fremde. Ob viel, ob wenig, sei zufrieden; du brauchst doch keinen Vorwurf zu hören wegen deiner Wohnung! Von Haus zu Haus zu wandern ist ein schlimmes Leben; du darfst den Mund nicht auftun, wo du weilst als Fremder. Ein Fremdling bist du und musst Schande schlucken und obendrein doch bittre Reden hören: ‚Komm her, du Fremder, deck den Tisch, und wenn du etwas hast, gib mir zu essen!' ‚Zieh ab, du Fremder, einer Ehrung wegen; ein Bruder kam als Gast zu mir; ich brauch ‚das Haus!' Gar hart für einen Mann, der Einsicht hat, ist dieses: gescholten werden ob der Wohnung und geschmäht als Gläubiger."[587] Zur Ehre des jüdischen Volkes soll aber hier nicht verschwiegen werden, dass es immer wieder Männer wie z. B. die Propheten Jeremias und Ezechiel[588] gab, welche die Übeltäter und Gewalttäter, welche sich nicht an Gottes Gesetz hielten, kritisierten, anprangerten und bloßstellten. Soviel Zivilcourage findet man nur selten in einem Volk, wie Aich am deutschen Beispiel kritisch reflektiert.[589]

Das Neue Testament ist noch mehr als das Alte Testament voll von Parabeln und Gleichnissen, aus denen hervorgeht, dass Juden bereits im alten Israel die Eigenschaften und Fähigkeiten aufwiesen, durch welche sich auch die Juden im Mittelalter auszeichneten und auf Grund des Neides der Mitwelt auch zu leiden hatten. Schröder weist an der Geschichte der wunderbaren Brotvermehrung am See Genezareth die intellektuellen Fähigkeiten der Juden bereits in der Antike nach (Mt 14,13–21).[590] Es ist nur wenigen bewusst, ein wie ausgeklügeltes Rechtssystem im alten Israel praktiziert wurde. Das jüdische System war allerdings wie auch im modernen Israel mehr von der Religion geprägt als das alte Römische Recht.[591] Die letzten drei Kapitel von Schröder betonen in besonderem Maße wirtschaftliches Denken und ökonomische Rationalität der Menschen im alten Israel.

Mir drängt sich aus der neuen Sicht des Neuen Testaments, wie Schröder sie bietet, immer mehr folgende Idee auf: Die Griechen haben Europa Philosophie und wissenschaftliches Denken[592] vermittelt, von den alten Römern haben wir gelernt, politisch und in Kategorien der Macht zu denken, die Juden haben Europa das logistische und ökonomische Denken geschenkt. Aus der Sicht der von Schröder vermittelten neuen Ideen zum NT sollte man auch die ausschließliche Erklärung des modernen Kapitalismus durch den kalvinistischen Geist im Sinne von Max Weber neu überdenken. Auch die Fähigkeit der Juden des Mittelalters und der Neuzeit, richtig und sinnvoll mit Geld umzugehen, ist nicht primär mit der Minderheitensoziologie zu erklären, sondern aus zahlreichen Stellen des NT zu erschließen. Jesus fordert die Menschen auf, „gute Geldwechsler" zu werden, eine Aussage, welche die Kirche lange Zeit ausklammerte. Die Stelle Lukas 19, 11–27 „Von der einstigen Rechenschaft" wird meist von Predigern nur auf das jenseitige Leben bezogen. Ich bin aber sicher, dass in dieser Geschichte Jesus den Umgang der antiken Juden mit Geld historisch getreu wiedergibt.[593] Die nachfolgende Passage ist besonders typisch für den kapitalistischen Geist, der sich bereits damals nicht primär in der wirtschaftlichen Struktur, aber in der Gesinnung der Menschen äußerte:

„Ein vornehmer Mann zog in ein fernes Land, um sich die Königswürde zu erwerben und wieder zurückzukommen. Er rief zehn seiner Knechte zu sich, gab ihnen zehn Minen und sprach zu ihnen: Macht Geschäfte damit, bis ich komme! Seine Mitbürger aber haßten ihn und schickten eine Gesandtschaft hinter ihm her, die erklären sollte: Wir wollen nicht, daß dieser König sei über uns. Und es geschah, als er nach Erlangung der Königswürde zurückkam, ließ er jene Knechte rufen, denen er das Geld gegeben hatte, um zu erfahren, was ein jeder an Geschäften gemacht hatte. Es kam der erste und sprach: Herr, deine Mine hat zehn Minen eingebracht. Er antwortete ihm: Recht so, du guter Knecht, weil du in so Geringem treu warst, sollst du Macht haben über zehn Städte. Es kam der zweite und sprach: Deine Mine, Herr, hat fünf Minen getragen. Er sprach auch zu diesem: Und du sollst über fünf Städte gesetzt sein. Der andere kam und sprach: Herr, hier ist deine Mine; ich hielt sie im Schweißtuch verwahrt; denn ich fürchtete dich, weil du ein harter Mann bist. Du nimmst, was du nicht eingelegt, und erntest, was du nicht gesät hast. Er sagte zu ihm: Aus deinem eigenen Munde nehme ich das Urteil für dich, du böser Knecht! Du wußtest, daß ich ein harter Mann bin, dass ich nehme, was ich nicht eingelegt, und ernte, was ich nicht gesät habe. Warum gabst du mein Geld nicht auf die Bank? Ich hätte es bei meiner Rückkehr mit Zinsen abheben können. Und er sagte zu den Umstehenden: Nehmt ihm die Mine und gebt sie dem, der die zehn Minen hat! Sie entgegneten ihm: Herr, der hat schon zehn Minen! Ich sage euch: Jedem, der hat, wird gegeben; wer aber nicht hat, dem wird auch das, was er hat, genommen werden" (Lukas 19, 12–26).

Eine anschaulichere Definition für Kapitalismus als hier bei Lukas 19 gibt es bis heute nicht. Hier ist bereits das Phänomen der Kapitalakkumulation und der ungerechten Einkommens- und Vermögensverteilung, wie sie Karl Marx[594] beschrieben hat, angesprochen. Erstaunlich ist hier an dieser Stelle, dass der Zins als Entgelt für Kapital wie auch die Anlage von Geld auf der Bank eine Selbstverständlichkeit sind. Es gibt aber im antiken Judentum auch die antikapitalistische Gegenposition, welche in ihrer Rigidität auch Ausdruck eines existierenden Denkens in den Kategorien von Geld und Kapital ist. Diese macht allerdings auch deutlich, dass Gott über der Wirtschaft steht und die höheren menschlichen Wünsche jenseits von Geld und Kapital stillt. Diese Jesajastelle ist so einzigartig, dass ich diese hier in voller Länge wiedergebe:

„So spricht der Herr: Auf, ihr Durstigen, kommt alle zum Wasser! Auch wer kein Geld hat, soll kommen. Kauft Getreide und esst, kommt und kauft ohne Geld, kauft Wein und Milch ohne Bezahlung! Warum bezahlt ihr mit Geld, das euch nicht nährt, und mit dem Lohn eurer Mühen, was euch nicht satt macht? Hört auf mich, dann bekommt ihr das Beste zu essen und könnt euch laben an fetten Speisen. Neigt euer Ohr zu mir, hört, dann werdet ihr leben. Ich will einen ewigen Bund mit euch schließen gemäß der beständigen Huld, die ich David erwies. (Jesaja 55,1–3).

Aus dieser Stelle Jesajas erfahen wir in wenigen Worten, wie sich die einfachen Menschen im alten Palästina ernährt haben. Selbst der unerfahrene Leser des Alten Testamentes merkt jedoch, dass es nur vordergründig um die Ernährung der Menschen geht, dass im Grunde die nicht materiellen Bedürfnisse angesprochen bzw. im letzten Satz in der Gestalt des ewigen Bundes (zwischen Gott und Menschen) und in der König David gewährten Huld angedeutet werden. Modern ausgedrückt würde man heute sagen, dass das Wirtschaften nicht ein menschliches und politisches Ziel, sondern nur ein Instrument ist, mit welchem nicht zuletzt höhere Ziele verwirklicht werden können. Das sind Vorstellungen, wie wir sie ja auch immer wieder in verschiedenen Stellen des Neuen Testamentes, nicht nur bei Lukas 19, finden.

Aus diesen antagonistischen Stellen erkennen wir also, dass das Alte und Neue Testament nicht nur ein Spiegelbild religiöser und sozialer Vorstellungen, sondern auch eine Fundgrube wirtschaftlicher Vorstellungen und Ideen der antiken Juden und des wirtschaftlichen Lebens in Palästina ist. Diese wirken bis heute über Judentum und Christentum unablässig in die Kultur Europas hinein und prägen nicht nur das wirtschaftliche Denken, sondern auch die Menschenrechtskonzeption der Gegenwart.

Die Tatsache, dass im jüdischen Kulturraum (anders als in der christlichen Geschichte des Mittelalters und der Neuzeit) die Sklaverei in der Form der Schuldknechtschaft nur eine zeitlich begrenzte Einrichtung und die soziale Gerechtigkeit geradezu ein Leitmotiv der Propheten waren[595], hat wohl, abweichend von der bei den Griechen und Römern nie in Frage gestellten lebenslangen Sklaverei, erheblich zur Entstehung und Entwicklung der Menschenrechte im westlichen Europa beigetragen. Die in der „Declaration of Independence" von 1776 und in der Französischen Revolution von 1789 genannten (aber nicht immer praktizierten) Menschenrechte[596] kommen also nicht aus dem luftleeren Raum, sondern sind bereits im Alten und Neuen Testament in einer relativ freien und gerechten Gesellschaft mit Händen greifbar. Die Sendung „Geburt des Christentums" in TV-ARTE vom 17.04.2004, in welcher sich sowohl zahlreiche hebräische wie auch christliche Forscher äußerten, hat deutlich gemacht, dass nicht nur das Alte, sondern auch das Neue Testament ein Spiegelbild jüdischen Geistes und jüdischer Religion ist. Sowohl das Alte wie auch das Neue Testament verkörpern das „wahre Israel". Die Grundtendenz der ARTE-Sendung ging dahin, dass bereits seit dem 2. Jahrhundert AD christliche Theologen, z. B. Marician und Justin, sich gewissermaßen im Wettbewerb mit dem jüdischen Kultus dazu hinreißen ließen, das im Neuen Testament verkörperte Christentum als das „Wahre Israel" zu bezeichnen, und damit den Juden Verrat an Israel vorwarfen. Damit raubte man Israel und den Juden nicht nur ihre theologische Erbschaft und brachte sie um ihre religiöse Identität, sondern man hatte auch den die jüdischen Gesetze achtenden Judenchristen die Wirkungsbasis entzogen. In Verbindung mit dieser Zurückdrängung des Jüdischen aus dem christlichen Glauben und einer Fehlinterpretation des Neuen Testamentes verlor auch Paulus, welcher in seinen Episteln die jüdischen Fundamente des Neuen Testamentes und des Christentums hervorgehoben hatte, in der jungen christlichen Kirche mehr und mehr an Gewicht. Erst wieder Augustinus war es vorbehalten, in paulinischen Kategorien zu denken und zu schreiben und damit auch Luther die wesentlichen theologischen Grundlagen seines evangelischen Christentums zu liefern. Er war es auch, der konsequent die im Neuen Testament angelegte Linearität der Zeit als irreversiblen Prozess auf die von Christus versprochene Erlösung hin in seinem Werk propagiert hat. Seine radikal neue Vorstellung von der Zeit macht auch deutlich, dass „sich die christliche Kultur von der heidnischen Antike lossagen" wollte, „in deren Kulturen die zyklischen Zeitkonstruktionen dominierten. Diese lineare Zeitbetrachtng ist zwar bereits in der jüdischen Kultur der Antike im Ansatz vorhanden, wurde aber nie als wesentliche Dominante dieser Kultur empfunden. Die jüdische Geschichte ist durchaus nicht frei von zyklischen Elementen, waraauf ja auch der bis heute anerkannte Mondkalender hindeutet. Die neue Sicht der

Zeit verleiht dem Christentum die „Dimension der Gottesnähe". Zeit wird sakralisiert, wird somit zur heiligen Zeit.[597]

Trotz der zunehmenden Eliminierung der jüdischen Elemente aus dem Christentum erleben wir in den ausgehenden Jahrhunderten der Antike und im frühen Mittelalter eine Expansion der aramäisch-jüdischen Kultur, nicht nur auf religiöser Basis, im gesamten Mittelmeerraum. Es ist ein über Jahrhunderte sich hinziehender Expansionsprozess, bei welchem die im AT, NT, Talmud und anderen jüdischen Schriften verkörperten Werte und Ideen auf verschlungenen Pfaden und vielfach sogar auf Umwegen in die europäische Gesellschaft und Kultur des Mittelalters und der Neuzeit einsickerten und dort, nicht immer nach außen wahrnehmbar, Strukturen und Mentalitäten prägten und bis heute prägen.

Expansion der aramäisch-arabisch-jüdischen Kultur im Mittelmeerraum

Mit der Expansion dieser Kultur haben sich in den letzten zehn Jahren vor allem Davidson, Luhmann, Eisler, Brasi, Landau und nicht zuletzt die Islamforscher Günter Lüling[598] und Christoph Luxenberg (Pseudonym)[599] beschäftigt. Davidson baut sein Konzept vor allem auf der Idee des nachbabylonischen jüdischen Pazifismus auf und wagt dabei einen kühnen Gedanken, der allerdings nicht ausreichend durch Quellen belegbar ist, aber nicht ganz abwegig erscheint. Er kritisiert die historische Standardauffassung, dass der permanente Gegensatz zwischen dem griechischen Byzanz und dem Perserreich (und seinen Adlaten) das Erstarken der Araber und ihre Expansion in den gesamten Mittelmeerraum erst ermöglichte. Davidson hält jedoch eine vorherige kulturelle Expansion der aramäischen, protojüdischen Kultur für sehr viel wahrscheinlicher.[600]

Ihm fällt, unter Vorwegnahme der Erkenntnisse der Islamforscher Lüling und Laxenberg, unbestreitbar das besondere Verdienst zu, dass er – gemeinsam mit Christoph Luhmann – bereits im Jahre 1998 erkannt hat, dass die Expansion der arabischen Kultur ganz anders verlaufen ist, als man bisher geglaubt hat. Die beiden Autoren brachten also schon damals beachtliche Argumente dafür, dass die aramäische Kultur, Sprache und Schrift nicht nur den frühen Islam, sondern auch dessen Expansion geprägt haben. Davidson hielt es für wenig glaubwürdig, dass die mohammedanischen Araber „problemlos den gesamten Raum militärisch erobert" hätten. Er vermutete vielmehr, dass es in Wahrheit eine „Expansion der aramäischen Kultur", von Davidson als „protojüdisch" bezeichnet, gab. Diese Kultur wurde dann erst wesentlich später, wohl im Hochmittelalter, im Rahmen einer forcierten Arabisierung militarisiert und feudalisiert. Für diese Auffassung von Davidson – Luhmann spricht auch die Tatsache, dass die arabische Schrift ursprünglich nur wenig von der aramäischen abweicht. „Auch die arabische Schrift geht also auf die aramäische zurück." Die aramäische Schrift hat im Rahmen der kulturellen Expansion im asiatischen Raum auch die indische wie auch die tibetische Schrift stark beeinflusst.[601]

Der Islamforscher Christoph Luxenberg (Pseudonym) hat mit seinem aufsehenerregenden Buch „Die syro-aramäische Lesart des Koran" (Berlin 2000) großes Aufsehen, auch in der islamischen Welt, erzeugt. Erstaunlich dabei ist, dass die von Davidson – Luhmann bereits 1998 in einem völlig anderen Zusammenhang aufgestellten Thesen zur aramäisch-arabischen Kultur überhaupt keine Beachtung in der sog. historischen Fachwelt gefunden hatten. Luxenberg „kommt zu dem Schluss, dass sich der Koran ursprünglich als Beitrag zum Christentum verstanden hat"[602]. Diese Position lässt sich problemlos aus Davidson – Luhmann erschließen und war ja bereits von Günther Lüling vertreten worden. Lüling „leitet den ursprünglichen Islam von der abtrünnigen Sekte der Ebioniten ab, deren Spuren sich gegen 400 verlieren."[603] Sowohl Lüling als auch Luxenberg führen, allerdings ohne Bezugnahme auf Davidson – Luhmann, die bisherige Fehlinterpretation des Koran und damit auch der arabischen Expansion darauf zurück, „dass die Konsonantenschrift des Korantextes zu Verlesungen und Missdeutungen führen kann und auch geführt hat."[604] Nach Luxenberg liege aber dem Urkoran nicht ein arabischer Dialekt zugrunde, sondern „eine aramäisch-arabische Mischsprache". Auch der Name *Mekka* lässt sich im Grunde nicht aus dem Arabischen ableiten, sondern nur vom Syro-Aramäischen her deuten. Luxenberg bringt überzeugende Argumente für die ursprüngliche Fassung des Korans in Syro-Aramäisch und für die Tatsache, dass die Araber ebenso wie viele andere Völker des vorderen Orients in der Antike und im frühen Mittelalter die syro-aramäische Sprache gebraucht hatten. „Selbst die nomadisierenden Araber sollen noch Aramäisch geschrieben haben, wie eine Votivschrift für die Göttin Han-Ilat nach Segert bezeugt."[605] Es wäre also durchaus denkbar, dass sich die arabische Sprache aus der aramäischen entwickelt hat.[606] Das Aramäische könnte Europa im Frühen Mittelalter, nicht nur auf dem Weg über arabische Sprache und Kultur, „den eigentlichen zivilisatorischen Impuls gegeben"[607] haben.

Die aramäische Sprache war ein ganzes Jahrtausend die *lingua franca* im gesamten vorderasiatischen Kulturraum, „bevor es vom Arabischen ab dem VII. Jahrhundert nach und nach verdrängt wurde"[608] und sich nur noch bei den aramäischen Christen in Sprachinseln als Sprache der Liturgie gehalten hat. Luxenberg kommt schließlich sogar zu der wegweisenen revolutionären Erkenntnis, dass der Koran eine „Vermittlerrolle zwischen einer mehr als tausendjährigen aramäischen und der durch ihn eingeleiteten arabischen Kultur"[609] gehabt habe. Logischerweise ist damit für Luxenberg wie auch für Lüling der Koran nicht ein Gegensatz, sondern eine Ergänzung zur Bibel. Lüling sieht zudem in der „Abkoppelung des Islams vom Christentum [...] eine totale Entstellung der Entstehungsgeschichte des Islams".[610] Über diesen Standpunkt von Lüling geht Luxenberg noch hinaus. Dieser „sieht im Gegensatz zu Lüling im Koran eine Ergänzung der jüdischen und christlichen Bibel.[611] Es gibt also gute Gründe dafür, zu glauben, dass „der Islam vor seiner dogmatischen Festlegung im 9. und 10. Jh. eine jüdisch-christliche Sekte war"[612], deren primäres Anliegen ursprünglich die Übersetzung der Bibel ins Arabische war, „um den Monotheismus unter den Arabern zu verbreiten,"[613] und zwar unter Verwendung der syro-aramäischen Kult- und Kultursprache. „So ist die Koransprache als arabische, oder vielmehr als aramäisch-arabische Schriftsprache entstanden."[614] Es gibt gute Argumente dafür, dass die hebräische Quadratschrift eine Weiterentwicklung der aramäischen und nicht der althebräischen Schrift ist.[615] Man wird in Zukunft nicht darum herum kommen, die Forschungsergebnisse von Lüling und Luxenberg auch im Zusammenhang mit der Phantomzeitthese von Illig zu betrachten.

Wie im christlichen Europa haben wir auch im arabischen Kulturraum eine lange Periode, in welcher die Quellen schweigen. Die Tatsache der Verfälschung der arabischen Tradition wie auch des Koran gewinnt eine völlig neue Dimension, wenn man für das *karolingische Zeitalter* die Illig'sche These von der Interpolation der Karolingerzeit („Phantomzeit"[616]) auch für die Geschichte der aramäisch-arabischen Kultur in Erwägung zieht. Denn es steht fest, dass nach dem Tod des Propheten Mohammed (632 AD) „eine Lücke von rund 150 Jahren ohne nennenswerte arabische Literatur"[617] klafft und sich teilweise mit der karolingischen Phantomzeit nach Illig deckt. In diese karolingische Zeitlücke würde übrigens ganz gut die Tatsache passen, dass nach Gunnar Heinsohn[618] auch „das Volk des Buches" (gemeint sind die Juden) für diesen Zeitraum „keine literarischen Originale geschaffen hat".[619] Dubnow weist bereits 1921 hin „auf die geistige Stille, die mit dem 6. Jahrhundert eintritt und bis ans Ende des 8. Jahrhunderts fortdauert".[620] Eine kulturelle Expansion vermisst auch Davidson im sog. karolingischen Zeitalter; er verzichtet jedoch darauf, das Fehlen dieser Expansion mit der Interpolation einer Phantomzeit zu erklären. Seine Meinung steht aber trotzdem in diametralem Gegensatz zur traditionellen Geschichtsauffassung, für welche die kulturelle Expansion im wesentlichen ein Ergebnis des militärischen Erfolges ist. Davidson hingegen betont primär die wirtschaftlichen und kulturellen Aspekte.

Selbst Ernst Pitz, der an der Existenz der karolingischen Epoche nicht zweifelt, gibt zu, dass Nachrichten über Städte und Gewerbetreibende in dieser Periode spärlich sind. Doch mit einem dialektischen Klimmzug versucht er, diesen Nachteil in einen Vorzug umzudeuten: „Auch für die übrigen christlichen Länder Europas braucht man die Existenz von Gewerbetreibenden am städtischen Markt nicht zu bezweifeln; im Gegenteil, die *spärlichen Nachrichten* sind um so aussagekräftiger, als das städtische Leben der Zeit ohnehin einen im Vergleich zur Grundherrschaft nur ganz *verschwindenden Quellenbestand* erzeugt und uns hinterlassen hat."[621] Die Konsequenz aus dieser Aussage zieht Pitz aber nicht: Wenn also eingestandenermaßen Gewerbe und Bürgertum in der Karolingerzeit so gut wie keine Rolle spielen, dann müssten auch die bis heute behaupteten großen Leistungen des ‚Überkaisers' Karl, vorausgesetzt dass er je gelebt hat, und seiner Zeit in den Bereichen der Wissenschaft, der Kultur, der Baukunst, des Militärwesens, des Rechtswesens etc. in Zweifel gezogen und deutlich revidiert werden. Zudem müsste die zentrale Frage zum Karolingerreich gestellt werden: Kann denn ein Reich, das als so mächtig und erfolgreich charakterisiert wird, ohne große Städte und florierendes Gewerbe, ohne ein entwickeltes Wirtschafts- und Finanzsystem halb Europa erobert und so lange Zeit beherrscht haben? Es gibt also nicht nur Widersprüche zwischen den diversen Quellen, sondern auch innerhalb der überlieferten Strukturen und Ereignisse.

Auch in den Werken zur jüdischen Geschichte findet man immer wieder für diese Phantomzeit quellenmäßig nicht stichhaltige Aussagen, welche mehr der Phantasie als der Geschichtsforschung zuzuordnen sind. Bezeichnend für diesen Zeitraum von 600 bis ins 10. Jahrhundert ist auch die folgende Formulierung bei Cecil Roth: „In den dunklen Jahrhunderten wanderten die Juden als Kaufleute und Dolmetscher über die zerstörten Landstraßen und hielten so den Kontakt aufrecht zwischen jenen Regionen, die einst das Römische Reich bildeten."[622] Für diese Aussage gibt es keine ernst zu nehmenden historischen Beweise.

Die Gedanken von Davidson laufen in Verbindung mit der Analyse der arabischen und jüdisch-aramäischen Kultur darauf hinaus, „kulturelle Expansion im Zusammenhang mit kultureller Innovation zu sehen".[623] Dagegen genießen bis zum heutigen Tag in Forschung und Lehre die kriegerischen und politischen Auseinandersetzungen von Herrschern und Staaten sowie die sich daraus ergebenden Friedensregelungen, auch im Geschichtsunterricht, noch immer eine hohe Priorität. Die Geschichte der Kultur fristet ein Randdasein. Das gilt auch für die jüdische und arabische Geschichte.

Wie arabisch ist die Zivilisation?

Ich gehe mit Davidson konform, dass einige moderne Forscher die Rolle der arabischen Kultur für die Entwicklung Europas und nicht zuletzt Südeuropas überschätzen, die der Juden jedoch unterschätzen. Aus der Identität von **ibrit** für Hebräisch und **iberit** für iberisch darf man schließen, dass man im alten **Iberien** („Spanien") eine semitische Sprache, also eine Art Hebräisch, sprach.[624] Für diese Auffassung spricht auch die Tatsache, dass man noch heute im weiter östlich gelegenen **Malta** eine unzweifelhaft semitische Sprache spricht. Es wäre also durchaus denkbar, dass die Semiten vom Westen nach Osten gewandert sind.

In den Kulturwissenschaften des europäischen Westens gilt es immer mehr als schick, die Auffassung zu vertreten, dass die europäische Kultur sowohl über die iberische Halbinsel als auch über das osmanische Reich auf dem Balkan von der Kultur des Islam geprägt worden ist. An dieser Prägung und Formung Europas durch den Islam besteht überhaupt kein Zweifel, ist allerdings nicht der primäre Gegenstand dieser Arbeit. Es gibt jedoch neuere Erkenntnisse, welche es nahe legen, die Wirkungsfaktoren des Islam auf Europa auf der einen Seite mit mehr Zurückhaltung zu betrachten und auf der anderen Seite die Einflüsse der jüdisch-jiddisch-hebräischen Kultur wesentlich positiver, als dies Jahrhunderte lang praktiziert wurde, zu beurteilen.

Wenn man die spanische Kulturgeschichte des Mittelalters aus dieser Sicht der Dinge unter die Lupe nimmt, dann wird bereits in der Mitte des 12. Jahrhunderts deutlich, dass sich die goldene Zeit der moslemisch-jüdisch-christlichen Symbiose in Spanien dem Ende zuneigte. „Die Almohaden-Einfälle 1145 in Spanien und die damit einsetzenden antijüdischen Verfolgungen durch die Moslems in Verbindung mit der Desintegration der muslimischen Herrschaft nach den militärischen Erfolgen der christlichen *Reconquista* Spaniens führten dieses ‚Goldene Zeitalter' zu einem tragischen Ende."[625] Zu diesem bereits im Hochmittelalter erkennbaren Rückgang des Einflusses der islamischen Kultur in Europa hat sicher auch die statische Verfestigung der islamischen Religion, welche in einer starken Wechselwirkung mit der Kultur steht, ganz erheblich beigetragen. Ich zitiere dazu den Moslem Anis Hamadeh:

„Die Muslime haben – und das hat sich negativ ausgewirkt – seit etwa dem elften Jahrhundert oder dem neunten – keinen konstruktiven kritischen Diskurs über die Grundlagen ihrer Religion mehr geführt. Eine Aufklärung blieb bekanntlich aus, und auch eine arabische Jugendbewegung vom Schlag der Hippy-Bewegung hat es nicht gegeben. Nicht nur Anfang des letzten Jahrhunderts[626] wurde der offene Diskurs unterbunden – ... – und bis in unsere Zeit reicht diese Intoleranz, wie der empörende Fall der ‚Zwangsscheidung' des wichtigen ägyptischen Denkers Nasr Hamid <u>Abu Zaid</u> im Zusammenhang mit einem idiotischen Apostasie-Vorwurf zeigt. ... Hier genau ist das arabisch-islamische Kollektiv zögerlich, in der historisch-relativen und kritischen Bewertung seiner eigenen Identität."[627]

Auch Davidson bringt gegen die Überschätzung des Beitrages der Araber bzw. des Islam zur europäischen Kultur einige tragfähige Argumente. So ist z. B. im großen persischen Heldenepos von Firdausi keine Rede von einer Islamisierung Persiens. Die Erklärung der Orientalisten zum Schweigen der Quellen zur Islamisierung ist nicht überzeugend. Auch die Quellen zur Islamisierung des Maghreb (Nordafrika) zeigen, dass diese im günstigsten Falle erst im 12. Jahrhundert unter dem Almohaden Al Mu'min stattfand. Auch nach den von Davidson aufgeführten Quellen hat die Islamisierung viel später stattgefunden, als die offizielle Historiographie uns weismachen will. Dazu passt auch, dass der Name Mohammed vor 1100 so gut wie unbekannt war. Auch im Orient scheint sich der Islam als Volksbewegung erst viel später durchgesetzt zu haben, als in unseren Schulbüchern steht oder es der offiziellen islamischen Ideologie entspricht. Das Christentum hat sich wohl im Vorderen Orient viel länger gehalten, als man bisher angenommen hat. Auch viele Ismaeliten (Moslems) haben nach Auffassung byzantinischer Historiker noch lange „nach jüdischer Sitte" gelebt. Dieses Schweigen der arabischen Quellen könnte also, der Überlieferung der Sephardim entsprechend, damit erklärt werden, dass eben vor den Arabern die Kultur der Ibrit (Hebräisch) Sprechenden in Iberien und anderen Gegenden des Mittelmeerraums wie z. B. Malta eine segensreiche Wirkung entfaltet haben könnte. Nachweisbar ist das heute kaum mehr, da es wohl Bestrebungen gegeben haben muss, diese kulturelle Präsenz der Hebräer in Südeuropa in der Versenkung verschwinden zu lassen. Diese Atlantosemiten[628] waren nach alter spanisch – sephardischer Tradition nicht die Abkömmlinge von aus Palästina vertriebenen Juden und weisen eine andere Herkunft auf als die Aschkenasim, die osteuropäischen, die „deutschen" Juden.[629]

In diese Richtung geht auch die Auffassung von J. Touchet, «que la Tradition des Juifs de rite Sefardi (Sud de la France, Espagne et Afrique du Nord) affirme que leur Terre d'origine, la Terre d'Adam, n'est pas en Palestine.»[630] Es soll also nicht Palästina, sondern die iberische Halbinsel das Ursprungsland der (sephardischen) Hebräer gewesen sein. Iberit für „Iberisch" und Ibrit für Hebräisch sind ja auch sprachlich identische Begriffe. Es ist natürlich auch nicht auszuschließen, dass die sephardischen und aschkenasischen Juden verschiedene Herkunftsgebiete haben könnten. Ich zitiere dazu Horst Friedrich:

„My Readers will probably know that the two most well-known sub-groups of the Hebrew-Jewish population on our planet are designated by the terms ‚Ashkenasim' (literally Hebrew "the ‚Germans', or the German –Yiddish speaking ones) for the Eastern European Jews, and ‚Sephardim' (from Hebrew ‚Sefarad' for the Iberian Peninsula) for the Jews of Iberian/Mediterranean origin. Of the Ashkenasim we will speak in a moment. Touchet speaks of the tradition among Sephardi Jews of Spain, e.g. in Catalan Girona, to the effect that they had always lived on the Iberian Peninsula, and that their forefathers had definitely not been immigrants from Canaan-Palestine. Such a tradition among an obviously intelligent and literate Jewish populace can in my opinion not be dismissed in an offhand manner, as if it were irrelevant. Quite to the contrary the importance, which Spain had in certain Hebrew-Jewish respects, e.g. for the transmission of the Cabbalistic tradition, must automatically lead us to speculations (quite legitimate in scholarly matters) if not indeed the Iberian Peninsula might have been a very ancient focus or center of Hebrew–Jewish presence. If such a view could be verified by additional research, it could possibly also lead to a better understanding of the Hebrew-Jewish role with respect to the diffusion of Arab-Muslim science and general culture to the Christian Occident. This role may have been much underestimated."[631]

Horst Friedrich weist in seinem Aufsatz noch auf weitere eventuelle antike Zentren der jüdisch-hebräischen Kultur neben Palästina und Iberien[632] hin, z. B. auf Äthiopien und Jemen.[633] Er hält es sogar für möglich, „that we will have to reckon with a very ancient Hebrew/Jewish presence in Southern India."[634] Auch eine Verbindung mit der persischen Kultur ist sehr wahrscheinlich, vor allem, wenn man sich die Hochschätzung von König Kyros durch Jesaja vor Augen hält. Dafür bringt Friedrich sehr gute Argumente in seinem Kapitel „The Persian connection".[635] Neuere Forschungen zeigen, dass jüdische Wurzeln in Palästina nicht nachzuweisen sind. Nach mehr als 100 Jahren intensiver archäologischer Forschung konnte man dort keine Spuren der Könige Saul, David und Salomo finden. Auch der Tempel von Salomo konnte in Jerusalem, dessen alter Name Ariel (der Löwe Gottes) ist, bis heute nicht entdeckt werden. Eine Herkunft aus Palästina ist mit der ethnischen Vielfalt der Juden nicht in Einklang zu bringen. „Kommen die schwarzen äthiopischen Falachen, die total asiatisch aussehenden Samarkand-Juden, die indischen und chinesischen Juden, die Juden aus arabischen Ländern und die europäischen Juden alle aus Palästina? Sehr unwahrscheinlich!"[636] Die Juden der Welt sind auf jeden Fall alles andere als eine biologische Rasse. Sie unterscheiden sich von der lokalen Bevölkerung auch nicht durch rassische Merkmale, sondern mehr durch ihr Verhalten und evtl. auch durch ihre Rituale und Lebensgewohnheiten (Ernährung, Brauchtum etc.). Auffallend ist, dass Juden bereits im frühen Mittelalter in fast allen Völkern Europas nachweisbar sind und auch bereits im Rheinland, in Augsburg, Regensburg etc. gelebt haben, als es die Begriffe *deutsch* und *Deutschland* noch gar nicht gegeben hat. Das Judentum scheint also von Anfang an bereits eine europäische Erscheinung gewesen zu sein. Besonders deutlich sind die Spuren, welche auf die iberische Halbinsel und nach Südfrankreich verweisen. Nach wie vor darf man aber davon ausgehen, dass das Judentum mehrere geographische Wurzeln hat, zumindest zwei, nämlich die sephardische im Westen und die aschkenasische im Osten Europas.

Abb. 13: Rosette der Kathedrale von Carcassonne (Südfrankreich)

Die These, dass Iberien die Urheimat der Sepharden ist, wird gestützt durch die enge jüdisch – christliche Symbiose des spanischen Mittelalters (vor allem in Spanien), welche nur noch in wenigen erhaltenen Quellen sichtbar wird. Diese Symbiose ist noch heute lebendig in den Benediktinerkongregationen von Narbonne und Gerona, «où Rabbi Isaac l'Aveugle fut à la base d'une ‚Ecole' affirmant le bien-fondé de cette Tradition.» Als greifbares Symbol dieser mittelalterlichen Symbiose zeigen die Rosetten der im Mittelalter erbauten «Blauen Kapelle der Benediktiner» von Narbonne in Frankreich und der Kirche San Domenech in Gerona „une superbe Etoile de David de style séfardi", also den Davidsstern (mit Fotos von J. Touchet).[637] Ob der Davidsstern tatsächlich sephardischer Herkunft ist, wie Touchet meint, ist nicht allgemein anerkannt. Tatsache ist aber, dass Gerona das erste Zentrum der Kabbala in Spanien mit Rabbi Isaak von Narbonne[638] war und mit dem südfranzösischen Narbonne in einem regen kulturellen Austausch stand. Es deuten also eine Reihe von Faktoren darauf hin, dass es nachweislich auf der iberischen (hebräischen)[639] Halbinsel, in Frankreich und wohl auch in Deutschland zwischen Juden, Christen[640] und wohl auch Moslems ein harmonisches Zusammenleben gegeben hat, in welchem die Unterschiede zwischen den Religionen nicht als Trennlinien empfunden wurden. So war es durchaus möglich, dass Christen und Juden arabisch sprachen und der arabischen Kultur wohlwollend gegenüberstanden und auch Moslems sich den beiden anderen Kulturen verbunden fühlten, wie der deutsch-jüdische Philologe Steinschneider an einer Reihe von Beispielen zeigt.

Davidson ist es zu verdanken, nach langer Zeit wieder auf diesen vergessenen jüdischen Amateurphilologen Steinschneider[641] aufmerksam gemacht zu haben. Letzterer weist darauf hin, dass bereits die frühen arabischen Übersetzungen „das Werk gelehrter Juden sind", was auf die große Bedeutung der Juden für die arabische Wissenschaft in Spanien hindeutet.[642] Steinschneider ruft die vergessene Tatsache in Erinnerung, dass die meisten wichtigen arabischen Texte „im Mittelalter nur noch in hebräischen Übersetzungen" vorlägen. Derenbourg, von Steinschneider zitiert, warnt ausdrücklich davor, „die jüdischen wissenschaftlichen Leistungen des Mittelalters den Arabern zuzuschreiben".[643] Valeriu Marcu ist auf Grund seiner intensiven Beschäftigung mit der Geschichte der Juden in Spanien zu der Erkenntnis gelangt, „die für das Abendland so wichtige Berührung der christlichen mit der arabischen Welt fand durch die Juden"[644] statt. Die bedeutenden Universitäten der Kalifen in Cordova und Toledo wurden – unter christlicher Herrschaft – fast ausschließlich durch Juden bzw. konvertierte Juden geleitet. Mosaische Gelehrte, welche einstmals „im Wetteifer mit den Mauren" die großen antiken Philosophen, Mathematiker und Naturwissenschaftler ins Arabische übersetzt hatten, übertrugen diese nun im hohen und späten Mittelalter weiter in die kastilische Sprache. Die Juden gehörten zu den ersten, welche in Spanisch dichteten und das Kastilische zu einer richtigen Sprache gestalteten und damit auch zum Werden der spanischen Sprache beitrugen. In der Medizin besaßen die Juden geradezu eine Monopolstellung. Fast alle Granden, Könige und Erzbischöfe hatten jüdische Hausärzte.[645] Aus der intensiven Lektüre des fundierten Werkes von Marcu und anderen Werken zur jüdischen Geschichte auf der iberischen Halbinsel habe ich – wie bereits oben angedeutet – den Eindruck gewonnen, dass in Kultur, Dichtung und Wirtschaft der Beitrag der Juden noch wesentlich höher einzuschätzen ist als derjenige der Sarazenen bzw. Moslems.

Als Folge einer bereits im Mittelalter regressiven islamischen Entwicklung geht der kulturelle Schwerpunkt Europas Ende des 12. / Anfang des 13. Jahrhunderts zunehmend auf die **Provence**, also auf Südfrankreich, über. „Im ausgehenden 12. Jahrhundert war die Provence das intellektuelle Zentrum der Juden Europas."[646] Im 12. und 13. Jahrhundert wirkten nicht wenige jüdische Gelehrte in der Provence, so z. B. Jehuda Ibn Tibbon (1120–1190), der eine Reihe bedeutender jüdischer Werke aus dem Arabischen ins Hebräische übersetzte, und sein Sohn Schmuel (1160–1230). „Die Provence entwickelte sich zu einem Zentrum jüdischen intellektuellen und literarischen Lebens in Europa. Im späten 12. und frühen 13. Jahrhundert dienten Juden als Vermittler und Übermittler der arabischen Zivilisation und sogar der klassisch griechischen und Hindu-Traditionen in Europa."[647] Auch die Kabbala, die neue jüdische Mystik, hatte gegen 1175 in der Provence ihren Anfang genommen[648]. In Anbetracht dieser zunehmenden kulturellen und auch wirtschaftlichen Blüte war es also kein Zufall, dass sich auch die päpstliche Herrschaft seit der Mitte des 14. Jahrhunderts zunehmend in der Provence etablierte.

Gelegentlich sind Quellen vor allem aus der Provence über die Juden erhalten (die wohl anderswo aus dem Verkehr gezogen wurden), die zeigen, dass die europäischen Herrscher und Eliten auf das geistige Kapital der Juden nicht verzichten konnten. So gab es z. B. in der **Provence** „unter der päpstlichen Herrschaft eine besondere Steuer für diejenigen Juden, welche ihre Kinder weder für die Wissenschaft noch für den Handel ausbildeten".[649] Dass die arabische Kultur nicht primär den großen Kulturtransfer nach Europa durchgeführt haben kann, zeigen zahlreiche historische Quellen, welche von einem weltabgewandten fundamentalistischen Geist getränkt sind. Es kam aber noch viel schlimmer. Hass, Intoleranz und Gewalt in den muslimischen Staaten zerstörten das orientalische Judentum „und damit vermutlich auch die orientalische Zivilisation selbst."[650] „Spätestens im 15. Jahrhundert war das aramäische und griechische Judentum im Orient völlig ruiniert." Im 16. Jahrhundert hat allerdings das Osmanische Reich und der Vatikan einen Großteil der aus Spanien vertriebenen Juden in Nordgriechenland bzw. im Vatikanstaat angesiedelt und damit wohl die Grundlage zu künftigem Wohlstand und künftiger Machtexpansion gelegt. Die großen Machtzentren der frühen Neuzeit konnten und wollten also nicht auf das Know-how der Juden verzichten. Dabei darf man davon ausgehen, dass bei ihrer Aufnahme nicht nur die christliche Nächstenliebe eine Rolle spielte. Bei der Aufnahme so großer Menschenmassen muss man sich vor Augen halten, dass es bereits im späten Mittelalter Stimmen gab, die allen Ernstes die Meinung vertraten, dass in der europäischen Frühgeschichte (Tacitus!), in welcher die Juden weniger Macht ausgeübt haben sollen, das Leben erträglicher und die Menschen friedlicher gewesen seien. Wie stand es nun wirklich mit der europäischen Ur- bzw. Frühbevölkerung?

Die europäische Urbevölkerung – eine Gesellschaft der Gewalt und des Krieges

Es sind nicht zuletzt Vertreter des europäischen Denkens, so z. B. Marx und Rousseau, welche die Verderbnis der eigenen Zeit der Tatsache zuschreiben, dass der (angeblich) natürliche Urzustand der menschlichen Gesellschaft durch die zivilisatorische Entwicklung pervertiert worden ist. Berichte aus den Schriften der menschlichen Urgesellschaft zeigen, dass das Leben stets gefährdet und mit permanenten Gefahren, auch der wirtschaftlichen Not (Missernten und Hunger) und des Lebens, verbunden war. Gewalt war nicht zuletzt außerhalb des Friedensbereiches des Hauses allgegenwärtig. Die moderne Völkerkunde und Soziologie fördert jedoch die Erkenntnis zu Tage, dass es Situationen gibt, in welchen der Instinkt der Naturvölker, die in einer mündlich geprägten schriftlosen Kultur leben, weitaus mehr als der Verstand der sog. Kulturvölker in der Lage ist, Gefahren und Bedrohungen der Natur und feindlicher Menschen zu erkennen, vorzubeugen und abzuwehren. Urvölker sind noch in der Lage, die Signale der Tierwelt zu erkennen und die Warnsignale der Natur richtig zu deuten, wie sich auch in der asiatischen Flutkatastrophe vom Dezember 2004 wieder einmal gezeigt hat.[651] Ohne die Nutzbarmachung des Instinktes und ohne die genaue Kenntnis und Beobachtung von Fauna und Flora hätten die in mündlich-magisch-archaischen Traditionen lebenden Urvölker keine Chance, Bedrohungen und Gewalt von außen auf Dauer zu entrinnen.

Diese starke instinktive Verbundenheit mit der Natur und der transzendentalen „Anderwelt" ist auch den keltischen Völkern eigen. Sie gelten nach Diodor „als die gerechtesten aller Menschen". Trotz solcher positiver Eigenschaften sind die erregbaren Gemüter der Kelten stets gewaltbereit und geneigt zu Kämpfen, „die aus nichtigen Anlässen oft tödlich endeten." Als Beispiel möge die Duelliersucht der Ritter der Tafelrunde von König Artus dienen. Gewalt und Duell sind ihnen Lebenselixier, wie der folgende Bericht von Diodor zeigt: „Während des Essens benutzen sie jeden noch so trivialen Vorwand, um Streitgespräche zu entfesseln und einander zum Zweikampf herauszufordern. Ihr Leben gilt ihnen dabei nichts, denn unter ihnen ist noch der Glaube des Pythagoras an die Unsterblichkeit der Seele und an eine spätere Wiedergeburt lebendig ...".[652] Die keltische Gewaltbereitschaft ist, vordergründig betrachtet, religiös begründet, ist aber wohl auch die Folge der von einer feindlichen Umwelt her sich ergebenden Bedrohung.

Diese permanente Bedrohung des menschlichen Lebens durch Gewalt von außen manifestiert auch die Ältere Edda, deren Lieder zwischen 800 und 1200 in

Norwegen und Island entstanden sind. Die dort beschriebenen Ereignisse und Begebenheiten beziehen sich wohl vorwiegend auf die Verhältnisse in Island und Norwegen im frühen und hohen Mittelalter (bis 1200), also auf einen Zeitraum, in welcher sich auch im germanischen Kulturkreis die Schriftkultur durchgesetzt hat. Als Beispiel für die massive Gewaltbereitschaft dieser männlich dominierten Gesellschaft mögen die folgenden Verse aus den Götterliedern der Älteren Edda dienen:

„Von seinen Waffen weiche niemand
Einen Schritt im freien Feld:
Niemand weiß unterwegs, wie bald
Er seines Speeres bedarf."[653]

Dass mit diesen Versen nicht nur die Bedrohung durch wilde Tiere gemeint sein konnte, zeigen die folgenden Verse über die permanente Gewaltbereitschaft der alten Germanen aus dem Havamal:
„Zweie gehören zusammen, und doch schlägt die Zunge das Haupt.
Unter jedem Gewand erwarte ich eine Faust."[654]

Die in der urgermanischen Gesellschaft praktizierte Gewalt ist voll von Blutrünstigkeit, nimmt vielfach sogar makabre und skurrile Formen an und ist mit einer uns heute unverständlichen Lebensverachtung verbunden, in welcher der den Toten überdauernde Ruhm wichtiger ist als die Freude am Leben. Die Ehre der Lebenden und Toten ist das höchste Gut. Ihre Verletzung wird grundsätzlich mit Blut gesühnt. Christliches Mitleid und Vergebung gibt es nicht. Blutrache ist wie noch heute in vielen Gegenden Albaniens eine nicht selten geübte Selbstverständlichkeit, ihre Nichtpraktizierung wäre mit Ehrverlust und Ausschluss aus der menschlichen Gesellschaft verbunden. Sie wird auch dann geübt, wenn der Bluträcher damit seinen eigenen Tod programmiert. Ein heldenhafter Tod wird viel höher geschätzt als ein Leben ohne Ehre und mit Schande. Die fatalistische Todeslust der altgermanischen ‚Helden' erinnert in fataler Weise an die Selbstmordkommandos fanatischer Islamisten der Gegenwart. Die folgenden Zeilen aus der Älteren Edda sprechen für sich und bestätigen diese Aussage:
„Schön stritten wir: wir sitzen auf Leichen,
Von uns gefällten, wie Adler auf Zweigen.

Hohen Ruhm erstritten wir, wir sterben heut' oder morgen:
Den Abend sieht niemand wider der Nornen Spruch.
Da sank Sörli an des Saales Ende,

Hinter dem Hause fand Hamdir den Tod."[655]

Diese in der Edda immer wieder aufflammende Gewalt muss bereits in früher Zeit über das übliche Maß hinausgegangen sein. Eine Reihe von Stellen in der Edda legt sogar rituellen Kannibalismus nahe. Der Totendrache Nidhöggr saugt an dem verfluchten höllenähnlichen Ort Hwergelmir das Blut der Toten und frisst Leichname.[656] Was einem Drachen recht ist, das kann auch für einen germanischen Helden nicht falsch sein. Denn Sigurd, Sohn des Wölsungen Sigurd, briet das Herz von Fafnir, Sohn des Hreidmar, am Spieß. Bevor er diese Delikatesse zu sich nahm, „da stieß er daran mit seinem Finger und versuchte, ob es gar gebraten wäre." Er verbrannte sich und steckte den Finger in den Mund." Bei dieser Gelegenheit kam ihm auch Fafnirs Herzblut auf die Zunge.[657] Aus der diesem Text folgenden Strophe des Fafnirliedes wird dann endgültig klar, dass Sigurd das Herz Fafnirs auch aß. Ich zitiere dazu die folgenden Zeilen:
„Die eine Meise sang
Da sitzt Sigurd blutbspritzt
Und brät am Feuer Fafnirs Herz.
Klug dünkte mich der Ringverderber,
Wenn er das leuchtende Lebensfleisch äße."[658]

Man gewinnt aus dieser plastischen Stelle den Eindruck, dass hier nicht ein Dichter seine Phantasie walten ließ, sondern dass es auch bei den Germanen durchaus üblich war, vor allem delikate Teile eines erlegten Feindes zu verspeisen. Dieser Akt von Menschenfresserei war aber nicht rein physische Fleischeslust, sondern eine rituelle Kulthandlung. Hinter diesem Akt der Gewalt steckte der auch bei den Skythen und Thrakern verbreitete Gedanke, dass der Sieger, der das Herz des erlegten Feindes verspeiste, dadurch an Tapferkeit, Kraft, Ehre und Ansehen gewinnen würde. Barbarische Gewalt war also in der Urgesellschaft auch ein Mittel zur Steigerung nichtphysischer sozialer Bedürfnisse.

Die Gewalt muss über die Grausamkeiten des heldischen Alltags hinaus in der Welt der Nordgermanen geradezu globalen Charakter besessen haben, da in den Götterliedern der Älteren Edda ausdrücklich vom „Völkermord in der Welt" die Rede ist. Dessen Ursache ist offensichtlich „Gullweig", die Goldkraft.[659] Damit ist in der Welt der Edda der Keim des Verfalls und des Unterganges schon spürbar. Der Dichter der Älteren Edda sieht den Weltuntergang und den Fall der Asen voraus. Dieser Untergang, in erster Linie ein Untergang einer durchaus nicht heilen germanischen Welt, ist mit einem krassen Werteverfall und moralischem Zusammenbruch, wie ihn auch das Neue Testament zum Ende der Zeiten schildert, verbunden. Die beiden Strophen aus den Götterliedern der Älteren Edda zeigen das Ausmaß des moralischen Zusammenbruchs und die zunehmende Eskalation der Gewalt sogar innerhalb der Sippe:

„Brüder befehden sich und fällen einander,
Geschwisterte sieht man die Sippe brechen.
Der Grund erdröhnt, üble Disen fliegen;
Der eine schont des anderen nicht mehr.
Unerhörtes ereignet sich, großer Ehbruch.
Beilalter, Schwertalter, wo Schilde krachen,
Windzeit, Wolfszeit, eh die Welt zerstürzt."[660]

Das nahende Christentum hatte angesichts dieses drastisch geschilderten Untergangsszenarios keine ‚ideale' Germanenwelt zerstören müssen. Die sittenreine Gesellschaft der ‚Germania' im Sinne der *Germania* des Tacitus, wo der römische Dichter die (angeblich) guten Sitten der Germanen den verderbten Römern als Spiegel vorhält, hat nie existiert. Die Welt der Germanen war also angesichts der zunehmenden Orgien der Gewalt und von Tendenzen der Selbstzerstörung durchaus reif für die Einführung einer neuen Religion und Ethik, nämlich des vom Judentum geprägten Christentums.

Auch in der klassischen Antike gibt es Denker und Dichter wie z. B. den Griechen Hesiod (gegen 700 v. Chr.), welche die negative Entwicklung und die wachsende Gewaltbereitschaft der Menschen und Völker vom ‚Goldenen Zeitalter' zum Eisernen Zeitalter auf die Verderbtheit des menschlichen Geschlechtes zurückführen. Die Ideen dieser Denker sind utopistische Rückprojektionen aus ihrer als schlecht empfundenen Epoche und widersprechen eklatant den Aussagen der historischen Quellen. Je weiter man zu Epochen niedrigerer Kulturstufen zurückgeht, umso weniger ‚romantisch' ist das Leben der meist auf naturalwirtschaftlicher und autarker Basis lebenden Menschen. Nur eine ganz dünne Oberschicht genoss Privilegien, welche im Vergleich zur Blütezeit der griechischen Kultur als bescheiden zu betrachten sind. Wie wenig idyllisch, wie stark von Gewalt und Zwang beherrscht das Leben des einfachen Volkes auf einer fast ausschließlich naturalwirtschaftlichen Kulturstufe war, zeigt nicht zuletzt der Bericht des Herodot über die noch relativ höher entwickelten Skythen. Bei diesem in Südrussland lebenden Volk sind Menschenopfer in Verbindung mit körperlichen Verstümmelungen (z. B. Abschneiden des rechten Armes) selbstverständlich (Herod. V 62), und das wohl auch noch im 5. Jahrhundert, in welchem Herodot gelebt hat. Kannibalismus gibt es im 5. Jahrhundert v. Chr. nur noch bei den sog. Androphagen, den „Menschenfressern", welche Nomaden sind und weder Rechtspflege noch Gesetze kennen (Herod. IV 106). Die Kulturstufe des Kannibalismus haben die Skythen und andere sog. Naturvölker also im 5. Jahrhundert schon hinter sich gebracht. Natürlich sind auch Tieropfer üblich außer Schweinen (V 63). Besonders gewaltorientiert sind die Sitten in Kriegszeiten. Der

Skythe trinkt vom **Blut** seines ersten Feindes, den er erlegt hat. Für die Köpfe getöteter Feinde, welche der Skythe dem König bringt, kommt dieser in den Genuss eines Beuteanteils. Auch die abgeschabte Kopfhaut des Feindes findet vielfache Verwendung. Der Besitz vieler Feindeshäute erhöht, wie noch vor nicht allzu langer Zeit bei vielen Indianerstämmen üblich („Skalp"), Prestige und Rangordnung in der Gemeinschaft. Auch die rechte Hand toter Feinde lässt sich vielfach wirtschaftlich verwerten, so z. B. als Deckel für Köcher. Viele Skythen nutzen auch die gesamte Leiche, indem sie die gesamte Haut auf Holz spannen und sie auf ihrem Pferde mitführen (Herod. IV 64). Nicht nur die Häute, sondern auch die Schädel lassen sich nutzbringend verwenden. Die Schädel der grimmigsten Feinde verarbeitet man zu Trinkschalen, aus welchen vor allem angesehene Gäste die Ehre hatten zu trinken (Herod. IV 65). Es war wohl Wein mit Blut gemischt. Auch in der Edda tranken die siegreichen Helden den Met[661], manchmal vermischt mit Blut, aus Schädeln, welche zu Schalen geformt worden waren.[662] Es gibt also auch bei den Skythen noch Restformen des Kannibalismus.

An einer anderen Stelle der Jüngeren Edda, dem „Skaldskaparmal", der „Sprache der Dichtkunst", mischten die boshaften Zwerge Filar und Galar dem weisen Kwasir Honig in das Blut, „woraus ein so kräftiger Met enstand, daß ein jeder, der davon trinkt, ein Dichter oder ein Weiser wird."[663] Ob Kwasir das Blut-Honig-Mixgetränk aus einem menschlichen Schädel genossen hat, steht nicht im „Skladkaparmal", ist aber in Anbetracht der hier vorausgehenden Schilderung in „Gunnars Harfenschlag" nicht auszuschließen.

Die Parallele zwischen den makabren Trinksitten und dem Blutkult der Nordgermanen und der Skythen ist frappierend. Es wäre denkbar, dass die meisten Völker der Urgesellschaft weitgehend einen gemeinsamen Verhaltenskodex im Bereich der Alltags- und Feindeskultur besaßen.

Wie extrem also nicht nur bei den Germanen, sondern auch bei den Skythen Aggression, Gewalt und Krieg verherrlicht und gesellschaftlich geschätzt und sanktioniert wurden, zeigt besonders drastisch die folgende Herodotstelle:

„Einmal in jedem Jahre lässt der Häuptling jedes Gaues im Mischkrug Wein bereiten, und alle Männer, die einen Feind erlegt haben, trinken davon. Die, welche keinen erlegt haben, dürfen nicht mittrinken und sitzen abseits, ohne dass man sie beachtet. Das ist für den Skythen die größte Schande. Alle, die eine ganze Menge Feinde erschlagen haben, bekommen gar zwei Becher und trinken aus beiden zugleich" (Herod. IV 66).

Der Bericht über die Thraker, welche im Norden von Griechenland lebten, fällt bei Herodot nicht so drastisch aus wie bei den Skythen. Doch auch dort gelten kriegerische Ideale weit mehr als die friedliche Bebauung des Feldes. Müßiggang wird bei den Thrakern hoch geehrt. „Das ehrenvollste Leben ist das Kriegs- und Räuberleben" (Herod. V 6). Die Skythen und Thraker sind, kaum vorstellbar, noch lange nicht die schlimmsten Barbaren. Rund um das Schwarze Meer „wohnen die unwissendsten Völker", von denen Herodot namentlich die Skythen ausnimmt. Doch auch diese stehen nicht auf hoher Kulturstufe. Denn sie sind Nomaden und leben von der Viehzucht, vor allem Pferdehaltung, und kennen keinen Ackerbau. Krieg ist ihr wahres Leben (Herod. IV 46). Leider berichtet uns Herodot nichts über die „unwissendsten Völker". Doch wir können wohl davon ausgehen, dass ihr kultureller Status noch weit unter dem der Skythen und Thraker liegt. Auf wesentlich höherer Stufe als die Naturvölker der Skythen, Thraker etc. stehen die Kulturvölker der Antike, die Hellenen, Perser, Syrer, Phoiniker, Ägypter und Araber, welche auch wirtschaftlich betrachtet die Stufe der Naturalwirtschaft überschritten und intensiv Gewerbe und Handel getrieben hatten. Die Liste der gewaltbereiten und kriegsliebenden Naturvölker der Antike ließe sich beliebig erweitern, ohne dass man wesentlich neue Ergebnisse bekommen würde.

Nicht so krass wie die Schilderung der sog. Naturvölker der Antike fällt diejenige der Völker des frühen Mittelalters aus, deren Sitten und Gewohnheiten sich dem Einfluss des jüdischen und christlichen Denkens nicht ganz entziehen konnten. Gewaltbereitschaft und Kriege waren selbst noch den Kulturen der Völkerwanderungszeit eine Selbstverständlichkeit, auch den kulturell relativ hoch entwickelten Franken und Langobarden nicht fremd. Das wird sehr deutlich in verschiedenen Stellen des frühmittelalterlichen langobardischen Rechtes (Gesetze des Rothari), in welchem das Volk der Langobarden als *exercitus*, also als Heer bezeichnet wird.[664]

Christlich-humanistisches Verhalten wurde aber in extremen Notzeiten, vor allem bei starken Hungersnöten, selbst in kulturell höher entwickelten Epochen, sogar der Neuzeit, völlig außer Kraft gesetzt. In solchen Zeiten verhielten sich getaufte Christen nicht anders als die Barbaren der Urgesellschaft. Hans J. Teuteberg berichtet noch für das 17. Jahrhundert, dass im Norden von Deutschland: „Landbewohner und Soldaten verzehrten Katzen, Mäuse, tote Tiere und Menschen." Selbst vor den Toren der Stadt Brandenburg „schrien Menschen, dass man ihnen die verwesenden Tiere herausgebe. In Wittenberg wurde ausgelost, wer sterben sollte, um zuerst verzehrt zu werden."[665] Kannibalistische Exzesse sind natürlich auch für die periodisch auftretenden Hungerkrisen des frühen

Mittelalters in ganz Europa bezeugt, auch in der angeblich kulturell so hochentwickelten karolingischen Epoche.[666] Der Firnis der christlichen Kultur war also in den Anfängen des europäischen Christentums noch sehr brüchig. Christliche Lebensformen waren im Grunde auf eine sehr dünne Oberschicht beschränkt und auch da nicht wirklich durchgehend verbreitet.

Es übernahmen aber trotzdem die europäischen Völker, vor allem der Städte, des frühen und teilweise auch des hohen Mittelalters, welche noch lange überwiegend auf naturalwirtschaftlicher Basis lebten, ursprünglich nur die äußeren Formen des Christentums. Die Missionare und christlichen Glaubensboten passten die christliche Lehre den gesellschaftlichen und kulturellen Verhältnissen dieser Menschen an, welche noch auf einer relativ niedrigen Kulturstufe standen. Die wahren Verhältnisse, welche zur Zeit der Übernahme des Christentums im Frühmittelalter herrschten, finden sich nicht in den ‚amtlichen' tendenziösen kirchlichen Werken der Zeit wie z. B. in der Historia Francorum des französischen Bischofs Gregor von Tours, sondern eher in rein säkularen Quellen wie z. B. „Iskenders Warägerfeldzug" aus dem frühmittelalterlichen Island. Dieses Werk zeigt bei der Einführung des Christentums das Fortbestehen von alten heidnischen Gebräuchen und Sitten neben dem christlichen Glauben, der nicht wirklich praktiziert wurde. Den Völkern, welche das Christentum angenommen hatten, ging es nicht wirklich um Glaubensinhalte, sondern um eine neue *Kultur*, welche die Organisation des gesellschaftlichen Zusammenlebens verbessern sollte. Die wahren Ideale bzw. Idole der noch stark heidnisch geprägten europäischen Kultur waren aber nach wie vor *Gewalt*, *Streit* und *Krieg*[667], welche wohl besonders stark in der Oberschicht, vor allem vom Adel[668], praktiziert worden sind. Die uns erhaltenen Chroniken von Adelshäusern aus dem späten Mittelalter und der frühen Neuzeit spiegeln diese gewaltbezogenen Ereignisse und auch Sachverhalte aus dem täglichen Leben (Krankheiten, Epidemien, Tod, Aberglauben, magische Vorstellungen etc.) wider.

Konflikte aller Arten werden bis zum Beginn der Neuzeit im Rahmen des Fehdewesens, das nur auf dem Papier abgeschafft wurde, zwischen den adeligen Häusern ausgetragen. Konflikte zwischen verschiedenen Adelsfamilien, auch der obersten Schicht, enden mehrfach mit Totschlag und Mord. Allgemein bekannt ist die Ermordung des deutschen Königs Philipp von Schwaben im Jahre 1208 durch den Pfalzgrafen Otto von Wittelsbach im bischöflichen Palais zu Bamberg. Das Motiv dieses Mordes ist bis heute nicht wirklich geklärt. Fast ein Jahrhundert früher, im Jahre 1002, als der Bayernherzog Heinrich als König Heinrich II., der Heilige, den Thron bestiegen hatte, war Marquard Ekkehard von Meißen, ein Mitbewerber um den deutschen Königsthron, einem Mordkomplott zum

Opfer gefallen. Auch hier ist nicht geklärt, ob hier ein Auftragsmord auf die Initiative von Kaiser Heinrich II. hin erfolgte.[669] Dieser Mord hatte auf jeden Fall die noch lebenden weiteren Mitbewerber von König Heinrich II. gefügig gemacht und eine wesentliche Voraussetzung dafür geschaffen, dass der Absolutheitsanspruch und die imperiale Sendungsidee des Kaisers, abgeleitet aus der Bibel und dem Herrschaftsverständnis der Karolinger (Codex aureus), leichter durchgesetzt werden konnten. Im Vergleich zur Ermordung des Marquard Ekkehard von Meißen war die Eliminierung des Konrad von Teck, welcher im April 1292 in Weinheim an der Bergstraße vom dort anwesenden Teil des kurfürstlichen Kollegiums zum Deutschen König gewählt worden war, eher eine Episode. Nach seiner Wahl machte sich der gewählte König mit seinem Gefolge auf den Weg in die alte Krönungsstadt Frankfurt. Dort hoffte man, auch die restlichen Kurfürsten für die Wahl Konrads zu gewinnen. Doch Konrad kam nie in Frankfurt an und wurde in der Nacht zum 2. Mai ermordet. Die Täter wurden nie bekannt. Man vermutet Schergen des Erzbischofs von Mainz hinter dieser ruchlosen Tat. Beweise gibt es jedoch keine. An der Ermordung von Konrad besteht jedoch kein Zweifel. Denn bei der Öffnung seines Grabes im Jahre 1579 wurde in seinem Schädel ein großes Loch festgestellt, das nicht auf natürliche Weise zu erklären ist. Die Tatwaffe könnte eine Keule gewesen sein. Auch Konrads Nachfolger, Adolf von Nassau, 1292 auf Betreiben vor allem der geistlichen Kurfürsten gewählt, wäre auf seiner Krönungsfahrt, als das Schiff an der wittelsbachischen Feste Fürstenberg südlich von Bacharach auf dem Rhein vorbeigefahren war, beinahe Opfer eines Anschlages geworden. Ein pfälzischer Schütze traf einen Edelmann an der Seite des Königs tödlich mit einem Pfeil.[670] Es gäbe noch weitere Beispiele für Aggressionen, Morde, Mordversuche und extreme Gewaltanwendung innerhalb der adeligen Führungsschichten zu berichten, und zwar nicht nur im Rahmen ritterlicher Turniere wie auch des Raubrittertums, welches bis in das 15. Jahrhundert hinein blühte. Wir dürfen aber davon ausgehen, dass die meisten Morde und Mordversuche durch Adelige gegen andere Adelige nie bekannt geworden sind und keinen Eingang in die Geschichtsbücher gefunden haben. Der Mord an Konrad von Teck war den Zeitgenossen des 14. Jahrhunderts unbekannt geblieben und wurde ja auch erst vor wenigen Jahren durch einen findigen Historiker mehr oder weniger durch Zufall entdeckt. Die wenigen adeligen Mitwisser wollten wohl den Erzbischof von Mainz nicht in Misskredit bringen.

Bischöfe, Prälaten und Fürsten gehörten zur Herrschaftselite des Reiches. Trotz der starken gemeinsamen Interessenbasis betrachtete aber der hohe Adel die Bischöfe und andere geistliche Würdenträger vielfach als politische bzw. herrschaftliche Konkurrenten und Gegner. Christliches Gedankengut aber spielt in den adeligen Chroniken, wenn man von religiösen Floskeln wie der Berufung auf „Gottes willen" und Eigenschaften wie „fromm", „christlich" etc. absieht, so gut wie keine Rolle.[671] Auch das ritterliche Lebensideal gibt es seit dem Hohen Mittelalter überwiegend nur in den Büchern, jedoch nicht im wahren Leben. Dieses war nicht nur beim Adel von Streit, Kampf, Fehde, Krieg, von Neid, Missgunst und Hass geprägt.[672] Nur diese in der Welt von heute negativ besetzten ‚Ideale' galten als ehrenvoll, nicht aber die Entwicklung einer friedlich geprägten Gesellschaft und Wirtschaft. Nach der Auffassung des Kulturtheoretikers Norbert Elias beginnt die Zivilisation bzw. Kultur „mit einem Gewaltverzicht auf Grund der sich allmählich durchsetzenden Einsicht, daß mit dem Faustrecht keine menschenwürdige Lebensordnung begründet werden kann."[673] Verwunderlich ist allerdings, dass Elias und Biser dem Beitrag des Alten Testaments und der Juden hin zu einer friedlicheren Gesellschaft keine hohe Priorität zuweisen. Die Idee einer gewaltfreien Gesellschaft wurde nach den Orgien der Ketzer- und Hexenverfolgungen erst wieder von der Aufklärung[674] aufgegriffen, ohne aber fassbare positive Ergebnisse hervorzubringen.

Ein Spiegel dieser gewalttätigen und gewaltfixierten Gesellschaft in Mittelalter und Neuzeit ist das deutsche Schulwesen vom Mittelalter bis zur Gegenwart. In der Schule ging Gewalt als Strafpädagogik nicht nur von den bis ins 20. Jahrhundert hinein schlecht ausgebildeten Lehrern aus, sondern vielfach als Gegenreaktion auch von den Schülern. Auch in anderen Ländern Europas, sogar in England noch im 19. Jahrhundert, waren körperliche Strafen in den Schulen eine Selbstverständlichkeit. Wie düster, freudlos und gewalttätig Schule und auch die Erziehung im Elternhaus früher waren, zeigt mit geradezu erschreckender Deutlichkeit die Ausstellung zur Schulgeschichte im Jahre 2003 in Lohr am Main.[675] Wenn man also sieht, wie stark bis in die neueste Zeit der Schulalltag von Gewalt geprägt war, dann fällt es nicht schwer, sich vorzustellen, wie die Zustände in der europäischen Urgesellschaft, in welcher es so etwas wie Schule und Erziehung noch gar nicht gegeben hat, gewesen sein könnten.

Eine realistische, nicht durch christliche Ideale geschönte Beschreibung der Sitten der europäischen Ureinwohner bietet der Reisebericht des Ahmad Ibn Fadlan, eines Klienten des Mohammed Ibn Sulayman aus Bagdad, der vor allem in der Aussage gipfelt, dass die Saqualiba (im heutigen Russland) intelligente Männer, die sich durch Geistesgegenwart und Kenntnisse hervortun, am nächsten Baum aufhängen. Davidson folgert in Verbindung mit anderen Überlieferungen[676] aus dieser Quelle, dass „die europäische Urbevölkerung ihre Intelligenz wirklich systematisch ausgerottet hat."[677] Die Aussage von Ibn Fadlan steht in konträrem Gegensatz zur Idealisierung der Germanen in der *Germania* des Römers Tacitus, welche ja nach Davidson eine im Mittelalter oder gar erst in der Renaissance erfundene Schrift ist. Es gibt noch weitere nichteuropäische Berichte von Masudi, Ibn Yaqub etc, welche zu ähnlichen Ergebnissen wie Fadlan kommen. Es stellt sich aber doch hier die Frage, ob man die bei diesen Autoren gemachten Äußerungen für die gesamte europäische Frühgeschichte verallgemeinern darf. Es kann allerdings nicht bezweifelt werden, dass es immer wieder Epochen der europäischen Geschichte gab, bei denen Gelehrte und intelligente Menschen nicht nur nicht gefragt und gefördert, sondern auch verachtet und verfolgt wurden. In der Regel waren jedoch Gewaltmenschen mehr geschätzt als die Vertreter von Bildung und Kultur, die im frühen Mittelalter noch rarer waren als Geld und Münze.

Europas frühmittelalterliche ökonomische Geschichte

Für deutsche Wirtschaftshistoriker ist es eine Selbstverständlichkeit, dass die Hauptmünze des frühen Mittelalters, der Denar, auch Dinar genannt (noch heute in Serbien), seinen Namen vom lateinischen *denarius* hat. Davidson führt jedoch den Namen der Münze auf das arabisch-hebräische DIN (= Gesetz, Religion) zurück, was durch Quellen nicht belegbar ist. Der denarius leitet sich nicht vom lateinischen *decem* (= zehn), sondern seltsamerweise vom lateinischen *deni* (= je zehn) ab. Diese Ableitung von *deni* halte ich wahrscheinlicher als die von *din*. Da die frühmittelalterliche Münzprägung „vor allem eine lateinisch-romanische" (S. 118) ist, darf man auch davon ausgehen, dass der Denar sich vom Lateinisch-Romanischen herleitet. Auffallend ist, dass auch in der Münzbeschriftung das Deutsche wie auch in der Literatur und bei den Urkunden relativ spät auftaucht, und zwar kaum vor dem 14. Jahrhundert. Die Frage der deutschen Sprache und ihre Anwendung im Münzwesen wie auch im praktischen Leben hängt eng mit der Frage des Untergangs und der *translatio* des Römischen Reiches an die Franken bzw. Deutschen zusammen. Ist das Weströmische Reich wirklich mit seinem Münzwesen untergegangen oder ist es mit seinem Münz- und Geldwesen nahtlos an das *Imperium Sacrum* der Franken bzw. Deutschen übergegangen bzw. über das Medium der Kirche übertragen worden? Dieser Übergang des Reiches an die Franken ist mit größeren Schwierigkeiten verbunden, als die konventionelle Historiographie wahrhaben will. Selbst die konservativsten Mediävisten können die „desolate Quellenlage" zur Geschichte und Sprache der Franken nicht leugnen. Von den an die 200 merowingischen Königsurkunden sind nur 38 im Original erhalten, und diese stammen ausgerechnet aus dem für seine Fälschungen bekannten Pariser Kloster St. Denis.[678] Auch Chlodwig, der Begründer des fränkischen Merowingerreiches ist historisch nicht wirklich fassbar.[679] Für die Epoche der Merowinger gibt es fast nur eine einzige wirklich umfassende, allerdings nicht zuverlässige Quelle, nämlich die Historia Francorum von Gregor von Tours aus dem 6. Jahrhundert AD. Ihre Herkunft aus dem 6. Jahrhundert ist jedoch, nach stilistischen und inhaltlichen Gesichtspunkten zu urteilen, äußerst fraglich. Wie leicht es sich die Historiker des frühen Mittelalters die Sache machen, wenn die Quellenlage dünn und die Qualität der Quellen fraglich ist, zeigt Pfister in einer plastischen kritischen Analyse:

„Aber auch hier machen die Forscher wie bei allen anderen quellenkritischen Überlegungen einen logischen Salto Mortale: Die Quellen sind eigentlich zu verwerfen. Aber weil man nur diese hat und man die Existenz einer bestimmten Geschichte nicht anzweifeln darf, so werden die kritisierten Grundlagen stillschweigend rehabilitiert. Im Klartext heißt das: Existiert für ein Faktum nur eine einzige Quelle, so ist diese einzigartig glaubwürdig."[680]

Die miserable Quellenlage der sog. Merowinger und Alamannen[681] legt in Verbindung mit den nationalen Bestrebungen Deutschlands und Frankreichs im 19. Jahrhundert, die nationale Vergangenheit geschichtlich so weit als möglich zurückzuprojizieren, geradezu den Gedanken nahe, dass nicht nur die Karolinger-, sondern auch die Merowinger- und Alamannenepoche entweder schlicht und einfach erfunden oder, was wahrscheinlicher ist, durch die vorhandenen Quellen total verfälscht wiedergegeben wurde. Deutschland und vor allem Frankreich haben es auf jeden Fall geschafft, mit Hilfe der Merowinger und Karolinger „die eigenständigen völkischen Grundlagen"[682] bis in die Übergangszeit der Völkerwanderung zurückzuführen.

Die zentrale Frage, ob die Völkerwanderung für das „Römische Reich" wirklich die vernichtende Katastrophe war, ist angesichts dieser schwachen Quellenbasis somit nicht von der Frage des Übergangs des Römischen Reiches auf die Franken zu trennen. Dieser Übergang wird noch undurchschaubarer, wenn man eine Phantomzeit von dreihundert Jahren für die Karolingerzeit nach Illig für eine historische Tatsache halten sollte, wobei Pfister und Serrade eine längere Interpolationsperiode nicht ganz auszuschließen.

Die meisten Arbeiten über die sog. Völkerwanderung bringen kaum brauchbare Informationen, da hier die Quellenbasis noch schlechter ist als für Antike und Mittelalter. Dass die sog. Barbaren in der Lage waren, das gefestigte Römische Reich aus den Angeln zu heben, ist so unwahrscheinlich wie der Glaube, dass die Pyramiden ausschließlich mit Hilfe so einfacher Techniken wie Flaschenzug und schiefer Ebene mit Hunderttausenden von Sklaven errichtet worden sind.[683]

Davidson zeigt mit Hilfe der Genealogie, dass es einen genealogischen Bruch im Hochmittelalter gibt. Es gibt heute kaum mehr eine Familie in Europa, die ihre Wurzeln bis zu den Ottonen, Saliern und Hohenstaufen[684] zurückführen kann, von einer Herkunft aus der Völkerwanderungszeit völlig zu schweigen. Leider kann uns die Genealogie und auch die Numismatik nicht erklären, ob und auf welche Weise ein solcher Übergang stattgefunden hat. Unerklärlich bleibt auch, warum wir genealogisch nicht weiter zurückkommen als bis zu den Geschlechtern des 13. Jahrhunderts, z. B. den Welfen, Wittelsbachern, Hohenzollern und Habsburgern.[685] Wir können hier nur mit Sokrates feststellen: Wir wissen, dass wir nichts wissen. Allerdings zeigt die neuere Auswertung der unverdächtigen mittelalterlichen Quellen, dass sich große Teile der romanischen Bevölkerung in den Randgebieten wie Noricum und Rhaetia länger gehalten haben, als man bisher angenommen hat. Es besteht somit zumindest eine gewisse demographische Kontinuität. Es gibt aber im Bereich der Münzgeschichte Argumente, die sich mit einer *translatio imperii Romani* nur schlecht vereinbaren lassen. Wie soll man sich erklären, dass Chlodwig um 500 herum Münzen prägte, „die heute als Nachahmungen der byzantinischen (oder syrischen?) Solidi und Trienten des Kaisers Anastasius (491–518) gelten". Für eine ungebrochene Kontinuität des **Imperium Romanum** spricht dagegen eher die außergewöhnliche Aktivität der späteren fränkischen Münzprägung. „Offensichtlich lassen sich die unterdrückten Romani in Gallien nicht davon abhalten, Gold und Silber zu fördern und zu münzen. Über 900 fränkisch-merowingische Münzstätten sind nach Rittmann namentlich bekannt, davon allerdings nur 14 in Deutschland, 12 in der Schweiz, 7 in Belgien / Niederlanden. Dazu sind die Namen von 2 000 Münzmeistern bekannt."[686] Erstaunlich ist zudem, dass die von den Merowingern in großen Mengen geprägten Münzen meist aus Gold waren. Völlig verwirrend ist aber die Tatsache, dass in einem Land wie Gallien, das eine so reiche Münzprägung aufweist, der angeblich für Europa so schicksalhafte Sieg von Karl Martell bei Tours und Poitiers gegen die Sarazenen überhaupt keinen Niederschlag in der Münzprägung findet.[687] Es gibt nicht einmal einen zeitgenössischen Bericht.

Hat dieses Schweigen etwas zu tun mit der von Illig behaupteten Interpolation der karolingischen Jahrhunderte? Selbst wenn man Illig hier nicht bzw. nicht voll zustimmen wollte, gewinnt man den Eindruck, dass Karl Martell ebenso wie Karl der Große legendäre Figuren (evtl. im Spätmittelalter erfunden), beide vielleicht sogar identisch sind. Überraschend ist auch, dass die sog. Sendgrafen, die *comites*, auf den fränkischen Münzen recht häufig abgebildet sind. Offensichtlich war ihre Macht und Bedeutung höher, als es ihrem offiziellen staatsrechtlichen Status entspricht. Ungeklärt sind auch die Faktoren und die Hintergründe, welche zur Entstehung des sog. ottonischen Reichskirchensystems geführt haben. Wie kann ein solches System entstehen in einer Zeit permanenter Kriege? „Wie lässt sich die kriegerische Gesinnung mit der wirtschaftlichen Förderung der Kirche vereinbaren? Und warum hat Otto denn nicht gleich eine säkulare Verwaltungsreform veranstaltet? Warum musste sich der Staat der Kirche bedienen, um seinen staatlichen Aufgaben nachzukommen?"[688] Grundlegend und einleuchtend geklärt sind diese Fragen bis heute nicht! Sie werden auch ungeklärt bleiben, so lange es nicht gelingt, zu erklären, wie das frühmittelalterliche **Regnum Francorum,** das Frankenreich, wirtschaftlich funktioniert hat. Karl der Große soll wie gesagt angeblich halb Europa unterworfen haben, und das in einem System, das rein naturalwirtschaftlich ausgerichtet war, über weniger Münzumlauf als die Merowinger verfügte und von dem wir so gut wie keine Quellen haben. Das passt irgendwie nicht zusammen. Auch werden uns Fähigkeiten und Eigenschaften von Karl dem Großen in einer Fülle und Intensität überliefert, die auch nicht der mit den modernsten Medien arbeitende Bundeskanzler oder US-Präsident aufweisen kann. Es gibt nicht nur im karolingischen, sondern auch im ottonischen System so viele Widersprüche, so dass ich mit Davidson eher dazu neige, dass nicht Kaiser Otto die Reichskirche organisiert hat, sondern eher umgekehrt die wirtschaftlich entwickelten, in antiken sozialen Traditionen[689] stehenden Klöster das System dezentralistisch von unten her aufgebaut und organisierend auf ihre Umgebung ausgestrahlt haben. Der Kaiser wirkte in diesem Reichskirchensystem wohl nur als Repräsentationsfigur mit einer relativ geringen wirtschaftlichen Machtbasis, wie wir das ja auch aus dem weiteren Verlauf der Geschichte des *Hl. Römischen Reiches* kennen.[690] Goethe hat sich ja darüber mehrfach in seinem „Faust" lustig gemacht. Es ist also ein Irrtum, anzunehmen, dass vom 9. bis 11. Jahrhundert, die wirtschaftlich gewiss nicht höher entwickelt waren als das 12. und 13. Jahrhundert, der Kaiser mehr Macht und Einfluss besessen hätte als im Hoch- und Spätmittelalter. Aus der Sicht der ökonomischen Rationalität „entpuppt sich der frühe paneuropäische Staat der Karolinger und Ottonen wohl tatsächlich als ein Phantom des historischen Mystizismus."[691] So kann man nicht leugnen, dass mystische Quellen und poetische Werke den wahren Kern historischer Epochen oft viel besser treffen als die sog. historischen Standardquellen wie z. B. Urkunden und Urbare. So ist für Egon Friedell Dantes Vision von der Hölle in der *Divina Comedia* (Göttliche Komödie) „die kompetenteste Geschichtsdarstellung, die wir bis zum heutigen Tage vom Mittelalter besitzen".[692]

Hirtenmythos und romanische Sprachen

Dante ist der erste große Dichter Italiens, der seine Werke nicht in Latein, sondern in einer romanischen Sprache geschrieben hat. Das von ihm verwendete Italienisch führt jedoch Dante auf die Sprache Siziliens zurück. Das Königreich beider Sizilien gehörte ja später zum spanischen Vizekönigreich. Diese bisher wenig beachtete Tatsache lässt Bedenken aufkommen, ob die uns vorliegende Überlieferung zur Entstehung und Entwicklung der romanischen Sprachen der Realität entspricht.

Ich habe mich schon als junger Mensch schwer getan zu glauben, dass ein Stamm lateinischer Naturburschen jenseits des Tibers die hoch entwickelte etruskische Kultur aus den Angeln gehoben und ihre Sprache und Kultur von Latium aus den Bewohnern Italiens und des Mittelmeerraums aufgezwungen hat. Verwunderlich ist auch, dass in der römischen Religion und Kultur und auch noch im Katholizismus das etruskische Erbe seinen Niederschlag gefunden hat (z. B. das Fegefeuer, der *pontifex maximus*).[693]

Es ist richtig, dass seit dem Ende der Republik die staatstragenden Schichten Griechisch sprachen. Es ist aber auch glaubhaft überliefert, dass Cato der Ältere im 2. Jahrhundert vor Christus (vorausgesetzt, dass die Werke von Cato aus dem alten Rom stammen) nicht nur den Karthagern nicht wohl gesinnt war[694], sondern sich auch heftig, aber ohne Erfolg, gegen griechische Sprache und Kultur gewehrt hat.

Eine lateinische Sprache hat es in Italien seit der Republik gegeben, das bezeugen nicht nur lateinische Inschriften[695], sondern auch andere nichtliterarische Quellen. In der frühen Kaiserzeit löste jedoch das Griechische, vor allem bei den Gebildeten und der römischen Elite, Latein als Hauptsprache ab. Sogar der christliche Gottesdienst wurde „bis weit ins 3. Jh. hinein" in griechischer Sprache gehalten; „bis etwa 250 sind die christlichen Grabinschriften in Rom griechisch."[696] Bezeichnend für die Dominanz des Griechischen in Rom und Italien in der römischen Kaiserzeit ist auch die höchst merkwürdige Tatsache, dass in der Provinz Africa das Bedürfnis nach einer Übersetzung der Bibel ins Lateinische früher gegeben war als in dem einst lateinischen Mutterland. Während die Oberschicht die griechische Sprache gebrauchte und kultivierte, blieb Latein auch in der Kaiserzeit weiterhin die Sprache des einfachen Volkes und der Unterschicht. Es ist jedoch höchst wahrscheinlich, dass die einfachen Leute kein klassisches Latein, sondern ein Volkslatein sprachen, welches sich dann im Mittelalter und in der Neuzeit zum Italienischen weiterentwickelte. Ob dieses Volkslatein sich direkt aus dem klassischen Latein heraus entwickelt hat, ist allerdings fraglich. Topper sieht im Latein eine Kunstsprache der Renaissance.

Am Weiterbestehen der lateinischen Volkssprache in Italien kann wohl nicht gezweifelt werden. Es ist ja überhaupt nicht sicher, ob die lateinische Sprache, wie wir sie bei den sog. klassischen Autoren finden, je überhaupt in Italien **gesprochen** wurde und in dieser Form überhaupt jemals im antiken Italien als Sprache existierte. Selbst wenn es das klassische Latein als Sprache in Italien und Spanien gegeben haben sollte, dann ist noch nicht geklärt, von welcher Region aus diese ihren Ausgangspunkt genommen hat und welche Faktoren zu ihrer Ausbreitung in Europa geführt haben.

Es wurde in Italien, von der Kaiserzeit einmal abgesehen, also Lateinisch gesprochen. Aber welches Latein wurde in Italien gesprochen? Ich persönlich kann mir wie gesagt nicht vorstellen, dass die Sprache der sog. klassischen Autoren wie Livius, Sallust, Cicero, Varro, Columella etc. die Sprache der großen Masse der Bevölkerung war. Die Konstruktion der oft langen Sätze bei Livius, Cicero und Sallust bereiten noch heute selbst hochintelligenten Menschen Schwierigkeiten. Ich könnte mir vorstellen, dass das klassische Latein genauso wie die **katarhéousa** im Griechenland von heute eine Kunstsprache und vielleicht ebenso wie das Hebräische lange Zeit eine *lingua sacra* (heilige Sprache) war und als volksfremd empfunden wurde. Ungeklärt ist für mich nach wie vor das Problem, wo, wann und warum dieses klassische Latein entstanden ist.

Mir ist es immer schon seltsam vorgekommen, dass die spanische Sprache, noch deutlicher erkennbar am alten Judenspanisch, dem sog. Ladino[697], mit dem klassischen Latein in Orthographie und Grammatik mehr übereinstimmt als das Italienische. Ungeklärt ist auch immer noch die Herkunft der heutigen italienischen Sprache. Dante betrachtet die heutige italienische Volkssprache als Import aus Sizilien, für andere Autoren kommt auch die Provence in Frage.[698] Vor der Bildung der französischen Nation war der kulturelle Austausch zwischen Oberitalien und Südfrankreich noch sehr stark ausgeprägt. Aus dieser Sicht der Dinge war der Aufenthalt der Päpste ab 1309 in Avignon kein Leben in einer fremden Kultur. Die sog. moderne Romanistik betrachtet die Toscana als das Mutterland der italienischen Sprache von heute, also das Stammland der Etrusker. Ob wirklich alle romanischen Sprachen von heute von einem Basislatein abstammen, wie die Romanistik behauptet, wird durch die kritischen Forschungen von Davidson in Frage gestellt und bedarf einer genaueren Forschungsanalyse. Auch die Meinung, dass das Lateinische „eine bodenständige Entwicklung Italiens"[699] ist, müsste noch genauer untersucht werden; auch die Frage, ob das Lateinische wirklich ursprünglich nur der Dialekt von Rom war und seine Verbreitung über das linke Tiberufer hinausreichte. Davidsons Kritik an diesem „Hirtenmythos" sollte man ernst nehmen und die Thematik neu hinterfragen. Die Frage der lateinischen Sprache hängt auch stark mit der Herkunft der Lateiner bzw. Römer und deren Sprache zusammen. Die Vergil'sche These, dass die Römer von den Trojanern[700] abstammen, ist vielleicht weniger mythisch als der Hirtenmythos des 19. Jahrhunderts. Auch eine Herkunft aus der Stadt Tyros („Tyrrhenisches Meer") im heutigen Libanon wie bei den Karthagern ist nicht auszuschließen.

Ungeklärt ist auch noch die Frage der „ib(e)rischen" Sprache und Kultur. Der Ausdruck „iberisch" lässt sofort an „ibrit" (israelhebräisch „ivrit" = hebräisch) denken. Waren die Iberer also Semiten und haben sie schon seit Jahrhunderten auf der iberischen Halbinsel gelebt? Diese Auffassung vertritt Jacques Touchet in seinen verschiedenen Werken.[701]

Auffallend ist auf jeden Fall, dass viele bedeutende Persönlichkeiten der römischen Kaiserzeit wie z. B. Seneca, Lucanus, Columella etc. aus Spanien stammen. Nicht in Einklang zu bringen mit der herrschenden Meinung der Altphilologie und Alten Geschichte ist auch die Tatsache, dass „sich in Spanien in Inschriften aus dem 3. Jahrhundert vor Christi ein jüdisches Latein nachweisen lässt".[702] Aus diesem Grunde meint die Sprachwissenschaft, dass es eine deutliche Trennung zwischen Latein und Spanisch erst ab dem 10. Jahrhundert n. Chr. gebe, also erst in nachkarolingischer Zeit. Die folgenden Ausführungen von Davidson zur Verwendung der lateinischen, arabischen und hebräischen Sprache werfen alle bisherigen Auffassungen zur Kultur Spaniens über den Haufen: „Aus diesem 10. Jahrhundert aber gibt es Lieder und Gedichte, die arabisch oder hebräisch abgefasst sind (und die auch die arabische oder hebräische Schrift verwenden), am Ende aber eine spanische Schlussstrophe haben. Ist also für Juden und Hebräer das Spanische bzw. Kastilische vielleicht die eigene Umgangs- und Verkehrssprache, während das Hebräische / Arabische die heilige Sprache der Väter ist? Das würde erklären, warum die aus Spanien vertriebenen Juden bis heute an ihrem Ladino festgehalten haben."[703]

Die Geburt der feudalen Gesellschaft aus dem Ungeist der Gewalt

Die Prägung der europäischen Kultur ist nicht nur ein sprachliches, sondern auch ein sozial-wirtschaftliches Phänomen, welches sich vorrangig im Begriff des Feudalismus (Lehenswesen, Grundherrschaft) konkretisiert. Die Feudalismustheorie war bislang nur schwach durch Quellen fundiert und vielfach mit Wunschdenken verbunden. Das verwundert auch nicht, wenn man bedenkt, dass selbst Mediävisten davon ausgehen, dass bis zu 40 % der mittelalterlichen Quellen gefälscht sind. Man darf annehmen, dass diese hohe Fälschungsquote sich auch beträchtlich auf unsere Erkenntnisse vom Lehenswesen auswirkt. Berechtigt ist Davidsons Kritik an Karl Bosls Auffassung: „Schon in der Völkerwanderungszeit beschenkte der König seine Gefolgsleute mit Land, das er nach dem Recht des Eroberers erwirbt."[704] Die vorhandenen Quellen legen nämlich eher den Schluss nahe, das die Mächtigen und Herrschenden sich diese Rechte erst seit dem 10. Jahrhundert und mit Gewalt angeeignet haben, und zwar „auf Kosten der einfachen Bauern und der christlichen Kommunen."[705] Gewalt war also nicht nur ein Bestandteil des Fehderechts, sondern überhaupt der feudalistischen und vorindustriellen Gesellschaft. Diese Gewalt ist zudem mit einer für uns heute unvorstellbar intensiven sozialen Kontrolle und Sanktionierung einhergegangen.[706] Hinrichtungen von Gesetzesbrechern wurden in der feudalistischen Gesellschaft des Mittelalters und auch noch der Neuzeit äußerst makaber gestaltet und geradezu als Volksschauspiel zelebriert.[707] Es darf mit Fug und Recht bezweifelt werden, dass diese feierliche Vorführung des Todes eine abschreckende Wirkung auf die Zuschauer und die Mitglieder der Gesellschaft haben sollte. Es waren nämlich gerade meist feierliche Anlässe, welche in Verbindung mit Alkoholkonsum in der agrarischen Gesellschaft zu Streitigkeiten zwischen den Dorfbewohnern führten. Es gab allzu viele Möglichkeiten, die Ehre, ein hohes Gut der feudalen Gesellschaft, des Mitmenschen zu verletzen. Streitigkeiten und Raufereien scheinen im Mittelalter und in der frühen Neuzeit eine alltägliche Erscheinung gewesen zu sein. Oft aber blieb es nicht bei verbalen Streitigkeiten, „man meinte die verletzte Ehre durch eine Rauferei wieder herstellen zu müssen".[708] Müller – Wirthmann zeigt für die Raufhändel des 16. bis zum 19. Jahrhundert ein ausgesprochenes Eskalationsschema auf.[709] Aus seinem Werk wie auch einer Reihe von Werken zur bayerischen und französischen Sozialgeschichte gewinnt man immer mehr den Eindruck, dass die vorindustrielle Gesellschaft „wesentlich mehr durch körperliche Gewaltanwendung gekennzeichnet"[710] war als die Gesellschaft von heute. Zu der hier beschriebenen Gewaltanwendung, welche in der Öffentlichkeit geradezu wie ein Ritual praktiziert wurde und vor allem der Sicherung und Wiederherstellung der Ehre diente, kommt noch die archaisch ausgeübte Gewalt innerhalb des ‚gesamten Hauses'[711], nämlich des Hausvaters der agrarischen Gesellschaft über seine Familie und das Gesinde, des Zunftmeisters über seine Familie, Gesellen und Lehrlinge, des Lehrers über seine Schüler und in der frühen Industrialisierung des Fabrikherrn über seine Arbeiter. Die vorindustrielle Gesellschaft war in der Regel bemüht, die Konflikte weitestgehend innerhalb dieser unteren Lebenskreise zu lösen und nur dann Gerichte zu bemühen, wenn eine solche Regelung nicht möglich oder sehr erschwert war.[712]

Das feudalistisch mittelalterliche Gewaltverhältnis spiegelt also die Gewalt des gesamten staatlichen Makrokosmos im Mikrokosmos seiner Teile wider. In einer Zeit, in welcher die Lebenserwartung nicht hoch und das Individuum noch nicht in den Genuss der Menschenrechte gekommen war, hatte das menschliche Leben noch keinen hohen Stellenwert. Das zeigt sich immer wieder im Rechts- und Gerichtswesen der feudalistischen bzw. feudalistisch geprägten Gesellschaft. So wurden Tötung und Ermordung eines Menschen, vor allem von sozial tiefer Gestellten, vielfach weniger geahndet als z. B. Diebstahl und Vermögensdelikte. Die Gewalt und das Recht der Faust, das sog. Faustrecht, waren im Mittelalter eine solche Selbstverständlichkeit, dass sie auch in die Dichtung Eingang fand. Auch Petrarca berichtet in einigen seiner Briefe über das zunehmende Räuberunwesen in Südfrankreich und Italien. Auch geistliche Herrschaften hielten sich in der französischen Gesellschaft, welche als Folge der Pestepidemien zunehmende Verfallserscheinungen zeigte, nicht immer an Recht und Gesetz.[713] Gerade in Italien taucht vor allem seit dem 14. Jahrhundert eine neue Form der globalen Gewalt auf, nämlich die Sklaverei, welche nicht zuletzt in den oberitalienischen Städten und Genua überhandnahm. Im Brief von Petrarca an Guido Sette in Genua findet sich eine höchst aufschlussreiche Stelle über die Zunahme der Sklaverei selbst in Venedig. Hier beklagt Petrarca die Tatsache, dass „früher alljährlich eine ungeheure Menge Getreide zu Schiff in diese Stadt hier eingeführt" worden sei. Doch jetzt kämen „dieselben Schiffe beladen mit Sklaven, die durch ihre eigenen Eltern unter dem Druck der Not zum Verkauf angeboten wurden." Es handle sich vor allem um Skythen, welche sich auf den Gassen von Venedig breit machten. Der Dichter empfindet nun seltsamerweise kein Mitleid mit diesen armen skythischen Sklaven, sondern sie erscheinen ihm als „hässliche[s] junge[s] Volk".[714]

Auch Deutschland blieb in dieser Hinsicht keine Insel der Seligen, nur dass dort die Sklaverei bzw. Leibeigenschaft in manchen Regionen andere Formen angenommen hatte. Der 1233 gestorbene Dichter Freidank klagt in seiner Versdichtung „Bescheidenheit" geradezu sarkastisch über die Gewaltherrschaft, welche die Fürsten nicht nur auf Menschen, sondern auch auf die Natur ausüben. Der

Freidank sagt das mit Worten, wie sie keine historische Quelle je plastischer vermitteln könnte:
Die Fürsten zwingen mit Gewalt
Feld, Steine, Wasser und den Wald,
dazu die Tiere zahm und wild,
gern auch die Luft, die allen gilt.
Sie möchten uns der Sonne Schein
Verbieten, Wind und Regen,
man muß dafür Geldzins erlegen."

Abb. 14: Ensemble der Herrschaft und Hofmark Rohrbach mit Schlosskirche

Das Epos des „Meier Helmbrecht"[715] zeigt, dass die Gewalt, welche von den Herrschenden gegen die Untertanen ausgeübt wurde, auch zu Gegengewalt führen konnte, vor allem, wenn die von der Gewalt Betroffenen mit ihrem Stand nicht mehr zufrieden waren. Fehden und Dauerstreitigkeiten en masse gibt es nicht nur bei Adeligen und Rittern, sondern auch unter Bauern. Versuche der staufischen Kaiser, das Fehdewesen einzudämmen, blieben weitestgehend wirkungslos. Nicht nur der Adelige und Ritter sah in der Bewirtschaftung seiner Güter kein wahres Lebensziel, sondern auch der Bauer empfand die Arbeit auf seinem Hofe mehr als Strafe Gottes. Und so verwundert es nicht, wenn junge Menschen wie der Meier Helmbrecht aus diesem Milieu, wenn auch ohne Erfolg, ausbrechen. Die Herrschenden sitzen aber am längeren Hebel, und somit verpuffen immer wieder alle bäuerlichen Versuche, sich von Zwang, Gewalt, der Leibherrschaft und überhaupt von der als Strafe empfundenen körperlichen Arbeit zu befreien. Ob die in der agrar- und wirtschaftsgeschichtlichen Literatur immer wieder als Selbstverständlichkeit apostrophierte Leibherrschaft bzw. Leibeigenschaft wirklich überall praktiziert wurde, ist jedoch sehr zweifelhaft. Das folgende Zitat aus Aventin, der das alte Herzogtum Baiern kreuz und quer bereist und „dem Volk aufs Maul geschaut" (Luther) hat, bestätigt die Berechtigung dieser Zweifel:

„Der gemain Mann, so auf dem gäu und dem land sitzt, gibt sich auf den ackerpau und das viech, ligt demselbigen allein ob, darf sich nichts ongeschaft der öbrigkeit understehn, doch ist er sunst frei, mag auch frei ledig eigen Guet haben, dient seinem Herren, der sunst kain gewalt über in hat, jerliche gült, zins und scharwerk; tuet sunst, was er will, sitzt tag und nacht bei dem wein, schreit, singt, tanzt, kartet, spilt; mag wer will tragen, schweinsspieß und lange messer; hält große und überflüssige hochzeit, totenmahl und kirchtag; ist ehrlich und unsträflich, raicht keinem zum nachteil, kommt kainem zum übel. In Niederbaiern, wo man das Rechtsbuch nit gebraucht, sitzen sie an der landschrannen und müssen Urteil schöpfen, auch über das Blut richten."[716]

Diese Schilderung von Aventin macht deutlich, dass im ausgehenden Mittelalter und in der frühen Neuzeit im Herzogtum Baiern von einer Leibeigenschaft keine Rede sein konnte. Diese Tatsache bestätigt auch Leo v. Ow in der Chronik seines Landsitzes Haiming: „Auch den bis in das 14. Jahrhundert zurückreichenden Urkunden des Haiminger Archives kann keine Leibeigenschaft entnommen werden, und die Chronik einer ostbayerischen Gegend wäre geradezu unverständlich, wenn man die Voraussetzung einer Leibeigenschaft gelten ließe."[717] Die Bauern saßen aber wohl nicht nur zu Gericht und durften an Urteilen mitwirken, sondern durften in einigen Regionen Bayerns und Böhmens nicht nur

Schweinsspieße und lange Messer bei sich haben. So blieb „den Bauern im Gericht Rain das Recht, bestimmte Waffen zu tragen, bis ins 18. Jahrhundert erhalten".[718] Wenig Beachtung hat bisher bei der Beurteilung der Aufklärung auch die Tatsache gefunden, dass die Ehaftbäder in Deutschland ab Ende des 18. Jahrhunderts zunehmend von der Bildfläche verschwanden. Damit verschlechterten sich auch die hygienischen Verhältnisse auf dem Lande. Es dauerte dann weit bis ins 19. und 20. Jahrhundert hinein, bis die von den Zentralregierungen vorangetriebenen Gesundheits- und Hygienereformen (Amtsarztsystem, Errichtung von Krankenhäusern, praktische Ärzte etc.) allmählich Früchte trugen. Das Wüten der Epidemien bis zum ausgehenden 19. Jahrhundert macht deutlich, wie wenig erfolgreich die neue Gesundheitspoitik vor allem im Bereich der Hygiene wirklich war.

Die Abschaffung der lange praktizierten Errrungenschaften im Laufe des 18. Jahrhunderts legt die Vermutung nahe, dass die rechtliche und soziale Lage der Bauern und einfachen Menschen auf dem Lande, vorsichtig ausgedrückt, in der Epoche der Aufklärung, der die soziale Komponente fehlt, nicht besser geworden ist. Der zunehmende Industriekapitalismus brachte den Bauern und Landbewohnern sicher nicht nur Vorteile, wie ja die Auswirkungen der Säkularisation und der Bauernbefreiung verdeutlichen. Zahlreiche bayerische Bauern mussten für ihre ‚Befreiung' bis zum Beginn der 30er Jahre des 20. Jahrhunderts Ablöse zahlen, viele verloren ihre Betriebe, weil sie mit der neuen Freiheit nicht zurechtkamen.

Aventin stellt in seiner Chronik allerdings auch fest, dass die bairischen Baiern, wozu die großen Städte Augsburg, Regensburg und Nürnberg nicht gehören, „wenig Hantierung" treiben und ungern fremde Länder und Gegenden aufsuchen. Auch „achten sie nicht der kaufmannschaft und kommen auch die kaufleute nicht fast zu ihnen ...". Natürlich fehlte auch eine entwickelte Geldwirtschaft. Es finden sich so gut wie keine Banken[719] und natürlich auch keine jüdischen Geldverleiher im Rahmen der stark ausgeprägten wirtschaftlichen Autarkie in einem Lande, in welchem es so gut wie keine großen Städte und überwiegend nur Märkte[720] gab.

Noch Ende des 18. und Anfang des 19. Jahrhunderts war Baiern stark ländlich strukturiert. Das zeigt sich auch darin, dass Münchner Bürger noch im ausgehenden 18. Jahrhundert ihr Geld bei Wiener Banken anlegten. Juden wurden als Geldgeber nur konsultiert, wenn die Wittelsbacher und andere Adelshäuser wie so oft Kredite aufnehmen mußten, um Kriege, Hofhaltung und andere Luxusausgaben zu finanzieren.[721]

Was Aventin für das Herzogtum Baiern festgestellt und Leopold v. Ow für Baiern und Österreich bestätigt hat, gilt nicht unbedingt für andere deutsche Landschaften. Schwaben und Franken weisen im Vergleich zum Herzogtum Baiern auf dem Lande weniger Adelige auf. „Die schwäbischen und fränkischen Grundherrn und Ritter des Mittelalters sind im Vergleich zu ihren bayerischen Standesgenossen einflussreichere und weltläufigere Herren, welche als Kreuz- und Ordensritter im damaligen Europa und nahen Osten herumgekommen sind und sich die landesfürstlichen Stellungen in Ritterkomtureien, Reichsstiften, Domkapiteln und zum erheblichen Teil auch auf Bischofssitzen gesichert haben."[722] Dieser Unterschied zwischen dem bairischen und vor allem schwäbischen Adel tritt auch sehr deutlich in der Bearbeitung des Ow'schen Familienarchivs zu Tage.[723] Für die wesentlich freiere Stellung der Bauern in Baiern spricht auch die Tatsache, dass die Bauernkriege des 16. Jahrhunderts von Schwaben und Franken ausgegangen sind und „die Grenzen des rein bajuwarischen Siedlungsraumes nicht überschritten haben."[724] Der Fall „Baiern" zeigt, dass das Lehenswesen nicht unbedingt Unterdrückung bedeuten musste, sondern beide Seiten, die des Adels und der Bauern, zufrieden stellte, wenn die „Selbständigkeit der Arbeit" auch Ausdruck von Freiheit und Eigenverantwortlichkeit ohne penetrante Kontrolle war.

Entspricht es also wirklich der Realität, dass das Lehenswesen in Europa generell ein Geben und Nehmen auf gleichgewichtiger Basis zwischen Lehensherrn und Lehensnehmern war? Wenn man von einigen geistlichen Herrschaften, dem Herzogtum Baiern und einigen Neukolonisationen im Osten[725] einmal absieht, war Zwang ohne jeden Ansatz einer zielgerichteten Menschenführung alltäglich. Burgen und Rittertum sind nicht Ausdruck von Romantik, sondern in der Regel Mittel, um Herrschafts- und Wirtschaftsrechte radikal durchzusetzen. Davidson bringt dazu eine Fülle von Quellen, und zwar bezeichnenderweise von weltlichen Herrschaftsinhabern. Es waren ja nicht nur die Bauern „Opfer der Barone, auch die Ländereien der Kirche werden seit dem Ende des 11. Jahrhunderts und vor allem im 12. Jahrhundert beraubt" und geschädigt, wie Bisson[726] für England bestätigt. Soweit wir das aus den vorhandenen Quellen ersehen können, bereicherten sich die weltlichen Herrschaftsträger in Mittelalter und Neuzeit nicht primär auf Kosten des Königs, sondern eher auf Kosten der Kirche und (vor allem) der Klöster. Ich erinnere nur an die frühmittelalterliche Güterenteignung der Kirchen und Klöster durch die frühen bairischen Herrscher Arnulf den Bösen (+ 937) und Heinrich den Zänker.

Die *Tabula perantiqua Schirensis*, also eine das Kloster Scheyern betreffende Quelle aus dem frühen Mittelalter, berichtet über den bayerischen Herzog Arnulf, welcher in den Quellen auch als Arnold bezeichnet wird: „Herzog Arnold verdarb Bistümer und Klöster und tat viel Übles. Sanct Ulrich hat ihn zwar aus der Taufe gehoben, aber die Taufe half an ihm nicht; er beging viele Übeltaten."[727] Bei seiner Feindseligkeit gegen Kirchen und Klöster verwundert es nicht, dass nach der Volkssage Arnulfs Leichnam „von den Teufeln in den oberen Weiher bei Scheyern weggeführt wurde".[728]

Der zunehmende Reichtum des Adels seit dem 12. Jahrhundert wird wohl auch mit dieser Umverteilung des Vermögens auf Kosten von Kirchen und Klöstern zusammenhängen. Dieser Sachverhalt wird auch dokumentiert durch die Tatsache, dass in vielen Adelsfamilien Deutschlands in dieser Zeit der Beiname „der Reiche" außergewöhnlich häufig auftaucht.[729] Dieser wachsende Reichtum des Adels hängt sicher auch mit der Tatsache zusammen, dass sich derselbe Klostervermögen widerrechtlich angeeignet hat. Zahlreiche Übergriffe von „frommen" Adeligen auf reiche Klöster sind im 13. Jahrhundert nachgewiesen. Ich beschränke mich dabei auf ein typisches Beispiel aus Frankreich: „In dem Streite, der die reiche Abtei St. Trond an den Bettelstab brachte, verheerte der fromme Gottfried v. Bouillon kurz vor dem Kreuzzuge, der ihm die Krone Jerusalems verschaffte, die Besitzungen der Abtei mit Feuer und Schwert.[730]

Noch im 14. Jahrhundert wurden dem Kloster Frauenchiemsse in Tirol „Güter entfremdet". Das Tiroler Urbar von Frauenchiemsee im Ötztal nennt eine „Reihe von Abgaben, die das Kloster hätte bekommen müssen, aber nicht bekam, weil sich Adelige dieser Güter bemächtigt hatten."[731] Diese Aussage von Thoma ist eine sehr vornehme Umschreibung von widerrechtlichem Güterraub durch den ‚frommen' Adel. Diese Aktion zeigt auch, dass für diesen nicht das Recht, sondern die Gewalt das oberste Prinzip war.

Gerechterweise soll aber an dieser Stelle auch festgehalten werden, dass es im Hochmittelalter, weniger in der Neuzeit, auch den umgekehrten Weg gibt: Klöster und Kirchen werden nicht nur geschädigt, beraubt und enteignet, sondern zunehmend seit dem späten Mittelalter von adeligen Herrschaftsträgern gestiftet, mit Vermögen reichlich ausgestattet sowie auch kulturell und wirtschaftlich gefördert. Ich erinnere beispielsweise an die Gründung und Förderung des Klosters **Altomünster**. Dieses wurde ursprünglich als Benediktinerkloster gegründet und vor allem durch das Geschlecht der Welfen gefördert. Es war im 11. Jahrhundert sogar ein Hauskloster der Welfen, wie aus der *Historia Welforum*, der Welfenchronik aus dem 12. Jahrhundert, hervorgeht. Viele bairische Adelige waren seit dem frühen Mittelalter als Mitglieder und Mönche im Kloster Altomünster und auch in anderen Benediktinerklöstern präsent. Auch Kaiser Ludwig der Bayer war neben seinem Enkel Herzog Stephan III. von Oberbayern „der größte Förderer des Klosters".[732] Ende des Mittelalters wurde dann nach der Aufhebung des Benediktinerklosters in Altomünster das Birgittenkloster gegründet, welches den größten Teil des Vermögens der Benediktiner übernommen hatte. Unter Mitwirkung und mit dem Segen von Herzog Georg dem Reichen, Regent im wittelsbachischen Teilfürstentum Landshut, verheiratet mit Jadwiga von Polen, der seinen Einfluss bei Papst Innozenz VIII. geltend machte, gründete der bayerische Landadelige Wolfgang von Sandizell mit seiner Gattin Eva das Birgittenkloster in Altomünster. Beide traten auch in das von ihnen gegründete Kloster ein und bedachten es auch reichlich mit ihrem Vermögen.[733] In Bayern gibt es vor allem im Mittelalter immer wieder prächtige Beispiele für die verantwortungsvolle Förderung von Klöstern, Kirchen, Städten und Märkten durch die bayerischen Herzöge.

Wie wenig sich jedoch häufig in anderen Teilen Europas und selbst auch in Bayern die Herrschenden vor allem in der Neuzeit ihrer Verantwortung für die Klöster, Bauern und andere nichtbürgerliche Schichten bewusst waren, zeigt die Tatsache, dass noch im 18. Jahrhundert z. B. die schottischen Adelsclans die Bauern von Hof und Scholle vertrieben – trotz der angeblich in Britannien entstandenen Frühform der Demokratie. Im Zusammenhang mit der Tatsache der zunehmenden Eingriffe der feudalistischen Herrscher in die Rechte der Kirchen, Klöster, Bauern und Bürger drängt sich die Frage auf, ob die zunehmende Einflussnahme der Herrschenden auf Kirche und Klöster mit der zunehmenden Ausbildung und Erstarrung des Lehenswesens, mit der fortschreitenden Zentralisierung der Verwaltung, der wachsenden Macht- und Herrschaftsbildung und Entmachtung des niederen Adels seit dem Spätmittelalter in Verbindung zu bringen ist.

Ein entwickeltes alle Lebensbereiche erfassendes Lehenswesen nimmt Davidson in Anlehnung an Reynolds[734] für Deutschland erst ab dem 14. Jahrhundert an. Es sind allerdings aus dem 12. Jahrhundert eine Reihe von Urkunden mit großer staatsrechtlicher Tragweite erhalten, welche wohl nicht als Fälschungen anzusehen sind, aber nicht unbedingt die tatsächlichen Lehensverhältnisse reflektieren.. So besteht meines Erachtens auch kein Zweifel an der Echtheit des ***Privilegium minus*** von 1156 (und anderer vergleichbarer Kaiserurkunden), in welchem auf dem Wege des Lehensrechtes Kaiser Friedrich Barbarossa Österreich vom bairischen Herzogtum abtrennte und die Grundlagen der österreichischen Autonomie legte. Die babenbergischen Herzöge bekamen das Erbrecht und das Gerichtsmonopol über ihr Herrschaftsgebiet. Der Herzog sollte auch *„zu keinen militärischen Leistungen verpflichtet sein, wenn nicht vielleicht der Kaiser einen Feld-*

zug in Staaten oder Länder, die an Österreich grenzen, anordnen sollte."[735] Diese Belehnung von Heinrich II. Jasomirgott verlief in dem für das Mittelalter typischen Belehnungsritual. Dieses spiegelt aber eher die adelige Ideologie und weniger die soziale Wirklichkeit des hochmittelalterlichen Lehenswesens wider. Ich zitiere Erich Zöllner:

„Heinrich Jasomirgott leistete auf Bayern Verzicht und wurde gemeinsam mit seiner Gemahlin Theodora mit Österreich belehnt, das der Kaiser gleichzeitig zum Herzogtum erhob. Durch Übergabe von sieben Fahnen an den Kaiser, von dem das babenbergische Paar zwei als Symbole des österreichischen Fürstenlehens zurückerhielt, wurde in Gegenwart der glänzenden Reichsversammlung eine rechtsgültige Verzichts- und Belehnungszeremonie vollzogen. Bei dieser Gelegenheit hat der Kaiser (am 17. September 1156) eine Urkunde ausgestellt, das – im Gegensatz zur späteren, inhaltreicheren Fälschung Herzog Rudolfs IV. – sogenannte ‚Privilegium minus'."[736]

Formen des Lehenswesens, zumindest auf der staatsrechtlichen Ebene, sind also quellenmäßig zumindest bis ins 12. Jahrhundert zurückzuverfolgen. Die Entstehung des Lehenswesens in die Spätantike oder noch weiter zurückzuverlegen, ist aber noch weniger haltbar als die Verlagerung ins späte Mittelalter. Von einer Entstehung des Lehenswesens in der Völkerwanderungszeit zu sprechen, ist jedoch, nicht nur nach Davidson, auf keinen Fall sinnvoll, da solche Auffassungen nicht durch brauchbare Quellen belegt werden können. Auch die Forschungen von Alfons Dopsch, welcher Tacitus als Quelle des deutschen Lehenswesens heranzieht, sind mit Vorsicht zu genießen, da man ja nach den von Davidson getätigten Erkenntnissen über die Rezeptionsgeschichte der „Germania" von Tacitus diese Quelle als mittelalterliche Fälschung betrachten muss. Abzulehnen ist auch die immer wieder von der Forschung behauptete These, dass bereits in der Karolingerzeit „der alte Geschlechtsadel mit dem Dienstadel völlig verschmolzen" sei. Für eine solche Aussage gibt es keine brauchbare Quellennachweise, zumal die Existenz der Karolinger durch neuere Historiker immer mehr in Zweifel gezogen wird. Es ist eher anzunehmen, dass „der Adel durch die Privatisierung und Vererbung von Ämtern entstanden ist".[737] Angesichts des mangelnden genealogischen Nachweises des Adels für das Frühmittelalter ist diese Fragestellung ohnehin irrelevant.

Ein Faktum aus der Rechtsgeschichte mag zusätzlich verdeutlichen, dass sich das Lehenswesen wohl erst voll im späten Mittelalter herausgebildet und die gesamte Gesellschaft erfasst hat und hier auch konkreter fassbar wird, nämlich in Gestalt der Lehengerichte. Dieses Gericht ist eine vom Lehnsherrn (I) oder dessen Vertreter und <u>Lehnsgenossen (II)</u> (pares curiae) besetzte Einrichtung, die über Lehensangelegenheiten und Konflikte zwischen den Lehnsleuten zu entscheiden hat. Diese das Lehenswesen betreffenden Gerichtshöfe finden sich in Deutschland frühestens erst seit dem 14. Jahrhundert. Die leitenden Mitarbeiter dieser und der anderen Kammern wurden wie die Theologen an den Universitäten ausgebildet, welche in erster Linie den feudalistischen Staaten gute Beamte zu liefern hatten. Dennoch gehörten die Universitäten zu den wenigen Einrichtungen, die sich einen gewissen Freiraum gegenüber dem landesfürstlichen Staat wahren konnten.

Europas Wissenschaft und Universitäten

Es gab im Lehensstaat also nur wenige Bereiche des mittelalterlichen Lebens, welche dem vom Adel und der hohen Geistlichkeit geprägten Staatswesen so wenig unterworfen waren wie die Wissenschaft und die Universitäten, welche bereits im Mittelalter eine relativ ausgeprägte Autonomie besaßen. Dieses erfreuliche Faktum konnte aber Übergriffe von Seiten des Staates in den Bereich der Wissenschaft nicht immer vereiteln. In diesem Sinne zeigt die Wissenschafts- und Universitätsentwicklung in Europa ein doppeltes Gesicht. Neben wahrem Streben nach Bildung, Wissenschaft und Wahrheitsliebe[738] trat immer wieder die Fratze der Intoleranz[739] und der Verfolgung auf den Plan. So wurden bereits vor der Errichtung der ersten deutschen und französischen Universitäten 24 Pferdewagen voller Talmudbände 1242 in Paris verbrannt. „Ludwig der Heilige sorgte auch dafür, dass im ganzen Land die Talmude und andere gotteslästerliche, kritische Bücher eingezogen und verbrannt wurden. Albertus Magnus half ihm dabei als Mitglied der Zensurkommission."[740] Diese Verfolgung der jüdischen Literatur hatte sich interessanterweise „ummittelbar an die der Albigenser und Waldenser" angeschlossen. „Sie war veranlasst worden durch einen bekehrten Juden, namens Nikolaus von Rupella, der 1236 die Aufmerksamkeit Gregors IX. auf die in den hebräischen Büchern, besonders im Talmud, vorhandenen Gotteslästerungen lenkte." Das war ein guter Grund für den Papst, in diversen Briefen den Königen von England, Frankreich, Navarra, Aragon, Kastilien, Portugal und den Prälaten dieser Königreiche zu befehlen, „an einem Sabbat in der bevorstehenden Fastenzeit den Juden, wenn sie in ihren Synagogen wären, alle Bücher wegzunehmen und sie den Bettelmönchen aushändigen zu lassen." Nach einem jahrelangen Verfahren erlebte dann im Mai 1248 Paris wieder einmal das Schauspiel, dass „vierzehn Wagenladungen von [jüdischen] Büchern auf einmal und sechs bei einer anderen Gelegenheit" dem Feuer übergeben wurden. Es wurden aber wohl nicht alle Talmudexemplare verbrannt. Denn 1255 wies Ludwig der Heilige wieder einmal seine Marschälle in der Region von Narbonne an, „alle Exemplare desselben zu verbrennen, zugleich mit allen andern Büchern, die Gotteslästerungen enthielten." Nach einigen zwischenzeitlichen Verbrennungen jüdischer Bücher in der Folgezeit in Spanien war es 1309 wieder in Frankreich so weit. In diesem Jahre wurden drei große Wagenladungen von jüdischen Büchern in Paris öffentlich verbrannt". Weitere Verbrennungen des Talmuds erfolgten auch im Spätmittelalter, so z. B. im Jahre 1320 auf Veranlassung von Papst Johannes XXII. und 1409 von Alexander V. Noch 1554 schärfte Papst Julius III. der Inquisition ein, den Talmud „ohne Gnade zu verbrennen und den Juden bei Todesstrafe die Auslieferung aller Christus lästernden Bücher anzubefehlen, ein Gebot, welches auch in das kanonische Recht aufgenommen wurde"[741] und bis in das 20. Jahrhundert hinein bestand.

Davidson schließt nicht aus, dass bei diesen ersten großen Bücherverbrennungen in Europa „auch genau die Dokumente zum Opfer gefallen [sind], die die Zivilisationsgeschichte des Abendlandes besser hätten erklären können, als die Fiktionen, die dann in die Welt gesetzt wurden."[742] Zumindest lässt sich nicht leugnen, dass mit solchen Vernichtungsaktionen der jüdischen Literatur es den Juden sehr schwer gemacht wurde, ihre Sicht der historischen Wahrheit und kulturellen Effizienz zu publizieren. Die permanente Zerstörung jüdischer Bücher musste abschreckend wirken, auch wenn es immer wieder gelungen ist, jüdische Werke wie den Talmud zu vervielfältigen. Die logische Folge bestand darin, wissenschaftliche, kulturelle und religiöse Erkenntnisse für sich zu behalten und nicht nach außen dringen zu lassen. Es gab also keine jüdisch geprägte öffentliche Meinung und damit auch kein wirksames jüdisches Geschichtsbewusstsein.

Die Bücherverbrennung war nur eine der Möglichkeiten, um Bücher und Urkunden aus dem Andenken der Menschen zu tilgen. Bereits ein Nichtabschreiben von Büchern kam einer Vernichtung gleich. „Daneben gibt es das Ausscheiden aus dem Kanon (,Apokryphen'), Ausradieren, Verfälschen, Überschreiben, Zerreißen, Verstecken, Wegschließen und Indizieren; das Verbrennen war dabei als endgültiger Vorgang gedacht".[743] Vernichtungs- und Fälschungsaktionen, welche vielfach eine Einheit bildeten, waren nicht selten ideologisch begründet. Das Aachener Kapitular, die admonitio generalis, eine auf 789 vordatierte Schrift des 10. Jahrhunderts, spricht das sehr deutlich aus.[744] Nicht nur kaiserliche und kirchliche Kanzleien fungierten als Orte der Richtigstellung von ,Irrtümern', sondern auch Stätten der Wissenschaft wie die Universitäten waren sich nicht zu schade, um wissenschaftliche Erkentnisse zu vernichten und zu verfälschen. Die wissenschaftlich so bedeutende Sorbonne, welche ein anerkanntes Zentrum der Wissenschaften war und an welcher große Gelehrte wie Albertus Magnus, Siger von Brabant und Abälard wirkten, trat als Ort von Fälschungen wie überhaupt als Hort der Reaktion und der Wissenschaftsfeindlichkeit in Erscheinung.

Die reaktionäre Haltung der Kirche nahm im 13. Jahrhundert noch zu und richtete sich sogar gegen engagierte Theologen wie z. B. gegen Thomas von Aquino, der lange in Paris gelehrt hatte. Es wurden nämlich seine Naturphilosophie und einige seiner metaphysischen Schriften verboten. Nach einem Aufruhr der Studenten und Lehrer der Universität Paris, angeblich durch Streitigkeiten wegen des Weinpreises verursacht, wurde diese immerhin sechs Jahre lang geschlossen.

Nach der Revision der im Werk von Thomas beanstandeten aristotelischen Texte durch den Papst leitete Thomas in Paris die dominikanische Inquisition. Vielleicht brachte ihn die Auseinandersetzung mit dem Kollegen Siger von Brabant, welcher ganz auf dem Boden der jüdisch-arabischen Wissenschaften stand, dazu, mit Forschen und Schreiben völlig aufzuhören. Thomas von Aquin begründet diesen schwerwiegenden Schritt so: „Ich kann nicht, Dinge sind mir offenbar geworden, die alles, was ich geschrieben habe, mir als eitel Stroh erscheinen lassen."[745]

Große Schwierigkeiten mit der Kirche und den restaurativen Tendenzen seiner Zeit hatte auch der berühmte Roger Bacon in England, der ab 1251 in Oxford lehrte und auf die Bedeutung des jüdischen Rechts verwies.[746] Ein Römisches Recht war ihm unbekannt. Er beschäftigte Juden, „die seine Schüler in Hebräisch unterrichteten und ihm halfen, hebräische Texte zu übersetzen. Er setzte sich dem Papst gegenüber für das Studium des Hebräischen ein". Wegen „verdächtiger Neuheiten", vermutlich wegen seiner heftigen Kritik an Papst, Geistlichkeit und Scholastik, wurde Bacon 1277 zur Klosterhaft verurteilt. Im Jahr der Freilassung (1292) starb er.[747]

Auch bei der Gründung der Karlsuniversität in Prag (1348) folgte recht bald eine Ernüchterung mit einem starken Rückgang der Studentenzahlen und einer Abwanderung der Studenten nach Leipzig.[748] Es waren diesem Auszug aus der Prager Carolina heftige nationale und soziale Auseinandersetzungen zwischen Tschechen und den anderen **nationes** vorausgegangen, also bereits eine Vorstufe künftiger nationalistischer Auseinandersetzungen der Neuzeit zwischen Deutschen und Tschechen in Böhmen. Auffallend ist, dass die meisten Universitäten im Osten Deutschlands bzw. des „Heiligen Römischen Reiches" gegründet wurden, der aus wirtschaftsgeschichtlicher Sicht wirtschaftlich angeblich weniger entwickelt war als der Westen Deutschlands.

Selbst im 16. Jahrhundert waren die Universitäten nicht die primären Träger von Wissenschaft und Forschung. Das gilt selbst für die im Vergleich zum Kontinent relativ innovationsfreudige britische Insel. Giordano Bruno, der große Denker und Naturforscher, weist auf die wissenschaftlichen Defizite der Universitäten auf dem Kontinent und in England hin. Nicolas Benzin, der in seinem neuen Werk eine bisher kaum bekannte Seite des Universalgelehrten Giordano Bruno aufschlägt, bringt diesen Sachverhalt auf den Punkt: „Die alte Universität Oxford ist nicht mehr das, was Giordano Bruno in den achtziger Jahren des 16. Jahrhunderts anzutreffen hofft. Die Professoren sind nicht mehr Ergründer der Geheimnisse der Natur, wie die Naturphilosophen als ihre Vorgänger im Amt, sondern nurmehr Grammatiker, die sich über den Schreibstil der antiken Autoren streiten, auch die Bibliotheken sind ‚bereinigt' und weisen nur noch einen geringen Stand auf."[749] Das Leben von Giordano ist ein beredtes Exempel dafür, wie innovationsfeindlich die europäischen Universitäten selbst im 16. Jahrhundert waren. Er kommt als Dozent an mehreren Universitäten immer wieder in Konflikt mit dem Universitäts-Establishment und den Kollegen. Nach dem Entzug der Lehrerlaubnis in Oxford suchte sich Giordano „das Publikum für seine Lehren außerhalb der Universität."[750] Auf seinem weiteren Weg durch ganz West- und Mitteleuropa lernte er zahlreiche Gelehrte kennen, welche außerhalb der Universitätshierarchie lebten und forschten, so auch den Engländer John Dee (1526–1608), der sich nicht nur als Erfinder neuer Navigationsinstrumente hervortat, sondern sich für sämtliche alten und neuen Wissenschaft seiner Zeit interessierte. Die zahlreichen neuen Schriften, die Giordano verfasste, kamen nicht im Rahmen, sondern gegen die bestehende Universitätshierarchie auf den Markt. Männer wie der französische Botschafter in England, Michel de Castelnau, förderten seinen Einstieg in die bessere Gesellschaft von Paris und London. Den Zugang zu den Bibliotheken in Paris erlangte Bruno vermutlich bereits während seines ersten Pariser Aufenthaltes, spätestens seit seiner besoldeten Professur am Collège de Cambrai (Collège Royal). Bei Brunos zweitem Aufenthalt in Paris (1585/86) nach seiner Zeit in England gewährte ihm der Bibliothekar Guillaume Cotin den Zugang zur Bibliothek des St. Viktor-Stifts. Sowohl er als auch der Erfinder des Proportionalzirkels, Fabricio Mordente, den Giordano in Paris kennenlernte, sind keine etablierten Universitätsgelehrten. Aber auch in Paris war der Konflikt mit der Universität nicht zu vermeiden. Die Diskussion über die aristotelischen Peripatetiker in 120 Thesen am 25. Mai an der Sorbonne in Paris, welche Giordanos Schüler Jean Hennequin vortrug, führten zum großen akademischen Eklat. Giordano musste seine Lehrtätigkeit an der Sorbonne aufgeben und die Stadt fluchtartig verlassen. Nach seiner Flucht aus Paris fand Bruno zunächst Unterschlupf and er Universität Marburg. Doch als der Rektor Mylius die Matrikel überprüfte, strich er Bruno aus dem Mitgliederverzeichnis der protestantischen Universität, welche erst 1527 gegründet worden war. Ind er Wohnung des Rektors, den der Italiener aufsuchte, soll es dann zum Eklat gekommen sein. Schließlich firmierte Bruno nur noch als der „doctor italicus". Wohlwollend wurde er allerdings dann im ostdeutschen Wittenberg aufgenommen, wo er unterrichten und die Ausgabe mehrerer Schriften in die Wege leiten konnte. Als aber auch dort kalvinistische Tendenzen zunehmend den Universitätsbetrieb beherrschten, begab er sich 1587 an den Hof von Kaiser Rudolf II., des großen Freundes der Wissenschaft auf dem Hradschin in Prag. Der Hof in Prag lockte viele Künstler und wissenschaftliche Talente, denen die Universitäten keinen Platz boten, an den Kaiserhof nach Prag. Der Kaiser umgab sich dort mit jüdischen Kabbalisten, zu denen wohl auch Rabbi Löw gehörte. Vermutlich ist auch Giordano mit gelehrten Juden in Prag in Kontakt gekommen. Die Studien und Forschungen am Prager Hof waren den Universitätsgelehrten und der Kirche immer suspekt. Diese wollten mit den revolutionären Methoden des Prager Hofes wie der Suche nach dem Lebenselixier, der „Mumientheorie" von Paracelsus etc. nichts zu tun haben. Unbeschwerte Jahre genoss Giordano nach seiner Prager Zeit in Helmstedt. Dort hatte ihm der freidenkende Herzog Julius von Braunschweig eine Professur verschafft. Nach dem Tod des Herzogs wurde Giordano von der lutherischen Kirchengemeinde des Kalvinismus verdächtigt. Der Konflikt muss fundamental gewesen sein, denn er verließ trotz der Protektion des neuen Fürsten die Universität Helmstadt in Richung Frankfurt. Doch auch hier war er eine persona non grata und wurde vom Magistrat der Sttadt ausgewiesen. Sein nächstes Ziel war Zürich, wo er Privatvorlesungen, außerhalb des Universitätsbetriebes, über scholastische Philosophie abhielt. Er genoss dort die Protektion des Edelmannes Hans Heinrich Hainzel von Degerstein auf Schloss Elgg bei Zürich. Das große Verhängnis ereilte den großen Gelehrten in Venedig, wo er anfänglich Privatvorlesungen für deutsche Studenten in Padua hielt. Seine Bewerbung um den Lehrstuhl für Mathematik an der Universiät Padua wurde zurückgewiesen, vielleicht auch deswegen, weil allgemein bekannt war, dass ihn die vatikanische Inquisition schon seit Jahren im Visier hatte. 1595 wurde er der Inquisition in Rom ausgeliefert und im Jahre 1600 auf dem Campo dei Fiori in Rom verbrannt.[751]

Trotz des schrecklichen Endes von Giordano Bruno in Rom kann man nicht leugnen, dass die ersten und wissenschaftlich führenden Universitäten des Mittelalters in Italien zu finden sind. Dieses Land bot wie kein anderes schon im Mittelalter eine wissenschaftliche Infrastruktur, von welcher so bedeutende Gelehte wie Giordano und Galilei zehren konnten. Italiens Hochschulen waren in ganz Europa führend auf allen Gebieten der klassischen Wissenschaften, der Philosophie, der Medizin, der Jurisprudenz und gemeinsam mit Frankreich auch der Theologie. Der bedeutendste Theologe des Mittelalters, Thomas von Aquino, stammt aus dem Süden Italiens.

Dieses Land war auch in der Übernahme des sog. arabischen Zahlensystems[752], der doppelten Buchhaltung und anderer wissenschaftlicher und kaufmännischer Techniken (z. B. Clearingsystem der Fernhandelsunternehmen, nachgewiesen für das Handelsunternehmen von Francesco Datini in Prato bei Florenz) in Europa Spitze und entwickelte die Buchhaltung nicht nur als eine kaufmännische Technik, sondern auch zu einer wissenschaftlichen Methode, welche sich in Verbindung mit dem sog. arabischen Zahlensystem von Italien aus allmählich auf das gesamte lateinische Europa verbreitete. Die Buchhaltung war im 13. Jahrhundert noch eine einfache Buchhaltung[753] und entwickelte sich dann in den oberitalienischen Stadtrepubliken und in den größeren deutschen Reichsstädten wie z. B. Nürnberg und Augsburg im 14. Jahrhundert zu einem kaufmännischen Instrument, mit welchem man verschiedene Bücher tabellarisch führte (Buchhaltung *alla Veneziana*[754]). Hoch entwickelt war z. B. bereits die *partita doppia* (doppelte Buchführung) im global agierenden Handelshaus des **Francesco Datini** mit Sitz in Prato.[755] In Deutschland hat man unter doppelter Buchhaltung im Spätmittelalter „ursprünglich das Führen von zwei Büchern verstand[en], vor allem das Übertragen vom Journal ins Hauptbuch".[756] Der erste Deutsche, der im Sinne der eigentlichen doppelten Buchhaltung Soll und Haben einander gegenüberstellte, war der Nürnberger Klaus Starck im Jahre 1426.[757] Diese war jedoch mit den alten römischen Zahlen nicht sinnvoll durchzuführen und wurde erst mit einem rationalen Zahlensystem, das die Null als Ziffer enthält, in der Praxis anwendbar. Dieses sog. arabische Zahlensystem, in Italien im lateinischen Europa erstmals angewendet, ist auch die Voraussetzung und die Basis jeder weiteren höheren Entwicklung von Wissenschaft und Wirtschaft.

Im späten Mittelalter entwickelte sich in Italien nicht nur die Buchhaltung und das Zahlensystem außerhalb der Stätten, welche eigentlich in höchstem Maße dafür zuständig gewesen wären, nämlich der Universitäten. Man würde zumindest erwarten, dass das theologische Denken primär von den Universitäten geprägt worden ist. Doch gerade in Italien finden wir immer wieder Nichttheologen, welche fundamentale Gedanken zur Religion im allgemeinen und zur christlichen Theologie im besonderen entwickeln. So ist Dantes „Commedia Divina" (13. Jahrhundert) nicht nur ein poetisches Kunstwerk von europäischem Format, sondern im Grunde auch ein theologisches Werk, welches die wesentlichen Ideen des mittelalterlichen Katholizismus widerspiegelt. Dante war übrigens kein Universitätsprofessor, sondern eher ein Mann, der ursprünglich politisch engagiert war. Neben Dante gibt es im 14. Jahrhundert einen großen Dichter und *uomo universale*, der in sehr kundiger Weise auch zu religiösen Fragen seiner Zeit Stellung bezogen hat, nämlich Francesco Petrarca. Darüber allein könnte man ein ganzes Buch schreiben. Ich möchte jedoch hier einige Gedanken in dieser Hinsicht nur andenken. Petrarca baut in seine meisterhafte Schilderung zur Besteigung des Mont Ventoux an den passenden Stellen nicht nur zentrale Passagen aus Augustinus, sondern auch von Paulus (Briefe) ein. Seine christliche Gesinnung ist aber nicht engstirnig und penetrant, sondern ist kombiniert mit einer Wertschätzung der antiken römischen (weniger der griechischen) Kultur. Nicht nur Dante dient Vergil als Führer durch die Unterwelt, auch Petrarca untermauert immer wieder christliche Vorstellungen mit Zitaten aus Vergil oder Cicero.[758] Er übernimmt jedoch christliche Ideen nicht unreflektiert, sondern geht mit wissenschaftlicher Analytik an christliche Traditionen heran und wagt es sogar, gegen die vermeintliche Kleingeisterei der Scholastik[759] zu polemisieren. Folgendes Zitat aus dem Brief vom 28. Mai [1362] an seinen Freund Giovanni Bocaccio möge diese Einstellung des dichtenden Wissenschaftlers verdeutlichen:

„Ich will das Gewicht der Prophezeiung nicht mindern: was Christus sagt, ist wahr. Unmöglich kann die Wahrheit lügen! Aber die Frage ist, ob Christus der Urheber dieser Sache ist, oder ob irgend ein anderer, um einer Erfindung Glauben zu schaffen, wie wir ja oft schon gesehen haben, den Namen Christi sich angeeignet hat."[760]

Petrarca beurteilt das Christentum nicht nur aus der Lehre heraus, sondern hat eine große Hochachtung für Menschen, welche heiligmäßig und christlich leben, so z. B. für Petrus von Siena, einem Mann „von hervorragender Frömmigkeit und obendrein berühmt durch Wundertaten".[761] Viele der Gedanken von Petrarca, die sich auf das Christentum beziehen, sind so universell gehalten, dass sie auch ein jüdischer Religionswissenschaftler wie Pinchas Lapide geäußert haben könnte. Wahre Religion und Wissenschaft schließen sich aber bei Petrarca nicht aus. Das zeigt sich ganz deutlich in seinem Brief an Boccaccio von 1362 aus Padua. Wissenschaft ist für ihn Lebenselixier. Aus dieser Haltung heraus rät er dem von der Wissenschaft enttäuschten Bocaccio, an der Wissenschaft auch im Alter festzuhalten. Wie wesentlich die Wissenschaft für sein Leben und Schaffen war, zeigt Petrarca im gleichen Brief an Bocaccio. Die hier geäußerten Gedanken sind so fundamental, dass sie auch noch für das 21. Jahrhundert Geltung beanspruchen dürfen:

„Wir wollen uns nicht durch Ermahnung zur Tugend noch durch das Schreckbild nahen Todes von den Wissenschaften abschrecken lassen. Wenn diese in eine edle Seele aufgenommen sind, da erzeugen sie Liebe zur Tugend, und die Todesfurcht beseitigen sie entweder oder sie mindern sie. Was wir erwarben, um Weisheit zu erlangen, das soll uns nicht den Verdacht öden Unglaubens zuziehen. Denn die Wissenschaften sind kein Hindernis für den, der sie besitzt, sie sind ihm vielmehr eine Stütze, wenn er von guter Art ist; sie fördern den Lauf des Lebens, sie halten ihn nicht auf. Wie es mit Speisen geht, daß sie einen schwachen und kranken Magen überlasten, einen gesunden und hungrigen dagegen gut ernähren, so geschieht es in den Wissenschaften. Einer lebenskräftigen und gesunden Veranlagung ist vieles heilsam, was einer schwächlichen [Veranlagung]

Krankheit bringt. In beiden Fällen handelt es sich eben um die Fähigkeit, richtig auszuscheiden. Denn wenn dem nicht so wäre, niemals wäre dann jenes so hochgepriesene hartnäckige Streben bis zum letzten Atemzug bei so vielen möglich gewesen ...".[762]

Wissenschaft ist bei Patrarca verbunden mit einer großen Liebe zu den Büchern, welche er als „Werkzeug der Wissenschaft" bezeichnet. Er leugnet nicht, dass er „gierig auf Bücher" ist. Auch hier drängt sich die Parallele zu den Juden, zum „Volk des Buches", auf, für welches die Schule auch „beit-sefer", das Haus des Buches ist. Bücher sind auch für Petrarca keine Sache wie jede andere, sondern geradezu etwas Heiliges, das gehegt und gepflegt werden soll.[763] Obwohl die Juden eine besondere Nähe zu Büchern und zur Wissenschaft haben, gibt es viele Jahrhunderte lang keinen Platz für die Juden an den europäischen Universitäten. Auch an den deutschen Universitäten traten die Juden nur wenig in Erscheinung. Jüdische Studenten an den Universitäten findet man erst ab dem 17. Jahrhundert, vor allem in den medizinischen Fakultäten. Als Professoren wurden Juden erst offiziell im 19. Jahrhundert in die Universitäten aufgenommen und in einer Reihe von deutschen Staaten auch nobilitiert.[764] Sie übten neben ihrer Tätigkeit als Bankiers und Finanziers vor allem die akademischen Berufe des Arztes und Rechtsanwaltes aus.[765] Juden müssen im Arztberuf seit dem späten Mittelalter so stark vertreten gewesen sein, dass noch Nostradamus in Quatrain 6,18 den ärztlichen Beruf geradezu als „die Kunst des Hebräers" bezeichnete. Dieser Umstand förderte jedoch nicht die Integration der Juden in die christliche Gesellschaft, sondern wirkte eher als Hemmschuh. Der Brotneid war meist stärker als die Freude, von einem jüdischen Arzt geheilt worden zu sein.

Vor dem 17. Jahrhundert wirkten Juden in der Wissenschaft, wenn man von der iberischen Halbinsel einmal absieht, nur außerhalb der Universitäten. Ich beschränke mich hier darauf, an zwei jüdischen Persönlichkeiten, die zudem mit dem deutschen Kulturraum verbunden waren, die Ausstrahlung jüdischen Denkens bis in unsere Gegenwart aufzuzeigen. **Baruch Spinoza**, der Philosoph, und **Elia Levita**, der Sprachwissenschaftler, stehen für viele bekannte und unbekannte Juden im Bereich der Wissenschaft. Diese beiden habe ich deswegen ausgewählt, weil beide nicht nur dem Judentum verhaftet, sondern vielseitige geistige Kapazitäten waren, welche der christlichen Kultur ihrer Umgebung verbunden und mit hochgestellten Christen ihrer Zeit in regem Kontakt gestanden waren. Spinoza und seine christlichen Freunde lebten das vor, was man heute als christlich-jüdische Symbiose bezeichnet.

Am bekanntesten von den beiden ist Baruch Spinoza, wohl aus einer marranischen[766] Familie stammend. In Amsterdam erhielt er die biblisch-talmudische Ausbildung der jüdischen Gemeinde. Er widmete sich neben seinem Beruf als Optiker aber schon sehr früh dem Studium der Scholastik, der Naturwissenschaft und Mathematik wie auch den Schriften des Philosophen Descartes. Das Angebot einer Professur für Philosophie an der Universität Heidelberg lehnte er ab, weil er Angst vor Diskriminierung hatte. Er stand mit dem leitenden niederländischen Staatsmann Jan de Witt und bedeutenden Gelehrten seiner Zeit wie Leibniz in Kontakt. Nach seinem Ausschluss aus der jüdischen Gemeinde in Amsterdam 1656 war er im Grunde weder (religiöser) Jude noch Christ. Er hat kaum weniger als Leibniz das Denken seiner Zeit geprägt und wirkt nicht zuletzt durch seine höchst modernen Vorstellungen seiner ‚Ethik' auch auf das Denken und die Politik der Gegenwart ein. Denn Spinoza lehrt wie kein anderer vor ihm „die radikale Freiheit der Gedanken"[767], welche in einer Zeit zunehmender Manipulation des Denkens und des zu erwartenden Missbrauchs durch die Gentechnik für alle Lebensbereiche in höchstem Maße aktuell ist. Auch für die Juden von heute ist das Werk des einst ausgeschlossenen Juden von zentraler Bedeutung. Der Dirigent Otto Klemperer, der einst zum Christentum konvertiert war, bekennt, dass es der Einfluss von Spinozas „Ethik" war, welche ihn als alten Mann wieder zum Judentum zurückkonvertieren ließ. Spinozas Philosophie ist deswegen so wichtig für uns Menschen von heute, da diese nicht von einem jüdischen Ghettodenken geprägt ist und Spinoza „seinem Denken nie die Prämisse der Minderheit gegeben hat." Seine Ethik ist wahrhaft überkonfessionell und überstaatlich und ist wie keine andere Ethik auf die Zeit einer wachsenden Globalisierung und politischen Entnationalisierung anwendbar. Den wesentlichen Gehalt seines Denkens hat Spinoza in die Worte gefasst: „Der Zweck des Staates ist die Freiheit."[768] Seine Philosophie ist wie alle gute Philosophie ein Prisma, welches den Geist und die historische Essenz seiner Zeit mehr als jeder Schlachtenplan und Friedensvertrag wie in einem Prisma einfängt, konzentriert und verdichtet. Wahre Philosophie ist nicht bloß „ein Bewusstsein der Einzelheiten", sondern "das Selbstbewusstsein jedes Zeitalters".[769] Es gibt kaum einen Philosophen, für welchen diese Aussage von Friedell besser passt als für Spinoza. Denn er spiegelt nicht nur die Ideen seiner Zeit wider, sondern auch den in der Neuzeit immer mehr zunehmenden Dualismus und Zwiespalt zwischen Christentum und Judentum. Er gehörte zu den tragischen Figuren, der nicht mehr Jude, aber auch noch nicht Christ war. Er saß wie viele Juden vor ihm und nach ihm zwischen den Stühlen und konnte es beiden Seiten nicht recht machen.

Bereits vor ihm wirkte ein bedeutender jüdischer Gelehrter im 15. und 16. Jahrhundert als ein Sprachwissenschaftler, auch er seiner Zeit weit voraus. **Elia Levita**, Sohn des Ascher, genannt „Der Deutsche" (ha Aschkenasi), ist im fränkischen Dorf Ipsheim bei Nürnberg im Jahre 1469 geboren und war der bedeutendste deutschsprachige Sprachwissenschaftler des 16. Jahrhunderts. Trotzdem ist sein Name vergessen.[770] Es ist ein besonderes Verdient von Ralph Davidson, im deutschen Sprachraum auf ihn aufmerksam gemacht zu haben.

Wie kein anderer übte Elia Levita Einfluss auf die christliche Hebraistik aus. Elia lebte und wirkte vor allem in Italien. Er war der erste Jude, der dort christliche Wissenschaftler und Potentaten in die hebräische Sprache einführte. Auch berühmte Humanisten und leitende Ordensleute waren seine Schüler. Wie Spinoza schlug auch er einen angebotenen Lehrstuhl aus, nämlich die Stelle eines Professors für Hebräisch an der Universität Sorbonne in Paris. Hätte er den Ruf des französischen Königs Franz I. angenommen, dann wäre er (offiziell) der einzige Jude in Frankreich gewesen. Denn seit 1394 war Juden der Aufenthalt in Frankreich verboten.[771] Am Ende seines Lebens kam er für drei Jahre nach Deutschland zurück, um die Publikation einiger seiner Werke in Isny im Allgäu zu betreuen und zu überwachen. Dann kehrte er nach Venedig zurück, wo er im Alte von 80 Jahren starb. Als sein bedeutendstes Werk gilt „Massoreth ha-Massoreth" (Überlieferung der Überlieferung), „eine kritische sprachwissenschaftliche Auseinandersetzung mit der Überlieferungsgeschichte des Alten Testamentes."[772] Höchste Beachtung verdient auch sein 1542 in Isny publiziertes Werk „Schemot debarim"[773] (Die Namen der Dinge) oder auf Lateinisch „Nomenclatura Hebraica". Das Vorwort zur Edition dieses vergleichenden Lexikons von deutschen, lateinischen, hebräischen und jiddischen Wörtern hat er in lateinischer Sprache verfasst. Die deutschen und lateinischen Wörter sind in lateinischer Schrift (Deutsch also nicht in der *scriptura gotica,* der sog. deutschen Schrift), die hebräischen in hebräischer Quadratschrift und die jiddischen in jiddischer (sog. tyronischer) Schrift gedruckt. Die vier Schriften erscheinen in vier Spalten nebeneinander. Von rechts nach links stellt Elia die gleiche Vokabel in verschiedenen Sprachen und Schriften dar. In der ersten Spalte (ganz rechts) werden die deutschen Wörter mit jiddisch-hebräischen Zeichen geschrieben, und zwar mit den Typen, „in welchen die deutschen Juden in der deutschen Sprache schreiben."[774] Es handelt sich wohl um eine jiddisch-hebräische Spezialschrift. Diese hat nichts zu tun mit den sog. tironischen Noten, welche bereits in den Handschriften des frühen Mittelalters auftauchen und mit ziemlicher Sicherheit auf die Antike zurückgehen. Sie sind im Grunde eine Frühform der Stenographie. Die Formenwelt der tironischen Noten beruht im Gegensatz zu den von

Elia Levita verwendeten jiddisch-hebräischen Zeichen auf lateinischen Buchstaben.[775] Trotzdem sind aber die tironischen Noten, welche in christlichen Handschriften und Texten verwendet werden, „keine Buchstaben- und Silbenschrift".[776] In der zweiten Spalte von rechts finden sich die hebräischen Vokabeln in hebräischer Quadratschrift. Die dritte Spalte zeigt die lateinischen Wörter mit lateinischen, die vierte Spalte die deutschen Wörter ebenfalls mit lateinischen Buchstaben, den Wortanfang in Majuskel.

Darüber hinaus hat Elia Arbeiten zu bieten über das Jiddische, er übersetzte den Psalter ins Jiddische und verfasste Ritterepen in jiddischer Sprache.[777] Es ist sein besonderes Verdienst, dass er diese zur Literatursprache machte. Wir sind bis heute noch nicht so weit, dort weiterzumachen, wo Levita aufgehört hatte. Nicht zuletzt sollte sich die deutsche Germanistik intensiver mit ihm befassen.

Elia Levita hat wohl deswegen sich vor allem in Italien aufgehalten, weil dieses Land bis weit in die Neuzeit hinein das wissenschaftlich und (neben Frankreich) das kulturell führende Land Europas gewesen war, in welches auch deutsche Studenten strömten, um sich auf den neuesten Stand der Bildung und Wissenschaft zu bringen.

An den Universitäten von Italien und in den Fernhandelsunternehmen Oberitaliens wurde zuerst in Europa seit dem ausgehenden 13. Jahrhundert mit den sog. arabischen Zahlen gearbeitet. Auch in der frühen Neuzeit bis zum Beginn des 30jährigen Krieges hat Italien trotz des Aufstiegs von Portugal und Spanien auch in Kultur, Kunst, Bildung, Wissenschaft noch eine Vorreiterrolle gespielt. Denn trotz der Neugründung von Hochschulen in Deutschland haben 10.346 Studenten „von der Mitte des 16. Jahrhunderts bis in die Scheiteljahre des großen Krieges die Universität der Republik von San Marco besucht"[778], nämlich die Universität Padua.[779] Die Rezeption des Römischen Rechts im späten Mittelalter und in der Frühen Neuzeit in Deutschland hat dabei wesentlich zu einer Massenbewegung von deutschen Studenten an die italienischen Hochschulen beigetragen, welche über eine anerkannte juristische Fakultät verfügten. Im Mittelalter strebten deutsche, österreichische, böhmische und ungarische junge Leute an die Hochschulen in Italien, die wie z. B. Salerno über eine anerkannte medizinische Fakultät verfügten. An der medizinischen Fakultät von Salerno wurde noch im Geiste der großen griechischen und lateinischen Ärzte gearbeitet, vor allem von Hippokrates und Galenus.[780] Es fand somit die antike medizinische Wissenschaft nicht nur über die arabische Kultur in Spanien, sondern auch über Italien den Weg ins restliche Europa.

Es hatten allerdings „von den gut 116.000 Deutschen", die zwischen 1540 und 1599 an den Universitäten Italiens inskribiert waren, die meisten schon ein Studium in Deutschland hinter sich und praktizierten in Italien „lediglich ein Nachstudium, bei dem das Reisen sehr betont die Haupt- und das wissenschaftliche Interesse nur eine Nebensache war."[781] Wie stark also die kulturelle und bildungsmäßige Ausstrahlung Italiens, auch als Hort der antiken Kultur, bis ins 17. Jahrhundert hinein auf Deutschland war, belegt die Tatasche, dass um die Wende des 17. Jahrhunderts „schließlich gut zwölf Prozent aller deutschen Studenten einige Zeit in Italien Vorlesungen gehört"[782] hatten. Neben Padua wurden zunehmend auch die päpstlichen Universitäten von Bologna und Perugia[783], die Hochschulen von Siena[784] und Pisa[785] als Studienorte gewählt. Die Regierung in Venezia hatte ihrer Hochschule in Padua nicht nur die Selbstverwaltung „in strenger selbstverantwortlicher Ordnung" verliehen, sondern auch ausdrücklich auch die Religionsfreiheit garantiert.[786]

In der Republik Venedig war man also toleranter als im gesamten „Heiligen Römischen Reich deutscher Nation". Für die Bereiche der Bildung, des Hochschulwesens, der Kunst wie auch der politischen Kultur (z. B. Nicoló Macchiavelli) liegen die europäischen Wurzeln unzweifelhaft im mittelalterlichen Italien vor Beginn der Renaissance. Inwieweit jedoch die von Italien ausgehende Zivilisation durch die griechische und römische Antike und die Ideen der „Renaissance" oder eher durch die Kultur des Alten und Neuen Testamentes geprägt ist, bedürfte angesichts der von Davidson und Landau vorgebrachten Bedenken noch genauerer Untersuchungen. Die Tatsache, dass die meisten antiken literarischen Quellen im späten Mittelalter in Deutschland gefunden und entdeckt worden sind, weckt Zweifel an einer starken Prägung der italienischen Zivilisation durch die antiken Kulturwerte.

Deutsche Kultur, Sprache und Literatur in Mittelalter und Neuzeit – eine jüdische Sicht

Auch im Fall „Deutschland" hat die Forschung des 19. Jahrhunderts in nationaler Verblendung die Entwicklung einer deutschen Kultur und Literatur sich zu einfach gemacht, bedenkenlos deutsche Geschichte und Kultur in germanische Zeiten zurückprojiziert und einen vielfach allzu unkritischen Germanismus entwickelt. In diesem Sinne muss man sich fragen, ob man wirklich schon im Frühmittelalter von einer deutschen Kultur und Sprache sprechen kann. Existiert tatsächlich ein nahtloser Übergang von der merowingisch-karolingischen Kultur der Franken zu einer deutschen Kultur des Mittelalters? Wie ist dieser Übergang beschaffen, wenn man Illigs These von der karolingischen Phantomzeit ernst nimmt? Kann man die Sprache der Franken, die *lingua franca*, ohne weiteres mit der deutschen Sprache gleichsetzen? Gibt es einen Übergang vom Fränkischen ins Deutsche? Oder hat das Deutsche ganz andere Wurzeln als das Fränkische? Hat es evtl. etwas mit dem Aschkenasich – Jiddischen zu tun? Die Entstehung einer deutschen Kultur und Sprache ist also bei weitem nicht so klar, wie das die Forschung des 19. Jahrhunderts dargestellt hat.

Davidson geht auch hier von den Fakten aus. Nach ihm wurde Deutsch erst im 13. Jahrhundert zur Literatursprache in unmittelbarer Verbindung mit der Schriftlichkeit, welche seitdem „überall verstärkt Einzug in die Verwaltung hielt".[787] Seit dieser Zeit wurden nicht nur Schenkungen und Privilegien, sondern auch Verwaltungsvorgänge schriftlich dokumentiert und Verzeichnisse angelegt, welche auch über die wirtschaftlichen Aktivitäten wesentlich mehr aussagen als die bisher bekannten Quellen. Während Dokumente geistlichen Inhalts und Schreiben an geistliche Empfänger weiterhin in lateinischer Sprache abgefasst sind, so „wurde die überwiegende Zahl der Urkunden weltlichen Inhalts, also Besitz und Einkünfte, Lehens- und Eigenleute betreffend"[788], mittelhochdeutsch geschrieben. Besonders auffallend ist auch, dass sich die Zahl der Urkunden in wenigen Jahrzehnten bis zum Beginn des 14. Jahrhunderts verdreifacht hat.

Man darf getrost annehmen, dass die hier beschriebene Entwicklung allgemein für das Heilige Römische Reich deutscher Nation[789] gilt. Es gibt also gute Gründe dafür, anzunehmen, dass die Schaffung dieser auf der zunehmenden Schriftlichkeit ausgeprägten Infrastruktur den notwendigen Unterbau für die Entstehung und Entwicklung einer deutschen Literatur bot. Es ist somit durchaus legitim, eine wirkliche deutsche Literatur, welche ja eine Schriftkultur voraussetzt, erst für das 13. Jahrhundert anzunehmen. Vor dieser Zeit sind die uns erhaltenen literarischen Dokumente fast ausschließlich geistliche Schöpfungen, welche auch von Geistlichen, meist von Mönchen geschaffen wurden. Als Beispiele mögen das Freisinger Petruslied (9. Jahrhundert), die Evangelienharmonie des Otfried von Weißenburg (10. Jahrhundert), der Kommentar des Hohen Liedes des Williram von Ebersberg (11. Jahrhundert) und der Windberger Psalter (Ende 12. Jahrhundert) dienen. Ein beträchtlicher Anteil der geistlichen Dichtungen entfällt offensichtlich auf Oberdeutschland, so dass man eher von bairischen und alemannischen Dichtungen sprechen sollte. Die frühen althochdeutschen Dichtungen wie z. B. das Wessobrunner Gebet (9. Jahrhundert) und Muspilli (spätes 9. Jahrhundert), dem bairischen Sprachraum zugehörig, sind literarische Randerscheinungen und bezeichnenderweise vielfach nur mitten in lateinischen religiösen Texten mehr oder weniger zufällig überliefert.[790] Auch die in bairischer Sprache gehaltenen Verse des Tegernseer Liebesgrußes, wohl aus der Zeit zwischen 1160 und 1186 stammend, „bilden den Abschluss eines lateinischen Briefwechsels zwischen einem Magister und seiner Freundin, in dem die Dame ihm ihre Treue beteuert."[791] Die meisten dieser geistlichen Produktionen beruhen wohl auf lateinischen Originalfassungen. Den geistlichen Literaturschöpfungen des bairisch-oberdeutschen Raumes stehen die sog. niederdeutschen Dichtungen gegenüber. Als bekanntes Beispiel sei der wohl um 830/840 entstandene ‚Heliand' aufgeführt. Die Herausgeber von „Deutsche Literatur des Mittelalters" weisen ausdrücklich darauf hin, dass es sich beim ‚Heliand'um ein Werk in altsächsischer Sprache handle. Sie sehen im Altsächsischen einen „frühmittelalterlichen Vorläufer des Niederdeutschen".[792] Ein paar Zeilen weiter sehen aber die Herausgeber im Heliand „eines der schönsten deutschen geistlichen Epen des Mittelalters" im Rahmen „germanischer Dichtungstradition".[793] Es scheinen sich also auch etablierte Literaturwissenschaftler nicht immer ganz darüber im klaren zu sein, welche Werke als bairisch, alemannisch, altsächsich, ober-, niederdeutsch oder gar als deutsch anzusehen sind. Es stellt sich unter Zugrundelegung des modernen kritischen Literaturbegriffes die Frage, ob man bei den fast ausschließlich geistlichen Erzeugnissen vor dem 13. Jahrhundert überhaupt von einer deutschen Literatur reden kann. Es ist wohl nicht zu leugnen, dass das Altsächsische, das Bairische und das Jiddische eigenständige Sprachen und älter sind als die deutsche Literatursprache. Es gibt gute Gründe dafür, erst mit dem Entstehen einer säkularen Dichtung und Chronistik (Kaiserchronik, Weltchronik, landesfürstliche Chronistik, Liederhandschriften etc.) den Begriff „deutsche Literatur" zu verwenden. In der höfischen Dichtung sind es nun zunehmend nichtgeistliche Personen, vor allem Adelige und Ministerialen, welche in den großen Epen wie im ‚Parsifal' und im ‚Tristan' Stoffe aus der nichtgeistlichen Lebenssphäre wählen und meisterlich in einer Sprache behandeln, die man ohne Bedenken als oberdeutsch bezeichnen kann. Geistliche und säkulare Schöpfungen markieren nunmehr in einer wachsenden Adelskultur die Anfänge einer oberdeutschen Literatur, welche gemeinhin mit „deutscher Literatur" mehr oder weniger gleichgesetzt wird. Darum ist es auch nicht verwunderlich, dass das unter der Herrschaft der Babenberger stehende Nieder- und Oberösterreich das tragende Zentrum der höfischen Kultur und des Minnesanges im oberdeutschen Sprachraum war. Die von den Babenbergern geförderte höfische Kultur zeigt die neue Stellung der Frau, aber auch ein verändertes Verhältnis im Zusammenleben der Oberschicht. In dieser Kultur entsteht so etwas wie eine neue Lebensqualität. Kurzewile (Kurzweil) und Zeitvertreib wurden zunehmend zu einem Prinzip „höfischer Daseinsgestaltung". Bei der Beurteilung dieser neuen höfischen Kultur darf aber „die Diskrepanz zwischen literarischer Fiktion und gesellschaftlicher Realität" nicht missachtet werden."[794] Wie sehr gerade das Land der Babenberger im 12. und 13. Jahrhundert als Grenzmark zu den Slawen und Ungarn für die Umsetzung der höfischen Kultur berufen war, zeigt das 100.000 Verse umfassende Epos des Steirers Ottokar. In diesem Epos ist „allein der Adel der Länder Steier und Österreich"[795] der ruhende Pol, auf den sich die aus dem Westen stammenden Habsburger stützen konnten. Ihre schwäbisch-alemannischen Landsleute „erweisen sich demgegenüber als Toren, die den Gefahren eines Grenzlandes nicht gewachsen sind" und schließlich gegen die Ungarn eine schimpfliche Niederlange einstecken mussten.[796] Die Symbiose der Babenberger und des steirisch-österreichischen Adels mit den angrenzenden Slawen und Ungarn war also der Entstehung und Weiterentwicklung der höfischen Kultur förderlich. Es war also nur logisch, dass immer wieder zahlreiche Minnedichter aus dem bairischen, fränkischen und alemannisch-schwäbischen Kulturraum an den Hof der Babenberger kamen, unter anderem auch der Oberpfälzer Neidhart von Reuenthal[797] und Walther von der Vogelweide. Die höfische Kultur und das Minnewesen haben bedeutende Dichter wie Walther von der Vogelweide, Wolfram von Eschenbach, Gottfried von Straßburg und andere Berufsdichter hervorgebracht. Das Nibelungenlied, das in 34 Handschriften aus dem 13. Jahrhundert vorliegt, gibt sicher Zustände des Frühmittelalters wieder.

Noch relativ wenig im allgemeinen Bewußtsen verankert ist das großartigste Werk des 15. Jahrhunderts. Es stammt nicht aus dem Kerngebiet der deutschen Sprache, sondern aus der Schweiz. Es ist „Der Ring" von Heinrich Wittenwiler[798]. Er war adeliger Herkunft, „hatte wohl in Bologna studiert und stand als Hofmeister der Verwaltung des Konstanzer Bistums vor."[799] Seine Dichtung, in einem Pergamentxodex um 1410 in alemannisch-bairischer Mischsprache überliefert, ist so wertvoll, weil sie ein Spiegelbild des Strukturwandels der bäuerlichen und bürgerlichen Gesellschaft des Spätmittelalters, nicht nur der Schweiz und Südwestdeutschlands, ist. Das Werk zeigt am Modell zweier verfeindeter Dörfer, zu welchen Orgien der Gewalt die Menschen des Spätmittelalters im Alltagsleben fähig waren. Diese Orgien der Gewalt hat oft eine Nebensächlichkeit ausgelöst. Die tiefere Ursache war aber wohl das ungeheure Aggressionspotential der einfachen Menschen auf dem Lande, die zudem mehr sein wollten, als sie in Wirklichkeit waren. Sie suchten dem adeligen Lebensideal nachzueifern, ohne das dafür nötige Kapital und geistige Format zu besitzen. Wie unterentwickelt aber die Sitten und Verhaltenswesen der Menschen waren, bezeugt der Umstand, dass der wohl geistliche Autor die Bauern als „esler pauren"[800] (wörtlich: Eselbauern) bezeichnet. Auch die Wortwahl, die Lebensgewohnheiten des Alltags und die Ausdrucksweisen der in diesem Epos dargestellten Landbewohner verdeutlicht, dass sie fast noch auf der Stufe von Gog und Magog standen. Unflätige Ausdrücke, die selbst bei dem volksnahen Dichter Nîethart von Riuwental[801] (13. Jahrhundert) nicht vorkommen, sind im „Ring" eine Selbstverständlichkeit, z. B. „schei.....". Das moderne deutsche Sprachniveau hat diesen „Standard" in vielen Lebensbereichen inzwischen wieder erreicht.

Abb. 15: Liebespaar aus ‚Carmina Burana' (Miniatur zu Liebesgedichten)

Dass der Autor die Bauern als dumm darstellt, ist wohl mehr als ein Topos. Ihr Horizont war, wenn man das von Wittenwiler geschilderte Verhalten als Wiedergabe der damaligen sozialen Realität und nicht als dichterische Fiktion akzeptiert, wahrlich sehr beschränkt. Sie klebten, wie das parodierte Turnier zeigt, extrem an äußeren Statussymbolen. Höhere Ideale wie Bildung wurden von diesen Neureichen nicht angestrebt, Nachbarn und Mitmenschen werden nach Defekten bewertet und eingestuft, wie der folgende Zweizeiler zeigt:

„Geh hain, Üeli mit der nasen,
Hilf deim Weib der kuo grasen."[802]

Diese Direktheit und Grobschlächtigkeit des zwischenmenschlichen Verkehrs schlägt auch auf Liebe und Ehe durch, die sich deutlich von den Vorstellungen der adeligen Oberschicht unterscheiden. Das in der Originalhandschrift der Bayerischen Staatsbibliothek dargestellte Schweizer Brautpaar aus dem „Ring", die bäuerlichen Hauptdarsteller Triefnas und Mätze, wirken sowohl von der Kleidung als auch von ihrer äußeren Haltung her bäurisch, unbeholfen und grob, aber viel natürlicher als z. B. die höfischen Liebespaare der Manessehandschrift oder der Carmina Burana. Man sieht Triefnas und Mätze sofort an, dass sie keine gepflegte lateinische oder französische Konversation miteinander führen und ohne Umschweife zur Sache kommen (Bayer. Staatsbibliothek, Handschriftenabt., Cgm 9300, Bl. 1v).

Abb. 16: Liebes- und Ehepaar Triefnas und Mätze im Prolog zum ‚Ring'

Obwohl also die deutschsprachige Literatur ein hohes Niveau erreichte und seit dem späten Mittelalter auch die soziale Realität zunehmend exakter widerspiegelte, wurden die Vorlesungen bis weit ins 18. Jahrhundert hinein in lateinischer Sprache abgehalten, Dissertationen sogar noch zu Beginn des 19. Jahrhunderts, z. B. medizinische Doktorarbeiten an der Universität Landshut (vor ihrem Umzug nach München). Katholische Dichter, vor allem die Jesuiten, verfassten literarische und poetische Werke überwiegend in lateinischer Sprache. So ist z. B. das Werk des Jesuiten Jakob Balde, in Ensisheim im Elsass 1604 geboren und in der Hofkirche in Neuburg an der Donau 1668 begraben, fast ausschließlich in einem Latein gehalten, das sich am klassischen Latein der Antike orientiert.[803] Sein poetisches und literarisches Werk ist ein besonders eklatantes Zeichen für die Tatsache, dass die lateinische Sprache und Schriftkultur die kirchliche und weltliche Elite der Barockkultur im katholischen Europa erheblich geformt und zu einem gemeinsamen kulturellen europäischen Bewusstsein geführt hat. Diese katholische Kultur ist auch eine der Wurzeln, welche von der frühen Neuzeit bis in unsere Tage die kulturellen Ausdrucksformen sogar der einfachen Menschen in katholischen Staaten bzw. Regionen wie z. B. Bayern, Italien, Spanien geprägt hat. Die Wurzel des katholischen Selbstverständnisses geht vielfach, durchaus nicht immer rational, bis heute Hand in Hand mit den Ideen der Aufklärung. Dieser Prozess äußerte sich in Bayern in der viel gepriesenen *liberalitas Bavariae*, welche allerdings durch die Schrecken des 1. und 2. Weltkrieges wie auch des Holocaust an Glanz verlor. Ein primitiver Germanismus war im Dritten Reich an die Stelle einer von Italien und Frankreich her geprägten romanischen Kultur getreten. „München leuchtet[e]", um das bekannte Wort von Thomas Mann zu gebrauchen, für lange Zeit nicht mehr. Die von München ausstrahlende Barockkultur wurde im Dritten Reich auch im Bereich der Architektur (z. B. Haus der Kunst) und der Kunst in den Hintergrund gedrängt.

In der Barockzeit bildete sich neben der Wissenschaftssprache Latein das Französische als die Konventionssprache der besseren Kreise nicht nur im katholischen Deutschland heraus und wurde nicht nur an den Fürstenhöfen gepflegt, sondern wurde auch zur Sprache der deutschen Diplomatie. In Bayern spielte neben der italienischen Kultur seit der Renaissance auch die italienische Sprache eine tragende Rolle. Bis ins 19. Jahrhundert hinein wurden Opern in italienischer, Dramen in der Regel in französischer Sprache aufgeführt. Französisch war auch die Sprache der Salons und der sog. besseren Kreise. Die deutsche Sprache diente in erster Linie als Sprache der Verwaltung und der Presse, nicht aber der hohen Kultur. Nur für derbe Komödien war die deutsche Sprache gut genug.

Zahlreiche Mitglieder der habsburgischen Elite am Wiener Hofe von Maria Theresia schämten sich der deutschen Sprache und Kultur mehr als in München. Dort war der Staatskanzler Kaunitz „so verfranzöselt, daß er sich bemühte, seine deutsche Muttersprache nur radebrechend zu sprechen".[804] Er war aber nicht der einzige am Wiener Hof, der sich der deutschen Sprache schämte. Das kann man aber auf keinen Fall vom Wiener Bürgertum und schon gar nicht von den österreichischen Dichtern behaupten. Diese Französisierung war in Preußen noch mehr als in Österreich ausgeprägt. Auch am preußischen Hofe schätzten die Könige von Preußen mit Ausnahme von Friedrich Wilhelm I., der die Liebe zur deutschen Sprache und Kultur mit allzu viel Derbheit, Roheit und Barbarei kombinierte und so etwas für echt deutsch hielt, die französische Kultur und Sprache wesentlich höher als die deutsche. Nicht nur der Hof, sondern auch das Bürgertum und der Adel waren in Preußen der Kultur Frankreichs stärker zugetan. Im Jahre 1769 versprach Lessing „der deutschen Literatur mehr Glück in Wien als im ‚französisierten' Berlin".[805] Bei seinen Besuchen in Wien 1775 wurden seine deutschen Dramen mit höchstem Beifall aufgenommen. Die deutsche Literatur in Wien ist ja seit der Barockzeit stark vom Wiener Dialekt geprägt, wie ja die Stücke von Raimund und Nestroy besonders deutlich zeigen. In Wien spricht man heute noch ein Bairisch, das sowohl im Wortschatz und in der Aussprache dem spätmittelalterlichen Bairisch nahe steht. Da kann München nicht mithalten. Doch auch am Habsburger Hof in Wien wurde im 16. und 17. Jahrhundert nicht in Deutsch Konversation gehalten. Reinhold Schneider zitiert in seinem „Winter in Wien" einmal Kaiser Karl V., der gesagt haben soll, dass er mit Diplomaten Französisch, mit Kirchenmännern Latein, am Hofe Spanisch und mit Damen Italienisch spreche. Nur mit seinem Pferd habe er Deutsch gesprochen. Reinhold Schneider kommentiert diese Worte des Kaisers mit dem Satz: „Welch' eine Ehre für die deutsche Sprache!" Natürlich war Deutsch auch die Sprache der Bauern und der Soldaten, nicht nur die Sprache für die Pferde. Eine Ausnahme stellen wenige geistlich orientierte unter dem Einfluss der Jesuiten stehende Städte wie Freising dar, in welchem im 18. Jahrhundert neben den lateinischen Theaterstücken zunehmend auch solche in deutscher Sprache, z. B. „Kain und Abel" sowie „Manasses König von Juda", aufgeführt wurden. Sowohl bei den lateinischen als auch bei den deutschsprachigen Stücken spielten alttestamentarische Themen eine zentrale Rolle.[806]

Es ist ein deutsches Paradoxon, dass die meisten Juden schon wesentlich früher als die meisten Deutschen, welche lange Zeit ihren Dialekten verhaftet geblieben waren oder für die höhere Kultur fremde Sprachen wie Latein oder Französisch bevorzugten und ihre Dissertationen noch bis zum Beginn des 19. Jahrhunderts in Latein verfassten, den Zugang zur hochdeutschen Sprache fanden und vor allem seit dem ausgehenden 18. Jahrhundert auch in deutscher Sprache schrieben und dichteten. Juden wie Heinrich Heine wurden wahre Meister der deutschen Sprache. Der Wiener Dichter Josef Weinheber beklagt sich in seinem Gedicht „Wienerisch" darüber, dass den Wiener Juden das Wienerische nicht gut genug sei und diese nur schriftdeutsch reden.

„Kaiser und Herren, die gibt's nimmermehr.
D ' Juden ham d ' Vornehmheit pächt.
Wienerisch is ihner vü z ' ordinär –
Sprechen nur Schrift – guade Nächt!"

Für Weinheber ist das gesprochene (nicht das geschriebene) Hochdeutsch im Vergleich zum Wienerischen „de grausliche Spräch". In Hochdeutsch zu schreiben und im Wiener Dialekt zu reden, sind für Josef Weinheber aber keine Gegensätze, wie die Schlussstrophe des Gedichtes „Wienerisch" in plastischer Ausdrucksweise verdeutlicht:

„I, san S' net harb, wann i hundert wir [werde],
red, wie ma ållweil gredt ham.
Sprach, des is Bluat, und Schrift is Papier –
Weil i aus Ottakring stamm."[807]

Ich übersetze:

Verstehen Sie mich recht, wenn ich hundert werde, rede ich, wie wir immer geredet haben. Sprache, das ist Blut, und Schrift ist Papier, weil ich aus Ottakring stamme.

Ottakring ist ein Stadtteil von Wien, gegen Westen zu gelegen, der bekannt ist für seinen besonderen Wiener Dialekt mit den langgezogenen stark nasalierten Vokalen. Der Dichter lebt in zwei sprachlichen Welten, der gesprochenen und geschriebenen Sprache. Er schreibt in beiden Sprachen, in der hochdeutschen Sprache und im Wiener Dialekt. Im Gegensatz zu Weinheber und anderen deutschen Dichtern, welchen die hochdeutsche Sprache als poetisches Medium nicht voll genügt, existiert für die Juden dieser Zwiespalt zwischen Sprache und Schrift nicht, zumindest nicht in diesem Maße, nachdem immer mehr Juden seit dem 18. Jahrhundert Jiddisch und Aramäisch nicht mehr als fein genug empfanden und Hebräisch, die heilige Sprache, sich zunehmend auf den religiösen Kult beschränkte. Viele Juden waren seit der Aufklärung im religiösen Sinne zudem gar keine Juden mehr, fühlten sich zumindest nicht als orthodoxe religiöse Juden. Sie sprachen und schrieben hochdeusch und empfanden sich als Deutsche. Diese Identität einer gesprochenen und geschriebenen deutschen Sprache war besonders stark bei den Juden Prags, z. B. Kafka, ausgeprägt.

Eine ausgeprägte jüdische Liebe zur deutschen Kultur und hochdeutschen Sprache gab es bereits im ausgehenden 18. und im 19. Jahrhundert. Sie erreichte jedoch ihren Höhepunkt erst im 20. Jahrhundert, genau in dem Jahrhundert, als der Holocaust das jüdische Engagement für deutsche Sprache und Kultur völlig zu vernichten drohte. Jüdische Künstler und Dichter haben zu allen Kunst- und Literaturrichtungen wie Expressionismus, Impressionismus etc. bereichernd beigetragen. Das gilt nicht nur für die Prager und Wiener Juden, welche sich primär als Deutsche fühlten. Deutsch – jüdische Autoren wie Franz Kafka, Franz Werfel, Egon Kisch, Stefan Zweig etc. haben „auf die unterschiedlichen literarischen Strömungen des 20. Jahrhunderts eingewirkt und damit zugleich das moderne Literaturverständnis in seinen vielfältigen Ausgestaltungen in entscheidender Weise geprägt. Die deutsche Literatur des 20. Jahrhunderts stellt sich damit als jenes Forum dar, auf dem die unterschiedlichen Facetten des deutschjüdischen Geistes in ihrer kulturellen Bedeutung sichtbar gemacht werden können."[808] Jüdische Künstler und Dichter sind aber auch im 20. Jahrhundert nicht einer einzigen weltanschaulichen und politischen Richtung zuzuordnen, sondern sind vertreten auf allen Ebenen, von rechts bis links, von konservativ bis revolutionär. Bei fast allen jedoch traten „die assimilatorischen Kräfte" deutlich in den Vordergrund. Eine deutsch-jüdische Symbiose gab es nicht nur in der Gesellschaft, sondern auch in der Literatur. Diese äußerte sich in einer wechselseitigen Einflussnahme: Jüdische Autoren wie z. B. Lasker-Schüler prägten und beeinflussten z. B. den deutschen Expressionismus in Kunst und Literatur. Auf der anderen Seite aber übernahmen Juden in einem Prozess der Adaption auch Lebensformen und literarische Elemente aus der nichtjüdischen Umwelt. Bei aller Bereitschaft zur künstlerischen und literarischen Assimiliation und Adaption sind jüdische Kunst und jüdisches Schreiben auch noch in der Moderne mehr oder weniger bewusst von der altjüdischen Tradition geprägt. Selbst bei dem marxistischen Revolutionär Karl Marx lassen sich die alttestamentlichen Wurzeln nicht verleugnen. „Bewusst oder unbewusst nimmt der jüdische Autor die Ausdrucksmittel und die Symbolwelten der jüdischen Religion auf. Und selbst dort, wo er neue Stilformen findet, die ihm seine Zeit vorgibt, wo er sich als deutschjüdischer Autor einer neuen literarischen Richtung anschließt oder zu ihrer Begründung beiträgt, bleibt er trotz der poetischen Innovationen stets auch zurückgebunden an diese Tradition jüdischen Schreibens. Denn indem er sich den neuen Formkräften der Dichtung zuwendet und ihre weltanschaulichen Positionen zu formulieren beginnt, gräbt er zugleich in sich die überlieferten Formen auf, wird der progressive Dichter zum Archäologen in der jüdischen Substanz seiner Existenz."[809] Was hier über jüdische Dichter gesagt wird, gilt natürlich auch für jüdische Dichterinnen, z. B. die expressionistische Lyrikerin Else Lasker–Schüler, und die vielen kultivierten Jüdinnen, welche durch ihre literarischen Salons Künstlern und Dichtern Wege öffneten, um sich in der Öffentlichkeit zu präsentieren. Es waren vor allem Jüdinnen, welche in der deutschen Frauenbewegung eine führende Rolle spielten.[810] Aber auch in der Welt der jüdischen Frauen scheint sich der Gegensatz zwischen Orthodoxie und moderner Welt in Grenzen gehalten zu haben. Man sieht das deutlich am Fall der jüdischen Andachtsliteratur, welche sich in gleicher Weise an die „frommen Zionstöchter" wie auch an die „gebildeten Frauenzimmer" wandte.[811]

Wir sehen hier also auch aus dem Bereich des jüdischen Kunstschaffens, dass Tradition und Moderne keine Gegensätze darstellen. Es ist also im Rahmen dieser Arbeit notwendig, nicht nur im christlichen, sondern auch im jüdischen Bereich immer wieder zu den religiösen und kulturellen Wurzeln in der Antike zurückzukehren.

Rückkehr zu den jüdischen Wurzeln

Das heutige deutsche Geschichtsbild der Antike und des Mittelalters ist überwiegend von den Literaten und Historikern des 19. Jahrhunderts geprägt. „Bis ins 17. Jahrhundert hinein waren die gelehrten Deutschen und Österreicher noch einhellig der Meinung, daß sie aus Armenien stammen würden und den Aschkenasim viel zu verdanken hätten."[812] ***Aschkenasim*** ist der Ausdruck für die aus dem Osten stammenden Juden, während die ***Sephardim*** die aus dem Mittelmeerraum, vor allem von Iberien stammenden Juden sind. Im Kapitel 51 des Propheten Jeremias, welches der Zerstörung Babels gilt, heißt es in Vers 27: „Setzt Völker ein gegen Babel, ruft gegen es herbei die Reiche von Ararat, Minni und **Aschkenas**[813], bestellt wider es die Aushebungsbeamten." Im Stammbaum Noes von Genesis 10 ist Gomer der Sohn von Japhet und Aschkenas ein Sohn von Gomer. Der Name des Volkes Aschkenas leitet sich also von Aschkenas, dem Urgroßvater von Noah, ab.

Kap. 51, Vers 29 offenbart den Plan des Herrn, „das Land Babel zur Wüste zu machen, die niemand bewohnt." Aus diesen Stellen ergibt sich, dass Aschkenas kein Kleinstaat war, sondern ein **Reich**, das wohl im Kaukasus anzusiedeln ist und auf Grund seiner Macht durchaus in der Lage war, in den Westen auszustrahlen. Horst Friedrich bringt das Bairische und Jiddische, deren Ähnlichkeit verblüffend ist, mit dem am Schwarzen Meer gelegenen jüdischen Chasarenreich in Verbindung.[814] Merkwürdig ist jedoch, dass – wie bei so vielen anderen Angaben des Alten Testaments – Aschkenas bei keinem ‚klassischen' antiken Autor erwähnt wird. Noch bis weit in die Neuzeit hinein gab es eine mündliche Tradition, dass „Bawari traduntur ab Armenia oriundi"[815], also „die Baiern von Armenien abstammen".[816] Auch der Tegernseer Mönch Heinrich „vertritt die Auffassung der armenischen Herkunft und schreibt den Baiern den Ursprung der deutschen Sprache zu", die sich von der Donau über ganz Deutschland ausgebreitet habe.[817] Für den Kalvinisten Scaliger ist Hebräisch die „Ursprache und das Vorbild für die europäischen Sprachen."[818] Bereits Dante hatte in seinem Werk *De vulgari eloquentia* von 1304 die „Theorie der von Gott gegebenen hebräischen Ursprache"[819] entwickelt.

Der Jurist Justo-Georgio Schottelio, Hofrat und Hofgerichtsassessor in Braunschweig, vertrat in seinem 1663 veröffentlichten Werk „Ausführliche Arbeit von der Teutschen Haubtsprache" die Meinung, „daß die deutsche Sprache von den Aschkenasim nach Europa gebracht wurde, wo sie von den aus Mitternacht entstandenen Völkern übernommen wurde".[820] Die deutschen Juden, welche sich noch heute als ***Aschkenasim*** bezeichnen, hätten somit den gleichen Stammvater wie die Deutschen. Sicher ist jedenfalls, dass es diese aschkenasisch-deutsche Sprache schon im Mittelalter gegeben haben muss. Es verwundert aber sehr, dass es aus dem Früh- und Hochmittelalter fast ausschließlich lateinische Urkunden bzw. Texte, jedoch keine deutschen gibt. Es verwundert aber sehr, dass es aus dem Früh- und Hochmittelalter fast ausschließlich lateinische Urkunden bzw. Texte, jedoch kaum deutsche gibt.

In die Richtung von Schottelius äußert sich auch der Nürnberger Spaten in seinem Werk von 1691 „Der Deutschen Sprache Stammbaum und Wortwachs oder Teutscher Sprachschatz". Auch er leitet das Deutsche vom Hebräischen und die Herkunft der Deutschen aus Babylonien ab. Spaten datiert übrigens nicht ab Christi Geburt, sondern wie die Juden von der Erschaffung der Welt. Feststeht auf jeden Fall, dass „die Geschichte des Abendlandes, so wie wir sie kennen, noch im 17. Jahrhundert völlig unbekannt war."[821] Auch die österreichische Chronik der 95 Herrschaften, unter der Herrschaft Herzog Albrechts III. (1350–1395) zusammengestellt, überliefert uns 22 jüdische Fürsten[822], „die nacheinander regiert haben sollen."[823] Die vom Geist des 19. Jahrhunderts geprägte deutsche Geschichtsschreibung tut natürlich solche Berichte aus der Zeit vor dem 19. Jahrhundert als Legenden ab. Es ist aber nie der Versuch unternommen worden, solchen Überlieferungen wirklich gezielt auf den Grund zu gehen. Die Verifizierung der in diesen „Legenden" getätigten Aussagen hätte zudem die Juden, die nach Meinung der Mehrheit der Deutschen ohnehin schon zuviel Einfluss hatten bzw. noch haben, viel zu stark aufgewertet.

Die Juden galten im 19. Jahrhundert – zu Unrecht – als sozial Außenstehende. Die Vorstellung, dass das Christentum auf den Schultern des Judentums stehe und dass Jesus, der Gründer der christlichen Religion, Jude war, war weitestgehend abhanden gekommen. Es waren also nicht nur Juden, welche in Folge des Euphorismus der Aufklärung ihre Wurzeln vergessen hatten, sondern auch Christen. Letztere, betäubt durch Industrialisierung, Nationalismus, Indogermanismus und andere Ismen, hatten ihre wahren Wurzeln nicht mehr im Judentum, sondern in den Idealen und Idolen der antiken Klassik entdeckt. Man darf sich also nicht wundern, dass die Christen die Juden nicht (mehr) als ihre Brüder, sondern als völlig Fremde betrachteten. Selbst ein so renommierter Volkskundler wie Karl-S. Kramer, vor wenigen Jahren verstorben, machte diesbezüglich keine Ausnahme, wie der folgende Satz verdeutlicht: „Ihre gesonderte Religion, ihre eigenen Bräuche, ihre andere Lebensweise hat sie immer als etwas Fremdartiges erscheinen lassen."[824] In der Zeit des Nationalsozialismus empfand ein großer Teil der deutschen Bevölkerung jüdische Symbole und Gebäude als fremdartig, ja sogar als exotisch. Nach dem Abbruch der Münchner Synagoge wollte Nürnberg hinter München „nicht zurückstehen und folgte am 8. Oktober 1938 seinerseits mit dem Abbruch des laut Streicher ‚undeutschen, frech scheußlichen orientalischen Bauwerks'."[825] Von der im 19. Jahrhundert als ‚fremdartig' empfundenen jüdischen Religion führte ein direkter Weg zur Exotisierung der jüdischen Synagogen als orientalische Bauwerke. Diese Klischees, welche sich auch in den Köpfen der sog. anständigen Deutschen eingenistet hatten, führten dann geradezu zwangsläufig zu den wüsten antisemitischen Ausschreitungen der „Reichskristallnacht" vom 10. November 1938 und zum Holocaust. Das christliche Volk, dessen jüdische Wurzeln seit der Aufklärung zunehmend verschüttet worden waren, war im NS-System so weit gekommen, auch seine christliche Identität zu verlieren.

Diese im 19. und 20. Jahrhundert gängigen (oben beschriebenen) antijüdischen Ressentiments, die eben nicht nur bei fanatischen Antisemiten verbreitet waren, offenbaren nur einen Teil der Wahrheit. War z. B. die jüdische Lebensweise im 19. Jahrhundert, von den traditionalistischen Ostjuden und den relativ wenigen orthodoxen Juden einmal abgesehen, tatsächlich so verschieden von den „echten" Deutschen? Die Forschung unserer Tage zum sozialen Leben der Juden in Deutschland zeigt vielmehr, dass bereits im 19. Jahrhundert die Juden begonnen hatten, sich an die „deutschen" Sitten, das deutsche Bildungssystem und überhaupt an die deutsche Mentalität zu assimilieren. Die neuere jüdische Geschichtsschreibung bringt auch zunehmend Beispiele von jüdischer Integration und Verbürgerlichung bereits seit dem Ende des 18. und dem Begin des 19. Jahrhunderts in Preußen und Deutschland. „An der weit verzweigten Familie des Berliner Hofjuden Daniel Itzig (1723–1799), der beispielsweise David Friedländer (1750–1834) oder die Salonnière Fanny von Arnstein (1758–1818) angehörten, lässt sich ablesen, wie die Juden an der Gestaltung der entstehenden bürgerlichen Gesellschaft, welche die Entwicklung der jüdischen Gemeinschaft beeinflusste und prägte, aktiv beteiligt waren."[826] Die bürgerliche jüdische Integration führte aber bei der großen Mehrheit der Juden zu einer ausgeprägten Entkonfessionalisierung, zum Verlust der jiddischen und hebräischen Sprache und zum Verkümmern der hebräischen Quellen wie Talmud, Kabbala etc.

Die radikale Verleugnung ihrer religiösen und kulturellen Wurzeln rettete jedoch die Juden nicht vor dem Holocaust. Assimilation ist ja durchaus etwas Positives. Die Frage ist nur, welches Maß an Assimilition das richtige ist. Zur Assimilation der deutsch-aschkenasischen Juden ist zu vermerken, dass das Übermaß der Assimiliation einer großen jüdischen Mehrheit von den Nichtjuden gar nicht als positiv, sondern paradoxerweise – wie bei den spanischen Marranen – als bedrohlich empfunden wurde. Assimilation sollte also niemals und in keiner Kultur mit religiösem und kulturellem Substanzverlust Hand in Hand gehen. Wenn die Wurzeln verdorren, dann gehen nicht nur Pflanzen ein.

Trotz dieser von mir vorgebrachten Bedenken zur Assimilation der Juden in Deutschland gibt es eine Reihe von jüdischen Forschern, welche die Assimilation der Juden in die Gesellschaft, in der sie leben, positiv sehen. Dies gilt vor allem für die Juden in den **Vereinigten Staaten**, wo die kulturelle Situation eine andere ist als im Europa des 19. und 20. Jahrhunderts. So betrachtet David N. Myers, der moderne jüdische Geschichte und Philosophie am *Center of Jewish Studies* der *University of California* in Los Angeles lehrt, die Assimilation der Juden als Segen und plädiert in diesem Sinne für eine neue Sicht der jüdischen Geschichte.[827]

Die immer wieder vor allem in den USA bis heute gezeigte jüdische Assimilationsbereitschaft widerlegt deutlich die obige Behauptung einer „gesonderten Religion". Diese Aussage von Kramer ist nicht nur aus heutiger Sicht mehr als problematisch, wie die Studien von Pinchas Lapide[828] – unter Einbeziehung der Bewegung der Essener[829] – und von Raphael Straus[830] zum Neuen Testament und überhaupt zu den Beziehungen zwischen Judentum und Christentum zeigen. Auch das neuere Werk von Hilton, welches nicht zwischen Urchristen und Qumran-Essenern unterscheidet, macht deutlich, dass nicht nur das Judentum 2000 Jahre auf das Christentum eingewirkt, sondern umgekehrt auch das Christentum die jüdische Religion und Kultur geprägt hat.[831]

Es muss also andere Gründe geben, warum die Juden in Deutschland zunehmend seit dem späten Mittelalter ausgegrenzt worden waren. Erstaunlicherweise stellt dabei die Epoche der Aufklärung – trotz der Ende des 18. Jahrhunderts fortschreitenden rechtlichen jüdischen Emanzipation – keine Ausnahme dar.

Die Aufklärung, die Säkularisation und die Klöster

Um die Einordnung der Juden und ihrer Kultur in das christliche Kultur- und Wertesystem und ihre Ausgrenzug besser zu verstehen, soll hier aufgezeigt werden, welche Rolle die Aufklärung und die Säkularisation für die Entwicklung der christlichen und jüdischen Gesellschaft und Kultur vor allem in Deutschland spielten.

Ein wichtiger Ansatz der Aufklärung ist die Ethik, welche das Zusammenleben der Menschen in einem Staatsverband regelt bzw. regeln sollte. Spinozas Ethik beruhte auf der möglichst großen Freiheit, welche der Staat seinen Bürgern gewähren sollte. Diese beruht nicht primär auf den Ideen des Alten und Neuen Testamentes, ohne die sie allerdings nicht denkbar wären, sondern auf logisch-mathematischen Vorstellungen. Wie Descartes, auf dessen Ideen Spinoza aufbaut, leitet er die Ethik aus der Gewissheit des Denkens ab, das den Menschen als gottebenbildlich charakterisiert. Mit dieser Ableitung kommt er nicht in Konflikt mit der christlichen Theologie wie Immanuel Kant, der Ethik und Menschenwürde von der menschlichen Autonomie ableitet. Gegenüber Spinozas Ethik wirkt der kategorische Imperativ von Kant allzu konstruiert: „Handle so, dass die Maxime deines Willens jederzeit zugleich als Prinzip einer allgemeinen Gesetzgebung gelten könne." Dieser Kant'sche Imperativ schließt menschliches Fühlen einerseits und religiöse Komponenten andererseits von Anfang aus und endet schließlich, vor allem bei seinen Nachfolgern, in einer beamtenmäßigen Pflichtmoral. Neuere Studien zeigen, dass der kategorische Imperativ von Kant durchaus nicht so revolutionär ist, wie man bis heute glaubte. In einer Königsinschrift der 13. ägyptischen Dynastie, um 1700 v. Chr. konventioneller Chronologie, findet sich der kategorische Imperativ als Prinzip Ma'at in einer ganz einfachen leicht verständlichen Formulierung: „Der Lohn eines Handelnden liegt darin, daß für ihn gehandelt wird. Das hält Gott für Ma'at." Der Kongruenz des Denkens entspricht die Kongruenz des Handelns: „Wie du handelst, wird für dich gehandelt. Der Lohn deines Handelns liegt in der Antwort. Gib, so wird dir gegeben." Der Zusatz „Das hält Gott für Ma'at" bedeutet aber nicht, „daß Gott es ist, der die Tat vergelten wird, sondern dass die Welt so funktioniert und daß Gott es für richtig findet."[832] Der ägyptische Ansatz reicht auch viel tiefer als die altrömische Faustregel „do, ut des" (ich gebe, damit du gibst). Der kategorische Imperativ der alten Ägypter funktioniert nur unter bestimmten Voraussetzungen. Das Gleichgewicht des sozialen Handels braucht den Bezug zur Vergangenheit, welche der alte Ägypter vor Augen und nicht wie die Zukunft im Rücken hat. Der Verlust dieser Vergangenheit führt dazu, dass dieser kategorische Imperativ außer Kraft gesetzt wird. Menschen, denen das Gestern und die Erinnerung verloren gehen, verlieren auch ihr soziales Gedächtnis und die Fähigkeit des Dankens. Jemandem danken bedeutet nämlich für ihn zu handeln. „Eine gute Tat will vergolten sein, sie findet ihren Lohn nicht in sich selbst noch im Zuge einer automatischen Vergeltung. Nur wer solche Vergeltung erfährt, wird weiterhin tätig bleiben. Wer dagegen ständig enttäuscht wird, läuft Gefahr, der Trägheit anheimzufallen, die das Gestern vergißt."[833] Der kategorische Imperativ von Kant ist also nicht die Erfindung des Aufklärers Kant, sondern eine in der Geschichte der menschlichen Kultur angelegte Grunderfahrung. Die folgende Aussage eines Waldensers vor der Inquisition von Toulouse macht deutlich, dass der kategorische Imperativ bei den sittenstrengen Häretikern eine selbstverständliche praktische Lebensregel gewesen sein muss: „Weder böses zu sagen noch zu tun; einem andern nichts zu tun, was man selbst auch nicht getan haben wolle." Eine ähnliche Antwort bekam im Jahre 1394 „der Cölestiner Petrus bei seiner Inquisitionstätigkeit unter den pommerschen Waldensern."[834] Eine solche Ethik auf menschlicher Gegenseitigkeit passt auch eher zur praktischen Lebensführng christlicher Sekten und des Protestantismus als zur Gute-Werke-Moral des Katholizismus. Für die Waldenser und andere „Häretiker" ist die historische Rückbesinnung auf die historisch fassbaren biblischen Schriften anders als in der Katholischen Kirche, welche ihren Gläubigen die Lektüre der Heiligen Schriften lange vorenthielt, von substantieller Bedeutung.

Der kategorische Imperativ bedarf also der historischen Dimension, der Vergangenheit. Diese Dimension fehlt nicht nur dem Werk von Kant, sondern der Aufklärung ganz allgemein, welche die Zukunft auf Kosten der Vergangenheit überbetont. Für die Aufklärung ist nun im Gegensatz zu den alten Ägyptern die Zukunft „vorn" und die Vergangenheit „hinten", allerdings letztere etwas, was mehr Belastung als Nutzen aufweist. Die Zukunft wird dabei in einem extrem euphorischen Licht gesehen. Sie ist für die Aufklärer (z. B. Condorcet) das Absolut Positive, die Vergangenheit das schlechthin Negative. Aus dieser Sicht der Dinge verwundert es auch nicht, dass nicht nur die Ethik, sondern auch die Bildung aus dem Gleichgewicht geraten ist.

Das relativ hohe Bildungsniveau der Scholastik konnte schon im späten Mittelalter nicht mehr gehalten werden. Parallelen zur vergangenheitsscheuen deutschen Gegenwart (siehe Pisa-Studie) drängen sich auf. Im späten 15. und im 16. Jahrhundert wurde eine neue Bildungsoffensive gestartet. Im 18. Jahrhundert sank das Bildungsniveau trotz (oder wegen?) der „Aufklärung" wieder. Es hängt wohl dieser Rückgang des 18. Jahrhunderts auch mit dem seit der Aufklärung parallel verlaufenden „Verfall unseres Hörsinnes" und der „Hypertrophie des Optischen"⁸³⁵ zusammen. Es ist die Zeit, in welcher im europäischen Bildungssystem die gesprochenen und gehörten Sprachen zunehmend durch die sog. optisch orientierten Schriftsprachen bzw. Sprachschriften, welche nicht mehr gehört, sondern (still) gelesen werden, abgelöst wurden.

Der desolate Zustand der deutschen Universitäten im 18. Jahrhundert ist ein Spiegelbild dieser Entwicklung. Es gab sogar Stimmen, welche die Aufhebung der deutschen Universitäten forderten. Nicht viel besser war es an den Gymnasien, denen so gut wie jeder Praxis- und Lebensbezug fehlte. Davidson stellt fest, dass die innovativen, neuen Ideen, auch im Zeitalter der Aufklärung, „sehr selten oder nie von den (etablierten) christlichen Universitäten ausgegangen zu sein"⁸³⁶ scheinen, was auch von Goethe beklagt worden ist. Führende Intellektuelle Deutschlands waren nicht Leute wie Schiller oder Goethe, sondern Rückwartsgewandte wie Abraham a Santa Clara, welcher z. B. das Lesen von Zeitungen für „eine große Zeitverschwendung"⁸³⁷ hielt. Gegenüber dem 18. Jahrhundert des Abraham a Santa Clara hatte das 19. Jahrhundert kein wesentlich höheres Bildungsideal, wenn man bedenkt, dass die Deutschen (Süddeutsche wurden wohl nicht befragt) am Ende des Jahrhunderts nicht Hegel, Schopenhauer oder einen großen Naturwissenschaftler oder Dichter für den größten Denker des Jahrhunderts hielten, sondern Generalfeldmarschall Helmuth von Moltke.⁸³⁸

Aus dieser Sicht der Dinge heraus ist es notwendig, bei der Aufklärung deutlich aufzuzeigen, was Ideal einerseits und Realität andererseits gewesen ist. Es ist nicht zulässig, die wegweisenden Ideen von Lessing, Kant, Moses-Mendelsohn⁸³⁹ und anderen großen jüdischen und christlichen Kapazitäten der Aufklärung⁸⁴⁰ mit dem realen Zustand der Gesellschaft und Politik des 18. und frühen 19. Jahrhunderts gleichzusetzen. Gerade die soziale und politische Entwicklung des 19. Jahrhunderts (Darwinismus, Imperialismus, undemokratisches Wahlsystem, zunehmender Nationalismus und Antijudaismus etc.) macht deutlich, wie wenig von den Idealen der Aufklärung, nicht nur in Deutschland, in die Tat umgesetzt worden ist. Wie sehr die Ideen des Juden- und Christentums wie auch der Aufklärungsideen des 18. Jahrhunderts pervertiert wurden, zeigt auch die politische Unterdrückung und wirtschaftliche Ausbeutung der Kolonialstaaten in Afrika, Südamerika und Asien durch die europäischen Kolonialherren, welche ihren Imperialismus in Wort und Tat als Kulturtransfer verbrämten. Denn in diesen Staaten praktizierten und verbreiteten die sog. europäischen Kulturstaaten ein Christentum ohne Humanismus und ohne Menschenrechte, wie Prodosh Aich für Indien nachweist. Kolonialistisch ausgerichtete christliche Missionierung zerstörte nicht nur bestehende soziale Strukturen, sondern war vielfach auch ein

Instrument, um politische und wirtschaftliche Interessen der Kolonialstaaten leichter durchzusetzen.

Im Grunde kamen die Ideen der Aufklärung in Deutschland erst so richtig nach den schrecklichen Erfahrungen des Holocaust und dem Untergang des Dritten Reiches im deutschen Grundgesetz, im Konzept der Sozialen Marktwirtschaft, im Rahmen der atlantischen Gemeinschaft und in der Öffnung zu Europa hin zum Tragen. Den schönen Ideen und Worten folgten lange Zeit keine Taten. Die Verwandlung von Deutschland in einen demokratischen und sozialen Rechtsstaat nach dem Ende des 2. Weltkrieges ist schon so oft behandelt worden, dass ich mich darauf beschränke, diese Dinge hier nur anzudeuten.

Ein wichtiger Aspekt von „Aufklärung und Säkularisation", der bisher wenig beachtet und fast ausschließlich aus der Sicht des aufsteigenden Bürgertums untersucht wurde, ist die Rolle der Klöster als Träger und Förderer von Wissenschaft, Kunst und Bildung.[841] Das Thema ist so umfassend, dass es nicht nur einer eigenen Monographie wert wäre, sondern auch die Mitwirkung der Experten verschiedener Disziplinen erforderte. Darum sollen hier einige wichtige Gedanken nur angedeutet werden. Die Klöster waren nicht nur die ersten Einrichtungen in Europa, welche systematisch Bildungsinstitutionen schufen, dort nicht nur Adelige – auch Frauen wie die Heilige Hildegard von Bingen – erzogen und ausbildeten, sondern bis zur Säkularisation und teilweise sogar darüber hinaus die Hauptanbieter im Bereich der Bildung. Die Klöster trugen darüber hinaus auch als Auftraggeber für den Bau von Kirchen, Klostergebäuden und wirtschaftlichen Einrichtungen, z. B. im Weinbau und in der Bierherstellung, wesentlich zum wirtschaftlichen Wohlstand bei. Der geistliche Stand, vor allem die Klöster, war nach Aventinus, dem großen bairischen Geschichtsschreiber, reicher und vermögender als die beiden anderen Stände, der Adel und die Städte.[842] Ihr Kapital wurde auch mehr für produktive Zwecke investiert als beim Adel, der auf dem Lande seine Zeit lieber mit Jagen und sonstigen Spielen verbrachte und im Grunde nur die Einnahmen aus seinen Grundbesitzungen und sonstigen Vermögenswerten konsumierte und vielfach auch verschwendete. Klöster und Kirchen waren selbst in Regionen, wo man es nicht vermuten würde, treibende Wirtschaftskräfte. In der Hansestadt Hamburg war seit dem späten Mittelalter das Hospital zum Heiligen Geist „offensichtlich zusammen mit dem dazugehörigen Kloster die stärkste ökonomische Kraft der Stadt. Es war der wichtigste Geldgeber für die Stadt und die Schauenburger Grafen. Nach Hatje[843] war die Stadt Hamburg in exorbitanter Höhe beim Spital, das im Grunde ein „vormodernes Kreditinstitut"[844] war, verschuldet. Diese Schuld machte 1322/23 immerhin 37,3 % der Gesamtschuld aus. Hatje erklärt sich diese starke ökonomische Position des Hospitals damit, dass dieses „vor allem klug investiert zu haben scheint"[845], ist sich aber sicher, dass wir erst am Anfang neuer Erkenntnisse stehen. Bei der Lektüre von Hatje gewinnt man den Eindruck, „als sei die Keimzelle der dynamischen Entwicklung der Stadt Hamburg der genossenschaftliche und republikanische Geist des Ur-Christentums gewesen. Und es entsteht der Eindruck, als sei das retardierende (rückschrittliche) Element die Entstehung und Festigung des territorialen Fürstenstaats gewesen."[846] Erst der 30jährige Krieg führte endgültig zur Monopolisierung der Territorialstaaten, welche ihre Macht auch der „organisierten Schutzgelderpressung" zu verdanken haben. Im Falle von Hamburg wurde noch lange Zeit das Vermögen der Hospitäler und Klöster für die riesigen Zahlungen an Peter d. Großen, den König von Dänemark, an Frankreich etc. aktiviert. Deren Wirtschaftskraft war noch ungebrochen bis zum Beginn des 30jährigen Krieges. Denn um 1620 waren noch neun der elf Hamburger Brauhäuser in den Händen der Gotteshäuser. Am Ende des 19. Jahrhunderts „ist jedenfalls praktisch nichts mehr vom Vermögen der Klöster und Hospitäler, die im Mittelalter noch die mächtigsten Institutionen waren, übrig."[847] Die Börse und das Rathaus von Hamburg stehen heute auf den Plätzen, wo Klöster und Hospitäler standen.

Nicht nur bei der Analyse der ökonomischen Aktivitäten des Hamburger Hospitals drängt sich mir zunehmend der Gedanke auf, dass bereits für das Mittelalter eine Korrelation zwischen ökonomischem Erfolg und Bildungsaktivitäten besteht. Klöster und klösterliche Hospitale waren in diesem Sinne nicht nur Wirtschaftsfaktoren, sondern auch die führenden Träger der Bildung. Es besteht kein Zweifel daran, dass der größte Teil des vorhandenen Wissens bis ins frühe 19. Jahrhundert hinein in Klosterbibliotheken gespeichert war. Die Staats- und Nationalbibliotheken wurden ja erst im 18., in manchen Staaten erst im 19. Jahrhundert gegründet. Erst in den letzten Jahren tritt immer mehr ins Bewusstsein, dass in altbayerischen Klöstern vor allem in der Barockzeit wie sonst nirgendwo in Bayern die zeitgenössische Musik gepflegt und bei der Erziehung in den Klöstern, nicht zuletzt in den Innklöstern, auch Kunst und Musik ins Bildungsangebot einbezogen worden waren.[848] Das hohe Niveau der klösterlichen Musikkultur in Altbayern war nicht elitär und kam auch den kleinen Leuten und nicht zuletzt der Landbevölkerung zugute. Die Aufhebung der bairischen Klöster führte nicht nur zum abrupten Abbruch einer florierenden Kultur im allgemeinen und einer speziellen Musikkultur im besonderen, sondern auch zu einer extremen Verarmung der schulischen Musikerziehung an den meist kulturell unterentwickelten staatlichen Schulen und auch zu einem beschämenden großflächigen Verlust an musikalischen Quellen in einem Staat, der Kultur fast ausschließlich als Privileg der Elite, nicht der großen Masse gesehen hat.[849] Die Auswirkungen der Säkularisation machen auch deutlich, wie unverzichtbar gerade in ländlichen Regionen, z. B. Bayerns, die Kulturförderung, die Erziehung und Bildung der Jugend in z.T. noch heute bzw. wieder bestehenden Klosterschulen sowie die wirtschaftliche Tätigkeit der Klöster – auch noch im 18. Jahrhundert – gewesen sind.[850] Wenig beachtet wurde bisher die Tatsache, dass die Klöster Orte waren, in welchen professionell und universell Kunstwerke gesammelt wurden. Nachgewiesen ist die rege Sammeltätigkeit der Jesuiten für Wien und Niederösterreich.[851] Es ist jedoch anzunehmen, dass dies kein auf Niederösterreich begrenztes Phänomen war. Die Säkularisation war nicht zuletzt, wirtschaftlich betrachtet, kontraproduktiv.[852] Die neuere bayerische und deutsche Geschichtsschreibung erkennt immer mehr, dass die Säkularisation von 1803, nicht zuletzt für den ländlichen Arbeitsmarkt[853], katastrophale soziale, kulturelle und wirtschaftliche Folgen hatte. Selbst der Rezensent von Stutzers „Säkularisation" musste seine Wissenslücken der klösterlichen Kulturgeschichte zugeben: „Dem Rezensenten ... war es unbekannt, wie grundlegend die Klöster Bayerns, wie verschieden die einzelnen Orden, angefangen von den Benediktinern, über die Augustinerchorherren, die Prämonstratenser, die Zisterzienser, das soziale Gefüge, die rechtliche Gestalt Bayerns formten, das sich mit Recht schon früh ‚Freistaat' nennen konnte. Diese Folgen trafen auch den bayerischen Staat in voller Härte. Denn es stellte sich sehr bald heraus, dass sehr viele Klöster bei weitem nicht über das liquide bzw. liquidisierbare Vermögen verfügten, welches sich die Krone Bayerns und die bayerische Landesdirektion erhofft hatten. Auch beim Verkauf von Klöstergütern als Vermögensgesamtheit wurde oft unter Schätzpreis verkauft. Das Klostergut von Geisenfeld (abgesehen von der Klosterkirche und einigen Immobilien) veräußerte der bayerische Staat an einen Schweizer Industriellen sogar um einen Spottpreis. Man ließ sich, wie man in Bayern zu sagen pflegt, übers Ohr hauen. „Aber auch die abgemachte Kaufsumme erhielt die Staatskasse nicht ganz; denn der Käufer erfüllte die stipulierten Bedingungen nur ungenau. Der Staat mußte schließlich froh sein, daß der schlaue Schweizer von der Bildfläche verschwand, ‚ohne noch mehr ruiniert zu haben'."[854] Kloster Geisenfeld war also mit Sicherheit ein ‚Verlustgeschäft' für den geldliebenden und notleidenden bayerischen Staat. Mehr als die beiden Herrscherhäuser der Agilolfinger und Wittelsbacher, mehr als der Adel trugen also Klöster dazu bei, Freiheitsräume für den einzelnen zu schaffen. Mit dem 31. März 1803 ging ein jahrhundertelang praktiziertes Wirtschaftssystem zu Ende."[855]

Es gibt heute immer noch Historiker, welche die Säkularisation als erfolgreiches Endstadium der Aufklärung darstellen. Der bereits im 18. Jahrhundert erhobene Vorwurf der Rückständigkeit der Klöster[856] entbehrt, wie die oben zitierte Arbeit von Kröll beweist, einer wirklich tragfähigen Grundlage, zumal nicht einmal für Bayern wirklich ausreichende Forschungen vorliegen, welche dieses abgegriffene Schlagwort bestätigen könnten.[857] Bis heute gilt noch das Klischee der rückständigen Kirche bzw. Klöster und der fortschrittlichen Aufklärung. Nicht wenige europäische Historiker sehen noch heute in der Säkularisation nicht nur die Vollendung der Aufklärung, sondern auch die Voraussetzung für die Schaffung rechtsstaatlicher und demokratischer Lebensformen. Selbst der *christliche* bayerische Ministerpräsident Max Streibl vertrat in seinem Geleitwort zum Katalog der Ausstellung „Glanz und Elend der alten Klöster"[858] im Haus der Bayerischen Geschichte 1991 den Standpunkt, dass die Säkularisation den Weg „für den Rechts- und Verfassungsstaat" freimachte.[859] Wilhelm Liebhart, kein Anhänger solcher euphorischer Aussagen, bringt gegen solche nicht nur von Streibl geäußerten Klischees kritische Einwendungen, welche auch heutige Historiker nur selten wagen, weil sie Angst haben, als unzeitgemäß dazustehen. Dazu Liebhart wörtlich:

„Stand die Kirche dieser Entwicklung zum modernen Staat wirklich im Wege? Damit befinden wir uns mitten in der Kontroverse. Wenn dem so gewesen wäre, hätte der bayerische Staat nur die landständische Verfassung aufheben und die weltliche Macht der Kirche, von der Niedergerichtsbarkeit (Hofmarken) bis hin zur höchsten Form des geistlichen Staates (z. B. Hochstift Freising), beseitigen und in seine Hand monopolisieren können, ohne die Klöster aufheben zu müssen. Darum ging es aber nicht, es ging um das Vermögen der Kirche."[860] Die Beraubung der Kirche durch die Säkularisation hinderte aber die großen Monarchen Europas nicht daran, sich in entscheidenden Notlagen auf das Alte Testament zu berufen. Eine Medaille von 1813 auf die Völkerschlacht bei Leipzig zeigt die großen Monarchen von Preußen, Österreich und Russland knieend auf dem Schlachtfeld. Die auf der Medaille angebrachte Formulierung zeigt unverkennbar den Einfluss des Alten Testamentes in Diktion und Formulierung: „Und der Herr verlieh ihnen d[en] Sieg. Sie aber sanken nieder und dankten und beteten z[um] Herrn".[861]

Die Aussage von Liebhart nennt das Kind beim Namen und wiegt umso schwerer, wenn man bedenkt, dass es heute in Bayern nur wenige Historiker gibt, die wie Liebhart mit der Geschichte und Kultur der bayerischen Klöster vertraut sind. Liebhart legt auch den Finger auf einen weiteren wunden Punkt der Kirchen- und Klostergeschichte. Er macht nämlich deutlich, dass der bayerische

Staat (und auch andere Staaten, darf ich ergänzen) seit Beginn der Neuzeit immer stärker in die Rechte und die wirtschaftliche Gestaltungsfreiheit der Klöster eingegriffen hat. Roman Landau aus Hamburg bringt hier eine neue Sicht der Dinge, welche man bei konventionellen Historikern schmerzlich vermisst: Ich möchte seine kritischen Gedanken trotz der Länge hier festhalten.

„Leider ist die Säkularisation und der dadurch verursachte tiefgreifende Strukturwandel in Wirtschaft und Gesellschaft noch weitgehend unerforscht, aber man kann davon ausgehen, daß er für die meisten eine erhebliche Verschlechterung der Arbeits- und Lebensbedingungen bedeutet hat, schon weil die Klöster keine Profitinteressen verfolgt hatten. Nimmt man das Beispiel des Klosters Benediktbeuren, das auf 330 ha Landwirtschaft betrieb, dann fällt auf, daß der eigentliche Gewinn des Klosters relativ gering war. Was vor allem daran lag, daß ‚nicht einmal jeder zweite zur Produktions- und Ertragsbildung beitrug'. Und die Kredite, die das Kloster vergab, zu 80 % zinslos waren. Man darf vermuten, daß die andere Hälfte der Klosterangehörigen sich mit sozialen Dingen, aber auch mit Forschung und Bildung beschäftigt hat, denn tatsächlich spielten die Klöster eine erhebliche Rolle bei der intellektuellen Förderung der Bauernkinder, von denen es manch eines bis zum Kardinal gebracht hat. Nachdem man die Klöster zerschlagen hatte, entstand ein intellektuelles Vakuum, das gegen Ende des 19. Jhds. als das notorische ‚Bildungsdefizit der Katholiken' öffentlich diskutiert wurde. Freiherr von Hertling, Mitbegründer der Görres-Gesellschaft: ‚Denn Abteien und Klöster, welche jetzt schnöder Habsucht und blöder Zerstörungswut zum Opfer fielen, hatten niemals aufgehört, Stätten der Wissenschaft zu sein ... Das war nun mit einem Schlage vorbei. In dem neuen paritätischen Staate gab es für jenes stille, durch die Jahrhunderte geübte Mäzenatentum keinen Ersatz. Man kann diesen Verlust kaum hoch genug veranschlagen.' Man muß bei dieser Gelegenheit auch festhalten, was allgemein ziemlich unbekannt ist, daß es nämlich spätestens seit der frühen Neuzeit ein massives staatliches, d.h. königliches[862], Bestreben gab, die christliche Identität zu kontrollieren und umzuformen in eine dem Staat nützliche oder wenigstens nicht schädliche Weltanschauung. Für Bayern etwa lässt sich nachweisen, daß der Staat schon seit 1570 (als der sog. Geistliche Rat begründet wurde) bemüht war, eine staatliche Kontrolle über die christlichen Klostergemeinden zu bekommen. 1595 wurden diese beispielsweise aufgefordert, Verzeichnisse ihrer Bücher anzulegen und an den Staat zu schicken. Offensichtlich kamen sie dem nur ungern nach, denn 1610 mußte diese Aufforderung erneuert werden. Und die Listen, die die Klöster dann einsandten, entsprachen häufig nicht dem tatsächlichen Bestand. Wir wissen heute, dass der sog. Geistliche Rat tatsächlich die Rolle einer Zensurbehörde zu spielen hatte."[863]

Den massiven landesherrlichen Zensur- und Kontrollmaßnahmen gegen Kirche und Klöster war aber bereits die auf die Informationsfreiheit und andere Menschenrechte zielende zentrale kirchliche (nicht von den Klöstern ausgehende) Bücherzensur vorausgegangen. Diese gipfelte unter anderem in der Kontrolle und Kanalisierung der Information für die relativ wenigen, die sich Bücher leisten und diese auch lesen konnten, nämlich im vatikanischen *Index librorum prohibitorum* von 1564. Dieser Index war wohl nicht nur gegen die Reformation gerichtet. Eine Einschränkung der geistigen und Informationsfreiheit gab es nicht nur auf kirchlicher und landesherrlicher Basis, sondern auch auf Reichsebene. Mit Hilfe der sog. Bücherkommission übte der deutsche Kaiser die Oberaufsicht über den Frankfurter Buchmarkt, damit auch auf die Druckereien und Verlage aus, es „oblag dem kaiserlichen Fiskal in Speyer auch weiterhin die Verfolgung von Vergehen gegen die Zensurbestimmungen der Reichspolizeiordnungen, doch die Praxis der Zensur lag in den Territorien."[864] Diese massive territoriale Zensur und Kontrolle durch die weltliche und kirchliche Obrigkeit erstreckte sich in zunehmender Intensität seit dem 16. Jahrhundert nicht nur auf das religiöse, sondern überhaupt auf das Privatleben der Untertanen. Sie beschränkte auch zunehmend die religiösen, kulturellen und wirtschaftlichen Freiräume der Klöster, z. B. durch wachsende Abgabenbelastung und mehr oder weniger erzwungene Kreditgewährung an die Landesherren.

Landau sieht in der landesherrlichen Klosterpolitik wie auch in anderen staatlichen Maßnahmen im Grunde sogar das Bemühen, „das Ansehen des Christentums möglichst herabzusetzen."[865] Die Klosterpolitik Bayerns, welche sich im 18. Jahrhundert „mehr gegen die Kirche als Trägerin einer Lehre"[866] richtete, lässt diese Auffassung von Landau als nicht übertrieben erscheinen. Von allen deutschen bzw. europäischen Staaten, welche die Ideen der Aufklärung meist unkritisch und schwärmerisch aufgenommen hatten, tat sich Bayern besonders negativ hervor. Dietmar Stutzer, ein hervorragender Kenner der Geschichte der Säkularisation, stellt mit Überraschung fest, „dass unter all diesen Staaten gerade das Kurfürstentum Bayern in der zweiten Hälfte des 18. Jahrhunderts der wohl kirchenfeindlichste Staat auf deutschem Boden war, dessen Oberschicht mit einem vielfach geradezu blinden Eifer den Idealen eines Gemisches aus französischer, norddeutscher und Berliner Aufklärung nacheiferte."[867] Dieser antiklösterliche Fanatismus steigerte sich dann zu einer wahren Orgie der Rechtsbeugung und der Gewalt. Der staatliche Zugriff auf Rechte und Vermögen der Klöster unter dem Schein von Aufklärung und Humanität verschärfte eine bereits seit Jahrhunderten in Bayern praktizierte restriktive wittelsbachische Kirchenpolitik[868], wie die folgenden Ausführungen von Liebhart verdeutlichen:

„Seit vier Jahrzehnten griffen die Kurfürsten immer wieder nach dem Vermögen des reichen Geistlichen Standes. Seit 1758 (seit 1783 fortlaufend) erhob der Kurstaat mit päpstlicher Genehmigung eine zehnprozentige Sondersteuer, die so genannte Dezimation, auf die jährlichen Bruttoeinkünfte der Klöster, 1781 kam ein ‚Schulbeytrag' für den Schulfonds hinzu, der auf eine siebenprozentige Sondersteuer hinauslief, 1795 folgte schließlich ein ‚Defensionsbeitrag' für die Landesverteidigung in Höhe einer 2 ½–prozentigen Sondersteuer. Alles in allem führten die Klöster am Vorabend der Säkularisation bereits ein Fünftel ihrer Bruttoeinkünfte neben der normalen traditionellen Landsteuer ab.[869] 1798 stimmte Papst Paul VI. zu, dass die bayerische Kirche ‚freiwillig' insgesamt 15 Millionen Gulden für den bankrotten Kurstaat unter Karl Theodor aufzubringen habe. Dieses Projekt hätte alles bisherige in den Schatten gestellt, wenn es verwirklicht worden wäre. Dazu kam es aber nicht mehr."[870] Zu beachten ist dabei, dass die Klöster im Gegensatz zum Hochadel fast überall in Europa der Steuerpflicht unterlagen.

Nach diesen ausgiebigen Zitaten von Landau und Liebhart wachsen meine Zweifel an der Notwendigkeit der Säkularisation für die Ausbildung und Entwicklung des modernen Verfassungsstaates und demokratischer Lebensformen. Ist es wirklich sinnvoll, zu behaupten, dass die Grundlagen des modernen Verfassungsstaats und der modernen Demokratie der Säkularisation (und der ihr vorausgehenden Aufklärung) zu verdanken sind?[871] Gegen diese Auffassung spricht unter anderem auch die zunehmende Verschärfung des deutschen Strafrechts und der von den Gerichten verhängten Zuchtmittel seit dem Beginn des 18. Jahrhunderts. In der deutschen Strafgerichtsbarkeit des 18. und sogar des frühen 19. Jahrhunderts kann also von Aufklärung und Menschenrechten noch keine Rede sein, wie auch das Berufsbild und der Tätigkeitsbereich des Scharfrichters zeigen.[872] Mitten auf dem Höhepunkt der Aufklärung konnte es durchaus noch vorkommen, dass mitten im Kurfürstentum Bayern Menschen wegen Diebstahls und Einbruchs zum Tode verurteilt wurden. Im Markt Pöttmes wurden im Jahre 1766 drei Männer und 1 Frau mit dem Schwert hingerichtet (die Männer anschließend aufs Rad geflochten), weil sie in ein Bauernhaus eingebrochen hatten, die Bewohner fesselten, zahlreiche Sachen mitgehen ließen, aber dort niemanden ermordeten. Vielleicht haben ihr langes hartnäckiges Leugnen und ihre niedrige soziale Herkunft ihren Tod heraufbeschworen.[873] Auch die dazu gehaltene und gedruckte Leichenpredigt des Pöttmeser Pfarrherrn Benedict Joseph Lang ist weit davon entfernt, Spiegel des Geistes der Aufklärung zu sein. Sie zeigt vielmehr den rächenden und auf sein Recht pochenden Gott des Alten Testamentes und nicht den liebenden Erlöser des Neuen Testamentes. Neutestamentliche Begriffe wie „Jesus", Christus", „Heiland", „Erlöser" etc. haben in dieser Predigt nichts verloren. Von einer „christlichen Anred" kann also keine Rede sein.[874] Als weiteres Beispiel diene die Behandlung der Bettler und Vaganten, welche mit steigender Tendenz überall in Deutschland „regelrecht aus der Stadt geprügelt" wurden. Sie kamen auch wie andere Delinquenten in den Genuss der sog. Spritzgertentortur, bei welcher der Verurteilte auf eine Bank gebunden oder an den Pranger gestellt" wurde.[875]

Auf Grund dieser Erkenntnisse und der Informationen, welche wir aus der neueren Literatur zur Aufklärung und Säkularisation haben, neige ich dazu, dass die gegen die Klöster in fast ganz Europa praktizierte Barbarei bei der Klosteraufhebung eine neue Sicht und Beurteilung der „Aufklärung", übrigens ein im 19. Jahrhundert geprägter Begriff, und der Säkularisation nahelegt. Ich bin davon überzeugt, dass auch ohne die gegen die Klöster geübten Zerstörungsorgien sinnvolle Reformen ohne Verletzung rechtsstaatlicher Prinzipien möglich gewesen wären und öffentliche Kultureinrichtungen wie Akademien, Staatsbibliotheken, Staatsarchive und weitere gemeinnützige Bildungseinrichtungen hätten geschaffen werden können. Die immer wieder kolportierte Auffassung, dass Kirche und Klöster ein Hindernis auf dem Wege zu einer kulturellen Modernisierung gewesen sein sollen, ist historisch unkorrekt und wird von Historikern, welche um jeden Preis als fortschrittlich gelten wollen, als Feigenblatt missbraucht. In den meisten bairischen Klöstern, nicht nur bei den Augustinern und Jesuiten, herrschte in den Geistes-, Natur- und Kulturwissenschaften, ein sehr progressiver geradezu demokratischer Geist. Der von Günter Dippold geäußerten Auffassung einer „Zerstörung mit ‚Sammetpfötchen'"[876] im Bistum Bamberg ist nicht zuletzt aus altbayerischer Sicht entschieden zu widersprechen.

Die von der Aufklärung immer wieder proklamierte **Toleranz** gegenüber anderen Konfessionen hat offenbar – trotz angeblicher Behandlung mit ‚Sammetpfötchen' – nicht einmal innerhalb der christlichen Konfession gegolten. Die Zwangsmaßnahmen gegen die Klöster kann auch der beste Sophist nicht als Ausdruck von Toleranz deuten und auch nicht damit argumentieren, dass die Aufhebung der Klöster die notwendige Grundlage einer in Zukunft zu realisierenden Toleranz sei. Wie wenig tolerant Gesellschaft und Politik im 19. Jahrhundert waren, zeigt nämlich z. B. nicht nur die Behandlung der Industriearbeiter und deren weitgehende Ausklammerung aus dem politischen und sozialen Geschehen, sondern auch der im 19. Jahrhundert zunehmende antichristliche Darwinismus, der bereits Anfang des 20. Jahrhunderts im Rahmen des immer mehr um sich greifenden darwinistisch geprägten Imperialismus zum Völkermord der **Hereros** in Südafrika führte. Es ist sehr bezeichnend, dass im 17. Jahrhundert, als es noch keine Aufklärung gab, die nach der türkischen Niederlage vor Wien (1683) nach Bayern verschleppten Osmanen toleranter behandelt und auch sogar besser in die Gesellschaft integriert wurden als die moslemischen Türken im Deutschland des 20. und 21. Jahrhunderts.[877]

Die schulische Ausbildung ließ aber, abgesehen von den städtischen und klösterlichen Schulen sowie den Universitäten, im 18. und 19. Jahrhundert selbst in den Grundfertigkeiten wie Lesen, Schreiben und Rechnen noch sehr zu wünschen übrig. Auf dem flachen Lande fanden sich Elementarschulen nur selten in deutschen Landen. Bei den Juden, dem Volk des Buches, geht dagegen die Wertschätzung der Bildung und der Wissenschaft bis in die Antike zurück, also zu den Anfängen des jüdischen Volkes. Jüdisches Bildungswesen ist aber schon seit dem späten Mittelalter, auch über das Jiddische, mit der deutschen Sprache und Kultur verbunden.

Abb. 17: Kloster Ebstorf (Lüneburger Heide)

Die Idee der Bildung

Die jüdische Liebe zur deutschen Sprache, Bildung und Kultur, selbst noch heute zu beobachten[878], ist nicht einfach zu verstehen. Auch wenn die ältesten Zeugnisse des Jiddischen vom Ende des 13. Jahrhunderts stammen, darf man annehmen, dass das Jiddische viel älter und überhaupt älter ist als die deutsche Schriftsprache, die nach heutigem Kenntnisstand als Kanzleisprache an der Prager Hofkanzlei des 14. Jahrhunderts entstanden ist. Man kann wohl sagen, dass Juden schon im heutigen Deutschland lebten und Jiddisch-Aschkenasisch sprachen, als es die Begriffe „Deutschland" und „deutsch" noch nicht gegeben hat. Die zentrale Frage aus der Sicht der Sprachwissenschaft ist, ob sich das Jiddische allmählich aus dem Deutschen entwickelt hat, ob für das Jiddische eine eigene sprachliche Entwicklung neben dem Deutschen anzunehmen ist oder sich gar die heutige deutsche Sprache aus dem Aschkenasischen heraus entwickelt hat. Auf jeden Fall hat man nie davon gehört, dass in Deutschland ankommende Juden erst die deutsche Sprache hätten erlernen müssen. Offensichtlich sprachen die Juden Jiddisch bzw. Deutsch ohne Jargon. Hätten Sie deutsch mit fremdem Akzent gesprochen, dann hätte man sie dafür auf jeden Fall bestimmt karikiert und lächerlich gemacht. Jiddisch war im 18. Jahrhundert, als es z. B. noch keine einheitlichen Rechtschreibregeln für die deutsche Sprache gab, eine Sprache, welche nicht nur für Juden attraktiv war. In der Zeit der Aufklärung war das Jiddische wohl eine echte Verkehrssprache, welche auch Christen sprachen bzw. erlernten. Auch Goethe hatte Jiddisch gelernt. So sprachen noch vor der Judenverfolgung des Dritten Reiches in Schopfloch[879] in der Dreistammesecke nördlich von Nördlingen auch die Christen das Lachoudische, eine Spielart des fränkischen Jiddisch.[880] Das Zentrum der jiddisch – jüdischen Kultur in Franken war jedoch Fürth, das *deutsche Jerusalem*. Die Geschichte von Fürth[881] zeigt auch mit aller Deutlichkeit, dass die Juden dort, wo man ihnen nicht wie anderswo Hindernisse aller Art in den Weg legte, nachweislich seit dem 16. Jahrhundert außergewöhnliche Leistungen in allen Lebensbereichen hervorbrachten und sich für das gesamte Gemeinwesen verantwortlich fühlten. Aus Fürth stammen weltweit bekannte Persönlichkeiten, so z. B. der amerikanische Außenminister Henry Kissinger. Die Geschichte Fürths im Nationalsozialismus zeigt aber auch mit bestürzender Deutlichkeit, zu welchen Orgien der Gewalt und Undankbarkeit Deutsche (und andere Europäer) sich immer wieder hinreißen ließen.

Noch in der 2. Hälfte des 19. Jahrhunderts nach 1871 gab der Nürnberger Patrizier Freiherr von Holzschuher anonym ein Buch über die Handelssprache der Juden heraus.[882] Selbst ein „Wörterbuch der jüdischen Geschäfts- und Umgangssprache" in Jüdisch-Deutsch und in Deutsch-Jüdisch wurde ohne Jahresangabe anonym veröffentlicht. Auch dieses ist wohl ein Werk von Frh. von Holzschuher. Es ist wohl erst 1939 (!) publiziert worden. Christen waren vom fränkischen Jiddisch wohl so fasziniert, dass sich einige sogar daran wagten, humoristische Gedichte in fränkischem Jiddisch zu verfassen. All diese Bemühungen um die jiddische Sprache zeigen, dass auch von christlicher Seite her ein echter Bedarf gegeben war, diese Sprache zu verstehen.

Zu beachten ist allerdings, dass das Jiddische ursprünglich mit anderen Buchstaben geschrieben wurde als das Deutsche. Es scheint, dass die jiddische Schrift der aramäischen ähnlich ist. Wenn aber die Juden die Sprache von den Deutschen übernommen hätten, dann hätten sie ja wohl auch die deutsche Schrift mitübernommen. „Dieser Sachverhalt stärkt die Vermutung, daß es sich beim Jiddischen um die eigene Sprache der aschkenasischen Juden handelt."[883] Davidson hält es für möglich, dass die Aschkenasim das Deutsche von Babylon[884] nach Europa gebracht hätten. Präziser äußert sich Horst Friedrich zur Herkunft des Jiddischen und Bairischen. Er bringt die Baiern mit dem jüdischen Chasarenreich in Verbindung[885] und entwickelt zu dieser Auffassung brauchbare sprachwissenschaftliche und historische Argumente.

Ein systematischer Vergleich würde vermutlich ergeben, dass nicht nur das Hebräische und Griechische, sondern auch das Hebräische, Jiddische, Bairische und Deutsche einen großen Bestand von gemeinsamen Wörtern, aber oft mit verschiedenartiger Bedeutung, aufweisen, z. B. die hebräischen Wörter „sach" (auf Deutsch „Summe"), „schelet" (auf Deutsch = Schild), kum (auf Deutsch „steh auf", etymologisch „komm!"), kelev, Plural klavim (auf Deutsch = „Hund", der Kläffer, das Tier, das kläfft), elef (auf Deutsch etymologisch *elf*, im Hebräischen jedoch *tausend*), gä, gai, gaie (bedeutet „Stolz", etymologisch „gail", griechisch ist *gaia* die fruchtbare Erde, streng genommen die Göttin *Gaia*), eid, ed (bedeutet hebräisch „Zeuge", etymologisch „Eid", französisch *aider* = helfen). Aber nicht nur die hier genannten Sprachen weisen gemeinsame Wörter und Wortwurzeln und grammatische Parallelen auf. Neuere Studien führen immer mehr zu der Erkenntnis, dass die Sprachen verschiedener Kontinente, so z. B. die der Indoeuropäer, der Skythosemiten, der Indianer, der Kanaaniter etc., nicht wenige Gemeinsamkeiten und Übereinstimmungen aufweisen.[886] In diesem Sinne hat sich auch Zillmer geäußert.

Um wirklich wissenschaftlich stichhaltige Aussagen zur Entstehung und Herkunft der aschkenasisch-jiddischen, bairischen und deutschen Sprache zu machen, bedürfte es systematischer Untersuchungen und eines Vergleiches der

Entwicklung dieser Sprachen. Man müsste z. B. auch einmal sprachwissenschaftlich der Tatsache nachgehen, dass die hebräische Schrift im sog. „Hausbuch" als Sprache der Naturwissenschaft Verwendung fand. (Frankfurter Ausstellung von 1985). Die für diesen Sachverhalt herangezogenen Fachleute zogen m. E. den falschen Schluss, dass der Verfasser dieses Hausbuches Kontakte zum Hochadel gehabt haben müsse. Diese Erklärung ist recht vordergründig. Wurde etwa das Jiddische in der Renaissance[887] als *lingua franca* der Naturwissenschaften verwendet? Man darf auf jeden Fall annehmen, dass der jüdische Einfluss auf den Aufschwung der deutschen Zivilisation im 15. und 16. Jahrhundert größer war, als man bisher zuzugeben bereit war. Sicher hat die Einführung und Einbringung der Bibel ins öffentliche Leben, z. T. auch in Hebräisch, als Folge der verbesserten Drucktechnik hier eine Rolle gespielt.[888] Davidson meint, dass zum Aufschwung der Bildung in der Neuzeit weniger die Hochschulen, sondern die Systematik des jüdischen Schulwesens und der Jeschiwot[889] (Mehrzahl von „Jeschiwa"), der jüdischen Hochschulen, beigetragen hat. Das Ausbildungssystem der Jeschiwot war höchst modern und im Grunde erst wieder Ende des 20. Jahrhunderts erreicht worden. Die Schüler wurden im Ganztagsunterricht unterrichtet, und zwar in den meisten Schulen von acht bis elf vormittags und von zwei bis fünf Uhr nachmittags. Und das noch nicht genug. Denn der Unterricht wurde daheim in vielen Familien noch durch einen Privatlehrer ergänzt, „der einerseits das Gelernte wiederholt, andererseits ‚jeden das lehrt wozu der Neigung hat.' Die Lehrer werden aus einer Gemeindekasse bezahlt und brauchen deshalb ‚keinem Menschen zu schmeicheln und können jeden Schüler, er sei arm oder reich, gleichmäßig unterrichten.'"[890] Auch die Synagoge ist weit mehr als ein Gotteshaus. Es ist Bethaus und zugleich Bildungsstätte, in welcher der Rabbiner auch Lehrer der Gläubigen ist. Man sagt darum im Jiddischen auch nicht Synagoge oder beith knesseth (wörtlich Haus der Versammlung), sondern „Schul". Der gläubige Jude geht also nicht in die Kirche, sondern in die „Schul". Die jüdische „Schul" braucht darum auch nicht wie eine christliche Kirche den Turm und wie die Moschee ein Minarett.[891] Die „Schul" kann also wirklich ausschauen wie eine Schule.

Zum Katalog der jüdischen Bildung und Ausbildung gehörten dabei nicht nur das Alte Testament und der Talmud, wörtlich die „Lehre", sondern vor allem im Osten Europas auch die Kabbala, wörtlich „Überlieferung". Sie ist „die Bezeichnung für die jüdische Mystik und Geheimlehre".[892] Die Kabbala wurde in besonderem Maße seit dem 13. Jahrhundert in Südfrankreich und Nordspanien entwickelt. Das Beispiel des Katalanen Ramon Lull[893] zeigt, dass auch Christen vor allem in Spanien sich mit der Kabbala beschäftigten und auseinandersetzten. Es bildeten sich in der jüdisch-christlichen Kabbala bald zwei Richtungen heraus, die spekulative und die praktische bzw. theurgische Kabbala. Eine besondere Beachtung „erfuhr die praktische Kabbala im deutschen Chassidismus des 13. Jahrhunderts, wo sie auch weiterentwickelt wurde. Die Juden im Rheintal verfochten eine mystische Richtung, in der sich viele Elemente der spätantiken Gnosis erhalten haben und in der die Mythologie vom Golem, einem künstlichen Menschen, geschaffen wurde."[894] „Die 32 Wege der Weisheit" sowie die „50 Tore der Intelligenz", ein Bestandteil der theoretischen Kabbala, weisen über die Mystik und den Chassidismus hinaus und haben nicht nur generell jüdisches und z.T. auch christliches Denken[895] geprägt, sondern auch in vielen jüdischen Bildungseinrichtungen, auch den Jeschiwot, eine Rolle gespielt.[896] „Mystik und Gnosis streben nach der geistigen Einheit mit dem Jenseitig-Göttlichen und der Loslösung von der körperlichen Gebundenheit."[897] Doch die Wege, dieses Ziel zu erreichen, sind verschieden. Die Mystiker bedienen sich vor allem der Intuition, der ganzheitlichen Schau alles Seienden, die Gnostiker dagegen suchen mehr den intellektuellen Weg, den Weg der rationalen Analytik, bei welchem ein logischer Schritt dem anderen folgt. Eine Wissenschaft[898] bzw. eine Weltsicht, welche die Mystik im Sinne des ganzheitlichen Erkennens und die Analytik im Sinne des schrittweisen Annäherns an rationale Ziele miteinander kombiniert, ist die Hermetik und Alchemie[899], welche im Grunde bereits von der Idee her in der jüdischen und arabischen[900] Mystik konzipiert war und in der jüdischen Geisteswelt in verschiedenen Geistesrichtungen Anwendung fand. Das alchemistischhermetische Denken ist nicht nur in den modernen Naturwissenschaften, sondern „ebenso erfolgreich, um Beispiele zu nennen, in der Kunst, der Medizin, im Management anwendbar."[901] Die moderne Homöopathie und Spagyrik[902] ist ohne Alchemie nicht mehr denkbar. Nur wenigen Geheilten ist bewusst, dass hier die jüdische und arabische Mystik am Anfang der Entwicklung gestanden war.

Jüdisches Denken kennt alle diese Wege und die Kombination aus allen. Jüdisches Bildungswesen war aber mehr als nur die Frage der Methodenwahl in Philosophie, Religion und Wissenschaft, sondern hatte viel mit Lebensphilosophie und – pragmatik zu tun. Henri Bergson (1859–1941), der dem „Mechanismus, Materialismus und Determinismus" seiner Zeit nicht nur mit dem Instrument der Ratio, sondern auch der Intuition entgegengetreten ist, praktiziert eine vom Judentum geprägte Lebensphilosophie auf der Basis der menschlichen Freiheit und Spontaneität. Seine Philosophie berücksichtigt die Dynamik der Zeit und ist im besten Sinne organismusbezogen. Das Leben ist ein Kontinuum, „in dem nichts verloren wird, sondern alles weiterwächst, wie in einem herabrollenden Schneeball, so daß alles Kommende mitbestimmt und durchdrungen wird von dem, was schon ist, und damit, weil die Zeit ständig fließt, in jedem Augenblick einmalig wird. Dauer ist also lebendiges Wachstum, lebendige Bewegung."[903] Die Philosophie von Bergson ist ein Beleg dafür, dass jüdisches Denken nicht abstrakt und theoretisch, sondern auf das praktische Leben bezogen ist.

Abb. 18: Aus einer Erstlesefibel von 1912

Der jüdische Bildungshunger, der bei aller Praxisorientiertheit auch die Philosophie des Lebens einbezog, kannte keine Grenzen. Er war ein systematischer Bestandteil des jüdischen Gemeinwesens und des jüdischen Selbstverständnisses. Bildung war eine Lebenskategorie mit höchstem Stellenwert. Intelligenz, auch die praktische Intelligenz, z. B. in der Erlernung des Umgangs mit Geld und Gütern, wurde und wird bereits im jüdischen Familienleben grundgelegt, was für nichtjüdische Familien in Deutschland bis heute nur relativ selten zutrifft.[904] Statt diese Fähigkeiten und Verhaltensweisen nachzuahmen, haben viele Deutsche die Juden gerade wegen dieser Fähigkeiten abgelehnt und gehasst. Selbst ein so intelligenter Mensch wie Heinrich von Treitschke hatte für die Juden, ihre Bildung und Intelligenz keinerlei Verständnis. Sein berühmt-berüchtigter Ausspruch „Die Juden sind unser Unglück", wurde in der Ära des Nationalsozialismus bis hinunter zu den unteren Befehlsebenen der Gau- und Ortsgruppenleiter zu einem geflügelten Wort. Dieses wurde vielfach abgewandelt zu „Der Jude ist unser Unglück" oder „Der Jude ist, war und bleibt unser Unglück".[905]

Im Jahre 1810, also schon im Prozess der fortgeschrittenen „Aufklärung", führte der preußische Adel sogar eine Klage gegen Staatskanzler Hardenberg, weil man befürchtete, dass durch seine Reformen „unser altes ehrliches brandenburgisches Preußen in einen modernen Judenstaat umgewandelt werde".[906] Eisler bringt noch weitere Beispiele dafür, dass es auch in der Epoche der Aufklärung und des Liberalismus starke Tendenzen des gesellschaftlichen Rückschritts und des Antijudaismus gegeben hat[907]. Selbst die Aufhebung der jüdischen Jeschiwot (Talmudhochschulen) im Fränkischen wurde von der staatlichen Bürokratie als progressiv ‚verkauft'. Man muss aber darauf hinweisen, dass auch sog. Reformjuden die angeblich progressiven Maßnahmen der neoheidnischen Umwelt gegen die jüdische Kultur und das jüdische Schulwesen bedenkenlos mitmachten.[908]

War also wirklich das deutsche Bildungswesen so vorbildlich und einmalig, dass es berechtigt war, die jüdischen Schulen aufzuheben und ins deutsche Schulwesen zu integrieren? Die umfassende Ausstellung zur deutschen Schulgeschichte im Jahre 2003 in Lohr am Main weckt erhebliche Zweifel an der Überlegenheit des deutschen über das jüdisch–hebräische Schulwesen. Dass Gewalt ein Bestandteil des deutschen Schulwesens und auch der Erziehung in den Familien war, ist allgemein bekannt. Michael Westerholz[909] bestätigt diese Auffassung. Die Gewalt in Familie und Schule wurde durch die Rute in der Hand des Lehrers symbolisiert. Der Augsburger Maler Hans Holbein hat dies in seinem Gemälde von 1516 auf einem für einen Basler Schulmeister gemalten Aushängeschild in plastischer Weise festgehalten. Am rechten Bildrand lernt die „Lehrfrau", wohl die Gattin des Lehrers, mit einer Schülerin am Lesepult. In der Bildmitte vertiefen wohl zwei Schüler die gelernte Lektion in ihren Büchern. Am linken Rand „unterweist der Lehrer mit der Rute in der Hand einen Schüler im Lesen"[910] Diese Rute war wohl nicht als Dekoration gedacht, sondern wurde regelmäßig in Anwendung gebracht, um das im Text oberhalb des Bildes angekündigte Versprechen einzulösen, dass die Schüler schnell und ohne besondere Vorkenntnisse schreiben und lesen lernen. Die lange Beibehaltung der Gewalt in der Schule bis in die neueste Zeit ist sicher auch dadurch bedingt, dass man die Schüler – anders als in der Judenschule – nicht zum selbständigen Denken anregte, sondern das Auswendiglernen von Texten, auch bei Fremdsprachen, extrem einseitig im Vordergrund stand. Diese einseitige Belastung des menschlichen Gehirns produziert bekanntlich Langeweile und führt zu schnellerer Ermüdung. Eine Motivation der Schüler im Sinne der modernen Psychologie war bei dieser Lernmethode gar nicht möglich. Wissen musste also mit Gewaltinstrumenten regelrecht eingebläut werden. „Rute und Karzer waren also gängige pädagogische Mittel."[911] Dass Lernen und Erwerben von Fertigkeiten und Wissen nur mit Gewaltanwendung möglich war, gehörte somit zu den Grundelementen der vorindustriellen und auch noch der industriellen Gesellschaft des 19. und des frühen 20. Jahrhunderts in Europa. Ein Mehr an Demokratie, an Menschen- und Bürgerrechten kam durchaus nicht allen ‚Bürgern' zugute, sondern wurde vielfach auf dem Rücken der Schwachen und derer, die sich nicht wehren konnten, ausgetragen. So war die noch bis ins 20. Jahrhundert hinein in der Industrie und der Landwirtschaft praktizierte Kinderarbeit nicht nur ein Ausdruck von struktureller Gewalt, um einen Ausdruck aus der weiblichen Emanzipationsbewegung zu gebrauchen, sondern auch und vor allem ein Akt der Barbarei und modernen Sklaverei. Kinder wurden wie Vieh auf sog. Kindermärkten gekauft und verkauft, die verschiedenen Körperteile auf Tauglichkeit geprüft und noch vor dem 2. Weltkrieg in die großen Zentren intensiver Landwirtschaft wie das Bodenseegebiet, die Hallertau und den niederbayerischen ‚Gäuboden' verfrachtet. Diese moderne Form der Sklaverei wird nicht harmloser durch die Tatsache, dass fast alle klerikalen und säkularen Mitglieder der deutschen Elite, so z. B. des Reichstages in Berlin, in dieser Ausbeutung junger Menschen eine Gott wohlgefällige und der Gesellschaft nützliche Erscheinung gesehen haben. Die in Deutschland lange praktizierte und von den höchsten Kreisen geduldete Kinderarbeit ist ein schreckliches Symptom dafür, wie wenig gesetzliche Regelungen (gegen die Kinderarbeit) genutzt haben, solange man in der öffentlichen Meinung nicht bereit war, daran zu glauben, dass auch Kinder Träger von Rechten, Gegenstand der Liebe und nicht Objekt von Ausbeutung, Willkür und Gewalt seien.[912] Auch hier unterscheidet sich die jüdische Gesellschaft wesentlich von der christlichen, in welcher der mangelnde Wille zur Bildung mit einer extremen Geringschätzung des Kindes bis noch vor gar nicht so langer Zeit Hand in Hand gegangen war. Dieser Glaube an die segensreiche Wirkung der Gewalt in der Erziehung und Bildung jungen Menschen gegenüber hat sich bis weit in das 20. Jahrhundert hinein gehalten.

Gewalt wurde von Lehrern praktiziert, die schlecht aus- und weitergebildet waren und meist mit der Rute dargestellt wurden. Lehrer und Rute bildeten bis in unsere Zeit eine untrennbare Einheit. Menschenrechte waren im Schulwesen nicht gefragt. Lehrer, welche Bildung menschlich vermitteln wollten, bekamen vielfach äußerste Schwierigkeiten nicht nur von Seiten der Bauern, welche ihre Kinder als billige Arbeitskräfte betrachteten, sondern auch von mächtigen feudalistischen Kleinadeligen. „Ich werde den Lehrer schon Mores lehren, der glaubt, mich tribulieren zu wollen', raste Ramsdorfs Dorfherrscher Graf Goder im 18.

Jahrhundert vor Wut. Sein von der Ingolstädter Universität kommender Hauslehrer hatte mit Zustimmung der Gräfin nicht nur deren Kinder, sondern auch jene der Dienstboten und der Bauern Ramsdorfs unterrichtet und die Freistellung der Dorfkinder zu Bauernarbeiten verweigert."[913] Noch in der gleichen Zeit, als der Lehrer aus Ramsdorf zurückgepfiffen wurde, erscheint Schule vielfach immer noch als eine Vorstufe des Krieges auf Seiten der Lehrer wie auch der Schüler. Es sind uns Schulen überliefert, in denen die Lehrer „regelrechte Waffenlager" ansammelten. Westerholz gibt eine umfassende Beschreibung, wie vielfältig die Gewalt- und Folterinstrumente von Seiten der Lehrer waren:

„Schürhaken der Kachel- oder Kanonenöfen in den Klassen. Scharfkantige Scheithölzer unterschiedlicher Längen, auf denen wie in Winzer ‚bis zu zehn renitente Buben gleichzeitig nebeneinander knien konnten'. Ruten aus Birken, die ‚alljährlich am liebsten zur Vorwarnung bei den Vätern jener Knaben bestellt wurden, die ohnedies im Straffokus des Lehrers standen'. Weidenstecken, die im Wasser des Grands vor der Schule geschmeidig gehalten wurden, Peitschen gar aus schmal geschnittenen Lederriemen. Esel, Schwämme, die stark gewässert eine gemeine Schlagwaffe waren, Besenstiele."[914] Es gab auch Lehrer, welche sogar Bibel, Katechismus, Gesangbuch und Grammatik als Instrumente der Züchtigung einsetzten. Noch 1902 hatte ein bayerischer Lehrer Schüler weit über das damals noch übliche Strafmaß geprügelt, so dass die geschädigten Kinder gesundheitliche Schäden davontrugen. Der Lehrer musste seine rüden Strafmaßnahmen mit einem Monat Gefängnis büßen.[915]

Lichtblicke wie die Anweisung in der Nürnberger Schulordnung von 1485, „mit Ruten auf den Hintern ziemlicher Weise und nicht auf die Häupter, Hände und sonst gröblich zu strafen und zu hauen", zeugen von der Höhe der Nürnberger Kultur des ‚Humanismus', sind aber sicher kein Zeichen einer zunehmenden Humanisierung im allgemeinen. Auch das seit dem 16. Jahrhundert von den Jesuiten in ihren Schulen praktizierte Erziehungsprinzip ‚Milde, Frieden und Liebe' an Stelle von Gewalt und wüsten Beschimpfungen, findet erst in der neuesten Zeit Nachfolger.[916] Es dauerte immerhin bis 1972, bis die körperliche Züchtigung und Gewaltanwendung durch das Gesetz verboten wurde.

Da Gewalt Gegengewalt erzeugt, war auch die ‚Gegenseite', also die Schüler, nicht untätig. Bereits im Mittelalter sind uns Gewaltausbrüche von Schülern, welche Waffen einsetzten, überliefert. Beim Regensburger Fest des Kinderbischofs kam es im 13. Jahrhundert sogar zu Blutvergießen. Noch beim Ansbacher Attentat von 1901 verwendete ein frustrierter Schüler, der mit anderen Schülern unter einer Decke steckte, einen Revolver. Rasende Schüler benutzten zudem

„bei ihren Angriffen auf Lehrer ferner Messer, Steine, Schuhe, Schlagstöcke, Bleikugeln, die in Tücher gewickelt waren. Nicht selten waren Eltern die Aggressoren, die bei ihren Attacken ebenfalls unterschiedlichste tödliche Schuss- und Schlagwaffen benutzten."[917] In Buxheim bei Eichstätt hatte der als Störer bekannte „Donauer-Sepp" der Lehrerin sogar die Kleider vom Leib gerissen, worauf die Schule für drei Tage geschlossen wurde.

Schüler wurden in diesem Gewaltsystem nicht nur körperlich, sondern auch psychologisch gezüchtigt. Verhaltensgestörte und -auffällige Kinder wurden von den anderen abgesondert, indem sie für einige Stunden, längere Zeit oder sogar dauernd in der Eselsbank sitzen mussten, was ihr Interesse am Unterricht nicht gerade steigerte. Über weitere solcher Maßnahmen, welche Kinder auf dem Weg über die Psyche gefügig machen sollten, berichtet Westerholz:

„Dass Kinder in dunkle Raumkästen eingeschlossen, vor die Türe oder in die Ecke gestellt wurden, dass man sie auf Eselsböcke spannte oder mit einem Schild mit der Aufschrift ‚Dummbeutel' oder ‚Schwätzer' oder ‚Blöd' der Klasse zur Schau stellte und dass Lehrer mit Händen und Füssen zuschlugen, ist aus Tagebüchern, Inspektionsberichten und Gerichtsurteilen zahlreich belegt."[918]

Eine Steigerung der öffentlichen Bloßstellung stellt zweifellos der „Esel" dar, eine schulische Maßnahme, die weit in die Neuzeit hinein an Schulen praktiziert wurde und an deren Stelle später die Eselsbank trat. Auf einem Augsburger Holzschnitt von 1479 sitzt der Lehrer vorne mit der Rute und schaut auf das Buch, welches auf dem Pult vor ihm liegt. Die Schüler, nicht gerade fröhlich blickend, sind auf ihre Bücher fixiert. Im Hintergrund des Bildes blickt ein Schüler mit der Eselskappe auf dem Kopf nach hinten und wird somit vom Unterricht ausgeschlossen. Offensichtlich macht ihm ein anderer Lehrer, evtl. auch ein älterer Schüler, gestikulierend Vorhaltungen über sein schlechtes Benehmen. Der Schüler, als „Esel" dargestellt, sollte wohl ein abschreckendes Beispiel für die anderen sein.[919]

Zum System der Strafpädagogik und des perfektionierten Zwangssystems im Schulwesen kommt noch hinzu, dass trotz der Einführung der allgemeinen Schulpflicht in Deutschland zu Beginn des 19. Jahrhunderts der Anteil der Schüler, welche regelmäßig die Schule besuchten, das ganze 19. Jahrhundert durch noch recht bescheiden war. Das Phänomen des „Schulschwänzens" war also damals in Deutschland weit verbreitet. Auch die Tatsache, dass die Lehrer vor allem auf dem Lande schlecht ausgebildet und noch lange überwiegend mit Naturalien vergütet[920] wurden, hat die Qualität des Unterrichts sicher nicht gesteigert. Immer wieder finden wir noch Ende des 18. und Anfang des 19. Jahrhunderts auf dem Lande Mesner und andere pädagogisch nicht ausgebildete Personen als Lehrer,[921] was in Verbindung mit einem durchaus nicht humanen Menschenbild und dem Untertanendenken auch im Schulwesen zu einem Teufelskreis führte.

Natürlich trugen auch damals, wie vielfach auch heute noch, wirtschaftliche Situation, Unverständnis, Kurzsichtigkeit der Eltern für die Erziehung und Ausbildung ihrer Kinder wie natürlich auch das Fehlen jeglicher Psychologie und Menschenführung im Schulbetrieb erheblich zur geringen Effektivität und zum niederen Niveau des deutschen Bildungssystems bei. Es ist also nicht verwunderlich, dass bis weit in die 2. Hälfte des 19. Jahrhunderts ein großer Anteil der Erwerbstätigen, auch der Industriearbeitnehmer, Analphabeten bzw. Halbanalphabeten war; eine Tatsache, welche erheblich zum Rückstand der deutschen Volkswirtschaft in Europa und ihrer Krisenanfälligkeit beigetragen hat. Seriöse Schätzungen gehen noch für das 16. Jahrhundert davon aus, „dass vielleicht fünf bis zehn Prozent der Bevölkerung lesen konnte", „in den Städten evtl. zwischen einem Viertel und einem Drittel der Bürger".[922] Man darf annehmen, dass diese wenigen, die mehr oder weniger gut lesen konnten, noch weniger schreiben und rechnen konnten. Diese extrem niedrige Bildungsquote hat sich wohl bis zum Ende des 18. Jahrhunderts kaum noch oben bewegt, wie die wohl geschönten Daten der frühen bayerischen Statistiken vor der Montgelasstatistik nahe legen. Erst mit der zu Beginn des 19. Jahrhunderts unter der Regierung Montgelas durchgeführten Allgemeinen Schulreform verbessert sich die Schulbesuchsquote, nicht aber die Qualität des Unterrichts spürbar. Die Statistik für den bayerischen Naabkreis, der zu einem großen Teil sich mit der heutigen bayerischen Oberpfalz deckt, bringt für 1809/10 folgende Werte für den Schulbesuch: Bei den männlichen Schulpflichtigen zwischen 6 bis 12 Jahren nehmen immerhin 91 %, bei den weiblichen rd. 90 % offiziell am Unterricht teil. Diese Quote war aber in den Sommermonaten auf dem Lande erheblich niedriger, da die Bauernkinder für Erntearbeiten gebraucht wurden. So hören wir noch 1793 „von Klagen, daß in der Herrschaft Falkenstein bisher die Schule nur in den Wintermonaten gehalten worden sei, im Sommer aber ausfiele, weil die Eltern nicht bereit seien, auf die Mitarbeit der Kinder an Feldarbeit und Ernte zu verzichten."[923] Selbst noch zu Beginn des 19. Jahrhunderts wiesen die staatlichen Stellen, vor allem die Schulbehörden, die Ortspfarrer an, von der Kanzel zu verkünden, „daß die Eltern ihre Kinder um so sicherer nicht nur allein im Winter, sondern auch im Sommer fleißig in die Schule schicken, als sie außerdessen mit verfänglicher Strafe hierzu angehalten werden müssen."[924] Es besteht also ein guter Grund zur Annahme, dass noch die staatlichen Schulbesuchsstatistiken des beginnenden 19.

Jahrhunderts sehr geschönt waren. Es ließ aber nicht nur der Schulbesuch, sondern auch die Qualität der Lehrer und des Unterrichts zu wünschen übrig, wie die zahlreichen Schulvisitationen noch des 19. Jahrhunderts zur Genüge beweisen.[925] Dieses Bildungsdefizit gilt übrigens auch für die protestantischen Regionen in Schwaben und Franken.

Bildung hat aber nach Jahrzehnten bildungspolitischer Passivität, trotz des Rückgangs von Zwang und Gewalt in der Schule, bis heute (2003) in Deutschland immer noch einen relativ geringen Stellenwert, wenn man die Bildungsausgaben und -erfolge von Deutschland (Bayern und Baden-Württemberg z. T. ausgenommen) mit anderen Staaten vergleicht und sich nicht zuletzt den gravierenden Mangel an Allgemeinwissen vergegenwärtigt. Mindestens 200.000 Schüler sollen lt. Zeitungsberichten in Deutschland im täglichen Durchschnitt regelmäßig die Schule schwänzen. Wie traurig es um die Bildung steht, zeigt die Tatsache, dass z. B. in Nürnberg Polizei eingesetzt wird, um Schulschwänzer[926] aufzugreifen und dem Schulunterricht zuzuführen. Von dieser Methode halten die meisten pädagogischen und politischen Einrichtungen, wie zu erwarten, nichts, weil man damit nicht die Ursachen des Schwänzens beseitigt, sondern den Schülern eher eine Show biete, aber auf keinen Fall eine abschreckende Wirkung habe.

Bei der Tagung des Deutschen Lehrertags in Schwerin (2003) musste der „Verband Bildung und Erziehung" (VBE), also ein an höchster Stelle angesiedeltes Gremium für Erziehung und Bildung, eingestehen, dass Hunderttausende Kinder und Jugendliche in Deutschland regelmäßig die Schule schwänzen. Diese Verweigerungshaltung berge ein zunehmendes Potenzial „gesellschaftlicher Sprengsätze". Jüngste Untersuchungen haben ergeben, dass bis zu 10 Prozent der bundesweit rund 9,8 Millionen Schüler als „aktive Schulschwänzer" einzustufen sind, ließ VBE-Bundesvorsitzende Ludwig Eckinger die Katze aus dem Sack. Er stellte auch fest, dass unter den entwickelten Ländern Europas Deutschland die meisten Schulversager produziere. Höchst interessant und typisch für die Art und Weise, wie man in Deutschland nicht nur im wirtschaftlichen Bereich Probleme löst, ist die Ursachenanalyse, welche Eckinger gewissermaßen *ex cathedra* zum Besten gibt: Lebensfremder Unterricht, anregungsarmes Umfeld, Sprachprobleme, Unter- oder Überforderung.[927] Die primären Ursachen, die in Deutschland immer noch häufig praktizierte antiautoritäre Erziehung sowie die extreme Vernachlässigung der Kinder und Jugendlichen in vielen deutschen Familien, fallen natürlich für den VBE und auch die meisten politischen Institutionen unter den Tisch. Statt sich Gedanken zu machen, die Erziehung der Kinder in den Familien zu aktivieren und zu verbessern (was natürlich mit Kosten verbunden wäre), will der VBE – und andere, die sich für kompetent halten –

das Problem mit einem Ausbau der Schulsozialarbeit in den Griff bekommen, ohne jedoch zu präzisieren, was das ist und wie diese durchzuführen ist. Es sei hier die Frage erlaubt, ob es Sinn hat, um ein bekanntes Sprichwort zu gebrauchen, die Hunde zum Jagen zu tragen. Was soll man von jungen Leuten halten, die als Heranwachsende und beinahe Erwachsene nicht kapieren, dass Bildung kein Zwang, sondern ein Geschenk, eine Investition ist, welche hundertfach wieder hereinkommt?

Diese positive Einstellung zur Bildung und Kultur muss also im Grunde in den Familien beginnen und von der Familie getragen werden. Wie neuere Veröffentlichungen in Zeitungen und Zeitschriften zeigen, versagen in Deutschland und auch vielen anderen europäischen Ländern die Familien nicht nur zunehmend in der Normenvermittlung, sondern auch in der Förderung des Schulbesuchs und der Schulbildung ihrer Kinder.[928] Dass Bildung nicht Belastung, sondern ein wertvolles und notwendiges Kulturgut wie auch die Quelle einer hohen Lebensqualität ist, zeigt die Geschichte der Juden. Unter diesen Umständen sollte man überlegen, ob das über Jahrhunderte so erfolgreich praktizierte jüdische Erziehungs- und Bildungssystem nicht als wesentliche Anregung für eine deutsche Erziehungs- und Bildungsreform dienen könnte.

Das Copyright an der Moderne – der Beitrag der Juden zum Kapitalismus

Juden haben sich nicht nur im Bereich der Bildung hervorgetan, sondern auch in anderen wichtigen Lebensbereichen, wie dieses auf die neuere Zeit bezogene Kapitel verdeutlichen soll. Davidson und andere Hamburger Forscher haben in Publikationen der letzten Jahre gezeigt, wie stark der jüdische Beitrag gerade der Moderne verkannt und unterschätzt worden ist, und zwar auch von den deutschen Historikern.

In diesem Sinne übt Davidson mit Recht Kritik an der herrschenden Meinung der Fachhistoriker, welche – zudem meist mit wirtschaftsgeschichtlicher Methode und Thematik nicht vertraut – den Übergang von der „militante(n), statische(n) Klassengesellschaft" zur „rationale(n), egalitäre(n), dynamische(n), markt- und wettbewerbsorientierte(n) Gesellschaft" nicht schlüssig und ausreichend erklären können. Der Begriff des „aufsteigenden Bürgertums" der traditionellen Geschichtstheorie[929] bietet keine ausreichende Erklärung für diesen Prozess. Die Geschichtswissenschaft der Zukunft wird nicht darum herumkommen, die Juden als Träger dieser Entwicklung mehr als bisher einzubeziehen. Bedauerlicherweise muss man aber davon ausgehen, dass viele die Juden betreffende Quellen bis in die neueste Zeit (ich erinnere noch einmal an die Verbrennung der sephardischen Akten durch Hermann Kellenbenz) vernichtet worden sind, wobei der Nachweis dieser Behauptung nicht leicht zu führen ist. Trotzdem sind immer noch genügend wertvolle Quellen überliefert, welche die außergewöhnliche Bedeutung der Juden für das gesamte europäische Wirtschaftsleben erahnen lassen.

Lewis zeigt zum Beispiel, „daß viele der in den Staatsarchiven Venedigs erhaltenen Bescheinigungen für die venezianischen Kaufleute, die mit der Levante Handel trieben, in hebräischer Schrift ausgestellt sind."[930] Bis heute ist die Tatsache, dass auch jüdische Familien über Jahrhunderte im Wirtschaftsleben von Venedig eine tragende Rolle spielten, nur wenigen Fachhistorikern bekannt. Anfang des 16. Jahrhunderts flohen viele Juden nach dem Krieg gegen die Liga von Cambrai vom Festland in die Lagunenstadt. Zu diesen Flüchtlingen gehörte auch die Familie Calimani. Mitglieder dieser Familie machten sich nicht nur durch ihre wirtschaftliche Tüchtigkeit, sondern auch bis in die neueste Zeit durch ihre Gelehrsamkeit einen Namen. Simcha (Simone) Ben Abraham trat im 18. Jahrhundert als Schreiber, Linguist, Dichter, Redner und Talmudist hervor. Er wurde auch durch die Edition einer hebräischen Grammatik bekannt. Sein hebräisch-italienisches Wörterbuch blieb unvollendet. „Außerdem war er als Korrektor am jüdischen Buchdruck der Lagunenstadt beteiligt." Der vielseitige Wissenschaftler verfasste 1758 auch das allegorische Drama Kol Simcha („Stimme der Freude") und mehrere Elegien. In diesem treten als Helden die allegorischen Figuren der Weisheit, Eifersucht und Torheit auf. Weitere Namen der Familie Calimani finden sich auf dem Beth Chajim (Friedhof) des venezianischen Lido, doch ohne nähere Details über ihr Wirken. Ein Vertreter dieser Familie, Riccardo Calimani, brachte im Jahr 1984 den „Dialog über das Judentum" seines Ahnen Simone Calimani heraus. In seiner „Storia del ghetto di Venezia" (1985) stellte er die Geschichte der venezianischen Juden von den Anfängen bis in die Gegenwart dar. Hauptberuflich ist Riccardo Calimani Inhaber des Lehrstuhls für englische Literatur an der Universität von Venedig.[931] Diese Geschichte der Familie Calimani über fast fünf Jahrhunderte in Venedig zeigt die jüdische Tradition auch aus familiärer Sicht und die Verbundenheit mit einer weltoffenen Stadt, welche für sie zur Heimat geworden ist. Familie Calimani ist kein jüdischer Einzelfall.

Nicht nur in der Republik Venedig, sondern auch im Osmanischen Reich wurden die Juden als wirtschaftliche und wissenschaftliche Elite anerkannt und blieben anfangs von Verfolgungen frei. Kaum ein Pascha kam ohne einen Juden aus, der seine Geschäfte führte! Im 14. Jahrhundert nahm im Westen Europas die Judenverfolgung rasant zu. Sie wurden beraubt, vertrieben, enteignet, ermordet, weil sie angeblich an der Pest schuld waren. Man warf ihnen sogar vor, dass sie die Brunnen vergiftet hätten. In einigen Regionen galt dieser Vorwurf auch den Aussätzigen und anderen Außenseitern.[932] Juden wurden fast ausnahmslos mit negativen Eigenschaften charakterisiert. Auch raten deutsche und lateinische Autoren immer wieder, nicht auf den Rat von Juden zu hören. Im „Ring", einem Anfang des 15. Jahrhunderts in Konstanz entstandenen Versepos, entwickelt der volkskundige Schweizer Autor neben einer stark bürgerlich orientierten umfangreichen Minne-, Gesundheits- und Haushaltslehre auch eine umfassende Tugendlehre. In dieser werden die „zehn Dienerinnen" der Gerechtigkeit, nämlich die Strenge, Gnade, Wahrheit, Freigebigkeit, Friede, Liebe, Freundschaft, Gehorsam, Treue und Schadlosigkeit, trefflich charakterisiert. Heinrich Wittenwiler, der Autor des „Ring", vergisst aber nicht, im Rahmen seiner Tugendlehre seine Leser, vor allem bei schwierigen Situationen, eindringlich vor den Juden zu warnen. Ich zitiere seinen Vierzeiler:

*Ist die sach verworren gar, / so volg nicht böser juden schar,
Sunder ker dich auf daz best / und auf daz gnädigost ze lest!"*[933]

Diese Zeilen legen die Vermutung nahe, dass bei verworrenen und schwierigen Angelegenheiten Christen Rat und (wohl auch finanzielle) Hilfe bei den Juden suchten. Der Dichter versucht mit der allgemeinen Phrase, sich auf das Beste und Gnädigste zu verlegen, die Leute von einer wohl lange geübten Praxis abspenstig zu machen. Die beste Lösung eines schwierigen Falles sollte ein guter Christ also nur bei seinesgleichen, nicht bei den ‚ungnädigen', gnadenlosen, unbarmherzigen Juden suchen.

Es darf aber hier nicht verschwiegen werden, dass es auch Orte gab, in welchen man anders über die Juden dachte. So überliefert uns der moderne jüdische Germanist Beranek, dass ein gutes Verhältnis „während des ganzen Mittelalters gerade in Regensburg zwischen Juden und Christen herrschte."[934] Das Ansehen, das die jüdische Gemeinde in Regensburg genoss, zeigt sich auch darin, dass das jüdische Gemeinwesen in Regensburg eine durch kaiserliche Privilegien geschützte Verfassung besaß und dass der leitende Rabbiner den ehrenwerten Titel „Hochmeister" führte. Die Regensburger Juden glänzten nicht nur durch ihren weit ausgedehnten Fernhandel, sondern auch dadurch, dass sie gebildete Menschen hervorbrachten. Die restriktive gesellschaftliche Entwicklung am Ende des Spätmittelalters und zu Beginn des 16. Jahrhunderts, welche zu einer Verschärfung der Hexenverfolgungen beitrug, führte auch zur Vertreibung der Juden aus Regensburg und Stadtamhof.[935] Diese und der wirtschaftliche Niedergang Regensburgs gingen somit Hand in Hand.

Es besteht überhaupt kein Zweifel daran, dass sich dieser brutale jüdische Aderlass katastrophal auf die Wirtschaftsentwicklung des späten Mittelalters und der frühen Neuzeit nicht nur in Bayern, sondern auch in anderen europäischen Regionen, z. B. in Spanien, ausgewirkt hat. Der rumänisch-deutsche Journalist Marcu hat in seinem wichtigen Werk über „Die Vertreibung der spanischen Juden" die negativen Auswirkungen der Judenvertreibung auf die spanische Wirtschaft greifbar gemacht.[936] „Die Spanier entschieden sich für die Macht, die sie nicht im geringsten ökonomisch untermauerten."[937] Eine solche wirtschaftliche Fundierung der Macht war wohl auch nicht mehr machbar, nachdem die Spanier die Juden, die primären Träger der wirtschaftlichen Macht, in alle Gegenden Europas zerstreut hatten. Spanische Historiker der Gegenwart kommen zum gleichen Ergebnis.[938] In Anbetracht dieser Tatsache ist es doch recht verwunderlich, dass die Mehrzahl der deutschen Historiker dem Wetter und anderen exogenen Faktoren die Schuld am wirtschaftlichen Niedergang im Spätmittelalter gibt (Theorie der „kleinen Eiszeit"). Das 19. Jahrhundert ist in der Behandlung und Beurteilung der Juden sehr ambivalent. Auf der einen Seite können Juden wie Disraeli oder die Rothschilds zu den höchsten Stellen aufsteigen, auf der anderen Seite entwickelt sich in der Neuzeit in Verbindung mit einem pseudowissenschaftlichen Darwinismus ein „wissenschaftlicher Antisemitismus", der bestrebt ist, die

Juden immer mehr aus dem gesellschaftlichen Leben auszugrenzen. Der Dichter Joseph Freiherr von Eichendorff äußert sich in seinen Gedichten und anderen Werken besorgt zur immer mehr um sich greifenden „Vaterländerei". Erste Kritik an einem falsch verstandenen Deutschtum taucht bei ihm bereits in dem 1819 verfassten Gedicht „Hermanns Enkel" (Reclam I, S. 173f) auf. Deutlich und geradezu beißend wird die Kritik an der „Vaterländerei" im Gedicht „Der neue Rattenfänger". Man könnte glauben, dass der Dichter weit in die Zukunft blickte. Ich zitiere die letzte Strophe des „Rattenfängers":
„Das alte Lied, das spiel ich neu,
Da tanzen alle Leute,
Das ist die Vaterländerei,
O Herr mach uns gescheute!"
(Reclam I, S. 177; 2. Abenteuer in „Krieg den Philistern").

Natürlich äußert sich der Dichter auch in seiner Satire „Krieg den Philistern" über den deutschen Nationalismus, welchen er auch hier als „Vaterländerei" brandmarkt[939]. Sein Ton kann dann sogar recht sarkastisch werden. Im 3. Abenteuer der „Philister" sprechen unter anderem die ironisierten Figuren des „Altdeutschen Jünglings" und des „Starken Mannes" eine deutliche Sprache. Köstlich auch der „Chor der Waffenschmiede"[940] Eichendorffs Ironie richtet sich überhaupt gegen den im Grunde unhistorischen Historizismus, den er ja vor allem in Berlin persönlich kennenlernte. In einer Reihe von Figuren, welche wie im „Jedermann" allegorischen Charakter besitzen, führt er den mit dem Historizismus eng verbundenen Nationalismus ad absurdum. Die von Eichendorff in „Krieg den Philistern" dargestellten Figuren agieren nicht wie normale Menschen, sondern übersteigert und exaltiert. Das unreife Fräulein Franziska ist nicht wirklich religiös, wenn sie „die Religion bis zur Leidenschaft liebt". Der „Starke Mann" sitzt auf seiner höheren Bildung „wie auf Kohlen" und beklagt die neuerliche Zunahme der „Möncherei" und legt auf die Feststellung wert: „Wir sind endlich Männer!" Auch der „Altdeutsche Jüngling" zeigt, dass er seine nationalkonservative Lektion beherrscht: „Da hab ich auch alle Ursach dazu. Es lässt sich nicht leugnen, wir sind ganz voll von Tugend und Mannheit. Weh! Wo wir hinsehen, nichts als entdeutschtes Franztum! Auf uns kommt es nun doch an, seid nur ganz ruhig, wir wollen und werden euch retten!" Die „Fromme Gräfin" steht gewissermaßen als Chiffre für die Mittelaltersucht. „Aber die ritterliche Galanterie war doch gar zu schön!" Auch der „Minnesänger" zeigt, dass sich das gehobene Bürgertum aus dem 19. Jahrhundert ins Mittelalter geflüchtet hat.[941]

Wirklich auf dem Boden der Gegenwart und im 19. Jahrhundert lebt nur der „Narr", der die Überspanntheit des Zeitgeistes immer wieder realistisch charakterisiert und karikiert. So äußert sich z. B. der Narr zur pathetischen Liebesarie von Pastinak, die dieser mit Hut, den ihm der Narr gereicht hatte, singt, ganz kurz und prosaisch: „Sind Sie fertig?" Wie im Theater ist in „Krieg den Philistern" die Wirklichkeit auf den Kopf gestellt.[942]

Um Missverständnissen vorzubeugen, sei hier festgestellt, dass Eichendorff damit nicht die echte Vaterlandsliebe lächerlich machen will. Hierzulande werden ja Begriffe wie Nation, Nationalismus, Patriotismus, Vaterland recht häufig in einen Topf geworfen. Es fehlt in Deutschland seit eh und je an der Gabe der Unterscheidung der Geister.

Dieser wachsende kleingeistige Nationalismus war nun bezeichnenderweise verbunden mit einem höchst oberflächlichen Utilitarismus, welchen Eichendorff nicht nur in „Krieg den Philistern", sondern in der Gestalt des Zolleinnehmers bereits in seinem „Taugenichts" süffisant ironisiert hatte. In diesem Sinne brandmarkt auch Roman Landau zeitkritisch für unsere Gegenwart Egoismus und Hybris als „Die Götter der neuen Religion".[943] Dieser Nationalismus war auch in einer geradezu seltsamen Symbiose mit dem Kapitalismus verbunden. Ein gutes Beispiel dafür ist Max Weber.

Davidson macht in sehr kundiger Weise auf die Schwachstellen des berühmten Werkes von Max Weber „Die protestantische Ethik und der Geist des Kapitalismus" aufmerksam. Webers Schrift ist ebenso wie Spenglers „Untergang des Abendlandes" mit großer Vorsicht zu genießen. Anfechtbar ist Webers Ansatz insbesondere bei der angeblich protestantischen Askese, welche als Ausdruck der sog. protestantischen Ethik immer wieder ohne weitere Hinterfragung und gründliche Quellenanalyse auch von renommierten Historikern, Soziologen und Wirtschaftswissenschaftlern kritiklos nachgebetet wird.[944] Total vernachlässigt findet sich bei Max Weber und seinen Proselyten der höchst interessante von Pfister ausgesprochene kulturgeschichtliche Aspekt, dass die Reformatoren mit ihren Lehren „zur Abgrenzung von Glaubensvorstellungen, Fixierung von Dogmen und damit zur Verschriftlichung der Religionen zwangen".[945] Damit schufen sie nicht nur generell die Geschichte im heutigen modernen Sinne, sondern auch speziell die Voraussetzungen und Fundamente des modernen Kapitalismus, welcher ohne modernes arabisches Zahlensystem und doppelte Buchführung sowie eine hoch entwickelte Schriftsprache nicht denkbar wäre. So betrachtet hat Luther durch seine Bibelübersetzung und sonstigen Sprachschöpfungen mehr zum Kapitalismus und damit indirekt auch zum modernen Industrialismus beigetragen als die anderen Reformatoren. Neben der Hervorhebung des Verdienstes von Luther darf man aber nicht die große Bedeutung der katholischen Gegenreformation, welche vom Konzil von Trient ihren wahren Ausgang genommen hat, für die Entwicklung einer modernen wirtschaftlich ausgerichteten Gesellschaft außer acht lassen. Sie ist geprägt durch eine globale Kultur der Jesuiten, welche im Grunde ebenso wie der Protestantismus mit einem dezidierten Rationalismus einerseits (Réné Descartes war Jesuitenschüler) und einer neuen Form von katholischer Askese andererseits (Jakob Balde, der große bairische Dichter aus dem Elsass, dehnte den Begriff der Askese sogar auf die Nahrungsaufnahme aus) verbunden war.

Im Grunde ist jede industrielle Entwicklung, auch in nichtprotestantischen Ländern, in ihrer Frühphase mit Askese, Triebverzicht und -verdrängung verbunden. Diese äußerten sich im viktorianischen Zeitalter in allzu krassen Formen der **Prüderie** und leiblichen Kasteiung, z. B. im öffentlichen Badebetrieb. Der seit der 2. Hälfte des 20. Jahrhunderts immer mehr um sich greifende **Pansexualismus** ist chemisch ausgedrückt nichts anderes als ein veränderter Aggregatszustand der sexuellen Prüderie, welche von der Epoche der Aufklärung ihren Ausgang genommen hat. Oder sollte man den Pansexualismus unserer Epoche als Antithese im Sinne der Hegel'schen Methodik begreifen, der noch auf den dritten Schritt, die Synthese, wartet?

Die ‚Askese', welche mit der Industrialisierung Hand in Hand einherging, unterscheidet sich aber von der echten Askese, wie man sie in Klöstern findet, vor allem dadurch, dass sie nicht freiwillig oder auf Grund höherer Einsicht erfolgt, sondern mehr oder weniger von bestimmten Faktoren der Entwicklung erzwungen wird. Positiver als den Askesegedanken Webers bewerte ich bei ihm die Tatsache, dass er neben dem kalvinischen Denken der Prädestination und säkularisierten Heilserwartung[946] das radikal neue **Berufsdenken** und -ethos von Martin Luther in seine Betrachtungen miteinbezogen hat. Ob man aber aus diesem neuen Denken von Luther und Kalvin heraus aber auf eine genuin kapitalistische Einstellung des Protestantismus schließen darf, muss nicht zuletzt auf Grund der ausgeprägten **Handels- und Kreditfeindlichkeit**[947] und des Obrigkeitsdenkens[948] von Martin Luther in Frage gestellt werden. Es kann nicht einmal für die viel stärker vom Geist des Kalvinismus geprägte USA voll akzeptiert werden, wie die nachfolgenden Ausführungen zeigen.

Auch in den USA reicht der Kalvinismus als ausschließlicher Prägefaktor des Kapitalismus auf keinen Fall aus. Es gibt so viele andere Faktoren, welche im Fall der USA als mindestens gleichwertige, wenn nicht sogar gewichtigere Faktoren mit einzubeziehen sind.

In den USA wurde wesentlich früher als in Europa die Staatslehre der „Aufklärung", vor allem die Grundgedanken von Locke, nicht nur mit Worten verherrlicht, sondern auch in die Tat umgesetzt. Dazu gehören die Idee der unveräußerlichen Grundrechte und die Aufgabe des Staates, die Grundrechte des Individuums zu schützen und ihm die Möglichkeit zu geben, seine Fähigkeiten möglichst ohne Anordnungen von oben zu entfalten. Ganz stark wurde die Mentalität der Amerikaner auch von der sog. Vertragstheorie von John Locke geprägt. Diese besagt, dass zwischen den Regierenden und Regierten eine Art Vertrag besteht. Die Regierenden herrschen nicht mehr „von Gottes Gnaden" wie in Europa, sondern betrachten sich als Beauftragte des Volkes, was im Falle des Missbrauchs ein Widerstandsrecht impliziert. Auch die in der Verfassung der USA grundgelegte „pursuit of happiness", das Recht aller Menschen auf Glück und Wohlstand, ist ein zentraler Grundgedanke des Merkantilismus und der Aufklärung. Nicht zuletzt hat auch die konsequente Anwendung des Prinzips der von Aristoteles und Montesquieu geforderten Gewaltenteilung in den USA wesentlich zu einer Kanalisierung und Kontrolle der politischen Macht und damit zu einer weniger bevormundeten Wirtschaft beigetragen und ungeahnte Fähigkeiten des *human capital* freigesetzt.

Schlecht mit der Theorie von Max Weber lässt sich auch die Tatsache in Einklang bringen, dass bereits im 19. Jahrhundert Politik, Gesellschaft und Rechtswesen der USA ganz stark vom Geist des Alten Testaments geprägt sind. Mich wundert zudem, dass es bisher nur wenigen Kritikern von Weber aufgefallen ist, dass die meisten Autoren, welche über die politischen, sozialen und wirtschaftlichen Verhältnisse der USA im 19. Jahrhundert berichten, so gut wie nichts über die Bedeutung von Protestantismus und Kalvinismus für die Gesellschaft der USA erwähnen. Auch der französische Staatsphilosoph Alexis de Tocqueville, der sich einige Jahre in den USA aufgehalten und seine Eindrücke in einem großen zweibändigen Werk[949] festgehalten hat, sieht in der „Gleichheit der gesellschaftlichen Verhältnisse" eine Tatsache ersten Ranges und den primären Prägefaktor für das amerikanische Gemeinwesen. Diese Gleichheit „gibt dem öffentlichen Geist eine bestimmte Richtung, den Gesetzen einen bestimmten Charakter, den Regierenden neue Grundsätze und den Regierten eigentümliche Gewohnheiten." Diese in den USA praktizierten Gedanken der europäischen Aufklärung haben über die „Französische Revolution" wieder nach Europa zurückgefunden und – trotz der damit verbundenen Grausamkeiten – wesentliche Grundlagen für die Entfaltung des Kapitalismus gelegt. Ich erwähne dazu nur ganz kurz folgende Tatbestände: Vereinheitlichung des Rechtswesens (Code Napoleon), Schwächung des monarchischen und Stärkung des republikanischdemokratischen Prinzips, Stärkung des Bürgertums, Idee und Durchsetzung der Gewerbefreiheit. Das napoleonische System, das weder protestantisch noch kalvinistisch ist, hat also im Grunde die Infrastruktur des Kapitalismus im gesamten westlichen Europa (ohne die britischen Inseln), nicht zuletzt in Deutschland, geschaffen.

Wenn ich Max Weber in einer Talkshow im TV gegenübersäße, würde ich ihm gegenüber einwenden, dass dieses im christlichen Glauben neue Denken Kalvins und Luthers dem Beruf, der menschlichen Arbeit und überhaupt dem Wirtschaften gegenüber eine unbestreitbare Tatsache sei, aber doch schon Jahrhunderte lang vorher von den europäischen Juden[950] praktiziert worden sei, weil die Juden die ersten waren, die in ganz bestimmte Berufe des Geldwesens, Handels, der Medizin, des Rechtswesens geradezu hineingezwungen worden waren und somit prädestiniert waren, sich mit dem aufgezwungenen Beruf zu identifizieren. Die Juden sahen in Beruf und Arbeit nie eine Strafe Gottes, wie dies durchaus vor Martin Luther die herrschende Mentalität war. Zu wenig berücksichtigt hat Weber auch die geschichtlich weit zurückreichenden jüdischen Einstellungen und Verhaltensweisen, wie man sie heute in jedem volkswirtschaftlichen Lehrbuch finden kann, wie z. B. hohe Gewinnorientierung, Risikobereitschaft, Investitionsneigung, außergewöhnlich hohe praxisorientierte Ausbildung, außerordentlich starke Gegenwarts-[951] und vor allem starke Wettbewerbsorientierung. Diese eben genannten Eigenschaften und Fähigkeiten in Verbindung mit einem ausgeprägten Arbeits- und Berufsethos sind meines Erachtens in dieser Kombination bei niemandem so ausgeprägt vorhanden wie bei den Juden. Wirtschaftswissenschaftler neigen dazu, dem Schotten Adam Smith eine fundamentale Rolle bei der Begründung des modernen Kapitalismus und der neuzeitlichen Wirtschaftstheorie zuzuweisen. Völlig zu Unrecht steht aber bis heute im Schatten von Adam Smith der aus Portugal nach England eingewanderte Jude David Ricardo. Seine Wert- und Mehrwerttheorie ist mehr als reine Theorie, sie bezieht sich auch auf einen wirtschaftspolitischen Rahmen und ist somit anders als bei Smith auch wirtschaftspolitische Theorie.[952] Zudem betätigte er sich, was man von Smith nicht behaupten kann, praktisch für die Armen in England und war auch ein Verfechter demokratischer Ideen. Er lieferte der Industrialisierung also nicht nur die „geistige Logistik"[953], sondern wirkte mit seinen Theorien und Ideen direkt auf das „Kapital" von Karl Marx[954] und damit sogar auf die Entwicklung des Sozialismus ein.[955]

Der christliche Dichter Heinrich Böll hat in genialer Weise die Fernwirkung von Marx viel besser erkannt als die meisten modernen Ökonomen und Historiker: „Ohne Marxens Theorie und die Richtlinien, die er für den kommenden Kampf gab, wäre kaum ein Minimum des sozialen Fortschritts eingetreten, den die Nachgeborenen heute so gedankenlos wie eine Selbstverständlichkeit genießen."[956] Man könnte diesen Sachverhalt noch weiter hinterfragen und behaupten, dass auch Marx diese große Wirkung nicht hätte entfalten können, wenn nicht so unermüdliche Freunde wie Friedrich von Engels, Georg Weerth und nicht zuletzt seine Frau Jenny von Westfalen, also Mitglieder des alten *Establishment*, so treu und unbeugsam hinter ihm gestanden wären.

Wie wenig diese Leistungen der Juden Ricardo und Marx auch von Vertretern des wissenschaftlichen Establishments in Deutschland und in Europa überhaupt erkannt worden sind, zeigt auch die Analyse der Juden durch den Historiker Thomas **Nipperdey**. Dieser bekannte Professor der Neueren Geschichte arbeitet mit Beschreibungen und Charakterisierungen der Juden, die sich gegenseitig ausschließen. Sein Beurteilungsspektrum reicht von „der Mentalität einer nichtgleichberechtigten Minderheit" bis zur „Nähe der Juden zur Modernität". Die Protestanten kommen auf jeden Fall bei ihm viel besser weg. Wie Max Weber attestiert er ihnen eine mentale Nähe zu „Technik, Industrie und Kapitalismus" neben der „innerweltlichen Askese" und der starken Betonung von „Arbeit, Lernen, Leistung, Planen und Sparen."[957] Diese evangelische Askese findet man übrigens eher bei den Waldensern, deren Ethik nicht nur von der Liebe zur Arbeit, sondern auch von der Idee des permanenten Lernens geprägt war. „Alle, Männer und Frauen, Alte und Junge, lernten und lehrten unaufhörlich. Nach harter Tagesarbeit pflegten sie den Abend dem Unterrichte zu widmen ...". Sie hielten an dem Motto fest: „Lernet an jedem Tage nur ein einziges Wort, dann werdet ihr in einem Jahre dreihundert können, und so werdet ihr siegen!"[958] Diese Lernleidenschaft der Waldenser (und wohl auch der anderen „Häretiker") erinnert eher an den hohen Stellenwert, den das Lernen bis heute immer bei den Juden hatte. Bezeichnenderweise ist der Lerneifer der Waldenser in der gleichen Region nachgewiesen, in welcher im Mittelalter die jüdische Kultur und Wissenschaft zu höchster Blüte gelangten, nämlich in Südfrankreich. Querverbindungen zwischen Juden und Häretikern sind nicht mehr nachzuweisen, aber durchaus im Bereich des Möglichen.

Kurz gesagt, Nipperdey wandelt ganz in den Spuren von Max Weber, der weder die Geschichte des Mittelalters im allgemeinen noch die der Häretiker wie z. B. der Waldenser im besonderen in seinen Werken berücksichtigte. Es passt in das vom nationalstaatlichen Denken geprägte Weltbild von Thomas Nipperdey, dass die Juden, die in so vielen Bereichen hervorragen, ausgerechnet auf ihren ureigensten Gebieten, der Bildung und der Wirtschaft, den Protestanten in der Schaffung der kapitalistischen Mentalität nicht das Wasser reichen können. Aus meinem eigenen Forschungsgebiet, der Handelsgeschichte von Triest[959], kann ich für das ausgehende 18. und das 19. Jahrhundert Davidson nur bestätigen, dass nämlich eine nicht unbeträchtliche Anzahl von Juden sich für die Schaffung von Industriebetrieben im Raum Triest engagiert haben. Auch der Gründer der Triestiner Handelsbörse (1755) war der Jude *Österreicher* aus dem vorderösterreichischen Günzburg an der Donau. Es waren wiederum vor allem Juden, die sich dort dafür stark machten, dass 1794 die Kompetenzen der Börse erheblich ausgeweitet wurden.[960]

Auch in Preußen war die Finanzkraft der Juden bei größeren Wirtschaftsprojekten eine tragende Säule des preußischen Merkantilismus. So war z. B. die Förderung des Exportes preußischer Produkte extrem kapitalaufwendig. Die Juden besaßen das Kapital, die Risikobereitschaft und das wirtschaftliche ‚Know-how', um selbst im finanztüchtigen Preußen größere Transaktionen erfolgreich durchzuführen. Im 18. Jahrhundert war es z. B. ein gewisser Fraenckel, Großvater des bekannten Breslauer Kommerzienrates Jonas Fraenckel, der „einst unter Friedrich II. im großen Stil den Export schlesischer Textilien nach Osteuropa finanziert hatte".[961] Zu vergleichbaren Ergebnissen kommt man auch in anderen Regionen Europas, in welchen so gut wie keine Protestanten, aber Juden lebten.

Ein wichtiger Aspekt, der das Aufblühen von neuen Industrien und damit die Entwicklung des modernen Kapitalismus begünstigt hat und mit der These von Max Weber nicht in Einklang zu bringen ist, sind die Wanderungen von ganzen Industrien mit Führungskräften und Facharbeitern. Im 16. Jahrhundert wirkten nicht nur die aus Spanien vertriebenen Juden und die von Königin Mary verfolgten und ausgewanderten englischen Protestanten positiv auf ihre neuen Heimatländer. Auch die aus Norditalien emigrierten (katholischen) Seidenfachkräfte und aus Flandern weggezogenen (meist katholischen) Textilfachkräfte kamen dem Aufschwung des französischen Gewerbes zugute. Eine große Bereicherung waren auch für die Niederlande und Preußen die aus Frankreich vertriebenen Hugenotten. Hier ist allerdings zu fragen, ob die Hugenotten in den Niederlanden und Preußen so erfolgreich waren, weil sie eine strenge innerweltliche Askese übten und sich an das lutherische Berufsethos hielten (was erst zu beweisen wäre) oder weil sie, vom Druck der religiösen Verfolgung befreit sowie von der Regierung und Bevölkerung der neuen Heimat anerkannt, gigantische Energien freisetzten.[962] Auch die Auswanderung von katholischen, protestantischen und kalvinistischen Oberpfälzern nach Ungarn und in andere Gebiete der Österreichisch–Ungarischen Monarchie trug dort erheblich zu einem gewerblichen und später industriellen Aufschwung bei. In Anbetracht dieser Beispiele und der von mir unten noch eingebrachten Tatbestände sollte man die Thesen von Max Weber nur *cum grano salis* betrachten, zumal ja die Wirtschaftsgeschichte deutlich macht, dass nicht nur Kalvinisten, Protestanten und Katholiken, sondern auch und vor allem Juden zur Entwicklung des Kapitalismus in verschiedenen Ländern Europas und in den USA beigetragen haben.

Max Weber und die meisten anderen Kapitalismusforscher leiden an der nicht nur bei Wissenschaftlern vorkommenden Krankheit der Verallgemeinerung. Globale Gruppen werden vielfach in einen Topf geworfen. Die Differenzierungen kommen zu kurz. Es ist eine Gelegenheit, gerade an dieser Stelle einmal darauf hinzuweisen, dass Protestanten nicht gleich Protestanten und Katholiken nicht gleich Katholiken sind. Wie oben schon angedeutet, unterscheidet sich die Wirtschaftsmentalität der Protestanten von derjenigen der Kalvinisten, die der deutschen und amerikanischen Kalvinisten von derjenigen der französischen Hugenotten.

Selbst in einem katholischen Land wie **Italien** gibt es gewaltige Unterschiede der verschiedenen Regionen und Völkerschaften, was die Entstehung und Entwicklung des Kapitalismus betrifft. Ich beschränke mich dabei auf einen kurzen Vergleich zwischen den Bewohnern des Vatikanstaats inkl. der Stadt **Rom** (Mittelitalien) und den **Langobarden** bzw. Lombarden, deren ursprüngliches Siedlungsgebiet in Norditalien über die Lombardei von heute hinausreicht.

Wie diverse Arbeiten zur Sozial-, Wirtschafts- und Kulturgeschichte der Stadt Rom in der Renaissance und in der frühen Neuzeit verdeutlichen, gab es auch in Rom und im Vatikan wohlhabende Leute, darunter auch arrivierte Frauen. Aber es waren dort wirtschaftliche Tugenden wie Sparsamkeit, Kapitalbildung und Rechenhaftigkeit genauso unterentwickelt wie das römische Wirtschaftsleben. Die christliche Religion, alles andere als asketisch, war nur ein dünner oberflächlicher Firnis auf dem kulturellen Gemälde der Zeit. Auch die meisten Geistlichen und die Mitglieder der vatikanischen Kurie, viele Päpste nicht ausgeschlossen, waren mehr der holden Weiblichkeit und den römischen Kurtisanen zugetan als der christlichen Lehre und deren Umsetzung im täglichen Leben. Wahre Liebe findet man nur in der Literatur wie in den *canzonieri* von Petrarca (Gedichte an die unerreichbare Laura), aber nicht bei den Ehefrauen und Kurtisanen. Liebe war vielmehr eine Art Dienstleistung, welche nicht nur die Mitglieder der sog. Oberschicht vor allem im Rom der Renaissance konsumierten wie andere Dienste und Waren auch. Die geistlichen und weltlichen Kavaliere zeigten sich meist großzügig für die ihnen erbrachten Leistungen und geizten auch nicht mit großzügig gewährten Gegenleistungen in Form von Geld, Geschenken und z.T. auch immateriellen Hilfen, z. B. durch Unterstützung bei Gericht. Die römische Kul-

tur nicht nur der Antike, sondern auch des Mittelalters und der Neuzeit war also in jeder Beziehung stark durch Konsumdenken im weitesten Sinne geprägt. Das Leben war eine fast ununterbrochene Kette von Festen, bei welcher nicht zuletzt ‚Liebe', Erotik und das sog. *Drumherum* eine außergewöhnliche Rolle spielten.[963]
Zu ganz anderen Formen führte die Wirtschaftsgesinnung der Langobarden bzw. Lombarden[964], welche auf ganz Norditalien ausstrahlte, bereits im späten Mittelalter. Offene und verdeckte Formen der Zinsleihe dienten dort über die Möglichkeit der Kreditfinanzierung zu einer erleichterten Kapitalbildung und ausgeprägten wirtschaftlichen Rationalität. Viele wirtschaftliche Begriffe wie z. B. Lombardbank und Lombardkredit gehen bis heute auf die Lombarden zurück. Diese progressive Wirtschaftsmentalität hat nicht nur die Wirtschaft des Mittelalters im Zeitraum des sog. Frühkapitalismus angekurbelt, sondern auch die Grundlagen für den industriellen Kapitalismus des 19. und 20. Jahrhunderts in Norditalien gelegt und die Wirtschaftsstruktur Italiens bis heute entscheidend geprägt. Die Wirtschaftsgeschichte zeigt uns also den beachtlichen Beitrag der Lombarden zur europäischen Wirtschaftsentwicklung und zur Entwicklung des Kapitalismus. Mailand, die wirtschaftliche Hauptstadt Italiens, strahlt zunehmend auch auf den süddeutschen Raum aus.

Von dieser starken Differenzierung in Italien ausgehend, bemängle ich persönlich vor allem an Webers Theorie, dass er die **Fakten** der frühen europäischen Gewerbe- und Industriegeschichte so gut wie nicht einbezogen hat. Wie die neueren Forschungen zur frühen Industriegeschichte ergeben haben, wurden in den meisten Regionen von Deutschland und Österreich – vor allem im Zeitraum der Frühindustrialisierung – die Fabriken überwiegend in **ländlichen Gegenden** gegründet. Auch zeigt z. B. die bayerische und württembergische Industriegeschichte, dass das sog. aufstrebende Bürgertum der Städte und die städtischen Patrizier, wenn man von Augsburg und Nürnberg einmal absieht, keine Pionierrolle in der frühen Industrialisierung spielten, sondern sich vielmehr die ersten Manufakturen und Fabriken auf dem flachen Lande etablierten, wie vor allem die Geschichte der Industrialisierung der Schwäbischen Alb[965] zeigt. Auffallend ist der große Anteil von Unternehmern, welche aus dem adeligen und vor allem dem handwerklichen Sektor kamen und nicht immer nur Protestanten waren.[966] In einer Reihe von Staaten, so auch in Bayern, wurden die im Merkantilismus vom Staat in Eigenregie betriebenen und staatlich privilegierten Manufakturen vielfach nahtlos zu kapitalistisch geführten Industrieunternehmen („Fabriken") der Frühindustrialisierung (in Bayern vor allem in der ersten Hälfte des 19. Jahrhunderts) mit einer hochentwickelten Arbeitsteilung wie z. B. das Hammerwerk Bodenwöhr und die relativ große Amberger Gewehrfabrik.[967] Mehrfache Versuche des bayerischen Finanzministeriums, die Gewehrfabrik an einen privaten Unternehmer zu veräußern, waren immer wieder zum Scheitern verurteilt. Auch protestantische Unternehmer aus dem Fränkischen zeigten kein Interesse für die Übernahme der Gewehrfabrik.[968]

Natürlich gibt es noch weitere Sachverhalte in Webers Theorie, welche sich aus der Sicht der modernen deutschen Wirtschaftsgeschichte nicht mehr halten lassen. Unberücksichtigt blieben bei Max Weber und Thomas Nipperdey auch die Phänomene der Massenproduktion und des Massenkonsums in Verbindung mit überregionalen Massenmärkten und dem Weltmarkt, nicht zuletzt in den USA, im Rahmen der industriellen Revolution[969], auf welche Landau erstmals hingewiesen hat. Doch das würde den Umfang dieses Buches weit überschreiten und sollte einer eigenen Abhandlung vorbehalten bleiben.

Die Weber'sche These krankt nicht zuletzt an der mangelnden Berücksichtigung der Infrastruktur als wichtiger Grundlage der modernen Industriestruktur und -mentalität. In dieser Hinsicht haben z. B. in Bayern Katholiken wie der Kurpfälzer Johann Peter Kling in der Modernisierung und Rationalisierung der Forstwirtschaft sowie der Erschließung des Donaumooses[970] Pionierarbeit geleistet. Kling und andere Reformer haben über die Forstreform wie auch über andere Reformen die infrastrukturellen Grundlagen für eine kostengünstigere Produktion, z. B. durch niedrigere Holzpreise (unter anderem auch die Folge der Forstreformen), gelegt. Leute wie Kling haben also mit ihren Wirtschafts- und Verwaltungsreformen erst die personellen, materiellen und institutionellen Voraussetzungen geschaffen, auf welchen eine erfolgreiche Industrialisierung aufbauen konnte. Dieser Aspekt der Infrastruktur ist bei Weber noch weniger berücksichtigt als bei Sombart.

Aus dieser Sicht der Dinge stelle ich somit das Werk des gelernten Volkswirtschaftlers und Wirtschaftshistorikers Sombart[971] in der Kapitalismusfrage über das des Soziologen Weber. Sombart nimmt die entscheidende Prägung der europäischen Wirtschaft und Gesellschaft durch die Juden nicht zuletzt für die Zeit vom Ende des 15. bis Ende des 17. Jahrhunderts an. Seine Auffassung verdeutlicht er vor allem am Beispiel des Niedergangs von Spanien und des Aufstieges der Niederlande. Sombart zeigt auch deutlich, dass nicht nur Katholiken, sondern auch Protestanten und Kalvinisten den Gedanken des Wettbewerbs, ein zentrales Element des Kapitalismus, seit dem Mittelalter mit allen nur denkbaren Mitteln[972] vereitelten und als unmoralisch verteufelten. Im Gegensatz zu Max Weber entdeckt Sombart (gegen 1911) „den Ursprung des kapitalistischen Geistes im Judentum" und bringt gewichtige Argumente vor allem für die Zeit vom

15. bis zum 17. Jahrhundert.⁹⁷³ Er gehört zu den wenigen, welche auf Quellen verweisen, welche die jüdische Tätigkeit in einem positiven Licht erscheinen lassen. Er verweist auf Hamburger Senatsakten vom Jahre 1733, aus denen hervorgeht, dass die Juden in einer Reihe von Geschäftszweigen, so z. B. im Handel mit Galanteriewaren und in der Herstellung „gewisser Stoffe" absolut unverzichtbar, ja geradezu ein *malum necessarium*, also ein notwendiges Übel, waren.⁹⁷⁴ Die Unentbehrlichkeit der Juden in Hamburg hängt sicher mit der Fähigkeit der jüdischen Kaufleute zusammen, im europäischen Wettbewerb außerhalb der Zunftordnung zu bestehen. Dass man sie später als „lästige Wettbewerber für das aufsteigende deutsche Bürgertum"⁹⁷⁵ und als „unser Unglück" betrachtete, zeigt, dass die christlichen Kaufleute wenig dazugelernt hatten und über den Geist des Zunftwesens nicht hinausgelangt waren.

Dass der Wettbewerb etwas Positives ist, findet man, von der neuesten Zeit und wenigen „christlichen" Ausnahmen (z. B. in Nürnberg)⁹⁷⁶ abgesehen, lange Zeit nur bei den Juden. Bei ihnen ist das Streben nach Gewinn nichts Verwerfliches. Bis ins 20. Jahrhundert hinein zählt dagegen in der christlichen Gesellschaft, besonders stark ausgeprägt in Spanien, nicht der wirtschaftliche Erfolg, sondern die militärische Tüchtigkeit als das höchste aller Ziele. Die führenden Geistlichen der katholischen Kirche waren bis weit in die Neuzeit hinein weitaus mehr Krieger als Seelsorger.⁹⁷⁷

Juden waren offiziell vom Wehrdienst und überhaupt von militärischer Betätigung ausgeschlossen. Diesen Ausschluss der Juden aus dem militärischen Bereich konnte die ‚christliche' Gesellschaft jedoch nie konsequent durchführen. Bereits im Mittelalter konnte man für die Verproviantierung von Rittern und die Sicherung des Nachschubs für Schlachten nicht auf die logistischen Fähigkeiten der Juden verzichten, so z. B. nachgewiesen für die Herrschaft von König Alfonso VIII. von Kastilien und seiner Nachfolger. Der außergewöhnlich hohe Blutzoll der deutschen Juden im Ersten Weltkrieg ist so bekannt, dass ich ihn hier nur kurz andeute. Überraschend ist aber, dass nicht einmal Hitler auf den Einsatz von Juden in der deutschen Wehrmacht verzichten wollte und konnte. „Tausende von Soldaten jüdischer Herkunft dienten im Zweiten Weltkrieg in der Wehrmacht, darunter auch etliche ranghohe Offiziere", und das trotz des offiziellen Ausschlusses aller Juden mit jüdischen Großeltern aus der Wehrmacht auf Grund der „Nürnberger Rassegesetze" von 1935. Der US-Historiker Bryan Markus Rigg zählt bis zu 150.000 „Halbjuden" in Hitlers Wehrmacht, die meisten mit sog. *Deutschblütigkeitsbescheinigungen*.⁹⁷⁸ Noch bis 1944 gehörten „mindestens 77 hochrangige Offiziere jüdischer Herkunft – oder solche, die mit Jüdinnen verheiratet waren – der Wehrmacht" an, „mit Wissen der Nazi-Führung. Weil

Hitler diese Offiziere für seinen Angriffskrieg dringend brauchte, hatte er sie kurzerhand für ‚deutschblütig' erklärt." Sogar zwei jüdische Feldmarschälle gab es in der Wehrmacht. Erhard Milch fungierte sogar als Stellvertreter von Hermann Göring.[979] Ich war viele Jahre mit Dr. Schwarz, einem jüdischen Arzt für innere Medizin aus München, befreundet, welcher mir glaubhaft versicherte, dass er die Zeit des Nationalsozialismus als Mitglied der Waffen–SS überlebt habe.

Der ‚Erfolg' des NS-Systems ist meines Erachtens nur dann zu verstehen, wenn man sich klar macht, dass in Deutschland „die nationalstaatliche Geschichtswissenschaft [ist] spätestens seit dem 19. Jahrhundert auch ein identitätsstiftender, nationalstaatlicher Religionsersatz"[980] gewesen ist.[981] Das ist eine bisher wenig beachtete Tatsache, welche sich die NS-Ideologen zunutze zu machen wussten. Vielen Menschen ist es aber bis heute nicht klar, dass die deutsche Geschichtswissenschaft weitaus mehr vom national orientierten Protestantismus als vom mehr international orientierten Katholizismus geprägt ist. Der jüdische Einfluss hält sich hier jedenfalls in Grenzen, da es Juden vor dem Zweiten Weltkrieg kaum möglich war, als Professoren (schon gar nicht für das Fach Geschichte) an eine deutsche Hochschule berufen zu werden.

Das geistige Klima an den deutschen Hochschulen und in der stark protestantisch geprägten Geisteselite war gegen die Juden gerichtet.[982] Ich erinnere nur an das Schicksal von Emil Franzos, des großen ostjüdischen und deutschfreundlichen Schriftstellers, bekannt durch seinen Entwicklungsroman „Der Bajazz".

Auch die Wahlergebnisse sind ein wichtiger Indikator für die Einstellung gegenüber den Juden und wohl auch ein Spiegel des unterschiedlichen Geschichts- und Nationalbewusstseins. Der Anteil der Wähler, welche die NSDAP wählten, war bis über die Zeit der sog. Machtergreifung hinaus bei den Protestanten signifikant höher als bei den Katholiken.[983] Gegen die von der deutschen Geschichtswissenschaft und Soziologie immer wieder aufgewärmte Theorie der stärker ausgeprägten ländlich-agrarischen Struktur bei den Katholiken spricht die Tatsache, dass in den meisten schwäbischen und fränkischen Gemeinden mit konfessioneller Mischbevölkerung und gleicher Struktur der Anteil der NSDAP-Wähler bei den Protestanten deutlich höher war als bei den Katholiken. Dass auch wesentlich mehr katholische Geistliche als protestantische Pastoren in den Konzentrationslagern saßen und ihr Leben verloren, sei nur am Rande erwähnt.[984]

Die Juden, die sich zunehmend assimiliert hatten, wurden im 20. Jahrhundert in Deutschland verfolgt und vernichtet, obwohl sie Deutsche waren wie Protestanten und Katholiken. Sie hatten sich selbst verleugnet, die hebräische Sprache vergessen und überhaupt weitestgehend ihre jüdische Identität aufgegeben. Heute gibt es trotzdem immer noch Stimmen in Deutschland, die mehr oder weniger offen den Juden ihre deutsche Identität absprechen, weil sie sich (angeblich) nicht genug gesellschaftlich und politisch assimilieren.[985] In diesem Zusammenhang bleibt der palästinensisch – israelische, arabisch – jüdische Konflikt nicht ohne Auswirkung auf die Beurteilung aller Juden, auch derjenigen, die nicht in Israel leben und keine israelischen Staatsbürger sind.

Palästinenser und Israelis, Juden und Moslems – ein politisch-militärischer Konflikt?

Falsche Vorstellungen verbreiten Geschichtswissenschaft und deutsche Islamistik immer noch über die islamische Geschichte, Gesellschaft und Kultur im allgemeinen sowie die Toleranz des Islam und der Moslems im besonderen. Als besonders krasses Beispiel bringt Davidson den in Ungnade gefallenen Hochschullehrer **Günter Lüling**. Seine islamkritische Arbeit wurde versehentlich anfangs über alle Maßen gelobt und erst nach Eingreifen des Islamforschers **Spitaler** auf den wissenschaftlichen Index gesetzt. Davidson charakterisiert diese moderne Spielart der Hexenverfolgung als „Diktatur des Professoriats"[986] Dass die Islamwissenschaftler, Arabisten und Orientalisten ihre NS-Vergangenheit noch nicht aufgearbeitet haben, sei nur am Rande erwähnt.[987]

Es ist höchst bezeichnend, dass es in der islamischen Welt Kräfte gibt, welche die eigenen Defizite wesentlicher nüchterner und weniger euphorisch sehen als die meisten europäischen Islamwissenschaftler. In einer neuen von den Vereinten Nationen geförderten Studie vor allem zum islamischen Gesellschafts- und Bildungssystem kritisieren arabische Wissenschaftler recht heftig die arabischen Länder. Im zweiten „Bericht zur menschlichen Entwicklung in der arabischen Welt", der Mitte Oktober 2003 in Amman der Öffentlichkeit bekannt gemacht wurde, beklagen die Autoren mangelnde demokratische Strukturen und fehlende Bereitschaft zur Entwicklung einer Wissensgesellschaft. In ihrem ersten Bericht weisen die Autoren auf drei fundamentale Defizite hin, nämlich Freiheit, Wissenserwerb und Frauenrechte. Auch im diesjährigen Bericht, der von der Arabischen Liga und dem UN-Entwicklungsprogramm finanziert wurde, beklagen die Autoren die „wachsende Wissenskluft" in der arabischen Welt. Das äußere sich vor allem im Bildungsbereich (fehlende Grundschulen, keine unabhängige Wissenschaft). Stark eingeschränkt sei auch die Pressefreiheit. Hoch ist der Analphabetismus, nicht zuletzt bei den Frauen. Statt dass Fachkräfte ausgebildet werden, importiert man lieber westliches Know-how.[988] Es ist naheliegend, dass diese erheblichen gesellschaftlichen und politischen Defizite, welche sich in der moslemischen Welt von heute unter anderem auch in zunehmender **Gewaltanwendung** und in fortschreitendem **Terrorismus** äußern, nicht von heute auf morgen entstanden sind, sondern geschichtlich weit zurückreichen. Damit sind auch erhebliche Zweifel an dem mittelalterlichen arabischen Wissenstransfer nach Europa angebracht, worauf auch Moritz Steinschneider immer wieder hinweist.[989] Die Geschichte des Judentums zeigt, dass der Antijudaismus in Ländern und Kulturen mit unterentwickeltem Bildungswesen besonders ausgeprägt war und ist. Das gilt für den Islam heute noch.

Judenverfolgungen gab es in islamischen Staaten noch im 20. Jahrhundert, so z. B. 1941 im Irak. Nach dem 2. Weltkrieg wurden alle Juden aus Libyen und anderen islamischen Staaten ausgewiesen. Nach dem Einmarsch der NATO machte die albanische UCK mit Duldung der Amerikaner und Europäer den Kosovo „judenrein". Auch das moslemische Mittelalter war nicht die viel beschworene Epoche der Toleranz. Das ist eine europäische Erfindung des 19. Jahrhunderts. Ich erinnere hier an den Brief von Moses Maimonides aus dem 12. Jahrhundert, „daß es für Juden kein größeres Unglück gebe, als unter den Moslems zu leben."[990] Noch drastischer sind die im saudischen Fernsehen geäußerten Worte des Imam der Moschee von Mekka vom 19. April 2002: „Dieses Volk[991] ist voll des Bösen und der Verwerflichkeit. (...) Auf ihnen lastet der Fluch Gottes und der Engel und sie verdienen ihn."[992] Der saudische Prediger hat mit diesen Worten eine eigenwillige und seltsame Koraninterpretation gegeben und stellt damit auf jeden Fall das Dogma bezüglich der islamischen Toleranz in der Gegenwart in Zweifel. Zur Ehre des Islam muss aber gesagt werden, dass es neben dem „Islamo-Faschismus"[993] und „muslimischen Terrorismus"[994] auch Kräfte gibt, welche die versäumte Aufklärung nachholen und die islamische Kultur für die moderne Welt erschließen wollen. Kritik am Islam erfolgt von westlicher Seite vielfach immer noch ohne Kompetenz und in einer manchmal auch undiplomatischen Form.

Mit Erstaunen stelle ich dagegen immer wieder fest, dass die orthodoxen Juden die Moslems, ihre Kultur und Religion vielfach wohlwollender beurteilen und sie besser verstehen als die liberalen und zionistisch orientierten. Dieser Standpunkt der Orthodoxen verkennt aber die weltweite Zunahme des islamischen Fundamentalismus, der zunehmend offen und verdeckt durch islamische Regierungen in den letzten Jahren unterstützt wird. Dessen Entstehung und Entwicklung kann man nicht unbedingt und ausschließlich den diversen Regierungen in Israel anlasten, welche, vor allem vor Ariel Sharon, immer wieder versuchten, ein friedliches Zusammenleben mit den Palästinensern und den Moslems überhaupt zu erreichen. Man darf nicht leugnen, dass Kompromissbereitschaft vielfach auch auf arabisch-palästinensischer Seite gefehlt und nicht zuletzt Arafat wenig diplomatisch oft zu hoch gepokert hat. Noch zu Beginn der 2. Intifada[995] wäre bei den Verhandlungen Ende 2000 in Taba zwischen Arafat und Barak, dem israelischen Ministerpräsidenten, eine Lösung der palästinensischen Frage möglich gewesen, wenn beide Seiten in der jüdischen Siedlerfrage auf palästinensischem Gebiet mehr Kompromissbereitschaft gezeigt und der fanatischen religiösen Siedlerbewegung den Wind aus den Segeln genommen hätten.[996] Wenn Arafat mit Gefolgschaft wie auch die jüdischen religiösen Eiferer und Ultraorthodoxen in Israel mit der Nationenbildung und der nationalen Geschichte des 19. Jahrhunderts in Europa besser vertraut gewesen wären, dann hätten alle Beteiligten eigentlich schon längst erkennen müssen, dass der Zionismus ein Produkt des 19. Jahrhunderts ist und von Anfang an nicht ausschließlich alttestamentlich-religiös orientiert war. Die Zionisten rückten von Anfang an ab vom Jahrhunderte alten jüdischen Assimilationsstreben, dessen Unwirksamkeit vor allem durch den Holocaust offenbar wurde, wie auch von der jüdisch-jiddischen Orthodoxie, „die sich in geschlossenen Gemeinschaften in Europa isolierte".[997]

Im Sinne der historischen Objektivität gilt es hier festzuhalten, dass die Gründerväter des Zionismus vom gleichen Geist beseelt waren wie z. B. die Iren und Italiener, welche nicht mehr unter fremder Herrschaft, sondern in einem Nationalstaat leben wollten mit gemeinsamer Sprache, Kultur, politischer Verfassung und mit freier Religionsausübung auf der Basis der allgemeingültigen Menschen- und Bürgerrechte. Auch die Zionisten strebten in diesem Sinne einen Staat an, in welchem Juden die hebräische Sprache sprechen, ihre alttestamantarische Religion ausüben und ihre Sitten und Lebensgewohnheiten frei und unbehindert verwirklichen konnten. So betrachtet, ist der Zionismus nicht aus dem Alten Testament ableitbar, sondern ein Produkt der Geschichte des 19. Jahrhunderts. Während die Juden ihren religiös geprägten Nationalstaat, übrigens auch mit starker Hilfe der europäischen Nationen, verwirklichen konnten, sitzen die Palästinser noch zwischen den Stühlen. Die Juden haben ihren Staat schaffen und konsolidieren können, da in Palästina sich nicht die den Staat Israel ablehnenden ultraorthodoxen Juden, sondern die (meist aschkenasischen) Juden durchgesetzt hatten, welche bis heute auf den Spuren der nationalen Bewegung wandeln und politisch und militärisch mehr, als ihnen wohl bewusst ist, der preußischen politischen und militärischen Tradition verhaftet sind.

Die konsequente Umsetzung dieser nationalen Konzeption, also gewissermaßen ein ‚palästinensischer Zionismus', könnte ein gangbarer Weg auch für die Palästinenser sein, um ihren eigenen Staat an der Seite des jüdischen Staates Israel ins Leben zu rufen. Der jüdische Zionismus ist also im Grunde kein Hindernis für die Interessen der Palästinenser, sondern „nutzt den Palästinensern".[998] Es gibt in Israel nicht nur Anhänger von Scharon und Olmert, denen man auch von palästinensischer Seite zu Unrecht vorwirft, dass sie ein Groß-Israel schaffen wollen, sondern auch Juden, welche bereit sind, den meist islamischen Palästinensern einen eigenen Staat zuzugestehen, ohne von dem national orientierten Zionismus abrücken zu müssen. Der Zionismus ist also nicht, wie man in Europa immer wieder behauptet, das zentrale Hindernis für eine Symbiose zwischen den semitischen Juden und den semitischen Palästinensern. Vor allem den Palästinensern fehlte es unter der Präsidentschaft von Arafat nicht nur an den nötigen globalen ideengeschichtlichen und politischen Einsichten, sondern auch an dem guten Willen, ohne Pokern und Radikalisierung auf die ‚andere Seite' sich einzulassen.[999]

Gerechterweise kann man aber auch die israelischen Regierungen der vergangenen Jahrzehnte nicht von politischen und wirtschaftlichen Versäumnissen freisprechen. Die Analogie zur falschen Kurdenpolitik der Türkei drängt sich hier geradezu auf. Die palästinensische Kritik an den staatsbürgerlichen Defiziten ist teilweise berechtigt und wird auch von prominenten Juden in- und außerhalb Israels anerkannt. Diese Defizite, welche in Jahrzehnten enstanden sind, können jedoch nicht in wenigen Jahren beseitigt werden. Wenn man jüdische Israelis und Palästinenser wieder einander näher bringen will, dann bedarf es der Politik der kleinen Schritte, und zwar nicht nur in der Politik, sondern auch und vor allem in der Kultur.

Der große jüdische Dirigent Barenboim gehört zu denen, die es gewagt haben, Zeichen zu setzen. Es ist ihm gelungen, im „West-östlichen Divan", einem Jugendorchester aus israelischen und palästinensischen Musikern, beide Seiten zum gemeinsamen Musizieren zu bringen. Barenboim ist von seiner Politik der Kommunikation von Palästinensern und Juden über die kulturelle Schiene so überzeugt, dass er es sogar wagte, bei der Verleihung des Wolf-Preises in Israel 2004 Kritik an der Besatzungspolitik der Regierung Sharon zu üben mit dem sehr sinnvollen Hinweis auf die Geschichte des jüdischen Volkes: „Kann das jüdische Volk, dessen Geschichte voller Leiden und Verfolgung ist, gleichgültig sein gegenüber den Rechten und dem Leiden eines benachbarten Volkes?"[1000] Dass diese Äußerung von Barenboim zu einem Eklat führte, sei nur am Rande erwähnt, zeigt aber auch, zu welcher Zivilcourage jüdische Menschen immer wieder fähig sind. Zusätzlich zur Kulturpolitik der kleinen Schritte à la Barenboim ist in diesem Zusammenhang auch die Idee von Prof. Moshe Zimmermann zu beachten, nämlich Juden und Palästinser als zwei Nationalstaaten in einer Konföderation analog wie in Bosnien Serben und Moslems zusammenzubringen.[1001] Mehr ist politisch vorerst nicht machbar. Die Politik der kleinen Schritte im kulturellen und politischen Bereich ist ein wichtiger Anfang. Es muss aber noch auf beiden Seiten, bei den Juden und bei den Palästinensern (und den hinter ihnen stehenden Moslems der arabischen Staaten), die Erkenntnis reifen, dass ein Ende der 2. Intifada mit Gewalt, die von beiden Seiten praktiziert wird und immer mehr eskaliert, nicht erreicht werden kann. Im „Givat Haviva Zentrum", benannt nach Haviva Reik, das gegenwärtig aus sieben Abteilungen besteht (so z. B. „Jüdisch-Arabisches Institut", Sprachlabor[1002], Internationale Abteilung), sollen junge jüdische und arabische Israelis „über effiziente gemeinsame Erziehungsprogramme" lernen, „Konflikte mit friedlichen Mitteln zu lösen".[1003] Talmud und Midrasch sind gute Fundamente für Möglichkeiten des friedlichen Zusammenlebens, spielen aber im täglichen Leben der israelischen Juden eine allzu geringe Rolle. Sie zeigen uns aber viele Wege auf, mit Bezug auf Genesis 27,40, nicht von seinem Schwerte zu leben und die Tora im praktischen Zusammenleben der Menschen und Völker zu verwirklichen.[1004]

Die hier aufgezeigten Defizite sind, langfristig betrachtet, jedoch weniger den Juden und Palästinensern in Israel anzulasten, sondern eher den westlichen Großmächten, welche seit dem 19. Jahrhundert auch im Vorderen Orient und im Heiligen Land Politik nach der Art schlechter Gutsherren machten und die arabischen Staaten nicht wirklich als echte Partner betrachteten und behandelten.[1005] Der Konflikt zwischen jüdischen und arabischen Israelis war von Anfang an nie rein regionaler Natur. In den vergangenen 30 Jahren standen die Großmächte hinter den israelischen Juden, dagegen die arabisch-moslemischen ‚Bruderstaaten' und zeitweise auch die Sowjetunion mehr oder weniger überzeugt hinter den Palästinensern. Diese Globalisierung der palästinensischen Frage hat die Lösung des Konfliktes erschwert, gewissermaßen oligopolisiert, um einen Ausdruck der volkswirtschaftlichen Marktformenlehre zu gebrauchen.

Die meisten Menschen in den arabischen Staaten sehen darum in Anbetracht der mangelnden Objektivität der Großmächte – nicht ganz zu Unrecht – in der gegenwärtigen Politik des Westens im Vorderen Orient, in Afghanistan, im Irak und gegenüber Israel eine Neuauflage der mittelalterlichen Kreuzzüge und eine besondere Spielart des Neokolonialismus.

Aus der Sicht meines Themas bedeutet dies: Die große Masse der (religiös gesinnten) Menschen in den arabischen Staaten ist davon überzeugt, dass die modernen christlichen Staaten genauso wenig christlich handeln wie die Kreuzzugsritter des Mittelalters und die israelischen Juden, welche wie die Araber Semiten sind, von den Machthabern sog. christlicher Staaten bis heute aber für ihre politische Zwecke missbraucht werden. Die meisten Menschen in Europa und USA sind immer noch weit davon entfernt, sich auf solche ‚radikalen' Gedanken einzulassen und der Sache auf den Grund zu gehen. Der sog. Westen wird nicht darum herumkommen, die Palästinenserfrage mehr als bisher in Verbindung mit dem Islam zu sehen.

Die mehr säkulare Position, wie man in Zukunft mit dem Islam realistisch und pragmatisch umgehen könnte, zeigt Professor George Lakoff von der Universität Berkeley, ein friedenspolitischer Aktivist, der einige Tage nach dem 11. September 2001 folgenden Rat erteilte: „Those that teach hate in Islamic schools must be replaced – and we in the West cannot replace them. This can only be done by an organized, moderate, nonviolent Islam. The West can make the suggestion, but we alone are powerless to carry it out. We depend on the goodwill and courage of moderate Islamic leaders. To gain it, we must show our goodwill by beginning in a serious way to address the social and political conditions that lead to despair."[1006] Es liegt also nicht in der Hand des Westens, „einen Orient nach seinem Willen zu erwirken, und das ist auch gar nicht schlecht, denn wer weiß schon, was für ein Frankenstein dabei herauskommen würde?"[1007] Aus diesen Worten spricht die Toleranz der Aufklärung aus Lessings Nathan, dass die drei großen Weltreligionen Christentum, Judentum und Islam aus göttlicher und menschlicher Sicht gleichwertig sind und nicht gegeneinander, sondern miteinander wirken sollten. Diese zentrale Idee der Aufklärung wartet darauf, wie so viele andere Ideen der Aufklärung in die Tat umgesetzt zu werden. Es war auch eine der Absichten dieses Kapitels und überhaupt dieses Buches, aus jüdischer und christlicher Perspektive[1008] einen Schritt in diese Richtung zu wagen und die häufig vertretene Meinung, dass es sich bei den Gewaltexzessen zwischen Juden und Palästinensern um einen primär regionalen politisch-militärischen Konflikt handelt, in Frage zu stellen.

Ein kritischer Ausblick

Noch immer sind in Ausbildung, Unterricht und Forschung im Fach Geschichte, wie ich aus jahrzehntelanger Tätigkeit in Schule, Erwachsenbildung und Universität erfahren habe, wirtschaftliche Gesichtspunkte extrem sekundär. Militärische und politische Aspekte stehen eindeutig als Erklärungsmodelle im Vordergrund. Kriege und Friedensschlüsse wie auch politische Gesichtspunkte beherrschen das historische Terrain. Fragen der Kultur und der geistigen Ideen kommen eindeutig zu kurz. Wenn die militärischen und politischen Aspekte tatsächlich so prägend wären, wie man uns immer wieder vorgaukelt, dann hätten Deutschland und Japan nie mehr zu so beachtlichen wirtschaftlichen Großmächten nach dem Ende des 2. Weltkrieges aufsteigen dürfen. Dieses Phänomen des wirtschaftlichen Aufstiegs des „Phönix aus der Asche" ist meines Erachtens bis heute noch nicht ausreichend untersucht und hinterfragt worden. Bedenklich wird diese einseitige Methodik der Geschichte, wenn Geschichte, wie das im 19. Jahrundert in Europa üblich war, allzu engstirnig auf die Nabelschau der eigenen Nation beschränkt wurde und der Blick über die eigenen Grenzen vor allem dazu diente, zu beweisen, wie schlecht es die anderen im Vergleich zur eigenen Nation hatten. Patriotismus profilierte sich in einer solchen Mentalität allzu häufig auf Kosten der anderen, der sog. fremden Staaten. Ansätze, die Sicht über den eigenen nationalen Kirchtum auszudehnen, gab es seit dem Mittelalter immer wieder vor allem von Seiten übernational denkender Juden, welche von Anfang an auch mit Juden anderer Staaten in Geschäftsverbindung standen und auch kulturell über die Grenzen der Nation hinausstrebten. Es war aber genau diese grenzüberschreitende Einstellung, die den Judenfeinden seit dem Mittelalter missfallen hat.

Im 19. Jahrhundert waren, wie ja immer wieder aus den von mir oben entwickelten Gedanken hervorgeht, die europäischen Staaten und die Menschen der verschiedenen europäischen Nationen zu stark rückwärtsgewandt und mit sich selbst beschäftigt. Andererseits war man aber weder in der Politik noch im Bereich des Bildungswesens bereit, sich mit der Kultur und Geschichte anderer Nationen, Nationalitäten und Völker wirklich grundlegend auseinanderzusetzen. Europa wurde nicht wirklich als eine geistige und kulturelle Einheit begriffen. Es waren vor allem Juden wie z. B. Spinoza, Heinrich Heine und Mendelsohn-Bartholdy, welche über nationale Grenzen hinausdachten und auch in ihrem Herzen europäisch fühlten. Die meisten europäischen Nationen hatten jedoch Probleme mit ihrem Selbstverständnis. Nicht zuletzt späte Nationen wie die Deutschen schwankten allzu oft zwischen nationaler Gleichgültigkeit und übertriebenem Nationalismus, was sich ja auch sehr deutlich in der Geschichte der deutschen Literatur widerspiegelt. Dieser Mangel an einem wahren Selbstverständnis ist besonders der deutschen Nation eigen. Niemand hat das in den vergangenen Jahren so einfach, plastisch und prägnant auf einen Nenner gebracht wie Bundespräsident Johannes Rau in seiner „Berlinder Rede" vom Mai 2004: „Auch eine Nation braucht insgesamt ein positives Selbstverständnis und ein positives Verhältnis zu sich selber. Nur so kann sich ein Wir-Gefühl entwickeln, das die Grundlage jeder Nation ist."[1009] Wenn dieses postive Verhältnis zu sich selbst fehlt, dann kann sich kein positives Verständnis für das außerhalb sich Befindliche, schon gar nicht für das Fremde bzw. für andere Nationen entwickeln. Noch weniger waren Europäer, wenn man vom Osmanischen Reich einmal absieht, im Stande, jüdische Mentalität und Kultur wirklich zu verstehen und zu respektieren.

Im Sinne meines Themas habe ich mich immer wieder gefragt, warum es fast 2000 Jahre gedauert hat, bis es gelungen ist, in der zweiten Hälfte des 20. Jahrhunderts humane und christliche Grundsätze nicht nur den Juden, sondern auch den Frauen gegenüber umzusetzen. Bei dieser Gelegenheit erinnere ich ausdrücklich an die Worte von Thomas von Aquin (sinngemäßte Wiedergabe des Ausdrucks *naturaliter anima Christiana*), dass man zuerst ein wahrer Mensch sein muss, bevor man ein Christ sein kann. Diese radikale Humanität des Denkens und Handelns war nur wenigen Moslems, Christen, Juden und Judenchristen eigen. Hätten mehr Christen und nicht nur große Heilige wie zum Beispiel Franz von Assisi und Elisabeth von Thüringen[1010] sich an diesen Grundsatz gehalten und in die Tat umgesetzt, dann wäre nicht nur die Geschichte des Christentums des Mittelalters und der Neuzeit, sondern überhaupt die Geschichte Europas ganz anders verlaufen. Das Böse, das nach scholastischer Auffassung des Mittelalters ein Mangel an Gutem ist, hätte bei mehr Engagement für Humanität und Toleranz und bei Beachtung des Grundsatzes, dass die Liebe (zu den Mitmenschen) das oberste Gebot ist, nie zu den schrecklichen Auswüchsen des Imperialismus, Nationalismus, Darwinismus und Antisemitismus führen können.

Die neueste Wirtschaftsentwicklung in der Gestalt des antihumanistischen globalisierten **Neoliberalismus** führt in Europa das Gebot der jüdisch-christlichen Nächstenliebe leider immer mehr ad absurdum. Menschen werden im neoliberalen Wirtschaftssystem in beängstigendem Ausmaß als Folge angeblicher Sachzwänge zur beliebigen sozialen Manövriermasse.[1011] Zunehmende Arbeitslosigkeit wie auch hemmungslose Staatsverschuldung verletzen die Menschenrechte nicht nur der arbeitenden Menschen von heute, sondern auch künftiger Generationen.

Die soziale **Solidarität**, die ja im Grunde die moderne Umsetzung jüdisch-christlicher Nächstenliebe ist, degradieren die Mitglieder der sog. wirtschaftlichen und politischen Elite zum Unwort. Hier ist ein Umdenken notwendig, wenn die Entwicklung nicht in einer großen sozialen und wirtschaftlichen Katastrophe enden soll.[1012] Humanismus in einem neuen Europa hat auch damit zu tun, die Zeichen der Gegenwart und die Erfordernisse der Zukunft zu erkennen und nicht den Idolen einer falsch verstandenen Vergangenheit verhaftet zu bleiben.

LITERATURVERZEICHNIS

Abraham a Santa Clara: Der Narrenspiegel, hrsg. von Karl Bertsche, Mönchen Gladbach 1925.

Adalbert Prinz von Bayern: Die Wittelsbacher. Geschichte unserer Familie, 2. Auflage, Prestel Verlag, München-New York 1995.

Aich Prodosh: Lügen haben lange Beine. Entdeckungen, Gelehrte, Wissenschaft, Aufklärung. Dokumentarische Erzählung, Acharyya Verlag, Oldenburg 2003.

Aich Prodosh: Nachdenken über den kollektiven Verlust des Gedächtnisses, in: Gewerkschaftliche Monatshefte, 2/2004, S. 104-112.

Aigner-Foresti Luciana: Die Integration der Etrusker und das Weiterwirken etruskischen Kulturgutes im republikanischen und kaiserzeitlichen Rom (Sitzungsberichte der Österr. Akademie der Wiss., Phil.-Hist. Klasse, 658), Wien 1998.

Albanese Marilla: Das antike Indien. Von den Ursprüngen bis zum 13. Jahrhundert, Verlag Karl Müller GmbH, Köln o. J. (2003).

Alckens A.: Landkreis Freising. Aus Vergangenheit und Gegenwart des heutigen Kreisgebietes, hrsg. vom Landkreis Freising, Freising 1962.

Althoff Gerd: Kann man eine Hochkultur erfinden? In: Ethik und Sozialwissenschaften, Bd. 8, 1997, Heft 4, S. 483-484.

Anwander Gerhard: Auvergnatische Impressionen. Reiseeindrücke aus einer „karolingischen" Provinz, in: Zeitensprünge, Jahrg. 16, Heft 3, Dez. 2004, S. 595-624.

Anwander Gerhard: Wibald von Stablo – Constantin Faußner. Mutiger Forscher entlarvt genialen Fälscher, in: Zeitensprünge, Jahrg. 15, Heft 3, Dez. 2003, S. 518-524.

Apel Karl-Otto: Die Idee der Sprache in der Tradition des Humanismus von Dante bis Vico, Bouvier Verlag Heribert Grundmann, 3. Auflage, Bonn 1980.

Appelt Heinrich: Zur diplomatischen Beurteilung des Privilegium maius, in: W. Schlögl / T. Herde (Hrsg.), Grundwissenschaft und Geschichte, Festschrift Peter Acht, Kallmünz 1976, S. 210-217.

Ariel David S.: Die Mystik des Judentums. Eine Einführung. Mit einem Vorwort von Karl Erich Grözinger, aus dem Amerikanischen von Miriam Magall, Diederichs-Verlag, München 1993.

Arnold Johanna: Spagyrik in der Heilkunde, in: Karin Figala & Helmut Gebelein: Hermetik & Alchemie. Betrachtungen am Ende des 20. Jahrhunderts, Gaggenau 2003, S. 171-180.

Arnold Rafael: Die Calimani-Familie in Venedig, in: Kalonymos, 17. Jahrg., Heft 2, 2004, S. 11 f.

Aronius (Hrsg.): Regesten zur Geschichte der Juden im Fränkischen und Deutschen Reiche, 1902.

Arribas Antonio: The Iberians, New York 1964.

Autorenkollektiv: Antisemitismus in der Geschichtswissenschaft. Ein interdisziplinärer Forschungsbericht, UBW-Verlag, Hamburg 2004.

Autorenkollektiv: Irrtümer der Geschichtswissenschaft. Ein interdisziplinärer Einblick in die neuere Forschung, U.B.W. Verlag, Hamburg 2004.

Aventinus (Johannes Thurmaier): Annales Boiorum, 1521, in deutscher Sprache als „Bayerische Chronik" 1533 publiziert.

Bahlow Hans: Deutsches Namenslexikon, Keysersche Verlagsbuchhandlung, München.

Bartsch Ekkehard: Karl Mays Wiener Rede. Eine Dokumentation, in: Jahrbuch der Karl-May-Gesellschaft, 1970.

Bauer O.: Johann Peter Kling (1749–1808) – ein Wegbereiter der nachhaltigen Forstwirtschaft in Bayern in: Forstliche Forschungsberichte, Forum Forstgeschichte, Nr. 191, 2003, S. 5-22.

Bayerische Staatsbibliothek Inkunabelkatalog BSB-Ink, Bd. 4, Dr. Ludwig Reichert Verlag, Wiesbaden 1998.

Beaufort Jan: Richtigstellung zu Lukas, in: Zeitensprünge, 16. Jahrg., Heft 2, 2004, S. 432-435.

Beevor Anthony: Wir müssen uns in die Bösen hineinversetzen, Besprechung des Werkes von Richard J. Evans: „Das Dritte Reich", 2004, in: Die Welt, Literarische Welt, 6. März 2004, Literarische Welt, S. 3.

Belli Giuseppe G.: G. G. Belli 1791–1863. Die Wahrheit packt dich ... Eine Auswahl seiner frechen und frommen Verse, hrsg. von Otto Ernst Rock, Heimeran Verlag, München 1978.

Bender Peter: Vom Nutzen und Nachteil des Imperiums. Über römische und amerikanische Weltherrschaft, in: Merkur, Deutsche Zeitschrift für europäisches Denken, 2004, S. 480-489.

Bengtson Hermann: Griechische Geschichte von den Anfängen bis in die römische Kaiserzeit, Handbuch der Altertumswissenschaft, 3. Abt., 4. Teil, 3. Aufl., Beck Verlag, München 1965.

Benzin Nicolas: Giordano Bruno und die okkulte Philosophie der Renaissance, Ancient Mail Verlag, Groß-Gerau 2005.

Beranek Franz Josef: Die fränkische Landschaft des Jiddischen, in: Jahrbuch für fränkische Landesforschung 21 (1961) S. 267-303.

Beranek Franz Joseph: Das Rätsel des Regensburger Brückenmännchens. In: Bayer. Jahrb. f. Volkskd., 1961, S. 61-71. G. Herlitz – B. Kirschner: Jüdisches Lexikon, Berlin 1927-30, Bd. IV/1, Sp. 1295 f.

Berding Helmut: Moderner Antisemitismus in Deutschland (Neue Historische Bibiothek, hrsg. von H.-U. Wehler), Frankfurt 1988.

Berendt Joachim-Ernst: Nada Brahma. Die Welt ist Klang, rororo Sachbuch, Reinbeck bei Hamburg 1985.

Berg Viviane: Von der Jagd auf Falken und Juden, in: Jüdische Rundschau Maccabi, Nr. 40, Donnerstag, 3. Oktober 1996 / 20. Tischri 5757, S. 17.

Bergmann Horst / Rothe Frank: Der Pyramiden–Code. Altägyptisches Geheimwissen von Kosmos und Unsterblichkeit, Heinrich Hugendubel Verlag, Kreuzlingen – München 2001.

Berman Paul: Terror und Liberalismus, Europäische Verlagsanstalt, Hamburg 2004.

Berlejung Angelika und Bretschneider Joachim: Tod in Mesopotamien, in: Spektrum der Wissenschaft, September 2003, S. 68-74.

Bertsch August: Hebräische Sprachlehre, 3. Auflage, Stuttgart 1956.

Berve Helmut: Blütezeit des Griechentums, Bd. II der Griechischen Geschichte, Herder-TB, Freiburg i. B. 1959.

Birken Andreas: O Heilige Ottilie! Das Elsass zur Karolingerzeit, in: Zeitensprünge, Jahrg. 15, Heft 3, 2003, S. 525-537.

Birnbaum S. A.: Das hebräische und aramäische Element in der jiddischen Sprache, Hamburg 1986.

Biser Eugen: Kultur und Zivilisation. Die Seele Europas, in: Severin Daum – Tomás Kruta (Hrsg.): UNIVERSITY AND ITS STUDENTS. INTERNATIONAL SYMPOSIUM OF STUDENTS AND PROFESSORS. Prague, Czech Republic, September 9 – 12, Prag 1998, S. 15-21.

Bitterauf Theodor (Hrsg.): Die Traditionen des Hochstifts Freising, München 1905-1909 (2 Bände).

Blöss Christian – Niemitz Hans Ulrich: Beweist der Kalendersprung die C14-Methode? Eine Replik auf H.-E. Korths ‚Anomalie der ^{14}C-Kalibrierkurve beweist Kalendersprung' in ZS 1/2002, in: Zeitensprünge, 2003, Heft 2, S. 423-429.

Blöss Christian, Niemitz Hans-Ulrich: C14-Crash: Das Ende der Illusion, mit Radiokarbonmethode und Dendrochronologie datieren zu können, Gräfelfing 1997.

Blöss Christian, Niemitz Hans-Ulrich: C14-Crashkurs. Warum wir mit C14-Methode und Dendrochronologie nicht absolut datieren können, in: Zeitensprünge, 2003, Heft 2, S. 430-458.

Blöss Christian: Planeten, Götter, Katastrophen: Das neue Bild vom kosmischen Chaos, Scarabäus bei Eichborn Verlag, Frankfurt am Main 1991.

Böckler Annette M.: Frauen zählen nicht in der Synagoge, in: Die Welt, 27.04.2004.

Boehlich Walter (Hrsg.): Der Berliner Antisemitismusstreit, Frankfurt a. M. 1965.

Böll Heinrich: Karl Marx – ein deutscher Jude verändert die Welt, in: Thilo Koch (Hrsg.): Porträts zur deutsch-jüdischen Geistesgeschichte, Köln 1997, S. 66-85.

Bonsen Elmar zur – Glees Cornelia (Hrsg.): Geheimwissen des Mittelalters. Verbotenes – Verschollenes – Rätselhaftes, Bechtermünz Verlag, Lizenzausgabe für Weltbildverlag, Augsburg 2000.

Borgolte Michael: Vom Staunen über die Geschichte, in: Ethik und Sozialwissenschaften, Bd. 8, 1997, Heft 4, S. 486-487.

Bosl Karl: Staat, Gesellschaft, Wirtschaft im deutschen Mittelalter, Stuttgart 1970.

Braden Gregg: Der Jesaja Effekt (Originaltitel: „The Isaiah Effect"). Die in Vergessenheit geratene Wissenschaft des Gebets und der Prophetie neu entschlüsselt, Kohaverlag, Burgrain 2001.

Brasi Lucas: Der große Schwindel. Bausteine für eine wahre Geschichte der Antike, Utopia Boulevard, Hamburg 1995.

Brasi Lucas: Die erfundene Antike. Einführung in die Quellenkritik, U.B.W. Verlag, Hamburg 2004.

Braudel Fernand: Civilisation materielle et le capitalisme, Bd. II, Paris 1967.

Brewer John: Der Bruch mit der Vergangenheit. Edinburgh und die Schottische Aufklärung (aus dem Englischen übersetzt von Florian Wolfrum), in: Merkur, Deutsche Zeitschrift für europäisches Denken, 2004, S. 490-499.

Brockhaus Enzyklopädie, Bd. 2, Wiesbaden 1967, Artikel „Bier", S. 706-709.

Broder Henryk M. und Recher Hilde (Hrsg.): Der jüdische Kalender. Fünftausendsiebenhunderteinundsechzig, 2000 – 2001, 18. Jahrgang, Ölbaumverlag, Augsburg 2001.

Bröder F. J.: Eine bärtige Jungfrau hängt am Kreuz. Die Ausstellung „Spuren des Glaubens" im Stadtmuseum Erlangen, in: Donaukurier Nr. 278, 30.11.2004, S. 16.

Browning Christopher: Die Entfesselung der Endlösung, Propyläen-Verlag, München 2004.

Bruch Rüdiger vom – Müller Rainer A.: Erlebte und gelebte Universität. Die Universität München im 19. und 20. Jahrhundert, W. Ludwig Verlag, Pfaffenhofen 1986.

Brühl Bettina: Andreas von Rinn, Tradierungsmechanismen einer Ritualmordlegende, untersucht am Beispiel Bayerisch-Schwaben, in: Peter Fassl (Hrsg.): Geschichte und Kultur der Juden III, Augsburg 2005.

Brühl Bettina: Ein „Fremder" im bayerischen Heiligenhimmel. Zur Darstellung des Anderl von Rinn auf einer Votivtafel der Wallfahrtskirche Hergottsruh in Friedberg, in: Altbayern in Schwaben, Jahrbuch für Geschichte und Kultur 2005/2006, Aichach 2005, S. 118-133, vor allem S. 121 f.

Brunner Otto: Adeliges Landleben und europäischer Geist. Leben und Werk Wolf Helmhards von Hohberg, 1612 – 1688, Otto Müller Verlag, Salzburg 1949.

Bunis David: A Guide to Reading and Writing Judezmo, New York 1975.

Cahill Thomas: Abrahmas Welt. Wie das jüdische Volk die westliche Zivilisation erfand. Aus dem Amerikanischen von Michael Büsges, btb Taschenbuch, Lizenzausgabe Goldmann Verlag, München 2002 (Verlag Kiepenheuer & Witsch Köln 2000).

Carmina Burana: Die Lieder der Benediktbeurer Handschrift, Zweisprachige Ausgabe, dtv-Taschenbuch, 3. Aufl., München 1985.

Cerny Thomas: Die Langobarden. Ein geheimnisvolles Volk tritt aus dem Schatten der Geschichte, Universitas Verlag in der F.A. Herbig Verlagsbuchhandlung, München 2003.

Charpentier Louis: Les Mystères de la Cathédrale de Chartres, Verlag Gaia, Paris 1998.

Chlodowski R. I.: *Francesco Petrarch*, Edition Nauka, Moskau 1974.

Clasen Herbert: Zwei Nationalstaaten in einer Konföderation können die Lösung sein. Besuch der Hebräischen Universität: Gespräch mit Prof. Moshe Zimmermann zur politischen Lage und mit Prof. Rachel Elior über jüdische Strömungen und ihren Einfluss, in: Begegnungen in schwieriger Zeit. Vertrauensdozentinnen und Vertrauensdozenten berichten über eine Studienreise durch Israel, Hans Böckler Stiftung, Arbeitspapier 77, Düsseldorf Dezember 2003, S. 55-57.

Cook J. M.: The Persian Empire, New York 1983.

Claussen Detlev: Vom Judenhaß zum Antisemitismus. Materialien einer verleugneten Geschichte, Darmstadt-Neuwied 1987.

Däppen Christoph: Nostradamus und das Rätsel der Weltzeitalter, Verlag Books on Demand, Norderstedt-Zürich 2004.

Dahm Volker: Ein Plädoyer für das historische deutsche Mehrheitsjudentum. Susanne Urban-Fahr: Der Philo-Verlag 1919-1938. Abwehr und Selbstbehauptung (Haskala 21), Olms Verlag , Hildesheim 2001.

Dante Alighieri: De vulgari eloquentia (übers. von Dornseiff), Darmstadt 1925.

Das Hausbuch der Mendelschen Zwölfbrüderstiftung zu Nürnberg. Deutsche Handwerkerbilder des 15. und 16. Jahrhunderts, hrsg. von Wilhelm Treue u. a., Textband, Bruckmann Verlag, München 1965.

Dausend Peter und Haselberger Stephan: "Politik muss mehr sein als Ökonomie". Die rot-grüne Präsidentschaftskandidatin Gesine Schwan will den Deutschen Selbstvertrauen vermitteln, in: Die Welt, 13.03.2004, S. 4.

Davidson Ralph: Desiderate der Forschung. Vorlesungen zur Geschichte der Langobarden und des Ur-Christentums, Hamburg 2006.

Davidson Ralph – Luhmann Christoph: Evidenz und Konstruktion. Materialien zur Kritik der historischen Dogmatik, U.B.W Verlag, Hamburg 2000 (Erstausgabe 1998).

Davidson Ralph: Kapitalismus, Marx und der ganze Rest, U.B.W., Hamburg 1995, 2. Aufl. 2001.

Davidson Ralph: Sprachgeschichte. Eine problemorientierte Einführung, 4. Auflage, U.B.W. Verlag, Hamburg 2004.

Davidson Ralph: Der Zivilisationsprozess. Wie wir wurden was wir sind, U.B.W., Hamburg 2002.

Delisle, Mémoire sur les opérations financières des Templiers, Academie des Inscriptions et Belles-Lettres, Tomus 39.

Delumeau Jean: Angst im Abendland. Die Geschichte kollektiver Ängste im Europa des 14. bis 18. Jahrhunderts, RoRoRo-TB, Reinbek bei Hamburg 1989, Originalausgabe unter dem Titel „La Peur en Occident (XIVe-XVIIIe siècles). Une cité assiégée, Paris 1978.

Deschner Karl Heinz: Kriminalgeschichte des Christentums, Bd. 4 Frühmittelalter, Verlag Reinbek-Rowohlt, Hamburg 1994.

Die Franken – Die Wegbereiter Europas, Ausstellungskatalog, Mainz 1996.

Die Konstruktion der Nation gegen die Juden, hrsg. von Peter Alter, Claus-Ekkehard Bärsch und Peter Berghoff (= ein Tagungsband des Salomon Ludwig Steinheim-Instituts für deutsch-jüdische Geschichte), Wilhelm Fink Verlag, München 1999.

Diehl Lothar: Die ‚Schule auf der Fabrik', in: Köhle-Hezinger/Ziegler, a.a.O, S. 201-214.

Diels H.: Die Handschriften der antiken Ärzte, I. Teil: Hippokrates und Galenos, Berlin 1905.

Die Markt- & Handels-Sprache der Israeliten. Ein Hand- und Hilfsbuch für alle, die mit Juden in Geschäftsverbindung stehen, München o. J. (aber wohl nach 1871).

Die Urkunden der deutschen Karolinger, hrsg. von der Gesellschaft für Ältere Deutsche Geschichtskunde, Bd. 1: Die Urkunden Pippins, Karlmanns und Karls des Großen, bearb. von Engelbert Mühlbacher, Verlag Hahn, Hannover 1906 (= MGH, Diplomata regum Germaniae ex stirpe Karolinorum.1).

Die Urkunden der deutschen Karolinger, hrsg. von der Gesellschaft für Ältere Deutsche Geschichtskunde, Bd. 1: Die Urkunden Ludwigs des Deutschen, Karlmanns und Ludwigs des Jüngeren, bearb. von P. Kehr, Weidmannsche Verlagsbuchhandlung, Berlin 1934 (Monumenta Germaniae historica. Diplomata regum Germaniae ex stirpe Karolinorum.1).

Die Urkunden der deutschen Karolinger, hrsg. vom Reichsinstitut für Ältere Deutsche Geschichtskunde, Bd. 3: Die Urkunden Arnolfs, bearb. v. P. Kehr, 2. unveränd. Aufl., Weidemann, Berlin 1955 (MGH. Diplomata regum Germaniae ex stirpe Karolinorum.3).

Dippold Günter: Zerstörung mit „Sammetpfötchen", in: Schönere Heimat. Erbe und Auftrag, 92. Jahrg., 2003, S. 225-232.

Dixon Pierson: The Iberians of Spain, London 1940.

Dubnow Simon: Die jüdische Geschichte. Ein geschichtsphilosophischer Entwurf, Frankfurt am Main 1921.

Dubnow Simon: Weltgeschichte des jüdischen Volkes von seinen Uranfängen bis zur Gegenwart, 11 Bände, Jüdischer Verlag, Berlin 1925-1931.

Durant W.: Kulturgeschichte der Menschheit, 18 Bände, Bd. 7, München 1985.

Eckardt Georg: Konflikte mit friedlichen Mitteln lösen. Givat Haviva, in: Uwe Dieter Steppuhn (Hrsg.): Begegnungen in schwieriger Zeit. Vertrauensdozentinnen und Vertrauensdozenten berichten über eine Studienreise durch Israel, Hans Böckler Stiftung, Arbeitspapier 77, Düsseldorf Dezember 2003, S. 15-17.

Eichendorff Josef Frh. v.: Werke, Bd. 1, ediert von Ansgar Hillach, Winkler-Verlag, München 1970.

Eichinger Ludwig, Deutsche Grammatik – Thema in Variationen, Festschrift für H. W. Eroms, Heidelberg 1998.

Einhard: Vita Karoli Magni, hrsg. von Paul Klopsch und Ernst Walter, Bayerische Verlagsantalt Bamberg (= MGH, Scriptores, Hannover 1911), Bamberg 1984.

Eisler Hanna: Einführung in: Davidson/Luhmann. Einige Dinge, die Sie eigentlich nie erfahren sollten, Hamburg 2000.

Eisler Hanna (Hrsg.): Die großen Fragen der Geschichte. Eine Auswahl von Texten der Hamburger Schule, U.B.W. Verlag, Hamburg 2003.

Eisler Hanna: Von den Langobarden zur Hanse- Vorlesungen zur Geschichte Norddeutschlands, U.B.W. Verlag, Hamburg 2006.

Elfes Holger: Raus aus der Opferperspektive. Das Steinheim-Institut in Duisburg erforscht die deutsch-jüdische Geschichte, in: Jüdische Allgemeine, Nr.16/04, 22.04.2004, S. 13.

Elsässer Jürgen: Kriegslügen. Vom Kosovokonflikt zum Milosevic-Prozess, Edition Zeitgeschichte, Kai Homilius Verlag, Berlin 2004.

Engelmann Bernt: Deutschland ohne Juden, 1979.

Euw Anton von / Schreiner Peter: Kaiserin Theophanu. Begegnungen des Ostens und Westens um die Wende des ersten Jahrtausends, Gedenkschrift des Kölner Schützen-Museums zum 1000. Todesjahr der Kaiserin, Bd. II, Köln 1991.

Evans Richard J.: Das Dritte Reich. Der Aufstieg, dtv, München 2004.

Fabeck Wolf v.: Gegen die Arbeitslosigkeit – Energiesteuer statt Lohnsteuer und Sozialabgaben. Strukturreform durch indirekte Verteuerung der Grundstoffe, in: Solarbrief 1/2004, S. 4-12.

Fahr Heinz: Herodot und Altes Testament, Europ. Hochschulschriften, Reihe 23, Theologie, Lang-Verlag, Frankfurt 1985.

Fassmann Irmgard Maya: Jüdinnen in der deutschen Frauenbewegung 1865-1919, Hildesheim 1996 (Bd. 15 der Reihe „Haskala", Steinheim-Institut, Olms Verlag).

Faulmann C.: Geschichte der Schrift, Wien 1880.

Faußner Hans Constantin: Wibald von Stablo. Erster Band (von vier Bänden): Einführung in die Problematik, Hildesheim 2003.

Feldmann Christian: Ein ‚Sternenfinder' aus dem Kloster. Gelehrte Mönche, barbarische Staatskommissare: Regensburger Ausstellung über Ordenskultur und Säkularisation, in: Donaukurier, Nr. 158, „Der Sonntag", 12./13. Juli 2003.

Feldmann Christian: Stinkbomben gegen ‚Die Sünderin': Geburtstag des ‚Ruhrkaplans' jährt sich zum 100. Mal, in: Donaukurier, Nr. 17, 22.01.2003, S. 3.

Feuchter Jörg: Medieval History Seminar 24.10.2003 – 26.10.2003, Washington, D.C. 2003.

Feuchtwanger Lion: Die Jüdin von Toledo, Roman, Aufbau Taschenbuchverlag, Berlin 1955, 14. Auflage, Berlin 2000.

Figala Karin & Gebelein Helmut (Hrsg.): Hermetik & Alchemie. Betrachtungen am Ende des 20. Jahrhunderts, scientia nova, Verlag Neue Wissenschaft, Gaggenau 2003.

Finkelstein Norman G.: Die Holocaust-Industrie. Wie das Leiden der Juden ausgebeutet wird, Deutsche Ausgabe, Piper Verlag, München 2001.

Flacelière Robert: Literaturgeschichte Griechenlands, Paris 1962, deutsche Ausgabe Wilhelm Goldmann Verlag, München 1966.

Flachenecker Helmut: Von der Erfindung einer widerspruchslosen Zeit, in: Ethik und Sozialwissenschaften, Bd. 8, 1997, Heft 4, S. 487-490.

Flaig Egon: Der mythogene Vergangenheitsbezug bei den Griechen, in: Jan Assmann, Klaus E. Müller (Hrsg.): Der Ursprung der Geschichte. Archaische Kulturen, das Alte Ägypten und das Frühe Griechenland, Stuttgart 2005, S. 215-248.

Flitner Bettina: Frauen mit Visionen, Verlag Knesebeck, München 2003.

Flusser Vilém: Nachgeschichte. Eine korrigierte Geschichtsschreibung, Fischer TB, 1991.

Förster Fr.: Geschichte der Befreiungskriege, Berlin 1861.

Fomenko Anatoly T. – Nosovski G. V.: Das biblische Russland (russ.), Verlag Faktorial, 2 Bände, Moskau 1998.

Fomenko Anatoly T.: History: Fiction or Science? Chronology 1, Delamare Publishing, Paris – London – New York 2003.

Fournier August: Napoleon I. Eine Biographie in drei Telbänden, 2. Band: Der Kampf um die Weltherrschaft, hrsg. von Theophile Sauvageot, Emil Vollmer Verlag, Essen o. J. (2003).

Friedell Egon: Kulturgeschichte der Neuzeit, ungekürzte Sonderausgabe in einem Band, Beck Verlag, München 1965 (Erste Ausgabe in 3 Bänden 1927-1931).

Friedrich C.W.: Unterricht in der Judensprache und Schrift zum Gebrauch für Gelehrte und Ungelehrte, Prentzlow 1784.

Friedrich Horst: A Linguistic Breakthrough for the Reconstruction of Europe's Prehistory. Vennemann's Thesis of a Vasconic and Proto-Semitic Europe and its Ramifications, in: Migration & Diffusion, Vol. 5, Issue Number 17, 2004, S. 6-15.

Friedrich Horst: Besprechung von Gavin Menzies: 1421 – Als China die Welt entdeckte, München 2003, in: Zeitschrift für Anomalistik, Bd. 3, Nr. 3, 2003, S. 271f.

Friedrich Horst: Das Jiddische und die Herkunft der Baiern, in: Vorzeit – Frühzeit – Gegenwart, Nr. 1, 1992.

Friedrich Horst: Des "romanischen Rätsels Lösung", in: EFODON SYNESIS, Nr. 2, 1994.

Friedrich Horst Günther: Die Vorstellungen von elektrischen Effluvien bei Naturforschern des Barock-Zeitalters, München 1974 (Diss.).

Friedrich Horst: Erdkatastrophen und Menschheitsentwicklung. Unser kataklysmisches Ur-Trauma, Jpjemüeoémberg 1998.

Friedrich Horst: Hebrew Ethnogenesis and Diffusion: Do we need a more comprehensive scenario? In: Migration & Diffusion, Vol. 4, Issue Number 16, S. 105-114.

Friedrich Horst: Ist die Alchemie eine Pseudowissenschaft?, in: Karin Figala & Helmut Gebelein: Hermetik & Alchemie. Betrachtungen am Ende des 20. Jahrhunderts, Gaggenau 2003, S. 103-120.

Friedrich Horst: Noch immer rätselhaft: Die Entstehung der Baiern, Efodon e.V., Wessobrunn 1995.

Friedrich Horst: The Enigmatic Origin of the Roman Languages, in: MEDITERRANEA, Nr. 53, Carcassonne 1993.

Friedrich Horst: The Enigmatic Origin of the Romance Languages, in: MOUNDS NEWSLETTER der Louisiana Mounds Society (USA), 1994.

Friedrich Horst: The "Indo-Europeans" and the Concept of "Language Families", in: Midwestern Epigraphical Journal, Vol. 17, Nr. 2, 2003, S. 73-75.

Friedrich Horst: Velikovsky, Spanuth und die Seevölker-Diskussion: Argumente für eine Abwanderung atlanto-europäischer spät-bronzezeitlicher Megalithvölker gegen 700 v. Chr. in den Mitelmeraum, 2. Aufl., Eigenverlag, Wörthsee 1990.

Fromer Jakob (Hrsg.): Der babylonische Talmud, 6. Aufl. 2000, Dreieich (Nachdruck durch Fourier Verlag).

Fuchs Jochen: Staatsbürger 2. Klasse: Israels palästinensische BürgerInnen und ihre kommunalen Probleme. Mit Djal Djaldjulie am 22. Februar 2002 durch Tira, in: Begegnungen in schwieriger Zeit. Vertrauensdozentinnen und Vertrauensdozenten berichten über eine Studienreise durch Israel, Hans Böckler Stiftung, Arbeitspapier 77, Düsseldorf Dezember 2003, S. 21-23.

Fuhrmann Horst: Einladung ins Mittelalter, München 1987.

Fuks Marian: Polnische Juden, Geschichte und Kultur, Verlag Interpress, ohne Ort und Jahr.

Gabler August: Schopfloch, eine vergessene Sprachinsel. Topographie, Statistik und Geschichte, in: Deutsche Gaue 57/58 (1971/71), S. 56-74.

Gabowitsch Eugen: AD Ages in Chaos: A Russian Point of View, in: Chronology & Catastrophism Review, 2003, S. 91-95.

Gabowitsch Eugen: Betonbauten der Römer, Kelten und Ägypter, in Efodon Synesis, Nr. 37, Heft 1, 2000, S. 11-14.

Gabowitsch Eugen: Bücher für Juden: wann und wo wurden sie zu allererst gedruckt? Quelle: www.jesus1053.com/12-wahl//12-autoren/13-gabowitsch/buecher-juden.html

Gabowitsch Eugen: Eroberer oder Pazifisten? Zwei interessante Aspekte zur Geschichte der europäischen Juden, in: Efodon Synesis, Nr. 35, Heft 5, 1999.

Gabowitsch Eugen: Nikolaj Aleksandrowitsch Morosow. Enzyklopädist und Wegweiser der Chronologierevision, in: Zeitensprünge, Heft 4, 1997, S. 670-685.

Gabowitsch Eugen: Von Morosow bis zum jüngsten Fomenko. Zwei neue russische Bücher von Chronologierevisionisten, in: Zeitensprünge, Heft 2, 1997, S. 293-304.

Gabowitsch Eugen: Wie Geschichte gemacht wird. Das Altertum – eine Erfindung der Renaissance? In: ZeitGeist, Heft 1, 2004, S. 20-24.

Garbe: Die Sâmkhya-Philosophie. Eine Darstellung des indischen Rationalismus nach den Quellen, Verlag von H. Haessel, Leipzig 1894.

Garber Klaus und Széll Ute: Ursprünge der Moderne. Das Interdisziplinäre Institut für Kulturgeschichte der Frühen Neuzeit der Universität Osnabrück stellt sich vor (Bd. 1), Universitätsverlag Rasch, Osnabrück 1998.

Gebhardt B.: Das Handbuch der deutschen Geschichte, 8. Aufl. 1955

Geiger L.: Das Studium der hebräischen Sprache in Deutschland vom Ende des 15. bis zur Mitte des 16. Jahrhunderts, Breslau 1870.

Geise Gernot L.: Wer waren die Römer wirklich? Unser Geschichtsbild stimmt nicht! Verlag Efodon, Hohenpeißenberg 1997.

Gerlach Christian: Verschwörer im Widerspruch. Einige der am 20. Juli beteiligten Oppositionellen waren für größte Gewalttaten mitverantwortlich, in: Die Welt, Mittwoch, 03.03.2004, Forum, S. 9.

Giesler Jochen: Der Ostalpenraum vom 8. bis zum 11. Jahrhundert. Studien zu archäologischen und schriftlichen Zeugnissen, Teil 2: Historische Interpretation, hrsg. von Bayerische Akademie der Wissenschaften, Kommission zur archäologischen Erforschung des spätrömischen Raetien, Rahden/Westf. 1998.

Girard René: Das Heilige und die Gewalt, Zürich 1972, 2. Aufl. 1987.

Glagau Otto: Der Bankerott des Nationalliberalismus und die ‚Reaktion', Berlin 1878.

Goerge Rudolf: Judaica Frisingensia. Spuren jüdischer Kultur und jüdischen Lebens im Freisinger Raum, in: Amperland 27 (1991), S. 38-43 und S. 80-85.

Goldhagen Daniel: Hitlers willige Vollstrecker. Ganz gewöhnliche Deutsche und der Holocaust. Aus dem Amerikanischen übersetzt von Klaus Kochmann, Siedler Verlag, Berlin 1996.

Goldschmidt Lazarus: Talmud Babli – Der Babylonische Talmud nach der 1. zensurfreien Ausgabe unter Berücksichtigung der neueren Ausgabe und handschriftlichen Materials, deutsche Ausgabe, Königstein/Taunus 1981.

Goldstein Horst: „Einen Fremden soll[s]t du nicht unterdrücken!". Biblische und politische Überlegungen zu einem ebenso alten wie aktuellen Thema, in: Tattva Viveka, Forum für Wissenschaft, Philosophie und spirituelle Kultur, Jubiläumsausgabe 2004, S. 16-27.

Graetz Heinrich: Volkstümliche Geschichte der Juden in 6 Bänden, Bd. 5, München 1985.

Grahl Jürgen: Umsteuern durch Energiesteuern. Eine Alternative zu Neoliberalismus und Neokeynesianismus, in: Solarbrief 1/2004, S. 24-31.

Gregorovius Ferdinand: Geschichte der Stadt Athen im Mittelalter, Stuttgart 1889; engl. Ausgabe: Mediaeval History of Athens, St. Petersburg 1900.

Gregor von Tours: Historiarum libri decem (Zehn Bücher Geschichten), 1. Bd., Buch 1-5, Darmstadt 1977, 2. Bd., Buch 6-10, Wissenschaftliche Buchgesellschaft, Darmstadt 1974. Herausgeber beider Bände: Rudolf Buchner.

Grimm Jacob und Wilhelm: Deutsches Wörterbuch, 2. Band, Verlag von S. Hirzel, Leipzig 1860.

Güdemann M.: Geschichte des Erziehungswesens und der Cultur der abendländischen Juden während des Mittelalters und der neueren Zeit, 3 Bände, Wien 1880-1888, Bd. 1.

Guggemos Hans: Andechs and the Huosi. In how far we can have confidence in the „officially" pronounced historiography of Bavarian ethnogenesis?, in: Migration & Diffusion, an international journal, vol. 4, Nr. 15, 2003, S. 32-59.

Gumppenberg Ludwig Albert Freiherr von: Geschichte der Familie von Gumppenberg, Akademische Buchdruckerei von F. Straub, 2. Auflage, München 1881.

Gurjewitsch Aaron J.: Problemy srednevekovoj narodnoj kul'tury, aus dem Russischen übersetzt von M. Springer, „Mittelalterliche Volkskultur", 2. Aufl., München 1992.

Hackensberger Alfred: Interview mit Christoph Luxenberg, in: Süddeutsche Zeitung, 24.02.2004.

Hägermann Dieter: Die Urkundenfälschungen auf Karl den Großen. Eine Übersicht, in: Fälschungen im Mittelalter III, Monumenta Germaniae Historica, Hannover 1988, S. 433-443.

Hailer (Major): Festschrift zur Feier des 100-jährigen Bestehens der K. B. Gewehrfabrik Amberg, München 1901.

Haiplik Reinhard: „Ich werde Alle, die nicht im Sinne Adolf Hitlers handeln, gewaltig anprangern". „Späher" denunziert Pfaffenhofener Nazi-Gegner, in: Pfaffenhofener Kurier Nr. 24, 30. Januar 2003, S. 20.

Haiplik Reinhard: Pfaffenhofen unterm Hakenkreuz, Hrsg.: Stadt Pfaffenhofen, Pfaffenhofen 2003, 2. Auflage, Pfaffenhofen 2005.

Haiplik Reinhard: Pfaffenhofen, 3. Februar 1935 – Ein neuer Frühling? 2. Forsetzung und Schluss, in: Unsere Heimat. Historische Blätter für den Landkreis Pfaffenhofen, Beilage des „Donaukurier", 145. Jahrg., Nr. 3/2004, S. 1-2.

Hamadeh Anis: Der muslimische Aberglaube, Quelle im Internet: www.anis-online.de/pages/_text2/islam/0563_aberglaube2.htm

Hamann Matthias: Die burgundische Prioratskirche von Anzy-le-Duc und die romanische Plastik von Brionnais, Dissertation Würzburg 1998.

Hamp V. – Stenzel M. – Kürzinger J.: Die Heilige Schrift des Alten und Neuen Testamentes, Pattloch Verlag im Weltbild Verlag , Augsburg 1989.

Hartmann Wilfried und Schmitz Gerhard: Fortschritt durch Fälschungen? Ursprung, Gestalt und Wirkungen der pseudoisidorischen Fälschungen. Beiträge zum gleichnamigen Symposium an der Universität Tübingen vom 27. und 28. Juli 2001, Hahnsche Buchhandlung, Hannover 2002.

Hatje Frank: Gott zu Ehren, der Armut zum besten, Hospital zum Heiligen Geist und Marien-Magdalenen-Kloster in der Geschichte Hamburgs vom Mittelalter bis in die Gegenwart, Convent-Verlag, Hamburg 2002.

Hauck Albert v.: Kirchengeschichte Deutschlands, 7. Aufl., Bd. I, Berlin 1952.

Heeger Fritz: Frauenrechtliches im fränkischen Brauchtum, in: Bayer. Jahrb. f. Volkskunde 1963, S. 133-143.

Heer Friedrich: Gottes erste Liebe. 2000 Jahre Judentum und Christentum. Genesis des österreichischen Katholiken Adolf Hitler, München 1967, unveränderte Neuauflage, Ullstein Verlag, München 1988.

Heil Johannes: Text, Wahrheit, Macht. Bücherverbrennungen in Altertum und Mittelalter, in: Zeitschr. f. Geschichtswiss., Bd. 51 (5), Berlin 2003, S. 407-420.

Heinsohn Gunnar: Armenier und Juden als Testfall für die Streichung von drei Jahrhunderten durch Heribert Illig, in: Ethik und Sozialwissenschaften, Bd. 8, 1997, Heft 4, S. 490-491.

Heinsohn Gunnar: Die Erschaffung der Götter. Das Opfer als Ursprung der Religion, Rowohlt Verlag, 1997.

Heinsohn Gunnar: Die Streichung der polnischen ‚Karolinger'. Adam Naruszewiczs bereits 1780 erfolgte Eliminierung der lechiadischen und lescidischen Könige aus Polens Frühmittelalter, in: Zeitensprünge, Jahrg. 15, Heft 1, 2003, S. 137-149.

Heinsohn Gunnar: „Jüdische Geschichte und die Illig-Niemitzsche Verkürzung der christlichen Chronologie des Mittelalters. Eine Notiz", in: Vorzeit – Frühzeit – Gegenwart III (5), 1991.

Heinsohn Gunnar: Sizilien und seine frühmittelalterliche Fundlücke, in: Zeitensprünge, Jahrg. 15, Heft 3, S. 540-555.

Heinsohn Gunnar: Was ist Antisemitismus? Der Ursprung von Monotheismus und Judenhaß. Warum Antizionismus?, Verlag Eichborn, Frankfurt am Main 1988.

Heinsohn Gunnar – Marx Christoph: Kollektive Verdrängung und die zwanghafte Wiederholung des Menschenopfers, 1984.

Heinsohn Gunnar – Steiger O.: Die Vernichtung der weisen Frauen: Beiträge zur Theorie und Geschichte von Bevölkerung und Kindheit, München 1994.

Heinz Thomas: Ludwig der Bayer (1282-1347). Kaiser und Ketzer, Verlage Pustet und Styria, Regensburg-Graz-Wien-Köln 1993.

Heitmann Margret: Zur Aktualität der „Hirntod"-Diagnose. Jonas Cohn, Maimonides und der Wert des menschlichen Lebens, in: Kalonymos, 7. Jahrg. Heft 2, 2004, S. 6-8.

Held Jutta und Széll Ute: Kulturgeschichte der Frühen Neuzeit (Bd. 2), Universitätsverlag Rasch, Osnabrück 1998.

Hellmann Martin: Tironische Noten in der Karolingerzeit am Beispiel eines Persius – Kommentars aus der Schule von Tours, Hahnsche Buchhandlung, Hannover 2000 (= MGH Studien und Texte, Bd. 27).

Hengge Paul: Auch Adam hatte eine Mutter. Spuren einer alten Überlieferung in den Fünf Büchern Moses, München 1999.

Henkel Martin: „... spähe sint Peigira." Althochdeutsche Sprache und Literatur und die Phantomzeit-Theorie, in: Zeitenspünge 1/2004, S. 125-144.

Heres Hedi: Zuflucht zum Glauben – Flucht in den Aberglauben, Kulturgeschichte des Dachauer Landes, Bd. 8, Dachau 1997.

Herodot Historien, deutsche Gesamtausgabe, übersetzt von A. Horneffer, hrsg. von H.W. Haussig, Kröner Verlag, Stuttgart 1955.

Herodoti Historiae, recognovit brevique adnotatione critica instruxit Carolus Hude, Editio tertia, Tomus posterior, Oxford 1970.

Herzogenberg Johanna Baronin: Prag. Ein Führer, 3. Aufl., München 1968.

Hesse Mary B.: Forces and Fields. The Concept of Action at a Distance in the History of Physics, London 1961.

Hildebrand Dorette: Das kulturelle Leben Bayerns im letzten Viertel des 18. Jahrhunderts im Spiegel der bayerischen Zeitschriften, Miscellania Bavarica Monacensia Heft 36, Neue Schriftenreihe des Stadtarchivs, München 1971.

Hildebrandt Irma: Bin halt ein zähes Luder. 15 Münchner Frauenporträts, Verlag Heinrich Hugendubel, 8. Auflage, München 1999.

Hilton Michael: „Wie es sich christelt, so jüdelt es sich." 2000 Jahre christlicher Einfluss auf das jüdische Leben. Mit einem Vorwort von Rabbiner Arthur Herzberg, Jüdische Verlagsanstalt, Berlin 2000.

Hirschberger Johannes: Geschichte der Philosophie. Neuzeit und Gegenwart, 3. Aufl., Herder Verlag, Freiburg 1958.

Hödl Günther: Die Bestätigung und Erweiterung der österreichischen Freiheitsbriefe durch Kaiser Friedrich III., in: Fälschungen im Mittelalter III, Hamburg 1988 (MGH-Schriften 333, III) S. 225-246.

Höpfinger Renate: Die Judengemeinde von Floß 1684 – 1942, 380 Seiten, 134 Seiten Anhang, Kallmünz 1993.

Hörger Hermann: Kirche, Dorfreligion und bäuerliche Gesellschaft, Teil 1, Studien zur altbayerischen Kirchengeschichte, Bd. 5, München 1978 und Teil 2, Studien zur altbayerischen Kirchengeschichte, Bd. 7, München 1983.

Hofmann Hanns Hubert: Eine Reise nach Padua 1585, Sigmaringen und München 1969.

Hoffmann Ulrike Claudia: „Verräter verfallen der Feme!" Fememorde in Bayern in den zwanziger Jahren, Köln 2000.

Hoffmann Volker: Die Pfalzkapelle in Aachen – Plädoyer für eine fiktive Kunstgeschichte. Vortrag bei der Kunstgeschichtlichen Gesellschaft in Berlin 07.05.2004.

Hofmeier Franz: „Ritter vom dürren Orden". Vor 400 Jahren wurde der Dichter und Jesuitenpater Jakob Balde geboren, in: Donaukurier, „Der Sonntag" Nr. 67, 20./21.03.2004.

Holtz Eberhard: Überlieferungs- und Verlustquoten spätmittelalterlicher Herrscherurkunden, in: Turbata per aequora mundi. Dankesgabe an Eckhard Müller – Mertens, Hahnsche Buchhandlung, Hannover 2001 (= MGH. Studien und Texte, Bd. 29), S. 67-80.

Homann Ursula: Ecclesia und Synagoga – feindliche Schwestern? Gedanken zu einer Ausstellung, www.ursulahomann.de/EcclesiaUndSynagoga/komplett.htlm, S. 1-6.

Hoppe Günther: Elisabeth. Landgräfin von Thüringen, Eisenach 1984, Neuauflage Weimar 1996.

Hubensteiner Benno: Bayerische Geschichte, Süddeutscher Verlag, München 1980.

Hufnagel Max Joseph (nach den Forschungsergebnissen des Johann Gualbert Geistbeck): Das Benediktinerinnenkloster Geisenfeld, Reihe D'Hopfakirm Nr. 5, Pfaffenhofen 1979.

Hufnagel Max Josef / Hiereth Sebastian: Das Landgericht Rain (HAB, Tl. Schwaben, H. 2), München 1966.

Hunger Herbert: Die Textüberlieferung der antiken Literatur und der Bibel, Erstausgabe Atlantisverlag, Zürich 1961; Nachdruck Deutscher Taschenbuchverlag, München 1975; 2. Auflage, München 1988.

Hundt Barbara: Ludwig der Bayer. Der Kaiser aus dem Hause Wittelsbach 1282 – 1347, Esslingen – München 1989.

Huntington Samuel: Kampf der Kulturen. Kulturen in Geschichte und Gegenwart, Deutsche Übersetzung Europa-Verlag, München-Wien 1996.

Ihringer Bernhard (Hrsg.): Aus der Chronika derer von Zimmern. Historien und Kuriosa aus sechs Jahrhunderten deutschen Lebens, urkundlich erzählt von Graf Froben Christoph von Zimmern + 1563 und Johannes Müller, Zimmernschem Sekretär + 1600, Verlag Wilhelm Langewiesche-Brandt, Ebenhausen-München und Leipzig 1911.

Illig Heribert: Chronologie und Katastrophismus. Vom ersten Menschen bis zum drohenden Asteroideneinschlag, Gräfelfing 1992.

Illig Heribert: Das erfundene Mittelalter. Die größte Zeitfälschung der Geschichte, 8. Aufl., Econ Verlag, Düsseldorf und München 2000, zuerst publiziert unter dem Titel „Hat Karl der Große je gelebt? Bauten, Funde und Schriften im Widerstreit", Mantis-Verlag, Gräfelfing 1994.

Illig Herbert: Der Bau der Cheops-Pyramide. Nach der Rampenzeit, Mantis-Verlag, Gräfelfing, 5. Aufl. 2001.

Illig Heribert: Die Debatte der Schweigsamen. Heribert Illig zum „Schwachsinn" des frühen Mittelalters, in: Zeitensprünge 1/2004, S. 85-101.

Illig Heribert: Die Tyrannei des Trivialen. Zum Mittelalterdiskurs, in: Zeitensprünge, Jahrg. 16, Heft 2, 2004, S. 258-271.

Illig Heribert: Die veraltete Vorzeit, Frankfurt/Main 1988.

Illig Heribert: Replik. Drei Jahrhunderte bleiben fragwürdig, in: Ethik und Sozialwissenschaften, Bd. 8, 1997, Heft 4, S. 507-520.

Illig Heribert: Enthält das frühe Mittelalter erfundene Zeit? In: Ethik und Sozialwissenschaften. Streitforum für Erwägungskultur (EuS), Bd. 8, 1997, Heft 4, S. 481-483.

Illig Heribert: "Jüdische Chronologie. Dunkelzonen, Diskontinuitäten, Entstehungsgeschichte", in: Vorzeit – Frühzeit – Gegenwart III (5) 1991.

Illig: Hat Karl der Große je gelebt? Bauten, Funde und Schriften im Widerstreit, Mantis Verlag, Gräfelfing 1996.

Illig Heribert: Karl der Fiktive, genannt Karl der Große. Als Herrscher zu groß, als Realität zu klein, Gräfelfing 1992.

Illig Heribert: Karls-Miszellen. Schweigen ums Frühmittelalter und seine Blüten, in: Zeitensprünge. Interdisziplinäres Bulletin, Jahrg. 15, Heft 1, 2003, S. 222-231.

Illig Heribert: Schwedens ausgemusterte Karle, Polens noch früherer Königsverlust. Ein Anstoß von Henning Heinsohn, weitererforscht von Gerhard Anwander, geschrieben von Heribert Illig, in: Zeitensprünge, 16. Jahrg., Heft 2, 2004, S. 350-357.

Illig Heribert: Stabwechsel mit Martin Henkel. Eine Antwort von Heribert Illig, in: Zeitensprünge 1/2004, S. 145-151.

Illig Heribert: Vom Erzfälscher Konstantin VII. Eine ‚beglaubigte' Fälschungsaktion und ihre Folgen, in: Vorzeit Frühzeit Gegenwart (VFG) IV (4), 1992, S. 132-139.

Illig Heribert: „Wann lebte Mohammed? Zu Lülings ‚judenchristlichem' *Propheten*, zur Frühzeit des Islam und zur Orthodoxiebildung in Judentum, Christentum und Islam", in: Vorzeit – Frühzeit – Gegenwart IV (2)1992, S. 26-41.

Illig Heribert: Zum Zeitsprung bei Christen und Moslems, in: Zeitensprünge, Jahrg. 15, Heft 3, 2003, S. 556-569.

Illig Heribert – Gerhard Anwander: Bayern und die Phantomzeit. Archäologie widerlegt Urkunden des frühen Mittelalters. Eine systematische Studie, Teil I und II, Mantis-Verlag, Gräfelfing 2002.

Illig Herbert, Beaufort Jan, Heinsohn Gunnar: Das Scheitern der Archäoastronomie. Zu Franz Krojer: Antworten von Heribert Illig, Jan Beaufort und Gunnar Heinsohn in: Zeitensprünge, Jahrg. 15, Heft 3, Dez. 2003, S. 478-517, siehe auch unter www.lelarge.de/krojer.html

Institoris Heinrich – Sprenger Jacob: Malleus malleficarum (Der Hexenhammer), Erstausgabe 1487.

Jahn K.: Das christliche Abendland in der islamischen Geschichtsschreibung des Mittelalters, Anzeiger der phil.-hist. Klasse der Österreichischen Akademie der Wissenschaften 113, Wien 1976.

Jeglin Rainer: Karl May und der antisemitische Zeitgeist, in: Jahrbuch der Karl-May-Gesellschaft 1990, S. 107-131.

Johnson Edwin: Antiqua Mater: A Study of Christian Origins, Trübner & Co., Ludgate Hill, London 1887.

Johnson Edwin: The Pauline Epistles, Watts and Co, London 1894.

Jüdisches Lexikon. Ein enzyklopädisches Handbuch des jüdischen Wissens in vier Bänden, begründet von Dr. Georg Herlitz und Dr. Bruno Kirschner, Berlin 1927-30, 2. Aufl., Athenäumverlag, Frankfurt 1987.

Kaiser Heinrich II 1002–1024. Katalog zur Bayerischen Landesausstellung, Bamberg, 9. Juli bis 20. Oktober 2002. Veröffentlichungen zur Bayerischen Geschichte und Kultur 44 / 2002.

Kaltenstadler Wilhelm: Arbeitsorganisation und Führungssystem bei den römischen Agrarschriftstellern, Quellen und Forschungen zur Agrargeschichte, Bd. 30, Stuttgart – New York 1978.

Kaltenstadler Wilhelm: Besprechung von Köhle-Hezinger Christel und Ziegler Walter(Hrsg.): „Der glorreiche Lebenslauf unserer Fabrik". Zur Geschichte von Dorf und Baumwollspinnerei Kuchen, Weißenhorn 1991, in: Bayer. Jahrb. f. Volkskunde 1993, S. 170-171.

Kaltenstadler Wilhelm: Betriebsorganisation und betriebswirtschaftliche Fragen im opus agriculturae von Palladius, in: Festschrift für Siegfried Lauffer „Studien zur Alten Geschichte", hrsg. von Hansjörg Kalcyk, Bd. II, Roma 1986, S. 503-557.

Kaltenstadler Wilhelm: Bevölkerung und Gesellschaft Ostbayerns im Zeitraum der frühen Industrialisierung (1780-1820), Verlag Lassleben, Kallmünz 1977.

Kaltenstadler Wilhelm: Bildungsnotstand im 19. Jahrhundert. Lehrer, Schüler und Schule in Ostbayern in der Zeit der frühen Industrialisierung. In: Regensburger Universitätszeitung, 6. Jahrgang, Heft 8, August 1971, S. 2-6.

Kaltenstadler Wilhelm: Das Haberfeldtreiben, Verlag Unverhau, München 1999.

Kaltenstadler Wilhelm: Der österreichische Außenhandel über Triest im 18. Jahrhundert, in: Vierteljahresschrift für Sozial- und Wirtschaftsgesch., Bd. 55, Heft 4, März 1969, S. 481-500 und Bd. 56, Heft 1, S. 1-104.

Kaltenstadler Wilhelm: Geschichte der Führung – Altertum, in: Handwörterbuch der Führung, 2. Aufl., Schäffer-Poeschel Verlag, Stuttgart 1995, Sp. 1093-1102.

Kaltenstadler Wilhelm: Misuse of information - the example of German Media with special reference to the Wars of Bosnia and Kosovo im Sammelband "University and its Students. International Symposium of Students and Professors", Prague, Czech Republic, September 12-19, 2001, Charles University in Prague, The Karolinum Press, Prague 2003, S. 75-87.

Kaltenstadler Wilhelm: Soziale und rechtliche Volkskunde, in: Wege der Volkskunde in Bayern. Ein Handbuch, herausgegeben von Edgar Harvolk, München / Würzburg 1987, S. 443-513.

Kaltenstadler Wilhelm: Städtische Wirtschaftspolitik im Spätmittelalter, in: Prismata. Dank an Bernhard Hanssler, Pullach bei München 1974, S. 406-421.

Kalcyk Hansjörg: Untersuchungen zum attischen Silberbergbau: Gebietsstruktur, Geschichte und Technik, Frankfurt am Main 1982.

Kammeier Wilhelm: Die Fälschung der deutschen Geschichte, Leipzig 1935, 11. Auflage, Verlag für ganzheitliche Forschung, 2000.

Kammeier Wilhelm: Die Wahrheit über die Geschichte des Spätmittelalters, 2. Aufl., Wobbenbüll 1979 (1. Aufl. 1936-1939).

Kellenbenz Hermann: Buchhaltung der Fuggerzeit. Eine Miszelle, in: Vierteljahresschrift für Sozial- und Wirtschaftsgesch., Bd. 58, 1971, S. 221-229.

Kellenbenz Hermann: Sephardim an der unteren Elbe, in: Vierteljahresschrift f. Sozial- und Wirtschaftsgeschichte, Beiheft 40, 1958.

Kellerhoff Sven Felix: Bescheinigte „Deutschblütigkeit". Der US-Historiker Bryan Mark Rigg zählt bis zu 150 000 „Halbjuden" in Hitlers Wehrmacht, in: Die Welt, Montag, 29. September 2003, S. 29.

Kelley E. Morgan: The metaphorical Basis of Language. A study in Cross-Cultural Linguistics or The Left-Handed Hummingbird, publisher: The Edwin Mellen Press, Lewiston/Queenston/Lampeter 1992.

Kiermeier Josef und Treml Manfred: unter Mitarbeit von Evamaria Brockhoff: Glanz und Ende der alten Klöster. Säkularisation im bayerischen Oberland 1803, Ausstellungskatalog, München 1991.

King Francis X.: Hexen und Dämonen, Interbook Verlag, Hamburg 1988. Originaltitel: Witchcraft and Demonology, London 1988.

Klug Sonja Ulrike: Kathedrale des Kosmos. Die heilige Geometrie von Chartres, kluges Verlag, 2. Aufl., Bad Honnef 2005.

Kluge Heidelore: Hildegard von Bingen. Frauenheilkunde, Pabel-Moewig Verlag, Rastatt o. J. (gegen 2003).

Koch Richard: Das Gebet, in: Der Orden Bne Briss. Mittheilungen der Großloge für Deutschland VIII U.O.B.B, 1935, Nr. 9/10, S. 79-81 (Judentum und Gebet. Festnummer zum Ordenstage Oktober 1935).

Koch Richard: Das Gebet, in: Kalonymos, 7. Jahrg., Heft 2, 2004, S. 4-6.

Kögel Gerd: Was steht wirklich im Koran? Wie steht er zum Christentum? Die Thesen des Islamgelehrten Luxenberg, in: Zeitensprünge 1/2003, S. 191-203.

Köhle-Hezinger Christel und Ziegler Walter (Hrsg.): „Der glorreiche Lebenslauf unserer Fabrik". Zur Geschichte von Dorf und Baumwollspinnerei Kuchen, Anton H. Konrad Verlag, Weißenhorn 1991.

Koestler Arthur: The Thirteenth Tribe, London 1976, deutsch: Der dreizehnte Stamm, Bergisch Gladbach 1989.

Koselleck Reinhart: Preussen zwischen Reform und Revolution. Allgemeines Landrecht, Verwaltung und soziale Bewegung von 1791 – 1848, Stuttgart 1967.

Kramer Johannes – Kowallik Sabine: Einführung in die hebräische Schrift, Hamburg 1994.

Kramer Karl-S.: Bauern und Bürger im nachmittelalterlichen Unterfranken. Eine Volkskunde auf Grund archivalischer Quellen (= Beitr. zur Volkstumsforschung, Bd. 11) , Würzburg 1957.

Kramer Karl-S.: Grundriß einer rechtlichen Volkskunde, Verlag Otto Schwartz & Co, Göttingen 1974.

Kramer Karl S. – Wilkens Ulrich: Volksleben in einem holsteinischen Gutsbezirk, Karl Wachholtz Verlag (Studien zur Volkskunde und Kulturgeschichte Schleswig-Holsteins, Bd. 4), Neumünster 1979.

Kratz-Ritter Bettina: Für „fromme Zionstöchter" und „gebildete Frauenzimmer". Andachtsliteratur für deutsch-jüdische Frauen, Hildesheim 1995 (Bd. 12 der Reihe „Haskala", Steinheim-Institut, Olms Verlag).

Krauß Annette: Die unsichtbare Welt des Jenseits auf 50 Metern Papyrus, in: Donaukurier, Nr. 228, 1.10.2004, S. 18.

Kreitmeir Klaus: Geheimnisumwittertes Volk. Fotoausstellung gibt einzigartige Einblicke in das Leben der „Roma in Europa", in: Kirchenzeitung für das Bistum Eichstätt, 66. Jahrg., Nr. 35, 31.08.2003, S. 16f.

Kretzenbacher Leopold: Rituelle Wahlverbrüderung in Südosteuropa, Sitzungsberichte der Bayerischen Akademie der Wissenschaften, Phil.-Hist. Klasse, Jahrgang 1971, Heft 1, München 1971.

Kröll Helmut: Beiträge zur Geschichte der Aufhebung der Gesellschaft Jesu in Wien und Niederösterreich. Diss. zur Erlangung des Doktorgrades an der philosophischen Fakultät der Universität Wien, Wien 1964.

Krojer Franz: Die Präzision der Präzession. Illigs mittelalterliche Phantomzeit aus astronomischer Sicht. Mit einem Beitrag von Thomas Schmidt, Differenz-Verlag, München 2003.

Kruse Sabine – Bernt Engelmann: „Die Sepharden aus Portugal", Ausstellungskatalog Rendsburg, Steidl-Verlag, Göttingen 1992.

Kühnel Harry (Hrsg.): Alltag im Spätmittelalter, Weltbildverlag Augsburg 2006.

Kümmel Rainer: Energie, Wirtschaftswachstum und Beschäftigung. Umsteuern durch Energiesteuern. Vortrag gehalten am 16.03.2004 in der Bischöflichen Akademie Aachen, in: Solarbrief 1/2004, S. 13-23.

Kulischer Josef: Allgemeine Wirtschaftsgeschichte des Mittelalters und der Neuzeit, Bd. II Die Neuzeit, München – Wien 1971.

Kulke Ulli: Unsere Sprache stammt aus Anatolien, in: Die Welt, 27.11.2003, S. 30.

Kurzel-Runtscheiner Monica: Töchter der Venus. Die Kurtisanen Roms im 16. Jahrhundert, Beck Verlag, München 1995.

Lamsa George M.: Ursprung des Neuen Testaments, Max Burri / Neuer Johannes-Verlag, Gossau/St. Gallen 1965, Übersetzung der Originalausgabe New Testament Origin, 1947.

Landau Roman: Anmerkungen zum Zivilisationsprozeß. Weitere Beweise für die Fiktionalität unseres Geschichtsbildes, Hamburg 2003.

Lapide Pinchas: Die Anfänge des Christentums aus jüdischer Sicht, in: Zeitschr. für die Praxis des Religionsunterrichts 7 (1977) Nr. 2, S. 57-61.

Lapide Pinchas: Nach der Gottesfinsternis. Ein ökumenisches Kaleidoskop, Gladbach 1970.

Lauffer Siegfried: Die Bergwerkssklaven von Laureion, Steiner Verlag, Wiesbaden 1979.

Lea Henry Charles: Geschichte der Inquisition im Mittelalter (Hrsg. der deutschen Ausgabe Joseph Hansen), 3 Bände, Verlag Georgi, Bonn 1905.

Le Goff Jacques: Das Hochmittelalter, Frankfurt 1987.

Leidinger Georg: Neuausgabe der Baierischen Chronik von Aventinus, Düsseldorf-Köln 1975.

Levita Elia: Schemot debarim (Schemot dvarim) – Nomenclatura Hebraica autore Helia Levita Germano Grammatico, in gratiam omnium tyronum ac studiosorum linguae sancte, Impressum Isne Anno M.D.XLII, Isny 1542.

Lewis B.: Die Juden in der islamischen Welt, München 1987.

Lhotsky Alphons: Die Geschichte einer Urkunde, Wien 1957.

Liebhart Wilhelm: Altbayerische Geschichte, Verlagsanstalt Bayerland, Dachau 1998.

Liebhart Wilhelm (Herausg.): Altomünster. Kloster, Markt und Gemeinde, Verlag Hermann Plabst, Altomünster 1999.

Liebhart Wilhelm: Das Birgittenkloster, in: Wilhelm Liebhart (Herausg.): Altomünster. Kloster, Markt und Gemeinde, Altomünster 1999, S. 109-144.

Liebhart Wilhelm: Das Kloster des hl. Benedikt, in: Wilhelm Liebhart (Herausg.): Altomünster. Kloster, Markt und Gemeinde, Altomünster 1999, S. 79-97.

Liebhart Wilhelm: Der heilige Alto und die Anfänge Altomünsters, in: Wilhelm Liebhart (Herausg.): Altomünster. Kloster, Markt und Gemeinde, Altomünster 1999, S. 63-78.

Liebhart Wilhelm: Kloster, Wallfahrt und Markt in Oberbayern. Die Benediktinerinnenklöster und Märkte Altomünster, Kühbach und Hohenwart sowie der Wallfahrtsmarkt Inchenhofen im Spätmittelalter und in der Frühen Neuzeit. Ein Beitrag zum Marktproblem im Mittelalter, in: Studien und Mitteilungen zur Geschichte des Benediktiner-Ordens und seiner Zweige, Bd. 88, Heft III-IV, Ottobeuren 1977, S. 324-549.

Wilhelm Liebhart: Macht, Pflicht und Mythos. Zum Jubiläum „200 Jahre Königreich Bayern 1806-2006" (Schluß), in: Aichacher Heimatblatt, Jahrg. 54, H. 2, Februar 2006, S. 5-7.

Liebhart Wilhelm: Zum Geleit, Die Säkularisation 1803 und ihre Folgen 1, Amperland 39, Dachau 2003, S. 201f.

Lindenberg Wladimir: Riten und Stufen der Einweihung. Schamanen, Druiden, Yogis, Mystiker, Starzen. Mittler zur Anderwelt, Aurum Verlag, Freiburg im Breisgau 1978.

Luehrs-Kaiser Kai: Meinungsfreiheit und Mission: Daniel Barenboim, Wolf-Preisträger, in: Die Welt, Mittwoch, 12. Mai 2004, S. 9.

Lüling Günter: Die Wiederentdeckung des Propheten Muhammad. Eine Kritik am ‚christlichen' Abendland, Erlangen 1981.

Lund Allen A.: Die ersten Germanen: Ethnizität und Ethnogramm, Heidelberg 1998.

Luxenberg Christoph: Die syro-aramäische Lesart des Koran. Ein Beitrag zur Entschlüsselung der Koransprache, Verlag Das Arabische Buch, Berlin 2000.

Mangoldt-Gaudlitz, Hans v.: Die Reiterei in den germanischen und fränkischen Heeren bis zum Ausgang der deutschen Karolinger. Berlin: Weidmann 1922.

Mann Golo: Über Antisemitismus, im Sammelband zu Golo Mann: Geschichte und Geschichten, Frankfurt am Main – Wien – Zürich (Büchergilde) 1964, S. 169-201.

Mann Heinrich: Der Untertan. Roman, 1918, Deutscher Taschenbuch Verlag, 8. Aufl., München 1972.

Marcu Valeriu: Die Vertreibung der Juden aus Spanien, München 1991 (Erstausgabe Amsterdam 1934).

Marszk Doris: Sprachrettung mittels Internet. Das Judenspanische ist ein Glücksfall für die Linguisten – aber auch vom Aussterben bedroht, in: Die Welt, 30.11.2003.

Marx Christoph: Datieren vor der gregorianischen Kalenderreform in: Vorzeit – Frühzeit – Gegenwart 3, 1993, S. 38 ff.

Marx Christoph: Der (bislang) letzte Große Ruck in: Vorzeit – Frühzeit – Gegenwart 3, 1995, S. 339 ff.

Massing Paul W.: Vorgeschichte des politischen Antisemitismus, Frankfurt a. M. 1959.

Mayer Arthur: Besprechung von W. Kaltenstadler, „Arbeitsorganisation und Führungssystem bei den römischen Agrarschriftstellern", in: „Personalführung", 1982, Heft 11, S. 256.

Meier Christian: Die Welt der Geschichte und die Provinz des Historikers. Drei Überlegungen, Verlag Wagenbach, Berlin 1989.

Melis Federigo: Aspetti della vita economica medievale, Studi dell' Archivio Datini di Prato I, Siena 1962.

Melis Federigo: Storia della Ragioneria, Bologna 1952.

Mendelsohn Moses: Gesammelte Schriften, Leipzig 1843.

Mensching Gustav: Der Irrtum in der Religion, Heidelberg 1969.

Menzies Gavin: 1421 – Als China die Welt entdeckte, Verlag Droemer – Knaur, München 2003.

Mertes Michael: Paul Berman verteidigt die offene Gesellschaft gegen ihre Feinde, Besprechung des Buches von Paul Berman: Terrror und Liberalismus, 2004, in: Die Welt, 13.03.2004, Literarische Welt, S. 5.

Meyers Großes Konversations-Lexikon in 20 Bänden (1905-1909), 6. Aufl., Bd. 11, Leipzig 1906, Artikel „Könige von Schweden".

Milosz L.: Les origines Ibériques du peuple Juif, in: Oeuvres complètes VII, Ars magna (etc), Paris 1961.

Mommsen Theodor: Corpus Iuris Civilis, Berlin 1893ff, 16. Aufl., Berlin 1954.

Mommsen Theodor: Das Weltreich der Cäsaren, Lizenzausgabe für die Büchergilde Gutenberg, Frankfurt 1955.

Mommsen Theodor (Hrsg.): Theodosiani Libri XVI cum constitutionibus Sirmondianis, Berlin 1905.

Monumenta Germaniae Historica inde ab anno Christi quingentesimo usque ad annum millesimum et quingentesimum, edidit Georgius Heinricus Pertz, Scriptorum Tomus I, Hannover 1896 (Kap. XXXI).

Moraw Peter: Das „Privilegium maius" und die Reichsverfassung, in: Fälschungen im Mittelalter III, Hannover 1988 (MGH-Schriften 33, III), S. 201-224.

Morosov N. A.: Christian history of humanity in the light of natural science studies, Vol. 3, Moskau – Leningrad 1927.

Mosse W. E.: Jews in the German Economy, Oxford 1987.

Müller Herbert: Zum Pyramidencode aus der Sicht des „1,2,3 zu 4"-Gesetzes und des Primzahlkreuzes, in: Alte Kulturen spezial, Spezial 17/193, 2003.

Müller– Wirthmann Bernhard: Raufhändel. Gewalt und Ehre im Dorf, in: R. van Dülmen (Hrsg.): Kultur der einfachen Leute. Bayerisches Volksleben vom 16. bis zum 19. Jahrhundert, München 1983, S. 79-111.

Münster Robert: Die Folgen der Klostersäkularisationen für die Musikkultur in Bayern, in: Schönere Heimat. Erbe und Auftrag, Hrsg. Bayerischer Landesverein für Heimatpflege e.V., 92. Jahrg., 2003, S. 233-238.

Mundorff Angelika: Perspektiven für Brucker Bürger nach der Säkularisation, in: Amperland 39, Dachau 2003, S. 231-237.

Mutschler Susanne: Ländliche Kindheit in Lebenserinnerungen. Familien- und Kinderleben in einem württembergischen Arbeiterbauerndorf an der Wende vom 19. zum 20. Jahrhundert (= Untersuchungen des Ludwig – Uhland – Institutes der Universität Tübingen, Bd. 64), Tübingen 1965.

Myers David N.: The Blessing of Assimilation reconsidered: An Inquiry into Jewish Cultural Studies, in: From Ghetto to Emancipation. Historical and Contemporary Reconsiderations of the Jewish Community, Scranton 1997, S. 17-35.

Neues grosses Volkslexikon in zehn Bänden, Vierter Band, Verlag Fackler, Stuttgart 1981.

Neue Wege, die Schriftsprache zu entdecken. Handreichung zum Schulversuch „Phonetisches Schreiben", Staatsinstitut für Schulpädagogik München, Auer Verlag, Donauwörth 2003.

Neuhäusler Josef: Kreuz und Hakenkreuz. Der Kampf des Nationalsozialismus gegen die katholische Kirche und der kirchliche Widerstand, 2. Aufl., München 1946.

Neusel Manfred: Geschichte des Rhein-Main-Gebietes im frühen Mittelalter, in: Landschaft Dreieich, Blätter für Heimatforschung, Jahresband 2004, Dreieich Langen, S. 43-77.

Nick Dagmar: Shabbathabend in Zfat, in: Taubitz Monika – v. Mutius Dagmer – Kosler Alois M.: Schriftzeichen. Beiträge des Wangener Kreises zur Idee des Friedens, Verlag Werner Jerratsch, Heidenheim 1975, S. 16-22.

Nicolaus (de Lyra): Postilla moralis super totam bibliam (Ausz.) Psalterium, deutsche Bearbeitung und Vorreden von Heinrich von Mügeln, Straßburg 1478, Dombibliothek Freising, Sign. J 40 (= Hain *13508).

Niemitz Hans-Ulrich: Fälschungen im Mittelalter, in: Vorzeit – Frühzeit – Gegenwart, III (1), 1991.

Niemitz Hans-Ulrich – Illig Herbert: Aachen: alt, ganz alt oder noch älter? Eine Neueinschätzung durch Volker Hoffmann, in: Zeitensprünge, 16. Jahrg., 2004, Heft 2, S. 272-278.

Nipperdey Thomas: Deutsche Geschichte, Bd. I, 1998.

Nyberg Tore: Wolfgang von Sandizell, der Gründer des Birgittenklosters Altomünster, in: Toni Grad (Herausg.): Festschrift Altomünster 1973, Verlag Mayer & Söhne, Aichach 1973, S. 59-80.

O. V.: Anatolischen Bauern die Ursprache der Europäer zugeschrieben, in: Donaukurier, Nr. 273, 27.11.2003, S. 6.

O. V.: Deutsche Literatur des Mittelalters. Handschriften aus dem Bestand der Bayerischen Staatsbibliothek München mit Heinrich Wittenwilers ‚Ring' als kostbarer Neuerwerbung, Bayerische Staatsbibliothek München, Schatzkammer 2003, Ausstellungskatalog 2003.

O. V.: Die wahre Erlösung vom Antisemitismus. Von einem getauften Juden, Verlag Otto Wigand, Leipzig 1883.

O. V.: Hinweisschild erläutert antisemitische Skulptur in: Donaukurier, Nr. 73, 31.03.2005, S. 14.

O. V.: Schätze des Islam. Spanien – Zauber der Mauren, TV-Sendung in Bayern 3, Samstag, 7. Mai 2005.

O. V.: Studie: Viele Deutsche sind „finanzielle Analphabeten", Donaukurier, Nr. 64, 17.03.2004.

O. V.: Sudanesische Milizen setzten Vergewaltigungen in Darfur als Kriegswaffe ein, in: Donaukurier, Nr. 165, 20.07.2004, S. 5.

O. V.: „Wissenskluft" in arabischer Welt, in: Donaukurier, Nr. 242, 21. Oktober 2003, S. 5.

O. V.: Warnsignale der Natur retten Ureinwohner, in: Donaukurier Nr. 3, 5.1.2005.

Ow Leo v.: Eine Bayerische Chronik aus dem Archiv eines Landsitzes. Schloß Haiming, Hornung-Verlag, München 1975.

Parandowski Jan: Petrarka, Verlag Czytelnik, Warszawa 1975.

Patschovsky Alexander: Toleranz im Mittelalter (Konstanzer Arbeitskreis für mittelalterliche Geschichte, 45), Sigmaringen 1998.

Paulsen F.: Geschichte des gelehrten Unterrichts, 2 Bände 1919.

Pecchiai Pio: Roma nel '500, Bologna 1948.

Petrarca Francesco: De remediis utriusque fortunae (Heilmittel gegen Glück und Unglück). Wilhelm Fink Verlag, lat.-deutsche Ausgabe in Auswahl übersetzt und kommentiert von Rudolf Schottlaender (= Humansitische Bibliothek, Reihe II, Texte, Bd. 18), München 1988.

Petrarca Francesco: Dichtungen, Briefe, Schriften, Auswahl und Einleitung von Hanns W. Eppelsheimer, Insel Taschenbuch, Frankfurt am Main 1980.

Petrarca Francesco: Epistole, a cura di Ugo Dotti, Unione tipografico – Editrice Torinose (= Classici Italiani), Torino 1978.

Petrarca Francesco: Familiarum rerum libri, Firenze 1968, Edizione critica per cura di Vittorio Rossi, Firenze 1968.

Petrie Flinders: A History of Egypt, London 1897.

Pfiffig Ambros J.: Einführung in die Etruskologie. Probleme, Methoden, Ergebnisse, Wissenschaftliche Buchgesellschaft, Darmstadt 1962.

Pfister Christoph: Die Matrix der alten Geschichte. Analyse einer religiösen Geschichtserfindung, Dillum Verlag, Fribourg / Schweiz 2002.

Pfister Christoph: Rezension des chronologiekritischen Werkes von Michel Serrade: Leere Zeiten, Berlin 1998, in: www.dillum.ch/html/rezension_serraade.htm, Dezember 2003.

Pfister Peter (Hrsg.): Blutzeugen der Erzdiözese München und Freising. Die Märtyrer des Erzbistums München und Freising in der Zeit des Nationalsozialismus, Regensburg 1999.

Philipp Apians Wappensammlung, in: Oberbayerisches Archiv für vaterländische Geschichte, Bd. 39 (1880).

Philipp Eleonore: Gerettet. Erinnerungen an zwei Familien im Nationalsozialismus. Familie Bach und Familie Gailer, Eigenverlag Eleonore Philipp Niederroth bei Dachau 1998.

Philipp Karl: Lachoudisch (Geheimsprache Schopflochs), Dinkelsbühl 1969.

Pirani Emma: Gotische Miniaturen, Schuler Verlagsgesellschaft, deutsche Ausgabe, München 1975.

Pitz Ernst: Europäisches Städtewesen und Bürgertum. Von der Spätantike bis zum hohen Mittelalter, Darmstadt 1991.

Pleket H. W.: Economic History of the Ancient World and Epigraphy: Some Introductory Remarks, in: Vestigia, Beiträge zur Alten Geschichte, Bd. 17, Akten des VI. Internationalen Kongresses für Griechische und Lateinische Epigraphik München 1972, München 1973, S. 243-257.

Poliakov Leon: Geschichte des Antisemitismus, Bd. 6 Emanzipation und Rassenwahn, Worms 1987.

Preisigke Friedrich: Antikes Leben nach den antiken Papyri, Teubner Verlag, Leipzig – Berlin 1916.

Prinz A.: Juden im deutschen Wirtschaftsleben, Tübingen 1984.

Quirin Heinz: Einführung in das Studium der mittelalterlichen Geschichte, Stuttgart 1991.

Raab Heribert: Auswirkungen der Säkularisation auf Bildungswesen, Geistesleben und Kunst im Katholischen Deutschland, in: Albrecht Langner (Hrsg.): Säkularisation und Säkularisierung im 19. Jahrhundert, München 1978, S. 63-95.

Raabe Wilhelm: Holunderblüte. Eine Erinnerung aus dem „Hause des Lebens", in: Wilhelm Raabe, Sämtliche Werke, Erste Serie, Bd. 5, Verlagsanstalt für Litteratur und Kunst / Hermann Klemm, Berlin – Grunewald, 1864, aus „Ferne Stimmen", S. 594-627.

Raffelsbauer Carolin: Karl der Große – ein gebürtiger Bayer, in: Literatur in Bayern, Nr. 55, 1999, S. 2-8

Rashdall H.: The universities of Europe in the middle ages, vol. II: Italy, Spain, Germany, Scotland, New edition, Oxford 1936.

Rau Johannes: Plädoyer für eine europäische Verfassung. Rede vor dem Europäischen Parlament in Strasbourg vom 4.4.2001. Quelle im Internet: http://www.mikro.de/text/rau.htm

Rau Johannes, Bundespräsident der BR Deutschland: Vertrauen in Deutschland – Eine Ermutigung. „Berliner Rede" im Schloss Bellevue am 12. Mai 2004.

Raunig Walter: Bernstein – Weihrauch – Seide. Waren und Wege der antiken Welt, Verlag Anton Schroll & Co, Wien - München 1971.

Reichhold Anselm OSB: Chronik von Scheyern. Von den Anfängen bis zur Gegenwart, herausgeg. von der Abtei Scheyern, Weißenhorn 1998.

Reynolds Susan: Fiefs and Vassals, Oxford 1994.

Ricardo David: The Principles of political Economy and Taxation, 3. Auflage, John Murray, London 1821, Deutsche Übersetzung: Über die Grundsätze der politischen Ökonomie und der Besteuerung, Akademie-Verlag, Berlin 1959.

Richarz Monika: Der Eintritt der Juden in die akademischen Berufe. Jüdische Studenten und Akademiker in Deutschland 1678 – 1848 (= Schriftenreihe des Leo-Baeck-Insituts, 28), Tübingen 1974.

Rigg Bryan Markus: Hitlers jüdische Soldaten, Schöninghverlag Paderborn 2003.

Roeck Bernd: Leben in süddeutschen Städten im 16. Jahrhundert, Hefte zur bayerischen Geschichte und Kultur, Bd. 25, Haus der Bayerischen Geschichte, Augsburg 2000.

Roesch Paul: Pouvoir fédéral et vie économique des cités dans la Béotie hellénistique, in: Vestigia, Beiträge zur Alten Geschichte, Bd. 17, a. a. O., S. 259-270.

Röschlau Frauke und Fuhr Stefan: Herero-Aufstand markiert ein dunkles Kapitel deutscher Geschichte, in: Donaukurier, Nr. 7, 10./11. Januar 2004, S. 3 (Panorama).

Roscher H., Stellung der Juden im Mittelalter, in: Zeitschr. f. die ges. Staatswissenschaft, 1875.

Rossi Vittorio: Il Quattrocento. Storia letteraria d'Italia, 8. Nachdruck der 1. Auflage, Verlag Dr. Francesco Vallardi, Milano 1964.

Roth Cecil/ Levine I.H. (Herausgeber): The Dark Ages. Jews in Christian Europe 711-1096, Bd. 11 der *World History of the Jewish People*, London 1966.

Rückert Christoph: Elia Levita. Ein bedeutender Sohn Ipsheims, www.ipsheim.de/levi-ta.html

Rühs Friedrich D.: „Über die Quellen und Hülfsmittel der schwedischen Geschichte" als Vorwort zu Band 63 seiner Welthistorie, Halle 1803.

Ruggini Lellia Cracco: Stato e associazioni professionali nell' età imperiale romana, in: Vestigia, Beiträge zur Alten Geschichte, Bd. 17, a.a.O., S. 271-311.

Ruhlen Merritt: On the Origin of Languages. Studies in Linguistic Taxonomy, Stanford University Press 1994.

Ruzer Serge (Moderator): Die Geburt des Christentums, Folge 9: Bruch mit dem Judentum, Folge 10: Verus Israel (Das wahre Israel), in: ARTE TV, Samstag, 17.04.2004, Ausstrahlung 20.45 – 22.30.

Ryback Timothy W.: The Last Survivor. In Search of M.Z., New York / Toronto 1999.

Santa-Maria F. de: Historia das sagrada congegraçoes des conegos seculares de S. Jorge em alga de Venesa e de S. João evangelista em Portugal, Lissabon 1677.

Scaliger Joseph: Harmonie der vier Hauptsprachen, Hebräisch, Griechisch, Latein und Deutsch, 1616.

Scaliger Joseph: Opus de emendatione temporum: Hac postrema Editione, ex Auctoris ipsius manuscripto; emendatius, magnaque accessione auctius, Genf 1629.

Schachern um die Macht. Napoleon und seine Zeit auf Münzen und Medaillen. Ausstellung in der Kreissparkasse Köln, in: Das Fenster, Thema 167, Oktober 2005.

Schäffler E. (Herausg.): Handbuch über die Gesetze und Einrichtungen des evangelischen Volksschulwesens in Württemberg, Heilbronn 1867.

Schallück Paul: Moses Mendelsohn und die deutsche Aufklärung, in: Thilo Koch (Hrsg.): Porträts zur deutsch-jüdischen Geistesgeschichte, Verlag DuMont, Köln 1997, S. 28-46.

Scherr Johannes: Deutsche Kultur- und Sittengeschichte, Hendel Verlag, Meersburg und Leipzig 1929.

Schimmang Jochen: Es war möglich. Christopher Browning über den Weg zum Judenmord der Nazis, in: Die Welt, Literarische Welt, 17. Januar 2004, S. 5.

Schipper, Anfänge des Kapitalismus bei den abendländischen Juden, 1906.

Schlecht J.: Monumentale Inschriften im Freisinger Dome, Sammelblatt des Hist. Vereins Freising, 1. Heft, Freising 1900, S. 46 f.

Schlecht J.: Monumentale Inschriften im Freisinger Dome, in: 7. Sammelblatt des Historischen Vereins Freising (1906) S. 48 f.

Schmid: Die Fabrikschule in Kuchen, in: Die Volksschule, Stuttgart 1872, S. 193-201.

Schnee Heinrich: Die Familie Seligmann-Eichthal als Hoffinanziers, in: Zschr. f. Bayer. Landesgesch. (ZBLG) 25, 1962, S. 163-201.

Schneider Anton: Die Säkularisation in Bayern, in: Amperland 39, 2003, S. 206-211.

Schneider L. – Höcker Chr.: Die Akropolis von Athen, Verlag Du Mont, Köln 1990.

Schneider Michael: Die „Goldhagen-Debatte": ein Historikerstreit in der Mediengesellschaft [Electronic ed.], Gesprächskreis Geschichte, 17, Bonn 1997.

Schneider Reinhold: Winter in Wien, Freiburg 1958.

Schön Th.: Geschichte der Familie von Ow, München 1910.

Schoeps Hans J.: Jüdische Geisteswelt. Zeugnisse aus zwei Jahrtausenden, Darmstadt 1953.

Schoeps Julius H. (Hrsg.): Ein Volk von Mördern? Die Dokumentation zur Goldhagen-Kontroverse um die Rolle der Deutschen im Holocaust, Verlag Hoffmann & Campe, Hamburg 1996.

Scholkmann Barbara: Die Tyrannei der Schriftquellen? Überlegungen zum Verhältnis materieller und schriftlicher Überlieferung in der Mittelalterarchäologie, in: Marlies Heinz – Eggert Manfred – Veit Ulrich (Hrsg.): Zwischen Erklären und Verstehen? Beiträge zu den erkenntnistheoretischen Grundlagen archäologischer Interpretation, Münster u.a. 2003, S. 239-258 (Tübinger Arch. Taschenbücher, Bd. 2).

Schreiber Friedrich: Schalom Israel, Nachrichten aus einem friedlosen Land, Beck Verlag, München 1998.

Schröder Heinz: Jesus und das Geld. Wirtschaftskommentar zum Neuen Testament, 3. erw. Auflage, Karlsruhe 1981.

Schroubek Georg R.: Zur Frage der Historizität des Anderl von Rinn, in: Tiroler Kulturzeitschrift „Das Fenster", Bd. 19, 1985, H. 38, S. 3766-3774.

Schroubek Georg R.: Zur Kriminalgeschichte der Blutbeschuldigung. ‚Ritualmord'-Opfer und Justizmordopfer, in: Monatsschrift für Kriminologie und Strafrechtsreform, 65. Jahrg., Heft 1, 1982, S. 2-17.

Schütze Arno: „Moderne Form der Sklaverei". Zwangsheirat bei Einwandererfamilien noch immer ein großes Problem, in: Donaukurier, Nr. 273, 24.11.2004, S. 5.

Schultheiß Werner: Brauwesen und Braurechte in Nürnberg bis zum Beginn des 19. Jahrhunderts, Nürnberger Werkstücke zur Stadt- und Landesgeschichte, Bd. 23, Nürnberg 1978.

Schulze Winfried: Deutsche Geschichte im 16. Jahrhundert 1500-1618, Neue Historische Bibliothek, hrsg. von H.-U. Wehler, Frankfurt a. M. 1992.

Schumm-Garling Ursula / Fuchs Jochen: Von Intifada zu Intifada. Zur Entwicklung des Konflikts aus zionismus-kritischer Perspektive, in: Begegnungen in schwieriger Zeit. Vertrauensdozentinnen und Vertrauenddozenten berichten über eine Studienreise durch Israel, Hans Böckler Stiftung, Arbeitspapier 77, Düsseldorf Dezember 2003, S. 18-20.

Schwabenthan Sabine: Das Geheimnis der Kriegermönche, in: Peter Moosleitners Magazin, März 2005, S. 52-59.

Schwarz Stefan : Die Juden in Bayern im Wandel der Zeiten, München / Wien 1963 (TB 1980).

Schweisthal Günther: Sprachschrift Europa. Rekonstruktion einer voreinzelsprachlichen offenen Schriftform der alteuropäisch mündlichen Kultur. Ein Versuch, Manuskript 2004.

Seckendorff Eva von: Die Säkularisation als ökonomische Chance. Die Unternehmer Ludwig Philipp Weiß (1764 – 1824) und Ignaz Leitenberger (1764–1839), in: Amperland 39, 2003, S. 237-241.

Selig Wolfram: „Arisierung" in München. Die Vernichtung jüdischer Existenz 1937-1939, Metropol Verlag, Berlin 2004.

Seligman Rafael: In Deutschland erblüht das Judentum. Kein anderes Land hat eine so schnell wachsende Gemeinde – die Normalisierung geht weiter, in: Die Welt, Freitag, 23. Juli 2004, Forum, S. 9.

Sephiha Haim Vidal: L' agonie des Judéo-Espagnols, 3. Aufl., Paris 1991.

Scholem Gershom: Ursprung und Anfänge der Kabbala, Verlag Walter de Gruyter, Berlin 1962.

Serrade Gérard: Leere Zeiten, Logos Verlag, Berlin 1998.

Sigerist Henry E.: Anfänge der Medizin. Von der primitiven und archaischen Medizin bis zum Goldenen Zeitalter in Griechenland (Original: A History of Medicine), Europa Verlag, Zürich 1963.

Simon Bettina: Jiddische Sprachgeschichte, Frankfurt 1988.

Sippel Hartwig: Die Templer. Geschichte und Geheimnis, Bechtermünz-Verlag, Lizenzausgabe für Verlagsgruppe Weltbild, Augsburg 2001 Copyright by Bildbuchverlag Wien.

Soldan W. G. – Heppe H.: Geschichte der Hexenprozesse, ungekürzte Fassung, neu bearbeitet von S. Ries, Magnus Verlag, Kettwig 1986.

Sombart Werner: Der moderne Kapitalismus, 2 Bände, 1903-1908, 3. Band 1928.

Sombart Werner: Die Juden und das Wirtschaftsleben, München – Leipzig 1928 (bereits 1911 publiziert).

Sonnenschmidt Reinhard: Mythos, Trauma und Gewalt in archaischen Gesellschaften, Mantis Verlag, Gräfelfing 1994.

Sonntag Regine: Studien zur Bewertung von Zahlenangaben in der Geschichtsschreibung des früheren Mittelalters: Die decem libri Historiarum Gregors von Tours und die Chronika Reginos von Prüm, hrsg. im Rahmen der „Münchner Historischen Studien", Abteilung Mittelalter, Bd. 4, Kallmünz 1987.

Southern Richard: Das Islambild des Mittelalters, Kohlhammer-Verlag, Stuttgart 1981.

Spillmann John H.: Das frühmittelalterliche Zürich im Lichte der Phantomzeitthese, in: Zeitensprünge, 16. Jahrg., Heft 2, 2004, S. 315-346.

Spindler Max (Hrsg.): Bayerische Geschichte im 19. und 20. Jahrhundert 1800 bis 1970, Erster Teilband Staat und Politik, Beck Verlag, Sonderausgabe, München 1978 (= Handbuch der bayerischen Geschichte, 4. Band. Das neue Bayern. 1800-1970, 2 Teilbände, München 1974/75).

Spinoza Baruch: Die Ethik. Schriften. Briefe, Kröner Verlag, Stuttgart 2003.

Stange Manfred (Hrsg.): Die Edda. Götterlieder, Heldenlieder und Spruchweisheiten der Germanen, Marix Verlag, Wiesbaden 2004.

Steinschneider Moritz: Die hebräischen Übersetzungen des Mittelalters und die Juden als Dolmetscher, Neudruck Graz 1956.

Steuernagel Carl: Hebräische Grammatik, Leipzig 1948.

Stobbe, Die Juden in Deutschland während des Mittelalters, 1866.

Störmer Wilhelm: Zur bayerischen Stammes-„Sage" des 11./12. Jahrhunderts, in: Fälschungen im Mittelalter (MGH-Schriften, Bd. 33), Hannover 1988.

Stolte Heinz: Auf den Spuren Nathans des Weisen. Zur Rezeption der Toleranzidee bei Karl May, in: Jahrbuch der Karl-May-Gesellschaft 1977.

Straus Raphael: „Apokatastasis. Eine friedvolle Betrachtung über Judentum und Christentum", www.steinheim-institut.de/projek-te/straus/index.html, Stand 2004.

Straus Raphael: Die Judengemeinde Regensburg im ausgehenden Mittelalter, Heidelberg 1932.

Strohmaier Gotthard: Von Alexandrien nach Bagdad, in: Aristoteles. Werk und Wirkung, 2. Bd., herausgeg. von Jürgen Wiesner, Berlin 1987.

Stromer v. Reichenbach, W. von: Das Schriftwesen der Nürnberger Wirtschaft vom 14. bis zum 16. Jahrhundert. Zur Geschichte oberdeutscher Handelsbücher, BWGN II, 1967, S. 751-799.

Stromer v. Reichenbach, W. von: Die oberdeutschen Geld- und Wechselmärkte. Ihre Entwicklung vom Spätmittelalter bis zum Dreißigjährigen Krieg, in: Scripta Mercaturae, Jahrg. 10, Heft 1, 1976, S. 23-52.

Stuhlmüller K.: Volkstümliche Nachrichten über eine polizeyliche Untersuchung gegen jüdische Gaunerbanden, Plassenburg 1823.

Stutzer Dietmar: Die Säkularisation 1803. Der Sturm auf Bayerns Kirchen und Klöster, Rosenheimer Verlagsanstalt, Rosenheim 1978.

Stutzer Dietmar: Klöster als Arbeitgeber um 1800. Die bayerischen Klöster als Unternehmenseinheiten und ihre Sozialsysteme zur Zeit der Säkularisation 1803, Göttingen 1986.

Stutzer Dietmar: Weingüter bayerischer Prälatenklöster in Südtirol, Rosenheimer Verlagsanstalt, Rosenheim 1980.

Taub Gadi: Zionismus nutzt den Palästinensern. Gefährdet wird ein Ausgleich in Nahost hingegen durch die religiöse Siedlungsbewegung, Übersetzung durch M. Lau, in: Die Welt, 21.06.2004.

Terhart Franjo: Die Wächter des Heiligen Gral. Das verborgene Wissen der Trempelritter, Kreuzlingen – München 1999.

Teuteberg Hans J. und Wiegelmann Günter: Der Wandel der Nahrungsgewohnheiten unter dem Einfluß der Industrialisierung. Studien zum Wandel von Gesellschaft und Bildung im Neunzehnten Jahrhundert, Bd. III, Verlag Vandenhoeck & Ruprecht, Göttingen 1972.

Theophanu, Geschichte Mitteldeutschlands, Teil I einer 5-teiligen Serie, Mitteldeutscher Rundfunk, ausgestrahlt am 31. Oktober 2004.

Thoma Gertrud: Von drohender Auflösung zu umfassender Konsolidierung. Rechtliche Stellung, Besitzverwaltung und geistliches Leben im Kloster Frauenchiemsee 1201 – 1339, in: Walter Brugger und Manfred Weitlauff, in: Kloster Frauenchiemsee 782-2003. Geschichte, Kunst, Wirtschaft und Kultur einer altbayerischen Benediktinerinnenabtei, Weißenhorn 2003, S. 155-200.

Tibull: Gedichte, lateinisch und deutsch, herausgeg. von Rudolf Helm, 5. Aufl., Darmstadt 1984.

Tocqueville Alexis de: De la démocratie en Amerique, Bd. 1, Paris 1835 ; Bd. 2, Paris 1840.

Tollemer, Abbé A. (Hrsg.): Un Sire de Gouberville, Gentilhomme Campagnard au Cotentin de 1553 à 1562 (1. Aufl. Journal de Valognes 1870-72 ; 2. Aufl. Imprimerie de G. Martin 1873), Nachdruck Mouton Editeur, Paris 1972 (Introduction von E. Le Roy Ladurie, 841 Seiten).

Topper Uwe: Das letzte Buch. Die Bedeutung der Offenbarung des Johannes, Verlag Hugendubel, München 1993.

Topper Uwe: Die „Große Aktion". Europas erfundene Geschichte, Tübingen 1998.

Topper Uwe: Wer hat eigentlich die Germanen erfunden?, in: Zeitensprünge VIII (2), 1996.

Topper Uwe: Wiedergeburt. Das Wissen der Völker, Verlag Reinbek, 1988.

Topper Uwe: Zeitfälschung. Es begann mit der Renaissance. Das neue Bild der Geschichte, Herbig Verlag, München 2003.

Touchet Jacques: De l'Origine de nos Alphabets, in : Mediterranea, No. 15, 1984.

Touchet Jacques : La Grande Mystification, in: Mediterranea, No. 29-31, 33-35, 37-38, Carcassonne, 1988-1990.

Touchet Jacques : La Grande Mystification, in: Mediterranea, No. 29 (1988) bis No. 47 (1992), unveröffentlichter Sammelband «Version revue et corrigée», ohne Ort und Jahr, Carcassonne 1993.

Touchet Jacques: La grande mystification (suite et fin). Sefarad et Adâmâh ou „ADMTM" („Notre terre", la Terre d'Adam), in: Mediterranea, Trimestriel No 47, Septembre 1992, S. 9-20.

Treitschke Heinrich: Unsere Ansichten, in: Preußiche Jahrbücher, November 1879.

Treml M. – Kiermeier J.: Geschichte und Kultur der Juden in Bayern: Aufsätze, München 1988.

Türcke Christoph: Auferstehen wird keiner. Europa: christlich oder unchristlich? In: SZ Nr. 117, Sa/Sonntag, 22./23. Mai 2004, S. 13.

Twain Mark: Bummel durch Deutschland mit Bildern von Hans Traxler, übersetzt aus dem Englischen von Gustav A. Himmel, Edition Büchergilde, Darmstadt 2004.

Twersky Isadore: Aspects of the Social and Cultural History of Provencal Jewry. Jewish Society through the Ages, hrsg. von H. H. Ben-Sasson und S. Ettinger, New York 1969.

Ullrich Volker: Hitlers willige Mordgesellen. Ein Buch provoziert einen Historikerstreit: Waren die Deutschen doch alle schuldig?, in: Die Zeit, 12.04.1996, S. 1.

Vennemann Theo: Etymologische Beziehungen im alten Europa, in: Der Ginkgo-Baum, Germanistisches Jahrbuch für Nordeuropa, 13. Folge, Helsinki 1995.

Vennemann Theo: Europa Vasconica – Europa Semitica, edited by Patrizia Noel Aziz Hanna, Mouton de Gruyter, Berlin New York 2003.

Vennemann Theo: Germania Semitica, in: Karin Donhauser – Ludwig Eichinger, Deutsche Grammatik – Thema in Variationen, Festschrift für H. W. Eroms, Heidelberg 1998.

Vennemann Theo: Germania Semitica: ^+apal- (OE *ædel*-, G *Adel*) ‚nobility', in: Sprachwissenschaft, Bd. 26, 2001, S. 189-204.

Vennemann Theo: Germania Semitica: $^+sibj\bar{o}$, in: Runica – Germanica – Mediaevalia, hrsg. von Wilhelm Heizmann und Astrid von Nahl. Ergänzungsbände zum Reallexikon der Germanischen Altertumskunde, Bd. 37, 2003, S. 871-891.

Vennemann Theo: Zur Erklärung bayerischer Gewässer- und Siedlungsnamen, in: Sprachwissenschaft, Bd. 18, Heft 4, Heidelberg 1993.

Volk Ludwig: Bayern im NS-Staat 1933 bis 1945 in: Max Spindler (Hrsg.): Bayerische Geschichte im 19. und 20. Jahrhundert 1800 bis 1970, München 1978, S. 518-537.

Wallenta Wolfgang: Die Aufklärung als geistesgeschichtliche Wegbereiterin der Säkularisation, in: Amperland 39, Dachau 2003, S. 202-206.

Weber Wolfgang: Für Ex-Verfassungsrichter Kirchhof ist das Kopftuch eine Frage der Kulturordnung, in: Donaukurier Nr. 109, Mittwoch, 12.05.2004, S. 2.

Wehler Hans Ulrich: Deutsche Gesellschaftsgeschichte 1914 bis 1949, C. H. Beck Verlag, München 2004.

Wehler Hans Ulrich: Die Herausforderung der Kulturgeschichte, Beck Verlag, München 1998.

Weidner Thomas: Das Siegestor und seine Fragmente, Buchendorfer Verlag, München 1996.

Weigele F.: Deutsche Doktorpromotionen in Siena von 1485-1805 (Quellen und Forschungen aus italienischen Archiven und Bibliotheken = QFIAB XXXIII) 1944.

Weigele F.: Deutsche Studenten in Pisa (QFIAB XXXIX) 1959.

Weigele F.: Die Bibliothek der deutschen Nation in Perugia (QFIAB XXXIV), 1954.

Weil Gérard: Elia Levita, Humaniste et Massorète (1469 – 1549), 1963.

Weinacht Paul-Ludwig: Tugenden heute unter Berücksichtigung der Lehre des Heiligen Thomas von Aquin, in: Unitas, 144. Jahrg., 2/2004, S. 71-76.

Weinberg Magnus: Die hebräischen Druckereien in Sulzbach (1669-1851), Frankfurt am Main 1904.

Weinfurtner Stefan: Kaiser Heinrich II.- Bayerische Traditionen und europäischer Glanz. Kaiser Heinrich II. 1002-1024. Veröffentlichungen zur Bayerischen Geschichte und Kultur 44, Haus der Bayerischen Geschichte, Augsburg 2002, S. 15-29.

Weinfurtner Stefan: Kaiser Heinrich II. (1002-1024) – ein Herrscher aus Bayern, in: Oberbayerisches Archiv, 122. Bd., München 1998, S. 31-55.

Weingartner Josef: Gotische Wandmalerei in Südtirol, Verlag von Anton Schroll & Co, Wien 1948.

Weinheber Josef: Wien wörtlich. Gedichte, Otto Müller Verlag, Salzburg 1985.

Weinrich: Quellen zur Verfassungsgeschichte des Römisch-Deutschen Reiches im Spätmittelalter, 1983.

Weissgerber Klaus: Ungarns wirkliche Frühgeschichte. Arpád eroberte schon 600 das Karpatenbecken, Mantis Verlag, Gräfelfing 2003.

Wernher der Gartenaere: Helmbrecht, ediert und nacherzählt von Klaus Speckenbach, Darmstadt 1974.

Werner Helmut: Kabbala. Eine Textauswahl mit Einleitung, Bibliografie und Lexikon, Köln o. J.

Westerholz Michael: Alltag und Barbarei. Ausstellung im Schulmuseum Lohr dokumentiert Kinderarbeit in Deutschland zwischen 1850 und 1950, in: Donaukurier, Nr. 169, 24./25. Juli 2004, Beilage „Der Sonntag", S. 1-2.

Westerholz Michael: Düsteres Kapitel der Schulgeschichte. Ausstellung in Lohr am Main beleuchtet die Strafpädagogik und ihre Folgen, in: Donaukurier, Nr. 119, 23./25. Mai 2003, Beilage „Der Sonntag".

Westerholz Michael: Erst versklavt, dann integriert. Im 16. – 18. Jahrhundert erlebten nach Bayern verschleppte Osmanen eine – damals weitgehende – Toleranz, in: Donaukurier, Nr. 7, 10./11. Januar 2004, Beilage „Der Sonntag", S. 1.

Wexler Paul: The Aschkenazic Jews: A Slavo-Turkic People in Search of a Jewish Identity, Ohio 1993.

Wexler Paul: The Non-Jewish Origins of the Sephardic Jews, State University of New York Press, New York 1996.

Wexler Paul: Three heirs to a Judeo-Latin Legacy. Judeo-Ibero-Romance, Yiddish and Rotwelsh, 1988.

Wicksteen P.H.: Dante and Aquinas, London 1913.

Wiedebach Hartwig: Hirntod als Wertverhalt. Medizinethische Bausteine aus Jonas Cohns Wertwissenschaft und Maimonides' Theologie, Münster 2003.

Wies Ernst W.: Elisabeth von Thüringen. Die Provokation der Heiligkeit, Esslingen / München 1993.

Wiese Christian: Zwiespalt und Verantwortung der Nähe. Raphael Straus' „friedvolle Betrachtung über Judentum und Christentum", in: Kalonymos, 7. Jahrg. 2004, Heft 3-4, S. 1-9.

Wilke Carsten: Das Rabbinat und die Gründung des Jüdisch-Theologischen Seminars Breslau 1854, in: Kalonymos, 7. Jahrg., Heft 2, 2004, S. 1-3.

Wille Fritz: Führungsgrundsätze in der Antike. Texte von Xenophon Plutarch Arrian Sallust Tacitus, Schulthess Polygraphischer Verlag, Zürich 1992.

Winkler Karl: Neidhart von Reuental. Leben / Lieben / Lieder, Kallmünz 1956.

Wittenwiler Heinrich: Der Ring, nach dem Text von Edmund Wießner ins Neuhochdeutsche übersetzt und herausgegeben von Horst Brunner, Stuttgart 1991.

Wittmann M.: Die Ethik des Heiligen Thomas von Aquin, München 1983.

Wolf Armin: König für einen Tag: Konrad von Teck. Gewählt, ermordet und vergessen, 2. Aufl., hrsg. vom Stadtarchiv Kirchheim unter Teck, Verlag A. Gottlieb & Osswalds Buchdruckereien, Kirchheim unter Teck 1995.

Wood Ian (Hrsg.): Franks and Alamanni in the Merovingian period; an ethnographic perspective, 1998.

Woronowa Tamara – Sterligov Andrej: Westeuropäische Buchmalerei des 8. bis 16. Jahrhunderts in der Russischen Nationalbibliothek, Sankt Petersburg, Edition Parkstone / Aurora 1996, Lizenzausgabe für Weltbildverlag, Augsburg 2000.

Wuchold Holger: Hitler duldete jüdische Soldaten, in: Donaukurier, Nr. 279, 3.12.1996, S. 3.

Würdinger Josef: Der Scharfrichter. Berufsbild und Tätigkeitsbereich im Wandel der Zeit (17. Fortsetzung) in: Ingolstädter Heimatblätter (Beilage zum Donaukurier), 68. Jahrg. (2005), Nr. 1.

Yates Frances: The Occult Philosophy in the Elizabethan Age, Erstpublikation 1979, Reprint als Bd. VII der gesammelten Werke von Frances Yates, London 1999.

Yavetz Zvi: The Living Conditions of the Urban Plebs in Republican Rome, in: Latomus 17 (1958), S. 500-517, abgedruckt in: R. Seager: The Crisis of the Roman Republic, Cambridge 1969, S. 162-179.

Zarnack Wolfram: 300 Jahre europäischer Geschichte erfunden? in: W. Kammeier: Die Fälschung der deutschen Geschichte, Verlag f. ganzheitliche Forschung, 11. Aufl., 2000, S. 347-434.

Zarnack Wolfram: Das alteuropäische Heidentum als Mutter des Christentums / Gorgo und die Drachentöter Sigurd und St. Georg, Verlag Efodon, Hohenpeißenberg 1999.

Zarnack Wolfram: Hel, Jus und Apoll / Sonnen-Jahr und Feuer-Weihe: Wurzeln des Christentums. Eine sprach- und symbolgeschichtliche Skizze, Selbstverlag, Göttingen 1997.

ZDF-Expedition. Das Delphi-Syndikat. Die geheime Macht des Orakels, ausgestrahlt im ZDF, Sonntag, 15. August 2004.

Zerbi Tommaso: Le origini della partita doppia: gestioni aziendali e situazioni di mercato nei secoli XIV e XV, Mailand 1952.

Zhabinsky Alexander: The Medieval Empire of the Israelites, Buch in Vorbereitung, Stand 2004, Internetauszug aus: www.new-tradition.org

Zhabinsky Alexander: Legends of „Ancient Greece", Internetauszug aus folgenden Websites: http://revisedhistory.org/greeks.htm und http://www.new-tradition.org/greeks.htm

Ziche J.: Misuse of information in an age of globalisation im Sammelband "University and its Students. International Symposium of Students and Professors", Prague, Czech Republic, September 12-19, 2001, Charles University in Prague, The Karolinum Press, Prague 2003, S. 69-74.

Zick Michael: Die erste Hieroglyphen, in: Bild der Wissenschaft, 4/2005, S. 95-99.

Zimmermann Michael: Die Geschichte der Juden im Rheinland und in Westfalen, Stuttgart 1998.

Zöllner Erich: Geschichte Österreichs, 7. Auflage, Verlag für Geschichte und Politik, Wien 1984.

ANHANG I – IV

ANHANG I
SALOMO ALS RICHTER ÜBER DIE TATEN CHRISTI

Quelle: Francis X. King: Hexen und Dämonen, Hamburg, 1988, S. 91.

Kommentar des Autors F. X. King: „Im Mittelalter glaubte man, Salomo wäre von Gott zum Richter über die Taten Christi bestimmt worden. Der Teufel Belial erschien vor ihm als Ankläger, während Moses als Verteidiger zugegen war." (S. 91)

ANHANG II
NÜRNBERGER BRAUER BEI DER BIERHERSTELLUNG IM 15. JAHRHUNDERT

Quelle: Stadtbibliothek Nürnberg, Erster Band des Hausbuches der Mendelschen Zwölfbrüderstiftung, Signatur Amb. 317.2°.

Kommentar: Das Bild befindet sich in einer Handschrift, welche um 1425/26 entstand, und zwar für ein 1388 von der Patrizierfamilie Mendel gestiftetes „Altenheim", das zur Aufnahme und Versorgung von 12 alten, erwerbsunfähigen Nürnberger Handwerkern bestimmt war. Im „Mendelschen Hausbuch" ist jeder

Handwerker, der in die Stiftung aufgenommen wurde, bei der Verrichtung seines Berufes abgebildet und namentlich in der dabei stehenden Beischrift benannt. Bei den zwölf Brüdern handelt es sich nicht um Mönche. Über die Handschrift und die Stiftung informiert das Faksimile von Wilhelm Treue aus dem Jahre 1965 (Schreiben der Stadtbibliothek Nürnberg vom 17.02.2005).

Bildumschrift oben neben dem Hexagramm: „Der XLVI bruder, der do starb, hieß Herttel Pyrprew" (Das Hausbuch der Mendelschen Zwölfbrüderstiftung zu Nürnberg, Textband, München 1965, S. 35). Der Pyrprew ist neuhochdeutsch ein Bierbräu (Bierbrauer). Hertell ist ein Vorname und im Deutschen Namenslexikon von Hans Bahlow, München, S. 208 unter „Härtel, Hertel" zu finden. Die Zahl XLVI entspricht arabisch 46. Hertel ist wohl kein jüdischer Vorname. Ob Hertel mit dem jüdischen Namen Herschel in Verbindung zu bringen ist, müsste erst noch geklärt werden.

Bildbeschreibung: „Der Bierbrauer rührt im Stehen mit langer Stange in der mit schweren Ringen versehenen Braupfanne; diese hängt in runder gemauerter Feuerung, in deren rundbogigem Feuerloch brennende Scheite und der Unterteil der Pfanne zu sehen sind. Vorne zwei gefüllte, nach oben verjüngte Daubenbottiche. Rechts und oben Aushängestange mit [Hexagramm]. In der aus Kupfer oder verzinntem Eisen bestehenden Sudpfanne, die in den gemauerten Ofen eingehängt ist, wird die süße Würze mit lebhaftem Feuer unter Rühren mit Hopfen gekocht. Ein Zeichen (ein Stern, ein Gitter) an einem Stab zeigt an, daß Bier ausgeschenkt wird" (Das Hausbuch der Mendelschen Zwölfbrüderstiftung zu Nürnberg, Textband, ebd., S. 35). Das Bier-Hexagramm, übrigens kein „Drudenfuß", ist wohl ein früher Vorgänger des „Zoiglsterns", der noch heute als Aushängeschild vor einigen Oberpfälzer Gasthäusern zu finden ist (siehe Anhang III).

ANHANG III
„ZOIGLSTERN" IM WIRTSHAUSSCHILD DES „GOLDENEN LÖWEN" IN KALLMÜNZ / OBERPFALZ

Quelle: Zusendung des Fotos durch die Marktgemeinde Kallmünz im November 2004.

ANHANG IV

Quelle: N. A. Morosov: Christian history of humanity in the light of natural science studies, Vol. 3, Moskau – Leningrad 1927, S. 631, Abbildung 101, wiedergegeben auch bei A. T. Fomenko: History: Fiction or Science? Chronology 1, Paris – London – New York 2003, S. 440.

Es ist offensichtlich, dass die angeblich antiken Abbildungen auch als christliche Symbole vorkommen. Die „Diana" ist mit den gleichen christlichen Symbolen wie *Our Lady of Salisbury* versehen. Die altägyptische Skulptur „Isis nährt Horus" könnte durchaus Vorbild für die häufigen mittelalterlichen Darstellungen „Maria nährt Jesus" gewesen sein. Es gehört viel Fantasie dazu, hier einen Unterschied zwischen antik-heidnisch und mittelalterlich-christlich feststellen zu wollen.

Bildquellenverzeichnis

Abb. 1-3: Grabmale der Familien Destreicher, Salomon und Wertheimer auf dem Friedhof von Montparnasse, Fotos Dr. Wilhelm Kaltenstadler.

Abb. 4: Portal der Synagoge von Beaucaire in Südfrankreich, Foto Dr. Wilhelm Kaltenstadler.

Abb. 5 und 6: Wiedergaben des Wappens der Jud von Bruckberg im Psalterium (Psalter) des Nicolaus (de Lyra): Postilla moralis super totam bibliam, Straßburg 1478, Dombibliothek Freising, Sign. J 40 (= Hain *13508).

Abb. 7: Grabstein mit Wappen der Jud von Bruckberg an der Außenwand der Pfarrkirche Bruckberg, Foto Dr. Wilhelm Kaltenstadler.

Abb. 8: Grabplatte des Bischofs Tölknar im Kreuzgang des Freisinger Doms, Foto Herr Sommerer, Geisenfeld.

Abb. 9: Oberer Teil der Grabplatte mit Inschrift des Domdekans Heinrich Judmann, Foto Herr Sommerer, Geisenfeld.

Abb. 10: Synagoga vom Bamberger Dom, Foto Dr. Wilhelm Kaltenstadler.

Abb. 11: Kathedrale von Chartres, Westportal, Foto Werner Betz.

Abb. 12: Bildausschnitt aus den sog. ‚Eugubinischen Tafeln' (Iuguvinische Tafeln), 1444 in Gubbio entdeckt, aufgestellt im Rathaus von Gubbio in Umbrien, abgebildet im Internet unter www.comune.gubbio.pg.it/tavole/settetavole.htm.

Abb. 13: Rosette der Kathedrale von Carcassonne (Südfrankreich), Foto Werner Betz.

Abb. 14: Ensemble der Herrschaft und Hofmark Rohrbach mit Schlosskirch, Foto Dr. Wilhelm Kaltenstadler.

Abb. 15: Liebespaar aus ‚Carmina Burana' (Miniatur zu Liebesgedichten), publ. in: Deutsche Literatur des Mittelalters. Handschriften aus dem Bestand der Bayerischen Staatsbibliothek München mit Heinrich Wittenwilers ‚Ring' als kostbare Neuerwerbung, Bayerische Staatsbibliothek München, Ausstellungskatalog, München 2003, S. 98 und 37f., Abb. 33.

Abb. 16: Liebes- und Ehepaar Triefnas und Mätze im Prolog zum ‚Ring', publ. in: Deutsche Literatur des Mittelalters. Handschriften aus dem Bestand der Bayerischen Staatsbibliothek München mit Heinrich Wittenwilers ‚Ring' als kostbare Neuerwerbung, Bayerische Staatsbibliothek München, Ausstellungskatalog, München 2003, S. 78, Abb. 25 a.

Abb. 17: Kloster Ebstorf (Lüneburger Heide), Foto Werner Betz.

Abb. 18: Spielende Kinder aus einer Lesefibel von 1912

Endnotenverzeichnis

[1] Karl Heinz Deschner: Kriminalgeschichte des Christentums, Bd. 4 Frühmittelalter, Hamburg 1994, S. 203f. Quelle: John of Salisbury, Policraticus 2,26.

[2] Vgl. auch die Rede des ehemaligen Bundespräsidenten Johannes Rau vor dem europäischen Parlament in Straßburg „Plädoyer für eine europäische Verfassung". Quelle im Internet: http://www.mikro.de/text/rau.htm.

[3] EU-Gipfel macht Weg für europäische Verfassung frei, in: Donaukurier, Samstag/Sonntag, 21./22. Juni 2003, S. 1.

[4] Auf die große Bedeutung der sog. Sekundärtugenden weisen inzwischen auch wieder leitende Politiker Europas hin, so z. B. auch Frau Gesine Schwan, die Präsidentschaftskandidatin der SPD und der Grünen. Dazu Peter Dausend und Stephan Haselberger: "Politik muss mehr sein als Ökonomie". Die rot-grüne Präsidentschaftskandidatin Gesine Schwan will den Deutschen Selbstvertrauen vermitteln, in: Die Welt, 13.03.2004, S. 4.

[5] Eugen Biser: Kultur und Zivilisation. Die Seele Europas, in: Severin Daum – Tomás Kruta (Hrsg.): UNIVERSITY AND ITS STUDENTS. INTERNATIONAL SYMPOSIUM OF STUDENTS AND PROFESSORS. Prague, Czech Republic, September 9 – 12, Prag 1998, S. 15-21., S. 19.

[6] Vgl. E. Biser, ebd, S. 19.

[7] Ich erinnere an die große Talmudverbrennung in Paris 1242 und die massenweise Vernichtung wertvoller christlicher und hebräischer Quellen durch die Französische Revolution und die Säkularisierung der Klöster am Ende des 18. und zu Beginn des 19. Jahrhunderts.

[8] Katalog der Ausstellung in Rendsburg „Die Sepharden aus Portugal", hrsg. von Sabine Kruse und Bernt Engelmann, Göttingen 1992.

[9] Hermann Kellenbenz: Sephardim an der unteren Elbe, in: Vierteljahresschrift f. Sozial- und Wirtschaftsgeschichte, Beiheft 40, 1958.

[10] Otto Köhler: Juden an der Elbe. Ausstellung in Rendsburg: Die Sepharden aus Portugal, in: Die Zeit, 28. August 1992.

[11] Vgl. Bernt Engelmann: Deutschland ohne Juden, 1979.

[12] Köhler: Juden an der Elbe, a.a.O.

[13] Es sollen „24 Wagenladungen" voller Talmude in Paris verbrannt worden sein. Es ist natürlich denkbar, dass damals nicht nur Talmude, sondern auch andere jüdische Schriften verbrannt worden sind. Es sei hier die Frage erlaubt, ob es so viele Talmude vor der Erfindung des Buchdrucks bereits gegeben hat. Reuchlin, der Begründer der christlichen Hebraistik, weiß seltsamerweise 1506 nichts von dieser großen Bücherverbrennungsaktion: „Wäre der Talmud so verdammenswert ..., so hätten ihn unsere Vorfahren ... längst verbrannt."

[14] Vgl. Einleitung zur Großen Talmudausgabe von Lazarus Goldschmidt: Talmud Babli – Der Babylonische Talmud nach der 1. zensurfreien Ausgabe unter Berücksichtigung der neueren Ausgabe und handschriftlichen Materials, deutsche Ausgabe durch Lazarus Goldschmidt, Königstein/Taunus 1981.
[15] Diese Werke sind im Literaturverzeichnis genannt und unten mehrfach zitiert.
[16] Neue Aspekte der modernen Kulturgeschichte bieten auch Klaus Garber und Ute Széll: Ursprünge der Moderne. Das Interdisziplinäre Institut für Kulturgeschichte der Frühen Neuzeit der Universität Osnabrück stellt sich vor (Bd. 1), Osnabrück 1998 und Jutta Held und Ute Széll: Kulturgeschichte der Frühen Neuzeit (Bd. 2), Osnabrück 1998.
[17] Bereits 1972 haben einige nichtdeutsche renommierte Althistoriker auf dem Münchner Epigraphikkongress auf die große Bedeutung der Epigraphik für die antike Wirtschaftsgeschichte hingewiesen. Vgl. dazu H. W. Pleket: Economic History of the Ancient World and Epigraphy: Some Introductory Remarks, in: Vestigia, Beiträge zur Alten Geschichte, Bd. 17, Akten des VI. Internationalen Kongresses für Griechische und Lateinische Epigraphik München 1972, München 1973, S. 243-257; Paul Roesch: Pouvoir fédéral et vie économique des cités dans la Béotie hellénistique, ebd., S. 259-270; Lellia Cracco Ruggini: Stato e associazioni professionali nell´età imperiale romana, in: Vestigia, Beiträge zur Alten Geschichte, Bd. 17, S. 271-311.
[18] Holger Elfes: Raus aus der Opferperspektive. Das Steinheim-Institut in Duisburg erforscht die deutsch-jüdische Geschichte, in: Jüdische Allgemeine, Nr.16/04, 22.04.2004, S. 13.
[19] Studien zum Bürgertum des Mittelalters beachten viel zu wenig, dass auch Juden Minnesänger waren wie auch zum Großbürgertum gehörten und dessen Entwicklung mitprägten. Die Restauration eines Züricher Altstadthauses brachte erstaunliche Dinge über die große Bedeutung einer jüdischen Familie im 14. Jahrhundert in Zürich zu Tage. Vgl. Viviane Berg: Von der Jagd auf Falken und Juden, in: Jüdische Rundschau Maccabi, Nr. 40, Donnerstag, 3. Oktober 1996 / 20. Tischri 5757, S. 17.
[20] Vgl. dazu Eberhard Holtz: Überlieferungs- und Verlustquoten spätmittelalterlicher Herrscherurkunden, in: Turbata per aequora mundi. Dankesgabe an Eckhard Müller – Mertens, Hannover 2001 (= MGH. Studien und Texte, Bd. 29), S. 67-80, hier S. 67f.
[21] Die Urkunden der deutschen Karolinger, hrsg. von der Gesellschaft für Ältere Deutsche Geschichtskunde, Bd. 1: Die Urkunden Pippins, Karlmanns und Karls des Großen, bearb. von Engelbert Mühlbacher, Hannover 1906 (= MGH, Diplomata regum Germaniae ex stirpe Karolinorum.1). Die Urkunden Nr. 55 bis 316

(S. 77-478) sollen von Karl stammen. Die herrschende Meinung überschätzt wohl die Bedeutung der karolingischen Annalistik.

[22] Einschlägig sind hier „Die Urkunden der deutschen Karolinger", hrsg. von der Gesellschaft für Ältere Deutsche Geschichtskunde, Bd. 1: Die Urkunden Ludwigs des Deutschen, Karlmanns und Ludwigs des Jüngeren, bearb. von P. Kehr, Berlin 1934 (Monumenta Germaniae historica. Diplomata regum Germaniae ex stirpe Karolinorum.1.) und „Die Urkunden der deutschen Karolinger", hrsg. vom Reichsinstitut für Ältere Deutsche Geschichtskunde, Bd. 3: Die Urkunden Arnulfs [von Kärnten], bearb. v. P. Kehr, 2. unveränd. Aufl., Berlin 1955 (MGH. Diplomata regum Germaniae.3.).

[23] MGH Diplomata 1, Urkunden Nr. 8 (S. 9f) und 18 (S. 21f). Hana Eisler: Von den Lagobarden zur Hanse, Hamburg 2006, S. 9 vermutet mit Walter Pohl „Römer und Barbaren", dass es sich bei den Awaren um Slawen handelt.

[24] Jochen Giesler: Der Ostalpenraum vom 8. bis zum 11. Jahrhundert. Studien zu archäologischen und schriftlichen Zeugnissen, Teil 2: Historische Interpretation, hrsg. von Bayerische Akademie der Wissenschaften, Kommission zur archäologischen Erforschung des spätrömischen Raetien, Rahden/Westf. 1998.

[25] Einhard: Vita Karoli Magni, hrsg. von Paul Klopsch und Ernst Walter, (= MGH, Scriptores, Hannover 1911), Bamberg 1984, Kap. 12-14.

[26] Einhard: Vita Karoli Magni, ebd., Kap. 9 und 10.

[27] Monumenta Germaniae Historica, edidit Georgius Heinricus Pertz, Scriptorum Tomus I, Hannover 1826, Kap. XXXI, Annum 1791, S. 176.

[28] Einhard: Vita Karoli Magni, a.a.O., Kap. 16. Übersetzung „da sie außerdem die Freundschaft und Gesellschaft des Kaisers suchten".

[29] Klaus Weissgerber: Ungarns wirkliche Frühgeschichte. Arpád eroberte schon 600 das Karpatenbecken, Gräfelfing 2003, S. 19f schreibt, dass der archäologische Befund „die Anwesenheit fränkischer Krieger in Thüringen" beweise, „jedoch nur für einige Jahrzehnte". In den thüringischen Zentren sind archäologische Relikte aber erst ab dem 10. Jahrhundert zu fassen. Aus dieser Sicht ist demnach die Auffassung der konventionellen Geschichtsschreibung, dass das Königreich der Thüringer 531 durch die Franken vernichtet worden sei, skeptisch zu beurteilen.

[30] John H Spillmann: Das frühmittelalterliche Zürich im Lichte der Phantomzeitthese, in: Zeitensprünge, 16. Jahrg., Heft 2, 2004, S. 315-346, hier S. 343f.

[31] Vgl. Gunnar Heinsohn: Die Streichung der polnischen ´Karolinger´. Adam Naruszewiczs bereits 1780 erfolgte Eliminierung der lechiadischen und lescidischen Könige aus Polens Frühmittelalter, in: Zeitensprünge, Jahrg. 15, Heft 1, 2003, S. 137-149.

[32] Heribert Illig: Schwedens ausgemusterte Karle, Polens noch früherer Königsverlust. Ein Anstoß von Henning Heinsohn, weitererforscht von Gerhard Anwander, geschrieben von Heribert Illig, in: Zeitensprünge, 16. Jahrg., Heft 2, 2004, S. 350-357, hier S. 355.

[33] Friedrich D. Rühs: „Über die Quellen und Hülfsmittel der schwedischen Geschichte" als Vorwort zu Band 63 seiner Welthistorie, Halle 1803.

[34] Vgl. Heribert Illig: Schwedens ausgemusterte Karle, a.a.O., S. 350-357.

[35] Meyers Großes Konversations-Lexikon in 20 Bänden (1905-1909), 6. Aufl., Bd. 11, Leipzig 1906, Artikel „Könige von Schweden", K[arl] VII.

[36] Heribert Illig: Das erfundene Mittelalter. Die größte Zeitfälschung der Geschichte, 8. Aufl., Düsseldorf und München 2000.

[37] Zu den Methoden des Totschweigens durch die konventionelle Geschichtswissenschaft vgl. Heribert Illig: Karls-Miszellen. Schweigen ums Frühmittelalter und seine Blüten, in: Zeitensprünge. Interdisziplinäres Bulletin, Jahrg. 15, Heft 1, 2003, S. 222-231, vor allem S. 222-226.

[38] Wolfram Zarnack: 300 Jahre europäischer Geschichte erfunden? in: W. Kammeier: Die Fälschung der deutschen Geschichte, Verlag für ganzheitliche Forschung, 11. Aufl., 2000, S. 347-434.

[39] Noch schlagkräftiger und auf den Raum Bayern begrenzt sind die Argumente von Heribert Illig und Gerhard Anwander in ihrem neuen zweibändigen Werk „Bayern und die Phantomzeit", Teil I und II, Gräfelfing 2002.

[40] Vgl. dazu neben den anderen Werken von Illig (siehe Literaturverzeichnis) auch den kurzen Beitrag von Heribert Illig: Enthält das frühe Mittelatler erfundene Zeit? In: Ethik und Sozialwissenschaften, EuS 8, 997, Heft 8, S. 481-483.

[41] Autorenkollektiv: Antisemitismus in der Geschichtswissenschaft. Ein interdisziplinärer Forschungsbericht, Hamburg 2004, S. 45.

[42] Volker Hoffmann: Die Pfalzkapelle in Aachen – Plädoyer für eine fiktive Kunstgeschichte. Vortrag bei der Kunstgeschichtlichen Gesellschaft in Berlin 7.5.2004. Vgl. auch Hans-Ulrich Niemitz – Herbert Illig: Aachen: alt, ganz alt oder noch älter? Eine Neueinschätzung durch Volker Hoffmann, in: Zeitensprünge, 16. Jahrg., 2004, Heft 2, S. 272-278, hier S. 273.

[43] Vgl. dazu auch Heribert Illig: Replik. Drei Jahrhunderte bleiben fragwürdig, in: Ethik und Sozialwissenschaften, Bd. 8, 1997, Heft 4, S. 507-520.

[44] Gerd Althoff: Kann man eine Hochkultur erfinden? In: Ethik und Sozialwissenschaften, Bd. 8, 1997, Heft 4, S. 483-484, hier S. 483.

[45] Gerd Althoff: Kann man eine Hochkultur erfinden?, ebd., S. 483.

[46] Hans Constantin Faußner: Wibald von Stablo. Erster Band (von vier Bänden): Einführung in die Problematik, Hildesheim 2003.

[47] Vgl. Michael Borgolte: Vom Staunen über die Geschichte, in: Ethik und Sozialwissenschaften, Bd. 8, 1997, Heft 4, S. 486f.

[48] Flachenecker Helmut: Von der Erfindung einer widerspruchslosen Zeit, in: Ethik und Sozialwissenschaften, Bd. 8, 1997, Heft 4, S. 487-490. Dass Illig die Chronologie ausser Kraft gesetzt habe (S. 488), beruhte auf einem falschen Verständnis von Chronologie. Man kann es wohl nicht Illig anlasten, wenn als Folge der durch Fälschungen gebildeten Phantomzeit die uns geläufigen Datierungen nicht mehr stimmen. Hier werden Ursache und Folgen miteinander vertauscht.

[49] Anton von Euw / Peter Schreiner: Kaiserin Theophanu. Begegnungen des Ostens und Westens um die Wende des ersten Jahrtausends, Bd. II, Köln 1991, S. 11. Zit. nach H. Illig: Replik. Drei Jahrhunderte bleiben fragwürdig, a.a.O., S. 515f.

[50] Heribert Illig: Vom Erzfälscher Konstantin VII. Eine ´beglaubigte´ Fälschungsaktion und ihre Folgen, in: Vorzeit Frühzeit Gegenwart (VFG) 4 (4), S. 132-139. Vgl. auch Klaus Weissgerber: Ungarns wirkliche Frühgeschichte. Arpád eroberte schon 600 das Karpatenbecken, Gräfelfing 2003, S. 38ff.

[51] Heribert Illig: Vom Erzfälscher Konstantin VII, ebd., S. 132-139, zit. nach Klaus Weissgerber: Ungarns wirkliche Frühgeschichte, ebd., S. 41f.

[52] Illig, ebd., zit. nach Klaus Weissgerber: Ungarns wirkliche Frühgeschichte, ebd., S. 42.

[53] Illig, ebd., zit. nach Klaus Weissgerber: Ungarns wirkliche Frühgeschichte, ebd., S. 42.

[54] Vgl. Martin Henkel: „... spâhe sint Peigira." („Klug sind die Baiern"). Althochdeutsche Sprache und Literatur und die Phantomzeit-Theorie, in: Zeitenspünge 1/2004, S. 125-144.

[55] Martin Henkel: „... spâhe sint Peigira.", ebd., S. 144.

[56] Heribert Illig: Stabwechsel mit Martin Henkel. Eine Antwort von Heribert Illig, in: Zeitensprünge 1/2004, S. 145-151, hier S. 150.

[57] Gunnar Heinsohn: Armenier und Juden als Testfall für die Streichung von drei Jahrhunderten durch Heribert Illig, in: Ethik und Sozialwissenschaften, Bd. 8, 1997, Heft 4, S. 490f.

[58] Simon Dubnow: Die jüdische Geschichte. Ein geschichtsphilosophischer Entwurf, Frankfurt am Main 1921, S. 63f, siehe auch Gunnar Heinsohn: Armenier und Juden als Testfall, ebd., S. 491.

[59] Gunnar Heinsohn: Armenier und Juden als Testfall, ebd., S. 491.

[60] Quelle dazu: Zeitreisen – Geschichte entdecken. Untergang der Imperien: Das Heilige Reich (10), TV 3SAT, Sonntag, 20. Juni 2004, Sendezeit 18 bis 18.30 Uhr. Dann der besondere Clou: Der analpahabetische Dichter soll gemäß der

überlieferten *karolingischen* Quellen alle wichtigen Urkunden selbst unterschrieben haben.

[61] Mangoldt-Gaudlitz, Hans v.: Die Reiterei in den germanischen und fränkischen Heeren bis zum Ausgang der deutschen Karolinger. Berlin: Weidmann 1922, S. 49.

[62] Heribert Illig: Karl der Fiktive, genannt Karl der Große. Als Herrscher zu groß, als Realität zu klein, Gräfelfing 1992, bringt treffliche Argumente für die Nichtexistenz von „Karl dem Großen". H. Illig: Hat Karl der Große je gelebt? Bauten, Funde und Schriften im Widerstreit, Gräfelfing 1996 zeigt unnachsichtig die Widersprüche zwischen den verschiedenen Quellengattungen zum Karolingerreich auf.

[63] Vgl. Franz Krojer: Die Präzision der Präzession. Illigs mittelalterliche Phantomzeit aus astronomischer Sicht. Mit einem Beitrag von Thomas Schmidt, München 2003.

[64] Herbert Illig: Rückweisung der bislang gewichtigsten Kritik an der Phantomzeitthese, in: Illig - Beaufort - Heinsohn: Das Scheitern der Archäoastronomie. Zu Franz Krojer: Antworten von Heribert Illig, Jan Beaufort und Gunnar Heinsohn in: Zeitensprünge, Jahrg. 15, Heft 3, Dez. 2003, S. 478-517, hier S. 479.

[65] Herbert Illig: Rückweisung der bislang gewichtigsten Kritik, ebd., S. 504.

[66] Gunnar Heinsohn: Krojer und die Auschwitzleugnung, in: Illig Herbert, Beaufort Jan, Heinsohn Gunnar: Das Scheitern der Archäoastronomie. Zu Franz Krojer: Antworten von Heribert Illig, Jan Beaufort und Gunnar Heinsohn, a.a.O., S. 517.

[67] Gunnar Heinsohn: Krojer und die Auschwitzleugnung, ebd., S. 516.

[68] Vgl. Gunnar Heinsohn: Sizilien und seine frühmittelalterliche Fundlücke, in: Zeitensprünge, Jahrg. 15, Heft 3, 2003, S. 540-555, hier S. 552.

[69] Heribert Illig: Zum Zeitsprung bei Christen und Moslems, in: Zeitensprünge, Jahrg. 15, Heft 3, 2003, S. 556-569.

[70] Vgl. Andreas Birken: O Heilige Ottilie! Das Elsass zur Karolingerzeit, in: Zeitensprünge, Jahrg. 15, Heft 3, S. 525-537.

[71] Carolin Raffelsbauer: Karl der Große – ein gebürtiger Bayer, in: Literatur in Bayern, Nr. 55, 1999, S. 2-8.

[72] H. Illig: Das erfundene Mittelalter, a.a.O., S. 336.

[73] Wie stark z. B. die Prägung der griechischen Philosophie durch indische Denker war, zeigt das relativ alte Werk von Richard Garbe: Die Sâmkhya-Philosophie. Eine Darstellung des indischen Rationalismus nach den Quellen, Leipzig 1894, vor allem Kap. III „Über den Zusammenhang der Sâmkhya-Lehre mit der griechischen Philosophie", S. 85-105.

[74] Aaron J. Gurjewitsch: Mittelalterliche Volkskultur (aus dem Russ. übersetzt von Matthias Springer), 2. unveränderte Auflage, München 1992, vor allem Kap. V und VI, S. 229ff.

[75] Rudolf Goerge: Judaica Frisingensia. Spuren jüdischer Kultur und jüdischen Lebens im Freisinger Raum, in: Amperland 27 (1991), S. 39. Quelle: Theodor Bitterauf (Hrsg.): Die Traditionen des Hochstifts Freising, München 1905-1909. Aud dem gleichen Zeitraum liegt das „Buch über die hebräischen Namen" des Hl. Hieronymus (*Hieronymi nominum Hebraicorum liber*) als lateinische Handschrift vor (Clm 6228). Dieses Werk macht deutlich, dass hebräische Namen im frühen Mittelalter ein aktuelles Thema waren.

[76] Rudolf Goerge: Judaica Frisingensia, ebd. S. 39.

[77] Rudolf Goerge: Judaica Frisingensia, ebd., S. 39. Quelle: Bitterauf: Traditionen, ebd., Nr. 1571 b.c.

[78] Rudolf Goerge: Judaica Frisingensia, ebd., S. 39. Quelle: Monumenta Boica (1784) 142.

[79] Rudolf Goerge: Judaica Frisingensia, ebd. S. 39. Quelle: BstBibl. München, Handschriftenabt., Clm 6241, fol. 87-90.

[80] Vgl. W. Kaltenstadler: Misuse of information – the example of German Media with special reference to the Wars of Bosnia and Kosovo und J. Ziche: Misuse of information in an age of globalisation im Sammelband "University and its Students. International Symposium of Students and Professors", Prague, September 12-19, 2001, Charles University in Prague, Prague 2003, S. 69-87. Wie Lügen über Kriege in die Welt gesetzt, geglaubt und verbreitet werden (sogar im Europa von heute), zeigt Jürgen Elsässer: Kriegslügen. Vom Kosovokonflikt zum Milosevic-Prozess, Edition Zeitgeschichte, Berlin 2004.

[81] Prodosh Aich: Nachdenken über den kollektiven Verlust des Gedächtnisses, in: Gewerkschaftliche Monatshefte, 2/2004, S. 104-112, hier S. 105.

[82] Vgl. dazu Prodosh Aich: Nachdenken über den kollektiven Verlust des Gedächtnisses, ebd., S. 106f.

[83] Vgl. Prodosh Aich: Nachdenken über den kollektiven Verlust des Gedächtnisses, ebd., S. 108.

[84] Mark Twain: Bummel durch Deutschland mit Bildern von Hans Traxler, übersetzt aus dem Englischen von Gustav A. Himmel, Darmstadt 2004, Kap. „Die schreckliche deutsche Sprache", S. 231.

[85] Prodosh Aich: Nachdenken über den kollektiven Verlust des Gedächtnisses, ebd., S. 110.

[86] Vgl. Prodosh Aich: Lügen mit langen Beinen. Entdeckungen, Gelehrte, Wissenschaft, Aufklärung. Dokumentarische Erzählung, Oldenburg 2003.

[87] Heribert Illig: Das erfundene Mittelalter, a.a.O., S. 141.

[88] Vgl. Heinz Quirin: Einführung in das Studium der mittelalterlichen Geschichte, Stuttgart 1991, S. 74-83.
[89] Heribert Illig: Das erfundene Mittelalter, a.a.O., S. 141. Vgl. auch Heribert Illig: Die veraltete Vorzeit, Frankfurt/Main 1988 und Hans-Ulrich Niemitz: Fälschungen im Mittelalter, in: Vorzeit – Frühzeit – Gegenwart, III (1), 1991.
[90] Horst Fuhrmann: Einladung ins Mittelalter, München 1987.
[91] Pfister: Matrix der alten Geschichte, a.a.O., S. 260-291.
[92] Jörg Feuchter: Medieval History Seminar 24.10.2003 – 26.10.2003, Washington, D.C., 2003.
[93] Olaf Schneider bei Feuchter: Medieval History Seminar, ebd.
[94] Manfred Neusel: Geschichte des Rhein-Main-Gebietes im frühen Mittelalter, in: Landschaft Dreieich, Blätter für Heimatforschung, Jahresband 2004, Dreieich-Langen, S. 43-77. Vgl. auch Heribert Illig: Die Debatte der Schweigsamen. Heribert Illig zum „Schwachsinn" des frühen Mittelalters, in: Zeitensprünge 1/2004, S. 85-101, hier S. 98f.
[95] Wilfried Hartmann und Gerhard Schmitz: Fortschritt durch Fälschungen? Ursprung, Gestalt und Wirkungen der pseudoisidorischen Fälschungen. Beiträge zum gleichnamigen Symposium an der Universität Tübingen vom 27. und 28. Juli 2001, Hannover 2002.
[96] Wilfried Hartmann und Gerhard Schmitz: Fortschritt durch Fälschungen? ebd., Vorwort, S. VI.
[97] Vgl. Hans Constantin Faußner: Wibald von Stablo, Erster Band, a.a.O., Hildesheim 2003.
[98] Dieter Hägermann: Die Urkundenfälschungen auf Karl den Großen. Eine Übersicht, in: Fälschungen III, 1988, S. 433-443.
[99] Gerhard Anwander: Wibald von Stablo – Constantin Faußner. Mutiger Forscher entlarvt genialen Fälscher, in: Zeitensprünge, Jahrg. 15, Heft 3, Dez. 2003, S. 518-524, hier S. 518f.
[100] Hans Constantin Faußner: Wibald von Stablo, a.a.O., S. 89.
[101] Gerhard Anwander: Wibald von Stablo, a.a.O., S. 520.
[102] Gerhard Anwander: Wibald von Stablo, ebd., S. 520.
[103] Kammeier wurde auf dem Münchner Fälscherkongress der Mediävisten von 1986 weitgehend totgeschwiegen. Horst Fuhrmann, der Organisator des Kongresses, war stets bemüht, die Fälschungen des Mittelalters in dialektischer Weise in ein positives Licht zu rücken (Christoph Pfister: Die Matrix der alten Geschichte. Analyse einer religiösen Geschichtserfindung, Fribourg / Schweiz 2002., S. 255ff).
[104] Wilhelm Kammeier: Die Fälschung der deutschen Geschichte, Leipzig 1935.

[105] Wilhelm Kammeier: Die Wahrheit über die Geschichte des Spätmittelalters, 2. Aufl., Wobbenbüll 1979.
[106] Vgl. Alphons Lhotsky: Die Geschichte einer Urkunde, Wien 1957; Heinrich Appelt: Zur diplomatischen Beurteilung des Privilegium maius, in: W. Schlögl / T. Herde (Hrsg.), Grundwissenschaft und Geschichte, Festschrift Peter Acht, Kallmünz 1976, S. 210-217; Peter Moraw: Das „Privilegium maius" und die Reichsverfassung, in: Fälschungen im Mittelalter III, Hannover 1988 (MGH-Schriften 33, III), S. 201-224 und Günther Hödl: Die Bestätigung und Erweiterung der österreichischen Freiheitsbriefe durch Kaiser Friedrich III., in: Fälschungen im Mittelalter III, Hamburg 1988 (MGH-Schriften 333, III) S. 225-246.
[107] Roman Landau: Anmerkungen zum Zivilisationsprozeß. Weitere Beweise für die Fiktionalität unseres Geschichtsbildes, Hamburg 2003, S. 101-104.
[108] Edwin Johnson: Antiqua Mater: A Study of Christian Origins, London 1887 gebraucht den Slogan vom "round table" der beteiligten meist geistlichen Fälscher, meint damit aber das gleiche wie Kammeier mit seiner *Großen Aktion*.
[109] Zu Begriff, Entstehung, Verlauf und Auswirkung der *Großen Aktion* vgl. Uwe Topper: Die „Große Aktion". Europas erfundene Geschichte, Tübingen 1998. Dazu einschlägig auch das Kapitel „Abschied von der Grossen Aktion" bei Pfister: Die Matrix der alten Geschichte, a.a.O., S. 387-392.
[110] Pfister: Die Matrix der alten Geschichte, a.a.O., S. 256. Pfister bringt dazu interessante Beispiele (S. 256ff).
[111] Eugen Gabowitsch: Wie Geschichte gemacht wird. Das Altertum – eine Erfindung der Renaissance? in: ZeitGeist, Heft 1, 2004, S. 20-24.
[112] Die Auffassung von Pfister: Die Matrix der alten Geschichte, a.a.O., S. 298f, dass „die biblischen Schriften in allen drei Sprachen [Hebräisch, Griechisch, Lateinisch] erst gegen Mitte des 16. Jahrhunderts redigiert worden" seien, steht im Widerspruch vor allem mit der sephardisch-jüdischen Tradition in Spanien. In zahlreichen Streitgesprächen des hohen und späten Mittelalters berufen sich die Juden und christlichen Widersacher auf Stellen im Alten und Neuen Testament. Für diese Auffassung spricht auch die Tatsache, dass für die heiligen Bücher der Juden die Handschriftenlage wesentlich besser ist als für die klassischen Werke der Griechen und Römer.
[113] In der Schützenscheibe vom 10.09.1786 zu Ehren der Geburt von Prinz Ludwig, dem späteren bayerischen König, ist ein Chronosticon mit römischen Zahlen eingebaut. Die Summierung dieser römischen Ziffern ergibt jedoch das Jahr 786, nicht 1786. Thomas Weidner: Das Siegestor und seine Fragmente, München 1996, S. 68 deklariert die Jahreszahl 1786 als kleinen Fehler, „da das M von ‚palma' aus Versehen nicht als Großbuchstabe gestochen wurde". Es verwundert, dass der Fehler für ein so offiziöses Dokument erst viel später entdeckt wurde.

[114] Eine Indiktion ist ein seit dem 4. Jahrhundert n. Chr. zur Datierung verwendeter Zeitraum von 15 Jahren. Die einem Datum beigefügte Indiktion, auch Römerzinszahl genannt, zeigt das Jahr des Zyklus an.

[115] Christoph Pfister: Rezension des chronologiekritischen Werkes von Michel Serrade: Leere Zeiten, Berlin 1998, in: www.dillum.ch/html/rezension_serrade.htm, Dezember 2003, S. 2, Serrade, Ausblick, S. 140.

[116] Vgl. Anatoly T Fomenko.: History: Fiction or Science? Chronology 1, Delamare Publishing, Paris – London – New York 2003, Chapter 1 "The problems of historical chronology", S. 1-92. Hier der genaue Titel des Werkes von Joseph Scaliger: Opus de emendatione temporum : Hac postrema Editione, ex Auctoris ipsius manuscripto; emendatius, magnaque accessione auctius, Genf 1629.

[117] Vgl. Eugen Gabowitsch: Nikolaj Aleksandrowitsch Morosow. Enzyklopädist und Wegweiser der Chronologierevision, in: Zeitensprünge, Heft 4, 1997, S. 670-685 und Eugen Gabowitsch: Von Morosow bis zum jüngsten Fomenko. Zwei neue russische Bücher von Chronologierevisionisten, in: Zeitensprünge, Heft 2, 1997, S. 293-304.

[118] Herodot Historien Buch I Kap. 105. Weitere Stellen zu den Syrern in Palästina II 104, 159; III 5, 91; IV 39 und VII 89.

[119] Vgl. Heinz Fahr: Herodot und Altes Testament, Europ. Hochschulschriften, Reihe 23, Theologie, Frankfurt 1985.

[120] Pfister: Rezension des chronologiekritischen Werkes von Michel Serrade, a.a.O., S. 3f.

[121] Vgl. Gérard Serrade: Leere Zeiten, Berlin 1998, S. 106 und Pfister, ebd., S. 4.

[122] Mary B. Hesse: Forces and Fields. The Concept of Action at a Distance in the History of Physics, London 1961; zit. nach Horst Günther Friedrich: Die Vorstellungen von elektrischen Effluvien bei Naturforschern des Barock-Zeitalters, München 1974, Einleitung, S. 5.

[123] Francesco Petrarca: Dichtungen, Briefe, Schriften, Auswahl und Einleitung von Hanns W. Eppelsheimer, Frankfurt am Main 1980, Brief an Francesco Nelli, S. 132-136. Siehe auch Francesco Petrarca: Epistole, Torino 1978, Dalle Sine nomine, Nr. 18 [A Francesco Nelli], a.a.O., S. 598-611.

[124] Vgl. Monica Kurzel-Runtscheiner: Töchter der Venus, München 1995. Die Diesseitsorientiertheit des Lebens im vatikanischen Rom des 16. Jahrhunderts schildert meisterhaft der venezianische Gesandte Luigi Mocenigo im Jahre 1560. Vgl. dazu Pio Pecchiai: Roma nel '500, Bologna 1948, S. 319.

[125] Christoph Pfister: Rezension des chronologiekritischen Werkes von Anatoly T. Fomenko, a.a.O., S. 6 und Anatoly T. Fomenko.: History: Fiction or Science? Chronology 1, a.a.O., S. 367-372.

[126] Heribert Illig: Die Debatte der Schweigsamen, a.a.O., S. 94f.

[127] Barbara Scholkmann: Die Tyrannei der Schriftquellen? Überlegungen zum Verhältnis materieller und schriftlicher Überlieferung in der Mittelalterarchäologie, in: Marlies Heinz – Eggert Manfred – Veit Ulrich (Hrsg.): Zwischen Erklären und Verstehen? Beiträge zu den erkenntnistheoretischen Grundlagen archäologischer Interpretation, Münster u.a. 2003, S. 239-258, hier S. 240; zit. nach Heribert Illig: Die Tyrannei des Trivialen. Zum Mittelalterdiskurs, in: Zeitensprünge, Jahrg. 16, Heft 2, 2004, S. 258-271, hier S. 263. Hervorhebungen und Fettdruck durch H. Illig. Weitere Beispiele zur Kritik und Ablehnung der Dominanz der Geschichtsforschung von archäologischer Seite finden sich in diesem Artikel von Illig.

[128] Gabowitsch Eugen: AD Ages in Chaos: A Russian Point of View, in: Chronology & Catastrophism Review, 2003, S. 91-95, hier S. 92.

[129] Gabowitsch, AD Ages in Chaos, ebd., S. 94, Fig. 7.

[130] Zu den jüdischen Quellen zählen nicht nur die amtlichen Quellen wie Thora, Talmud, Kabbala etc., sondern auch bisher wenig beachtete Quellen wie z. B. Memorbücher. Sie enthalten z. B. „Gebete für die Märtyrer mittelalterlicher und späterer Verfolgungen sowie berühmter Gelehrter, Eulogien für die Mitglieder der Gemeinde und Gebete, die nach der Schabbat-Lesung von Thora und Haftara rezitiert wurden." Die Memorbücher, welche vor allem für die neuere Zeit erhalten sind, bieten „Einblick in die Struktur der Gemeinde und ihrer Wohlfartsinstitutionen". Quelle: www.steinheim-institut.de/projekte/index.html, S. 3 f. Vgl. auch Golo Mann: Über Antisemitismus, im Sammelband zu Golo Mann: Geschichte und Geschichten, Frankfurt am Main – Wien – Zürich 1964.

[131] Pfister: Die Matrix der alten Geschichte, a.a.O., S. 371.

[132] Wladimir Lindenberg: Riten und Stufen der Einweihung. Schamanen, Druiden, Yogis, Mystiker, Starzen. Mittler zur Anderwelt, Freiburg im Breisgau 1978, S. 149.

[133] Francis X. King: Hexen und Dämonen, Hamburg 1988, S. 91.

[134] In seinen Briefen von 1147 (Epist. 241; 242) beklagt der Heilige Bernhard nicht nur die kirchlichen Verfallserscheinungen, sondern macht auch die wichtige Feststellung, dass in den Besitzungen des Grafen von Toulouse die Kirchen als Synagogen betrachtet werden. In den meisten Regionen von Südfrankreich genossen die Juden bei der „christlichen" Bevölkerung eine außergewöhnlich hohe Wertschätzung. Dogmatische Differenzen zwischen Juden und Christen waren so gut wie nicht vorhanden. Vgl. dazu Henry C. Lea: Geschichte der Inquisition im Mittelalter, Bd. 1, deutsche Ausgabe, Bonn 1905, S. 72-77.

[135] Jacob und Wilhelm Grimm: Deutsches Wörterbuch, 2. Band, Leipzig 1860, Sp. 1455, Artikel „Drudenfusz".

[136] So z. B. Hedi Heres: Zuflucht zum Glauben – Flucht in den Aberglauben, Dachau 1997, S. 163.

[137] So z. B. Neues grosses Volkslexikon in zehn Bänden, Bd. 2, Stuttgart 1981, S. 488 und 490.

[138] Werner Schultheiß: Brauwesen und Braurechte in Nürnberg bis zum Beginn des 19. Jahrhunderts, Nürnberg 1978, S. 80. Solche Bierstangen finden sich in Nürnberg in der frühen Neuzeit vor allem bei sog. Fremdbierschenken, also Nürnberger Gasthäusern, welche Bier aus der Umgebung verkauften.

[139] Quelle: Stadtbibliothek Nürnberg, Hausbuch der Mendelschen Zwölfbrüderstiftung, Sign. Amb. 317.2°, abgedruckt im Artikel „Bier", Brockhaus Enzyklopädie, Bd. 2, Wiesbaden 1967, S. 706-709, hier S. 709. Dieses Bild findet sich abgedruckt bei Harry Kühnel (Hrsg.): Alltag im Spätmittelalter, Augsburg 2006, S. 206. Mendel, Mändel, Mandl sind übrigens häufige jüdische Familiennamen.

[140] Jüdisches Lexikon. Ein enzyklopädisches Handbuch des jüdischen Wissens in vier Bänden, begründet von Dr. Georg Herlitz und Dr. Bruno Kirschner, Berlin 1927ff, Bd. III, Sp. 1281. Wertvolle Anregungen zum Penta- und Hexagramm verdanke ich Frau Dr. Christine Sauer von der Stadtbibliothek Nürnberg.

[141] Vgl. dazu Wladimir Lindenberg: Riten und Stufen der Einweihung, a.a.O., S. 151-160.

[142] Jüdisches Lexikon, ebd., Sp. 1281 f.

[143] Jüdisches Lexikon, ebd., Sp. 1282.

[144] Vgl. Werner Schultheiß: Brauwesen und Braurechte in Nürnberg, a.a.O., S. 77.

[145] Marcu Valeriu: Die Vertreibung der Juden aus Spanien, München 1991 (Erstausgabe Amsterdam 1934).

[146] Freisinger Rechtsbuch, bearb. Von H.-K. Claußen, Weimar 1941 (= Germanenrechte, N.F.), Art. 219, zit. nach Rudolf Goerge: Judaica Frisingensia, a.a.O., S. 40. Zum Judeneid vgl. vor allem M. Treml – J. Kiermeier: Geschichte und Kultur der Juden in Bayern: Aufsätze, München 1988.

[147] Rudolf Goerge: Judaica Frisingensia, a.a.O., S. 80.

[148] Philipp Apians Wappensammlung, in: Oberbayerisches Archiv für vaterländische Geschichte, Bd. 39 (1880), Nr. 343.

[149] Nicolaus (de Lyra): Postilla moralis super totam bibliam (Ausz.) Psalterium, deutsche Bearbeitung und Vorreden von Heinrich von Mügeln, Straßburg 1478, Dombibliothek Freising, Sign. J 40 (= Hain *13508).

[150] R. Goerge: Judaica Frisingensia, a.a.O., S. 80 und H. Strzewitzek: Die Sippenbeziehungen der Freisinger Bischöfe im Mittelalter, München 1938 (= Deutingers Beiträge 16), S. 236f.

[151] J. Schlecht: Monumentale Inschriften im Freisinger Dome, 1. Heft, Freising 1900, S. 46f.

[152] Meichelbeck: Historia Frisingensis, Bd. II, 1,9, Augsburg 1729.
[153] Ludwig Albert Freiherr von Gumppenberg: Geschichte der Familie von Gumppenberg, 2. Aufl., München 1881, S. 96, Anm. 1.
[154] Freiherr von Gumppenberg: Geschichte der Familie von Gumppenberg, ebd., S. 129.
[155] Rudolf Goerge: Judaica Frisingensia, a.a.O., S. 80. Siehe auch Philipp Apians Wappensammlung, a.a.O., S. 107 und Nr. 344.
[156] Freiherr von Gumppenberg: Geschichte der Familie von Gumppenberg, a.a.O., S. 358, Anm. 2.
[157] Vgl. dazu Thomas Heinz: Ludwig der Bayer (1282-1347). Kaiser und Ketzer, Regensburg-Graz-Wien-Köln 1993, S. 292-297.
[158] Vgl. Wilhelm Liebhart: Altbayerische Geschichte, Dachau 1998, S. 82.
[159] Vgl. Wilhelm Kaltenstadler: Soziale und rechtliche Volkskunde, in: Wege der Volkskunde in Bayern. Ein Handbuch, herausgegeben von Edgar Harvolk, München / Würzburg 1987, S. 443-513, hier S. 470.
[160] Karl-S. Kramer: Bauern und Bürger im nachmittelalterlichen Unterfranken. Eine Volkskunde auf Grund archivalischer Quellen (= Beitr. zur Volkstumsforschung, Bd. 11) , Würzburg 1957 S. 45. Vgl. auch Renate Höpfinger: Die Judengemeinde von Floß 1684 – 1942, Kallmünz 1993.
[161] Stefan Schwarz: Die Juden in Bayern im Wandel der Zeiten, München / Wien 1963 (TB 1980), S. 79.
[162] Vgl. Christian Blöss: Planeten, Götter, Katastrophen: Das neue Bild vom kosmischen Chaos, Frankfurt am Main 1991.
[163] Vgl. Heribert Illig: Chronologie und Katastrophismus. Vom ersten Menschen bis zum drohenden Asteroideneinschlag, Gräfelfing 1992.
[164] Vgl. Horst Friedrich: Erdkatastrophen und Menschheitsentwicklung. Unser kataklysmisches Ur-Trauma, Hohenpeißenberg 1998.
[165] Vgl. Gunnar Heinsohn – Christoph Marx: Kollektive Verdrängung und die zwanghafte Wiederholung des Menschenopfers, 1984, S. 89ff und Gunnar Heinsohn: Die Erschaffung der Götter. Das Opfer als Ursprung der Religion, 1997.
[166] Vgl. Christoph Marx: Der (bislang) letzte Große Ruck in: Vorzeit-Frühzeit-Gegenwart 3, 1996, S. 339ff. Mit „Großer Ruck" ist ein letzter Kataklysmus des späten Mittelalters gemeint, wie ihn beispielsweise ein Gutachten der Medizinischen Fakultät der Universität Paris im 14. Jahrhundert andeutet.
[167] Uwe Topper: Zeitfälschung. Es begann mit der Renaissance. Das neue Bild der Geschichte, München 2003., S. 216.
[168] Topper: Zeitfälschung, ebd., S. 217. Auch hier fehlen konkretere historische Quellennachweise.
[169] Pfister: Die Matrix der alten Geschichte, a.a.O., S. 382f.

[170] F. de Santa-Maria: Historia das sagrada congegraçoes des conegos seculares de S. Jorge em alga de Venesa e de S. João evangelista en Portugal, Lissabonn 1677, S. 270-272. Zit. Nach Delumeau: Angst im Abendland, a.a.O., S. 160.

[171] Vgl. Christoph Däppen: Nostradamus und das Rätsel der Weltzeitalter, Norderstedt-Zürich 2004, S. 42f. Das Pariser Gutachten findet sich ursprünglich bei Julius Friedrich Carl Hecker: Die großen Volkskrankheiten des Mittelalters, 1865, Nachdr. 1964. Vgl. auch Justus Friedrich Carl Hecker: Der Schwarze Tod im vierzehnten Jahrhundert. Nach den Quellen für Ärzte und gebildete Nichtärzte bearbeitet, 1832; Nachdr. 1973.

[172] Julius Friedrich Carl Hecker: Die großen Volkskrankheiten des Mittelalters, 1865, Nachdr. 1964.

[173] Thomas Heinz: Ludwig der Bayer (1282-1347). Kaiser und Ketzer, Regensburg – Graz – Wien – Köln 1993, S. 63.

[174] Ich erinnere nur an die Willkür, welche immer wieder staatliche Gerichte und andere staatliche und private Organisationen sich gegen sog. freie Bürger leisten. Solche Fälle, wie sie z. B. in der Sendung von Fliege und anderen ausgestrahlt werden, scheinen keine Einzelfälle mehr zu sein. Die Demokratie der BR Deutschland ist immer noch nicht in der Lage, gegen solche Willkür mit der Einrichtung von Ombudsmännern (wie in Schweden und Österreich) vorzugehen.

[175] Es wäre eine interessante Aufgabe, einmal der Frage nachzugehen, ob die Juden, welche den Übergang zum Christentum, dem neuen Glauben, nicht mitmachten, ein höheres Freiheitsbewusstsein hatten als die Christen. Es wäre denkbar. Denn eine der zentralen Aussagen von Spinozas Ethik heißt: „Der Hauptzweck des Staates ist die Freiheit."

[176] Nach Christoph Marx: Datieren vor der gregorianischen Kalenderreform in: Vorzeit-Frühzeit-Gegenwart 3, 1993, S. 38ff. könnte das Konzil auch später stattgefunden haben.

[177] Gustav Mensching: Der Irrtum in der Religion, Heidelberg 1969, S. 168.

[178] Freisinger Rechtsbuch, bearb. Von H.-K. Claußen, Weimar 1941 (= Germanenrechte , N.F.), Art. 219, zit. nach Rudolf Goerge: Judaica Frisingensia, a.a.O., S. 40. Zum Judeneid vgl. vor allem M. Treml – J. Kiermeier: Geschichte und Kultur der Juden in Bayern: Aufsätze, München 1988.

[179] Codex Juris Bavarici Criminalis de anno MDCCLI, 2. Aufl., München 1771, Viertes Capitel, § 10 und 11.

[180] Beachtenswert sind die Ausführungen zur Kultur der Templer von Uwe Topper: Zeitfälschung. Es begann mit der Renaissance. Das neue Bild der Geschichte, München 2003, S. 152-159. Auf die Darstellung der Templer in einem eigenen Kapitel möchte ich auch hier in der 2. Auflage verzichten, da dies von meinem Thema zu weit wegführen würde.

[181] Karl Heinz Deschner: Kriminalgeschichte des Christentums, Bd. 4 Frühmittelalter, Hamburg 1994, S. 152f.
[182] Deschner: Kriminalgeschichte des Christentums, Bd. 4, ebd., S. 151f.
[183] Deschner: Kriminalgeschichte des Christentums, Bd. 4, ebd., S. 179.
[184] Henry Charles Lea: Geschichte der Inquisition im Mittelalter, Bd. 1, a.a.O., S. 66.
[185] Pfister: Die Matrix der alten Geschichte, Kap. „Wer erfand die Kreuzzüge?", a.a.O., S. 322-336 verlegt in Verbindung mit seiner These von der Kalendermanipulation durch Scaliger und Petavius die Kreuzzüge in das 16. Jahrhundert. Dafür fehlt aber jegliche Quellenbasis.
[186] Christoph Däppen: Nostradamus und das Rätsel der Weltzeitalter, a.a.O., S. 70-73 bemüht sich um eine rationale Erklärung des Vorwurfs der Brunnenvergiftung über die Lepra, welche ansteckend war und bei Juden wohl häufiger vorkam als bei Christen.
[187] Harry Kühnel (Hrsg.): Alltag im Spätmittelalter, a.a.O., S. 54 f.
[188] Harry Kühnel (Hrsg.): Alltag im Spätmittelalter, ebd., S. 58-64.
[189] Jean Delumeau: Angst im Abendland, a.a.O., S. 432.
[190] Wilhelm Liebhart: Altbayerische Geschichte, a.a.O., S. 46.
[191] Wilhelm Liebhart: Altbayerische Geschichte, ebd., S. 46.
[192] Jean Delumeau: Angst im Abendland, a.a.O., S. 432.
[193] Zur Kontroverse um die „Judensau" am Regensburger Dom vgl. O. V.: Hinweisschild erläutert antisemitische Skulptur in: Donaukurier, Nr. 73, 31.03.2005, S. 14. Nach Hermann Rusam soll es in Bayern insgesamt zehn mittelalterliche „Judensäue" geben.
[194] Quelle: Ursula Homann: Ecclesia und Synagoga – feindliche Schwestern? Gedanken zu einer Ausstellung, www.ursulahomann.de/EcclesiaUndSynagoga/komplett.html, S. 1-6. In der ehemaligen Klosterkirche Neustift, zur Stadt Freising gehörig, finden sich wie in Bamberg die Symbolfiguren der Synagoga und Ecclesia. Ein Engel nimmt der Synagoga in Neustift die Binde von den Augen, damit diese „zur wahren Erkenntnis gelangen kann." (Goerge: Judaica Frisingensia, a.a.O., S. 81).
[195] Ursula Homann: Ecclesia und Synagoga, ebd., S. 3.
[196] Ursula Homann: Ecclesia und Synagoga, ebd., S. 4.
[197] Ursula Homann: Ecclesia und Synagoga, ebd., S. 4. Man war damals noch weit davon entfernt, die Notwendigkeit einer christlich – jüdischen Symbiose, wie sie Raphael Straus: „Apokatastasis. Eine friedvolle Betrachtung über Judentum und Christentum, www.steinheim-institut.de/projekte/straus/index.html, bereits in den dreißiger Jahren des 20. Jahrhunderts vorschwebte, zu erkennen.

[198] Zu welchen Perversionen die Ablasslehre der Kirche führte, zeigt der Hinweis von Charles H. Lea: Geschichte der Inquisition im Mittelalter, Bd. 1, a.a.O., S. 599, die Kirche habe die Verbrennung eines Ketzers „als eine so hervorragend fromme Tat" betrachtet, „dass sie sogar allen, die Holz für die Scheiterhaufen herbeibrachten, einen vollkommenen Ablass gewährte".

[199] Vgl. Georg R. Schroubek: Zur Kriminalgeschichte der Blutbeschuldigung. ‚Ritualmord'- Opfer und Justizmordopfer, in: Monatsschrift für Kriminologie und Strafrechtsreform, 65. Jahrg., Heft 1 (1982) S. 2-17.

[200] Valeriu Marcu: Die Vertreibung der Juden aus Spanien, München 1991 (Erstausgabe Amsterdam 1934), Kapitel „Ritualmordprozesse, S. 145-164.

[201] Bettina Brühl: Ein „Fremder" im bayerischen Heiligenhimmel. Zur Darstellung des Anderl von Rinn auf einer Votivtafel der Wallfahrtskirche Hergottsruh in Friedberg, in: Altbayern in Schwaben, Jahrbuch für Geschichte und Kultur 2005/2006, Aichach 2005, S. 118-133, vor allem S. 121f.

[202] Georg R. Schroubek: Zur Frage der Historizität des Anderl von Rinn, in: Tiroler Kulturzeitschrift „Das Fenster", Bd. 19 (1985), Heft 38, S. 3766-3774 und Bettina Brühl: Andreas von Rinn, Tradierungsmechanismen einer Ritualmordlegende, untersucht am Beispiel Bayerisch-Schwaben, in: Peter Fassl (Hrsg.): Geschichte und Kultur der Juden III, Augsburg 2005.

[203] Bettina Brühl: Ein „Fremder" im bayerischen Heiligenhimmel, a.a.O., S. 121.

[204] Kurzel-Runtscheiner: Töchter der Venus, a.a.O., S. 148.

[205] Vgl. Rudolf Goerge: Judaica Frisingensia, a.a.O., S. 38-43 und S. 80-85, hier S. 82f.

[206] Jean Delumeau: Angst im Abendland, a.a.O., S. 420-431.

[207] Jochen Schimmang: Es war möglich. Christopher Browning über den Weg zum Judenmord der Nazis, in: Die Welt, Literarische Welt, 17. Januar 2004, S. 5.

[208] Klaus Kreitmeier: Geheimnisumwittertes Volk, in: Kirchenzeitung für das Bistum Eichstätt, 66. Jahrg., Nr. 35, 31. August 2003, S. 16 f, hier S. 16.

[209] Klaus Kreitmeier: Geheimnisumwittertes Volk, ebd., S. 16.

[210] Vgl. zu den Zigeunern W. Kaltenstadler: Soziale und rechtliche Volkskunde, a.a.O., S. 468f mit weiterer Literatur zu Bayern.

[211] August Fournier: Napoleon I. Eine Biographie in drei Telbänden, 2. Band: Der Kampf um die Weltherrschaft, hrsg. von Theophile Sauvageot, Essen o. J. (2003), S. 200f.

[212] Vgl. Michael Zimmermann: Die Geschichte der Juden im Rheinland und in Westfalen, Stuttgart 1998.

[213] A. Fournier: Napoleon I, a.a.O., S. 201.

[214] Das römische Zwölftafelgesetz legte 12 Prozent Jahreszins als Obergrenze fest. Zuvor dagegen war die Zinshöhe in das Belieben der Reichen (locupletes)

bzw. Kapitalisten gestellt. Spätere Versuche, das Zinsnehmen ganz zu verbieten, waren wie immer zum Scheitern verurteilt. Quelle: Tacitus Hist. Buch 6, Kap. 16. Diese Tacitusstelle geht den wahren Ursachen der römischen Wirtschaftskrise noch viel mehr auf den Grund als der Biograph von Napoleon im 19. Jahrhundert.

[215] A. Fournier: Napoleon I, a.a.O., S. 202.

[216] Heinrich Treitschke: Unsere Ansichten, in: Preußiche Jahrbücher, November 1879, zit. nach: Der Berliner Antisemitismusstreit, hrsg. von Walter Boehlich, Frankfurt a. M. 1965, S. 7ff.

[217] Richard J. Evans: Das Dritte Reich. Der Aufstieg, München 2004; zit. nach Anthony Beevor: Wir müssen uns in die Bösen hineinversetzen, Besprechung des Werkes von Evans, in: Die Welt, Literarische Welt, 6. März 2004, Literarische Welt, S. 3.

[218] Rainer Jeglin: Karl May und der antisemitische Zeitgeist, in: Jahrbuch der Karl-May-Gesellschaft 1990, S. 107-131, hier S. 107.

[219] Jeglin: Karl May und der antisemitische Zeitgeist, ebd., S. 108.

[220] Zit. nach Wilhelm Liebhart: Macht, Pflicht und Mythos. Zum Jubiläum „200 Jahre Königreich Bayern 1806-2006" (Schluß), in: Aichacher Heimatblatt, Jahrg. 54, H. 2, Februar 2006, S. 5-7, hier S. 5.

[221] Jeglin: Karl May und der antisemitische Zeitgeist, a.a.O., S. 108.

[222] Jeglin: Karl May und der antisemitische Zeitgeist, ebd., S. 109.

[223] Otto Glagau: Der Bankerott des Nationalliberalismus und die ‚Reaktion', Berlin 1878, S. 71. Fundamental zur Vorgeschichte des politischen Antisemitismus ist Paul W. Massing: Vorgeschichte des politischen Antisemitismus, Frankfurt a. M. 1959, S. 10f.

[224] Richard J. Evans: Das Dritte Reich, a.a.O.

[225] Zu den jüdischen Klischees und Stereotypen im Deutschland des ausgehenden 19. Jahrhunderts siehe das Kapitel „Judenstereotypen während der Kolportagezeit (1883-1885)" und das Kapitel „Judenfiguren in den Reiseerzählungen der neunziger Jahre" bei Jeglin: Karl May und der antisemitische Zeitgeist, a.a.O., S. 114-120 bzw. S. 115-127.

[226] Vgl. R. Jeglin: Karl May und der antisemitische Zeitgeist, ebd., S. 114ff.

[227] Diese Rede von Karl May ist dokumentiert durch Ekkehard Bartsch: Karl Mays Wiener Rede. Eine Dokumentation, in: Jahrbuch der Karl-May-Gesellschaft, 1970, S. 59. Siehe auch Jeglin: Karl May, ebd., S. 128f.

[228] Deutsches Volksblatt, Wien, 23.3.1912, abgedruckt bei E. Bartsch: Karl Mays Wiener Rede, ebd., S. 76.

[229] Reinhard Haiplik: Pfaffenhofen unterm Hakenkreuz, Pfaffenhofen 2003, Kap. „Antisemitische Hasstiraden", S. 88f; 2. Aufl., 2005, Kap. „Verrohung und Verblendung, Rassenwahn und Führerkult", S. 64ff.

[230] Wilhelm Raabe: Holunderblüte. Eine Erinnerung aus dem „Hause des Lebens", in: Wilhelm Raabe, Sämtliche Werke, Erste Serie, Bd. 5, Berlin – Grunewald, 1864, aus „Ferne Stimmen", S. 594-627.
[231] Grundlegend dazu Detlev Claussen: Vom Judenhaß zum Antisemitismus. Materialien einer verleugneten Geschichte, Darmstadt-Neuwied 1987, S. 105 und R. Jeglin Rainer: Karl May und der antisemitische Zeitgeist, a.a.O., S. 109.
[232] Anthony Beevor: Wir müssen uns in die Bösen hineinversetzen, a.a.O., S. 3
[233] Gemeint ist die Zeit nach der Reichsgründung.
[234] Anthony Beevor: Wir müssen uns in die Bösen hineinversetzen, a.a.O., S. 3.
[235] Anthony Beevor: Wir müssen uns in die Bösen hineinversetzen, ebd., S. 3
[236] Die Berliner Juden und das öffentliche Leben. Reden, gehalten vor der Versammlung Deutscher Bürger in den Sälen der Berliner Bocksbrauerei am 2. Juli 1883; zit. nach Helmut Berding: Moderner Antisemitismus in Deutschland, Frankfurt 1988, S. 94.
[237] Raphael Straus: „Apokatastasis. Eine friedvolle Betrachtung über Judentum und Christentum", zu finden auch im Internet unter www.stein-heim-institut.de/projekte/straus/index.html, S. 1f (Stand 2004).
[238] O.V.: Die wahre Erlösung vom Antisemitismus. Von einem getauften Juden, Leipzig 1883.
[239] O.V.: Die wahre Erlösung vom Antisemitismus, ebd., S. 6.
[240] O.V.: Die wahre Erlösung vom Antisemitismus, ebd., S. 6f.
[241] Rüdiger vom Bruch – Rainer A. Müller: Erlebte und gelebte Universität. Die Universität München im 19. und 20. Jahrhundert, Pfaffenhofen 1986, S. 181-187.
[242] O.V.: Die wahre Erlösung vom Antisemitismus, ebd., S. 7.
[243] Im Rahmen dieser jüdischen Selbstbehauptung wurde 1893 der Central-Verein (CV) deutscher Staatsbürger jüdischen Glaubens gegründet.
[244] O.V.: Die wahre Erlösung vom Antisemitismus, ebd., S. 10.
[245] O.V.: Die wahre Erlösung vom Antisemitismus, ebd., S. 18.
[246] Zit. nach Wilhelm Liebhart: Macht, Pflicht und Mythos, a.a.O., S. 5.
[247] O.V.: Die wahre Erlösung vom Antisemitismus, ebd., S. 27f.
[248] O.V.: Die wahre Erlösung vom Antisemitismus, ebd., S. 41-46f.
[249] O.V.: Die wahre Erlösung vom Antisemitismus, ebd., S. 59. Dieser Gedanke korreliert mit der bis weit in die Neuzeit hinein vertretenen These von der Herkunft der Deutschen (Aschkenas im AT) und Baiern aus dem Kaukasusgebiet.
[250] Autorenkollektiv: Antisemitismus in der Geschichtswissenschaft, a.a.O., Kap. „Der Glaube der Historiker", S. 9.
[251] R. Jeglin: Karl May und der antisemitische Zeitgeist, a.a.O., S. 110.
[252] R. Jeglin: Karl May und der antisemitische Zeitgeist, ebd., S. 111.
[253] Paul W. Massing: Vorgeschichte des politischen Antisemitismus, a.a.O., S. 43.

[254] R. Jeglin: Karl May und der antisemitische Zeitgeist, a.a.O., S. 112.
[255] R. Jeglin: Karl May und der antisemitische Zeitgeist, ebd., S. 112.
[256] Frauke Röschlau und Stefan Fuhr: Herero-Aufstand markiert ein dunkles Kapitel deutscher Geschichte, in: Donaukurier, Nr. 7, 10./11. Januar 2004, S. 3 (Panorama).
[257] Hanna Eisler (Hrsg.): Die großen Fragen der Geschichte. Eine Auswahl von Texten der Hamburger Schule, Hamburg 2003, S. 99.
[258] Hanna Eisler: Die großen Fragen, ebd., S. 100.
[259] Grundlegend Gunnar Heinsohn: Was ist Antisemitismus? Der Ursprung von Monotheismus und Judenhaß. Warum Antizionismus?, Frankfurt am Main 1988. Antizionismus darf aber auf keinen Fall, wie dies so oft geschieht, mit Antijudaismus und Antisemitismus in einen Topf geworfen werden.
[260] Leon Poliakov: Geschichte des Antisemitismus, Bd. 6 Emanzipation und Rassenwahn, Worms 1987 ist eine Fundgrube für Entstehung, Entwicklung und Auswirkung des Rassismus.
[261] Der Wiener Oberrabiner Moishe Arye Friedmann weist in seinem Interview mit dem National Journal (April 2004), a.a.O., auf die besondere Verbundenheit der orthodoxen Juden mit dem deutschen Volk hin. Er vertritt sogar die Auffassung, dass der Zionismus gegen die traditionelle jüdische Identität, die Religion, verstoße. Beim Zionismus würden nicht Gott und die jüdische Religion im Mittelpunkt stehen, „sondern eine reine Rasse und Rassismus, wobei das nicht zionistische Judentum eliminiert werden soll. Zionismus läuft in Hinblick auf die Palästinenser auf Faschismus und Apartheid hinaus." Friedman lässt allerdings unerwähnt, dass jahrhundertelange Judenverfolgungen in ganz Europa im allgemeinen und der Holocaust in Deutschland im besonderen erst die wirkliche Basis für einen entwickelten Zionismus geschaffen haben. Quelle: www.dsz-verlag.de/artikel/NZ24/NZ24_1.html. Dass das nationale Denken in Israel, vor allem unter der Regierung von Sharon und Olmert, manchmal übers Ziel hinausschießt, ist eine andere Sache. Das gilt auch für die jahrzehntelang praktizierte einseitige Haltung der USA im Nahen Osten.
[262] Reinhard Haiplik: Pfaffenhofen, 3. Februar 1935 – Ein neuer Frühling? (2. Forsetzung und Schluss), in: Unsere Heimat. Historische Blätter für den Landkreis Pfaffenhofen, Beilage des „Donaukurier", 145. Jahrg., Nr. 3/2004, S. 1-2.
[263] Reinhard Haiplik: Pfaffenhofen unterm Hakenkreuz, a.a.O., S. 41.
[264] Reinhard Haiplik: Pfaffenhofen unterm Hakenkreuz, ebd., S. 263 f.
[265] Reinhard Haiplik: Pfaffenhofen unterm Hakenkreuz, ebd., S. 128 f.
[266] Autorenkollektiv: Antisemitismus in der Geschichtswissenschaft, a.a.O., S. 29.
[267] Wolfram Selig: „Arisierung" in München. Die Vernichtung jüdischer Existenz 1937-1939, Berlin 2004 versteht unter „Arisierung" vor allem die Vernichtung

jüdischer Firmen und jüdischen Vermögens. Selig setzt den Begriff in Anführungszeichen.

[268] Vgl. Daniel Goldhagen: Hitlers willige Vollstrecker. Ganz gewöhnliche Deutsche und der Holocaust. Aus dem Amerikanischen übersetzt von Klaus Kochmann, Berlin 1996.

[269] Schneider Michael: Die „Goldhagen-Debatte": ein Historikerstreit in der Mediengesellschaft [Electronic ed.], Gesprächskreis Geschichte, 17, Bonn 1997, Quelle: www.fes.de/fulltext/historiker/00144.html. Zur Debatte über Goldhagens Buch in „Die Zeit" vgl. Volker Ullrich: Hitlers willige Mordgesellen. Ein Buch provoziert einen Historikerstreit: Waren die Deutschen doch alle schuldig?, in: Die Zeit, 12.04.1996, S. 1.

[270] Christian Silvester: Das Zeitalter der „deutschen Katastrophe": Hans-Ulrich Wehlers Gesellschaftsgeschichte, in: Donaukurier, Nr. 187, 14./15.08.2004, S. 16. Dazu Hans Ulrich Wehler: Deutsche Gesellschaftsgeschichte 1914 bis 1949, München 2004.

[271] Zu den Historikern, welche die These von Goldhagen in Frage stellten, gehören auch eine Reihe von Historikern, welche sich bei Julius H. Schoeps (Hrsg.): Ein Volk von Mördern? Die Dokumentation zur Goldhagen-Kontroverse um die Rolle der Deutschen im Holocaust, geäußert haben. Kritiker von Goldhagen finden sich auch bei Michael Schneider: Die „Goldhagen-Debatte", ebd., S. 6ff.

[272] Rafael Seligman: In Deutschland erblüht das Judentum. Kein anderes Land hat eine so schnell wachsende Gemeinde – die Normalisierung geht weiter, in: Die Welt, 23. Juli 2004, Forum, S. 9.

[273] Vgl. vor allem Jakob Fromer (Hrsg.): Der Babylonische Talmud, 6. Aufl. 2000, Dritte Ordnung, Blatt 55 b – 57 b, 1. - 4. Traktat.

[274] Jakob Fromer: Der Babylonischer Talmud, ebd., Dritte Ordnung, 3. Traktat, Scholie 1, Anhang 3, S. 355.

[275] Erschienen in der Festschrift für Siegfried Lauffer „Studien zur Alten Geschichte", hrsg. von Hansjörg Kalcyk, Bd. II, Roma 1986, S. 503 – 557. Palladius lebte wohl in der Spätantike, er gibt das reale Leben besser wieder als die sog. klassischen Autoren wie Tacitus, Cicero etc.

[276] Autorenkollektiv: Antisemitismus in der Geschichtswissenschaft, a.a.O., S. 26f.

[277] In Großbritannien war nicht nur das „Jewish money" im Umlauf, sondern es wurde dort noch lange aschkenasisches Recht, sog. germanisches Recht, angewendet (mündlicher Hinweis von Herrn Dr. Schweisthal).

[278] Wolfram Zarnack: Hel, Jus und Apoll / Sonnen-Jahr und Feuer-Weihe: Wurzeln des Christentums. Eine sprach- und symbolgeschichtliche Skizze, Göttingen 1997. Auch nach Pfister: Die Matrix der alten Geschichte, a.a.O., S. 371 steckt

der Begriff *jus* (Recht) im Wort *Juden*. Er leitet dies auch von der Tatsache ab, dass bei ihnen wie kaum bei einem anderen Volk das Gesetz betont und geachtet wird. Das zeigt der Talmud mit seinen vielen Vorschriften, welche ein frommer Jude zu beachten hat.

[279] Landau: Anmerkungen zum Zivilisationsprozeß, a.a.O., S. 44-47.
[280] A. Gurjewitsch: Mittelalterliche Volkskultur, a.a.O., S. 104.
[281] Delumeau: Angst im Abendland, a.a.O., S. 395.
[282] Francesco Petrarca: Dichtungen, Briefe, Schriften, a.a.O., Brief an Francesco Nelli in Avignon, Mailand, Frühjahr 1358, S. 128-136, hier S. 128f. Siehe auch Francesco Petrarca: Epistole, Torino 1978, a.a.O., S. 599ff.
[283] Monica Kurzel-Runtscheiner: Töchter der Venus, a.a.O., Kap. „Der Umgang mit dem Glauben", S. 176-182, hier S. 177.
[284] Kurzel-Runtscheiner: Töchter der Venus, ebd., S. 177.
[285] Kurzel-Runtscheiner: Töchter der Venus, ebd., S. 178f.
[286] Christoph Däppen: Nostradamus und das Rätsel der Weltzeitalter, a.a.O., S. 245f.
[287] Kurzel-Runtscheiner: Töchter der Venus, a.a.O., S. 179.
[288] Kurzel-Runtscheiner: Töchter der Venus, ebd., S. 208.
[289] Kurzel-Runtscheiner: Töchter der Venus, ebd., S. 181f.
[290] Giuseppe G. Belli: G.G. Belli 1791 – 1863. Die Wahrheit packt dich ... Eine Auswahl seiner frechen und frommen Verse, hrsg. von Otto Ernst Rock, München 1978, vor allem S. 60 und S. 133.
[291] Gregor von Tours: Historiarum libri decem (Zehn Bücher Geschichten), 1. Bd., Buch 1-5, hrsg. von Rudolf Buchner, Darmstadt 1977, 2. Bd., Buch 6-10, Darmstadt 1974.
[292] Zit. nach W. Liebhart: Altbayerische Geschichte, a.a.O., S. 93.
[293] A. Gurjewitsch: Mittelalterliche Volkskultur, a.a.O., Kap. VI., S. 260-311.
[294] Toppers diverse Werke quellen über von Abbildungen an mittelalterlichen Sakralgebäuden (vor allem in Frankreich und Spanien), welche man beim besten Willen nicht als christliche Ereignisse des AT oder NT deuten kann. Als Beispiel möge die dreifache Katzengottheit dienen, welche am Kapitell der Kirche Santa Maria de Bermés in Lalin, Pontevedra, in Spanien als Trinität dargestellt ist (Topper: Zeitfälschung, a.a.O., S. 231, Abb. 13). In vielen mittelalterlichen Kirchen der keltischen Regionen wie Irland und Bretagne „findet man die in Stein gemeißelte Symbolik" des keltischen Kultes, z. B. die Idee der Wiederverkörperung (Wladimir Lindenberg: Riten und Stufen der Einweihung, Freiburg i. B., a.a.O., S. 39).

[295] Gerhard Anwander: Auvergnatische Impressionen. Reiseeindrücke aus einer „karolingischen" Provinz, in: Zeitensprünge, Jahrg. 16, Heft 3, 2004, S. 595-624, hier vor allem S. 609-624.

[296] Matthias Hamann: Die burgundische Prioratskirche von Anzy-le-Duc und die romanische Plastik von Brionnais, Dissertation Würzburg 1998, S. 160f.

[297] Kurt R. Walchensteiner: Die Kathedrale von Chartres. Ein Tempel der Einweihung, 2006, stellt die Kathedrale von Chartres als einen Tempel dar, der geheimes Wissen in codierter Form gespeichert hat. Vgl. auch Louis Charpentier: Les Mystères de la Cathédrale de Chartres, Paris 1998 und Sonja Ulrike Klug : Kathedrale des Kosmos. Die heilige Geometrie von Chartres, 2. Aufl., Bad Honnef 2005.

[298] Hans Guggemos: Andechs and the Huosi, in: Migration & Diffusion, an International Journal, vol. 4, Nr. 15, 2003, S. 32-59, hier S. 41.

[299] Hans Guggemos: Andechs and the Huosi, ebd., S. 41-46.

[300] Vgl. dazu Horst Friedrich: Noch immer rätselhaft: Die Entstehung der Baiern, Wessobrunn 1995.

[301] Theodor Mommsen: Das Weltreich der Cäsaren, Lizenzausgabe Frankfurt 1955, charakterisiert in seinem Kapitel XII „Judäa und die Juden" die Juden außerhalb von Judäa / Palästina, vor allem die von Alexandria und Mesopotamien, als äußerst weltoffen und kosmopolitisch. Der Widerstand gegen das global agierende Römische Reich kommt von den Juden Palästinas, welche in der Auslegung des Alten Testamentes und der jüdischen Lehre überhaupt wesentlich radikaler sind und *cum grano salis* einen von den Römern freien unabhängigen Staat anstreben. Die Juden in Judäa sind bei weitem nicht so wirtschaftlich erfolgreich und im Handel engagiert wie die Juden in der „Diaspora".

[302] Landau: Anmerkungen zum Zivilisationsprozeß, Kapitel „Exkurs: Jüdische Poly-Ethnik", a.a.O., S. 87f.

[303] Der 1924 in deutscher Sprache von Jakob Fromer übertragene und erläuterte Babylonische Talmud ist vor kurzem im Weiss-Verlag, 6. Aufl., 2000, erschienen und in einer Lizenzausgabe im Fourier-Verlag Wiesbaden nachgedruckt worden. Die umfassendste Ausgabe des Babylonischen Talmud in deutscher Sprache besorgte Lazarus Goldschmidt: Talmud Babli – Der Babylonische Talmud, a.a.O.

[304] Hanna Eisler: Einführung in: Ralph Davidson / Christoph Luhmann, Evidenz und Konstruktion. Materialien zur Kritik der historischen Dogmatik, Hamburg 1998, S. 15. Das Judentum hat im Laufe einer langen Geschichte nicht nur religiös über das Alte Testament, sondern auch als kulturelle Institution auf Europa gewirkt.

[305] Paul Hengge: Auch Adam hatte eine Mutter. Spuren einer alten Überlieferung in den Fünf Büchern Moses, München 1999, vor allem die Kap. V. Die Urgeschichte und Kap. VI „Als die Götter Menschen waren".

[306] Hanna Eisler: Einführung, a.a.O., S. 45-47.

[307] Lucas Brasi: Der große Schwindel. Bausteine für eine wahre Geschichte der Antike, Hamburg 1995, Kap. 11, S. 90-102 bringt unter Einbeziehung sozialgeschichtlicher Aspekte des alten Palästina einige kritische Argumente dafür, dass „der Siegeszug des Christentums [ist] eigentlich eine orientalische Erfolgsgeschichte" ist und „mit Rom vermutlich gar nichts zu tun" hat.

[308] Am Rande erwähnt sei hier auch, dass bis ins hohe Mittelalter hinein die byzantinische Kirche in weiten Teilen Böhmens und auch in Prag Fuß fassen konnte. Ich erinnere nur an die beiden Hauptfiguren Kyrill und Method.

[309] Guggemos: Andechs and the Huosi, a.a.O., S. 41.

[310] Hans Guggemos: Andechs and the Huosi, ebd., S. 42.

[311] A. Zhabinsky: The Medieval Empire of the Israelites, Buch in Vorbereitung, Stand 2003, Internetauszug aus: www.new-tradition.de, S. 1.

[312] Dan Brown: Sakrileg. The Da Vinci Code, a.a.O., S. 249.

[313] Nach Wolfram Zarnack: Das europäische Heidentum als Mutter des Christentums, in: Efodon, 1999, wirkt im Rahmen des alten Weltbildes nicht primär das Christentum auf das Heidentum, sondern umgekehrt prägt das vorchristliche Weltbild das Christentum in signifikanter Weise.

[314] Die Abschlachtung der Sachsen bei Verden durch Karl den Großen (vorausgesetzt man hält diesen für eine historisch greifbare Figur) wurde bereits durch die kritische historische Forschung des 19. Jahrhunderts als Fälschung entlarvt und ist seit den 60er Jahren Gegenstand vieler mediävistischer Seminare.

[315] Topper: Zeitfälschung, a.a.O., S. 227.

[316] Topper: Zeitfälschung, ebd., S. 227.

[317] Thomas Cerny: Die Langobarden. Ein geheimnisvolles Volk tritt aus dem Schatten der Geschichte, München 2003, vor allem Buch 1: Das Fest oder Die frühe Geschichte der Langobarden, S. 12-85.

[318] Autorenkollektiv: Antisemitismus in der Geschichtswissenschaft, a.a.O., S. 44.

[319] Die Bogumilen bzw. Bogomilen, die Gottesfreunde, entstanden im 10. Jahrhundert auf dem Balkan als eine ursprünglich manichäisch orientierte Glaubensrichtung. Die Mehrzahl von ihnen trat Ende des 15. Jahrhunderts zum Islam über. Es ist nicht auszuschließen, dass die zahlreichen Bulgaren, welche der arianische Romoald, der Herzog von Benevent, im Frühmittelalter auf „Geheiß seines Vaters, des Langobardenkönigs Grimoald, in den Gebieten nördlich der Stadt Beneventum angesiedelt" hatte (Cerny: Die Langobarden, a.a.O., S. 209), bogomilisches Gedankengut nach Italien einschleusten.

[320] Topper: Zeitfälschung, ebd., S. 176.
[321] Topper: Zeitfälschung, ebd., S. 175f.
[322] Reinhard Sonnenschmidt: Mythos, Trauma und Gewalt in archaischen Gesellschaften, Gräfelfing 1994.
[323] Sonnenschmidt: Mythos, Trauma und Gewalt, ebd., S. 99. Dazu spezieller René Girard: Das Heilige und die Gewalt, Zürich 1972, 2. Aufl. 1987, S. 373.
[324] B. Lewis: Die Juden in der islamischen Welt, München 1987; zit. bei Lucas Brasi: Die erfundene Antike. Einführung in die Quellenkritik, Hamburg 2004, S. 118. Brasi, ebd., S. 119-121 weist noch auf weitere orientalische und spanische Reisende hin, welche sich nicht positiv zur europäischen Kultur des Früh- und Hochmittelalters äußerten.
[325] Autorenkollektiv: Antisemitismus in der Geschichtswissenschaft, a.a.O., S. 22.
[326] Vgl. dazu Horst Friedrich: The "Indo-Europeans" and the Concept of "Language Families", in: Midwestern Epigraphical Journal, Vol. 17, Nr. 2, 2003, S. 73-75.
[327] Nach Auffassung des Germanisten Dr. Schweisthal ist *romanisieren* in der europäischen Kulturgeschichte gleichzusetzen mit *zivilisieren*. Romanisieren erlange die Bedeutung von *schriftsprachlich machen*. Aus psychologischer Sicht ist mit der Schriftsprachlichkeit ein Verlust an kindlicher Kreativität und Spontaneität unvermeidlich. Jede *moderne* Kultur müsse also für schriftliche Kodifizierung der Sprache einen hohen Preis zahlen.
[328] Vgl. Uwe Topper: Wiedergeburt. Das Wissen der Völker, 1988.
[329] Wolfram Zarnack: Das alteuropäische Heidentum als Mutter des Christentums / Gorgo und die Drachentöter Sigurd und St. Georg, Hohenpeißenberg 1999.
[330] Pfister: Matrix der alten Geschichte, a.a.O., S. 367.
[331] Christian Wiese: Zwiespalt und Verantwortung der Nähe. Raphael Straus´ „friedvolle Betrachtung über Judentum und Christentum", in: Kalonymos, 7. Jahrg. 2004, Heft 3-4, S. 1-9, hier S. 2f.
[332] Theo Vennemann: Europa Vasconica – Europa Semitica, Berlin / New York 2003.
[333] Theo Vennemann: Europa Vasconica – Europa Semitica, ebd., Kap. 17 "Zur Frage der vorindogermanischen Substrate in Mittel- und Westeuropa" (S. 517-590).
[334] Friedrich Horst: A Linguistic Breakthrough for the Reconstruction of Europe´s Prehistory. Vennemann´s Thesis of a Vasconic and Proto-Semitic Europe and its Ramifications, in: Migration & Diffusion, Vol. 5, Issue Number 17, 2004, S. 6-15, hier "Zusammenfassung", S. 15 mit einer Fülle weiterer Spezialliteratur zu Vennemann und anderen relevanten Autoren.
[335] Horst Friedrich: A Linguistic Breakthrough, ebd., S. 10.

[336] Emma Pirani: Gotische Miniaturen, deutsche Ausgabe, München 1975, S. 32.
[337] Emma Pirani: Gotische Miniaturen, ebd., S. 104ff.
[338] Siehe dazu Leopold Kretzenbacher: Rituelle Wahlverbrüderung in Südosteuropa, Sitzungsberichte der Bayerischen Akademie der Wissenschaften, Phil.-Hist. Klasse, Jahrgang 1971, Heft 1, München 1971, vor allem S. 16ff.
[339] Hartwig Sippel: Die Templer. Geschichte und Geheimnis, Augsburg 2001 (Lizenzausgabe), S. 271.
[340] Die Genesis unterscheidet mehrfach zwischen einem Avram (Abram) und Abraham. Gegen die wohl in einer späteren Genesis-Redaktion erfolgte Verschmelzung der beiden in einer Person bringt Hengge: Auch Adam hatte eine Mutter, a.a.O., vor allem S. 153-162 beachtliche Argumente.
[341] Hartwig Sippel: Die Templer, ebd., S. 271.
[342] Dr. Horst Friedrich hat mich darauf aufmerksam gemacht, dass Karl May das gleiche Thema wie Wolfram von Eschenbach in seinen im Orient spielenden „Reise- und Abenteuerromanen" behandelt hat. Man könnte diese sogar als populär in die Neuzeit transponierte, unserer Zeit angepasste Version von Wolfram von Eschenbachs Grals-Epos ansehen. Beide hatten das Ziel, für eine zu Gewalttätigkeit, Falschheit, Unmenschlichkeit etc. neigende Zeit einen Verhaltenskodex für ethisches Verhalten aufzustellen.
[343] O.V.: Schätze des Islam. Spanien – Zauber der Mauren, TV-Sendung in Bayern 3, Samstag, 7. Mai 2005.
[344] Vgl. dazu H. Sippel: Die Templer, a.a.O., Kapitel „Der humanistisch-theologische Toleranzgedanke", S. 132-136.
[345] Vgl. H. Sippel: Die Templer, ebd., Kapitel „Die Problematik Islam – Christentum im Gralsepos", S. 277-280.
[346] J. Delumeau: Angst im Abendland, a.a.O., S. 399.
[347] J. Delumeau: Angst im Abendland, a.a.O., S. 399f.
[348] Fernand Braudel: Civilisation materielle et le capitalisme, Bd. II, Paris 1967, S. 133, zit. nach J. Delumeau: Angst im Abendland, a.a.O., S. 400.
[349] Es gibt auch im 19. Jahrhundert vereinzelt Persönlichkeiten wie Karl May, welche die Toleranzidee der Aufklärung ernst nahmen, wie Heinz Stolte: Auf den Spuren Nathans des Weisen. Zur Rezeption der Toleranzidee bei Karl May, in: Jahrbuch der Karl-May-Gesellschaft 1977, S. 30f zeigt.
[350] Vgl. Prodosh Aich: Lügen mit langen Beinen, a.a.O.
[351] Vgl. dazu Lucas Brasi: Die erfundene Antike. Einführung in die Quellenkritik, Hamburg 2004, Kap. „Konnten die Germanen lesen und schreiben?", S. 116-123.
[352] Brasi: Der große Schwindel, a.a.O., Kap. 13, S. 108-114. Vgl. Allen A. Lund: Die ersten Germanen: Ethnizität und Ethnogramm, Heidelberg 1998.

[353] Vgl. Tamara Woronowa – Andrej Sterligov: Westeuropäische Buchmalerei des 8. bis 16. Jahrhunderts in der Russischen Nationalbibliothek, Sankt Petersburg, Lizenzausgabe Augsburg 2000.

[354] Herbert Hunger:, Die Textüberlieferung der antiken Literatur und der Bibel, München 1975, S. 49.

[355] Eugen Gabowitsch: Bücher für Juden: wann und wo wurden sie zu allererst gedruckt? Quelle Internet: www.jesus1053.com/12-wahl//12-autoren/13-gabowitsch/buecher-juden.html mit einer Reihe von wichtigen neueren Werken zur jüdischen Buchkultur.

[356] Marian Fuks: Polnische Juden, Geschichte und Kultur, S.45.

[357] Günther Schweisthal: Sprachschrift Europa, a.a.O., 2004, S. 5ff.

[358] Winfried Schulze: Deutsche Geschichte im 16. Jahrhundert 1500-1618, Frankfurt a. M. 1992, S. 234.

[359] Vgl. Heinrich Graetz: Volkstümliche Geschichte der Juden in 6 Bänden, Bd. 5, München 1985, S. 156.

[360] Volker Dahm: Ein Plädoyer für das historische deutsche Mehrheitsjudentum. Susanne Urban-Fahr: Der Philo-Verlag 1919-1938. Abwehr und Selbstbehauptung (Haskala 21), Hildesheim 2001.

[361] Vgl. Magnus Weinberg: Die hebräischen Druckereien, a.a.O.

[362] Holger Elfes: Raus aus der Opferperspektive, a.a.O., S. 13.

[363] Elfes, ebd., S. 13. Siehe auch unter der Website www.steinheim-institut.de/publikationen/epigraphik/index.xml.

[364] H. Hunger: Die Textüberlieferung, a.a.O., S. 167. Die Epen von Homer sollen nach Pfister: Die Matrix der alten Geschichte, a.a.O., S. 292f erstmals im Jahre 1488 in Florenz gedruckt worden sein. Er: hält jedoch einen noch späteren Druckzeitpunkt für wahrscheinlich. Kritisch zur Homerüberlieferung äußert sich auch Alexander Zhabinsky: Legends of „Ancient Greece", Quelle: http://revisedhistory.org/greeks.htm, S. 5.

[365] Ich verweise auf eine Sendung von 3Sat im Januar 2004. Diese geht wiederum auf einen Film der BBC zurück.

[366] Diese europazentrische Einstellung der europäischen Geschichtsschreibung beklagt in seinen verschiedenen Werken immer wieder Dr. Horst Friedrich, so z. B. auch in seiner Besprechung des Werkes von Gavin Menzies: 1421 – Als China die Welt entdeckte, München 2003, in: Zeitschr. für Anomalistik, Bd. 3, Nr. 3, 2003, S. 271f.

[367] Wilhelm Kaltenstadler: Arbeitsorganisation und Führungssystem bei den römischen Agrarschriftstellern, Stuttgart – New York 1978.

[368] Vgl. dazu Christian Meier: Die Welt der Geschichte und die Provinz des Historikers. Drei Überlegungen, Berlin 1989, S. 70-97.

[369] Fritz Wille: Führungsgrundsätze in der Antike. Texte von Xenophon Plutarch Arrian Sallust Tacitus, Zürich 1992, S. 28.
[370] Wille: Führungsgrundsätze, ebd., S. 27ff bezieht sich ausdrücklich auf die „Führungsgrundätze des Kambyses", wiedergegeben in der *Kyropaideia* des Xenophon. Es ist wahrscheinlich, dass die in anderen Werken von Xenophon, z. B. dem Oikonomikós, beschriebenen Führungsprinzipien wohl auf persische Erfahrungen hindeuten und von seinem langen Aufenthalt am persischen Königshof geprägt sind.
[371] Wille: Führungsgrundsätze, ebd., S. 28-41.
[372] ZDF-Expedition. Das Delphi-Syndikat. Die geheime Macht des Orakels, ausgestrahlt im ZDF, Sonntag, 15. August 2004.
[373] Unkonventionelle Gedanken zur Antike, zur Existenz der Griechen, der griechischen Kultur und des Hellenismus finden sich bei Lucas Brasi: Der große Schwindel, a.a.O., S. 19-50. Brasi bringt auch die kretisch – mykenische Kultur, weit mehr als in der konventionellen althistorischen Historiographie üblich ist, mit der ägyptischen Geschichte und Kultur in Verbindung (Brasi, ebd., Kap. 9, S. 75-82). Erhebliche Zweifel macht Brasi auch gegenüber der Kultur der Athener und überhaupt der griechischen Kultur der Antike geltend, nicht zuletzt in Verbindung mit der uns überlieferten Darstellung der Perserkriege (Brasi, ebd., Kap. 10, S. 83-89).
[374] Vgl. Gernot L. Geise: Wer waren die Römer wirklich? Unser Geschichtsbild stimmt nicht! In: Efodon, 1997.
[375] Wie im Falle der antiken Römer bringt Fomenko auch beachtenswerte Argumente zur Überlieferung der Griechen in Antike und Mittelalter. Vgl. Fomenko, Chronology 1, Kap. 7,5 "'Ancient Greece´ and mediaeval Greece of the XIII-XVI century", S. 415-435.
[376] Vgl. Ralph Davidson – Christoph Luhmann: Evidenz und Konstruktion Kapitel „Was wissen die ersten Araber von den letzten Griechen?", Hamburg 2000, S. 30f.
[377] Gotthard Strohmaier: Von Alexandrien nach Bagdad, in: Aristoteles. Werk und Wirkung, 2. Bd., hrsg. von Jürgen Wiesner, Berlin 1987. Siehe auch Davidson – Luhmann: Evidenz, Hamburg 2000, ebd., S. 30.
[378] Autorenkollektiv: Antisemitismus in der Geschichtswissenschaft, a.a.O., S. 38 f.
[379] Autorenkollektiv: Antisemitismus in der Geschichtswissenschaft, ebd., S. 40.
[380] Davidson – Luhmann, Evidenz und Konstruktion, Hamburg 2000, a.a.O., Kapitel „Was weiß die Bibel über Römer und Hellenen?", S. 27-29.

[381] Karl-Otto Apel: Die Idee der Sprache in der Tradition des Humanismus von Dante bis Vico, 3. Auflage, Bonn 1980, Kap. III, S. 104-123 und Kap. IV, S. 124-129, hier vor allem S. 112-116.

[382] Es liegt nahe, dass die Dreiteilung der modernen griechischen Sprache in dimotikí (Volkssprache), katarhéousa (die dem klassischen Griechisch angenäherte gehobene Sprache der Literatur, der Forschung und anspruchsvoller Zeitungen) und kathomilouméni (die gehobene Verkehrssprache als Kompromiss aus dimotikí und katarhéousa) ziemlich weit zurückreicht. Die Sprache von Platon, Xenophon und Aristoteles war sicher nicht die Sprache des Volkes.

[383] Horst Friedrich: The Enigmatic Origin of the Romance Languages, in: MOUNDS NEWSLETTER der Louisiana Mounds Society (USA), 1994; ders.: Des "romanischen Rätsels Lösung", in: EFODON SYNESIS, Nr. 2, 1994 und ders.: The Enigmatic Origin of the Roman Languages, in: MEDITERRANEA, Nr. 53, Carcassonne 1993. Beachtliche Gedanken zur Genese des Lateinischen und Romanischen finden sich auch bei Davidon-Luhmann: Evidenz und Konstruktion, Hamburg 2000, a.a.O., S. 83-90.

[384] Nicht wenige antike Texte wurden in deutschen Klöstern entdeckt.

[385] Illig, Das erfundene Mittelalter, a.a.O., S. 71 und Uwe Topper: Wer hat eigentlich die Germanen erfunden?, in: Zeitensprünge VIII (2) 169.

[386] Herbert Hunger: Die Textüberlieferung der antiken Literatur und der Bibel, a.a.O., S. 413 und 540 f.

[387] Lucas Brasi: Die erfundene Antike. Einführung in die Quellenkritik, Hamburg 2004, S. 9 f. Auch Fomenko: History: Fiction or Science? Chronology 1, a.a.O., S. 386-396 bringt mit Berufung auf die Tacitusexperten Hochart aus Frankreich und Ross aus England, welche Ende des 19. Jh. lebten, beachtliche Argumente dafür, dass die aus dem Spätmittelalter stammenden Handschriften von Tacitus, also nicht nur die *Germania*, eine mittelalterliche Fälschung sind und seine Werke nicht im 1. Jahrhundert v. Chr. entstanden sein können. Fomenko weist darauf hin, dass die *Historia* von Tacitus „had not been known in the Middle Ages" (S. 388).

[388] Hanna Eisler: Einführung in: Davidson – Luhmann.a.a.O., S. 13 und S. 24 f. Vgl. auch Davidson – Luhmann, Evidenz und Konstruktion, a.a.O., Kap. „Das Alter der ältesten deutschen Manuskripte und ihre Rezeption", S. 93f. Auf die Entdeckung der kleinen Schriften von Tacitus im Kloster Hersfeld hat bereits vor Eisler und Davidson Herbert Hunger: Die Textüberlieferung der antiken Literatur und der Bibel, a.a.O., S. 540-544 hingewiesen.

[389] H. Hunger: Die Textüberlieferung, ebd., S. 32 (Kap. „Antikes und Mittelalterliches Buchwesen").

[390] H. Hunger: Die Textüberlieferung, ebd., S. 36.

³⁹¹ Brasi: Der große Schwindel, a.a.O., S. 103-107. Die Abhängigkeit Ägyptens vom Römischen Reich ab dem 1. Jahrhundert v. Chr. passt nicht recht zum hohen Standard der ägyptischen Zivilisation, der vor allem in den Ausgrabungen der letzten Jahre in Alexandria deutlich geworden ist. Alexandria, berühmt für seine große Bibliothek, war nicht nur die Stadt der Gelehrten, sondern auch eine Drehscheibe des Verkehrs. Die Technik der Ägypter war noch im 3. und 2. Jahrhundert v. Chr. höher entwickelt als in Rom und in Italien. Für diese Jahrhunderte sind uns sogar Schriften über den Bau von Automaten durch Ktesibios, den Griechen Philon (3. Jahrhundert) und Heron von Alexandria (2. Jahrhundert) überliefert. Quelle: O.V.: „Als man Weihwasser noch kaufen musste. Automaten haben eine jahrhundertealte Tradition", in: Handelsblatt, Nr. 136, 28.7.1976, S. 28.

³⁹² Wenn man die antike Geschichte nicht nur aus der quellenkritischen Methode betrachtet, sondern auf Grund der mangelhaften Überlieferung auch die Pfister´sche Matrixmethode zusätzlich heranzieht, dann erscheint der sich aus den spärlichen Quellen ergebende Hochglanz von Rom in einem schwächeren Licht, Ägypten jedoch wird aufgewertet. Aus diesem neuen methodischen Blickwinkel hält es Pfister sogar für möglich, „dass Rom einmal eine ägyptische Provinz war" (Pfister: Die Matrix der alten Geschichte, a.a.O., S. 82). Für diese These gibt es jedoch keine wirklich brauchbaren Beweise.

³⁹³ Vgl. Anatoly T. Fomenko: History: Fiction or Science? Chronology 1, a.a.O., Kap. 1,15 "Are radiocarbon datings to be trusted?", S. 74-90; Christian Blöss , Hans-Ulrich Niemitz: C14-Crash: Das Ende der Illusion, mit Radiokarbonmethode und Dendrochronologie datieren zu können, Gräfelfing 1997; Christian Blöss, Hans-Ulrich Niemitz: C14-Crashkurs. Warum wir mit C14-Methode und Dendrochronologie nicht absolut datieren können, in: Zeitensprünge, 2003, Heft 2, S. 430-458 und Christian Blöss, Hans-Ulrich Niemitz: Beweist der Kalendersprung die C14-Methode?, ebd., S. 423-429.

³⁹⁴ H. Hunger: Die Textüberlieferung, a.a.O., S. 540.

³⁹⁵ H. Hunger: Die Textüberlieferung, ebd., S. 540. Dazu auch Pfister: Die Matrix der antiken Geschichte, a.a.O., S. 302. Mit vollem Namen heißt er Pioggio Bracciolini.

³⁹⁶ Wichtige Aufschlüsse über die Bibliotheksreisen von Pioggio bringen die Kapitel „Le scoperte di Pioggio (1415-1417)", „Altre scoperte d´antichi testi (1421-1433)" und „Il carattere di Pioggio" bei Vittorio Rossi: Il Quattrocento. Serie: Storia letteraria d´Italia, Nachdruck der 1. Auflage, Milano 1964, S. 28-30.

³⁹⁷ Vittorio Rossi: Il Quattrocento, ebd., S. 27. Übersetung: Pioggio "erweiterte mit seinen wunderbaren Entdeckungen außerordentlich den Horizont der klassischen Studien".

³⁹⁸ H. Hunger: Die Textüberlieferung, a.a.O., S. 541.

[399] Zu den Praktiken von Poggio äußert sich kritisch A. Zhabinsky: The Medieval Empire of the Israelites, www.new-tradition.de, S. 1 f. Nicht eben günstig ist das Charakterbild, das Vittorio Rossi, ein guter Kenner des italienischen Spätmittelalters, von ihm zeichnet. Er war mehr Künstler als Wissenschaftler. „Non ebbe anima profonda di pensatore, ma più di qualsiasi altro umanista della prima metà del secolo, vere e grandi attitudini d´artista" (S. 30) Das ist keine gute Basis für einen Mann, dessen Aufgabe es war, mit wissenschaftlicher Akribie Handschriften auf ihre Echtheit zu prüfen.

[400] Antonio Rossi: Il Quattrocento, a.a.O., S. 28. Übersetzung: "Somit vollbrachte er bisweilen wahre Rettungstaten, da von einigen jener Werke (Handschriften) jedes Manuskript vor seiner Kopie verloren ging."

[401] Poggio war von der römischen Kurie beauftragt, Bibliotheksreisen in die Schweiz und Deutschland durchzuführen. Vgl. dazu H. Hunger: Die Textüberlieferung, a.a.O., S. 540.

[402] H. Hunger: Die Textüberlieferung, ebd., S. 541 f.

[403] Informationen zu Petrarca, Dante und Thomas von Aquin, welche von der herrschenden Meinung abweichen und Widersprüche dazu aufzeigen, bietet Pfister: Die Matrix der alten Geschichte, a.a.O., S. 358-367.

[404] R. I. Chlodowski: *Francesco Petrarch*, Moskau 1974, zit. nach Fomenko, Chronology 1, a.a.O., S. 410.

[405] Fomenko, Chronology 1, ebd., S. 410.

[406] Jan Parandowski: Petrarka, Warszawa 1975, S. 50 zitiert diese Petrarcastelle in polnischer Übersetzung mit kritischer Distanzierung zu Petrarca. Quelle: Francesco Petrarca: Familiarum rerum libri, Firenze 1968, Edizione critica per cura di Vittorio Rossi, Firenze 1968. Pfister: Die Matrix der alten Geschichte, S. 59f hält die meisten antiken Relikte Roms für spätmittelalterliche und frühneuzeitliche Schöpfungen.

[407] Vgl. dazu Zvi Yavetz: The living conditions of the urban plebs in Republican Rome, in: Latomus 17, 1958, S. 500-517, abgedruckt in: Robin Seager (Hrsg.): The crisis of the Roman Republic, Cambridge 1969, deutsche Übersetzung "Die Lebensbedingungen der ‚Plebs urbana' im republikanischen Rom", in: Zur Sozial- und Wirtschaftsgeschichte der späten römischen Republik, hrsg. von Helmuth Schneider, Darmstadt 1976, S. 98-123.

[408] Bereits vor Fomenko haben die Vertreter der Hamburger Schule, Davidson, Eisler, Brasi und Landau auf die Widersprüche der antiken Quellenüberlieferung und beim Auffinden antiker Quellen in der Renaissance aufmerksam gemacht.

[409] Einige lateinische Autoren sollen auch in Form von Palimpsesten (Handschriften, welche durch andere Texte überschrieben worden waren) erhalten sein, so z.

B. Ciceros *De re publica* und die Liviusfragmente aus Verona. Vgl. dazu Hunger: Die Textüberlieferung, a.a.O., S. 38.

[410] Fomenko, Chronology 1, a.a.O., S. S. 413-415 Kap. 7.4.2 "Petrarch´s private correspondence with people considered ´ancient characters´ nowadays".

[411] A. Zhabinsky: The Medieval Empire of the Israelites, Quelle: www.newtradition.org, S. 1.

[412] A. Zhabinsky: Legends of „Ancient" Greece, a.a.O., S. 13.

[413] Dazu A. Zhabinsky: Legends of „Ancient" Greece, ebd., S. 13f.

[414] F. Gregorovius: Geschichte der Stadt Athen im Mittelalter, Stuttgart 1889; engl. Ausgabe: Mediaeval History of Athens, St. Petersburg 1900, S. 41.

[415] Pfister: Die Matrix der alten Geschichte, ebd., S. 305-322, ordnet in seinem Kapitel „Das antike Griechenland zwischen Franken und Türken" das alte Griechenland zwischen die Geschichte der Franken und Türken ein und weist ohne ausreichende Quellengrundlage die antike Geschichte der Griechen dem späten Mittelalter und der frühen Neuzeit zu.

[416] A. Zhabinsky: Legends of „Ancient" Greece, a.a.O., S. 14f.

[417] Nach Fomenko: Chronology 1, a.a.O., S. 416.

[418] L. Schneider – Chr. Höcker: Die Akropolis von Athen, Köln 1990, S. 251.

[419] Leopold Kretzenbacher: Rituelle Wahlverbrüderung in Südosteuropa, a.a.O., S. 22. Konstantinopel, das heutige Istanbul, wurde mindestens seit 330 n. Chr. inoffiziell „Rom" genannt. Es gibt sogar Historiker, welche in Konstantinopel das eigentliche und ursprüngliche Rom sehen. Auch Davidson und Landau neigen zu dieser Auffassung.

[420] Manfred Hummel: Die Olympischen Spiele kommen aus Bayern. König Otto schuf nach dem Vorbild des Oktoberfestes die „Olympien" – Vorläufer der Spiele von heute, in: Süddeutsche Zeitung, 14./15. April 2004, S. 40.

[421] Ralph Davidson: Desiderate der Forschung, a.a.O., S. 102.

[422] Wilhelm Störmer: Slawen und Romanen als Grundherren im karolingerzeitlichen Freisinger Umland, in: Amperland 25, Heft 3 (1989) S. 283-286.

[423] Moderne russische Historiker wie A. Zhabinsky: Legends of „Ancient Greece", Internetauszug aus der folgenden Website: http://revisedhistory.org/greeks.htm, S. 2 halten das Byzantinische Reich mit der Hauptstadt Konstantinopel für das wahre Römische Reich, verlegen es aber in eine wesentlich spätere Epoche als das bisherige Römische Reich. Auch hier fehlen die tragfähigen Beweise für diese These.

[424] Vgl. Fomenko: Chronology 1, a.a.O., Kap. 5,1 "The history of the mediaeval Athens is supposed to be obscured by darkness up until the XVI century", S. 415-422.

[425] Vgl. Fomenko: Chronology 1, ebd., Kap. 5,4 "The detentious distortion of the image of mediaeval Athens in the ´restauration works´ of the XIX – XX century, S. 427-435.
[426] Zhabinsky: Legends of „Ancient Greece", Quelle: http://revisedhistory.org/greeks.htm, a.a.O., S. 4.
[427] Zhabinsky: The Medieval Empire of the Israelites, www.new-tradition.org, a.a.O., S. 2.
[428] Zhabinsky: The Medieval Empire of the Israelites, www.new-tradition.org, ebd., S. 3f.
[429] Udo Kultermann: Geschichte der Kunstgeschichte, 1981, S. 375. Diese wichtige Aussage fand ich bei Hanna Eisler: Von den Langobarden zur Hanse. Vorlesungen zur Geschichte Norddeutschlands, Hamburg 2006, S. 7.
[430] Diese zentrale Stelle bei Herodot in griechischer Sprache: τους γαρ τυραννους των Ιώνων καταπαύσας πάντας ο Μαρδόνιος δημοκρατίας κατίστα ες τας πόλιας. Quelle: Herodoti Historiae, Editio tertia durch Carolus Hude, Tomus posterior, Oxford Classical Texts, Oxford 1970, Buch VI, Kap. 43.
[431] Peter Bender: Vom Nutzen und Nachteil des Imperiums. Über römische und amerikanische Weltherrschaft, in: Merkur, Deutsche Zeitschrift für europäisches Denken, 2004, S. 480-489.
[432] Herodot Historien, deutsche Gesamtausgabe, hrsg. von H.W. Haussig, Stuttgart 1955, S. 713, Anm. 71 zu Buch 6.
[433] Der von den Persern abgefallene Aristagoras war Tyrann der ionischen Stadt Milet in Kleinasien.
[434] Lucas Brasi: Die erfundene Antike, a.a.O., S. 88.
[435] Vgl. dazu Robert Flacelière: Literaturgeschichte Griechenlands, Paris 1962, München 1966, S. 247.
[436] Hermann Bengtson: Griechische Geschichte von den Anfängen bis in die römische Kaiserzeit, Handbuch der Altertumswissenschaft, 3. Abt., 4. Teil, 3. Aufl., München 1965, S. 154.
[437] Helmut Berve: Blütezeit des Griechentums, Bd. II der Griechischen Geschichte, Freiburg i. B. 1959, S. 40f.
[438] Fomenko: Chronology 1, a.a.O., S. 421 plädiert aus der Beurteilung der fehlerhaften Chronologie von Scaliger heraus, dass die Werke von Thukydides, Xenophon und anderen klassischen griechischen Autoren nicht aus der Antike, sondern dem Mittelalter stammen. Auch in diesem Falle wäre das attische Demokratiemodell in Frage zu stellen. Vgl. dazu auch Alexander Zhabinsky: Legends of „Ancient Greece", Quelle: http://revised-history.org/greeks.htm, S. 9-10.
[439] Egon Flaig: Der mythogene Vergangenheitsbezug bei den Griechen, in: Jan Assmann, Klaus E. Müller (Hrsg.): Der Ursprung der Geschichte. Archaische

Kulturen, das Alte Ägypten und das Frühe Griechenland, Stuttgart 2005, S. 215-248, hier S. 232f.

[440] Landau: Anmerkungen, a.a.O., S. 89f, bezieht auch keramische Quellen in die Analyse der Antike mit ein. Ich empfehle, diese Methode der Einbeziehung von Sachquellen wesentlich stärker, als bisher erfolgt, auszuweiten. Erst damit ergibt sich ein objektiveres Bild der Antike. Landau hat dieses Problem erkannt und beschreibt in seinem Kapitel „Ausblick und zukünftige Forschungen" (S. 91-100) die Desiderate einer künftigen weniger festgefahrenen Forschung im Bereich der Antike.

[441] Vgl. Fomenko: Chronology 1, a.a.O., Kap. 6,1 "Mediaeval Christianity and its reflection in the Scaligerian ´pagan antiquity´ ", S. 436-441, vor allem Fig. 7,49 S. 436. Siehe auch Abbildungen von Morosov in Anhang I.

[442] Die Wahrheit über die Geschichte des Spätmittelalters, 2. Aufl., Wobbenbüll 1979 (1. Aufl. 1936-1939).

[443] Herausgeber: Theodor Mommsen.

[444] Entstanden im 5. Jahrhundert n. Chr. Publikation durch Theodor Mommsen (Hrsg.): Theodosiani Libri XVI cum constitutionibus Sirmondianis, Berlin 1905.

[445] Herausgeber des Codex Iustinianus im 6. Jahrhundert ist ebenfalls Theodor Mommsen: Corpus Iuris Civilis, Berlin 1893ff, 16. Aufl., Berlin 1954.

[446] Vgl. Ambros J. Pfiffig: Einführung in die Etruskologie. Probleme, Methoden, Ergebnisse, Darmstadt 1962.

[447] Hansjörg Kalcyk: Untersuchungen zum attischen Silberbergbau: Gebietsstruktur, Geschichte und Technik, Frankfurt am Main 1982.

[448] Kalczyk: Untersuchungen zum attischen Silberbergbau, ebd., S. 101.

[449] Kalczyk: Untersuchungen zum attischen Silberbergbau, ebd., S. 214-219 (Anhang I).

[450] Zum Beton in der Antike vgl. Eugen Gabowitsch: Betonbauten der Römer, Kelten und Ägypter, in: Efodon Synesis, Nr. 37, Heft 1, 2000, S. 11-14. Im Grunde weist die Verwendung von Beton auf eine wesentlich spätere Zeit hin. Beton (*caementum*) wird nachweislich im 13. Jahrhundert beim Haus- und Kirchenbau im Elsass verwendet (De rebus Alsaticis, vgl. dazu www.kalten.de/alsace.pdf, De rebus Alsaticis).

[451] Kalczyk: Untersuchungen zum attischen Silberbergbau, a.a.O., S. 166-213.

[452] Herbert Illig: Der Bau der Cheops-Pyramide, Gräfelfing, 5. Aufl. 2001, S. 28-33, weist auf eine Reihe von erfolglosen Pyramidenexperimenten der neuesten Zeit hin. So sind z. B. "japanische Technokraten, die 1978 zu Studienzwecken ´schnell mal´ eine 20 m niedrige Pyramide neben die großen aufs Plateau von Giza setzen wollten, kläglich an dieser vergleichsweise minimalen Aufgabe ge-

scheitert." (Illig, ebd. S. 30). Die Dokumentation dieses Fehlschlages durch die Medien und durch die Ägyptologen ließ jedoch sehr zu wünschen übrig.

[453] Pfister: Die Matrix der alten Geschichte, erklärt sich in seinem Kap. „Wann begann die Gotik, wann die Romanik?", a.a.O., S. 244-255 die Großartigkeit der mittelalterlichen Kathedralen mit der Tatsache, dass diese erst sehr viel später, nicht vor dem 15./16. Jahrhundert, entstanden seien. Pfister, ebd., S. 324 läßt „die Gotik erst um 1500 entstanden sein."

[454] Manfred Stange (Hrsg.): Die Edda. Götterlieder, Heldenlieder und Spruchweisheiten der Germanen, Wiesbaden 2004, S. 252, Gudrunarhvöt, Strophe 8.

[455] Manfred Stange (Hrsg.): Die Edda, ebd., S. 234f, Atlakvida, Das alte Atli-Lied, Strophe 20 und 23.

[456] Ralph Davidson: Desiderate der Forschung, a.a.O., S. 103.

[457] Im Niederdeutschen und selbst in vielen rheinischen Städten wird ein anlautendes g grundsätzlich wie j gesprochen.

[458] Klaus Weissgerber: Ungarns wirkliche Frühgeschichte, a.a.O., S. 146.

[459] Autorenkollektiv: Irrtümer der Geschichtswissenschaft. Ein interdisziplinärer Einblick in die neuere Forschung, Hamburg 2004, Kap. „Das gotische Wunder", S. 76-81.

[460] Hanna Eisler: Die großen Fragen, a.a.O., Kapitel „Die Goten im 13. Jhd.", S. 65-71.

[461] Hanna Eisler: Die großen Fragen, ebd., S. 65.

[462] Barbara Hundt: Ludwig der Bayer. Der Kaiser aus dem Hause Wittelsbach 1282 – 1347, Esslingen – München 1989, S. 30.

[463] A.T. Fomenko-G.V. Nosovski: Das biblische Russland (russ.), Verlag Faktorial, 2 Bände, Moskau 1998.

[464] Neues grosses Volkslexikon in zehn Bänden, Bd. 4, Stuttgart 1981, Stichwort ´Gotik´, S. 337-343, hier S. 337.

[465] Neues grosses Volkslexikon, ebd., Bd. 4, S. 343.

[466] Zit. nach Autorenkollektiv: Irrtümer der Geschichtswissenschaft, a.a.O., S. 108.

[467] Hanna Eisler: Die großen Fragen, a.a.O.., S. 68. Vorsichtig sei hier angedeutet, dass die Aschkenasim, also die „Deutschen", die Erben der Goten sein könnten. Es ist kein Zufall, dass sich die Goten auf der Krim lange Zeit weit in die Neuzeit hinein auch physisch halten konnten. Bis ins 19. Jahrhundert wurde die Krim als Land der Goten bezeichnet.

[468] Ch. Däppen: Nostradamus und das Rätsel der Weltzeitalter, a.a.O., S. 86 versteht unter der gotischen Zeitrechnung eine „kalendarische Zeitrechnung". Es handelt sich wohl um die nordwesteuropäische Zeitrechnung, in welcher die Menschen zur Zeitbestimmung „eine mechanische, exakt gleichlaufende Uhr"

benützten. Eine verständliche Erklärung für diese „Uhr" gibt uns Däppen nicht. Nostradamus setzt diesen Kalender wohl voraus und gibt deswegen keine Details.

[469] Jacques Le Goff: Das Hochmittelalter, Frankfurt 1987, S. 166; zit. nach Hanna Eisler: Die großen Fragen, ebd., S. 67.

[470] Eisler: Die großen Fragen, a.a.O.., S. 67.

[471] Hartwig Sippel: Die Templer, a.a.O., S. 248.

[472] Lindenberg: Riten und Stufen der Einweihung, a.a.O., S. 177.

[473] Hartwig Sippel: Die Templer, a.a.O., S. 249. Zur Frage der politischen Ketzerei mit Bezugnahme auf den Templerorden vgl. Henry Charles Lea: Geschichte der Inquisition im Mittelalter, Bd. 3, Bonn 1905, Kap. 5 „Die politische Ketzerei und der Staat", S. 269-377.

[474] Vgl. dazu Sabine Schwabenthan: Das Geheimnis der Kriegermönche, in: Peter Moosleitners Magazin, März 2005, S. 52-59.

[475] Henry C. Lea: Geschichte der Inquisition im Mittelalter, Bd. 1, a.a.O., S. 57f. Quelle: S. Hildegardae Revelat. Vis. X, cap. 16.

[476] Charles H. Lea: Geschichte der Inquisition im Mittelalter, Bd. 1, ebd., S. 12.

[477] Hartwig Sippel: Die Templer, a.a.O., S. 251. Verborgene Hinweise auf den Templerorden finden sich an verschiedenen Stellen der *Divina Comedia* von Dante. Vgl. Sippel: Die Templer, ebd., S. 288-294.

[478] Pfister: Die Matrix der alten Geschichte, a.a.O., S. 375.

[479] Pfister: Die Matrix der alten Geschichte, ebd., S. 376, Abb. 25.

[480] Auf diesen Sachverhalt weist Hanna Eisler: Einführung in Davidson – Luhmann, a.a.O., S. 16 hin. Eisler hält es sogar für denkbar, dass die europäischen Kathedralen gar nicht von Europäern erbaut worden sind. Topper und Heinsohn würden sicher auf Grund ihrer Kataklysmusthese den Bau der romanischen Kirchen viel später einordnen als im 11./12. Jahrhundert.

[481] Thomas Cerny: Die Langobarden, a.a.O., S. 152-157.

[482] Dan Brown: Sakrileg, a.a.O., S. 249f.

[483] Horst Friedrich: Noch immer rätselhaft: Die Entstehung der Baiern, Wessobrunn 1995.

[484] Vgl. Horst Friedrich: Das Jiddische und die Herkunft der Baiern, in: Vorzeit-Frühzeit-Gegenwart, Nr. 1, 1992.

[485] Ein rabbinischer Traktat des 17. Jahrhunderts aus Polen verdeutlicht meine Aussage: „Gebe Gott, daß das Land mit Weisheit erfüllt werde und daß alle Juden deutsch sprechen". Quelle: Arthur Koestler: Der dreizehnte Stamm, Bergisch Gladbach 1989, S. 159.

[486] Hanna Eisler: Einführung, a.a.O., S. 31 und A. Koestler: Der dreizehnte Stamm, ebd. Grundlegend zur jiddischen Sprache und Kultur ist auch das umfangreiche Kapitel „Das Jiddische" bei Davidson – Luhmann, Evidenz und Kon-

struktion, a.a.O., S. 95-109. Die Gemeinsamkeiten und Ähnlichkeiten zwischen der jiddischen, deutschen und englischen Sprache (S. 103f) sind höchst verblüffend.

[487] M. Güdemann: Geschichte des Erziehungswesens und der Cultur der abendländischen Juden während des Mittelalters und der neueren Zeit, 3 Bände, Wien 1880-1888, Bd. 1, S. 148.

[488] Über die Beziehungen zwischen Franken und Alemannen und deren Bedeutung für die Entstehung der deutschen Kultur vgl. Ian Wood (Hrsg.): Franks and Alamanni in the Merovingian period; an ethnographic perspective, 1998.

[489] Hanna Eisler: Einführung, a.a.O., S. 31f. Vgl. auch Paul Wexler: The Aschkenazic Jews: A Slavo-Turkic People in Search of a Jewish Identity, Ohio 1993.

[490] Vgl. Prodosh Aich: Lügen mit langen Beinen, a.a.O., vor allem „Prolog: Wir sind, was wir wissen", S. 9ff.

[491] Hanna Eisler: Einführung, a.a.O., S. 48.

[492] Zit. nach Hanna Eisler: Einführung, ebd., S. 48. Vgl. Theo Vennemann: Germania Semitica, in: Karin Donhauser – Ludwig Eichinger, Deutsche Grammatik – Thema in Variationen, Festschrift für H. W. Eroms, Heidelberg 1998. Vgl. auch ders.: Europa Vasconica – Europa Semitica, a.a.O., Kap. 19 „Germania Semitica: $^+pl\bar{o}g$-l^+pleg-, ^+furh-l^+farh-, ^+folk-l^+flokk-, ^+felh-l^+folg-" (S. 653-672) und Kap. 21 „Germania Semitica: *Biene und Imme*: Mit einem Anhang zu lat. apis" (S. 713-728).

[493] Theo Vennemann: Zur Erklärung bayerischer Gewässer- und Siedlungsnamen, in: Sprachwissenschaft, Bd. 18, Heft 4, Heidelberg 1993, S. 480.

[494] Horst Friedrich: Die Entstehung der Baiern, a.a.O., Kapitel „Berberische Ortsnamen in Altbaiern?", S. 25-36. Die Berber sind wohl eine Art europäische Urbevölkerung. Reste davon finden sich noch bei den Basken und den Berbern in Marokko.

[495] Fachjournal „Nature", Bd. 426.

[496] Bei der Glottochronologie erfolgt im Grunde die Übertragung der biologischen Methode bzw. Gentechnik auf die Sprachforschung. Kritisch zur Glottochronologie hat sich Horst Friedrich in einem Leserbrief an „Die Welt" Anfang Dezember 2003 geäußert. Friedrich sieht die Herkunft der indoeuropäischen Sprachen eher in Indien.

[497] O.V.: Anatolischen Bauern die Ursprache der Europäer zugeschrieben, in: Donaukurier, Nr. 273, 27.11.2003, S. 6. Vgl. auch Ulli Kulke: Unsere Sprache stammt aus Anatolien, in: Die Welt, 27.11.2003, S. 30.

[498] In diesem Sinne auch Merritt Ruhlen: On the Origin of Languages. Studies in Linguistic Taxonomy, Stanford University Press 1994, vor allem das Kap. „Global Etymologies", S. 291-328.

[499] Uwe Topper: Zeitfälschung, a.a.O., S. 180.
[500] Hebräisch wurde und wird auch heute noch wie andere semitische Sprachen von rechts nach links geschrieben.
[501] Mündliche Mitteilung von Herrn Akademischen Oberrat Dr. Schweisthal, Institut für Phonetik der LM-Universität München.
[502] Davidson verwendet bewusst statt „indogermanisch" den klareren Begriff „indoeuropäisch".
[503] Lucas Brasi: Der große Schwindel, a.a.O., Kap. 8, S. 70-74.
[504] Vgl. Horst Friedrich: Velikovsky, Spanuth und die Seevölker-Diskussion: Argumente für eine Abwanderung atlanto-europäischer spät-bronzezeitlicher Megalithvölker gegen 700 v. Chr. in den Mittelmeerraum, 2. Aufl., Wörthsee 1990.
[505] Vgl. Hanna Eisler: Einführung, a.a.O., S. 44f zum „Haus Jakob".
[506] Paul Hengge: Auch Adam hatte eine Mutter, a.a.O., S. 178f.
[507] Hengge: Auch Adam hatte eine Mutter, a.a.O., S. 179.
[508] Johannes Kramer und Sabine Kowallik: Einführung in die hebräische Schrift, Hamburg 1994, S. 48ff.
[509] August Bertsch: Kurzgefasste Hebräische Sprachlehre, Stuttgart – Berlin – Köln – Mainz 3. Aufl. 1956, S. 27ff. Nach Pfister: Die Matrix der alten Geschichte, a.a.O., S. 299f soll es keine hebräischen Manuskripte vor dem 16. Jahrhundert geben. Diese seien alle punktiert, weshalb er die Auffassung, dass die Masoreten das Punktationssystem eingeführt hätten, als ein „frommes Märchen" bezeichnet (Pfister, S. 300).
[510] Marcu: Die Vertreibung der Juden aus Spanien, a.a.O., S. 173. Vgl. zur Ibererfrage auch Antonio Arribas: The Iberians, New York 1964 und Pierson Dixon: The Iberians of Spain, London 1940.
[511] Frappierend ist die Parallelität von Orts- und sonstigen Namen zwischen östlichen Regionen wie Palästina und Griechenland mit Namen in westlichen Regionen wie Spanien, Frankreich, Schweiz und sogar England. Dazu bringt Pfister: Matrix der alten Geschichte, a.a.O., S. 336-358 verblüffende Beispiele. Das ist wissenschaftliches Neuland, das nicht nur für Sprachwissenschaftler, sondern auch für Historiker interessant ist.
[512] Michael Zick: Die erste Hieroglyphen, in: Bild der Wissenschaft, 4/2005, S. 95-99 kommt auf Grund der Ausgrabungen in Göbekli Tepe in Anatolien, Türkei, zu der Erkenntnis, dass die Bewohner dieser Region bereits vor 11.000 Jahren Hieroglyphen entwickelten und damit der ägyptischen Schriftkultur um Jahrtausende voraus waren.
[513] Davidson: Zivilisationsprozess, a.a.O., S. 78.

[514] Die Quadratschrift bezeichneten die Juden als „Assurit", was etwas mit dem Assyrischen oder Syrischen zu tun haben könnte (Davidson, S. 82).
[515] Bertsch: Hebräische Sprachlehre, a.a.O., S. 25.
[516] Vgl. Flinders Petrie: A History of Egypt, London 1897.
[517] Vgl. Jacques Touchet: De l´Origine de nos Alphabets, in: MEDITERRANEA; Nr. 15, 1984.
[518] H. Friedrich, Spanuth und die Seevölker-Diskussion, a.a.O., S. 28.
[519] Davidson: Zivilisationsprozess, a.a.O., S. 79.
[520] J. Touchet: Confrontations linguistiques, in: J. Touchet: La Grande Mystification, unveröffentlicher Sammelband (Buch) «Version revue et corrigée», Carcassonne 1993, S. 48 (= Mediterranea, No. 34, 1989, S. 6f.).
[521] Vgl. George M. Lamsa: Ursprung des Neuen Testaments (Übersetzung), Gossau / St. Gallen 1965.
[522] H. Hunger: Die Textüberlieferung, a.a.O., S. 166f.
[523] H. Hunger: Die Textüberlieferung, a.a.O., S. 167.
[524] Noch Elia Levita bezeichnet in seinem Vorwort zu „Schemot debarim" (Namen der Dinge), Isny 1542 Hebräisch als „laschón hakadosch", also wörtlich als „die heilige Sprache". Er betrachtet sich selbst als „Talmid laschón hakadosch", also als „Schüler der heiligen Sprache", einer Sprache, die im 16. Jahrhundert nur noch wenige Juden beherrschten. Bereits für Dante waren Hebräisch, Griechisch und Latein die „drei heiligen Sprachen Alteuropas" (Apel: Die Idee der Sprache, a.a.O., S. 111).
[525] Vgl. Ralph Davidson: Der Zivilisationsprozess. Wie wir wurden was wir sind, Hamburg 2002, S. 81-84. Vgl. auch C. Faulmann: Geschichte der Schrift, Wien 1880, S. 410.
[526] Vgl. Davidson: Der Zivilisationsprozess, ebd., S. 84.
[527] Ibrit (hebräisch) war die Sprache des Kultus und der Religion. Auch in der tschechischen Sprache der Gegenwart unterscheidet sich die Profan- und Alltagssprache im Wortschatz und sogar in der Grammatik deutlich von der im Gottesdienst verwendeten Sprache, in welcher nicht wenige altslawische Wörter vorkommen.
[528] Davidson: Der Zivilisationsprozess, a.a.O., S. 81.
[529] Carl Steuernagel: Hebräische Grammatik, Leipzig 1948, § 1c. Vgl. auch Paul Hengge: Auch Adam hatte eine Mutter, a.a.O., S. 10.
[530] Lucas Brasi: Die erfundene Antike, a.a.O., S. 64f.
[531] Vgl. Jakob Fromer: Der Babylonische Talmud, a.a.O., Dritte Ordnung, 2. – 4. Traktat, S. 334ff.
[532] Lucas Brasi: Die erfundene Antike, a.a.O., S. 65.
[533] Jeremias 24, 8-10.

[534] Davidson: Der Zivilisationsprozess, a.a.O., S. 83.
[535] Jakob Fromer: Der Babylonische Talmud, a.a.O., S. 575.
[536] Vgl. auch Offenbarung 20,8. Zur Geheimen Offenbarung vgl. auch Uwe Topper: Das letzte Buch. Die Bedeutung der Offenbarung des Johannes, München 1993.
[537] Thomas Cahill: Abrahams Welt, a.a.O., S. 140.
[538] Vgl. Angelika Berlejung und Joachim Bretschneider: Tod in Mesopotamien, in: Spektrum der Wissenschaft, September 2003, S. 68-74.
[539] Annette Krauß: Die unsichtbare Welt des Jenseits auf 50 Metern Papyrus, in: Donaukurier, Nr. 228, 1.10.2004, S. 18. Vgl. dazu auch die Ausstellung „Himmelaufstieg und Höllenfahrt – das Totenbuch der Ägypter" im Museum Ägyptischer Kunst in München 2004.
[540] Annette Krauß: Die unsichtbare Welt des Jenseits auf 50 Metern Papyrus, ebd., S. 18.
[541] Paul Hengge: Auch Adam hatte eine Mutter, a.a.O., Kap. IV. Die Bedeutung der Namen, S. 47ff.
[542] Paul Hengge: Auch Adam hatte eine Mutter, ebd., vor allem Kap. IV. Die Bedeutung der Namen (S. 47-59) und Kap. VII. Namen (S. 140-152).
[543] Vgl. dazu auch Lucas Brasi: Die erfundene Antike, a.a.O., S. 64f.
[544] Der Objektivität halber sei festgehalten, dass es auch im alten Rom Autoren gibt, welche ihrer Friedenssehnsucht Ausdruck verliehen. Auf die Notwendigkeit des Friedens kommt vor allem der römische Dichter Tibull immer wieder zu sprechen (Tibull: Gedichte, lat. und deutsch, herausgeg. von Rudolf Helm, 5. Aufl., Darmstadt 1984). Ich *verweise* vor allem auf die 1. Elegie „Frieden und Liebe" sowie die 10. Elegie „Friedenssehnsucht" im *liber primus*. Die 10. Elegie beginnt mit den Worten: *Quis fuit, horrendos primus qui protulit enses?* „Wer nur war´s, der zuerst die abscheulichen Schwerter geschaffen?" Diese Elegie kommt dem pazifistisch-kosmopolitischen Ideal von Jesaja noch am nächsten. Natürlich finden sich Gedanken zum Frieden auch in anderen römischen Werken, z. B. bei Vergil. Francesco Petrarca: De remediis utriusque fortunae (Heilmittel gegen Glück und Unglück), München 1988, setzt sich in den Kapiteln „De spe pacis" (Von der Hoffnung auf Frieden) und „De pace et indutiis" (Von Frieden und Waffenstillstand) mit der Ambivalenz des Friedens auseinander. Für Petrarca ist der übermütige und nachlässige Frieden verhängnisvoller als jeder beliebige Krieg. Es ist darum auch der Frieden mit Maß zu gebrauchen. Wörtlich: *Modeste utere [pace]*.
[545] Umstritten ist, ob die Juden im Laufe ihrer historischen Entwicklung wirklich Pazifisten waren. Vgl. dazu Eugen Gabowitsch: Eroberer oder Pazifisten? Zwei

interessante Aspekte zur Geschichte der europäischen Juden, in: Efodon Synesis, Nr. 35, Heft 5, 1999, S. 11-14.
[546] J. M. Cook: The Persian Empire, New York 1983, S. 233.
[547] Israel war ursprünglich nicht der Name eines Volkes, sondern der persönliche Name, den Jakob auf Anregung von Jahwe angenommen hatte.
[548] Ariel Bar-Levav: Der Name Gottes und seine „Zahl", in: Kalonymos, hrsg. vom Steinheim-Institut, 7. Jahrg., Heft 1, 2004, S. 7.
[549] Hengge: Auch Adam hatte eine Mutter, a.a.O., S. 160.
[550] Ariel Bar-Levav: Der Name Gottes, a.a.O., S. 7.
[551] Thomas Cahill: Abrahams Welt, a.a.O., S. 91f.
[552] Grundlegung, S. 436 Akademie-Ausgabe, zit. nach Johannes Hirschberger: Geschichte der Philosophie, Neuzeit und Gegenwart, Bd. II, 3. Aufl., Freiburg 1958, S. 319.
[553] Hirschberger: Geschichte der Philosophie, ebd., S. 319.
[554] Thomas Cahill: Abrahams Welt, a.a.O., S. 127f.
[555] Hengge: Auch Adam hatte eine Mutter, a.a.O., S. 210.
[556] Hengge: Auch Adam hatte eine Mutter, a.a.O., S. 216.
[557] Thomas Cahill: Abrahams Welt, ebd., S. 141.
[558] In den höfischen Epen, z. B. in „Der welsche Gast" des aus Italien stammenden Thomasin von Zerclaere, bildeten die vier Haupttugenden stæte, mâze, reht und milte das Grundgerüst der christlichen Ethik des Mittelalters, zumindest der geistlichen und adeligen Führungsschicht. Vgl. Deutsche Literatur des Mittelalters, Handschriften aus dem Bestand der Bayerischen Staatsbibliothek München mit Heinrich Wittenwilers ´Ring´ als kostbarer Neuerwerbung, Bayerische Staatsbibliothek München, Schatzkammer 2003, Ausstellungskatalog 2003, S. 54f.
[559] George M. Lamsa: Ursprung des Neuen Testaments, Max Burri / Neuer Johannes-Verlag, Gossau/St. Gallen 1965, Übersetzung der Originalausgabe „New Testament Origin", 1947. Lamsa ist aramäischer Christ und gehört als Unierter der Römisch-Katholischen Kirche an.
[560] NT Matthäus 10, 34.
[561] Verschiedene islamische Theologen wie auch Theosophen vertreten die Auffassung, dass der Jesus des Neuen Testaments ein Konglomerat von verschiedenen Jesusfiguren seiner Zeit darstellt. Daraus mögen sich manche Widersprüche im Jesusbild ergeben, die auch den besten Theologen zu schaffen machen.
[562] Hengge: Auch Adam hatte eine Mutter, a.a.O., S. 207.
[563] Dan Brown Sakrileg. The Da Vinci Code, a.a.O., deutet den an der Seite Jesu sitzenden Lieblingsjünger Johannes als Frau und als Geliebte von Jesus. Nach einer alten Sage soll ja Jesus nach seiner Auferstehung mit Magdalena in Süd-

frankreich an Land gegangen sein und dort gelebt und die Dynastie der Merowinger begründet haben.

[564] Heinz Schröder: Jesus und das Geld. Wirtschaftskommentar zum Neuen Testament, 3. erw. Auflage, Karlsruhe 1981.

[565] Wilhelm Liebhart: Altbayerische Geschichte, a.a.O., S. 71. Johannes XXII., seit 1316 Papst in Avignon, war Franzose. Dazu auch Henry C. Lea: Geschichte der Inquisition im Mittelalter, Bd. 1, a.a.O., S. 605.

[566] Henry C. Lea: Geschichte der Inquisition im Mittelalter, Bd. 1, ebd., S. 605.

[567] Codrus ist hier wohl nicht der attische König Kodros, sondern ein Zeitgenosse und Gegner von Vergil und gilt als schlechter Dichter.

[568] Carmina Burana: Die Lieder der Benediktbeurer Handschrift, Zweisprachige Ausgabe, 3. Aufl., München 1985, Nr. 1, Strophe 6, S. 8.

[569] Carmina Burana: Die Lieder der Benediktbeurer Handschrift, ebd., Nr. 4, Strophe 2, S. 12.

[570] Vgl. Heinz Schröder: Jesus und das Geld, a.a.O., S. 5-24.

[571] Heinz Schröder: Jesus und das Geld, ebd., S. 25-58 (Kap. 2 und 3).

[572] Schröder, ebd. S. 64.

[573] Schröder, ebd., S. 65.

[574] Schröder, ebd., S. 74.

[575] Friedrich Preisigke: Antikes Leben nach den antiken Papyri, Leipzig – Berlin 1916, S. 94ff.

[576] Heinz Schröder: Jesus und das Geld, a.a.O., S. 71f.

[577] Schröder, ebd., S. 79-81.

[578] Schröder, ebd., S. 82f.

[579] Schröder, ebd., Kap. „Ein Fall für die Gewerkschaft Weinbau", S. 87-103.

[580] Schröder, ebd., Kap. 8 „Einschließlich Vollpension" (S. 125-134) und Kap. 9 „Der Sperling in der Hand" (S. 135-144).

[581] Schröder, ebd., Kap. 11 Die sieben großen „W", S. 159-172.

[582] Vgl. Horst Goldstein: „Einen Fremden sollst du nicht unterdrücken!". Biblische und politische Überlegungen zu einem ebenso alten wie aktuellen Thema, in: Tattva Viveka, Forum für Wissenschaft, Philosophie und spirituelle Kultur, Jubiläumsausgabe 2004, S. 16-27, hier S. 19f.

[583] Leviticus 24,20-22. Siehe dazu H. Goldstein: „Einen Fremden soll[s]t du nicht unterdrücken!", ebd., S. 19f.

[584] Schröder, a.a.O., Kap. 15 Die große Verschwendung und der Duft der weiten Welt, S. 215-226.

[585] Schröder, ebd., Kap. 13 Die kleinen hängt man, die Großen lässt man laufen – Schuld und Schulden, S. 191-202.

[586] Vgl. H. Goldstein: „Einen Fremden soll[s]t du nicht unterdrücken!", a.a.O., S. 20f.
[587] Jesus Sirach 29,21-28. Vgl. dazu H. Goldstein, „Einen Fremden sollst du nicht unterdrücken!", ebd., S. 22.
[588] H. Goldstein, „Einen Fremden sollst du nicht unterdrücken!", ebd., S. 22.
[589] P. Aich: Nachdenken über den kollektiven Verlust des Gedächtnisses, a.a.O., S. 105.
[590] Schröder, a.a.O.., Kap. 7 Brot und Fisch – der Nachschub rollt – eine logistische Glanzleistung, S. 103-124.
[591] Schröder, ebd., Kap. 12 Recht hat, der Recht bekommt – Abschied vom Zorn, S. 173-190.
[592] Den Beitrag der Griechen im Rahmen der altgriechischen Demokratie habe ich oben erheblich reduziert und begründet. Es wird in der Forschung viel zu wenig beachtet, dass auch urgermanische Gesellschaften ausgeprägte Elemente einer direkten Demokratie vorzuweisen haben. Diese demokratische Tradition (Volksversammlung, Thing) hat sich in Island bis heute ungebrochen erhalten.
[593] Schröder, a.a.O., Kap. 17 Werdet kundige Geldwechsler!, S. 239-268.
[594] Eine vortreffliche Sicht von Leben, Werk und Ideen von Karl Marx bietet die neuere Arbeit von Ralph Davidson: Kapitalismus, Marx und der Rest, 2. Aufl., Hamburg 1995. Davidson, ebd., S. 14 hebt die große Bedeutung freier Gewerkschaften für die moderne Demokratie hervor.
[595] Schröder, Jesus und das Geld, a.a.O., vor allem Kap. 11 „Die sieben großen „W", S. 159-172 und Kap. 12 „Recht hat, der Recht bekommt – Abschied vom Zorn", S. 173-190.
[596] Die detaillierte schriftliche Fixierung der Menschen- und Bürgerrechte erfolgte in der „Declaration des Droits de l'Homme et du Citoyen" der Verfassung von 1791.
[597] Einführung: Zeit und Geschichte, in: J. Assmann, Klaus E. Müller (Hrsg.): Der Ursprung der Geschichte, a.a.O., S. 10f.
[598] Vgl. Günter Lüling: Die Wiederentdeckung des Propheten Muhammad. Eine Kritik am ‚christlichen' Abendland, Erlangen 1981.
[599] Christoph Luxenberg: Die syro-aramäische Lesart des Koran. Ein Beitrag zur Entschlüsselung der Koransprache, Berlin 2000. Auch Günter Lüling hat sich in seinem umfassenden Hauptwerk „Über den Urkoran" mit dem Koran kritisch auseinandergesetzt, aber andere Akzente als Luxenberg gesetzt.
[600] Davidson : Zivilisationsprozess, a.a.O., S. 83f. Vgl. auch Heribert Illig: „Wann lebte Mohammed? Zu Lülings ‚judenchristlichem' *Propheten*, zur Frühzeit des Islam und zur Orthodoxiebildung in Judentum, Christentum und Islam", in: Vorzeit – Frühzeit – Gegenwart IV (2) 1992, S. 26.

[601] Die Zitate und Gedankengänge dieses Abschnittes beziehen sich auf die Erstausgabe von Davidson – Luhmann: Evidenz und Konstruktion, Hamburg 1998, S. 83-85.
[602] Internetseite: www.zdf.de/ZDFde/Inhalt/0,1872,2033020,00.html: Sendung im ZDF vom 8./9.Februar.2003. Luxenberg trat natürlich nicht persönlich auf.
[603] Gerd Kögel: Was steht wirklich im Koran? Wie steht er zum Christentum? Die Thesen des Islamgelehrten Luxenberg, in: Zeitensprünge 1/2003, S. 191-203, hier S. 191. Vgl. auch Heribert Illig: „Wann lebte Mohammed? Zu Lülings ‚judenchristlichem' *Propheten*, zur Frühzeit des Islam und zur Orthodoxiebildung in Judentum, Christentum und Islam", in: Vorzeit – Frühzeit – Gegenwart IV (2) 1992, S. 26-41.
[604] Gerd Kögel: Was steht wirklich im Koran? ebd., S. 192.
[605] Autorenkollektiv: Antisemitismus in der Geschichtswissenschaft, a.a.O., S. 15.
[606] Autorenkollektiv: Antisemitismus in der Geschichtswissenschaft, ebd., S. 19.
[607] Autorenkollektiv: Antisemitismus in der Geschichtswissenschaft, ebd., S. 20.
[608] Luxenberg: Die syro-aramäische Lesart des Koran, S. VII; siehe auch Kögel, a.a.O., S. 197.
[609] Luxenberg: Die syro-aramäische Lesart des Koran, ebd., S. 299; vgl. auch Kögel, ebd., S. 198.
[610] G. Lüling: Die Wiederentdeckung des Propheten Muhammad, a.a.O., S.389. Siehe auch Kögel, ebd., S. 199.
[611] Vgl. Gerd Kögel: Was steht wirklich im Koran?, ebd., S 202.
[612] Kögel: Was steht wirklich im Koran?, ebd., S. 202.
[613] Aspekte, Sendung im ZDF vom 8./9. Februar 2003, a.a.O.
[614] Alfred Hackensberger: Interview mit Christoph Luxenberg, in: Süddeutsche Zeitung, 24.02.2004. Siehe auch „Leserbriefe und Weiteres", in: Zeitensprünge, 1/2004, S. 250.
[615] Autorenkollektiv: Antisemitismus in der Geschichtswissenschaft, a.a.O., S. 17.
[616] Vgl. Illig „Bayern und die Phantomzeit", a.a.O., Gräfelfing 2002.
[617] Alfred Hackensberger: Interview mit Christoph Luxenberg, a.a.O.
[618] Vgl. Gunnar Heinsohn: „Jüdische Geschichte und die Illig-Niemitzsche Verkürzung der christlichen Chronologie des Mittelalters. Eine Notiz", in: Vorzeit – Frühzeit – Gegenwart III (5), 1991, S. 37.
[619] Illig: Das erfundene Mittelalter, a.a.O., S. 175.
[620] Simon Dubnow: Die jüdische Geschichte. Ein geschichtsphilosophischer Entwurf, Frankfurt am Main 1921, S. 63f.
[621] Ernst Pitz: Europäisches Städtewesen und Bürgertum. Von der Spätantike bis zum hohen Mittelalter, Darmstadt 1991, S. 126.

[622] Cecil Roth / I.H. Levine (Hrsg.): The Dark Ages. Jews in Christian Europe 711-1096; Bd. 11 der *World History of the* Jewish *People*, London 1966, S. 314. Vgl. auch Heribert Illig: "Jüdische Chronologie. Dunkelzonen, Diskontinuitäten, Entstehungsgeschichte", in: Vorzeit – Frühzeit – Gegenwart III (5), 1991, S. 21f.

[623] Davidson: Der Zivilisationsprozess, a.a.O., S. 86.

[624] Vgl. Theo Vennemann: Etymologische Beziehungen im alten Europa, in: Der Ginkgo-Baum, Germanistisches Jahrbuch für Nordeuropa, 13. Folge, Helsinki 1995.

[625] Ariel: Die Mystik des Judentums, a.a.O., S. 73f.

[626] Gemeint ist wohl das 19. Jahrhundert.

[627] Anis Hamadeh: Der muslimische Aberglaube, www.anis-online.de/pages/_text2/islam/0563_aberglaube2.htm S. 9.

[628] Vgl. Theo Vennemann Theo: Europa Vasconica – Europa Semitica, a.a.O., Kap. 14 "Basken, Semiten, Indogermanen: Urheitmatfragen in linguistischer und anthropologischer Sicht" (S. 453-472).

[629] Vgl. A. Koestler: The thirteenth Tribe, London 1976. Nach dem bisherigen Erkenntnisstand kann man also davon ausgehen, dass es ein östliches wie auch ein westlich-atlantisches Judentum gibt, die sich wohl unabhängig voneinander herausgebildet haben. Man muss also nicht davon ausgehen, dass die Sepharden direkte Abkömmlinge von Juden aus Palästina sind. Die Auffassung von Pfister: Die Matrix der alten Geschichte, a.a.O., S. 371, dass das Judentum im Westen entstanden ist, kommt der Sache näher als die bisher bestehende orthodoxe Auffassung.

[630] Jacques Touchet: La tradition des Sefardim, in: La Grande Mystification in: Mediterranea, Nr. 29, 1988, S. 16. Dazu auch J. Touchet: Sefarad et Adâmâh ou «ADMTM» («Notre Terre», la Terre d´Adam) in: La Grande Mystification in: Mediterranea, Nr.47, 1992, S. 9-19.

[631] Friedrich Horst: Hebrew Ethnogenesis and Diffusion: Do we need a more comprehensive scenario? In: Migration & Diffusion, Vol. 4, Issue Number 16, S. 105-114, hier S. 106f.

[632] Zu den Hauptvertretern für die Ansicht, dass die (sephardischen) Juden primär iberische Wurzeln haben, gehören Jacques Touchet: La Grande Mystification, in: Mediterranea, Nr. 29, 1988, Nr. 47, 1992 und L. Milosz: Les origines Ibériques du peuple Juif, in: Oeuvres complètes VII, Ars magna (etc.), Paris 1961.

[633] Friedrich, Hebrew Ethnogenesis, a.a.O., S. 107ff.

[634] Friedrich, Hebrew Ethnogenesis, ebd., S. 109.

[635] Friedrich, Hebrew Ethnogenesis, ebd., S. 1.

[636] Eugen Gabowitsch: Brief vom 9. Februar 2004. Vgl. auch www.jesus1053.com und www.vodka-rekord.com.

[637] J. Touchet: La Tradition des Sefardim, in: J. Touchet: La Grande Mystification, in: MEDITERRANEA, unveröffentlichter Sammelband (Buch) «Version revue et corrigée», Carcassonne 1993, S. 16 (= Mediterranea, No. 30, Juni 1988, S. 12). Ich danke Jacques Touchet für die Zusendung der Fotos der Rosetten der beiden Gotteshäuser.

[638] Jacques Touchet: La grande Mystification (suite et fin). Sefarad et Adâmâh ou „ADMTM" („Notre terre", la Terre d´Adam), in: Mediterranea, Trimestriel no 47, Septembre 1992, S. 9-20, weist auf die semitischen Wurzeln von Spanien und Südfrankreich hin.

[639] Ibrit ist das Wort für hebräisch und identisch mit iberit für iberisch.

[640] Die Herausbildung der Katholischen Kirche als autonome Organisation ist nach W. Kammeier erst in Verbindung mit dem Aufenthalt der Päpste in Avignon, also in Frankreich, im späten Mittelalter erfolgt.

[641] Vgl. Moritz Steinschneider: Die hebräischen Übersetzungen des Mittelalters und die Juden als Dolmetscher, Neudruck Graz 1956.

[642] Davidson: Der Zivilisationsprozess, a.a.O., S. 99.

[643] Davidson: Der Zivilisationsprozess, ebd., S. 100.

[644] Marcu: Die Vertreibung der Juden aus Spanien, a.a.O., S. 48.

[645] Marcu, ebd., S. 49f.

[646] Isadore Twersky: Aspects of the Social and Cultural History of Provencal Jewry. Jewish Society through the Ages, hrsg. von H. H. Ben-Sasson und S. Ettinger, New York 1969, S. 191.

[647] Ariel: Die Mystik des Judentums, a.a.O., S. 74.

[648] Vgl. Gershom Scholem: Ursprung und Anfänge der Kabbala, Berlin 1962, S. 30; S. 216 und Ariel, Die Mystik des Judentums, ebd., S. 74.

[649] Davidson: Der Zivilisationsprozess, a.a.O., S. 101.

[650] Davidson, ebd., S. 102.

[651] Warnsignale der Natur retten Ureinwohner, in: Donaukurier Nr. 3, 5.1.2005, S. 4.

[652] Zit. nach Lindenberg: Riten und Stufen der Einweihung, a.a.O., S. 38 (Kap. 2 Druiden).

[653] Manfred Stange (Hrsg.): Die Edda, a.a.O., S. 51, Strophe 37 aus „Havamal. Des Hohen Lied".

[654] Manfred Stange (Hrsg.): Die Edda, ebd., Havamal, S. 56, Strophe 72.

[655] Manfred Stange (Hrsg.): Die Edda, ebd., Hamdismal, Das Lied von Hamdir, S. 255-258, hier S. 258, Strophe 30-31.

[656] Manfred Stange (Hrsg.): Die Edda, ebd., Register, Stichworte „Hwergelmir", S. 411, und „Nidhöggr", S. 416 mit einer Reihe von Quellennachweisen.

[657] Manfred Stange (Hrsg.): Die Edda, ebd., Fafnismal. Das Lied von Fafnir, S. 190.
[658] Manfred Stange (Hrsg.): Die Edda, ebd., Fafnismal. Das Lied von Fafnir, S. 191, Strophe 32.
[659] Manfred Stange (Hrsg.): Die Edda, ebd., Völuspa, Der Seherin Weissagung, S. 16, Strophen 25 und 28.
[660] Manfred Stange (Hrsg.): Die Edda, ebd., Völuspa, S. 19, Strophen 45 und 46. Disen, wörtlich „Frauen", sind weibliche Gottheiten bzw. Halbgöttinen oder auch geisterhafte Frauen, welche sich warnend in Träumen ankündigen.
[661] Das gleiche Getränk hatte je nach sozialer oder kosmologischer Dimension verschiedene Bezeichnungen. Für die Menschen hieß es Äl (englisch ale), bei den Wanen Saft, bei Hel Met. Die göttlichen Asen tranken „Bier". Quelle dazu: Manfred Stange: Die Edda, ebd., Ältere Edda, Alvissmal, S. 102, Strophe 35.
[662] Manfred Stange: Die Edda, ebd., S. 354, Gunnars Harfenschlag, Strophe 18. Dieses von Edmund Magnusson 1780 in Island entdeckte Lied, welches sich thematisch an das Lied 35 „Atlamal. Das jüngere Atli-Lied" der Älteren Edda anschließt, wurde im 18. Jahrhundert von einem isländischen Gelehrten verfasst. Trotz seiner späten Entstehungszeit spiegelt es wohl trotzdem die sozialen Zustände und Gebräuche der frühgermanischen Zeit im Norden Europas wider.
[663] Manfred Stange: Die Edda, ebd., Die Jüngere Edda, „Aus der Skaldsskaparmal. Bragis Gespräche mit Oegir", S. 317, Nr. 57.
[664] Thomas Cerny: Die Langobarden, a.a.O., S. 187.
[665] Hans J. Teuteberg und Günter Wiegelmann: Der Wandel der Nahrungsgewohnheiten unter dem Einfluß der Industrialisierung, Göttingen 1972, S. 70.
[666] Heribert Illig: Das erfundene Mittelalter, a.a.O., S. 179.
[667] Der „Apotheose der Gewalt" im sog. Naturzustand hat Roman Landau: Anmerkungen zum Zivilisationsprozeß. Weitere Beweise für die Fiktionalität unseres Geschichtsbildes, Hamburg 2003, S. 13-16 ein eigenes Kapitel gewidmet. Die Orgien der Gewalt überschritten vor allem im „30jährigen Krieg" das in europäischen Kriegen übliche Maß beträchtlich, wie die Chronik des Andechser Mönchs und späteren Abtes Pater Maurus Friesenegger zeigt. Es sei nur auf menschenverachtende barbarische Gewalttaten wie den „Schwedentrunk" verwiesen.
[668] Vgl. Abbé A. Tollemer (Hrsg.): Un Sire de Gouberville, Gentilhomme Campagnard au Cotentin de 1553 à 1562. Kaltenstadler bringt diesen Sachverhalt in seiner Besprechung dieses Werkes, welches die agrarische Gesellschaft der Landschaft Cotentin in der Normandie beschreibt, in den Hansischen Geschichtsblättern, 95. Jahrg. (1977) auf den Punkt: „Gewalttäter und Gesetzesübertreter sind im Gegensatz zu heute meist Angehörige der Oberschicht. Selbstjustiz ist weit verbreitet."

[669] Stefan Weinfurtner: Kaiser Heinrich II. (1002-1024) – ein Herrscher aus Bayern, in: Oberbayerisches Archiv, 122. Bd., 1998, S. 31-55, hier S. 46f.

[670] Armin Wolf: König für einen Tag: Konrad von Teck. Gewählt, ermordet und vergessen, Schriftenreihe des Stadtarchivs Kirchheim, Bd. 17, 2. Aufl., Kirchheim unter Teck 1995, vor allem S. 80-86.

[671] „Aus der Chronika derer von Zimmern. Historien und Kuriosa aus sechs Jahrhunderten deutschen Lebens, urkundlich erzählt von Graf Froben Christoph von Zimmern + 1563 und Johannes Müller, Zimmernschem Sekretär + 1600", hrsg. von Bernhard Ihringer, Ebenhausen-München und Leipzig 1911, S. 390, S. 404ff.

[672] Als Beispiel für adelige Chroniken diene „Aus der Chronika derer von Zimmern", ebd. Auch das Journal des Sire de Gouberville aus der Normandie (16. Jahrhundert) ist ein Dokument, in welchem Gewalt und Ausbeutung groß geschrieben werden, christliche Vorstellungen jedoch kaum Beachtung finden.

[673] Vgl. E. Biser: Kultur und Zivilisation, a.a.O., S. 15.

[674] E. Biser: Kultur und Zivilisation, ebd., S. 18.

[675] Vgl. Michael Westerholz: Düsteres Kapitel der Schulgeschichte. Ausstellung in Lohr am Main beleuchtet die Strafpädagogik und ihre Folgen, in: Donaukurier, Nr. 119, 23./25. Mai 2003, Beilage „Der Sonntag", Mai 2003/21.

[676] Davidson-Luhmann: Evidenz und Konstruktion, a.a.O., Kapitel „Die europäische Urbevölkerung", S. 70-73. Die *Quellenbasis* zu dieser These müsste noch erweitert werden, um zu einer wirklich tragfähigen Aussage zu gelangen. Auch Quellen der Vor- und Frühgeschichte sollten hier noch mehr einbezogen werden.

[677] Davidson: Der Zivilisationsprozess, a.a.O., S. 109.

[678] Pfister: Die Matrix der alten Geschichte, a.a.O., S. 193.

[679] Vgl. Katalog zur Ausstellung „Die Franken – Die Wegbereiter Europas", Mainz 1996, S. 184f und 150.

[680] Pfister: Die Matrix der alten Geschichte, a.a.O., S. 193.

[681] Vgl. Katalog zur Ausstellung „Die Alamannen", Stuttgart 1997 und Pfister: Die Matrix der alten Geschichte, ebd., S. 194-197.

[682] Pfister: Die Matrix der alten Geschichte, ebd., S. 193.

[683] Die von Horst Bergmann / Frank Rothe: Der Pyramiden–Code. Altägyptisches Geheimwissen von Kosmos und Unsterblichkeit, Kreuzlingen – München 2001, im Kapitel „Rätsel um den Transport des Baumaterials" (S. 74f) geäußerten Bedenken kann man nicht so leicht als ´unwissenschaftlich´ abtun. Vgl. auch Herbert Müller: Zum Pyramidencode aus der Sicht des „1,2,3 zu 4"-Gesetzes und des Primzahlkreuzes, in: Alte Kulturen spezial, Spezial 17/193, 2003.

[684] Auch Friedrich II von Hohenstaufen wird von Pfister: Die Matrix der alten Geschichte, S. 214-228 als Sagengestalt aufgefasst. Mir erscheinen aber seine Argumente für die Nichtexistenz von Friedrich II. nicht ausreichend.

[685] Die Katastrophismustheorie des „Letzten Großen Ruck" im 13./14. Jahrhundert würde diese genealogische Zäsur mit dem völligen „kataklysmischen" Zusammenbruch in Europa (Pestepidemien, schwere Erdbeben etc.) erklären.

[686] Davidson: Der Zivilisationsprozess, a.a.O., S. 120.

[687] Laut Muret-Sanders bezeichneten „die Engländer bis zum späten 19. Jahrhundert römische Münzen als jüdische Münzen", auf Englisch als „Jews´ money". Es wurde wohl nicht nur das römische Gewichts-, sondern auch das römische Geldsystem in England in Mittelalter und Neuzeit beibehalten. Es wäre nicht auszuschließen, dass dabei die Juden eine Rolle gespielt haben. Vgl. Davidson: Zivilisationsprozess, a.a.O., S. 132. Diesem jüdischen Einfluss auf das britische Gewichts- und Währungssystem ist die Geschichtsforschung bis heute nicht auf den Grund gegangen.

[688] Davidson: Der Zivilisationsprozess, ebd., S. 125.

[689] Beim Studium der Regel der Benediktiner merkt man noch die altrömischen Organisations- und Führungsprinzipien.

[690] Roman Landau, Anmerkungen zum Zivilisationsprozeß, a.a.O., Kapitel „Der Gesellschaftsvertrag, der König und die Folgen", S. 20-31.

[691] Davidson: Der Zivilisationsprozess, a.a.O., S. 129.

[692] Egon Friedell: Kulturgeschichte der Neuzeit, a.a.O., S. 17.

[693] Vgl. Luciana Aigner – Foresti: Die Integration der Etrusker und das Weiterwirken etruskischen Kulturgutes im republikanischen und kaiserzeitlichen Rom, Wien 1998.

[694] Bekannt ist sein Spruch: *Ceterum censeo Carthaginem esse delendam* (Im übrigen glaube ich, dass Karthago zerstört werden müsse).

[695] Vgl. vor allem das *Corpus Inscriptionum Latinarum* (CIL), welches Theodor Mommsen herausgegeben hat.

[696] Hunger: Die Textüberlieferung, a.a.O., S. 191.

[697] Eine vorbildliche Einführung ins Judenspanische, das sog. Ladino, bietet David Bunis: A Guide to Reading and Writing Judezmo, New York 1975. Vgl. auch Haim Vidal Sephiha: L´agonie des Judéo-Espagnols, 3. Aufl., Paris 1991.

[698] Nach Touchet gehört die provençalische Sprache zum Occitanischen, das am engsten mit dem Katalanischen verwandt ist.

[699] Davidson: Der Zivilisationsprozess, a.a.O., S. 134.

[700] Alexander Zhabinsky: Legends of „Ancient Greece", Quelle: http://revised history.org/greeks.htm, S. 6 verlegt die Trojaner und den Trojanischen Krieg ins späte Mittelalter. Auch Pfister siedelt im Sinne seiner Matrix den römischen Kaiser Trajan in dieser Epoche an (S. 7f). Für diese starke Zeitverschiebung ist die Beweislage aber nicht ausreichend.

[701] Vgl. J. Touchet: La Grande Mystification, in: MEDITERRANEA, No. 29-31, 33-35, 37-38, 1988-1990, No. 47, 1992.

[702] Vgl. Paul Wexler: Three heirs to a Judeo-Latin Legacy. Judeo-Ibero-Romance, Yiddish and Rotwelsh, 1988, S. XIII.

[703] Die „Canciones populares sefardies" (sephardischen Volksgesänge) singen die Nachfahren der aus Spanien vertriebenen Juden im griechischen Thessalien, vor allem in Saloniki, noch heute im alten Judenspanisch. Nicht zuletzt die „Aristotelian University of Thessaloniki" ist ein Hort dieser judenspanischen Kultur. Über das Internet erfährt jetzt die judenspanische Sprache seit kurzem eine Wiederbelebung auch in Amerika. Vgl. dazu Doris Marszk: Sprachrettung mittels Internet. Das Judenspanische ist ein Glücksfall für die Linguisten – aber auch vom Aussterben bedroht, in: Die Welt, 30.11.2003. Vgl. auch Davidson: Der Zivilisationsprozess, a.a.O., S. 139.

[704] Karl Bosl: Staat, Gesellschaft, Wirtschaft im deutschen Mittelalter, Stuttgart 1970, S. 35.

[705] Davidson: Der Zivilisationsprozess, a.a.O., S. 140.

[706] Wilhelm Kaltenstadler: Soziale und rechtliche Volkskunde, a.a.O., S. 443-513.

[707] Vgl. für Holstein Karl. S. Kramer – Ulrich Wilkens: Volksleben in einem holsteinischen Gutsbezirk, Neumünster 1979, S. 72-75.

[708] Kaltenstadler: Soziale und rechtliche Volkskunde, a.a.O., S. 485.

[709] Bernhard Müller – Wirthmann: Raufhändel. Gewalt und Ehre im Dorf, in: R. van Dülmen (Hrsg.): Kultur der einfachen Leute. Bayerisches Volksleben vom 16. bis zum 19. Jahrhundert, München 1983, S. 79-111.

[710] Kaltenstadler: Soziale und rechtliche Volkskunde, a.a.O., S. 485.

[711] Vgl. die Konzeption des ´gesamten Hauses´ bei Otto Brunner: Adeliges Landleben und europäischer Geist, Salzburg 1949.

[712] Kaltenstadler, Soziale und rechtliche Volkskunde, a.a.O., Kap. „Recht und Gericht", S. 502-510, Kap. „Rechtssymbolik", S. 510-512 mit einer Fülle weiterer Literaturverweise.

[713] Francesco Petrarca: Dichtungen, Briefe, Schriften, a.a.O., Brief vom Herbst 1367 aus Venedig an Guido Scetten [Sette] in Genua, S. 168. Siehe auch Francesco Petrarca: Epistole, Dalle Senili, X, 2: All´Arcivescovo di Genova Guido Sette. Come il mondo volge in peggio, S. 702-740, hier S. 725ff.

[714] Francesco Petrarca: Dichtungen, Briefe, Schriften, ebd., S. 175.

[715] Wernher der Gartenaere: Helmbrecht, ediert und nacherzählt von Klaus Speckenbach, Darmstadt 1974.

[716] Aventin (Johannes Thurmaier): Annales Boiorum, 1521, in deutscher Sprache als „Bayerische Chronik" 1533 publiziert, zit. nach Leo v. Ow. Eine Bayerische Chronik aus dem Archiv eines Landsitzes. Schloß Haiming, München 1975, S.

55. Übersetzung ins moderne Deutsch: „Der einfache Mann, der auf dem flachen Lande sitzt, betreibt nur Ackerbau und Viehzucht, muss sich an die Anordnungen der Obrigkeit halten, doch ist er sonst frei, darf auch lehenfreies Eigentum haben, liefert seinem Herrn, der sonst keine Gewalt über ihn hat, jährliche Gülten, Zins und Scharwerk; er tut sonst, was er will, sitzt Tag und Nacht beim Wein, schreit, singt, tanzt, spielt Karten und auch andere Spiele. Wer will, kann auch Schweinsspieße und lange Messer tragen. Er hält große und überflüssige Hochzeit, Totenmahl und Kirchtag. Er ist ehrlich und unsträflich, bringt keinem Nachteil und gereicht keinem zum Übel. In Niederbayern, wo man das Rechtsbuch nicht gebraucht, sitzen sie an der Landschranne und müssen dort Recht sprechen und sogar über Leben und Tod richten."

[717] Leo v. Ow, Bayerische Chronik, ebd., S. 56. Eine Leibeigenschaft mit wirtschaftlicher Unterdrückung der Bauern kann man auch im bairischen Voralpenland nicht feststellen. Vgl. dazu Hermann Hörger: Kirche, Dorfreligion und bäuerliche Gesellschaft, Teil 1, Studien zur altbayerischen Kirchengeschichte, Bd. 5, München 1978 und Teil 2, Studien zur altbayerischen Kirchengeschichte, Bd. 7, München 1983.

[718] Max Josef Hufnagel/Sebastian Hiereth: Das Landgericht Rain (HAB, Tl. Schwaben, H. 2), München 1966, S. 15.

[719] Ansätze eines funktionalen Bankwesens finden wir in der Kreditgewährung von Klöstern, Pfarreien, Stiftungen und sonstigen kirchlichen Institutionen vor allem an ärmere soziale Schichten. Pfarrei und Stiftungen des Marktes Pöttmes in Oberbayern verlangten im 18. Jahrhundert in der Regel 4 % Zins (Archiv von Gumppenberg).

[720] Wie so ein typisch altbayerischer Markt ausgeschaut hat, zeigt Wilhelm Liebhart: Der Markt im 17./18. Jahrhundert, in: Wilhelm Liebhart (Herausg.): Altomünster. Kloster, Markt und Gemeinde, Altomünster 1999, S. 179-201. Typisch altbayerische Märkte des westlichen Altbayerns im Mittelalter untersucht Wilhelm Liebhart in seinem Beitrag „Kloster, Wallfahrt und Markt in Oberbayern. Die Benediktinerinnenklöster und Märkte Altomünster, Kühbach und Hohenwart sowie der Wallfahrtsmarkt Inchenhofen im Spätmittelalter und in der Frühen Neuzeit. Ein Beitrag zum Marktproblem im Mittelalter", in: Studien und Mitteilungen zur Geschichte des Benediktiner-Ordens und seiner Zweige, Bd. 88, 1977, S. 324-549. Auch in diesen beiden Werken sind Juden nicht erwähnt.

[721] Wirtschaftliche und finanzielle Sachverhalte fallen in den meisten Standardwerken der Geschichte Bayerns und der Wittelsbacher unter den Tisch, so auch bei Adalbert Prinz von Bayern: Die Wittelsbacher. Geschichte unserer Familie, 2. Auflage, München-New York 1995.

[722] Leo v. Ow: Bayerische Chronik, a.a.O., S. 48.

[723] Vgl. Th. Schön: Geschichte der Familie von Ow, München 1910.
[724] Leo v. Ow: Bayerische Chronik, a.a.O., S. 48. Das Fürstbistum Salzburg stellt eine Ausnahme dar.
[725] Leo v. Ow, ebd., S. 48f.
[726] Vgl. T. N. Bisson: The Feudal Revolution, in: Past and Present, Nr. 142, Februar 1994.
[727] Zitiert nach Anselm Reichhold OSB: Chronik von Scheyern, a.a.O., S. 32. Diese Scheyrer Chronik wurde von Wilhelm Liebhart besprochen in: Amperland 36 (2000) S. 205f.
[728] Anselm Reichhold, Chronik von Scheyern, ebd., S. 34.
[729] Davidson: Der Zivilisationsprozess, a.a.O., S. 146f.
[730] Charles H. Lea: Geschichte der Inquisition im Mittelalter, Bd. 1, a.a.O., S. 11.
[731] Gertrud Thoma: Von drohender Auflösung zu umfassender Konsolidierung. Rechtliche Stellung, Besitzverwaltung und geistliches Leben im Kloster Frauenchiemsee 1201 – 1339, in: Walter Brugger und Manfred Weitlauff (Herausg.): Kloster Frauenchiemsee 782-2003. Geschichte, Kunst, Wirtschaft und Kultur einer altbayerischen Benediktinerinnenabtei, Weißenhorn 2003, S. 155-200, hier S. 168.
[732] Wilhelm Liebhart: Das Kloster des hl. Benedikt, in: Wilhelm Liebhart (Hrsg.): Altomünster. Kloster, Markt und Gemeinde, Altomünster 1999, S. 79-97, Zitat hier S. 92. Vgl. auch W. Liebhart: Der heilige Alto und die Anfänge Altomünsters, ebd., S. 63-78.
[733] Vgl. dazu Tore Nyberg: Wolfgang von Sandizell, der Gründer des Birgittenklosters Altomünster, in: Toni Grad (Herausg.): Festschrift Altomünster, Aichach 1973, S. 57-80, und Wilhelm Liebhart: Das Birgittenkloster, in: Wilhelm Liebhart (Hrsg.): Altomünster. Kloster, Markt und Gemeinde, ebd., S. 109-144.
[734] Vgl. Susan Reynolds: Fiefs and Vassals, Oxford 1994.
[735] Zit nach Wilhelm Liebhart: Altbayerische Geschichte, a.a.O., S. 47f.
[736] Erich Zöllner: Geschichte Österreichs, 7. Auflage, Wien 1984, S. 69. Das Privilegium minus ist nicht mehr als Original erhalten.
[737] Davidson: Der Zivilisationsprozess, a.a.O., S. 147.
[738] Die Universität Köln hielt dem Hexenwahn des späten Mittelalters weitgehend stand und fertigte Ende des 15. Jahrhunderts trotz massiver Fremdeinwirkung für den Hexenhammer nur ein sehr reserviertes Gutachten. Dieses war nur von vier weiteren Professoren unterzeichnet worden.
[739] Alexander Patschovsky: Toleranz im Mittelalter (Konstanzer Arbeitskreis für mittelalterliche Geschichte, 45), Sigmaringen 1998.
[740] Davidson: Der Zivilisationsprozess, a.a.O., S. 149.

[741] Henry C. Lea: Geschichte der Inquisition im Mittelalter, Bd. 1, a.a.O., S. 620-622.
[742] Davidson: Der Zivilisationsprozess, a.a.O., S. 149.
[743] Johannes Heil: Text, Wahrheit, Macht. Bücherverbrennungen in Altertum und Mittelalter, in: Zeitschr. f. Geschichtswiss., Bd. 51 (5), Berlin 2003, S. 407-420, hier S. 409.
[744] Johannes Heil: Text, Wahrheit, Macht, ebd., S. 408 und Weissgerber: Ungarns wirkliche Frühgeschichte, a.a.O., S. 34f.
[745] Wicksteen P.H.: Dante and Aquinas, London 1913; zit. nach Durant, Kulturgeschichte der Menschheit, 18 Bände, München 1985, Bd. 7, S. 136.
[746] Autorenkollektiv: Antisemitismus in der Geschichtswissenschaft, a.a.O., S. 26.
[747] Vgl. Davidson: Der Zivilisationsprozess, a.a.O., S. 151.
[748] Johanna Baronin Herzogenberg: Prag. Ein Führer, 3. Aufl., München 1968 Kap. „Die Universität", S. 249-259.
[749] Nicolas Benzin: Giordano Bruno und die okkulte Philosophie der Renaissance, Ancient Mail Verlag, Groß-Gerau 2005, S. 53.
[750] Nicolas Benzin: Giordano Bruno, ebd., S. 53.
[751] Die hier dargestellten Daten zu Leben und Werk von Giordano Bruno verdanke ich dem Werk von Nicolas Benzin, Giordano Bruno, ebd., S. 49-116. Benzin hält es für möglich, dass sich bei Giordano bereits die Grundlagen moderner Zellforschung und sogar der Genetik, allerdings in verschlüsselter Form, nachweisen lassen.
[752] Die sog. arabischen Ziffern sind mit Sicherheit nicht von den Sarazenen bzw. den Arabern erfunden worden. Man darf davon ausgehen, dass die Kreuzfahrer im vorderen Orient mit den dortigen kulturellen Errungenschaften, zu denen auch das Dezimalsystem mit der Ziffer 0 gehörte, vertraut geworden sind.
[753] Vgl. Tommaso Zerbi: Le origini della partita doppia: gestioni aziendali e situazioni di mercato nei secoli XIV e XV, Mailand 1952.
[754] W. v. Stromer v. Reichenbach: Die oberdeutschen Geld- und Wechselmärkte. Ihre Entwicklung vom Spätmittelalter bis zum Dreißigjährigen Krieg, in: Scripta Mercaturae, Jahrg. 10, Heft 1, 1976, S, 23-52, hier S. 28 und W. Stromer v. Reichenbach: Das Schriftwesen der Nürnberger Wirtschaft vom 14. bis zum 16. Jahrhundert. Zur Geschichte oberdeutscher Handelsbücher, BWGN II, 1967, S. 751-799, hier vor allem S. 759f, 769f, 788f, 798f.
[755] Vgl. Federigo Melis: Aspetti della vita economica medievale, Studi dell´ Archivio Datini di Prato I, Siena 1962 und ders.: Storia della Ragioneria, Bologna 1952.

[756] Hermann Kellenbenz: Buchhaltung der Fuggerzeit. Eine Miszelle, in: Vierteljahresschrift für Sozial- und Wirtschaftsgesch., Bd. 58, 1971, S. 221-229, hier S. 222.

[757] Kellenbenz, Buchhaltung der Fuggerzeit, ebd., S. 222.

[758] Francesco Petrarca: Dichtungen, Briefe, Schriften, a.a.O., Brief an Francesco Dionigi von Borgo San Sepolcro in Paris vom 26.04.1336, S. 88-98. Siehe auch Francesco Petrarca: Epistole, Torino 1978, a.a.O., Dalle Familiari, IV,1: A Dionigi da Borgo San Sepolcro dell´ordine di San Agostino e professore della sacra pagina. Sui propri afanni, S. 119-134.

[759] Francesco Petrarca: Dichtungen, Briefe, Schriften, ebd., Aus dem Büchlein von seiner und vieler Leute Unwissenheit, S. 198-203.

[760] Francesco Petrarca: Dichtungen, Briefe, Schriften, ebd., Brief an Giovanni Bocaccio in Florenz, S. 146-156, hier S. 148.

[761] Francesco Petrarca: Dichtungen, Briefe, Schriften, ebd., Brief an Giovanni Bocaccio in Florenz vom 28. Mai 1362, S. 146.

[762] Francesco Petrarca: Dichtungen, Briefe, Schriften, ebd., S. 153.

[763] Francesco Petrarca: Dichtungen, Briefe, Schriften, ebd., S. 154f.

[764] Vgl. Heinrich Schnee: Die Familie Seligmann-Eichthal als Hoffinanziers, in: ZBLG 25, 1962, S. 163-201.

[765] Vgl. dazu Monika Richarz: Der Eintritt der Juden in die akademischen Berufe. Jüdische Studenten und Akademiker in Deutschland 1678 – 1848, Tübingen 1974 und Stefan Schwarz: Die Juden in Bayern im Wandel der Zeiten, München – Wien 1963, vor allem S. 79f. Weitere Literatur dazu bei Wilhelm Kaltenstadler: Soziale und rechtliche Volkskunde, a.a.O., S. 472f.

[766] Marranen waren spanische Juden (und deren Nachkommen), welche zum Christentum übertraten und vielfach sowohl bei den spanischen Juden als auch bei den Christen im Verdacht standen, dass ihre Konversion nicht religiös begründet gewesen sei.

[767] Daniel Barenboim: Der Dirigent Daniel Barenboim über die Aktualität von Spinozas Ethik. „Der Zweck des Staates ist die Freiheit", in: Welt am Sonntag, Nr. 49, 7. Dezember 2003, Literaturteil, S. 60.

[768] Barenboim, ebd., S. 60. Vgl. auch Baruch Spinoza: Die Ethik. Schriften. Briefe, Stuttgart 2003.

[769] Egon Friedell: Kulturgeschichte der Neuzeit, a.a.O., S. 23.

[770] Elia Levita: Schemot debarim (Schemot dvarim), Isny 1542. Vgl. auch Christoph Rückert: Elia Levita. Ein bedeutender Sohn Ipsheims, www.ipsheim.de/levita.html, S. 1. Einen Auszug aus dem viersprachigen Glossar von Elia Levita findet man bei Hanna Eisler: Einführung in: Davidson/Luhmann, a.a.O. im Anhang. Die jiddischen Wörter in der Spalte 4 sind nicht in der kursi-

ven jiddischen Schrift, sondern mit sog. tyronischen Zeichen geschrieben, welche eher an die hebräisch-aramäische Quadratschrift denken lassen. Einige Zeichen wie das Lamed sind eher dem lateinischen Alphabet angenähert. Das Alphabet der jiddischen Schrift findet sich abgebildet bei Ralph Davidson: Der Zivilisationsprozess, a.a.O., Abb. 7 im Anhang und bei C.W. Friedrich: Unterricht in der Judensprache und Schrift zum Gebrauch für Gelehrte und Ungelehrte, Prentzlow 1784, Anhang.

[771] Rückert, Elia Levita, ebd., S. 3.

[772] Rückert, Elia Levita, ebd., S. 4.

[773] Im modernen Israelhebräischen würde man sagen „Schemot dvarim".

[774] Vorwort von Elia Levita „Ad Lectorem".

[775] Martin Hellmann: Tironische Noten in der Karolingerzeit am Beispiel eines Persius – Kommentars aus der Schule von Tours, Hannover 2000 (= MGH Studien und Texte, Bd. 27), S. 6-20.

[776] Martin Hellmann: Tironische Noten in der Karolingerzeit, ebd., S. 55.

[777] Vgl. dazu auch Gérard Weil: Elia Levita, Humaniste et Massorète (1469 – 1549), 1963.

[778] Hanns Hubert Hofmann: Eine Reise nach Padua 1585, Sigmaringen und München 1969, S. 7.

[779] Vgl. B. Gebhardt: Das Handbuch der deutschen Geschichte, 8. Aufl. 1955, S. 624ff, F. Paulsen: Geschichte des gelehrten Unterrichts, 2 Bände, 1919 und H. Rashdall: The universities of Europa in the middle ages, vol. II, Oxford 1936.

[780] Vgl. H. Diels: Die Handschriften der antiken Ärzte, I. Teil: Hippokrates und Galenos, Berlin 1905 und Henry E. Sigerist: Anfänge der Medizin (Original: A History of Medicine), Zürich 1963, S. 3f.

[781] Hofmann: Eine Reise nach Padua 1585, a.a.O., S. 8.

[782] Hofmann: Eine Reise nach Padua 1585, ebd., S. 8 mit Verweis auf Dr. Goldmann, den Direktor der Staatsbibliothek Nürnberg.

[783] Vgl. F. Weigele: Die Bibliothek der deutschen Nation in Perugia, 1954. Wichtige Quelle: Die Matrikel der deutschen Nation in Perugia 1579-1727, ergänzt nach den Promotionsakten, den Consiliarwahllisten und der Matrikel 1489-1791 (Bibliothek des Deutschen Hist. Instituts in Rom XXI).

[784] Die Matrikel der deutschen Nation in Siena (Bibliothek des Deutschen Hist. Instituts in Rom) 1962.

[785] F. Weigele: Deutsche Studenten in Pisa, 1959.

[786] Hofmann: Eine Reise nach Padua, a.a.O., S. 10.

[787] Gertrud Thoma: Von drohender Auflösung zu umfassender Konsolidierung. Rechtliche Stellung, Besitzverwaltung und geistliches Leben im Kloster Frauenchiemsee 1201 – 1339, a.a.O., S. 155-200, hier S. 167.

[788] Gertrud Thoma: Von drohender Auflösung zu umfassender Konsolidierung, ebd., S. 167.
[789] Pfister: Die Matrix der alten Geschichte, Kap. „Die sagenhafte römisch-deutsche Kaiserzeit", S. 197-207 bestreitet die reale Existenz dieses Reiches. Im Grunde war auch für Goethe in seinem „Faust" (I) das Reich mehr Idee als Realität.
[790] Deutsche Literatur des Mittelalters, a.a.O., S. 18f.
[791] Deutsche Literatur des Mittelalters, ebd., S. 34.
[792] Deutsche Literatur des Mittelalters, ebd., S. 22.
[793] Deutsche Literatur des Mittelalters, ebd., S. 22.
[794] Thomas Heinz: Ludwig der Bayer (1282-1347), a.a.O., S. 19f.
[795] Mit „Österreich" sind in der Zeit der Babenberer ursprünglich nur Ober- und Niederösterreich gemeint.
[796] Heinz Thomas: Ludwig der Bayer, a.a.O., S. 23.
[797] Karl Winkler: Neidhart von Reuental. Leben / Lieben / Lieder, Kallmünz 1956 bringt gute Argumente dafür, dass der Dichter aus der südwestlichen Oberpfalz stammt.
[798] Heinrich Wittenwiler: Der Ring, nach dem Text von Edmund Wießner ins Neuhochdeutsche übersetzt und herausgegeben von Horst Brunner, Stuttgart 1991. Die am besten erhaltene Handschrift des ´Ring´ hat nach 1994 die Bayerische Staatsbibliothek vom Herzogshause Thüringen-Meiningen erworben.
[799] Deutsche Literatur des Mittelalters, a.a.O., S. 76.
[800] Wittenwiler, Der Ring, ebd., Erster Teil, S. 11. Wießner übersetzt diesen Ausdruck frei mit „Asinokraten", also „Eselsherrschern". Der reiche Bauer Triefnas ließ sich gerne als „Junkherr" (Junker) titulieren.
[801] Neidhart von Reuental. Leben / Lieben / Lieder, Kallmünz 1956.
[802] Wittenwiler, a.a.O., Vers 425-426, S. 30. Übersetzung: „Geh heim, Uli mit der Nasen, / Hilf deinem Weib beim Kühe-Grasen!"
[803] Siehe Franz Hofmeier: „Ritter vom dürren Orden". Vor 400 Jahren wurde der Dichter und Jesuitenpater Jakob Balde geboren, in: Donaukurier, Nr. 67, Der Sonntag, 20./21.3.2004, S. 1-2.
[804] Johannes Scherr: Deutsche Kultur- und Sittengeschichte, Meersburg und Leipzig 1929, S. 518.
[805] Reinhold Schneider: Winter in Wien, Freiburg 1958, S. 186.
[806] Rudolf Goerge: Judaica Frisigensia, a.a.O., S. 81f.
[807] Josef Weinheber: Wien wörtlich. Gedichte, Salzburg 1985, S. 24f.
[808] Quelle: Steinheim-Institut Duisburg: Jüdisches Schreiben und die Formkräfte der deutschen Literatur im 20. Jahrhundert, www.steinheim-institut.de/zwischen sprachen/duesseldorf.index.html, S. 1.

[809] Steinheim-Institut Duisburg: Jüdisches Schreiben und die Formkräfte, ebd., S. 2.
[810] Vgl. Irmgard Maya Fassmann: Jüdinnen in der deutschen Frauenbewegung 1865-1919, Hildesheim 1996.
[811] Bettina Kratz-Ritter: Für „fromme Zionstöchter" und „gebildete Frauenzimmer". Andachtsliteratur für deutsch-jüdische Frauen, Hildesheim 1995 (Bd. 12 der Reihe „Haskala", Steinheim-Institut).
[812] Davidson: Der Zivilisationsprozess, a.a.O., S. 155.
[813] Bis heute ist auch noch im Israelhebräischen „Aschkenas" neben dem offiziellen „Germanija" das eigentliche alte hebräische Wort für „Deutschland".
[814] Friedrich: Die Entstehung der Baiern, a.a.O., Kap. „Das Jiddische und die Herkunft der Baiern", S. 51-59.
[815] Vita Altmanni, MGH SS, S. 237, cap. 28. Vgl. auch Horst Friedrich: Die Entstehung der Baiern, ebd.. Besonders zu beachten ist das Kapitel „Das Jiddische und die Herkunft der Baiern", S. 51-59.
[816] Man beachte die 20. Strophe des Annoliedes, zitiert bei W. Störmer: Zur bayerischen Stammes-„Sage" des 11./12. Jahrhunderts, in: Fälschungen im Mittelalter (MGH-Schriften, Bd. 33), Hannover 1988, Teil 1, S. 451.
[817] Vgl. W. Störmer: Zur bayerischen Stammes-„Sage", ebd., Teil 1, S. 462. Siehe auch Hanna Eisler: Einführung, a.a.O., S. 36.
[818] Joseph Scaliger: Harmonie der vier Hauptsprachen, Hebräisch, Griechisch, Latein und Deutsch, 1616.
[819] Apel: Die Idee der Sprache, a.a.O., S. 110.
[820] Davidson: Der Zivilisationsprozess, a.a.O., S. 158.
[821] Davidson: Der Zivilisationsprozess, ebd., S. 161.
[822] Vgl. Arthur Koestler: Der dreizehnte Stamm, Bergisch Gladbach 1989, S. 153.
[823] Davidson: Der Zivilisationsprozess, a.a.O., S. 162.
[824] Karl S. Kramer: Bauern und Bürger im nachmittelalterlichen Unterfranken. Eine Volkskunde auf Grund archivalischer Quellen (= Beitr. zur Volkstumsforschung, Bd. 11) , Würzburg 1957, S. 45. Diese *Andersartigkeit* sieht nach Jean Delumeau: Angst im Abendland, a.a.O., S. 413 „die Juden für die Sündenbockrolle in Krisenzeiten vor."
[825] Ludwig Volk: Bayern im NS-Staat 1933 bis 1945 in: Max Spindler (Hrsg.): Bayerische Geschichte im 19. und 20. Jahrhundert 1800 bis 1970, Sonderausgabe, München 1978, S. 518-537, hier S. 534.
[826] Quelle: www.steinheim-institut.de/zwischen_sprachen/index.html, S. 2.
[827] David N. Myers: The Blessing of Assimilation reconsidered: An Inquiry into Jewish Cultural Studies, in: From Ghetto to Emancipation. Historical and Contemporary Reconsiderations of the Jewish Community, Scranton 1997, S. 17-35.

[828] Wichtige Informationen zu Pinchas Lapide finden sich in der Festschrift von Gerhard Fürst: Juden und Christen im Dialog, Stuttgart 1993 und in Lapides Werk „Nach der Gottesfinsternis. Ein ökumenisches Kaleidoskop", Gladbach 1970. Siehe auch „Die Anfänge des Christentums aus jüdischer Sicht", in: Zeitschr. f. die Praxis des Religionsunterrichts 7, 1977, Nr. 2, S. 57-61.

[829] Vgl. dazu Gregg Braden: Der Jesaja Effekt (Originaltitel: „The Isaiah Effect"). Die in Vergessenheit geratene Wissenschaft des Gebets und der Prophetie neu entschlüsselt, deutsche Ausgabe, Burgrain 2001.

[830] Raphael Straus: „Apokatastasis", a.a.O., S. 1-2.

[831] Michael Hilton: „Wie es sich christelt, so jüdelt es sich." 2000 Jahre christlicher Einfluss auf das jüdische Leben. Mit einem Vorwort von Rabbiner Arthur Herzberg, Berlin 2000.

[832] Zeitkonstruktion und Geschichtsbewusstsein im alten Ägypten, in: Jan Assmann, Klaus E. Müller (Hrsg.): Der Ursprung der Geschichte, a.a.O., S. 123.

[833] Zeitkonstruktion und Geschichtsbewusstsein, ebd., S. 122f.

[834] Henry C. Lea: Geschichte der Inquisition im Mittelalter, Bd. 1, a.a.O., S. 93.

[835] Joachim-Ernst Berendt: Nada Brahma. Die Welt ist Klang, Reinbeck bei Hamburg 1985, S. 15. Der wachsende Stellenwert des Optischen in Bildung und Kultur wird auch im Gesamtwerk des „Augenmenschen" Johann Wolfgang von Goethe deutlich.

[836] Davidson: Der Zivilisationsprozess, a.a.O., S. 167.

[837] Abraham a Santa Clara: Der Narrenspiegel, hrsg. von Karl Bertsche, Mönchen Gladbach 1925, S. 421. Vgl. auch Hanna Eisler: Einführung, a.a.O., S. 35.

[838] Umfrage der „Berliner Illustrierten" aus dem Jahre 1898, nach Davidson: Der Zivilisationsprozess, a.a.O., S. 168.

[839] Vgl. Paul Schallück: Moses Mendelsohn und die deutsche Aufklärung, in: Thilo Koch (Hrsg.): Porträts zur deutsch-jüdischen Geistesgeschichte, Köln 1997, S. 28-46.

[840] Das Steinheim-Institut in Duisburg verfügt über eine Sektion, welche sich mit den „Schriften der hebräischen Aufklärung 1750 – 1820" befasst. Quelle: www.steinheim-institut.de/projekte/index.html.

[841] Dass die meisten Klöster, zumindest in Bayern, „wirtschaftlich und kulturell blühende Zentren" waren, zeigt der Bericht von Christian Feldmann: Ein ´Sternenfinder´ aus dem Kloster, in: Donaukurier, Nr. 158, „Der Sonntag", 12./13. Juli 2003 zur Regensburger Ausstellung über Ordenskultur und Säkularisation. „In Klöstern wie St. Emmeram waren keine abergläubischen Dunkelmänner am Werk, wie die Autoren gehässiger Pamphlete Ende des 18. Jahrhunderts behaupteten". Nicht wenige Mitglieder der meisten Orden waren zum Zeitpunkt der Ordensaufhebung (1802/03) und sogar darüber hinaus führende Wissenschaft-

ler und Gelehrte ihrer Zeit, wie gerade die neueren *objektiven* Arbeiten zur Säkularisation immer wieder zeigen.

[842] Vgl. W. Liebhart: Altbayerische Geschichte, a.a.O., S. 15.

[843] Frank Hatje: Gott zu Ehren, der Armut zum besten, Hospital zum Heiligen Geist und Marien-Magdalenen-Kloster in der Geschichte Hamburgs vom Mittelalter bis in die Gegenwart, Hamburg 2002, S. 128.

[844] Frank Hatje: Gott zu Ehren, ebd., S. 132.

[845] Ralph Davidson: Desiderate der Forschung. Vorlesungen zur Geschichte der Langobarden und des Ur-Christentums, Hamburg 2006, S. 110.

[846] Ralph Davidson: Desiderate der Forschung, ebd., S. 110.

[847] Ralph Davidson: Desiderate der Forschung, ebd., S. 111.

[848] Ich erinnere an die hoch entwickelte Musikkultur der bayerischen Klöster, vor allem der Innklöster. Leider wird auch in den Abhandlungen zur Kulturgeschichte des 18. Jahrhunderts nicht nur die Geschichte der Musikkultur im allgemeinen, sondern auch die der Klöster im besonderen einfach unterschlagen. So ist z. B. das Kapitel „Das wissenschaftliche und kulturelle Leben in süddeutschen Klöstern und Städten" bei Dorette Hildebrand: Das kulturelle Leben Bayerns im letzten Viertel des 18. Jahrhunderts im Spiegel der bayerischen Zeitschriften, Miscellania Bavarica Monacensia, Heft 36, Neue Schriftenreihe des Stadtarchivs, München 1971, S. 129-133 nicht nur quantitativ und qualitativ sehr dürftig, sondern auch ohne jeden Bezug zur hoch entwickelten Musikkultur der bayerischen Klöster. Auch die Rolle der Klöster als Förderer der Baukunst und der schönen Künste (z. B. Malerei) überhaupt fällt völlig unter den Tisch. Der Kulturbegriff von Hildebrand ist allzu einseitig auf die „Aufklärung" ausgerichtet. Im Werk von Benno Hubensteiner: Bayerische Geschichte, München 1980, findet man im Kapitel „Die bayerische Barockkultur" (S. 208-224) die Musikkultur der bayerischen Klöster nur kurz erwähnt (vor allem S. 217). Erfreulicherweise hat der Bayerische Rundfunk immer wieder Sendungen gebracht, in welchen auf die großen musikalischen Leistungen der bayerischen Klöster hingewiesen worden ist, so z. B. am Sonntag, den 11. Mai 2003, auf die Musikkultur der bayerischen Innklöster.

[849] Grundlegend dazu Robert Münster: Die Folgen der Klostersäkularisationen für die Musikkultur in Bayern, in: Schönere Heimat. Erbe und Auftrag, 92. Jahrg., 2003, S. 233-238.

[850] Vgl. Dietmar Stutzer: Weingüter bayerischer Prälatenklöster in Südtirol, Rosenheim 1980; Dietmar Stutzer: Die Säkularisation 1803. Der Sturm auf Bayerns Kirchen und Klöster, Rosenheim 1978 und Roman Landau: Anmerkungen zum Zivilisationsprozeß, a.a.O., S. 33-36.

[851] Helmut Kröll: Beiträge zur Geschichte der Aufhebung der Gesellschaft Jesu in Wien und Niederösterreich. Diss. zur Erlangung des Doktorgrades an der philosophischen Fakultät der Universität Wien, Wien 1964, S. 224-232.

[852] Wie barbarisch und würdelos die Klosteraufhebungen in Bayern vielfach durchgeführt worden waren, zeigt die Aufhebung des uralten Benediktinerklosters Scheyern. Vgl. dazu Anselm Reichhold OSB: Chronik von Scheyern. Von den Anfängen bis zur Gegenwart, hrsg. von der Abtei Scheyern, Weißenhorn 1998, S. 344-368 und Reinhard Haiplik: Das vorläufige Ende des Klosters Scheyern: Vor 200 Jahren wurde es aufgelöst, in: Donaukurier, Lokalteil Pfaffenhofener Kurier, Nr. 78, Donnerstag, 3. April 2003, S. 21.

[853] Wilhelm Kaltenstadler: Bevölkerung und Gesellschaft Ostbayerns, Kallmünz 1977, S. 223ff weist auf die außergewöhnlich starke Verarmung der Bevölkerung und Zunahme der Bettler und Vaganten zu Beginn des 19. Jahrhunderts in Bayern hin. Es ist sehr wahrscheinlich, dass die Säkularisation an dieser Massenverarmung und sozialen Destabilisierung den Hauptanteil hat.

[854] Max Hufnagel: Das Benediktinerinnenkloster Geisenfeld, Pfaffenhofen 1979, Reihe D´Hopfakirm Nr. 5, S. 40-57, hier S. 43.

[855] O.S.: Brutal. Die Säkularisation, in: Rheinischer Merkur, 15.12.1978.

[856] Vgl. Wolfgang Wallenta: Die Aufklärung als geistesgeschichtliche Wegbereiterin der Säkularisation, in: Amperland 39, 2003, S. 202-206.

[857] Vgl. Anton Schneider: Die Säkularisation in Bayern, in: Amperland 39, 2003, S. 206-211.

[858] Herausgeg. von Josef Kiermeier und Manfred Treml, München 1803.

[859] Wilhelm Liebhart: Zum Geleit, in Amperland 39, 2003, S. 201f, hier S. 201.

[860] Liebhart: Zum Geleit, ebd., S. 201.

[861] Schachern um die Macht. Napoleon und seine Zeit auf Münzen und Medaillen. Ausstellung in der Kreissparkasse Köln, in: Das Fenster, Thema 167, Oktober 2005, S. 16.

[862] Für Bayern müsste es hier heißen herzogliches bzw. kurfürstliches Bestreben.

[863] Landau: Anmerkungen zum Zivilisationsprozeß, a.a.O., S. 34f.

[864] Winfried Schulze: Deutsche Geschichte im 16. Jahrhundert, a.a.O., S. 232f.

[865] Landau, Anmerkungen, a.a.O., S. 35.

[866] Dietmar Stutzer: Die Säkularisation 1803, Rosenheim 1978, S. 56.

[867] Dietmar Stutzer: Die Säkularisation 1803, ebd., S. 55.

[868] Dietmar Stutzer: Die Säkularisation 1803, ebd., S. 54-57.

[869] Vgl. Dietmar Stutzer: Klöster als Arbeitgeber um 1800. Die bayerischen Klöster als Unternehmenseinheiten und ihre Sozialsysteme zur Zeit der Säkularisation 1803, Göttingen 1986, S. 20-40.

[870] W. Liebhart, Zum Geleit, a.a.O., S. 201.

[871] Eva von Seckendorff: Die Säkularisation als ökonomische Chance. Die Unternehmer Ludwig Philipp Weiß (1764 – 1824) und Ignaz Leitenberger (1764 – 1839), in: Amperland 39, 2003, S. 237-241. Vgl. auch Angelika Mundorff: Perspektiven für Brucker Bürger nach der Säkularisation, in: Amperland 39, 2003, S. 231-237.

[872] Josef Würdinger: Der Scharfrichter. Berufsbild und Tätigkeitsbereich im Wandel der Zeit, 21 Fortsetzung, hier 21. Fortsetzung, in: Ingolstädter Heimatblätter 68, Nr. 6, 2005, Beilage zum Donaukurier, S. 3f.

[873] Harrschaftsarchiv von Gumppenberg Pöttmes, Fasz. 6190 Johann Kranner von München [...] wegen Diebstahls [und Einbruchs] 1765/66.

[874] Herrschaftsarchiv von Gumppenberg Pöttmes, Fasz. 4835 Christliche Anred oder Sitten=Lehr, Bey beschehener Justificirung deren Hoch=Freyherrlich Baron Gumppenbergischen Herrschafts=Gericht zu Pöttmes In Puncto furti & Roboriae inhafftiert gewesenen vier Persohnen auf dem offentlichen Gericht=Platz in Gegenwart einer grossen Menge Volcks den 30. Julii Anno 1766 gehalten, und auf Hohes Anverlangen zum Druck befoerderet worden Von BENEDICT JOSEPH LANG, Cler. Saec. In commune viv. Pfarrer allda, Neuburg an der Donau, gedruckt bey Johann Christian Sillmann, Churuerstl. Neuburgischen Hoff= und Landschaffts Buchdruckerey.

[875] Josef Würdinger: Der Scharfrichter. Berufsbild und Tätigkeitsbereich im Wandel der Zeit (17. Fortsetzung) in: Ingolstädter Heimatblätter, 68. Jahrg., Nr. 1 (2005), S. 2.

[876] Günter Dippold: Zerstörung mit „Sammetpfötchen", in: Schönere Heimat, 92. Jahrg., 2003, S. 225-232.

[877] Vgl. Michael Westerholz: Erst versklavt, dann integriert. Im 16. – 18. Jahrhundert erlebten nach Bayern verschleppte Osmanen eine – damals weitgehende – Toleranz, in: Donaukurier Nr. 7, 10./11. Januar 2004, Beilage „Der Sonntag", S. 1.

[878] Werner Kraft, ein deutsch-jüdischer Dichter, 1896 in Braunschweig geboren, seit 1934 in Israel lebend, 1990 in Jerusalem gestorben, sah nie einen Gegensatz zwischen der deutschen und hebräischen Sprache. Ich zitiere ihn wörtlich: „Denn ich konnte und wollte auf die deutsche Sprache nicht verzichten, die deutsche Sprache und der deutsche Geist blieben mir - trotz des ungeheuren Frevels, der von Deutschland ausging - mein Zentrum." Quelle: Der jüdische Kalender. Fünftausendsiebenhunderteinundsechzig, 2000 – 2001, 18. Jahrgang, herausgeg. von Henryk M. Broder und Hilde Recher, Augsburg 2001, unpag., Sonntag, 17.06., 26. Siwan.

[879] Vgl. August Gabler: Schopfloch, eine vergessene Sprachinsel. Topographie, Statistik und Geschichte, in: Deutsche Gaue 57/58 (1971/71), S. 56-74 und Karl Philipp: Lachoudisch (Geheimsprache Schopflochs), Dinkelsbühl 1969.

[880] Das fränkische Jiddisch ist noch wenig erforscht. Unverzichtbar ist hier das Werk von Franz Josef Beranek: Die fränkische Landschaft des Jiddischen, in: Jahrbuch für fränkische Landesforschung 21, 1961, S. 267-303.

[881] Vgl. Michael Westerholz: Ein Rundgang gegen das Vergessen, in: Donaukurier, Samstag / Sonntag 29./30. März 2003, Nr. 13, Beilage „Der Sonntag".

[882] Die Markt- & Handels-Sprache der Israeliten. Ein Hand- und Hilfsbuch für alle, die mit Juden in Geschäftsverbindung stehen, München o. J. (aber nach 1871). Vgl. dazu auch Davidson: Kapitalismus, Marx und der ganze Rest, a.a.O., S. 32f.

[883] Davidson: Der Zivilisationsprozess, a.a.O., S. 171.

[884] Jeremias erwähnt in AT Kap. 51, Vers 27, neben den Reichen von Ararat und Minni das Reich von Aschkenas. Alle drei Reiche sollen sich erheben, um „das Land Babel zur Wüste zu machen" (Vers 29).

[885] Friedrich, Entstehung der Baiern, a.a.O., S. 51ff.

[886] Ich verweise hier vor allem auf E. Morgan Kelley: The metaphorical Basis of Language. A study in Cross-Cultural Linguistics or The Left-Handed Hummingbird, Lewiston/Queenston/Lampeter 1992.

[887] Kritisch zur Renaissance äußert sich Brasi in seinem Werk „Der große Schwindel. Bausteine für eine wahre Geschichte der Antike", a.a.O., S. 9-18.

[888] Nach Edwin Johnson: The Pauline Epistles, London 1894 soll "die heutige Bibel erst in der ersten Hälfte des 16. Jahrhunderts entstanden" sein (Pfister: Die Matrix, S. 373), und zwar als Ergebnis des Streites zwischen Benediktinern und Augustinern.

[889] Interessante Belege für die jüdische Jeschiwa und deren große kulturelle Bedeutung bringt Hanna Eisler: Einführung, a.a.O., S. 29f. Ich empfehle dazu besonders die Lektüre der Tagebücher von Franz Kafka. Vgl. dazu wichtige Zitate bei Davidson: Kapitalismus, Marx und der ganze Rest, a.a.O., S. 37.

[890] Hans J. Schoeps: Jüdische Geisteswelt. Zeugnisse aus zwei Jahrtausenden, Darmstadt 1953, S. 200.

[891] Vgl. dazu Dagmar Nick: Shabbathabend in Zfat, in: Schriftzeichen, Heidenheim 1975, S. 16-22, hier S. 17f.

[892] Helmut Werner: Kabbala. Eine Textauswahl mit Einleitung, Bibliografie und Lexikon, Köln o. J. (wohl 2002), S. 8.

[893] Frances Yates: The Occult Philosophy in the Elizabethan Age, Bd. VII der gesammelten Werke von Frances Yates, London 1999, Part 1, chapter 1 „Medieval Christian Cabala: The Art of Ramon Lull", S. 11-18.

[894] Helmut Werner: Kabbala, a.a.O., S. 9.
[895] Helmut Werner: Kabbala, ebd., Kapitel „Texte christlicher Kabbalisten", S. 246-288.
[896] Helmut Werner: Kabbala, ebd., III. Textauswahl: Theoretische Kabbala, 3. Die 32 Wege der Weisheit und 4. Die 50 Tore der Intelligenz, S. 54-61.
[897] Hartwig Sippel: Die Templer, a.a.O., S. 275.
[898] Für Horst Friedrich: Ist die Alchemie eine Pseudowissenschaft? in: Karin Figala & Helmut Gebelein: Hermetik & Alchemie. Betrachtungen am Ende des 20. Jahrhunderts, Gaggenau 2003, S. 103-120 ist die Alchemie trotz ihres spirituellen Aspektes eine ernst zu nehmende Wissenschaft, welche auch durch einen Lehrstuhl an einer Universität vertreten sein sollte.
[899] Vgl. Karin Figala & Helmut Gebelein (Hrsg.): Hermetik & Alchemie, ebd.
[900] Nach Elmar zur Bonsen– Cornelia Glees (Hrsg.): Geheimwissen des Mittelalters, München 1988, Kapitel „Von den Geheimnissen der Alchemie", S. 77-144 haben die Araber erheblich dazu beigetragen, „dass nach dem Zusammenbruch der antiken Welt die meisten naturwissenschaftlichen Erkenntnisse der alten Lehrer und Forscher nicht verloren gegangen sind" (S. 77). Das gilt auch für die Alchemie. Mit dieser Aussage unterschlägt er aber den Beitrag der Juden.
[901] Horst Friedrich: Ist die Alchemie eine Pseudowissenschaft? a.a.O., S.120.
[902] Johanna Arnold: Spagyrik in der Heilkunde, in: Figala Karin & Gebelein Helmut: Hermetik & Alchemie, a.a.O., S. 171-180.
[903] Johannes Hirschberger: Geschichte der Philosophie, a.a.O., S. 520.
[904] Eine Studie der Bertelsmannstiftung, 2004 publiziert, stellt fest, dass die Menschen in Deutschland zu wenig über Finanzen wüssten. Es fällt sogar der Begriff „finanzieller Analphabetismus". Vgl. dazu o.V.: Studie: Viele Deutsche sind „finanzielle Analphabeten" , Donaukurier, Nr. 64, 17.03.2004, S. 10 und Kurzbericht „Deutsche sind Finanzlaien", ebd., auf der Titelseite.
[905] Reinhard Haiplik: Pfaffenhofen, 3. Februar 1935, a.a.O., S. 1-2. Vgl. auch Reinhard Haiplik: Pfaffenhofen unterm Hakenkreuz, a.a.O, S. 88ff.
[906] Zit. nach Fr. Förster: Geschichte der Befreiungskriege, Berlin 1861. Vgl. auch Hanna Eisler: Einführung in Davidson / Luhmann, a.a.O., S. 19.
[907] Hanna Eisler: Einführung, ebd., S. 20-22.
[908] Hanna Eisler: Einführung, ebd., Epilog, S. 51-54.
[909] Michael Westerholz: Düsteres Kapitel der Schulgeschichte, a.a.O., S. 1.
[910] Bernd Roeck: Leben in süddeutschen Städten im 16. Jahrhundert, Hefte zur bayerischen Geschichte und Kultur, Bd. 25, Haus der Bayerischen Geschichte, Augsburg 2000, S. 24.
[911] Bernd Roeck: Leben in süddeutschen Städten im 16. Jahrhundert, ebd., S. 25.

[912] Wichtige Anregungen zum Thema „Kinderarbeit" fand ich bei Michael Westerholz: Alltag und Barbarei. Ausstellung im Schulmuseum Lohr dokumentiert Kinderarbeit in Deutschland zwischen 1850 und 1950, in: Donaukurier, Nr. 169, 24./25. Juli 2004, Beilage „Der Sonntag", S. 1-2.
[913] Westerholz, ebd., S. 2.
[914] Westerholz, ebd., S. 2.
[915] Westerholz, ebd., S. 1.
[916] Westerholz, ebd., S. 2.
[917] Westerholz, ebd., S. 1-2.
[918] Westerholz, ebd., S. 2.
[919] Abbildung des Holzschnittes bei Westerholz, ebd.., S. 1.
[920] Wilhelm Kaltenstadler: Bevölkerung und Gesellschaft Ostbayerns, a.a.O., Kap. „Einkommensschichtung und -verteilung der Lehrer", S. 316-323.
[921] Wilhelm Kaltenstadler: Bildungsnotstand im 19. Jahrhundert. Lehrer, Schüler und Schule in Ostbayern in der Zeit der frühen Industrialisierung. In: Regensburger Universitätszeitung, 6. Jahrgang, Heft 8, August 1971, S. 2-6.
[922] Roeck Bernd: Leben in süddeutschen Städten im 16. Jahrhundert, a.a.O., S. 23.
[923] Thurn und Taxis Archiv, Herrschaft Falkenstein 1627, Schulinstruktion für Falkenstein 15.3.1793, vgl. dazu auch Wilhelm Kaltenstadler: Bildungsnotstand im 19. Jahrhundert, a.a.O., S. 2-6, hier S. 5.
[924] Thurn und Taxis Archiv, Herrschaft Falkenstein 1627, Schulinstruktion, ebd., 20.10.1807.
[925] Wilhelm Kaltenstadler: Bildungsnotstand, a.a.O., S. 5.
[926] „Schulschwänzer auf dem Vormarsch. Experten besorgt: Verweigerer auch immer jünger", in: Donaukurier, Nr. 108, 12.05.2003, S. 4. Der Autor des Artikels beruft sich auf den „Verband Bildung und Erziehung" (VBE). Der VBE weist daraufhin, „dass unter jugendlichen Straftätern überwiegend einstige Schulschwänzer seien". Simons, ein Vertreter des VBE, rät dringend, dass bei den ´Null-Bock-Schülern´ die Therapie „meist bei den Elternhäusern ansetzen" müsse. Er setzt fort: „Es geht darum, klare Erwartungen an die Kinder zu formulieren, Grenzen zu setzen und auf die Einhaltung zu achten."
[927] Donaukurier, Nr. 113, 17./18. Mai 2003, Titelseite.
[928] Donaukurier, Nr. 108, 12.05.2003, S. 4. Natürlich nennt der Autor das Versagen der Familien in Deutschland nicht explizit und direkt beim Namen. Denn das Thema ist hierzulande tabuisiert und würde Stürme der Empörung in der Öffentlichkeit hervorrufen.
[929] Vgl. dazu auch Hanna Eisler: Einführung in Davidson / Luhmann, a.a.O., S. 18f.
[930] B. Lewis: Die Juden in der islamischen Welt, a.a.O., S. 122.

[931] Vgl. Rafael Arnold: Die Calimani-Familie in Venedig, in: Kalonymos, 17. Jahrg., Heft 2, 2004, S. 11 f.
[932] Vgl. Jean Delumeau: Angst im Abendland, a.a.O., S. 412-420.
[933] Wittenwiler, Der Ring, a.a.O., 2. Teil, S. 270. Der Ausdruck „gnädig" hat hier die Bedeutung von „barmherzig". Schar ist am besten mit „Rotte" ins Neuhochdeutsche zu übersetzen.
[934] Franz Josef Beranek: Das Rätsel des Regensburger Brückenmännchens. In: Bayerisches Jahrb. f. Volkskd., 1961, S. 61-71, hier S. 65. Vgl. auch Jüdisches Lexikon, Berlin 1927-30, Bd. IV/1, Sp. 1295f. Diese christlich-jüdische Harmonie ist jedoch, wie die rüde Darstellung der Judensau am Regensburger Dom vermuten lässt, seit dem 14. Jahrhundert verloren gegangen.
[935] Beranek: Das Rätsel, ebd., S. 64.
[936] Marcu, a.a.O.., Kapitel „Hat die Inquisition Spanien geschadet?", S. 201-215.
[937] Marcu, ebd., S. 214f.
[938] Nachwort von Andrei Corbea zu Valeriu Marcu, ebd., S. 217-285.
[939] J. Frh. V. Eichendorff: Werke, Bd. I, ediert und kommentiert von Ansgar Hillach, München 1970, S. 473ff.
[940] Josef Frh. v. Eichendorff: Werke, Bd. I, Krieg den Philistern, 3. Abenteuer, ebd., S. 515ff.
[941] Krieg den Philistern, ebd., S. 493-507.
[942] Die genannten Passagen und Zitate stammen alle aus dem 3. Abenteuer der Satire „Krieg den Philistern"., ebd., S. 507-526.
[943] Roman Landau: Anmerkungen zum Zivilisationsprozeß, a.a.O., Kap. „Die Götter der neuen Religion: Egoismus und Hybris", S. 33-43.
[944] So z. B. bei Josef Kulischer: Allgemeine Wirtschaftsgeschichte des Mittelalters und der Neuzeit, Bd. II Die Neuzeit, München – Wien 1971, S. 409-412.
[945] Pfister: Die Matrix der alten Geschichte, a.a.O., S. 379.
[946] Kalvin legt Kriterien fest, auf Grund derer der fromme und erfolgreiche Kalvinist schon in dieser Welt (Diesseits) erkennt, ob er zu den Auserwählten für das Jenseits gehört.
[947] Davidson: Kapitalismus, Marx und der ganze Rest, a.a.O., S. 25f.
[948] Zu welchen Perversionen das extreme nicht zuletzt vom Protestantismus geprägte Obrigkeitsdenken im 20. Jahrhundert in deutschen Köpfen geführt hat, zeigt der Bericht von Margarete Buber-Neumann aus der Zeit ihres KZ-Aufenthalts in ihrem Buch über „Kafkas Freundin Milena". Sie schildert, wie eine KZ-Oberaufseherin gespalten ist zwischen ihrer Liebe zu Hitler und den als unhaltbar erkannten Schikanen den Häftlingen gegenüber. Sie war trotz allem von der Richtigkeit des NS-Systems überzeugt und kleidete ihre Treue zu den Führern des NS-Systems in die geradezu klassischen Worte: „Adolf Hitler und der

Reichsführer-SS haben keine Ahnung, wie diese Bande hier im Lager wütet ...".
Zit. nach Karl S. Kramer: Grundriß einer rechtlichen Volkskunde, Göttingen 1974, S. 120. In der katholischen Dogmatik bezeichnet man so ein Festhalten an fundamentalen Irrtümern trotz besserer Einsicht als Sünde wider den Heiligen Geist. Eine solche Einstellung wird durch den katholischen Spruch veranschaulicht: „Menschlich ist es, Sünd zu treiben, teuflisch in der Sünd zu bleiben."
[949] Alexis de Tocqueville: De la démocratie en Amerique, Bd. 1, Paris 1835; Bd. 2, Paris 1840.
[950] Eine Reihe von Vertretern der sog. älteren und jüngeren „Historischen Schule" der Volkswirtschaft hat sich mit der Frage der Entstehung des Kapitalismus aus *jüdischer* Sicht kritisch auseinandergesetzt. Ich nenne exemplarisch dazu nur folgende Titel, nämlich Schipper: Anfänge des Kapitalismus bei den abendländischen Juden, 1906; H. Roscher: Stellung der Juden im Mittelalter, in: Zeitschr. f. die ges. Staatswissenschaft, 1875 und Stobbe: Die Juden in Deutschland während des Mittelalters, 1866. Eine wichtige Primärquelle zur jüdischen Geschichte im Mittelalter stellen die im Jahre 1902 von Aronius herausgegebenen „Regesten zur Geschichte der Juden im Fränkischen und Deutschen Reiche" dar.
[951] Dieser stark ausgeprägte Gegenwartsbezug des jüdischen Menschen (altes bairisches Sprichwort: „Fürs G´wesene gibt der Jud nix") ist wohl primär vom Talmud her zu verstehen, der jeden gläubigen Juden „die Vollendung und Erlösung in praktischen Dingen" (Marcu, S. 70f) suchen lässt. Nach meiner Meinung ist diese praxisorientierte Gegenwartsorientierung des jüdischen Menschen mindestens eine genauso wichtige Basis der Entstehung des Kapitalismus wie die von Max Weber postulierte innerweltliche Askese und das neue Berufsdenken bei Martin Luther.
[952] Vgl. David Ricardo: The Principles of political Economy and Taxation, 3. Auflage, London 1821. Deutsche Übersetzung: Über die Grundsätze der politischen Ökonomie und der Besteuerung, Berlin 1959, S. 9ff. Siehe auch Kap. XX, ebd., S. 264ff.
[953] Ralph Davidson: Kapitalismus, Marx und der ganze Rest, 2. Aufl., Hamburg 2001, S. 16.
[954] Vgl. Wilhelm Kaltenstadler: Ὁ Ρικάρδο ως ακούσιος πρόδρομος του Μαρξ (Ho Rikardo hos akoúsios pródromos tou Marx = Ricardo als unfreiwilliger Vorläufer von Marx). In: ΣΠΟΥΔΑΙ (Studien), Piraios 1971, S. 51 – 68.
[955] Grundlegend dazu ist Ralph Davidson: Kapitalismus, Marx und der ganze Rest, a.a.O., vor allem S. 14ff.
[956] Heinrich Böll: Karl Marx – ein deutscher Jude verändert die Welt, in: Thilo Koch (Hrsg.): Porträts zur deutsch-jüdischen Geistesgeschichte, Köln 1997, S. 66-85, hier S. 80.

[957] Landau: Anmerkungen, a.a.O., S. 52 (Kapitel „Das Paradoxon der mittelalterlich–modernen Mentalität des Judentums", S. 50-56). Siehe dazu auch Thomas Nipperdey: Deutsche Geschichte, Bd. I, 1998, S. 207ff.
[958] Henry C. Lea: Geschichte der Inquisition im Mittelalter, Bd. 1, a.a.O., S. 95.
[959] W. Kaltenstadler: Der österreichische Außenhandel über Triest im 18. Jahrhundert. In: Vierteljahresschrift für Sozial- und Wirtschaftsgesch., Bd. 55, Heft 4, März 1969, S. 481 – 500 und Bd. 56, Heft 1, S. 1 – 104.
[960] Details zur Handels- und Gewerbegeschichte im Raum Triest finden sich in der amtlichen von der Industrie- und Handelskammer Triest publizierten Website http://www.ts.camcom.it/deutsch/storia.htm.
[961] Carsten Wilke: Das Rabbinat und die Gründung des Jüdisch-Theologischen Seminars Breslau 1854, in: Kalonymos, 7. Jahrg., Heft 2, 2004, S. 1-3, hier S. 1. Gemeint ist der preußische König Friedrich II. im 18. Jahrhundert.
[962] Vgl. Josef Kulischer: Allgemeine Wirtschaftsgeschichte, Bd. II, a.a.O., S. 21f. Bei dieser Gelegenheit erlaube ich mir einmal anzumerken, dass in dem eben genannten zweibändigen Werk Kulischer die Juden weitestgehend vernachlässigt. So findet sich in dem sehr umfangreichen 2. Band nur eine einzige Belegstelle zu den Juden. Dies ist allzu typisch auch für andere Lehrbücher der Sozial- und Wirtschaftsgeschichte.
[963] Kurzel-Runtscheiner: Töchter der Venus, a.a.O. Ich empfehle vor allem das Kapitel „Der Rückzug aus dem Gewerbe", S. 229-242.
[964] Der Germanist Akad. Oberrat Dr. Günter Schweisthal machte mich darauf aufmerksam, dass die Wörter Sephardim und Lombardim eine gemeinsame sprachliche Wurzel hätten. Beiden Wörtern gemeinsam ist, wenn man p und b gleichsetzt, der Text p(h)ardim. Im hebräischen Alphabet ist ph (f) und p das gleiche Zeichen Pe. Ob damit eine gemeinsame Wurzel von Lombarden und Sepharden denkbar ist, bedürfte weiterer Untersuchungen.
[965] Vgl. Christel Köhle-Hezinger und Walter Ziegler (Hrsg.): „Der glorreiche Lebenslauf unserer Fabrik". Zur Geschichte von Dorf und Baumwollspinnerei Kuchen, Weißenhorn 1991, rezensiert von W. Kaltenstadler in: Bayer. Jahrbuch f. Volkskunde 1993, S. 170f.
[966] Vgl. dazu Wilhelm Kaltenstadler: Bevölkerung und Gesellschaft Ostbayerns im Zeitraum der frühen Industrialisierung (1780 – 1820), Kallmünz 1977, vor allem S. 247ff.
[967] Kaltenstadler: Bevölkerung und Gesellschaft Ostbayerns, ebd., S. 286-304.
[968] Vgl. Major Hailer: Festschrift zur Feier des 100-jährigen Bestehens der K. B. Gewehrfabrik Amberg, München 1901, S. 6ff und Kaltenstadler: Bevölkerung und Gesellschaft, ebd., S. 291.

[969] Landau: Anmerkungen, a.a.O., Kapitel „Die Industrielle Revolution", S. 57-68 mit wichtiger Literatur aus dem englischen Sprachgebiet.

[970] O. Bauer: Johann Peter Kling (1749-1808) – ein Wegbereiter der nachhaltigen Forstwirtschaft in Bayern in: Forstliche Forschungsberichte, Forum Forstgeschichte, Nr. 191, 2003, S. 5-22.

[971] W. Sombart: Die Juden und das Wirtschaftsleben, München – Leipzig 1928 (bereits 1911 publiziert), Bd. V und Werner Sombart: Der moderne Kapitalismus, 2 Bände, 1903-1908, 3. Band 1928.

[972] Wie massiv bis in die Neuzeit die Handels- und Wettbewerbshemmnisse waren, zeigt der Festschriftbeitrag von W. Kaltenstadler: Städtische Wirtschaftspolitik im Spätmittelalter, in: Prismata. Dank an Bernhard Hanssler, Pullach bei München 1974, S. 406-421. Besonders aussagekräftige Quellen zur Wettbewerbsfeindlichkeit sind städtische Polizeiordnungen und Zunftverfassungen.

[973] Werner Sombart: Die Juden und das Wirtschaftsleben, a.a.O. und Hanna Eisler: Einführung in: Davidson / Luhmann, a.a.O., S. 22f.

[974] Zit. nach Autorenkollektiv: Antisemitismus in der Geschichtswissenschaft, a.a.O., S. 28.

[975] Autorenkollektiv: Antisemitismus in der Geschichtswissenschaft, ebd., S. 30.

[976] Auf die besondere wirtschaftliche Dynamik der Nürnberger Unternehmer seit dem Mittelalter hat immer wieder Professor Stromer von Stromer-Reichenbach in seinen zahlreichen Werken zur Nürnberger Wirtschaftsgeschichte hingewiesen. Stromer entstammt dem alten Nürnberger Patriziat.

[977] Charles Henry Lea: Geschichte der Inquisition im Mittelalter, Bd. 1, a.a.O., S. 11ff.

[978] Vgl. Sven Felix Kellerhoff: Bescheinigte „Deutschblütigkeit". Der US-Historiker Bryan Mark Rigg zählt bis zu 150 000 „Halbjuden" in Hitlers Wehrmacht, in: Die Welt, Montag, 29. September 2003, S. 29. Nachzulesen sind diese Dinge im Buch von Bryan Markus Rigg: Hitlers jüdische Soldaten, Paderborn 2003.

[979] Holger Wuchold: Hitler duldete jüdische Soldaten, in: Donaukurier, Nr. 279, 3. 12. 1996, S. 3. Wuchold wertete die Forschungen des Amerikaners Bryan Rigg aus, der an der Universität Cambridge Geschichte studierte.

[980] Autorenkollektiv: Irrtümer der Geschichtswissenschaft, a.a.O., S. 58.

[981] In seinem Kapitel „Geschichte, warum und wie" übt Landau: Anmerkungen, a.a.O., S. 79 auch Kritik an der „Realitätsferne der deutschen Geschichtswissenschaft".

[982] Roman Landau: Anmerkungen zum Zivilisationsprozeß, a.a.O., sieht in seinem „Exkurs: Nietzsche" in Nietzsche, welcher das deutsche Geistesleben stark geprägt hatte, einen der geistigen Wegbereiter des Nationalsozialismus. Das

Sammelwerk „Die Konstruktion der Nation gegen die Juden", hrsg. von Peter Alter, Claus-Ekkehard Bärsch und Peter Berghoff (= ein Tagungsband des Salomon Ludwig Steinheim-Instituts für deutsch-jüdische Geschichte), München 1999, zeigt das Bestreben des deutschen Nationalstaates, die Existenz der Juden von Anfang an auszuklammern.

[983] Bei den mehrheitlich katholischen Landkreisen fällt der Landkreis Pfaffenhofen an der Ilm (vor allem die Hauptstadt Pfaffenhofen) schon frühzeitig durch nationalsozialistische Aktivitäten aus dem üblichen Rahmen. Vgl. Reinhard Haiplik: „Ich werde Alle, die nicht im Sinne Adolf Hitlers handeln, gewaltig anprangern". „Späher" denunziert Pfaffenhofener Nazi-Gegner, in: Pfaffenhofener Kurier Nr. 24, 30. Januar 2003, S. 20. Dieser Artikel zeigt, dass es aber auch in Pfaffenhofen Menschen gegeben hat, die bis zuletzt ihre Aversion gegen das NS-Regime nicht versteckten.

[984] Josef Neuhäusler: Kreuz und Hakenkreuz. Der Kampf des Nationalsozialismus gegen die katholische Kirche und der kirchliche Widerstand, 2. Aufl., München 1946. Vgl. auch Peter Pfister (Hrsg.): Blutzeugen der Erzdiözese München und Freising. Die Märtyrer des Erzbistums München und Freising in der Zeit des Nationalsozialismus, Regensburg 1999, besprochen von Wilhelm Liebhart in: Das Amperland 36 (2000) S. 327f, und Ulrike Claudia Hoffmann: „Verräter verfallen der Feme!" Femorde in Bayern in den zwanziger Jahren, Köln 2000, besprochen von Dirk Walter in: Amperland 36 (2000) S. 328f. Mit diesen Femmorden sollte vor allem die Aufdeckung von Waffenverstecken verhindert werden. Die heftige Gegnerschaft des Ruhrkaplans Carl Klinkhammer gegen das NS-Regime ist nur ein Beispiel für viele katholische Geistliche, welche ihr Leben gegen dieses Regime einsetzten. Vgl. dazu den Bericht von Christian Feldmann: Stinkbomben gegen ´Die Sünderin´: Geburtstag des ´Ruhrkaplans´ jährt sich zum 100. Mal, in: Donaukurier, Nr. 17, 22.01.2003, S. 3.

[985] Roman Landau: Anmerkungen, a.a.O., Kapitel „Das heutige Judentum", S. 47-49 kritisiert, dass die Holocaustdiskussion im Vordergrund stehe und die Traditionen der jüdischen Kultur, Mentalität und Religion weitgehend vernachlässigt würden.

[986] Davidson: Der Zivilisationsprozess, a.a.O., S. 196.

[987] Ich erinnere nur an die entsetzliche Kooperation der moslemisch-albanischen Skanderbeg mit den Nationalsozialisten während des 2. Weltkrieges auf dem Balkan. Dazu auch Autorenkollektiv: Antisemitismus in der Geschichtswissenschaft, a.a.O., S. 10.

[988] „Wissenskluft" in arabischer Welt, in: Donaukurier, Nr. 242, 21. Oktober 2003, S. 5.

[989] Vgl. Moritz Steinschneider: Die hebräischen Übersetzungen des Mittelalters und die Juden als Dolmetscher, Neudruck Graz 1956 und Ralph Davidson: Sprachgeschichte. Eine problemorientierte Einführung, 3. Aufl., Hamburg 2004, S. 68f.
[990] Davidson: Der Zivilisationsprozess, a.a.O., S. 197.
[991] Gemeint sind die Juden.
[992] Neue Züricher Zeitung, 23. April 2002, S. 3.
[993] Dieser Begriff geht auf Francis Fukuyama zurück, zit. bei Michael Mertes: Paul Berman verteidigt die offene Gesellschaft gegen ihre Feinde, Besprechung des Buches von Paul Berman: Terrror und Liberalismus, 2004, in: Die Welt, 13.03.2004, Literarische Welt, S. 5.
[994] Diesen Begriff prägt Paul Berman in seinem neuen Buch „Terrror und Liberalismus", Hamburg 2004.
[995] Unter Intifada versteht man den palästinensischen Widerstand in den von Israel besetzten Gebieten.
[996] Ursula Schumm-Garling / Jochen Fuchs: Von Intifada zu Intifada. Zur Entwicklung des Konflikts aus zionismus-kritischer Perspektive, in: Begegnungen in schwieriger Zeit. Vertrauensdozentinnen und Vertrauensdozenten berichten über eine Studienreise durch Israel, Arbeitspapier 77, Düsseldorf Dezember 2003, S. 18-20, hier S. 20.
[997] Gadi Taub: Zionismus nutzt den Palästinensern. Gefährdet wird ein Ausgleich in Nahost hingegen durch die religiöse Siedlungsbewegung, Übersetzung durch M. Lau, in: Die Welt, 21.06.2004.
[998] Gadi Taub: Zionismus nutzt den Palästinensern, ebd.
[999] Einige dieser Gedanken verdanke ich Gadi Taub, der Historiker an der Hebräischen Universität Jerusalem ist und als Historiker wie kaum ein anderer geeignet ist, die jüdisch-palästinensische Frage aus einer größeren Distanz zu sehen. Beide Seiten, Scharon und seine Leute wie auch Arafat und seine Mitstreiter, wären gut beraten gewesen, Leute wie Taub mit ihrem phänomenalen Hintergrundwissen zu konsultieren.
[1000] Kai Luehrs-Kaiser: Meinungsfreiheit und Mission: Daniel Barenboim, Wolf-Preisträger, in: Die Welt, Mittwoch, 12. Mai 2004, S. 9.
[1001] Herbert Clasen: Zwei Nationalstaaten in einer Konföderation können die Lösung sein. Besuch der Hebräischen Universität: Gespräch mit Prof. Moshe Zimmermann zur politischen Lage und mit Prof. Rachel Elior über jüdische Strömungen und ihren Einfluss, in: Begegnungen in schwieriger Zeit, a.a.O., S. 55-57, hier S. 55f.

[1002] Eine Aufgabe dieses Labors besteht darin, jüdische oder arabische junge Israelis mit der Sprache und Kultur der jeweils anderen Gruppe vertraut zu machen.
[1003] Georg Eckardt: Konflikte mit friedlichen Mitteln lösen. Givat Haviva, in: Begegnungen in schwieriger Zeit, a.a.O., S. 15-17, hier S. 15.
[1004] Autorenkollektiv: Antisemitismus in der Geschichtswissenschaft, a.a.O., S. 21.
[1005] Wichtige Gedanken zu diesen Ausführungen finden sich bei Friedrich Schreiber: Schalom Israel, Nachrichten aus einem friedlosen Land, München 1998.
[1006] Quelle: www.press.uchicago.edu/News/911lakoff.html.
[1007] Anis Hamadeh: Der muslimische Aberglaube, a.a.O., S. 5.
[1008] Die Sicht des Islam habe ich nur am Rande behandelt, da dies nicht der primäre Gegenstand meiner Themenstellung ist und zudem diese Arbeit noch umfangreicher hätte werden lassen.
[1009] Johannes Rau, Bundespräsident der BR Deutschland: Vertrauen in Deutschland – Eine Ermutigung. „Berliner Rede" im Schloss Bellevue am 12. Mai 2004, Kap. XII (S. 16).
[1010] Die Provokation eines heiligen Lebens für die Welt findet sich dargestellt bei Günther Hoppe: Elisabeth. Landgräfin von Thüringen, Eisenach 1984, Neuauflage Weimar 1996 und Ernst W. Wies.: Elisabeth von Thüringen. Die Provokation der Heiligkeit, Esslingen / München 1993.
[1011] Jürgen Grahl: Umsteuern durch Energiesteuern. Eine Alternative zu Neoliberalismus und Neokeynesianismus, in: Solarbrief 1/2004, S. 24-31.
[1012] Wegweisende Ideen in dieser Richtung finden sich bei Wolf v. Fabeck: Gegen die Arbeitslosigkeit – Energiesteuer statt Lohnsteuer und Sozialabgaben. Strukturreform durch indirekte Verteuerung der Grundstoffe, in: Solarbrief 1/2004, S. 4-12 und Prof. Rainer Kümmel: Energie, Wirtschaftswachstum und Beschäftigung. Umsteuern durch Energiesteuern. Vortrag gehalten am 16.03.2004 in der Bischöflichen Akademie Aachen, in: Solarbrief 1/2004, S. 13-23.

𝕷𝖎𝖙𝖊𝖗𝖆𝖙𝖚𝖗 zu den Rätseln der Geschichte dieser Welt und weiteren faszinierenden Themen finden Sie im Verlagsprogramm des Ancient Mail Verlags:

Ritter, Thomas: **Die Herren der frühen Himmel.**
44 Seiten, Rückenheft., 16 s/w-Fotos, 6,00 Euro (ISBN 3-935910-26-6)
Was auf den ersten Blick als ein weiterer Aufguss bekannter präastronautischer Thesen erscheint, erweist sich bei der Lektüre als wissenschaftlich hochbrisantes Thema, zu dem uns hier der Autor Thomas Ritter einlädt. Seine Arbeit besticht durch wissenschaftliches Herangehen an die Thematik vorzeitlicher Flugmaschinen. Der Autor hat sich in Indien und Sri Lanka umgesehen und bei seiner Recherche den Rat von Experten verschiedenster wissenschaftlicher Gebiete eingeholt. Er lädt den Leser mit einer leicht verständlichen und spannenden Lektüre zu einer Reise auf den Spuren eines der größten Menschheitsträume ein.

Ritter, Thomas: **Die Katharer. Kinder des Teufels oder wahre Christen?**
46 Seiten, Rückenheftung, 6,00 Euro (ISBN 3-935910-05-3)
Wer waren sie wirklich, die Katharer – eine ketzerische Sekte oder wahre Christen, die ihren festen Glauben bewahrten, bis sie in einem gewaltigen Kreuzzug vernichtet wurden? Thomas Ritter ist auf vielen Reisen ihren Spuren vom Aufstieg der Glaubensgemeinschaft bis zu ihrem tragischen Untergang gefolgt.

Ritter, Thomas: **Sehnsucht nach dem Paradies. Die Kinderkreuzzüge im Jahr 1212.**
109 Seiten, Pb., 9,50 Euro (ISBN 3-935910-06-1)
Warum schweigen die meisten unserer Geschichtsbücher, wenn es um die Geschichte der Kinderkreuzzüge geht? Thomas Ritter hat umfangreiche Recherchen an den Orten des Geschehens durchgeführt und ist der Frage nachgegangen, was wohl der wahre Auslöser für die fanatischen Vorhaben der Kinderscharen gewesen sein mag.

Geschichte der Ritterorden

Mythos, Macht, Legenden und Wahrheit

Horst Kratzmann

3-935910-24-X, 101 Seiten, Paperback
10 s/w-Abbildungen, € 9,80

In und nach der Zeit der Kreuzzüge prägten Jahrhunderte lang drei bedeutende Ritterorden – die Tempelritter, die Johanniter-/Malteserritter und der Deutsche Ritterorden – die Geschichte des Mittelalters, dessen Hinterlassenschaften und Spuren bis in die Gegenwart führen.

Der Autor gibt den Leser in übersichtlicher und gut verständlicher Weise einen Überblick über die Geschichte dieser drei Orden und liefert Erklärungen für die Mythen und Legenden, die sich um die Ordensritter ranken.

Spuren im Sandmeer

Christian Brachthäuser

ISBN 3-935910-32-0, Paperback, 141 Seiten, € 13,50

Lag Atlantis in der Cyrenaika?
Eine neue Hypothese sorgt für Aufsehen!

Die unterschiedlichsten Disziplinen und Instrumentarien der Philologie, Historiografie und Paläogeografie wurden in der Vergangenheit herangezogen, um auf der ganzen Welt nach dem versunkenen Inselkontinent Atlantis zu suchen. In den letzten Jahren ist speziell Nordafrika in den Blickpunkt der Forschung gerückt. Spektakuläre archäologische Funde und paläoklimatische Untersuchungen legen tatsächlich nahe, dass dort, wo sich heute meterhohe Sanddünen, die kargen Reste verkrusteter Salzseen oder ausgetrocknete Flussbetten befinden, vor mehreren Jahrtausenden riesige Binnengewässer mit üppiger Fauna und Flora existierten.

Jüngstes Beispiel für die abenteuerliche Suche nach dieser versunkenen Zivilisation zwischen den Ausläufern des Atlas-Gebirges, dem Mittelmeer und der Sahara ist die Hypothese, wonach Atlantis am Nordrand der Libyschen Wüste gelegen haben soll, explizit in der landschaftlich und kulturgeschichtlich eindrucksvollen Region Cyrenaika.

Wie sehen die vermeintlichen Beweise aus, die Forscher dazu bewegen, im Nordosten Libyens nach Atlantis zu suchen und wie stichhaltig sind ihre Argumente? Können die archäologischen, geomorphologischen und hydrogeologischen Befunde in dieser Region die Existenz einer versunkenen Hochkultur bestätigen, wie sie der griechische Philosoph Platon beschrieb?

Christian Brachthäuser liefert in seinem Buch *Spuren im Sandmeer* überraschende Antworten und unerwartete Entdeckungen rund um das Atlantis-Rätsel in Nordafrika.

Die Römer im Allgäu

Christian Brachthäuser

ISBN 3-935910-28-2, Paperback, 125 Seiten
Din A5, Paperback, 44 s/w-Fotos, € **12,50**

Durch den Entschluss einer Expertenkommission vom 15. Juli 2005, den rund 550 Kilometer langen Limes als größtes deutsches Bodendenkmal der Antike in die Liste der UNESCO-Weltkulturerbe-Stätten aufzunehmen, ist auch das Interesse an den archäologischen Relikten des Römischen Reiches in unserer Heimat wieder sprunghaft angestiegen. Insbesondere das Allgäu als südlichste Ferienregion Deutschlands hat einen ungeahnten Reichtum antiker Denkmäler und eindrucksvoller Kulturschätze aus der Römerzeit aufzuweisen. Ganz gleich, ob es sich dabei um die Mauerreste spätrömischer Militärposten, Münzschatzfunde, Meilensteine, antike Straßenabschnitte, Thermenanlagen, Kastelle, Gutshöfe oder um den rekonstruierten „Archäologischen Park Cambodunum" handelt: Das bayerische Alpenvorland ist nicht nur eine imposante Naturlandschaft, sondern durch sein römisches Erbe auch ein faszinierender Kulturraum.
Das Buch „Die Römer im Allgäu" gewährt einen Einblick in jene Epoche, als Deutschland südlich von Donau und Altmühltal zum Imperium Romanum gehörte. Dabei werden dem Leser nicht nur die sichtbaren Bodendenkmäler und wichtigsten Fundorte im Allgäu vorgestellt, sondern auch verständliche Hintergrundinformationen über Werden und Vergehen der römischen Herrschaft in Germanien erläutert.

Eine grenzenlos einsame Seele
H. P. Lovecraft – Leben und Werk

Christian Brachthäuser

ISBN 3-935910-30-4, Paperback, 570 Seiten
Din A5, € 22,80

Howard Phillips Lovecraft (1890 – 1937) zählt zu den eigenartigsten und einflussreichsten Schriftstellern der Welt. Sein hinterlassenes Werk gehört neben den Erzählungen seiner großen Idole Edgar Allan Poe, Lord Dunsany oder Arthur Machen zu den Klassikern der Phantastischen Literatur, das weltweit noch immer ein Millionenpublikum in den Bann zieht. Dabei erzählt man sich wundersame Geschichten über den introvertierten und eremitischen Bücherwurm Lovecraft, dessen düstere Erzählungen voll sind von Anspielungen auf archäologische Mysterien, versunkene Zivilisationen, außerirdische Dämonen, amphibische Götterwesen, okkulte Phänomene und geheimnisvolle Schauplätze der Menschheitsgeschichte. Lovecraft konfrontierte seine Leser nicht nur mit seiner nihilistischen Weltanschauung, sondern auch mit den überlieferten Mythen alter Völker über Werden und Vergehen archaischer Kulturen und fremdartiger Kreaturen auf unserem Planeten. Stonehenge, die Pyramiden von Gizeh oder die Ruinen von Nan Madol im Pazifischen Ozean – sie alle wurden von Lovecraft ebenso auf höchst originelle Art und Weise mit einem „kosmischen Grauen" in Verbindung gebracht wie die damals schon geführten Spekulationen über Atlantis oder Mu.
Wer war dieser sonderbare Mensch, der heute sogar einen Eintrag in die "Erich von Däniken Enzyklopädie" gefunden hat und als Impulsgeber der Prä-Astronautik gilt? Die vorliegende Studie versucht Antworten zu geben. Sie ist nicht nur das Resultat langjähriger und intensiver Recherchen, sondern zugleich auch eine ganz persönliche Hommage an einen überaus bewundernswerten Menschen.

Tibets altes Geheimnis
Gesar
Ein Sohn des Himmels

Willi Grömling

ISBN 3-935910-23-1, Hardcover, 334 Seiten
Din A5, 5 Farb-Abbildungen, **€ 28,90**

Gesar ist der Held des gleichnamigen tibetischen Nationalepos. Es wird berichtet, dass sein Vater, der oberste Himmelsgott, ihn auf die Erde sandte, um nach dem Rechten zu sehen. Bereits bei der Geburt des späteren tibetanischen Nationalhelden hätten sich, so heißt es in den Legenden, seltsame Ereignisse abgespielt. Neben vielen anderen mysteriösen Begebenheiten, die sich „auf dem Dach der Welt" abgespielt haben sollen, erfährt der Leser in diesem Buch auch etwas über Gesars Waffen sowie seine übernatürlichen Kräfte, die viel Aufmerksamkeit erregt haben sollen. In diesem Werk wird zum ersten Mal der Versuch unternommen, den Stoff populärwissenschaftlich im Sinn der Paläo-SETI-Hypothese zu untersuchen und nachzuforschen, ob die erstaunlich realistischen Erzählungen nicht wörtlicher genommen werden könnten.

Wer also eine ganze Menge über Tibet, Gesar und die Entmythologisierung der detailreichen Berichte über den Sohn der Götter erfahren möchte, sollte sich unbedingt mit diesem Buch auseinandersetzen.

Willi Grömling legt mit seinem Buch „Tibets altes Geheimnis – GESAR – Ein Sohn des Himmels" eine brillante Arbeit vor. Ihm gelingt es, eine der großen Mythen der Welt zu enträtseln und die Mächte zu enttarnen, die hinter der Entwicklung unserer Kultur und Zivilisation stehen, denn selten zuvor wurde so fundiert, so glaubhaft der Kontakt zu außerirdischen Intelligenzen dargelegt wie von ihm. Wer dieses Buch liest, taucht ein in eine der großen Sternstunden der Menschheit.
Peter Fiebag, Sachbuchautor

Mysterienjäger – Im Bann der Vampire

Reinhold Müller

ISBN 3-935910-18-5, 215 Seiten, Paperback
Din A5, 29 s/w-Fotos, € 16,50

Eine Idee lässt Reinhold Müller und seine beiden Freunde nicht los: Wie war das mit den Vampiren, wie kamen die Leute darauf, dass es sie wirklich gibt und gibt es Erklärungen für die merkwürdigen Begebenheiten in „Transsilvanien"?

Sie recherchieren und stoßen im Hofkammerarchiv in Wien auf die Berichte österreichischer Ärzte, die im 18. Jahrhundert nach Serbien gesandt wurden, um dort gegen die herrschende Vampirepidemie vorzugehen. Ihre Recherche gipfelt in der Reise nach Rumänien auf den Spuren Draculas und auf der Suche nach den Originalschauplätzen der gruseligen Geschichten.

Von ihren Erlebnissen erzählt Reinhold Müller in dem vorliegenden Buch. Dabei erfährt der Leser sowohl Erklärungen für die Entstehung eines Mythos, der sich bis heute gehalten hat und erfährt auch vieles Wissenswerte über den Mythos an sich. Wer sich bis heute noch nicht richtig gegruselt hat, dem könnte es vielleicht bei dieser Lektüre eiskalt den Rücken hinunter laufen ...

Der Muezzin von Rennes-le-Château

Udo Vits

ISBN 3-935910-16-9, 355 Seiten, Paperback
Din A5, 49 Abbildungen, € 19,50

Ist denn nicht längst schon alles geschrieben worden, über die Entdeckung geheimer Dokumente und eines gewaltigen Schatzes – auch von den sterblichen Überresten Jesus ist oft die Rede – in Rennes-le-Château, im Südwesten von Frankreich, die einen bettelarmen Dorfpfarrer zum Multimillionär, wenn nicht zum Milliardär gemacht haben sollen?

Dennoch ist das Rätsel immer noch ungelöst und Udo Vits hat in aufwändigen Recherchen bisher unbekannte Details ans Licht gebracht. Das Bild der mehr oder weniger von der römischen Kirche diktierten Geschichtsschreibung könnte tiefe Risse davontragen, die unserem Blick einiges von den verheimlichten und entstellten wirklichen historischen Ereignissen offenbaren.

Vieles weist darauf hin, dass im Süden Frankreichs, im Aude-Tal, der Schlüssel zu jenem Geheimnis verborgen liegt. Die Funde Bérenger Saunières bestanden allem Anschein nach nicht nur aus Gold und Preziosen allein.

Alle in diesem Buch gestellten Fragen bewegen sich letztlich einzig und allein um die Kernfrage: **Was ist tatsächlich dran, an dem Mythos Rennes-le-Château?**

Die Mission

Thriller

Christiane Müller

ISBN 3-935910-13-4, 243 Seiten, Paperback
Din A5, € 17,80

Ein Traum lässt Sandra König aus Berlin fast jede Nacht aus dem Schlaf schrecken. Als sie gemeinsam mit ihrem Freund Martin von dessen Arbeitgeber, einem bedeutenden Pharma-Unternehmen, für drei Monate nach Kalifornien eingeladen wird, freut sie sich unendlich auf all die wunderbaren Eindrücke, die die Schatten endgültig vertreiben sollen, aber es kommt ganz anders. Diese Reise verändert ihr Leben, von einem Tag auf den anderen bricht ihre bisher so heile Welt zusammen, und nichts ist mehr so, wie es gestern noch war.

Sandra begegnet rätselhaften Menschen und erlebt Schreckliches. Plötzlich werden Schmerz und Entsetzen, Mord und Tod in ihrem Umfeld zum Alltag, und ein immer stärker werdender Verdacht weist auf ein grauenhaftes Verbrechen hin, in das vielleicht sogar Martin verwickelt sein könnte.

Wem darf sie noch trauen? Bald schon kämpft Sandra ganz allein auf sich gestellt um ihr Leben. Wird sie am Ende die Bedeutung ihres immer wiederkehrenden Traumes verstehen?

Vor dem Hintergrund erschreckender Nachrichten über den Missbrauch wissenschaftlichen Fortschritts stellt sich die Frage, ob diese Geschichte nicht schon längst Realität sein könnte.

Ein Fuß in beiden Welten

Autobiografie eines Arztes

Dr. Arthur Guirdham

ISBN 3-935910-14-2, Paperback, 297 Seiten
Din A5, € 19,50

Das vorliegende Buch erzählt nicht nur die Geschichte der spirituellen Erlebnisse des Verfassers, es ist auch eine Autobiografie, welche die Pläne und ganz konkreten Absichten schildert, die Wesenheiten aus anderen Dimensionen mit ihm verfolgen und seinem Leben eine völlig neue Richtung geben. Der englische Arzt und Psychiater Dr. Arthur Guirdham beschreibt, wie sich körperliche Beschwerden und selbst schwerwiegende Erkrankungen auf den inneren Widerstand zurückführen lassen, den er den geistigen Annäherungsversuchen von Menschen früherer Jahrhunderte entgegensetzt. Einzigartig an dieser Erzählung ist die seinem individuellen Charakterbild angepasste Systematik, mit welcher der Autor auf die eigentliche Offenbarung vorbereitet wird: Langsam und sorgfältig bilden seine geistigen Führer seine spirituelle Wahrnehmungsfähigkeit aus und vervollkommnen seine Erziehung, bis er bereit ist, von den Menschen zu lernen, denen er im Rahmen seiner beruflichen Praxis begegnet. Ganz allmählich, Schritt für Schritt, wird er dazu gebracht, die Reinkarnation als Faktum zu akzeptieren und ist später von der Realität seiner eigenen früheren Inkarnationen überzeugt.

Diese Autobiografie einer geistigen Entwicklung basiert ausschließlich auf Tatsachen. Dem Verfasser ist die Art esoterischer Literatur suspekt, die mit früheren Inkarnationen spekuliert oder lediglich mit den rein subjektiven Reaktionen und Erklärungsversuchen der Verfasser auf eigene Erfahrungen mit außersinnlichen Phänomenen auskommen muss. Dr. Guirdham ist sich absolut sicher, dass hinter dem, was ihm offenbart wurde, ein unmissverständliches sinnvolles Programm steht.

Giordano Bruno
und die okkulte Philosophie der Renaissance

Nicolas Benzin

ISBN 3-935910-21-5, Taschenbuch, 124 Seiten
€ 9,90

Giordano Bruno, der Mann, der auf Grund seiner literarischen Aussage am 17. Februar 1600 auf dem Campo dei Fiori in Rom verbrannt wurde, ist kein Mythos. Er ist Realität und jeder objektiv arbeitende Forscher wird sehr schnell zugeben müssen, dass dessen Gedankenwelt überhaupt nicht im Einklang mit der seiner Zeit stand. Und, was bislang nicht zu erklären ist, dass diese auf einem teleologischen, ästhetischen Pantheismus basierenden Gedanken eigentlich aus dem Hier und Heute stammen könnten. Insbesondere dann keimt diese Vermutung immer wieder auf, wenn berücksichtigt wird, dass Bruno über Sachverhalte schrieb, die er gar nicht gewusst haben konnte und insofern auch gar nicht in seine Überlegungen einbezogen haben dürfte. Und doch: Er hat sie nicht nur berücksichtigt, sondern detailliert ausgeleuchtet und akribisch genau beschrieben.

Nicolas Benzin beleuchtet in dem vorliegenden Buch das Leben des Naturphilosophen Giordano Bruno und zeichnet uns ein eindrucksvolles Bild von dessen Gedankenwelt.

Non nobis, Domine !

Hermann Harlos

ISBN 3-935910-09-6, Paperback, 533 Seiten
Din A5, € 19,80

Die Biographie des Tempelritters Arminius von Welterod – Roman

Als Arminius von Welterod sich im ausgehenden 13. Jahrhundert entschließt, in den Orden der Tempelritter einzutreten, hat er hoch gesteckte Ziele. Doch die Ereignisse nach seiner Ankunft im Heiligen Land geben seinem Leben einen nicht geplanten Verlauf.

Vor dem Hintergrund einer dunklen Epoche unserer Geschichte hat Arminius einen ungewöhnlichen Lebenslauf. Seine Wissbegierde lässt ihn geheimnisumwitterte Dinge erfahren, die den meisten seiner Zeitgenossen verborgen geblieben sind. Steht er an der Schwelle, eines der größten Rätsel sowohl der jüdischen als auch der christlichen und islamischen Geschichte zu lösen?

Unsere Geschichte ist voller Rätsel – Wir wollen helfen, sie zu lösen !

Bücher und Informationen zu den Themenkreisen Archäologische Rätsel dieser Welt, Paläo-SETI, Grenzwissenschaften, Sagen und Mythen.

Fordern Sie einfach *kostenlose* weitere Informationen an – per Postkarte, Fax, Telefon oder eMail beim

Ancient Mail Verlag • Werner Betz
Europaring 57, D-64521 Groß-Gerau
Tel. 0 61 52 / 5 43 75, Fax 0 61 52 / 94 91 82
eMail: wernerbetz@t-online.de
www.ancientmail.de